世界各国教育发展概览

主编 杨晓钟

西安外国语大学学术著作出版专项资助

日本教育调查报告

RIBEN JIAOYU
DIAOCHA BAOGAO

葛睿 曹珺红 韩思远
徐坚 张蠡 赵心僮 / 编译

陕西新华出版传媒集团
陕西人民出版社

图书在版编目（CIP）数据

日本教育调查报告 / 葛睿等编译. —西安：陕西人民出版社，2022.9

ISBN 978-7-224-14033-0

Ⅰ.①日… Ⅱ.①葛… Ⅲ.①教育事业—调查报告—日本 Ⅳ.①G531.3

中国版本图书馆CIP数据核字（2021）第048982号

策划编辑：管中洑
责任编辑：管中洑　张阿敏
整体设计：赵文君

日本教育调查报告

编　　译　葛睿　曹珺红　韩思远　徐坚　张蠡　赵心僮
出版发行　陕西新华出版传媒集团　陕西人民出版社
（西安市北大街147号　邮编：710003）
印　　刷　西安真色彩设计印务有限公司
开　　本　787毫米×1092毫米　1/16
印　　张　31.25
字　　数　582千字
版　　次　2022年9月第1版
印　　次　2022年9月第1次印刷
书　　号　ISBN 978-7-224-14033-0
定　　价　148.00元

目录

第一部

特　集

※ 第1部原则上记述了基于截止到2017年的动向及统计资料的内容，但其中一部分的动向及统计资料的内容则截止到2018年6月。

特集一

推动具有社会性、经济性价值的文化政策的实施

第一节

新文化艺术基本法的出台和推进文化艺术基本计划（第 1 期）的制订

一、新文化艺术基本法的出台

为振兴文化艺术而出台的基本法律《文化艺术振兴基本法》于 2017 年 6 月进行了修订，更名为《文化艺术基本法》（以下略称《基本法》）。基本法以推进艺术文化相关活动为基础，旨在综合而有计划地推进文化艺术相关措施的落实，为丰富国民精神生活，建设充满活力的社会做出贡献。此次修订除了振兴文化艺术本身之外，也将旅游、城市建设、国际交流、福祉、教育、产业等文化艺术相关领域的政策措施纳入了法律的范围，同时明确了将文化艺术创造的各种价值与文化艺术的进一步传承、发展及创造相联系的重要性。另外，明确规定了文化艺术团体发挥的作用，同时对国家、独立行政法人、文化艺术团体、民间事业从业者等的联合、合作也有了新的规定。在文化艺术的基本政策方面及传统艺术的例示中追加了组合舞蹈，新规定了要振兴饮食文化明确表示国家应支持举办艺术节、支持老年人以及残疾人的创新性活动。

二、推进文化艺术基本计划（第 1 期）的制订

《推进文化艺术基本计划》（以下略称《基本计划》）是根据《基本法》制订的计划，旨在综合而有计划地推进文化艺术相关措施的落实。

2017 年 6 月开始实施基本法，同年同月文部科学大臣就此向文化审议会征求意见，其内容是《为综合而有计划地推进文化艺术相关政策的基本措施——〈推进文化艺术基本计划（第 1 期）〉的制订》。

对此，文化审议会共举办了 15 次全体大会、文化政策部会及基本计划工作组会议，14 次各领域专业会议及工作组会议，并召开听证会等，广泛听取文化艺术团等一线人员的意见，在此基础上进行了综合审议，于 2018 年 2 月的文化审议会全体大会上汇报了《推进文化艺术基本计划（第 1 期）》。根据该报告，在基于基本法召开的推进文化艺术会议上，对于基本计划方案，经过和有关府省厅调整后，同年 3 月 6 日内阁会议通过了《推进文化艺术基本计划——充分利用文化艺术的“多样的价值”，创造未来》（执行时长：从 2018 年到 2022 年的 5 年）。政府将在本基本计划的基础上，把大力推行文化艺术政策作为国家战略，努力实现文化艺术立国。

以下介绍该基本计划的概要（图表 1–1–1）。

1. 文化艺术政策的相关情况

在基本计划中，文化艺术作为全体国民及人类普遍的社会财产，是创造性经济活动的源泉，是可持续性经济发展和国际合作顺利进行的基础，很明显除了其本质的价值以外，还具有社会性、经济性价值。

当今社会少子老龄化现象日趋严重，全球化、信息化等迅猛发展，在适应不断变化的社会要求的同时，有必要制定综合性文化艺术政策，大力发展与相关领域的合作。而且，2020 年的东京奥运会和残奥会既是一场体育盛会，同时也是一场文化盛典，是一次将日本文化艺术的价值向世界宣传的绝佳机会，同时也是一个广泛展示由文化艺术创造出的新价值的良机。

2. 今后的文化艺术政策的目标

在基本计划中，以基本法的精神为前提，为创造文化艺术的“多样价值”（本质的价值及社会性、经济性价值）、开拓未来，从中长期发展的角度确定了以下四个目标（《今后文化艺术政策的目标》）。

目标 1　文化艺术的创造、发展、传承和教育

确保文化艺术的创造、发展以及向下一代的传承，为所有人提供丰富的文化艺术教育和参加文化艺术活动的机会。

目标 2　具有创造性和活力的社会

对文化艺术进行有效的投资，在进行技术革新的同时，通过文化艺术的国际交流和宣传树立国家形象，形成具有创造性和活力的社会。

目标 3　建设国民精神生活丰富，多元文化和谐共生的社会

所有人都能通过文化艺术参与社会、增强相互理解，尊重多样的价值观，建成国民精神生活丰富的社会。

目标 4　推动地域文化艺术平台的建设

推动地域文化艺术平台的建设，在全国各地形成地域文化艺术平台，加强各种人才、文化艺术团体、各机构之间的合作，形成可持续并具有恢复能力的地域文化社区。

3. 今后五年的文化艺术政策的基本方向

确定了如下六个战略作为今后五年（从 2018 年到 2022 年）文化艺术政策的基本方向：

战略 1　创造、发展、传承文化艺术，充实和丰富文化艺术教育

在谋求文化艺术的创造和发展，将日本优秀的文化艺术传承给下一代的

同时，充实和丰富文化艺术教育。

战略 2　对文化艺术进行有效的投资和创新

对文化艺术进行有效的投资，充分利用日本丰富的文化艺术资源，并通过活用和推进综合领域的文化萌芽、信息通信技术等，振兴包括衣食住文化在内的生活文化，开发文化艺术旅游，培育与文化艺术相关的产业和市场等，实现文化艺术的创新。

战略 3　通过推进国际文化交流合作和加深文化艺术上的相互理解，为树立国际口碑做贡献

以 2020 年东京奥运会为契机，在国内外开展丰富多彩的文化项目，推进国际文化交流合作的同时，战略性地积极宣传日本文化，通过文化艺术加深相互理解，为树立国际口碑做贡献。

战略 4　提倡多样价值观，推进包容性环境的建设，提高文化艺术的社会价值

积极创建无论老幼、残疾人还是外国人无论身在何处都能够轻易接触到文化艺术活动的环境。同时，振兴多种多样的地域文化艺术，提倡多样价值观，推进包容性环境的建设，提高文化艺术的社会价值。

战略 5　确保并培养高水平复合型专业人才

确保不同年龄层、不同性别的高水平专业人才数量的同时，针对不同的工作阶段通过教育训练、研修等方式培养人才。

战略 6　打造有助于推进地域联合、协作的平台

在全国各地，强化包括国家、独立行政法人、地方公共团体、文化艺术团体、文化设施、企业等民间从业者在内的相关机构的相互合作，坚持综合性文化艺术政策，打造有助于推进地域联合、协作的平台（打造便于相关机构在对等的条件下从容开展合作的环境）。

为有效稳健地推进该基本计划，作为与上述六个战略相对应的基本措施，加入了包含相关府省厅的有关措施和基本法中作为示例的追加事项在内的约 170 条新措施。

4. 确定评估、验证周期等

在基本计划中，为稳健持续地实施基于第 1 期的基本计划制定的推进文化艺术政策，以及履行向国民进行说明的责任，确定了使用 36 项评价指标的评价、验证周期（PDCA 周期）体系。评价时要注意文化艺术各领域的特点，不仅要重视定量评价，还要重视定性评价，要注意真正的目的并非达成指标内容。

为使文化艺术政策的 PDCA 周期具有实效性，文化艺术的相关政策立案、评价体制也很重要。因此，为了方便收集、调查和分析与文化艺术相关的国内外信息和各种

数据，有必要完善相关功能和网络。

5. 稳步推进基本计划的实施

在基本法的指导下，为实现文化艺术立国这一目标，需要政府齐心协力、稳步落实行该基本计划。国家、独立行政法人、地方公共团体、文化艺术团体、文化设施、企业等民间从业者等相关人员和机构间的协力合作也很重要。文部科学省会继续谋求与府省厅等各相关机构的协力合作，并在该基本计划的基础上，积极推进相关政策的实施。

图表1－1－1 推进文化艺术基本计划（第1期）概要

推进文化艺术基本计划(第1期)概要

~活用文化艺术的“多样价值”、创造未来~

本计划的定位、要点

○首次根据新文化艺术基本法第7条制订的推进文化艺术基本计划。显示了今后文化艺术政策的目标和今后五年（2018至2022年度）的文化艺术政策的基本方向。

○除了文化艺术本身的价值以外，明确了文化艺术具有的社会经济价值。为实现文化艺术立国的目标，将文化艺术创造的丰富多彩的价值进一步应用到文化艺术的传承、发展和创造中，形成良性循环。

○在根据新文化艺术基本法第36条举办的文化艺术推进会议（相关府省厅的局长级会议）上，经过联络调整采纳了相关府省厅的文化艺术有关措施。基于文化GDP等评价指标建立了评价验证周期追加了年度计划。

○在审议会上，截至目前举办了15次全体大会、文化政策部会、基本计划工作组会议。召开了14次各领域专业会议，工作组会议，邀请文化艺术相关人员担任委员。通过在文化艺术团体中举办听证会，广泛听取现场意见并进行审议。

Ⅰ文化艺术政策相关情况等

（1）文化艺术的价值

（价值本质）

・培养具有人道主义、创造力、感知力的人

・培养尊重文化传统的精神

（社会的经济的价值）

・培养精神上与他人产生共鸣的能力，促进人类互相理解

・实现高质量的经济活动

・形成尊重人类的价值观，为人类真正的发展做贡献

・维持文化的多样性，成为世界和平的基础

（2）文化艺术周边情况变化

・新文化艺术基本法的成立

・少子老龄化、全球化，信息通信技术的迅猛发展等社会情况的变化

・2020年东京奥运会、残奥会的举办

↓

实现文化艺术立国

Ⅱ今后的文化艺术政策的目的

文化艺术本身固有的意义和价值，对于形成国家精神丰富、充满活力的社会来说，一直具有极为重要的意义。以《文化艺术基本法》的精神为前提，明确以下内容。

目标1 文化艺术的创造、发展、继承和教育

切实进行文化艺术创造、发展以及向下一代的传承。为所有人提供参加丰富的文化艺术教育和文化艺术活动的机会。

目标2 具有创造性活力社会

对文化艺术进行有效的投资，在进行技术革新的同时，通过文化艺术的国际交流和宣传，建立国家品牌以及具有创造活力的社会。

目标3 人民精神丰富、文化多样的社会

所有人通过文化艺术参与社会、增强相互理解，尊重多样的价值观，形成精神丰富的社会。

目标4 推进地域文化艺术平台

在全国各地推进地域文化艺术平台的建设，多样化的人才、文化艺术团体等各机构协力合作，形成可持续发展的地域文化社区。

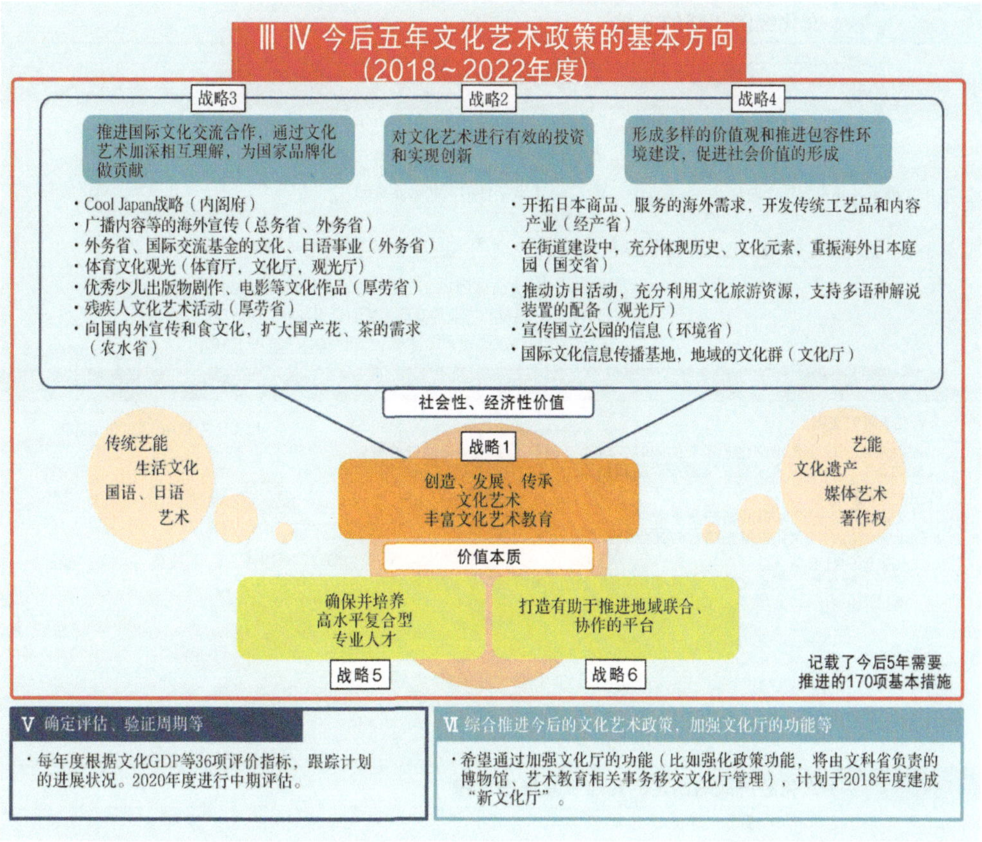

三、文化经济战略的制定

继续实行文化厅的文化振兴举措，加强内阁官房、各府省厅等实行的以 2020 年东京奥运会、残奥会为中心的产业、旅游、街道、人才、就业等文化相关政策的横向联合，并在此基础上制订经济扩大战略计划。为推进综合性的计划调整，需要建立相应的超越文化厅范围的体制，因此 2017 年 3 月在内阁官房成立了由相关府省厅等职员组成的团队。

在 2017 年 6 月的《经济财政运营和改革的基本方针 2017》和《未来投资战略 2017》中，内阁会议决议制定《文化经济战略》。据此，同年 12 月 27 日内阁官房和文化厅正式制定了《文化经济战略》，旨在通过三个步骤：①扩大国家和地方公共团体、企业、个人对文化的战略性投资；②以文化为起点，通过和产业等其他领域的合作等创造性活动创造新价值；③创造的价值依据对文化艺术的保存、传承和新的创造进行有效的再投资，建设独立的、可持续发展体系。其中，将基本想法和需要重视的观点等整理成“6 个视点”，并总结了特别需要重点推进的“6 个重点战略”（参照图表 1–1–2 ～ 1–1–4）。今后将依据《文化经济战略》推进政策实施。

图表1-1-2 文化经济战略的全貌

文化经济战略制定背景的基本认识

国际社会文化	日本文化	经济文化
作为提高国家存在感的要素,文化的意义和重要性不断提升	拥有在世界上值得骄傲的丰富多样的文化艺术资源	决定产业竞争力 文化带动"新价值的创造"

文化政策迎来历史转折期，"新文化厅"坚决实行史无前例的改革

扩大国家、地方公共团体、企业、个人对文化的战略性投资

以文化为起点，通过和产业等其他领域的合作等创造性活动创造新价值

创造的新价值再投资到文化领域，构筑持续发展的良性循环

文化经济战略勾勒的未来蓝图

○百花争研的文化

面向未来"稳步传承文化艺术"的同时，培养"担负下一代文化创造的中坚力量"，实现"下一代文化遗产"的新创造

○创造性的产业

以文化艺术资源为基础的新产业革新

推进文化艺术与企业价值相结合的企业经营

○文化繁荣的社会

形成"了解文化、关爱文化、支持文化的创造性国民阶层"，通过培养"国民文化力"，实现"文化艺术立国"

以文化艺术为起点的价值连锁

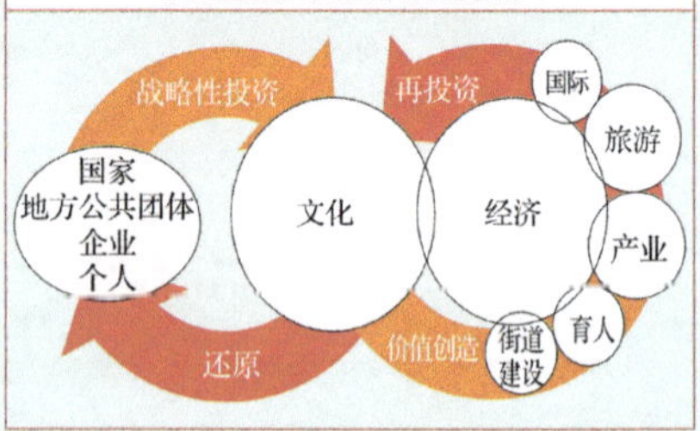

图表1-1-3 文化经济战略制定的焦点及其推进过程

文化经济战略制定时的6个重要焦点

○稳步传承和进一步发展面向未来的文化遗产

保护作为国民共有财产的文化遗产，并传承给下一代是国家重要的战略性投资，是开展创新活动的大前提

○构筑对文化进行持续投资的结构

构筑用创造的新价值对新文化创造、人才培育、环境设施整备等进行再投资的体系，有效利用文化推进企业经营改革

○通过文化经济活动搞活地域文化

推进地域文化、艺术祭、文化设施等文化艺术资源全面性、一体化的整备，加强与产业、观光等其他领域的合作增强地区活力

○通过双向的国际发展实现日本品牌价值的最大化

战略性开拓海外市场的同时，增加访日人员的人数，打造出吸引世界文化、艺术家云集日本的环境

○通过文化经济活动实现社会包容、多文化共生社会

打造无障碍、多语种、所有人都能参加文化经济活动的社会环境。扩充文化艺术爱好者、支援者

○以2020年为契机创造出让下一代自豪的文化遗产

2020年以后，以实现国际化和共生社会为着眼点，在全国开展高质量的文化项目

文化经济战略的推进

以文化经济战略的制定为出发点，为实现目标推动计划的落实

○制订文化经济战略行动方案

截止到2018年3月，汇集有关政省厅的主要措施

○设定指标

每个措施要具体设定指标

○实施PDCA周期

每年度掌握、验证各个措施的进展状况，持续进行重新评估，通过追加计划等方式，加速推进战略实施

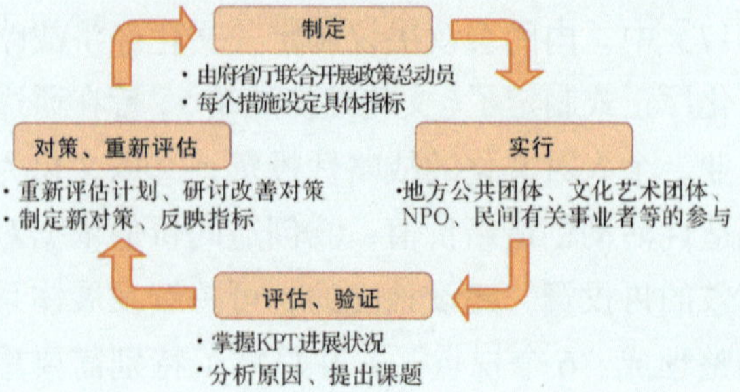

图表1-1-4 6个重点战略和主要工作事例

文化艺术资源（文化遗产）的保护

○建立稳固维持、传承文化遗产的体制，重新评估文化遗产保护制度
- ◆重新评估文化遗产保护制度，以在地方全面推进文化遗产的保护及有效利用
- ◆有关个人所有的特定文化遗产的继承税的延缓纳税的特例

○有计划地修复文化遗产以合适的状态进行保存
- ◆实行地方公共团体、所有者、民间事业者等联合推进保护、修复的政策
- ◆推进已到修理期限的文化遗产的修复等

○充分开展以未指定的文化遗产为对象的工作,确保文化遗产传承的中坚人物,推进文化遗产的维护、传承等
- ◆支援培养继承者和提高技艺水平

活用文化艺术资源（文化遗产）

○为积极推进文化遗产的推广和活用，重新评估文化遗产保护制度
- ◆重新评估文化遗产的公开规则

○积极将文化艺术资源活用于旅游、街道建设等
- ◆完善基础设施以便历史遗迹等大型文化遗产的公开、利用

○有关利用文化遗产的建议、支援等，完善一元化处理的功能
- ◆完善与文化遗产公开、利用相关的中心功能

○满足多元需求，完善环境设施建设等
- ◆创造以美术馆、博物馆为中心的文化群
- ◆提升美术馆、博物馆的魅力、丰富博物馆研究员的培训

推进文化创造活动

○完善与鉴赏、参与、创造文化艺术相关的环境
- ◆满足夜晚文艺表演等多种需求,创造鉴赏机会等
- ◆作为特例，降低提供无障碍措施的剧场、音乐厅固定资产税等

○开展以食文化、时尚等生活文化为中心的新活动
- ◆通过日本食文化、时尚等魅力的宣传,向海外拓展

○建设富有多样性、充满创造性的经济社会
- ◆增加儿童、老人、残疾人等可参与的文化艺术活动
- ◆积极培养青年艺术家、创作家、文化继承者、艺术管理人才

○以创造2020年以后的文化遗产为目标，推进文化项目的开展
- ◆创造与社会共生、国际化相关联的文化遗产，在全国开展“beyond 2020计划”，推进高质量文化项目的发展

提升国际存在感

○完善有关府省厅联合制定的综合全面的推进体制
- ◆创设“日本品牌化战略企划组”。以2020年为目标年，通过宣传产业的影响和调查研究等。实施“战略性日本品牌构筑事业”
- ◆推进基于《官民协作主导Cool Japan战略》的工作，深化Cool Japan战略

○通过文化艺术强化国家品牌，增加访日人员
- ◆派遣文化交流使，推进艺术家、旅馆、住宅等事业的双向国际文化交流
- ◆支持与其他领域、其他产业等合作的广播内容在海外传播
- ◆通过日本之家和专家的派遣等，宣传日本的真正面貌和多样的魅力
- ◆宣传“SAVOR JAPAN（农泊食文化海外宣传地域）”的食文化及农山渔村的魅力
- ◆充分利用日本的传统文化和历史资源等,推进访日宣传活动

创造新需求和附加价值

以文化艺术为核心，加强与产业等其他领域的合作，形成文化经济群
- ◆与产业、观光等其他领域相融合，形成国际文化艺术宣传据点
- ◆加强传统工艺品与其他领域、其他产地的合作，培育传承者，开拓国内外需求
- ◆促进以DMO为中心的游客来访、旅居，推进观光地区的建设
- ◆活用包括文化遗产在内的历史资源,推进观光地区的建设
- ◆建设反映地域文化和历史的国立公园，实现国立公园的品牌化

○强化美术馆的功能，构筑国际网络,搞活艺术市场
- ◆开展调查研究，提高日本艺术家作品的国际评价

○加强与其他领域、科学技术等的联合,创造新产业、新技术
- ◆活用产官学联合基础,推进“克隆文化遗产”的商业发展

强化推进文化经济战略实施的基础

○强化“新文化厅”的功能
- ◆全面强化省厅的行政功能,进行组织改革
- ◆为推进文化经济措施，新设“文化经济国际科（拟称）”

○建立由重要领导部门负责文化遗产保护的体制

○为积极推进文化遗产的保护、利用，增加地方财政预算措施

○有关府省厅联合推进活用文化资源的地方创造性工作

○对国立美术馆、博物馆的来馆者提供优质服务，从国民的视角实行细致全面的文化政策

第二节

强化新建文化厅的功能和新建文化厅的正式搬迁

一、关于文化厅的搬迁

街道、人才、工作创新总部为改变政府相关机构在东京一地集中的现状，就其向地方搬迁的问题，在道府县等机构提案的基础上进行了探讨，并于 2016 年 3 月通过了《政府相关机构搬迁的基本方针》。

其中关于文化厅，创新总部决定在数年内将其全部搬迁至京都，期待新建文化厅不仅能够在外交关系、国会负责的业务、政策规划起草业务 [和相关省厅（相当于中国的部委）的调整等] 等方面发挥比现在更大的作用，而且能够在地区创新、文化遗产的有效利用等方面满足新政策需求，强化文化厅的功能。

在此方针下，2016 年 4 月成立了有相关省厅及京都府、京都市参加的“文化厅搬迁协议会”，2017 年 7 月该协议会做出了三项决定。①在京都设立文化厅总部等组织体制的大框架；②将搬迁地点设在现在的京都府警察本部大楼；③最迟 2021 年实现正式搬迁等事项。

二、“地域文化创新总部”的设立

在正式搬迁前，2017 年 4 月在当地（京都府、京都市、京都商工会议所、关西广域联盟、关西经济联合会等）的支持下，在京都设立了由约 40 名成员组成的“地域文化创新本部”。该部设立了“总体统筹、政策研究”“生活文化艺术”“广域文化旅游、城镇建设”三个小组，响应文化厅的号召，有效利用当地的经验、技术信息等实施符合新政策需求的业务和事业。

具体来说，就是积极推进以下工作的开展：与“生活文化”相关的调查研究、施政研讨；有效利用文化遗产等进行的广域文化旅游和城镇建设范本的开发，以及对建设文化旅游点的支持等。此外，为应对新政策课题的调查研究，和大学等研究机构共同进行政策课题研究、文化经济效果分析，并与当地的地方公共团体合作，举办全国高中生传统文化等活动。通过这些工作，在正式搬迁之前，进一步加强与当地的联合与合作，为文化厅向京都搬迁做好准备，从地方、产业界等当地视角出发推进落实方案。

三、加强新建文化厅的功能

从长远角度看，要完成文化厅向京都的顺利搬迁，需进行文化厅的组织改革和功能强化，提前完善与新建文化厅相符合的体制建设，为此第196次国会审论通过了《修订部分文部科学省设立法的法律》案。在该法案中，文化厅的任务被修改为“综合推进与文化相关政策”，同时将以下两项事务追加给文化厅管理：①与文化相关的基本政策的规划、起草及推进等相关事项；②与文化相关的有关行政机构的业务调整。另外，该法案也规定了设定学校艺术教育标准的相关事务、通过博物馆振兴社会教育的相关事务等由文部科学省移交给文化厅。通过这些修订条款，完善了以文化厅为核心推进日本文化行政发展的体制，有望成为向实现文化艺术立国迈进的重大一步。（计划2018年10月1日起实施）

从文化厅迎来创设50周年的2018年秋季开始，新建文化厅将在与有关府省厅合作的同时，加强应对有效利用文化资源振兴旅游业和丰富地方创新计划，提高文化宣传力，振兴茶道、花道、书法、食文化等生活文化，推进文化创造和文化政策调查研究。

图表1-1-5 为综合推进文化政策进行功能强化

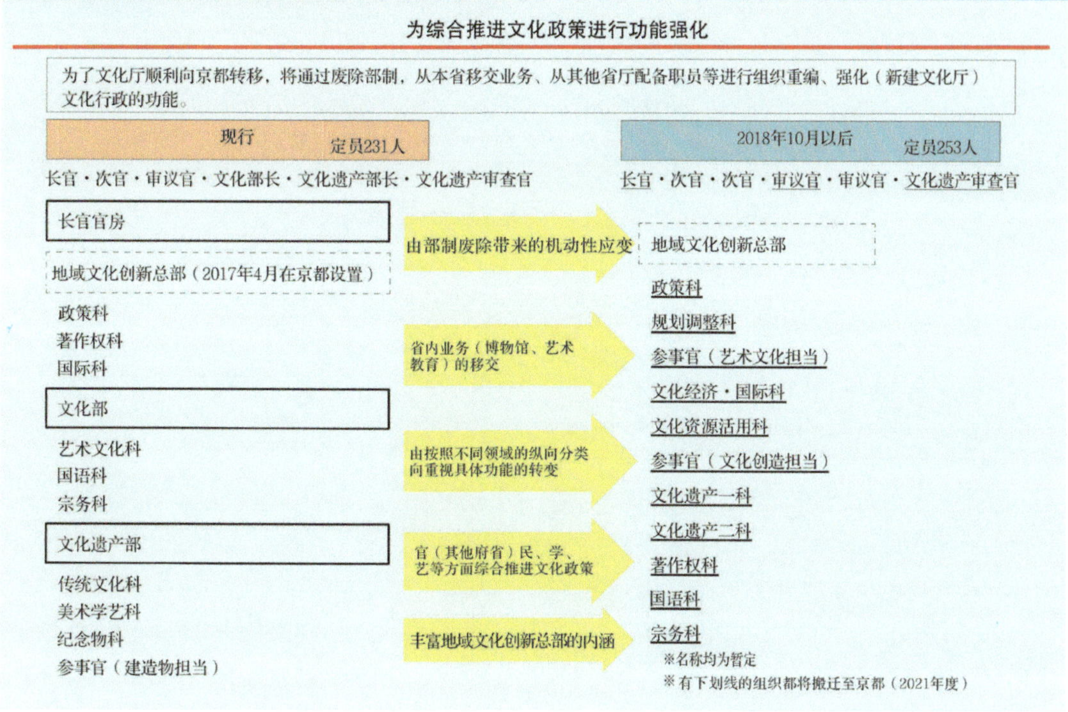

四、为正式搬迁所做的工作

文化厅认为，由于目前的政策往往由中央统一立案在全国统一推行，因此有必要强化地方对因地制宜的认识，加强优化各省厅（部门）的宣传力度，在此基础上，文化厅率先在京都设立了“地域文化创新总部”，并推进开展各种工作。

文化厅若要在今后担负起振兴日本文化的重担，必须对地方文化尽最大责任，努力发展艺术文化和传统文化，这就要求文化厅必须认识到文化艺术发展的前提是关怀更多人、触及生活文化等新领域、扩大文化政策的范围，而文化艺术又是建设共生社会、丰富国民精神生活的关键。基于这种理念，今后也要致力于新政策的落实推进。

另外，还要继续进行搬迁的先行论证。为了能在京都和东京办理业务时，建立起简洁高效的体制，有必要有效利用 ICT 提高业务效率，重新评估业务性质和整体流程，精简内部决策过程等。

根据文化厅搬迁协议会的汇总，预定最晚于 2021 年正式进行搬迁，为了能够顺利搬迁，文化厅将继续与有关省厅（部委）和包括京都在内的有关方面合作，积极推进工作。

第三节

文化财产保护制度的改革——推进文化遗产传承，探索适用于新时代的文化遗产保护和利用方式

文化遗产诞生于日本不同的时代背景中，与人们的生活和风土息息相关；是一直传承守护至今的国民共同拥有的宝贵财产。但是，在人口稀疏、少子老龄化等背景下，传承文化遗产的中坚力量不足，防止文化遗产的消失、失传成为目前十分紧迫的课题。各地区在推进城镇建设中，越来越重视挖掘具有地域特色的文化遗产，并加以有效利用，其中，还未被列入名册的文化遗产也正在被有效利用于城镇建设中，因此，地方上的总负责部门有必要努力建构文化遗产传承体系。

在此背景之下，2017 年 5 月文部科学大臣对文化审议会进行了询问，要求该会综合研究如何提前完善文化遗产保护制度以适应未来需求（《关于今后文化遗产保护和有效利用的方式》）。在此基础上，在文化审议会文化遗产分科会设置的企划调查会中，作为总括性研讨的最初课题，将文化遗产和其周边环境作为一个整体进行了考量，并探讨了如何振兴地区发展。同年 12 月进行了《有关适合未来保障文化遗产传承的有效保护和利用方式》（第一次报告）的报告。

文化厅在此基础上，从法制角度对其进行了重新评估，于 2018 年 3 月 6 日的内阁会议上通过了《对文化遗产保护法、地方教育行政的组织和运营相关法律进行部分修订的法律案》，经过国会审议，于 2018 年 6 月 1 日正式通过。

报告会现场

在修订法案中，为促进地方有计划并有效地保护、利用文化遗产，强化地方文化遗产保护的行政推动力，大致确定了以下三项工作。

一、对地区文化遗产的综合且有计划的保护、利用

首先都道府县要制定有关文化遗产保护、有效利用的综合性施政大纲。大纲中要记载地区内有关文化遗产的保护和有效利用的基本方针、每块广域区域的工作、灾害发生时的对策、对小规模市町村的支援等，希望都道府县能跨越市町村的地域限制进行大范围的合作，并使后述的有关文化遗产有效保护利用的地域计划（以下略称《地域计划》）对尚未制定政策的市町村发挥积极作用。

市町村对都道府县制定出的大纲进行斟酌考量，制订有关文化遗产保护、及有效利用的综合性计划（地域计划），可申请国家认定。地域计划的记载事项包括：

①该市町村区域的文化遗产保护及有效利用的相关基本方针

②为保护及有效利用该市町村区域的文化遗产，该市町村采取的措施

③为掌握该市町村的文化遗产现状而进行的调查的相关事项

④计划实施时间段及其他

制订计划时，尽量反映当地居民意见，此外，还要听取反映给地方文化遗产保护审议会的意见，并组成协议会。协议会的成员既包括市町村、都道府县、文化遗产的所有者、支援文化遗产保护及有效利用的民间团体（即后述的"文化遗产保护利用支援团体"）之外， 还包括有学识有经验的人士、商工会、旅游观光相关团体等市町村认为有必要的各种各样的人才。

制订的地方发展计划如果得到国家认定，便具有法律效力，要创设向国家登录备案文化遗产的相关组织程序。经过调查如果发现确实应该但还未被列为文化遗产的，地方上要研究具体的保护措施，只要有国家认为应当登记入册的文化遗产就可以提议登记，用这样的法规能够保护各地区发现的未被列入名册的文化遗产，从而加强国家与各地区的合作。另外，文化厅长官所管辖的关于国家指定文化遗产的现状变更许可（除重大事项以外）等一部分事务，移交给地方公共团体，不仅仅限于城市，地方计划中特别得到认定的村镇也可自主开展工作。这就要求町村要明确地将事务实施意向写入计划中，并接受国家的审定，具体手续等今后在政令中再具体规定。

为了便于都道府县制定的大纲和市町村实施的地域计划，在地方公共团体进行研讨，文化厅计划就今后基本想法方面提供运营上的大方针。

市町村可以指定"保护并有效利用文化遗产支援团体"（以下略称为"支援团体"）与地方上的文化遗产所有者进行商谈及调查研究。支援团体不仅要保护、有效利用辖区内的文化遗产，也要对从事保护、有效利用文化遗产事业的人提供信息及商谈的服务，按照文化遗产所有者的需求，承接文化遗产的管理、修复等业务，并能够对市町村地方计划的制订、变更等提出建议。支援团体是一种作为"法人或其他同等资质的团体"，能够将保护会等任意团体纳入其中的制度性框架。

二、为确保每一项文化遗产的传承，重新审视保护及有效利用文化遗产的制度

接下来介绍各文化遗产修订法的内容。

在文化遗产的保护上，现行制度中文化遗产的指定、选定、登记的流程及修复等工作的运营极为有效。此次的修订法在维持现行制度的基础上，谋求文化遗产的价值、保护、有效利用的情况的可视化，增加了适合的具有计划性的实施方案。

图表1-1-6 市町村文化遗产保护利用的地区计划效果图

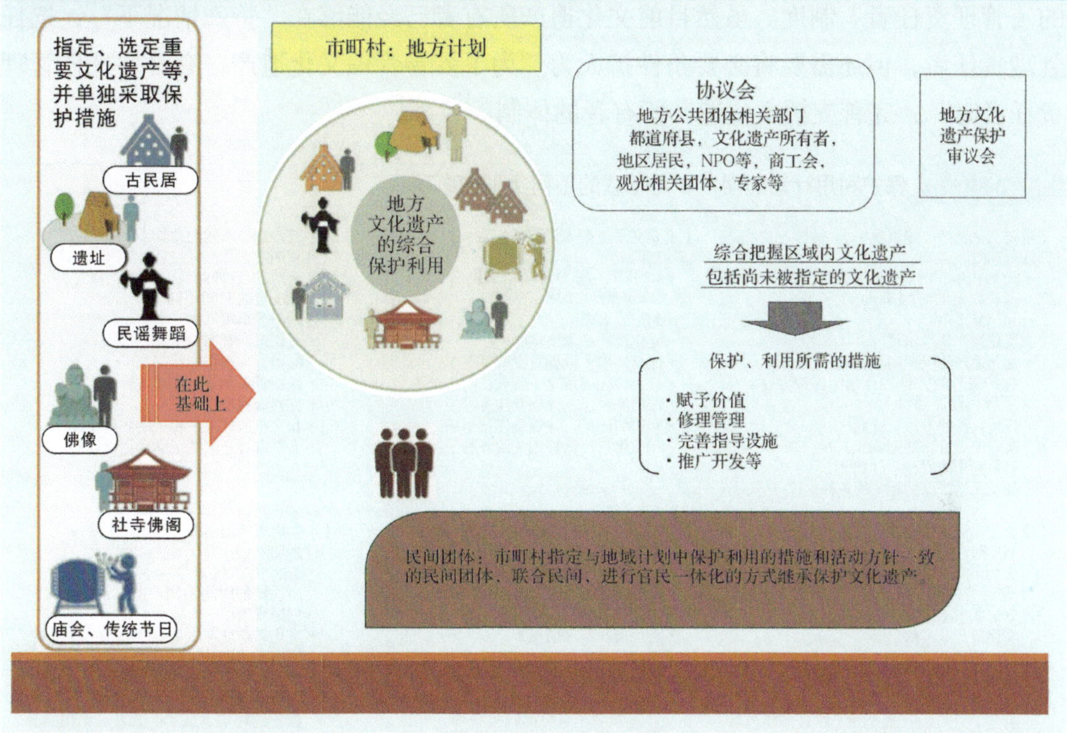

具体来说，国家指定的某项文化遗产的所有者或管理团体可以制订该文化遗产的《保护及有效利用的计划》，并申请国家认定。保护及有效利用的计划中要记载文化遗产的现状（所在地、所有者、保护状况和培养传承者的情况等）、保护管理上的注意事项、修复和有效利用的方针、保护和传承的方针等。有关详细内容，如运营上的方针等，今后文化厅会再具体提出（目前为止关于文化审议会上商讨过的内容，参照图表 1-1-7）。

目前正在推进有关建筑物及历史名胜自然纪念物等计划的制订，并扩展到其他文化遗产，使其制度化，并通过设置国家认定的程度来推动计划的制订。

保护及有效利用计划中记载了今后的修复和整备等工作，在实施保护及有效利用计划时，可能会需要办理现状变更许可等诸多手续，修订法案规定，保护及有效利用计划中特别注明的修复等行为和具体修复部位，如果已经得到了文化厅长官的认定并被列入计划中，通常只需要事后呈报相关的许可手续即可，在手续办理上较为灵活。针对被指定或登录在册的重要文化遗产或者物质文化遗产的美术工艺品，制订的保护及有效利用的计划得到了国家认定，并在美术馆、博物馆寄存及公开的情况，可特别减免与该工艺美术品相关的遗产继承税。由此既可让贵重的文化遗产保管在美术馆等较适合的环境中，同时也能够使更多的人有机会接触文化遗产的魅力。

随着老龄化问题的出现，仅靠所有者要对文化遗产进行充分的保护还很困难，为完善能够应对此种情况的制度结构，要重新制定代替所有者保护、有效利用文化遗产的《管理责任者》制度。虽然目前文化遗产所有者已经能够在“特殊情况下”，选任管理责任者，但还需要将必要条件扩大为“为了妥善管理文化遗产，有必要选任管理责任者时”，完善支援文化遗产所有者的体制。

图表1-1-7 保护利用计划的期限和需记载的不同类型的事项

【重要文化遗产（建筑物）】
○计划期限
・大约10年，针对每一个文化遗产设定的时间不同
○计划记载事项
・文化遗产基本信息等
・文化遗产的保护利用状况
・保护管理的方针、计划（保护方针、管理修理计划等）
・环境保护的方针、计划
・防灾的方针、计划
・有效利用的方针、计划
・和文化遗产保护相关的各种手续

【重要文化遗产（美术工艺品）】
○计划期限
・大约5年，针对每一个文化遗产设定的时间不同
○计划记载事项
・文化遗产基本信息等
・保存环境（设施及设备环境）
・日常管理的情况（防灾、防盗对策）
・修理的记录、计划及注意事项
・利用的记录、计划及注意事项
・和文化遗产保护相关的各种手续

【名胜古迹、天然纪念物】
○计划期限
・大约5年，针对每一个文化遗产设定的时间不同
○计划记载事项
・文化遗产基本信息等
・保护管理利用的状况
・保护管理利用的基本方针
・完善修整方针
・和文化遗产保护相关的各种手续
・名胜古迹和天然纪念物运营体制

【重要非物质文化遗产（艺术）】
○计划期限
・大约5年，针对每一个文化遗产设定的时间不同
○计划记载事项
・文化遗产基本信息等
・活动成绩
・该领域的现状
・保护和传承计划（培养传承者、研修发表会、资料的收集整理、原材料和用具的保障、推广教育活动等）

【重要非物质文化遗产（工艺技术）】
○计划期限
・大约5年，针对每一个文化遗产设定的时间不同
○计划记载事项
・文化遗产基本信息等
・活动成绩
・传承的状况
・保护和传承的计划（培养传承者、研修发表会、资料的收集整理、原材料、用具的保障、推广教育活动等）

【重要物质民俗文化遗产】
○计划期限
・大约5年，针对每一个文化遗产设定的时间不同
○计划记载事项
・文化遗产基本信息等
・所有者的现状
・保护保存的状况
・保护利用的计划［修理、修复、完善保护的环境、展示、公开、借出、替代（制作复制品）、防灾、防盗、有效利用在教育活动中、推广、启发、宣传（传承教室、举办讲座等）移交、所有者变更、为增加地区活力发挥作用等］

【重要非物质民俗文化遗产】
○计划期限
・大约5年，针对每一个文化遗产设定的时间不同
○计划记载事项
・文化遗产基本信息等
・保护团体的状况
・传承的状况
・保存和传承计划（人才的确保、培养，用具等的修理、新制、替代、舞台等设施的维护、修理、防灾、防盗、警备、如何在当地和当地以外的地方公开展示、推广、启发、宣传、地区支援、制订文化遗产法人化计划、申请成为法人的流程、有效利用在教育活动中、再调查、再记录、为增加地区活力发挥作用等）

出处：文化审议会《探索适用于新时代的文化遗产保护和利用方式》（第一次报告）（2017年12月8日）
※详细情况今后有可能变更

三、强化地方文化遗产行政的推动力

地方公共团体要推进上述工作，谋求地方文化遗产行政的进一步发展，必须具备比以往更多样的知识和更广阔的视野来开展工作，充实地方公共团体的推进体制，特别是今后各地方公共团体在推进计划性工作时，要确保包括艺术文化领域在内的文化行政的整体性，将景观街道建设行政、旅游观光行政等其他行政领域也纳入视野，使行政工作综合化、一体化。

因此，对于目前由教育委员会管理、执行的地方公共团体的文化遗产保护相关工作，为了能使各地方公共团体进一步充实和做好相关事务，需要依据条例，使地方公

共团体的领导负责起这些事务（《地方教育行政组织及运营相关法律》的修订）。

在管理、执行文化遗产保护相关事务时，需要确保专业性、技术性的判断，平衡好保持与开发的关系，在保护文化遗产时，需要提前考虑好对于注意事项的应对策略。因此，地方公共团体的领导在负责这些事务时，必须邀请对文化遗产具有远见卓识的人组成地方文化遗产保护审议会。而且，要支持文化遗产部门配备有专业知识的职员，丰富职员研修内容，提高配置职员的专业性，要根据要求，提高文化遗产行政的透明性，同时通过日常与负责学校教育、社会教育部门构筑密切联合、建立协作关系，做到根据各地方公共团体的实际情况，妥当处理相关问题。

为充实地方公共团体的人才，对于负责巡视文化遗产、向所有者建言献策等工作的“文化遗产保护指导委员”，不仅要将其设置在都道府县，而且要设置在市町村。这样的机构设置更能方便与地域有密切关系的专业人才开展对日常管理的支援，和对防盗、防灾建言献策的工作。

第四节

面向 2020 年东京奥运会、残奥会的文化项目

一、文化项目的开展

奥运会、残奥会既是运动的盛会，也是文化的盛会，迄今为止，各国已经举办了艺术竞技、艺术展览等与奥运会残奥会相关的多种多样的文化活动，特别是近年，经常可以见到因奥运会开展的连续数年的文化项目。

2020 年东京奥运会、残奥会（以下简称为“2020 年东京奥运会”）是通过文化项目，将充满地域性色彩且富有多彩魅力的各种文化活动展现给世界的绝好机会。在此背景之下，联合全国地方公共团体以及艺术家，在全国开展与地方创新、振兴旅游紧密相连的文化项目显得尤为重要。

目前，面向 2020 年东京奥运会，已经开展了“东京 2020 文化奥林匹克”“beyond 2020 项目”等文化项目。

这些项目是以奥运会为背景的认证制度，只要是有助于日本文化的再认识及传承发展、下一代的培养和新文化艺术的创造、日本文化走向世界的各项工作，以及创造出符合成熟社会并可让下一代引以为豪的文化遗产的活动，均可申请认证。文部科学省已从 2017 年 5 月正式开始了“beyond 2020 项目”的认证工作。

通过这些工作，期待进一步振兴日本文化艺术，大大提高奥运会、残奥会在日本全国的影响力。

图表 1-1-8 面向2020年东京奥运会的文化项目一览表

	东京奥运会残奥会大会组委会		中央省厅，地方公共团体
项目	东京2020文化奥林匹克		beyond2020项目
	东京2020官方文化奥林匹克	支持东京2020文化奥林匹克	
概要	根据《奥林匹克宪章》进行的官方文化项目 和东京奥运会主要相关人员实施与奥运会主题相符的、文化艺术性较高的事业	根据《奥林匹克宪章》进行的官方文化项目 非营利团体实施和奥运会残奥会相关的大范围的事业	放眼2020以后，有助于创造文化遗产的文化项目 无论营利与否，由多种团体共同实施的项目 ※不可使用奥运会、残奥会相关语句
组织单位	组委会、国家、主办城市、会场所在地公共团体、官方赞助商、JOC、JPC	包括会场所在地以外的地方公共团体、独立行政法人在内的非营利团体	除了文化奥林匹克的主办方之外，还有官方赞助商以外的企业
LOGO	文化 オリンピアード TOKYO 2020	TOKYO 2020 文化 オリンピアード	beyond 2020

图表1-1-9 各项目认证的必要条件

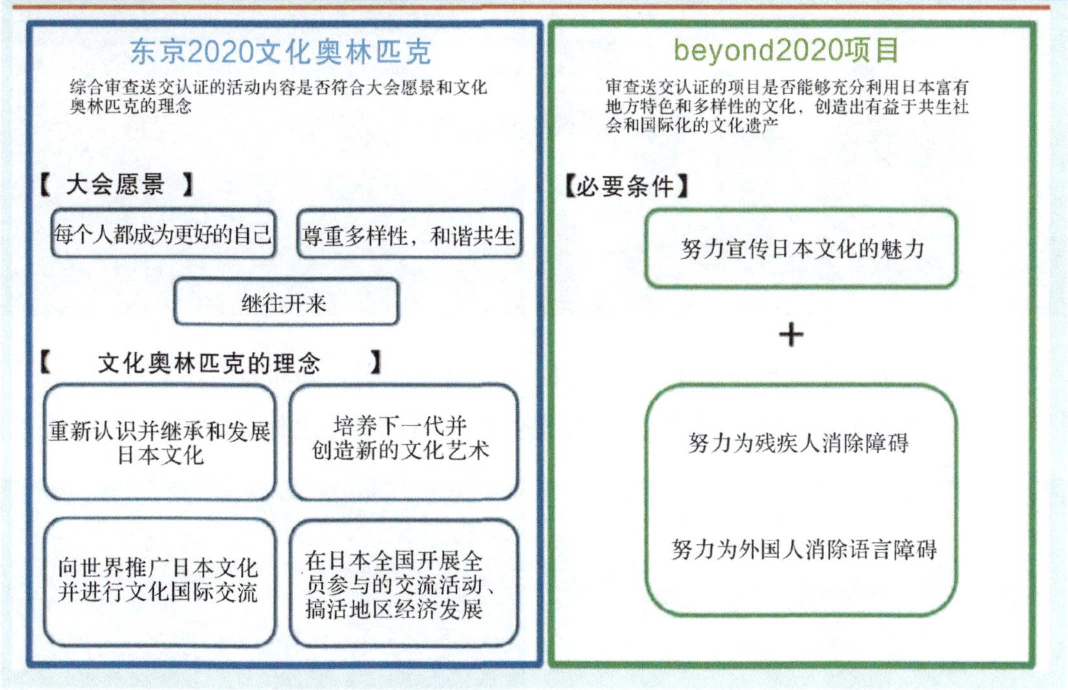

二、为 2020 年以后的未来创造文化遗产

文部科学省为了实现文化艺术立国，计划以 2020 年东京奥运会为契机，通过支援地区文化艺术活动等方式，有效利用文化遗产，发展文化艺术，推进开展文化项目。

为做好全国开展在文化项目的准备，文部科学省与东京奥运会残奥会组委会及相关省厅（部委）等合作，在积极普及认证制度的同时，在富山县和大分县召开了发掘、宣传富有地域性和多样性文化的研讨会，并在神奈川的横滨市举办了于 2017 年实施的文化项目先行事例的发布会。

此外，文部科学省还广泛收集全国各地的文化项目等信息，在互联网上建设了管理、汇总信息的“文化信息平台”。在此信息平台的基础上，从 2017 年 5 月开始尝试建设并运行文化项目综合门户网站“Culture NIPPON”[1]。

文部科学省为创造 2020 年以后的文化遗产，努力实现日本文化的国际化、社会共生，到 2020 年为止认定 100 项左右的日本遗产，通过发掘并宣传地域文化资源，实施各种各样的文化项目。

1. 文化厅举办的主要文化项目

① Culture NIPPON 研讨会（左图）

② 日本宝物开发计划—日本遗产 ×Live Art-（右图）（照片提供者：堀切功）

1 参照 http://culture-nippon.go.jp/ja/。

③全国文化项目新闻报道中心（左图）（照片提供者：共同通信社）

④ TOKYO 风雅节 2017（右图）（照片提供者：上野“文化之林”新构想实行委员会）

2. 日本遗产（2017 年度认定的其中一例）

①江户也领略不到的江差五月 ~ 鲱鱼繁荣的城镇 ~【北海道江差町】

②圆男儿们逐波踏浪之梦的异空间 ~ 北前船停泊地 · 船主村落 ~【北海道函馆市、北海道松前町、青森县鲹泽町、青森县深浦町、秋田县秋田市、山形县酒田市、新潟县新潟市、新潟县长冈市、石川县加贺市、福井县敦贺市、福井县南越前町】

姥神大神官渡御祭（江差町）

日和山公园（酒田市）

③由一朵棉花开始的仓敷物语～和与洋编织的纤维城镇～【岡山县仓敷市】

④耶马溪游览～漫步在绘于大地上的山水画卷中的道路上【大分县中津市·玖珠町】

和与洋编织的小镇　仓敷美观地区（仓敷市）

冲天石柱（玖珠町）

明治发展，继往开来　Column No. 01

从明治元年（1868）算起，到2018年正好满150年。明治以后，日本向近代国民国家迈出第一步，在明治时期致力于实现各方面的近代化，构筑国家的基本形态。

导入内阁制度，制定大日本帝国宪法，导入立宪政治，议会政治，开通铁路，实施邮政制度等技术革新和推进产业化，导入义务教育，设立女子师范学校等在积极开展教育事业方面，做出了很多努力。

青年和女性等去海外留学学习知识，充分利用从外国学到的知识，不是简单地模仿西方，也运用日本的优秀之处和传统创造出新的技术和文化。

政府在迎来"明治150周年"的2018年这个时间节点上，为了能够回顾明治时期，更好地面向未来，地方公共团体和民间企业也要一起进行各种各样的努力。（文部科学省的工作）

构筑、公开明治时期教科书等教育资料的数据库	实施大学图书馆收藏的明治时期收藏品展示计划	国立女性教育会馆实施《明治150周年》企画展
国立教育政策研究所收藏的明治时期的教科书、教育锦绘、教育相关资料等在《学制》公布以后，对教育的近代化发挥重要作用，2018年预构筑、公开能够阅览这些资料的数据库。	为增加接触明治时期技术、文化有关遗产的机会，在大学图书馆举办馆藏的明治时期收藏品企画展。	展示明治时期出版的有关女性教育的杂志、教科书等资料，女性教育信息中心收藏的资料，明治时期相关资料。

《小学入门教授图解》(1877 年)

明治 150 年相关企划展《纪念时代的杂志》(名古屋女子大学越原纪念馆)

迷你展示“明治时期的女子教育展”

东京国立博物馆举办有关近代美术展

主要展出的是明治时期巴黎世界博览会上展出的作品和显示皇室御用艺术家(当时政府特别任命的艺术家)高超技术的作品。

在国立美术馆的系列展览

在东京国立美术馆工艺馆,举办了“名工巧匠的明治”展,介绍以铸造家铃木长吉为代表的具有高超技术和表现力的等名工巧匠的作品,他们的明治精神流传至今。在京都国立近代美术馆,举办了“明治 150 周年展明治的日本画和工艺”展,介绍了被称为“超绝技巧”的工艺作品等明治时期的美术作品。

主楼 18 号展入口处的展板

铃木长吉《十二鹰》

并河靖之《藤图花瓶》

2018 年迎来了文化厅成立 50 周年

Column No. 02

1968 年,当时的“文化遗产保护委员会”与“文部省文化局”合并,成立文化厅。2018 年 6 月迎来了 50 周年。50 年来,文化厅的预算从 50 亿日元(1968 年度)增加到 1077 亿日元(2018 年度),增长了 21.5 倍,很多人为文化艺术的兴盛付出了巨大努力,包括加强文化遗产管理、完善相关文化设施、制定并实施地方公共团体艺术文化政策,以及进行国际文化交流等。

根据内阁府进行的有关文化民意调查显示,2016 年直接进行过文化艺术鉴赏的或是参加过除文化艺术鉴赏以外的艺术活动的比例分别为 59.2%、28.1%,

直接参加过的活动有电影、音乐、美术等，除鉴赏以外的文化艺术活动有当地举办的群众艺术和传统节日，参加音乐、舞蹈、茶道、花道、书法等讲座的比例较高。

文化厅的建立

1974 年文化厅主办蒙娜丽莎展

〈主要事件〉

1968（昭和 43 年）	成立文化厅（“文化遗产保护委员会”和“文部省文化局”的合并）、川端康成获得诺贝尔文学奖
1969（昭和 44 年）	东京国立近代美术馆主楼迁至现在的位置
1970（昭和 45 年）	颁布《著作权法》
1975（昭和 50 年）	修订《文化遗产保护法》（加强地下文物的保护、设立传统建筑群保护区等）
1986（昭和 61 年）	国民文化节元年
1990（平成 2 年）	设立艺术文化振兴基金（官民基金）
1992（平成 4 年）	加入《世界遗产公约》
1994（平成 6 年）	大江健三郎获得诺贝尔文学奖
1996（平成 8 年）	修订《文化遗产保护法》（将“注册”制度化，这比“指定”更为宽松。）
1997（平成 9 年）	媒体艺术节元年
2001（平成 13 年）	颁布文化艺术振兴基本法（基本理念、基本措施、国家和地方的职责等）
2006（平成 18 年）	《保护非物质文化遗产公约》生效
2016（平成 28 年）	决定将文化厅迁移至京都
2017（平成 29 年）	修订《文化艺术振兴基本法》，通过了《文化艺术基本法》[1]

1 参照第一部特集一第一节。

特集二

学校工作方式改革

现在的学校所处的环境愈来愈复杂多样，并且要求学校在更多的方面发挥作用，比如，解决贫困问题、满足家长们的要求等等。此外，学校还需要进行课堂改革，以提高教育教学质量，应对各种各样的教育问题。其中一项紧迫课题是根据教师工作的实际情况，减轻教师业务负担。文部科学大臣的咨询机构中央教育审议会从 2017 年 6 月起一直审议《改革学校工作方式，构建面向新时代教育可持续发展的学校指导与运营体制的综合措施》，并于同年 12 月 22 日进行了中期总结。文部科学省将在此基础上汇总紧急措施，推进学校工作方式改革。

本特集首先在第 1 节介绍中央教育审议会就教师工作的实际状况、学校工作方式改革等方面进行的研讨情况和文部科学省所做的工作，在第 2 节介绍各地方公共团体采取的具体措施，第 3 节介绍未来的发展方向。

第一节

教师工作实态和“学校工作方式改革”

一、公立中小学教师工作实态调查的初步统计结果等

文部科学省从 2016 年开始进行“教育政策实证研究”。作为研究的一环，从 2016 年 10 月到 11 月连续七天对 400 所小学、400 所初中的教师（校长、副校长、教导主任、骨干教师、指导教师、教师、 讲师、保育教师、营养教师以及学校全职工作的所有人员）进行了教师工作实态的调查，2017 年 4 月公布了调查结果（初步统计数据）。该调查历时两年，2017 年 4 月公布结果后，对数据进行了详细的分析。

据调查结果（初步统计数据）显示，教师周工作时间较上次调查（2006 年度）有所增加（图表 1–2–1）。

图表 1-2-1 教师周工作时长

	小学			初中		
	2016年度	2006年度	增减	2016年度	2006年度	增减
校长	54：59	52：19	＋2：40	55：57	53：23	＋2：34
副校长、教导主任	63：34	59：05	＋4：29	63：36	61：09	＋2：27
教师	57：25	53：16	＋4：09	63：18	58：06	＋5：12
讲师	55：18	52：59	＋2：19	61：43	58：10	＋3：33
保育教师	51：03	48：24	＋2：39	52：42	50：43	＋1：59

※教师：包括主干教师、指导教师。

※此次调查的平均回答时间统一为一周小学64分钟、初中66分钟。

出处：文部科学省委托事业《教师工作实态调查（2016年度）汇总（初步统计数据）》（2017年4月）

就周工作时间来看，小学 55 ~ 60 小时以内、初中 60 ~ 65 小时以内的教师占比最多，小学 60 ~ 65 小时以内、初中 55 ~ 60 小时以内的副校长、教导主任占比最多（图表 1–2–2）。

图表 1-2-2 教师周工作时长分布

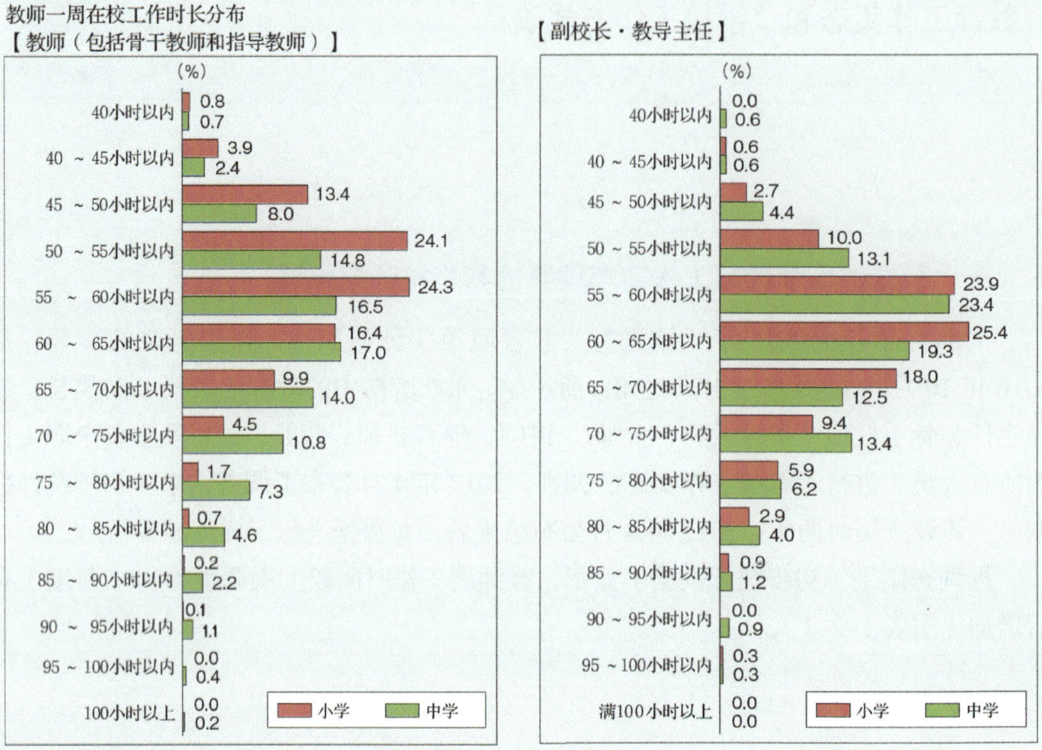

※教师：包括主干教师、指导教师。
※此次调查的平均回答时间统一为一周小学64分钟、初中66分钟。
出处：文部科学省委托事业《教师实际工作情况调查（2016年度）汇总（初步统计数据）》（2017年4月）

二、关于“学校工作方式改革”的探讨

1. 探讨的背景、意义

为了培养孩子具有能够在迅速变化的未来社会中独立生存、参与社会建设的素养和能力，2017 年 3 月修订了《中小学学习指导要领》等文件。今后的学校教育中，必须确保落实新《学习指导要领》的实施，努力改善、丰富学校教育。需要改进课堂教学进行“课程管理”[1]，实现“自主、互动且有深度的学习”[2]。依据新的《学习指导要领》，从 2020 年度开始在小学的中高年级，一年增加 35 个学分的授课时间。

与其他国家的学校和教师相比，日本的学校和教师不仅进行学习指导，需要在更广泛的范围发挥作用。在社会经济变化中，学校面对的课题日益复杂多样。比如在指导学生的问题上，由于身体残疾需要被特别关注的学龄儿童的增加、需要日语指导的外国人学龄儿童的增加等等。

---

1 参照第二部第四章第一节一。
2 参照第二部第四章第一节一。

这种对学校和教师各种期望，已经体现在了长时间的工作状态上，根据教师工作实态调查（2016年度）的初步统计数据，进一步明确了这种不容忽视的严峻情况。

为保持具有“日本特色学校教育”的优良品质，稳步落实新《学习指导要领》，维持和发展高质量的学校教育，减轻教师的业务负担成为亟待解决的问题。

在此基础上，2017年6月就《改革学校工作方式，构建面向新时期教育可持续发展的学校指导与运营体制的综合措施》向中央教育审议会征求了意见。

此次征求意见旨在重新审视教师长时间工作的状况，每一名教师将有机会，通过各种体验，提升自己，从而使活动更加有效。同时，通过创造一个可使教师能最大限度地发挥自身的积极性和能力的工作环境，使教师重新认识到教师这份职业重新获得了肯定，被认为是一份“有魅力的工作”，教师本人也能充满自豪地工作，这样反过来也可对学生教育产生积极的影响。

2. 在中央教育审议会上的审议

此次审议内容，具体有以下三点。

①关于学校应承担的工作

○迄今为止，学校开展的工作中，包括社团活动在内，应该如何继续开展？学校、家庭、当地社区、政府机构等应该如何分工，并发挥各自的作用？应该创造什么样的条件促进彼此的合作与联动？

○该如何选择在有关法令中制定的与学校相关的文件、政府机构、民间团体等要求学校进行的各种调查。

②教职员工及专职人员应该做的工作及其分工

○为实现“学校团队”[1]，教师从根本上来说应该做哪些事？承担事务的职员、学校生活辅导员、学校社会工作者、社团活动指导员[2]等分担不同角色的人员应该怎样分工合作？

○例如，随着小学总课时的增加，如何确保新《学习指导要领》的顺利实施，如何推进学习指导、学生指导，如何加强并丰富体制建设？

○教职员工负责的工作，应该采取怎样的措施，进一步有效地利用ICT等信息和通信技术，建立有效的实施保障体制？

③组织管理制度的方式和学校工作方式，使教师具有使命感，可以更加专心致志地指导学生。

○为加强学校管理，副校长、骨干教师、指导教师等应当发挥怎样的作用？主任的工作方式、维持学校运营的事务职员等组织运营的体制该如何构建？该如何构建包括管理者的意识改革在内的行之有效学校管理体制？

1　参照第二部第四章第十二节二。
2　参照第二部第四章第十二节二。

○该采取怎样的措施整合现有学校内部分管不同校务的各种委员会？

○根据学校特点应该采取怎样的相应的工作时间制度及工作时间管理方式？

○结合具体工作情况，应给予怎样的待遇？

以上这些事项，在中央教育审议会上初等中等教育分科会开设的“学校运营方式改革特别部会”上进行了审议。讨论时，还参考了文科省召开的听证会的意见。特别部会的委员认识到急需改善教师的工作实态。在这种情况下，所有教育相关人员就“立即开始做现在可以做的事情”达成共识，从各自立场出发加快工作进程，为确保政策落实，特别部会认识到应尽早提出指导性建议，基于这一共识，2017 年 8 月 29 日举办的特别部会上，汇总了紧急提议。到 2017 年底，共进行了 9 次探讨，12 月 22 日中央教育审议会进行了中期总结。

3. 改革学校工作方式，构建面向新时期教育可持续发展的学校指导与运营体制的综合措施（中期总结）

①“学校工作方式改革”的基本构想

在中期总结中，学校工作方式改革的目标在于不损害教师身心健康的前提下，致力于教师工作的质的转变，在有限的时间内，充分确保与学生接触的时间，丰富教师日常生活的质量和教职生涯，提高教师素养，创造能够持续对学生进行真正有必要的综合性指导的条件。另外，倘若将学校一直以来承担的工作委托给教师以外的职员或校外机构，有必要注意落实保障接替工作的人员或部门。

在中央教育审议会的讨论中，从多种角度指出了教师工作时间变长的原因。根据这些分析，主要探讨了：（a）使学校及教师承担的工作更加明确和合理；（b）重新思考学校组织运营体制方式；（c）探讨有关工作时间状况的意识改革和制度；（d）结合学校类型和学校设立者的不同，进行工作方式改革等。

②使学校以及教师承担的工作更加明确、合理

中期总结中可以看到，学校的工作大致可分为“学习指导”“学生指导、升学就业指导”“年级管理、学校运营事务”，而且，实际情况是教师们在这些工作范围并不明确的情况下，几乎一半都是依靠惯例、习惯进行。针对这些工作，有建议说，“①这些工作本应该由谁承担？”“②为减轻负担，应如何使其更加合理？”从这两点出发，在完善必要的环境的同时，应积极将工作转移到学校、教师以外的主体上去。

特别是在中期总结中，明确了迄今为止学校、教师承担的具有代表性的 14 项工作（图表 1–2–3）。

图表 1-2-3　迄今为止学校、教师承担的具有代表性的工作的相关思考

○迄今为止学校、教师承担的具有代表性工作的相关思考		
基本由校外承担的工作	虽是学校工作，但也未必必须由教师承担的工作	虽是教师的工作，但是也属于可被减负的范围
①上学放学的相关工作 ②放学以后到夜间这段时间的巡视，辅导学生的应对措施 ③学校收费的征收、管理 ④和地区志愿者的联系调整 （※根据工作内容，由地方公共团体、教育委员会、监护人、地区学校合作活动推进员、地区志愿者等来分担。）	⑤回答调查统计的数据等（行政人员） ⑥学生休息时间的工作（轮流值班、地区志愿者等） ⑦校内清扫工作（轮流值班、地区志愿者等） ⑧社团活动（社团活动指导员等） （※社团活动的设置、运营虽都不是法律规定的义务，但几乎所有的中学、高中都有设置。很多教师不得不担任其顾问）	⑨学校供给饮食时的管理（年级组长和营养教师合作等） ⑩备课（由助教协助进行的辅助工作） ⑪学习评价、成绩处理（由助教协助进行辅助工作） ⑫学校活动的准备、运营（和行政人员的合作配合等） ⑬升学就业指导（与行政人员、外部人才合作配合） ⑭应对需要援助的学生和家庭等工作（与专业的工作人员合作配合）

这些授课以外的工作在全国的学校都是共通的，其中很多工作都可归类到上述 14 项工作中，另外根据各学校和地区的实际情况，各学校的教育目标、教育课程的不同，也会产生不同的工作。关于这些工作，作为具有服务监管权的教育委员会对上述各项工作进行整合，判断这些工作是否是教师能发挥其专业性的工作，是否是关乎学龄儿童生命安全的工作，从这一角度出发，这就要求探讨将这些工作的主要承担者转移到学校、教师以外等问题。同时，也指出关于本来没有必要却已经作为惯例进行的工作，理应果断废止，完善必要的环境，谋求更加合理的分工， 通过研讨设定具体的削减目标，削减工作总量尤为重要。

另外，在中期总结中，为稳步落实工作的职责分配，使其更加合理，对国家、教育委员会以及各学校各自应该努力的方向也进行了如下汇总（图表 1-2-4 ）。

在谋求工作更加合理时，应致力于推进每个学校制订的各种计划的统合，统一制订学生的指导计划、支持计划等。

③学校的组织运营体制

关于学校的组织运营体制等方面，在中期总结中建议，应该联合设置校内委员会、统一人员组成等，推进更加合理的管理模式。为提高学校教育活动质量，今后要继续探讨组建真正有效的委员会等组织，采取以主任为代表的负责人分管学校事务等方式。

④关于工作时间的意识改革和制度方面的探讨

文部科学省一直在呼吁由各教育委员会来管理工作时间。在中期总结中，也再次

图表 1-2-4 为稳步落实工作的职责分工，使其更加合理而采取的具体措施

○为稳步落实工作的职责分工，使其更加合理而采取具体措施		
国家	教育委员会等	各学校
·明确学校、教师所承担工作范围，制定学校管理规则的模板 ·为得到地区、监护人的理解，提供资料 ·提供工作改进的优秀事例 ·调查、统计，精选需要委托的工作 ·希望能够配合学校减轻关于民间团体提出的展出请求以及向家庭发 物品这些方面的负担 ·反思各种给教育一线增加的工作，从工作时间、人员配置、业务改善的角度，总览业务量，设置统筹管理的部门等	·制订针对所管辖学校改进工作的方针计划 ·提高行政人员的素质、能力、积极性，共同开展校务工作 ·帮助学校进行改进工作 ·改善必要的环境，完善ICT等信息和通信技术，提高工作效率等	·明确学校的重点目标、经营方针 ·推进和相关机构、地区居民的联合与合作等

阐述了工作时间的管理，按照劳动法，这是校长和具有服务监督权的教育委员会需要履行的职责，应通过ICT、打卡等方式，彻底把握工作时长，而不是通过自我申报的方式。管理工作时间是工作方式改革的“手段”，不是“目的”。绝不能将工作时间形式上的掌握加以目的化，忽视真正需要的教育活动，留下或使人留下虚假记录。

关于合理工作时间的设定，再次明确了要设定标准工作时间，确保教职员工作休息时间，将这些工作时间考虑在内设定上学放学的时间，社团活动、夜间巡视等所谓的“加班四项”以外的工作，校长必须采取措施，适当分配规定的工作时间，不能强行安排规定时间以外的工作。

同时，通过灵活利用工作时间以外的留言电话、学校网站等，尽量减少监护人的咨询，根据《有关运动社团活动方式的综合指导方针》，设定合理的活动时间、休息日期等，阐明以上这些工作需要得到监护人以及社区的理解和帮助。

关于与全体教职人员的工作方式相关的意识改革方面，叙述了灵活利用研修、人事评价的教职员工的意识改革，改进与学校评价挂钩的工作的检查和评价。

为减少公立学校教师在规定时间以外的工作，依据政府整体工作方式改革的讨论，应抓紧研讨包括制定工作时间上限在内的指导方针。

需要进一步讨论，关于包括《有关公立义务教育各学校的教职员工薪金的特别措施法》在内的教职员工工作时间制度，在《在学校工作方式改革特别部会》中提出的各种意见，以确保教师工作的特殊性和学生的学习质量，并考虑可持续工作环境的状况。

三、文部科学省努力推进“学校工作方式改革”

1. 学校工作方式改革的紧急措施

依据 2 的中期总结，2017 年 12 月 26 日文部科学省汇总了《学校工作方式改革的紧急措施》。其概要如下：

①稳步执行任务分工和优化的措施

• 明确学校、教师、行政人员的职责标准，在各教育委员会的学校管理规定中，合理定位，并制订出示范方案。

• 收集和宣传改进工作的优秀案例。

• 在委托的各种展览和物品派发方面，为减轻学校负担，要求相关各方提供帮助。

• 在文部科学省内纵观教职员工的工作量，完善一元化管理组织，如有附加的新业务，要以与该组织提前协调为基本方针。

• 通过社区学校[1]、地区学校合作活动[2]等，提高学校教育教学质量。

②重新探讨学校制订的计划、组织运营

• 根据每个学校的内容和实际情况，督促学校计划的整合。

• 根据各学科指导计划的内容，鼓励多数教师共享。

• 提供必要的支持计划模式，针对每个学生制订计划，结合学校和学生具体情况，统合计划，优化工作，进行有效指导。

• 对于工作内容类似的委员会，联合设置、统一人员构成，优化工作。

③提高对工作时间的认识，进行改革，采取必要措施减少加班

【彻底实现工作时间的管理及制定合理的工作时间】

•彻底实现工作时间的管理。建立通过打卡等方式客观把握、统计工作时间的体系。

• 要在充分考虑教职员工的工作时间、休息时间的基础上，安排上学放学、社团活动、学校的各种会议的时间。

• 尽量控制工作时间以外的工作，不能以应对监护人及外部的咨询为理由额外增加工作时间。在确保紧急联络方式的基础上，采用留言电话或电子邮件的联系方式，完善应对体制。

• 在社团活动的指导方案中明确设定合理的活动时间和休息时间。

• 设定封校时段，确保在长假期间享受带薪休假。

【提高所有教职员工对工作方式的认识，进行改革】

• 进行培训，以培养管理职员的管理能力。鼓励各教育委员会对教职员工提供必要的培训，指导他们如何工作。

• 从改进工作的角度出发推动人事评价和学校评价的落实。

1　参照第二部第四章第十五节二。
2　参照第二部第三章第三节三。

【控制工作时间以外的工作的措施】

・参考政府的《工作方式改革实行计划》，研讨、提出包括教师工作时长上限在内的指导方案。

在特别部会的讨论中，针对学校组织的状况，包括《有关公立义务教育各学校的教职员工薪金的特别措施法》（工资特别法）在内的工作时间制度状况，提出了各种各样的意见，今后将继续探讨这些问题。

④完善必要的环境

为推进学校工作方式改革，将对以下工作划拨经费。

・随着小学英语教育早期化、课程化，需要配备相应的专业教师，增加教师数量。充分利用专业人员和外部人才，配备助教、学校生活辅导员、学校社会工作者、社团活动指导员。

・为改进学校一线工作，进行实践研究，提高学校工作效率，优化精选相关工作。

2. 向教育委员会发出通知

关于上述（1）的紧急措施，为配合贯彻执行改进学校工作及彻底实行工作时间管理，2018 年 2 月由文部科学事务副部长向教育委员会发出通知[1]，要求各教育委员会贯彻执行。

1 《关于在学校工作方式改革的紧急对策的制定并彻底贯彻学校的业务改善及工作时间管理的工作》（2018 年 2 月 9 日，文部科学事务次官通知）。

第二节

各地方公共团体进行的“学校工作方式改革”

为改革学校工作方式，在学校的整个工作中，教育从业者需要在各自立场上采取必要的措施。

为进一步改进学校工作，文部科学省将深入开展改革工作的地方公共团体作为典范，推进“加快学校一线工作改进的实践研究项目”（以下简称“实践研究项目”）的同时，通过开设学校管理论坛等方式，推动优秀案例向全日本宣传、推广。

在本节中，将介绍与地方公共团体、学校工作方式改革有关的先进案例，以及承办实践研究项目单位的工作。

一、推动学校工作的改进

教育委员会的领导在改进学校的工作中至关重要，要求各教育委员会要具有强烈的危机意识，制定改进学校工作的方针、计划，和学校一起稳步推进、改进工作。

冈山县教育委员会的工作（冈山县教育委员会） Column No. 03

近年，学校周边环境变得多样、复杂，学校担负的责任不断增大，教职员工的负担也在增加。今后，预计需要更多的时间确保新学习指导要领的落地、大学入学考试改革等措施的实施。而且，想成为教师的人在减少，从教职岗位上离职的现象也时有发生。冈山县教育委员会认为“如今不努力改变的话，今后就无法再改变”，努力推进工作方式改革。

① 2016 年度工作实态调查（冈山县教育委员会实施）分析

2016 年 6 月从冈山县教育委员会的工作实态调查（从各类别学校大约抽出 10% 的教师，针对不同年龄阶段、不同工作内容进行了为期一周的工作时长的调查），得到了如下结果。

图表 1-2-5　冈山县教育委员会实施工作实态调查结果

学校类型	小学	初中	高中	特别支援学校
每月上班时间以外的工作	约64小时	约87小时	约73小时	约40小时

图表 1-2-6 不同年龄教师，上班时间开始前，结束后，把工作带回家的时长（平日 1 人 1 日·分）

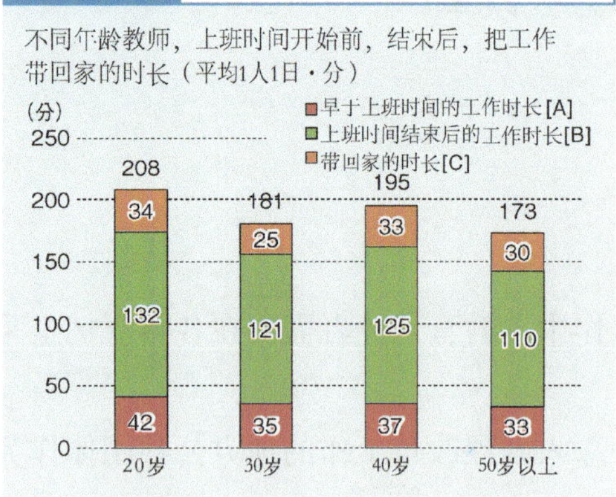

和过去的调查结果相比，不管是哪类学校，教师的额外工作逐年增加，被调查的初中教师中半数以上的教师每月在上班时间以外，还有 80 小时以上的额外工作。

从不同年龄段来看，无论哪类学校，20 多岁的年轻教师的上班时间以外的工作增多。从小学教师一天在校时间的工作内容，可以看出备课花费的时间最多。

②工作方式改革方案的制订[1]

根据 2016 年度工作实态调查结果，成立了工作方式改革推进委员会，成员由校长会代表、市镇村教育代表、县教育厅相关科长等组成。为缩减教职员工上班时间以外的工作，与市镇村（工会）教育委员会联合，制订了工作方式改革计划。重新探讨了上班时间以外的削减目标、社团活动休息日、获得监护人以及获得地方上的理解等方面的措施。以下四点是工作方式改革计划的重点。

○ 贯彻时间管理	○ 减轻事务性工作	○ 协助课堂准备
○ 贯彻社团活动休息日的规定		

笠冈市立大井小学、高梁市立高梁小学、浅口市立鸭方东小学被文部科学省指定为开展实践研究项目的学校，把握工作实际情况，精心选择提案，以校内研修计划、运营为中心配备教师，同时定期听取外部顾问的指导建议，致力于教职员工的思想意识改革和提高工作效率的研究。

③ 工作成果

2017 年度工作成果有如下三点：

（a）践行有时间意识的工作方式

学校类别不同，最后离校时间会有所不同，冈山县七成的学校（截至 2017 年 10 月，除冈山市外对县内所有公立学校校长进行的调查情况）规定了最后离校时间和按时离校日（县教委规定的学校的教职员工最后离校时间是 20 点）按时离校日（放学后没有会议、研修、社团活动，工作结束后立即离校的日子），县内所有公立学校实施了夏季放假期间的封校时间（县教委规定 8 月 13 日到 15 日为封校日。教职员工全天不上班，原则上也不值班。教职员工可获得夏季特

1 参照 http://www.pref.okayama.jp/page/519079.html。

别休假和年假等，可换休）

（b）规定社团活动休息日

2017 年 9 月起在中学规定了每周两天以上的社团活动休息日。包括在高中规定每周一天以上的休息日在内，所有初中、高中、中等教育学校都规定了社团活动休息日。

工作方式改革通信 No. 9 （2018年 3 月）

顺利进行工作交接

年终每个学年、课程和校务分工都需要进行一年的总结，并为新年度做准备。或许，你负责的业务的继任者可能是该业务的初学者。为了下一个人在新年度顺利接手新的工作，做成了“交接书”

① 继任人员可以顺利完成工作
② 现任的工作人员可以回顾并整理一年的工作

会有以上两个结果。在没有时间制作交接书的情况下，为方便继任人员顺利地接手工作，仅仅整理业务的相关文件和数据，也会有效果的(例如:归档文件并附上标题，按数据制作顺序编号等)。虽然是业务较多的时期，但为了从年度末到年度初的业务更加顺畅地交接，不断推进工作方式的改革吧

～工作方式改革示范学校的工作～

设置留言电话（高梁小）

【做此项工作的目的】

・提高课后业务的生产效率、为进行教职工对“有时间意识的工作方式”的意识改革

【工作内容】留言电话接听的时间段
周内19:30~次日7:30，周假日全天，长期休假中周一~周五16:40~次日8:10【截至实施之日的步骤】11月：校内推进组织协商，班级恳谈会上向监护人进行说明12月：通过书面通知监护人后，从寒假(25日)开始设置※2月19日(星期一)为止的录音有两个

【教职员工的声音】

・不再有较晚时间段监护人联系的情况，也较容易离开学校。
・对下班时间的意识比以往任何时候都高了。
・将学校跟家长的联络时间提前的意识高涨，可以有计划地开展工作。

在文件或文件夹名称前面加上“180301”（2018 年3月1日）和创建日期后，将按创建日期顺序进行排序。另外，为了便于检索文件，在文件名中加入作为关键字的词句也是有效的[例如：180301劳动方式改革通信(交接书)]

（c）向全县宣传推广实践研究项目的示范学校（以下简称“示范学校”）的工作

外部顾问面向管理层开办讲座，讲述有关实施工作方式改革的必要性，同时通过县教育厅每月发行的《工作方式改革通信》，推广示范学校改进工作的事例，让其他各学校以此为例也开展同样的工作，推动教职员工的意识改革和学校各自工作的开展。

使用便利贴，提出改进方案的场景
（高粱市・高粱小）

关于示范学校的工作，如下所示。

①研究推进组织体制建设

在示范校，为进一步改进工作，成立了研究推进组织，定期召开会议，讨论工作实施计划和实施后的课题。除了教职员工外，也纳入了学校评议员和PTA负责人，听取了监护人、地区代表的意见，工作得以迅速地推进。

②研究的推进方法

示范校在改进工作时，按照以下的顺序开展研究。

- 目标共享
- 对必要性的理解
- 明确工作
- 掌握实际情况
- 设定优先顺序
- 兴办简报
- 达成目的
- 进行评价和反馈
- 改进工作

首先，关于理想的学校以及工作方式，通过问卷调查等分享了每一个教职员工的想法。由于教职员工价值观不同，研究推进组织根据教职员工的不同想法，讨论了学校工作方式改革的目的。

“教职员工的工作方式改革，不仅只是缩短时间”这是三校共同的想法。通过顾问的讲话和建议，认识到教职员工高效地工作，保持健康、有足够的私人时间以及读书的时间，会有助于提高教育教学质量。

为精简业务，需要掌握学校究竟有多少工作（明确工作）。工作中既有依照惯例进行的工作，也有目的不明确的工作，还有针对特定的人和岗位上所产生的时间上的以及精神上的负担。理想状态是将这些工作归零，但要通过重新考虑实施方法、减少次数，才能够减轻负担或者负担感。

③工作事例

介绍示范校的卓有成效的事例。

（a）有时间意识的工作方式

目的：明确离校时间，高效地完成工作

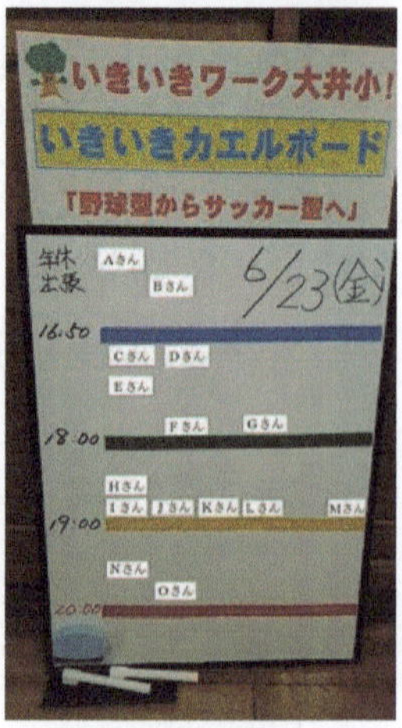

离校公告板

方法：在办公室设置的“离校公告板”（自己申报离校时间的公告）上，将自己的名牌放到相应的写有离校时间的位置。到了离校时间提醒未离校的同事。

教职员的心声：能将同事的离校时间视为目标。

成果：提高时间意识和工作优先顺序的意识，促进交流。

（b）精简工作

目的：往年暑假为举办地区游泳记录会做准备，从6月到7月放学后进行的游泳练习，成为教师长时间工作的原因之一，因此，取消放学后的游泳训练，使教职员工可以有效利用放学后的时间。

方法：在课堂指导体制上下功夫，充实暑假期间的指导。

教职员的心声…通过对体育课下功夫，改变学生的意识，同时注重指导的效果。

成果：减轻了教职员工的负担（放学后的时间能用来备课等），参加游泳记录会的人数增加（是上一年度的2.5倍）

（c）职场环境的改善

目的：提高办公室的功能性，促进教职员工之间的交流

方法：根据“工作、商谈、休息”等不同的功能，设定“工作、商谈、休息”等区域，使文具架可视化，设置咖啡空间，根据民间企业的建议，改变职员办公室的布局。

改变前和改变后的办公室（红色的圈是管理人员的位置）（浅口市、鸭方东小）

改变前：有的座位离管理人员较远，复印机、打印机在房间的一角。
改变后：各年级团队离管理人员的距离均等，打印机放在了房间的中央。

④工作成果

在反复试验探索、推进工作的过程中，积累了小的成功经验，增强了信心。教职员工也都积极献计献策，形成了在愉悦的氛围中努力改进工作方式的气氛。

与监护人、地方代表共同思考改进对策，更容易获得他们对学校工作的理解与支持。通过这些工作，教职员工的工作方式和时间意识发生了改变，工作时间以外的工作时长也逐渐缩短了。

二、工作时间管理

工作时间管理在劳动法上，是校长和具有服务监督权的教育委员会履行的职责，作为推进工作的基础，把握工作时间非常重要。因此，教育委员会需要通过 ICT、时间打卡等方式，彻底掌握工作时间，努力快速地构建工作时间计算体系。管理工作时间是工作方式改革的“手段”，不是“目的”。要求教育委员会彻底把握工作时间，进行合理分析，督促学校开展必要的工作。

福冈县北九州市教育委员会的工作（福冈县北九州市教育委员会）

Column No. 04

2012 年 4 月在福冈县北九州市各学校安装了校务系统，可以管理成绩、文件等，2013 年 1 月增加了包括管理上下班时间在内的服务管理功能，随着校务信息的数据化、共享化，提高了工作效率，减轻了工作负担。

给每位教职员工下发 IC 卡，用 IC 卡刷读卡机，点击业务专用电脑的上班打卡及下班打卡画面，记录上下班时间。

图表 1-2-7 校务系统体系预想图

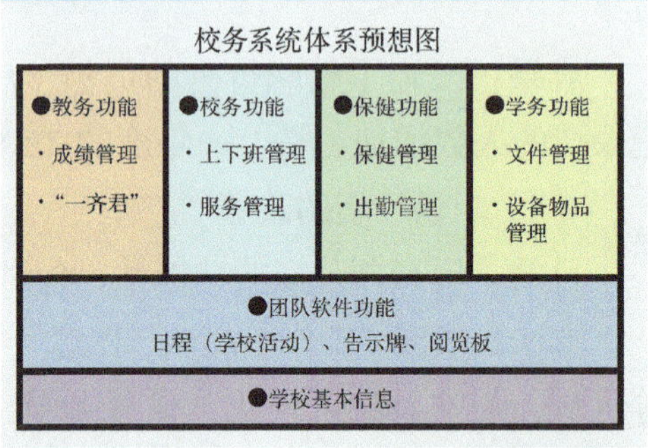

读卡机

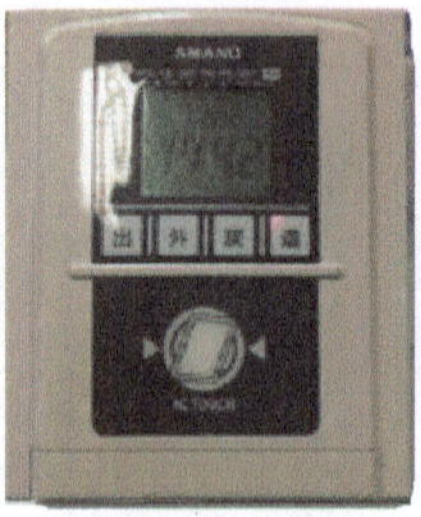

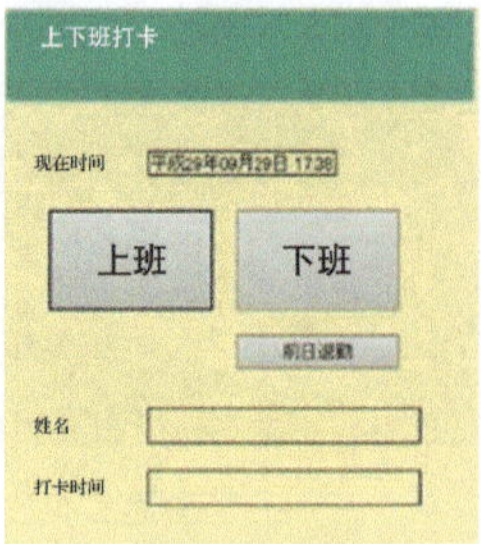

上下班打卡画面

系统导入之初，有教职工忘记打卡，周六、周日参加组织社团活动时，没有打卡的情况时有发生，虽然为了准确掌握工作时间有过一些困难，但最终彻底落实了打卡制度。

由此，学校校长更加容易掌握每一位教职员工的工作情况，基于劳动安全卫生法，找出需要由产业医生进行面试指导的教职员工也较容易。

教育委员会也能掌握所有教职员工的上下班时间，提取并分析每个学校、每个职位、每个人的信息，能够更有效地利用到把握学校状况、管理教职员工的健康状况、检验改进工作的效果。

具体来说，向学校校长提供市内每所学校的月平均在校时间（从上班到下班时间内的非工作时间）的信息，推动工作的改进。另外，与上一年度相比在校时间的差距明显的学校会被问讯调查，收集取得成效的学校的相关信息。

掌握每个人的信息，对在校时间一直较长的教职员工，鼓励接受校医面对面的诊断和指导，这对健康管理政策的制定也是不可缺少。

管理工作时间作为劳动法上应当履行的职责，也是与学校校长推进的均衡工作生活、推进改进工作的意识密切相关的工作。教育委员会需要努力确保教职员工和学生面对面的时间的同时，创造更有意义的工作环境。

三、强化学校事务功能，改进工作

根据文部科学省 2017 年 4 月公布的教师工作情况调查，可看出副校长、教导主任的工作时间比校长、教师的工作时间长，特别是从事事务性工作的时间较长。

为减轻副校长、教导主任繁重的事务性工作的负担，充分发挥学校管理功能，学校行政人员应更加积极地参与校务运营的策划中。

另一方面，在中小学，每所学校大概配备了一名行政管理人员。

通过导入总务系统以及分担行政工作，提升工作效率的同时，希望加强学校管理人员和其他教职员工的合作，可以在学校运营方面独当一面。

新潟县五泉市教育委员会的工作（新潟县五泉市教育委员会）

Column No. 05

新潟县五泉市在教育负责人的领导下，设置了由教育委员会负责人、指导干事、各学校行政管理人员、行政人员组成的工作改进推进委员会等组织，教育委员会与学校，合作管理学校事务，不断推动工作的改进。

关于加强学校事务功能方面，以共同开展事务性活动为基础推动工作，将地区内的中小学分为三个小组，组长调研组内的学校，根据各校实际情况，对行政人员提供指导性建议，旨在实现行政事务标准化，提高行政工作质量。使财务、学籍、教材等各类分管相关的工作进度可视化，努力避免与其他工作的重复，致力于开发与新《学习指导要领》对应的时间管理系统、以及出勤名单的电子化等，提升工作效率。

通过工作效率的提升，行政人员要参与教导主任记录的教职员工的服务、出差等学校日志系统、学校预算委员会、教材等选定委员会的运营，更加积极地参与学校运营规划中。

图表 1-2-8 五泉市业务改善推进框架图

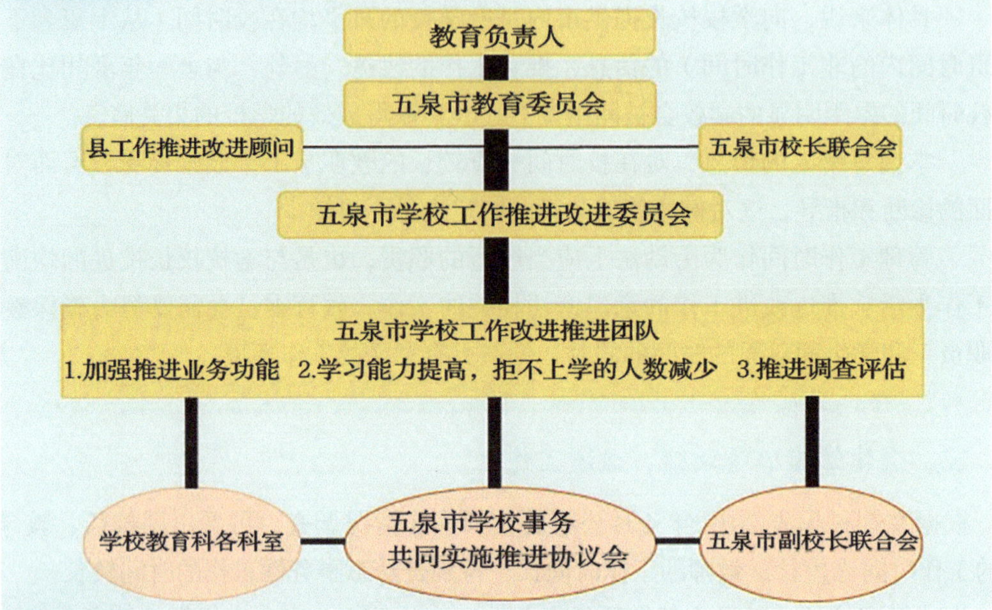

图表 1-2-9 五泉市学校共同开展事务性工作效果图

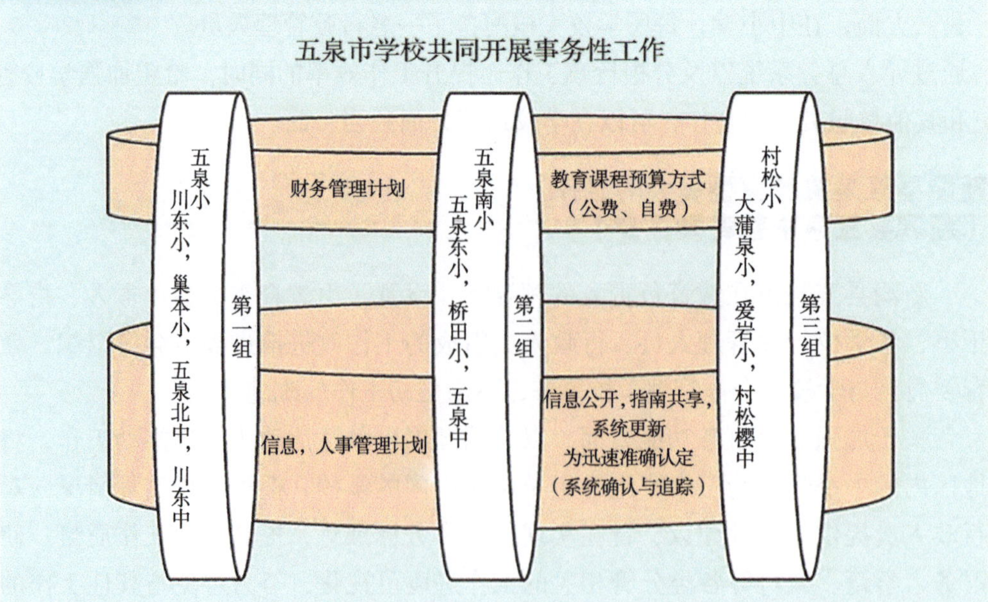

四、减轻教师的行政负担（向学校派遣协助人员计划）

为减轻教师的行政负担、完善体制，使教师更能专注于对学生的指导、教材研究等，协助人员代替教师参与进行印刷学习讲义、确认作业提交情况、批改简单汉字、计算练习等工作。

千叶县教育委员会的工作（千叶县教育委员会） Column No. 06

千叶县教育委员会在接受文部科学省的实践研究项目指定的野田市，为缩减标准工作时间以外的在校时间，确保教师与学生面对面的时间，在市内 20 所小学配备了辅助小学班主任进行事务性工作的“小学年级事务协助员”。

①配备小学年级事务协助员的效果

大约七成的年级主任回答“事务性工作的数量有所减轻”，可以看出配备年级事务协助员大都有助于减轻业务负担。

委托年级事务协助员的工作中，有资料印刷、简单的批改作业、出席名单的电子输入、收款业务等，有效地减轻了年级主任的工作量。另外，学校规模不同，效果也有所差异。在较小的学校，委托进行的工作多为班级内的简单的批改作业、收款业务等。在较大的学校，委托进行的工作多为全年级的资料印刷、帮助制作教材等。今后关于委托工作，通过年级事务协助员和教师之间密切的信息交流，加深教师和年级事务协助员的相互理解，努力提高委托内容的质量和效率。

图表 1-2-10　实践研究成果

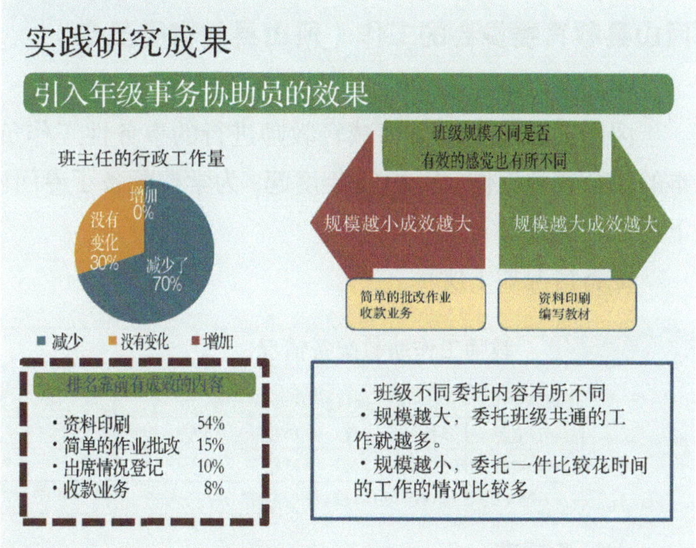

②年级主任的事务性工作量

选取两位工作经验年数不同的年级主任，观测了他们一天的工作情况，如下所示。

从上述例子中可以看出，年级主任以外的职员（包括年级事务协助员）有可能完成的工作有：简单的批改作业、社团活动指导、收费、印刷分发资料等占两成左右。今后要将上述情况告知各学校，让每个职员意识到需要重新思考自己的工作方式，将部分工作委托给年级事务协助员，从而进一步减轻工作负担。

图表 1-2-11 职员的业务内容

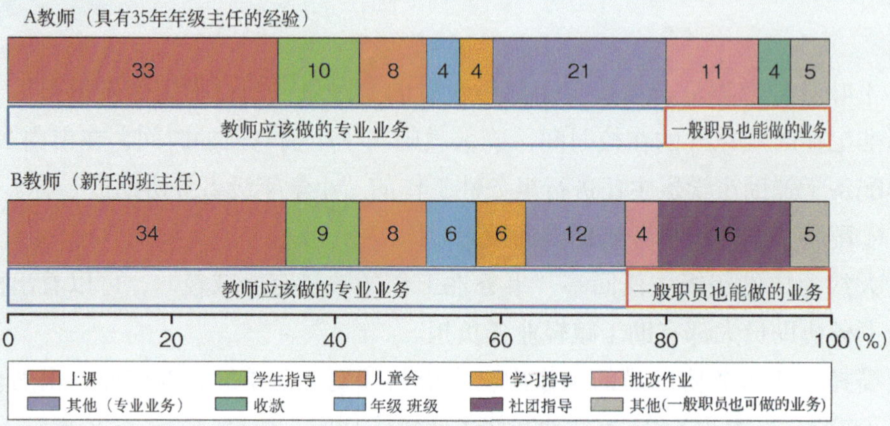

冈山县教育委员会的工作（冈山县教育委员会） Column No. 07

冈山县教育委员会为减轻教师进行的事务性工作负担，使教师能专心于原本的教育教学工作，从2015年度起，为学校配备了专门协助教师工作的助教（以下略称“助教”）。

配备情况如下所示。

图表 1-2-12 教师工作助教配备情况

配备年度	配备校数、配备人数	备注
2015年度	35校（小19校、中16校），35人	
2016年度	93校（小52校、中41校），90人	4所学校有多个助教，14所学校仅有兼职助教
2017年度	121校（小67校、中54校），115人	有12所学校有兼职助教

①配备标准

截至2016年，配备助教的工作已经实行了两年，根据这两年的示范项目的成果，制定了配备标准。配备标准如下所示。

图表 1-2-13 教师工作助教配备标准

教师人数	20人以上	15～19人
配备形式	配备专职	配备兼职

②工作内容

课堂准备（印刷、ICT机器的准备等）、制作印刷资料；班级、年级、社团活动、PTA等的会计工作；完善教室设备、制作展示海报、调查统计、数据输入等。

③配备助教取得的效果

在配备助教的学校中，能够保障教师回归本职工作从事教材研究、课后学习（作业等）指导的学校有所增加。2017 年配备助教的学校中约 93% 的教师认为“将工作委托给助教，有效地减轻了自己的工作负担”。

为有效发挥助教的作用，开展了以下工作。

①助教工作手册的制作、分发（2017 年 3 月）

汇总助教工作的流程、注意事项、来自助教前辈的建议等。一天的工作从早上接受工作内容指示开始，按照优先顺序开展工作，工作结束时，在助教日志上记录工作内容。建议的主要内容有，“有不懂的要立即问”“要不断展示自己擅长的事情”“不断进行沟通，以便建立更好委托工作的人际关系”。

②管理的必要性

在配备助教的学校中，有必要在教职员工中设置管理负责人，以便调整教师委托给助教的工作量，安排优先顺序，同时构筑能有效委托助教的校内机制。具体来说，有效利用记录教师委托内容的工作委托书，利用白板使助教的工作量可视化。为创造教师更容易将工作委托给助教的环境，助教的座位要布置到教师的移动线路上、行政职员的旁边，确保助教工作的空间。

五、减轻社团活动的负担

各学校运营社团活动并不是法律上规定的义务，但从现状来看，大部分初高中都有社团活动，实际情况是很多教师不得不担任顾问。教师中有人觉得社团活动很有意义，但另一方面，没有竞赛经验，不具备指导社团活动所需的技能，但必须担任社团活动的顾问，就会觉得有负担。在 2017 年 4 月公布的《教师工作实态调查（2016 年度）》中，关于初中教师参加周末社团活动的时间，与十年前相比，大致增加了一倍（从 1 小时 6 分增加到了 2 小时 10 分）。在这种情况下，要求减轻社团活动中教师的负担的呼声较为强烈，其中的措施之一就是引进外部人员担任社团活动指导员等工作。2018 年 3 月体育厅从建设符合学生的可持续运动环境的观点出发，要求根据地区、学校的实际情况，开展形式多样且最合适的体育社团活动，制定有关体育运动社团活动方式的综合指导方针。要求各地方公共团体制定《有关体育运动社团活动方式的方针》，制定体育运动社团活动的活动时间及休息日期。

静冈市教育委员会的工作（静冈县静冈市教育委员会）

Column No. 08

图表 1-2-14 静冈市迄今为止的状况

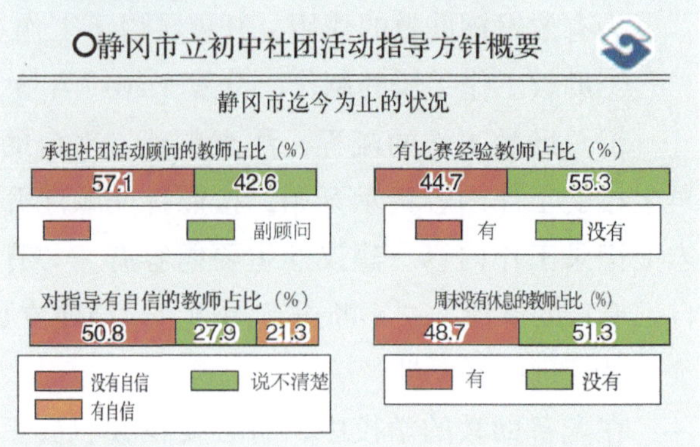

【静冈市立中学社团活动改革工作—制定指导方针，聘请持有许可证的特别顾问】

静冈市教育委员会在2015年、2016年的静冈市综合教育会议上，提出了“解决教师过于繁忙的问题”的提议，以此为契机，加速了有关社团活动的探讨。在本市进行的有关社团活动指导的问卷调查中（2016年8月实施），显示初中学校日渐繁忙的主要原因中，“社团活动”占第一位，而且，没有比赛经验的社团活动顾问占55.3%，对指导社团活动没有信心的教师占50.8%，周末没有得到充分休息的教师占51.3%，从这一结果可以判断约半数的教师都承担着社团顾问的工作。

①制定、公布静冈市立中学社团活动指导方针

迄今为止，静冈市内的社团活动都是在校长联合会《协议事项》这一宽松的规定下组织开展的，为明确社团活动应有的状态，无论对学生，还是对教师都成为有意义的活动，首先制定了《静冈市立初中社团活动指导方针》（以下简称《指导方针》）。

2017年以市教育委员会为主导制定了指导方针，在全市初中的社团活动中，确保“适度的休息”，以便使学生在平衡学习与社团活动关系中成长，在有限的时间内获得既有效果又有效率的指导，而且将这些工作与“工作方式改革”结合起来。在制定指导方针时，由校长联合会、市中学体育联盟及中学文化联盟、PTA、市体育协会、有识之士等组成“社团活动方式协议会”，公开在市民中广泛收集意见。在收集的意见中，既有认为社团活动有“应每天锻炼”，也有“过热的问题以及应设立惩罚规则”等各种各样的意见。对这些意见进行快速处理调整，从具体的项目研讨开始，经过一年的努力，最终在2018年2月1日，教育委员会制定了指导方针。

②社团活动日

在指导方针中，综合显示了社团活动的意义、目的、指导教师、活动时间、

组织结构、指导方法、安全等有关内容。活动时间的规定和有效利用外部指导教师是本指导方针的主干部分。首先，关于活动时间，周内三天，周末一天，共计四天，全市统一设定包括防灾活动日在内的每年三天的“无社团活动日”，各学校可结合自身情况分别设置三天“无社团活动日”共计六天。通过明确了活动日期，学生得到适当休息，在努力参加社团活动的同时，也能参加地区活动等多种多样的活动。

③引进特别顾问

有效利用“外部人才”，除了对教师的技术指导进行辅助的外部指导员以外，引进了特别顾问（教育委员会授予可独立授课、独立指导的资格证的外部指导人员）。引进特许制的目的不仅是为了雇用外部指导人员，更是为了使外部指导人员理解学校社团活动的教育意义，并在周密细致的研修后，授予其特别顾问的资格，能够使更优秀的人才在教育一线发挥更大的作用。

外部顾问研修会的情形

授予资格证所需要的研修内容有，从教育委员会、市内的大学、J联赛清水S-PULSE（足球队）、消防署等邀请讲师，进行提高资质的研修（讲座、课堂讨论）。讲解有关学校教育的内容五小时，项目指导两小时，也会进行测试和提交报告。之后，会进行一个月的教育实地研修，最后通过综合面试，选出适合的人选作为特别顾问配备到学校。2017年在示范校配备了五名特别顾问，并分析了其取得的效果和面临的课题。

从2018年开始增加更多的特别顾问的同时，作为新的外部顾问，任用一名由国家奥组委或者政府机关等推荐的顶级运动员作为体育国际交流员（SEA），着手开发有成效、有效率的指导方法（静冈模式）。

在该指导方针下，安排外部顾问和活动时间，必须获得监护人以及当地居民的理解，所以2018年分发了与社团活动改革相关的简明易懂的宣传单，并完善了静冈市立中学社团活动网站，开设社团活动改革相关窗口，广泛开展宣传活动。

④静冈市社团活动支援队的建立

为加速推进社团活动改革相关工作，和地方民间企业、事务所等合作，建立了“静冈市社团活动支援队”（完善支持社团活动体制）。参加社团活动支援队的企业在公司内部发布“静冈市社团活动支援队宣言书”，同时，向学校介绍社团活动指导员、研修会讲师等人才、制作社团活动商品等，构想了很多企业支援社团活动的方式。

另外，向各体育协会寻求合作，在市网站上汇总并公开地区体育运动等活动的相关信息，为想在社团活动以外进一步进行比赛、增强比赛能力的学生提供活动场所，例如足球教室、田径教室等。像这样组建包括民间企业、地区体育运动俱乐部在内的支援社团活动的联盟，举全市之力支援社团活动。

⑤从社团活动改革到工作方式改革

2018 年 2 月制定指导方针后不久，在实施指导方针前，已配备了特别顾问的示范校中，配备顾问的社团活动与未配备社团活动相比，减少了指导时间，“社团活动需要的时间”平均减少 8.0%，周末社团活动需要的时间月平均减少 27.2%，效果显著。而且，被分配到社团中的顾问们觉得“感到学生的技能方面、精神方面都有提高”“和家人生活的时间有所增加”，学生们则因为社团活动质量的提高而感到高兴，“因为是下过功夫的练习内容，很开心”。家长们则认为“认真从基础开始教起，真是帮了大忙”，确实取得了很好的效果。

静冈市社团活动志愿队宣传单

静冈市的社团活动改革现在只是开始。今后既要让孩子们能够生龙活虎、保持学习与生活的平衡，积极参加社团活动的同时，也要以能够对每个孩子都进行有效率、有效果的指导为目标，开展工作。

岐阜县多治见市教育委员会的工作（岐阜县多治见市教育委员会）

Column No. 09

在多治见市，受少子化的影响，社团相继解散，学校硬性规定每周五天的社团活动，从 2003 年开始，由学校管理的社团活动和监护人设立的少年俱乐部开始开展中学生体育活动和文化活动。

图表 1-2-15 中学生社团活动、少年俱乐部活动

学校社团活动（学校管理）利用学校设施活动	少年俱乐部（监护人设立）利用学校设施活动
紧密联系	
·活动时间 周内的早上、放学前的时间 ·指导老师 学校的教职员工 ·比赛 初中体育联盟大赛 ·保险 体育振兴中心	·活动时间 周内放学之后、节假日 ·指导老师 校外导师人员（教职员工） ·比赛 协会主办大赛 ·保险 体育伤害保险

少年俱乐部活动

在少年俱乐部活动中，由于监护人的配合，在“完善练习环境，提高比赛能力”“开展满足孩子需求的俱乐部活动”“深化监护人对活动的理解”上收效很大，另一方面，在“培养指导老师”“理解受益者负担”“由于过度活动造成的危害”“活动目的的共识”等方面，监护人组织支持以提高比赛能力为前提的活动的困难性已显现出来。因此，为创造能够使中小学生健康成长的体育运动环境，将应考虑的事项纳入“少年时期的体育活动指导方针”，其中包括有关活动时间、指导老师情况、安全等方面的内容。

家乡漫谈围坐会议

2018 年 2 月在岐阜县多治见市，召开了包括丹羽文部科学省副大臣、学校相关人员、监护人在内，以学校工作方式改革为题目的“走进家乡、谈论未来”座谈会[1] 上，与会人员各抒已见，少年俱乐部活动的话题也被提了出来，与会者认为，“少子化导致社团解散，无法组建团队，只靠社团活动体制来展望将来的发展很难。另一方面，少年俱乐部活动能够为家长、地区和孩子提供接触的机会等很多好的方面，具有发展潜力。为了孩子， 要充实活动内容，加强发展力度”。有监护人认为，“少年俱乐部活动在技术层面的指导水平很高，孩子进步很快。另一方面，就孩子的接送等少年俱乐部的负担问题展开了讨论，因此，作为 PTA 也要努力向监护人宣传俱乐部的意义和优点”。在初中教师看来，“教师可以将原本投入少年俱乐部活动中的时间用于和家长沟通、备课及必要的会议上”。

1　家乡漫谈围坐会议：安倍首相、副首相、政务官赶赴地方，决定议题、和当地的代表围坐一起进行对话，倾听来自地方的声音、贯彻政策、解释说明政策的一种少数人进行的会议。

学校工作改进顾问　Column No. 10

文部科学省为对学校有关工作改进情况提供详细的建议和支持，自 2017 年起教育委员会派遣 21 名对学校工作改进有见解的有识之士和教育相关人员为工作改进顾问。

以下是工作改进顾问从学校运营方式改革的观点出发，给教师们的建议。

教师面带微笑迎接孩子，这是学校的重要任务。若整日疲于奔命，就无法面带微笑，因此教师自身必须有可持续的工作方法。

教师也是一个有自己生活的人、也是为人父母、为人子女。拥有充实的生活，获得自我提升的时间，在人生有限的100年中很重要。这也与孩子长成大人时的课题相吻合。

正因为“有可能发生问题”，所以要求有组织地分享存在的问题，一起面对并解决问题，而不是一个人承担，尽早与管理人员或者前辈教师商量，发挥集体的力量。

不要以“从前就在做”为理由继续下去，真正探讨对学生是否必要，要有“叫停”的勇气。

出于为孩子好，持续长时间劳动，结果并不是为孩子好。一定要从学校的内部和外部两方面掀起运营方式改革、改进工作的风潮。

我很敬佩每天为了孩子热心致力于教育活动的状态。但是，搞垮身体的话，就不能做想做的事情了，为确保与学生相处的时间，进行充分的教育活动，有必要重新审视现在的校务状况。

从头开始编写教材是很重要的工作。但是，如果利用周围有利条件，共享专业技巧的话，就会有时间去做该做的事情和新的事情。

区别什么是必须做的事和什么是应该做的事，预估花费的时间和效果后再推进工作。时间并不是无限的。

用事半功倍这种“经营性观点”重新审视，改进的对策会文思泉涌。

教师的工作每年涉及很多方面，与地区合作也是不可缺少的。相关人员之间就工作方法进行对话，构筑合作关系也很重要。

是否需要重新考虑一下“为孩子好”这句话的意思？

第三节

对未来的展望

文部科学省通过改变教师长时间工作的状况，使每个教师能够有机会通过各种各样的体验磨炼自己，为未来的教育活动更有成效，今后要比之前更加努力推进“学校工作方式改革”。

因此，正如第一节所述，在文部科学省内，要总览教职员工的业务量，完善一元化管理组织，研讨包括工作最长时间标准在内的指导方针，推进包括各种预算以及被纳入紧急措施等在内的工作的开展。

另外，为进一步推进学校工作改进，正如本特集第 2 节所述为创造出更多的工作改进的优秀事例，将努力改进工作的地方公共团体树立为典型，推进《为加速学校一线工作改进实践研究项目》，同时通过举办学校管理专题研讨会，促进优秀事例向全国的宣传和推广。

对于学校组织运营体制方式和为控制规定时间以外的工作的制度措施，也要根据中央教育审议会发布的《学校工作方式改革》的讨论，探讨必要措施。

依据以上内容，各教育委员会、各学校希望进一步推进学校改进工作及工作时间管理等相关工作，真正实现高质量的教育教学活动。

特集三

稳步推进
教育改革

现在政府将“教育改革”提升到与“经济改革”同等重要的地位。首相官邸设立的教育改革执行会议截至目前已向政府建言达十次。此外文科省大臣的咨询机关中央教育审议会，与教育振兴有关重要事项。文科省依据这些提议和讨论的结果，在《教育基本法》理念的指导下，基于《教育振兴基本计划》，为教育改革的结果判定了政策。

本章主要介绍具体的教育改革的工作，首先第 1 节介绍新学习指导纲要的概要，第 2 节介绍高大衔接改革。第 3 节介绍现行的《第 2 期教育振兴基本计划》和以 2018 年之后的五年为对象制定的《第 3 期教育振兴基本计划》的研讨情况。第 4 节介绍关于围绕教育改革的讨论现状，介绍中央教育审议会和教育改革执行会议的研讨状况。最后第 5 节介绍从事教育政策相关的综合性国立研究机关的国立教育政策研究所的活动。

第一节
新学习指导纲要

文部科学省为了在人工智能（AI）快速发展、不可预测的未来社会中，能够培养青少年开拓未来所需的素质和能力，文部科学省修订了从 2017 年到 2018 年针对各学校制定的教育课程标准的学习指导纲要。

详情会在第 2 部中登载[1]，在本节中，就与具有重大意义的高大衔接改革相关[2]的高中学习指导纲要进行说明。

一、高中学习指导纲要的修订

2018 年 3 月公布了新高中学习指导纲要。这次修订依据的是 2016 年 12 月中央教育审议会的报告，与 2017 年 3 月公布的中小学学习指导纲要一样，在维持现行学习指导要领的基本框架和教育内容的基础上，旨在进一步提高知识理解的质量，培养学生的学习能力。新高中学习指导纲要从 2022 年新生开始实施。

1. 高中学习指导纲要的修订

高中是约 99%[3] 的中学毕业生升学接受中学教育的最后一阶段。通过高中教育希望为每一个学生带来未来发展的更多的可能性，并与之后的高等教育机关或者社会活动更好地衔接。

2015 年 6 月修订《公职选举法》，将选举权年龄降低到 18 岁以上，对高中生来说，政治、社会与自己的关系更加密切了。因此，对高中的要求比之前提高了很多，要培养所有的学生不仅具有适应社会要求的素质、能力，并且要成为具有不断探索精神的未来创造者。

另一方面，截至目前由于大学升学等外部原因，限制了高中阶段教育方式，也有人指出改革难以推进。这次修订被认为是高大衔接改革体系中的一环，即包括高中教育在内的初中等教育改革、大学教育改革，以及衔接二者的大学升学改革的一环，特别是对于高中，可以说这次修订比以往的修订更具有重大的意义。

现在初等中等教育阶段素质、能力的培养要与高中阶段的教育乃至今后的社会生活联系起来，这不仅是教育界，也是整个社会的要求，尤其是高中阶段，既是走向社

1 参照第二部第四章。
2 参照第一部切实推进教育重振第二节。
3 参照第一部切实推进教育重振第二节。

会的大门，又是中学教育的最后一阶段，要明确培养学生所必需的素质、能力，并将其体现到高中教育之中并使学生能够具备今后社会生活中所需的素质和能力，使学生自己认识到终身学习的意义，能否实现这些内容，不仅关乎学生自己的人生，也是关乎未来社会发展的重大课题。因此，文部科学省为切实实现高中学习指导纲要的理念，正在稳步切实地落实各项措施。

2. 修订的基本思路

这次修订和修订中小学学习指导纲要一样，依据《教育基本法》《学校教育法》等，有效利用日本截至目前的学校教育的实践和积累的成果，目的在于进一步切实培养孩子开拓未来的素质和能力。修订之际，和社会共同思考孩子们为适应社会应该具有怎样的素质和能力，重视与社会合作开设“对社会开放的教育课程”。

主要理念，如图表 1–3–1 所示，列举如下。

①为培养孩子在智、德、体三方面的“生存能力”，使其具备相应的素质和能力，重新整合了“知识与技能”“思考力、判断力、表达力等”“学习能力、社会性等”这三大支柱板块。

②为进一步提高对知识理解的质量，切实培养出适应未来所需的素质和能力，从主动性、对话性的深入学习（即“主动学习”）的观点出发，不断改进课堂教学。

③学校整体通过教育内容和时间的合理分配、从体制上保障必要的人力物力，通过改善实施基础，在教育课程的基础上提高教育活动质量，确定课程安排，使学习效果最大化。有关新学习指导纲要的内容，在第 2 部详细说明[1]。

3. 重新审视教授科目以及课程结构

高中需要根据学生各自的发展选择、地区和社会的现状、前景，明确各学校人才培养目标，有效利用教授科目、课程选择的广度，培养学生具有适应未来所需的素质和能力。从这一观点出发，高中教育课程，要在“确保共性”和“应对多样性”[2]的基础上，明确要培养的素质和能力，并通过教育课程得以实现培养目标则非常重要。

因此，在新高中学习指导纲要中，如图表 1–3–2 所示，改进了教授科目、课程结构。例如，国语科，多是以读懂教材为指导中心，进行交谈、论述性学习并不够。关于古典作品的学习，有人指出，享受了日本人宝贵的语言文化的同时与社会、与自己相联系的观点很薄弱，学习热情也不高。为解决这些问题，新设“现代国语”和“语言文化”两门科目为必修课，在选修课中，新设了“理论国语”“文学国语”“国语表达”“古典探究”等课程。

---

1 参照第二部第四章第一节。

2 2016 年 12 月 21 日中央教育审议会报告《关于幼儿园、小学、初中、高等学校以及特别支援学校的学习指导要领等的改善及必要的方案》中，关于“高中的教育课程情况，各学校以共同掌握在社会中生存所必需的能力的“确保共同性”的观点，和根据每个学生的发展方向尽可能多地提供多种可能性的“多样性应对”的观点为轴心，明确培养的目标资质和能力，通过教育课程来培养它们非常重要”。

图表1-3-1 学习指导纲要修订的思路

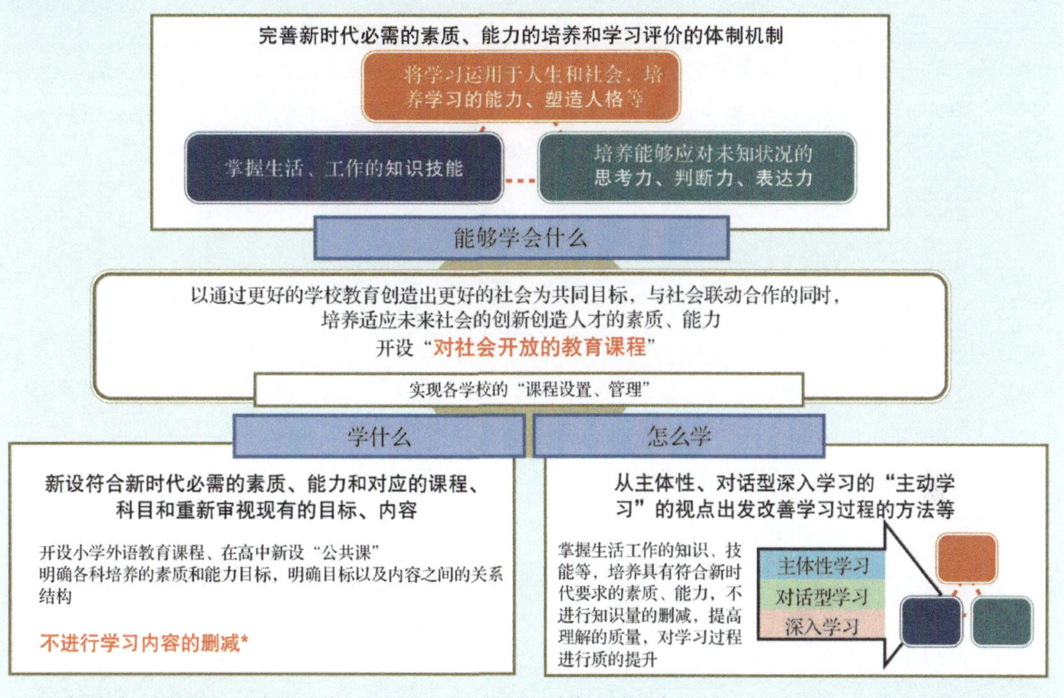

※关于高中教育，仅凭背诵一些琐碎的事实知识就参加大学入学考试的选拔，已被大家所诟病，为了克服这一点，推进包含重要用语整理在内的高大衔接改革等。

为构建可持续发展社会，文部科学省着眼于地理环境和人类活动的关系，在地理历史科新设了考察现代地理诸问题的“地理综合”，也新设了世界和世界中的日本，考察和现代诸课题形成相关的近现代历史的“历史综合”必修科目。在公民科，为解决现代社会的诸多问题，在个人和社会的关系中，个人作为参与社会规划的独立主体，与他人协作创建更美好的社会等方面，新设了“公共”必修课程。

在信息科，重新编写了现行的“社会与信息”“信息科学”，新设“信息Ⅰ”和“信息Ⅱ”等课程，同时将“信息Ⅰ”设为必修课，所有学生除了程序设计以外，还要学习互联网、数据库基础等。

此外，为培养未来能够通过学术研究进行创新的创造型人才，设置了新的探究性课程，如《理数探究基础》和《理数探究》。

4. 教育内容中主要改进项目

在新高中学习指导纲要中，为培养适应未来时代要求的素质和能力，改进了“学什么”的具体教育内容。[1]

1 参照第一部第四章第一节。

图表1-3-2 高中各学科共通的教授科目及学分标准

〔修　订〕

教科	课　程	标准学分	必修课程
国语	现代国语	2	○
	言语文化	2	○
	理论国语	4	
	文学国语	4	
	国语表达	4	
	古典探究	4	
地理历史	地理综合	2	○
	地理探究	3	
	历史综合	2	○
	日本史探究	3	
	世界史探究	3	
公民	公共	2	○
	伦理	2	
	政治、经济	2	
数学	数学Ⅰ	3	○最多可减2个学分
	数学Ⅱ	4	
	数学Ⅲ	3	
	数学A	2	
	数学B	2	
	数学C	2	
理科	科学和人类生活	2	包括科学和人类生活在内的2门课 或者 带有“基础”课程的3门课
	物理基础	2	
	物理	4	
	化学基础	2	
	化学	4	
	生物基础	2	
	生物	4	
	地学基础	2	
	地学	4	
保健体育	体育	7~8	○
	保健	2	○
艺术	音乐Ⅰ	2	
	音乐Ⅱ	2	
	音乐Ⅲ	2	
	美术Ⅰ	2	○
	美术Ⅱ	2	
	美术Ⅲ	2	
	工艺Ⅰ	2	
	工艺Ⅱ	2	
	工艺Ⅲ	2	
	书法Ⅰ	2	
	书法Ⅱ	2	
	书法Ⅲ	2	
外语	英语交流Ⅰ	3	○最多可减2个学分
	英语交流Ⅱ	4	
	英语交流Ⅲ	4	
	理论·表达Ⅰ	2	
	理论·表达Ⅱ	2	
	理论·表达Ⅲ	2	
家庭	家庭基础	2	○
	家庭综合	4	
信息	信息Ⅰ	2	○
	信息Ⅱ	2	
理数	理数探究基础	1	
	理数探究	2~5	
综合性探究时间		3~6	○最多可减2个学分

〔现　行〕

教科	课　程	标准学分数	必修课程
国语	国语综合	4	○最多可减2个学分
	国语表达	3	
	现代文A	2	
	现代文B	4	
	古典A	2	
	古典B	4	
地理历史	世界史A	2	○
	世界史B	4	
	日本史A	2	
	日本史B	4	○
	地理A	2	
	地理B	4	
公民	现代社会	2	现代社会课或者伦理课和政治经济课
	伦理	2	
	政治、经济	2	
数学	数学Ⅰ	3	○最多可减2个学分
	数学Ⅱ	4	
	数学Ⅲ	5	
	数学A	2	
	数学B	2	
	数学活用	2	
理科	科学和人类生活	2	包括科学和人类生活在内的2门课 或者 带有“基础”课程的3门课
	物理基础	2	
	物理	4	
	化学基础	2	
	化学	4	
	生物基础	2	
	生物	4	
	地学基础	2	
	地学	4	
	理学课题研究	1	
保健体育	体育	7~8	○
	保健	2	○
艺术	音乐Ⅰ	2	
	音乐Ⅱ	2	
	音乐Ⅲ	2	
	美术Ⅰ	2	○
	美术Ⅱ	2	
	美术Ⅲ	2	
	工艺Ⅰ	2	
	工艺Ⅱ	2	
	工艺Ⅲ	2	
	书法Ⅰ	2	
	书法Ⅱ	2	
	书法Ⅲ	2	
外语	交流英语基础	2	○最多可减2个学分
	交流英语Ⅰ	3	
	交流英语Ⅱ	4	
	交流英语Ⅲ	4	
	英语表达Ⅰ	2	
	英语表达Ⅱ	4	
	英语表达Ⅲ	2	
家庭	家庭基础	2	
	家庭综合	4	○
	生活设计	4	
信息	社会与信息	2	○
	信息科学	2	
综合性探究时间		3~6	○最多可减2个学分

第二节
高大衔接改革的动向

为培养开拓新时代的人才，通过高中教育、大学教育及连接二者的大学升学考试，稳步推进培养、评价具有“学习能力三要素”的高大衔接改革工作的落实。

一、改革背景和研究的经纬

1. 背景

面向新时代，国际上经济全球化、多极化的发展、新兴国家、地区的兴起，日本国内，适龄劳动力人口急剧减少、劳动生产低迷、产业结构和就业结构转换、地区间差距增大等，社会发生了较大的变化。为应对这些变化，在全球化的环境下，要培养青少年与各种各样的人学习、工作的同时，积极开拓人生，不单只有知识，更要训练其发现问题，与他人合作解决问题的素质和能力也很重要。今后的教育以义务教育阶段为基础，要培养每个孩子具有：①充分的知识和技能；②以这些知识技能为基础，认识到答案并不是唯一的，并自己主动找到问题的解决方法，要使学生具有这样的思考能力、判断能力、表达能力等能力；③在此能力的基础上积极主动地和各种各样的人进行合作学习形成“学习能力三要素”。

为应对这一课题，高中教育、大学教育、连接二者的大学升学考试，在统一理念的指导下，以一体化的培养评价的“学习能力三要素”为目标，推进高大衔接改革。

2. 研究的经纬

关于高大衔接改革，在教育改革执行会议的第四次提议（2013 年 10 月）、中央教育审议会的《为实现符合新时代的高大持续，进行高中教育、大学教育、大学升学考试的一体化改革（报告）—使所有青年抱有的梦想和希望，在未来都能开花结果—》（2014 年 12 月）、高大衔接体系改革会议的《最终报告》（2016 年 3 月）上，为改革提出了具体建议。

文部科学省依据这些提议，反复进行专门研讨，2017 年 7 月制定了《为高中生准备的学习基础评测》实施方针和《大学升学统一考试实施方针》，同时决定了《有关 2021 年重新审视大学升学考试制度实施纲要的预告》。现在在这些方针的指导下，工作稳步推进。

图表1-3-3 高大衔接改革的进展状况

高大衔接改革的进展状况

2018年3月

高中教育改革

《"学习能力三要素"的培养》

✔ 教育课程的重新审视
- 2016年12月报告《幼儿园、小学、中学、高中及特别支援学校的学习指导要领等的改善及必要的政策》
- 高中学习指导纲要修订（在应该培养的素质、能力的基础上重新审视课程和科目）（2018年3月）

✔ 学习、指导方法的改善和提高教师的指导能力
- 学习、指导方法的改善和提高教师的指导能力、高中学习指导纲要修订（从主体性、对话式深入学习（主动学习）的视点出发进行课堂教学的改善）2018年3月
- 2015年12月报告中通过了《有关提高今后担任学校教育的教师素质能力》《教育公务员特例法等部分修正法律案》（教育公务员特例法教师资格证法、教师研修中心法的部分修正）2016年11月

✔ 多方面评估的推进
- 制定"高中生学习的基础诊断"的认定基准（2018年3月）
- 实施"职业护照（拟称）"的调查研究（从2017年度开始）
- 根据高中学习指导纲要的修订，计划重新审视指导摘要参考样式(2018年度以后)
- 制定"检定企事业单位的自我评价・信息公开・第三者评价指南"（2017年10月）

大学教育改革

《进一步培养"学习能力三要素"》

✔ 在"三个方针"的基础上的大学教育的质的转换
- "三个方针"的一体化制定、公示的制度化（2017年4月实行）
- 与"三个方针"制定、执行相关的指导方针由国家制定完成、公布

✔ 认证评价制度的完善
- 将"三个方针"等作为共同评价项目，纳入评价体系中，从2018年度起在评估中有所体现

※"三个方针"是指，毕业认定、学位授予方针、教育课程的制定、上海市方针、接收入学者的方针。

大学入学者选拔机制改革

《"学习能力三要素"的多方面的综合评价》

✔ "大学入学统一考试"的导入
- ◎更重视思考能力、判断能力、表达能力
- 决议通过了"大学入学统一考试"的实施方针（2017年7月）
  - ▶【国语】【数学】……导入记述式问题
  - ▶【英语】……4技能（读、听、说话、写）适当实施可有效利用民间实施的资格、检定考试进行评价

✔ 个别入学者选拔机制改革
- ◎根据明确的"接收入学者方针"，改善对"学力的三要素"进行多方面、综合评价的选拔
- 新的评价方法的开发、推广(从2016年度开始)
  - ▶大学入学者选拔改革推进委托项目
- 《20121年度大学入学者选拔实施要项的修改相关预告》的决议（2017年7月）
  - ▶入学者选拔相关的新规则的设定
  - ▶调查书、提交文件的改善

图表1-3-4 高大衔接体系改革的日程表

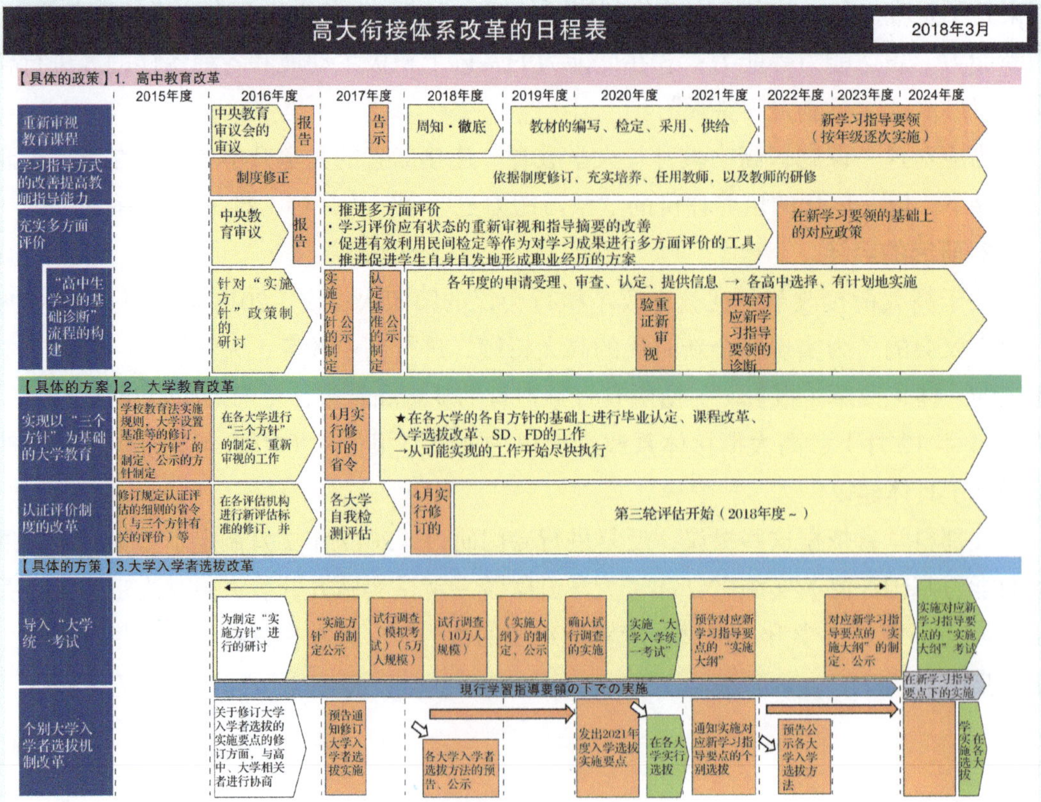

二、改革的进展状况

1. 高中教育改革

①重新审视教育课程

关于重新审视教育课程，正如第 1 节所述，2016 年 12 月中央教育审议会上的报告中提议根据培养的素质、能力目标，要重新审视教授科目、课程等，据此，2018 年 3 月修订了高中学习指导纲要。这次修订要进一步提高知识的理解的质量，培养扎实的学习能力[1]。

②改善学习、指导方法，提高教师指导能力

根据新学习指导纲要，力图改进学习、指导方法，落实主体性、对话式的可以深入学习的课堂，培养学生的相关素质及能力。为提高教师指导能力，在教职员工支援机构设置下一代教育推进中心，实施“旨在提高有关新的学习的教师素质能力的项目”，提供有助于提高课堂质量的信息，采取针对学校教育教学一线的支援政策。而且，作为针对繁忙的教职员工的支援政策，努力提供线上进行的“校内研修系列”等研修机会。

③完善多方面多角度评价机制

在完善多方面多角度评价机制方面，通过学校内外的整体学习活动，推进学生素质、能力的多方面评价。

（a）为高中生准备的学习基础评测

包括义务教育阶段的学习内容在内的“要求高中生掌握的基础学习能力”以及在此基础上激发高中生“激发学习热情”成为探讨的课题。为此，文部科学省表示在一定条件下，创设民间考试认定制度，根据 2017 年 7 月的《为高中生准备的学习基础诊断》实施方针，2018 年 3 月制定并公布了认证标准等（图表 1–3–5）。依据该制度，通过开发并提供多种形式的民间考试，促进 PDCA（计划—执行—检查—行动）循环，以巩固高中生的基本学习能力。

认定标准规定了学习指导纲要指导下的出题的基本方针，在此基础上设计试题，考试科目为国语、数学、英语三门，试题以高中学习指导纲要规定的公共必修课程为主，包括义务教育阶段的内容，除了考察知识、技能的问题以外，试题包括考查思考能力、判断能力、表达能力的问题、记述式问题、英语这四项技能测试。而且，提供的测试结果有其参考价值，能够明确学习效果、课题，有助于之后改进学习的内容、方法等，有助于教师进行更有针对性的指导。

2018 年 6 月底之前，受理来自民间考试机构的申请，7~9 月进行审查，10~11 月审定后，向教育委员会等提供信息，计划于 2019 年正式开始在学校使用。

各学校设定各自的教育目标，并在其基础上开设课程，有组织有计划地开展日常

1　参照第一部切实推进教育重振第一节。

的教育教学活动，在教育教学活动中掌握学生的学习情况，根据其结果改进指导方法、完善指导内容。作为课程管理的一环，开展这种 PDCA 循环，不论是改进指导方法、完善指导内容，还是对监护人和社会尽到解释说明的责任，都很重要。《高中生学习基础评测》能够客观地掌握基础学习能力的程度，在履行说明义务上，可以成为一个很有用的工具。

高中的负责人要考虑支持各学校的课程管理（例如：以教职员工定额分配为主的人才配备、预算措施等），要考虑如何掌握学生的学习能力，履行有关各自设置的保证学校教育质量的说明任务，在此基础上，希望能够探讨包含有效利用认证过的测试方法方针和支持政策方式在内的内容，以及与《高中生学习的基础评测》关联方式。

图表 1-3-5 《高中生学习的基础评测》制度

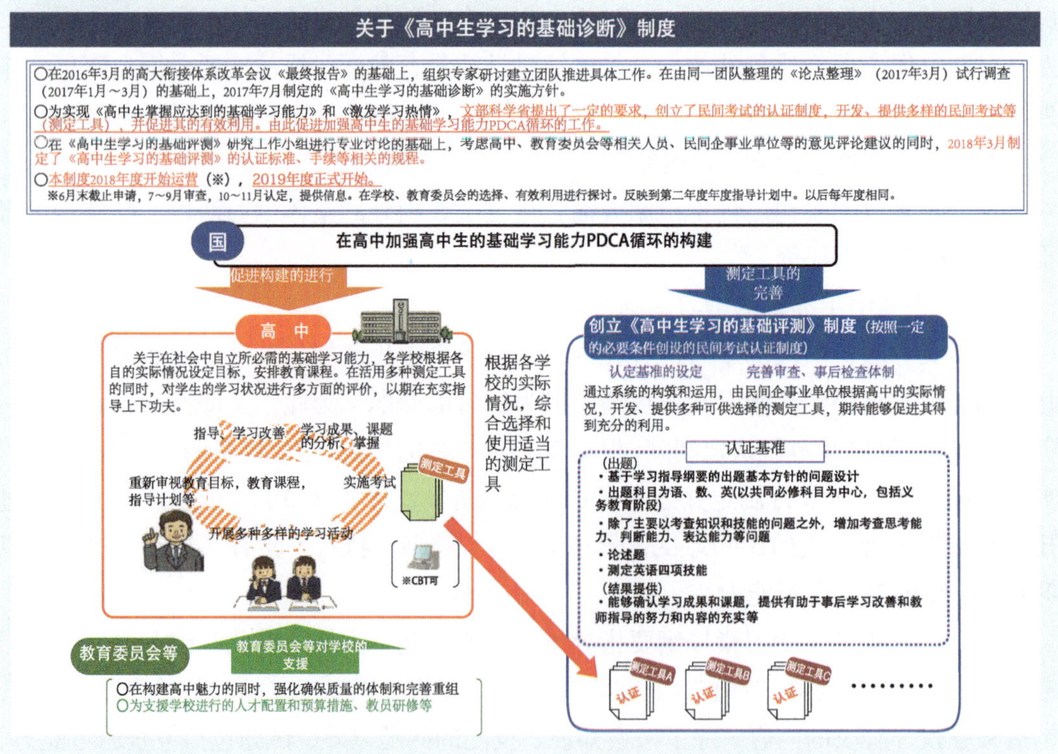

（b）改进学生档案、指导记录等，完善多方面评价机制

2016年12月中央教育审议会报告在进行素质、能力均衡综合学习评价之际，从“知识及技能”“思考能力、判断能力、表达能力等”“学习能力、人格等”方面均衡培养的观点出发，计划在实现指导和评价一体化的过程中，提议要采纳综合表现评价，使学生努力参加论述和报告写作、发表、小组讨论、作品创作等丰富多彩的活动，不限于笔试成绩，实行多方面、多角度的评价机制。现在文部科学省根据这条提议，改进指导摘要，研讨新学习指导纲要指导下的学习评价方式。

2. 大学教育改革

①大学教育的“三个方针”的推广

为实现大学教育的质的转变，2017 年 4 月制定并公布的毕业审核、学位授予方针，制定课程设置、实施方针，将接收入学学生的方针的“三个方针”制度化。而且，关于“三个方针”的制定、执行，中央教育审议会制定了可供参考的指导方针。基于以上内容，各大学推进新的实践，希望有关大学教育改革工作得到进一步推广和完善。

②改善认证评价制度

关于认证评价，从 2018 年起将“三个方针”等设为共同评价项目，重视内部质量保证等，按照新标准进行评价[1]。

3. 大学入学考试改革

大学入学考试通过导入“大学入学统一考试”（以下简称为“统考”）和改进个别大学的入学考试，计划将考生的“学习能力三要素”的评价体系变为多方面、综合性评价体系，2017 年 7 月制定并公布了其基本内容。《大学入学统一考试实施方针》及《有关 2021 年重新审视大学入学选拔实施重要事项的预告》内容和之后的进展情况，如下所示（图表 1–3–6）。

图表 1–3–6　大学入学选拔机制的改革

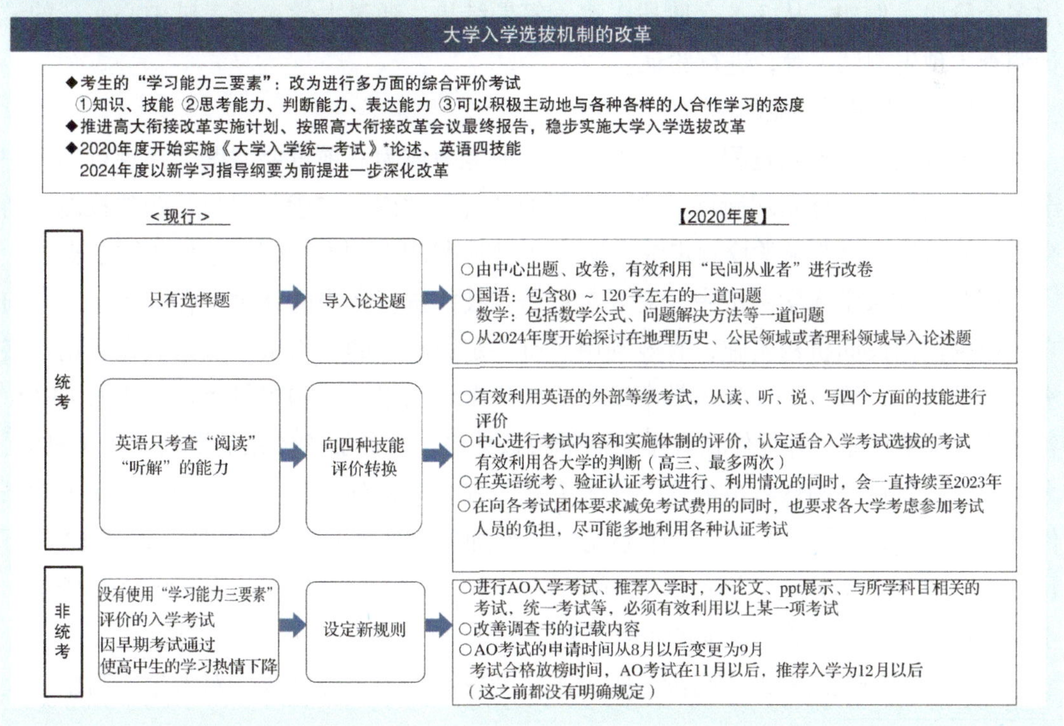

1　参照第二部第五章第二节三。

①大学入学统考

从 2020 年起取代现行的大学入学中心考试，实施统考，在实施方针中规定导入国语和数学中的论述题题型，规定有效利用可以合理评价英语四项技能（听、说、读、写）的外部资格水平考试等。

（a）导入论述题

导入论述题题型，以多样的文章和图表等为基础，统合多条信息并使其具有逻辑性，总结观点，解答的过程和结果能够提供使对方能够正确理解的判断依据，在此基础上考查考生的思考能力、判断能力、表达能力，这才是出这种题型的目的。这些成为督促高中改进课堂教学，实现"主动性、对话式深入学习"的重要信号，在大学也要力求以学生的思考能力、判断能力、表达能力为前提，实现高质量的教育。

具体来说，从 2020 年开始计划在"国语"和"数学 I""数学 I・A"等科目中导入论述题题型，由大学入学考试中心出题。评分通过大学入学考试中心，有效利用民间的相关机构等进行评测。国语计划设定包含 80 ~ 120 字左右的三道问题，出题的范围在目前高中的公共必修课中，这三道题放到"国语综合"的内容中，这对论述题的导入意义重大。数学的内容包括数学公式、解决问题方法等三道问题，出题的范围在目前高中的公共必修课中，是作为论述题导入的意义较大，意义较大的"数学 I"的内容。关于论述题的评分，从形式上、内容上判定与正确答案条件的符合度，设定用多个阶段（例如，从 3~5 个阶段）表示答题结果，通过大学入学考试中心实行的试行调查（预先测试）等，进行验证。

（b）英语四项技能的评价

在全球化快速发展进程中，提高英语沟通能力成为一项重要课题。在现行的高中学习指导纲要中，计划均衡培养学生英语的"听""说""读""写"四项技能。新高中学习指导纲要要求学校制定综合培养这四项技能以及提高英语表达能力的课程[1]。

因此，在大学入学考试中，需要对英语四技能进行适当的评价，在统考中，目前在大范围内由民间机构实施，有效利用具有一定影响力的资格水平考试。在运用资格水平考试之际，统一由大学入学考试中心汇集考试结果，建构提供考试结果及 CEFR[2] 各阶段成绩的体系，并促使在大学全面推行该体系。在参加该体系的资格水平考试时，大学入学考试中心确认考试内容、实施方式、安全等来判断是否满足所需的水平和条件，2017 年 11 月大学入学考试中心制定了参加的重要条件，从 11 月下旬到 12 月下旬受理申请后，大学入学考试中心，就七项资格、送检样本的考试团体的 23 项资格、水平考试等确认了其满足参加的重要条件，并于 2018 年 3 月公布了结果。

关于统考的英语考试（阅读、听力），考虑制度的大幅度改变对考生、高中、大

1 参照第二部第四章第一节一。
2 CEFR：Common European Framework of Reference for Languages 的简称。以欧美为中心被广泛使用。参照欧洲共同使用的外语的学习、教授、评价体系。

学带来的影响，检验认证考试的实施情况的同时，到 2023 年为止，大学可根据各自的判断，在统考和认证考试中任选其一，或者两者皆选。

另外，希望能尽早在更多的大学实施英语四项技能评测，各大学都在努力开展认证考试，或者通过个别考试综合评价英语四项技能。

（c）试行调查（预测试）和今后发展

2020 年为顺利导入统考，进行了试行调查，验证和研讨（图表 1-3-7）。2017 年 11 月实行论述题（国语、数学）、答题卡式（英语以外）考试，2 月对答题卡式考试（英语）、“考试上的顾虑（盲字问题）”进行调查。在试行调查中，各科目所有领域重视考查掌握知识的质量的题目，重视发挥思考能力、判断能力、表达能力未解答的题目，也将教科书中没有的初次见到的资料作为题材加以充分利用。专家高度评价此种方式，指出这样有助于让学生思考素材的意义，主动将重点放在学习测试效果上。但同时，也指出过多的信息会对考生造成负担等问题。计划今后会根据考试结果，不断改进考试题目。

计划于 2018 年 11 月以大学作为会场，扩大规模，以接近实际考试的实施体制进行试行调查。通过这些调查，为顺利推行改革，在本次试行调查中除了验证论述题的

图表 1-3-7　试行调查（模拟测试）的实施内容和今后的计划

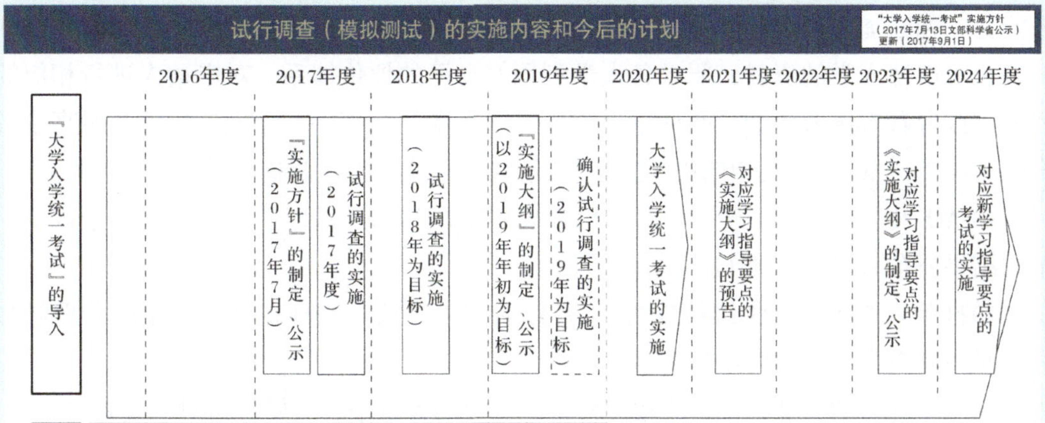

试行调查等

	实行可能性调查测试	试行调查	试行调查	确认试行调查
参加考试人数	约1000人	5万人规模	10万人规模	2018、2019年度的结果的基础上包括实施在内，详细情况计划今后探讨
参加对象	大学1年级	原则上高中2年级（包括一部分高三学生）	原则上高中2年级（包括一部分高三学生）	
对象教科	国语，数学	国语，数学，地历・公民，理科，英语，特别考虑的等	国语，数学，地历・公民，理科，英语，特别考虑的等 ※要探讨具体的对象科目	
实施时间	11月，2～3月	11月	11月	

实施方法和评分方法外，也会落实验证试验的实施运营体制的构筑。

②改善个别大学的大学入学者的选拔机制

关于重新审视实施2021年度大学入学者选拔的重要事项的预告

就各大学入学者的选拔，根据毕业审核、学位授予的方针、依据制定并实施课程方针的基础上接收入学者的方针，为将“学习能力三要素”改为多方面、综合性评价内容，在2020年文部科学省制定的《2021年度实施大学入学者选拔的重要事项》中，重新审视了共通的规则。2017年7月通过了《关于重新审视实施2021年度大学入学者选拔的重要事项的预告》，对一般入学考试、AO入学考试、推免入学考试的状况进行重新评估，关于使用的评估方法（包含实施时期、内容）、所占比重等，在各大学的招生简章都有明确说明。

努力完善各大学入学考试，从多方面、进行综合性的评价的同时，依据各入学选拔考试的明确的特点，决定将名称进行如下变更。

○“一般入学考试”改为“一般选拔”

○“AO入学考试”改为“综合型选拔”

○“推免入学考试”改为“学校推荐选拔”

AO入学考试、推免入学考试在多数的情况下，都要进行严格的面试，综合判断申请人的能力、适应能力和对学习的热情等，但也有一部分人对此表示担忧，批评这种“不考查学习能力”的做法。为合理评价进入大学学习所必需的“知识、技能”“思考能力、判断能力、表达能力等”，AO入学考试与推免入学考试中，不仅需要提交调查表等申请入学的资料，要求各大学利用好自己的评价体系，对申请人进行相应的评断，或者参考统考成绩，两种量化评价方式至少要择其一。考虑选拔以及对高中教育的影响等，重新调整了申请时间和公布录取结果的时间，调整如下。

○ AO入学考试：①现行8月以后提出申请调整为9月以后，②现在尚未设定的录取结果公布时间调整到11月以后。

○推免入学考试：①维持现行11月以后提出申请，②现在尚未规定的录取结果公布时间调整为12月以后。

关于一般入学考试，在有关教授科目、课程的考试中，需要考虑对“具有主动性，积极地和各种各样的人合作的学习的态度”较难评价的问题。

为了将包括“具有主动性，积极地和各种各样的人合作的学习的态度”在内的“学习能力三要素”，改为多方面的综合评价，在改进高中阶段多方面评价的基础上，完善每个人在大学入学前积累的学习成果以及参加各种活动的相关评价，同时有必要将这些评价充分活用到大学教育中。因此也要改善调查表本身以及提交相关资料的方式，同时关于如何使用这些材料，要求明确写入大学的招生简章中。

调查表的内容格式，要可以合理地评价学生的特长、个性、丰富的学习及活动经历，在“指导上可供参考的各事项”中，增加填写栏，可分开填写各个项目，取消调查表双面印刷的限制，要能够更加灵活地填写相关内容。

推荐表上，不仅只填写本人的特长，要填写对“学习能力三要素”的评价，大学选拔时，必须有效地利用推荐表。另外，关于申请人本人填写的资料，要有活动报告书填写示例说明。

各大学要有效利用统考，当个别遴选的规定课程由一门变为两门时，重新调整并完善出题的科目，改进问题方式，导入、完善论述题，英语考试时，对四项技能进行综合评价。

4. 有关高大衔接改革工作的支持

文部科学省为推进这些工作，将2018年度的预算拨放到以下各方面：积极推进高中教育改革、大学教育改革、大学入学者选拔改革等一体化进程，对加速重振大学教育项目“推进高大衔接改革项目”“大学入学统考”的准备工作、大学入学者选拔改革推进委托项目、旨在改善学习、加强高中生基础学习能力的研究开发项目等方面规划必要的预算。今后文部科学省也将听取相关团体的意见，探讨改革方策，进行实证性检验，谨慎推进措施的实施。

第三节

推进基于教育振兴基本计划的教育政策的实施

一、序言

2006 年修订《教育基本法》时，依据科学技术进步、信息化、国际化、少子老龄化等现代问题，明确了教育的基本理念。为实现这一理念，在《教育基本法》的基础上，政府制订了教育相关的综合性计划——《教育振兴基本计划》。2008 年政府初次制订《教育振兴基本计划》，之后，根据多样的社会形势的变化、例如东日本大地震的发生等，2013 年 6 月制订了《第 2 期教育振兴基本计划》，为落实《教育基本法》的理念，文部科学省综合地有计划地实施了诸项措施。

二、有关第 3 期教育振兴基本计划的制订

2016 年 4 月，关于以 2018 年到 2022 年为对象年度制定的《第 3 期教育振兴基本计划》，在中央教育审议会接受了相关咨询。咨询的内容大致有两点，第 1 点是“关于 2030 年以后社会变化的教育政策状况”，第 2 点是“基于对各种教育措施进行的专业的、多角度的有效分析验证，推进更有成效、更有效率的教育措施政策”。

在咨询的基础上，中央教育审议会反复进行审议，2018 年 3 月最终汇总成了《关于第 3 期教育振兴基本计划（报告）》。对《第 2 期教育振兴基本计划》的进展情况进行了客观调查，让调查的结果在推动更有成效、更有效率的措施的实施上发挥作用的同时，在《关于第 3 期教育振兴基本计划（报告）》中也反映了迄今为止取得的成果以及接下来应该面对的问题。

随后，经过政府内部调整，2018 年 6 月 15 日内阁会议通过了第 3 期《教育振兴基本计划》（以下略称《第 3 期计划》）。

1. 日本今后教育政策的方向

在《关于第 3 期教育振兴基本计划（报告）》的第 1 部中，写入了《教育基本法》中规定的教育目的和目标以及教育的使命，同时，作为围绕教育的现状、问题、迄今为止取得的成果，以及在预测 2030 年以后的变化的基础上，提出了应该努力的方向。在此基础上，延续了为实现《第 2 期教育振兴基本计划》的“自立”“合作”“创造”三个方向，构筑终身学习社会这一理念的同时，为迎接“人生百年”“超智能社会（Society 5.0）”的到来，今后教育政策的重心是将每个人一生的“可能性”和“机遇”

发挥到最大限度。

以下是作为今后教育政策相关的五项基本方针：

①拥有梦想和志向，培养挑战可能性所必需的能力

②培养能够引领社会可持续发展的多种能力

③创造可终身学习、积极活跃于社会的环境。

④构筑学习的安全保障措施，使人人都能成为社会的中坚力量

⑤完善推动教育政策的基础

在今后落实教育政策时，需要特别注意的是，重视有客观根据的教育政策的推进、教育投资方式、面向新时代创新下一代教育。在重视客观根据的教育政策的推进部分中，记述了如下内容：在教育政策中，有必要确立 PDCA 良性循环，并充分发挥其功能，在文部科学省构筑体制，推进基于客观依据的政策设计（EBPM：Evidence-Based Policy Making），加强与各领域研究者的合作，推进数据一元化、提供体制等相关内容。在教育投资方式的相关内容中，记述了如下内容：在《新经济政策一揽子措施》（2017 年 12 月 8 日内阁会议决议）和《经济财政运营和改革的基本方针 2018》（2018 年 6 月 15 日内阁会议决议）基础上实行的措施，大力落实减轻教育费用负担目标，为提高各教育阶段的教育质量，确保教育投资，参考经济合作开发机构（OECD）等外国的公共财政支出等教育投资情况，保障必要的预算，真正确保必要的教育投资。在面向新时代创新下一代教育这一部分上，提议要推进研究开发以及先导性工作，为解决地方上的问题，构筑相应的社会教育体系（图表 1-3-8）。

图表 1-3-8　第3期教育振兴基本计划概要

※计划实施时间：2018~2022年度　　**第3期教育振兴基本计划概要**

第1部　日本今后的教育政策的方向性

Ⅰ　教育的普遍使命

修订教育基本法中规定教育的目的是“完善人格”“培养具备和平民主国家及社会缔造者所必需的素质，身心健康的国民”，为实现教育目标、实现“教育立国”努力工作。

Ⅱ　教育的现状和面临的课题

1　迄今为止取得的成果

○保持初中等教育阶段的学习能力处于世界顶级水平
○创设支付型奖学金制度、根据收入所得连动返还的奖学金制度
○学校设施的抗震性的进展等

2　在社会现状及2030年以后变化的基础上应该考虑的课题

(1)社会状况的变化
人口减少、老龄化、技术革新、全球化、贫困儿童、地区间差距等
(2)教育状况的变化
○儿童、年轻人在学习、生活方面的课题　○地域、家庭的状况变化
○教师的负担　○高中教育质量保障等课题
(3)以教育为中心的国际政策动向
OECD教育政策评价等

Ⅲ　展望2030年以后的社会采取的教育政策的重点事项

继承第2期计划的“自立”“合作”“创造”的方向，以以下状态为目标《个人与社会的目标状态》
（个人）培养独立自主、积极主动做出判断、可与各种类型的人合作创造出新的价值的人才。
（社会）营造每一个人能够积极活跃、富裕、安心生活的社会，保证社会（地区、国家、世界）可持续发展

《教育政策的重点事项》
○“超智能社会“（Society 5.0）”技术不断发展的社会中，为了充实度过“人生百年”，作为“育人革命”“生产性革命”的一环，需要提升青年期的教育、终身教育方面的学习和能力
○通过教育今后教育政策的中心是将每个人一生的“可能性”和“机会”发挥到最大化。

Ⅳ　今后教育政策的基本方针

1　拥有梦想和志向，培养挑战可能性所必需的能力
2　培养可引领社会可持续发展的多种多样的能力
3　创造可终生学习、积极活跃于社会的环境
4　构筑学习的安全保障措施，使人人都能成为社会的中坚力量
5　完善推动教育政策的基础

V 在今后实行教育政策时，需要特别注意的视点

1. 推进重视客观依据的教育政策

· 确立教育政策上的PDCA良性循环，必须充分发挥其功能
企划、设计提案阶段：综合且成体系地展示政策目标、施政政策（有效利用逻辑模版、指标设定）
实施阶段：注意跟踪各项政策，保证其落地实施
【培养职员、共享先进事例】
评价、改善阶段：结合政策评价，在评价结果的基础上改进政策及下一次的计划
· 在文部科学省构筑体制，推进基于客观依据的政策设计（EBPM：Evidence Based Policy Making），加强与各种领域研究者的合作，推进数据一元化、提供体制等。

2. 教育投资的方式（第3期计划实施期间的教育投资方向）

· 为实现在人才投资方面的根本性扩充，实施《新经济政策一揽子措施》，减轻教育费用负担
· 确保各教育阶段提高教育质量的教育投资
◇完善学校指导体制、指导环境，团队学校◇确保学校设施的安全性（防灾、建筑物老化对策）
◇彻底实行大学改革、提高教育研究质量 ◇完善继续教育环境
◇稳定雇用年轻研究者、支持博士研究生 ◇修缮大学设施
· 经济协作开发机构（OECD）等外国的公共财政支出等教育投资情况，保障必要的预算，真正确保必要的教育投资。
· 届时，彻底实现以客观依据为基础的PDCA良性循环，获得国民理解

3. 面向新时代创新下一代教育
· 实现超智能社会（Society 5.0）等，在社会构造急速变革的过程中，不断推进未来一代的学校的存在方式等面向未来的研究开发
· 为解决人口减少、老龄化等地区问题，为构筑"可持续发展的社会教育体系"实行新政策
· 推进面向未来一代的教育创新的研究开发和先导性工作

2. 今后五年的教育政策目标和一揽子措施

在第 3 期计划的第 2 部中，按照第 1 部提示的五项基本方针，指出了从 2018 年到 2022 年这五年的①教育政策目标、②为把握目标进展状况的指标、③为实现目标所需的一揽子措施（图表 1–3–9）。也提及了地方公共团体，在各地区的实际情况的基础上，强调制定有特色的目标和措施的重要性。

图表 1–3–9　今后5年的教育政策目标和一揽子措施

第2部　今后五年的教育政策目标和一揽子措施

如第1部所示的5项基本方针
①教育政策的目标
②为把握目标进展状况的测定指标及参考指标
③整理为实现目标必要的措施群

基本方针 → 教育政策的目标 → 测定指标参考指标 → 一揽子措施群

基本方针	教育政策目标	测定指标、参考指标（例）	一揽子措施群（例）
1 培养心怀梦想和志向，挑战未来所需的能力	（1）培养确实的学习能力<主要是初中等教育阶段> （2）培养丰富的内心 （3）培养健壮的体魄 （4）掌握发现问题解决问题的能力<主要在高中阶段> （5）培育具有社会、职业的自立的能力和态度<主要在继续教育阶段> （6）提高家庭、地区的教育能力，推进学校的联合协作	○培养知识、技能、思考能力、判断能力、表达能力等，具有学习的能力、人格等的资质、能力协调的个人，通过OECD的PISA调查等各种国际调查来保持世界顶级水平 ○减少认为自己有可取之处的孩子的比例 ○减少霸凌事件中解决霸凌事件的比例等	○切实实施新学习指导要点 ○培养孩子们自己的自信和自我肯定 ○针对霸凌等进行彻底的人权教育等
2 培养可引领社会可持续发展的多种的能力	（7）培养全球化人才 （8）通过研究生院改革创新培养引领性人才 （9）培养体育、文化等多领域人才	○继续完成接收30万外国留学生的目标，使留学生就业率达5成 ○增加硕士毕业生考博士的比例等	○日本人学生海外留学支援 ○推进研究生院教育改革等
3 创造可终身学习、积极活跃于社会的环境	（10）推进人生百年的终身学习 （11）提高人们的生活水平和推进社会的可持续性发展的学习 （12）推进职业必需的知识和技能以及社会人的继续教育 （13）推进身体障碍者的终身学习	○提高运用所学的知识、技能和经验，能够在地区和社会活动中灵活的人员的比例 ○将在大学、专科学校中上课人数提高到100万人等	○探讨为建设新型地域社会振兴社会教育 ○完善社会人可以边工作边学习的环境等
4 构筑学习的安全保障措施，使人人都能成为社会的中坚力量	（14）对应相应的家庭经济状况和地理条件 （15）提供适应各种需求的教育机会	○改善属于生活保护家庭的孩子、单亲家庭的孩子、儿童养护设施的儿童高中等升学率、大学等升学率　等	○提高对教育的关注，为减轻教育费用的负担提供经济支援等
5 完善推动教育政策的基础	（16）为适应新时代的教育建设可持续性的指导体制 （17）完善可有效利用ICT的基础 （18）完善安全、安心品质较高的教育研究环境 （19）确保学龄儿童等的安全 （20）为加强教育研究的基础教育进行高等教育系统改革 （21）日本式教育的海外开展和日本教育的国际化	○中小学校的教师每周缩短校内总工作时间 ○学习用电脑每三个班配备一个班分量 ○缩减针对需要紧急修缮的老朽化的公立中小学设施面积的计划 ○推进私立学校的抗震措施（完成早期的抗震工程，防止房顶掉落的对策） ○改善学校管理下的伤害和重度负伤的事故发生数量等	○完善教职员工的指导体制和指导环境 ○促进学校的ICT环境的完善 ○推进完善安全、安心、高品质的学校设施的建设 ○推进学校安全等

面向人生百年的“人才培养革命”

Column No. 11

原首相在“构想会议”上致辞

日本成为健康寿命世界第一的长寿社会。根据某海外研究[1]显示 2007 年在日本出生的孩子，半数会活到 107 岁以上。

在这样的超长寿社会中，为构筑起让人们充满活力的生存下去的经济、社会体系，2017 年 9 月以后，政府召开“人生百年构想会议”（以下简称为“构想会议”）[2]，就减免教育费用、大学改革、继续教育等问题进行了讨论。

在构想会议副议长文部科学大臣的领导下，人人都有机会参与到构建梦想国家的讨论中。

在构想会议讨论的基础上，内阁会议分别于 2017 年 12 月、2018 年 6 月通过了《新经济政策一揽子措施》[3]《经济财政运营和改革的基本方针 2018[4]》的决议。在该一揽子措施及基本方针中，人才培养是开拓新时代的原动力。

①为 3 岁到 5 岁的所有儿童无偿提供幼儿园、保育所、认证幼儿园等学前教育[5]。

②通过扩大学费减免、支付型奖学金的范围，对收入低而真正需要的孩子提供免费的高中教育[6]。

③以年收入不满 590 万日元的家庭为对象，免除私立高中学费。

④明确各大学的作用、功能，进行提高大学教育质量的改革。

⑤扩大教育训练的补给，或者产学合作的继续教育等。

为落实这些措施，现在要和有关府省充分合作，推进具体的制度制定。

1 根据琳达・格朗台（音译）/ 安德鲁・斯科特（音译）著《life・shift》（2016 年 11 月）。
2 参照 https://www.kantei.go.jp/jp/singi/jinsei100nen/。
3 参照 http://www5.cao.go.jp/keizai 1 /package/20171208_package.pdf。
4 参照 http://www5.cao.go.jp/keizai-shimon/kaigi/cabinet/2018/2018_basicpolicies_ja.pdf。
5 学前教育免费计划从 2019 年 10 月起实施。
6 学前教育免费计划对象，大学，短期大学，高等专门学校，专门学校。从 2020 年开始实行。

第四节 教育政策相关动态

一、中央教育审议会

1. 关于中央教育审议会

中央教育审议会是针对文部科学大臣的咨询，对有关振兴教育、推进终身学习等重要事项进行调查审议的机构，在推进教育改革时，发挥着重要的作用（图表 1-3-10）。

图表 1-3-10 第9期中央教育审议会议机构图

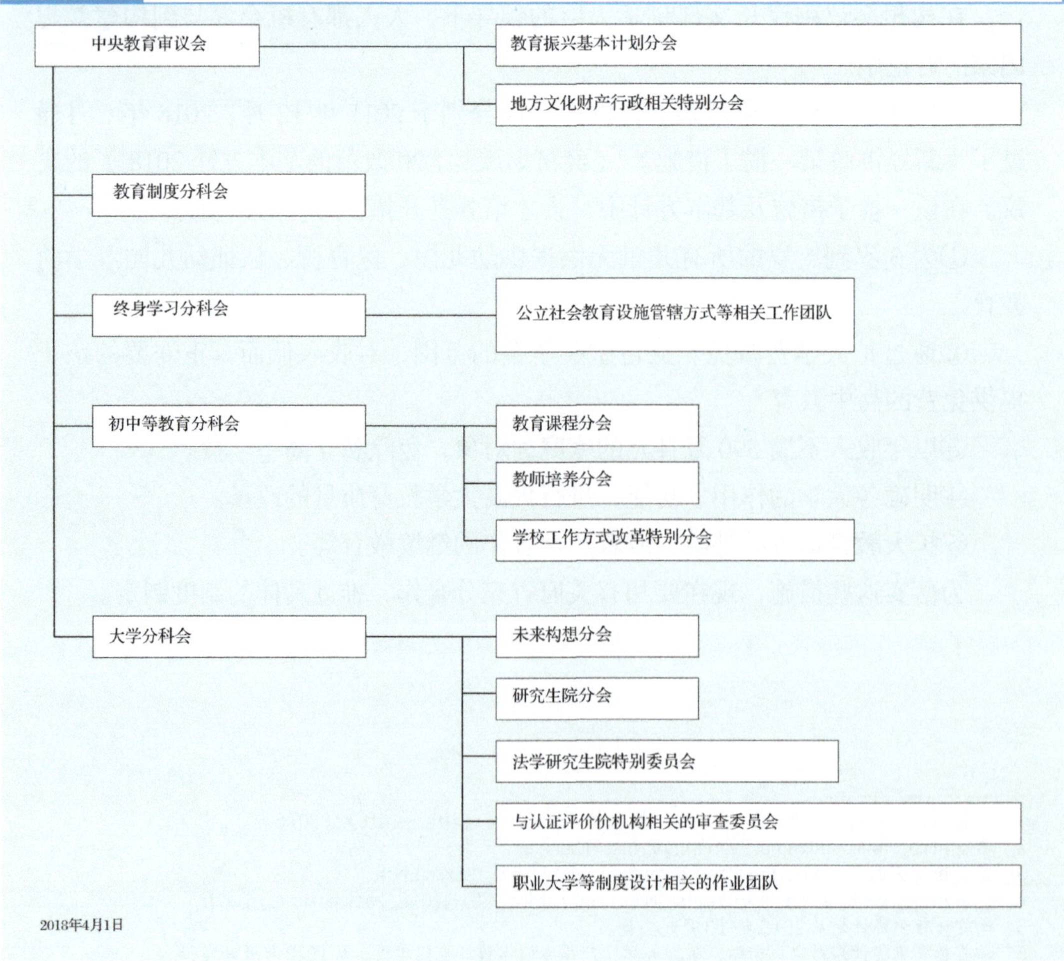

2. 第 9 次中央教育审议会

第 9 次中央教育审议会于 2017 年 2 月 15 日开始，对以下事项等进行审议。

①第 3 次教育振兴基本计划

2016 年 4 月接受咨询，在教育振兴基本计划分会上对《第 3 次教育振兴基本计划》的制订进行审议，2018 年 3 月 8 日汇总了《关于第 3 次教育振兴基本计划（报告）》。

在报告的第 1 部中叙述了即将迎来“人生百年”“超智能社会（Society5.0）”[1] 的 2030 年以后社会的教育政策的重点工作，作为今后教育政策实施时，特别需要注意的视点，提出了以下内容：重视有客观根据的教育政策的推进、教育投资方式、面对到来的新时代下一代教育的创新。

另外，在第 2 部中，根据第 1 部提出的今后教育政策的方向，从 2018 年度到 2022 年度这五年的①教育政策目标，②为把握目标进展状况的指标，③为实现目标必要的一揽子措施，需要一系列的目标和实施手段，也就是有效利用逻辑范本，并加以整理，提议了包括 21 项今后五年教育政策目标、57 项指标在内的需要实施的一揽子政策。经过政府内部的调整，2018 年 6 月 15 日内阁会议通过了第 3 次《教育振兴基本计划》决议。[2]

②日本高等教育的未来构想

在 2017 年 3 月 6 日的中央教育审议会总会上，进行了《关于日本高等教育的未来构想》的咨询，在“第 4 次产业革命”发展、社会转型为人口负增长社会等经济社会的重大变化中，为能真正发挥高等教育机关的作用，会上预测了 2040 年左右的社会，对新时代高等教育的未来构想进行了综合性探讨。在本次咨询的基础上，以大学分科会未来构想分会为中心进行了审议，2017 年 12 月汇总了《面向今后高等教育未来蓝图提出的论点整理》。今后将继续探讨就具体的未来构想，并为具体实施，修订相应的制度。

③为构筑面向新时代教育的可持续性的学校指导、运营体制，推进在学校的工作方式改革的综合政策

在 2017 年 6 月召开的中央教育审议会全会上，进行了《为构筑面向新时代教育的可持续学校指导、运营体制，推进在学校的工作方式改革》的咨询，以初中等教育分科会学校的工作方式改革特别分会为中心进行审议。2017 年 12 月整理了前期的讨论结果，汇总成了《中期报告》，从通过明确学校、教师承担的责任，落实任务分配并使业务更加合理化，明确了国家、教育委员会等应努力推进的具体措施[3]。

④针对人口减少时代的新地区建设的社会教育振兴政策

1　①狩猎社会，②农耕社会，③工业社会，④继信息社会之后，人类历史上第五个新社会。
2　参照第一部稳步推进教育重振第三节。
3　参照第一部特集二第一节。

在2018年3月2日召开的中央教育审议会全会上，进行了《针对人口减少时代的新地区建设的社会教育振兴政策》的咨询。因少子化导致的人口减少，以及“Society5.0”的到来等等这些社会的急速变化中，在本次咨询中为解决地方社会直面的各种问题，推进可持续发展的地区社会建设，同时为实现“人生百年”充实个人的人生，有必要深入探讨社会教育应该如何做出贡献，根据这些内容，以“为了构建有相关人员合作和当地居民积极参与的新地区建设的学习、活动”“公民馆、图书馆、博物馆等社会教育设施的作用”“为发挥社会教育设施的作用而采取的必要的具体措施”等内容为中心，进行了广泛的探讨。现在，以终身学习分科会为中心推进审议。

二、教育再生执行会议

1. 教育再生执行会议的概要

教育再生执行会议是自2013年1月起为构筑适应21世纪日本的教育体制，推进教育改革，由内阁总理大臣主导的会议。该会议截至2017年6月共进行了多达10次的提议。在这些提议的基础上，已经就防止霸凌，教育委员会改革，大学管理改革以及加强教育研究能力，义务教育学校的制度化，教师的培养、任用、研修的一体化改革、职业大学以及职业短期大学的制度化等法律进行修订并实施。这样一来，教育再生执行会议作为引领教育再生的重要力量发挥着重要作用（图表1–3–11）。

2017年6月总结了《培养孩子的自信，用自己的双手开拓未来，为实现这种教育，提高学校、家庭、地区的教育能力（第十次提议）》。在这一提议中，为使所有孩子充满自信用自己的双手开拓自己的未来，根据学校、家庭、地区所面临的问题等，针对各自应该如何处理、应该在社会全体参与下采取怎样的措施这一点上，提出了相应的建议。

图表1-3-11 教育再生执行会议的建言和工作

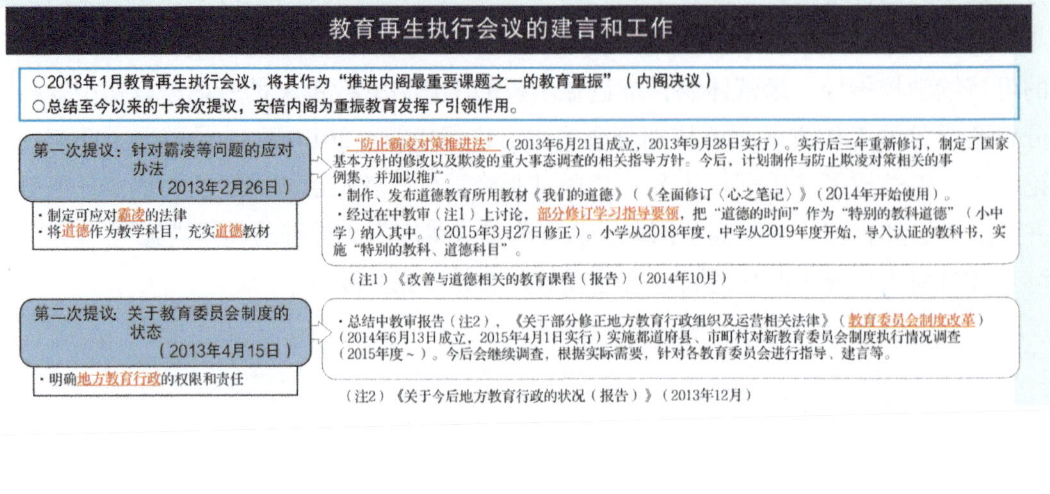

第三次提议：关于今后的大学教育等状况（2013年5月28日）

- 建设应对全球化状况的教育环境
- 建设有利于创新的教育、研究环境
- 增强锻炼学生并向社会输送的教育功能
- 加强社会人重新学习的功能
- 大学管理改革

→

- 在中小学导入外语活动，在小学高年级设立相关课程，在中学阶段扩充外语教育，就此内容修订中小学学习指导要领（2017年3月31日公示）。就充实高中阶段外语教育，修订高中学习指导要领（2018年3月30日公示）。为推进新学习指导要领创造条件。
- 2014年以来，为适应全球化采取的新措施（官民合作支持海外留学制度“、超级全球化学校事业“、”支持创建超级全球化大学事业等）
- 《修订部分学校教育法及国立大学法人法的法律》（大学管理改革）（2014年6月20日颁布，2015年4月1日实行）
- 《修订部分国立大学法人法的法律》（创立指定国立大学法人制度）（2014年6月20日颁布，2017年4月1日实行），指定东北大学、东京大学、京都大学三所大学为指定国立大学法人（2017年6月）。追加指定东京工业大学、名古屋大学为大学法人（2018年3月）。
- 在“与理工科人才培养相关的产学研圆桌会议”上，制定了“与理工科人才培养相关的产学研行动计划”（2016年8月）。在本计划基础上、设立大学相关人员组成的协议主体（大学协议主体）（2017年12月）的同时，落实该协议主体与产业界的意见交换。
- 为推进社会人重新学习，创设了“培养职业实践能力项目（BP）”认定制度（2015年7月）。认定222门课程（截止2018年4月为止）。

第四次提议：高中教育与大学教育的衔接、大学入学选拔方式（2013年10月32日）

- 提高高中教育质量（创设水平考试（基础水平）等）
- 加强培养大学人才培养功能
- 改革大学入学者选拔制度等（创设水平考试（发展水平）、向多方面、综合性选拔转换）

→

- 经过中教审（注3）等的讨论，在“高大衔接体系改革会议”的《最终报告》中（2016年3月）的基础上，制定《高中生学习的基础诊断》实施方针，“大学入学统考”实施方针及“与重新审视2021年度大学入学者选拔实施要项相关的预告”（2017年7月）。
- 将高大衔接改革相关预纳入到2018年度预算中，为能顺利开始实施《高中生学习的基础诊断》(2018年度）、以及即将实施的“大学入学统考”（2020年度），不断推进相关工作。
- 就大学教育，修订学校教育法实行规则，将“三项方针”①毕业认定、学位授予，②制定、实施教育课程③接收入学学生）的一体化政策的制定、公示制度化（2016年3月31日公布，2017年4月1日实行）

（注3）《为实现适合新时代的高大衔接的高中教育、大学教育、大学入学选拔的一体化改革（意见书）》（2014年12月）

第五次提议：关于今后的学制等问题（2014年7月3日）

- 中小学连贯教育的制度化
- 使高中教育机关的插班入学制度更灵活
- 将实践性职业教育的高中教育机关制度化

→

- 汇总中教审意见书（注4），《修正部分学校教育法等的法律》（义务教育学校等的制度化、将从高中专进入大学学习制度化等）（2015年6月17日达成，2016年4月1日实行）。
  义务教育学校数量：48所学校（截止到2017年5月1日）
  从高中专进入大学学习的学生人数：22名
- 经过专家会议，汇总了中教审意见（注5）《修正部分学校教育法的法律》（“职业大学”及“职业短期大学”的制度化）（2017年5月24日达成，2019年4月1日实施）。制定《职业大学设置基准》及《职业短期大学设置基准》的同时，修订大学设置基准等，也将既有的大学、短期大学的专门职业学科制度化。实施设置认可审查，预定从2019年开始实施。

（注4）《构筑灵活且有效的适应孩子的身心发展、学习者的学习热情及能力体系（意见书）》（2014年10月）
（注5）《发挥个人的能力和可能性，构筑全员参加解决课题的社会而实行的教育多样化及教育品质保障（意见书）》（2016年5月）

第六次提议：“持续学习”社会，全员参加型社会、实现地方创新的教育方式（2015年3月4日）

- 构建任何人都能继续学习，继续挑战的社会
- 实现女性、老年人、身体残疾者等“全员参加型社会”
- 探讨以社区学校、地方学校协作活动为首的学校、地域的合作及连动方式
- 有效利用奖学金等制度使大学生能够扎根地方
- 支持成为地方（知识）基地的大学

→

- 为实现“全员参加型社会”，在文科省和厚劳省设置合作协议的空间（2015年4月～，截止到2018年4月共召开7次会议）。
- 推进可促进女性、老年人、有身体障碍的学龄儿童学习的事业的实施
- 为推进及加速社区学校以及促进地区学习的联合活动，制订“下一代的学校、地域”创新计划（2016年1月文科大臣决议）。
- 汇总中教审意见书（注6），达成《部分义务标准法等修订法》（努力将设置学校运营协议会（导入社区学校）义务化以及推进地区学校联合活动等）（注7）（2018年3月27日达成，2017年4月1日实施）。
- 加强建设以学校为核心的地区构建，增加地区活力。实施“社区学校推进体制建构事业”“地区学校联合活动推进事业”。
- 为促进有效利用奖学金使大学生等扎根地方，在日本学生支援机构的无利息奖学金方面设定优先原则，创设奖学金返还支援制度（注8）（2015年度～）。实施24县奖学金返还支援制度（截止到2017年12月）
- 努力解决地区课题，充实强化针对成为地方（知识）基地的大学的支持力度（COC+）（2015年度～）

（注6）《关于为实现新时代教育及地方创新学校与地区的合作、连动方式及今后的推进政策（意见书）》（2015年12月）
（注7）《为改善义务教育各学校等体制的充实及改善运营，修订公立义务教育各学校的年级编制及教职员人数标准的相关法律》
（注8）大学等毕业后，在地方企业等地就职时，接受大学时的助学金返还等制度

第七次提议：今后时代要求的物质、能力和能培养出此类人才的教师的情况（2015年5月14日）

- 利用ICT改变学习环境以及培养有效利用信息的能力
- 推进主体主动学习方式
- 改革教师培养计划，吸收优秀人才成为教师（明确培养目标，完善全国性培养支援基地的建立）

→

- 在专家会议讨论的基础上，制订“加速教育信息化计划”（2016年7月29日）
- 有关“电子教科书”的定位问题的讨论会议上，总结了“最终汇总”（2016年12月）。现在，根据下一期的学习指导要领的实施情况，向第196次国会提出将电子教科书制度化的《修订部分学校教育法等的法律案》。
- 在有关下一期学习指导要领的中教审意见书（注9）（从各科目具体的情况、主体性、对话型深入学习（主体主动学习方式）的视点出发，改进教学、培养方案、进行管理）的基础上，2017年3月修订中小学学习指导要领，2018年3月修订高中学习指导要领。为顺利实施新学习指导要领努力创造必要条件。
- 接受中教审意见书（注10）的意见，制订《下一代学校、地域创新计划》，通过培养、录用、研修等方式提高教师资质（2016年1月文科大臣决议）。
- 《修正部分教育公务员特例法等法律》（在全国范围内完善提高校长及教职工的资质的相关指标，强化独立行政法人教职工研修中心的功能等）（2016年11月18日达成，2017年4月1日起实行）。在各地区，经过教育委员会和大学等的协议，制订指标及教师研修计划。

（注9）《关于幼儿园、小学、中学、高中及特别支援学校的学习指导要领等的改善及必要的方针政策（意见书）》（2016年12月）
（注10）《关于提高今后担任学校教育的教师的资质能力—为培养教师构建互相学习、互相提高的社区—（意见书）》（2015年12月）

第八次提议：为实现教育立国的教育投资、教育财源的状况（2015年7月8日）

- 在《幼儿教育的阶段性免费以及教育品质的提高》《减轻高中教育阶段的教育费用负担》方面优先教育投资
- 通过有效利用民间资金，重新审视税收制度等方式确保教育财源
- 取得国民的理解

→

- 确实实行幼儿教育的阶段性免费（第3个孩子以后免费，低收入家庭第2个孩子免费，扩大免费的范围）以及教育品质的提高。关于减轻高中教育阶段的教育费用负担，在2017年度创立补偿型奖学金。2018年度预算中，因补偿型奖学金的实质性实施、学费减免范围的扩大等减轻教育费用负担所需的必要经费都计算在内。
- 正在讨论2020年度全面实施关于纳入《新经济政策的一揽子计划》（2017年12月8日阁僚会议决议）中的教育免费、负担减轻等政策。
- 就使用对国立大学法人等的个人捐赠中充当支援因经济理由上学困难的学生等的支援事业导入，扣除税费（2016年度～）
- 在中教审汇总了写入推进重视依据客观根据的教育政策、教育投资的方式的《第3期教育振兴基本计划（意见书）》（2018年3月），现在为通过阁僚议会决议做各方面调整

第九次提议：构建可以发展所有孩子的能力并为孩子创造各种可能性的教育
（2016年5月20日）

- 无论是发展障碍的孩子、还是不愿上学的孩子以及日语能力差的孩子，针对他们每个人做出充实且细致的方案
- 充实教育内容，创造有利于更能发挥优秀能力的教育
- 讨补偿型奖学金等，减轻家庭的教育费用负担

→

- 针对有身体障碍的学龄儿童进行有组织的、持续性指导和援助。为需要特别支持的在籍学生或者需要特别指导的所有学龄儿童（注11）制订《个别教育支援计划》《个别指导计划》，并将其载入修订后的中小学及高中的学校学习指导要领中。通过制订和有效利用《个别的教育支援计划》，完善从学龄前到入学、到进入社会的一整套支援体制，在2018年度预算中，将原来的30个地区扩充到60个地区
- 在2018年度预算中，将"身体有障碍者从学校毕业后的学校援助相关实践研究事业"算入其中
- 将高中需要的特别指导制度化（2016年12月修正相关命令，2018年4月实施）。修正高中标准法实行令（2018年3月公布，2018年4月实施），使在公立高中的特别指导加配定数措施成为可能
- 关于不愿上学的学龄儿童，在确保教育机会法（2016年12月7日达成，主要在2017年2月14日实施）基本指针（2017年3月文科大臣决议）的基础上，充实教育商谈体制，有效利用"学龄儿童理解、教育支援卡"，使行动更加有组织性、计划性，积极建立不愿上学特别学校、教育支援中心，积极推进教育委员会、学校和民间团体的合作援助等相关事宜都纳入2018年度预算中
- 《部分修正义务标准法》（注12）（针对身体障碍者实行的特别指导（在义务教育中实行的特别指导）、为充实对外国人学龄儿童教育的教学人员，规定基本教职工人数等）（2017年3月27日达成，2017年4月1日实施）。2017年度随着教职员工基本人数的增加，共增加有868人的定员。从2017～2026年度十年间，将增加配备的定额（2016年度为64000人）的三成定为基础定额
- 在理科领域实施"少年博士培育班"项目，由大学为那些学习热情高、有突出能力的全国中小学生提供特别的教育项目（2017年度～）
- 《修正部分独立行政法人日本学生支援机构法律》（创设补偿型奖学金制度）（2017年3月31日颁布，2017年4月1日实施）。于2017年创设并先行实施针对贫困人员（私立大学学生且在外租房的学生，曾被儿童保育院收养的学生等）。从2018年开始正式实施

（注11）在中小学，接受特别指导的在籍学生，在高中接受特别指导的学生。

（注12）《为充实义务教育各学校的体制及改善运营，修正公立义务教育各学校的年级编织及教职员工定员标准相关的法律》。

第十次提议：为加强自信、自己的双手开拓自己的未来，提高学校、家庭、地区的教育能力
（2017年6月1日）

- 为提高家庭的教育能力，积极提供综合的家庭教育支持及访问型家庭教育支持，确保和孩子相处的时间
- 为提高地区的教育能力，积极导入社区学校以及推进地域学校联合
- 为提高学校教育能力，改革教师的工作方式
- 培养学生自信

→

- 为了能够向面对各种困难和问题的家庭提供教育、福祉等一体化支援，由文部科学省和厚生劳动省相关部门，举办"教育、福祉合作协力推进会议"（2017年7月～）
- 在2018年度预算中，加入实施整合育儿支援和家庭教育支援的联合体制相关的示范事业以及实施访问型家庭教育支援的必需的经费
- 以官房长官为议长设置儿童周综合推进会议（2017年7月～）。根据修订部分学校教育法实施令，将学校的休息日分散，获取带薪休假，确保多种多样的活动机会
- 在2018年度预算中，加入构建社区学校推进体制以及推进地区学校联合活动等所必需的经费
- 就实施有关学校的工作方式改革的综合性方针政策在中教审进行咨询（2017年6月）。同年12月，在中教审汇总的《有关学校的工作方式改革的综合性方针政策（中期汇报）》的基础上，文部科学省汇总了《在学校工作方式改革的相关紧急对策》，本年2月通知各教育委员会。同时，在2018年度预算中，为实现《学校工作方式改革》创造环境所需的必要经费。
- 在专家会议上，探讨利用SNS等构建商谈体制，汇总了《有效利用SNS等构建商谈体制相关的想法（最终报告）》（2018年3月。从2018年度开始，针对地方公共团体，有效利用SNS等构建面向学龄儿童的商谈体制。

2.《截至目前的提议的实施状况》（追踪报告书）

为重振教育，修订法令和预算事业化并不是终点，将提议的理念渗透教育一线，基于提议制定的制度和措施为实现目标，有效发挥效用较为重要，这些的实现需要一定的时间。另一方面，为培养肩负日本未来的人才，快速且切实地将提议的理念付诸实施非常重要。因此，重振教育执行会议要不断跟进在提议的基础上展开的工作情况。

2017 年度，在全面确认以往所有建议事项的进展情况的同时，在这些提议事项中，在现在的状况的基础上期待进一步开展工作的重要事项[1]，除了会议上审议以外，通过对中小学、大学的实地考察，跟进考察的工作状况。就其结果，2018 年 5 月汇总了相关的提议的追踪报告书《截至目前提议的实施状况（报告）》。在报告书中，列举了特别希望今后需要努力的事项，例如：

○通过学校"特别讲授科目道德"的稳步实施，培养学龄儿童珍惜生命、体谅他人、具有规范意识、自主性、责任感等优秀品质的人格及其社会性。

○在 2017 年 7 月发表的《高大衔接改革的实施方针》中，将高中生学习基础评

1 作为重要事项，选定：①针对霸凌问题的对策以及教育委员会制度改革，②构建学校指导体制以及提高教师水平，③高中和大学的衔接改革，④强化大学的教育研究能力，⑤站在新时代视点下的教育方式，⑥提高学校、家庭、地域的教育能力，⑦充实教育投资、减轻教育费用负担等七项内容。

测的结果运用到入学考试中、导入大学升学统考的 CBT 方式，多次进行考核等，继续将这些内容作为研讨课题，在不忽视提议目的的基础上，推进工作开展并落实这些内容。

〇为推进教育的 ICT 化，避免学校之间存在大的差异，在完善 ICT 环境的同时，加速完善电子教材等软件内容的工作。

〇在《新经济政策一揽子措施》（2017 年 12 月 8 日）的基础上，在消费税率即将提高到 10% 的前提下，一边努力获得国民的理解，一边稳步推进免除幼儿教育、高中教育费用、减轻教育负担等工作。

文部科学省根据本报告，为今后落实提议，计划和相关省厅合作开展工作。

图表 1-3-12　《迄今为止的提议的实施状况（报告）》要点

1. 序

〇在教育再生执行会议上，总结了迄今为止一共十次的提议，在提议事项中特别选定了备受瞩目的重要事项，并对其进展状况进行了跟踪调查。

2. 为提议的“实施”，有必要特别关注的工作进展状况的重要事项

①针对霸凌问题的对策以及教育委员会制度改革（与第一次、第二次提议相关）

【迄今为止的工作】

- 实施《防止霸凌对策推进法》（2013年9月实施）三年后，重新修改，制定了国家基本方针的修订及有关霸凌重大事态调查的指导方针（2017年3月）
- 修正部分学习指导纲要（2015年3月），小学从2018年度、中学从2019年度开始，导入检定教科书，实施《特别科目 道德》。
- 根据《修订部分地方教育行政组织及运营相关法律》（2015年4月实施），将教育委员长和教育长两个职位合二为一，明确责任体制的同时，教育长由首长直接任命，从根本上进行改革。

【今后需改进的相关事项】

〇霸凌防止对策推进法实施后，因霸凌而导致的学生自杀事件还时有发生，在所有学校的教育一线的推行改革，为不断改变现状而努力。
〇通过在学校稳步实施《特别科目 道德》，培养学龄儿童珍惜生命、体谅他人、具有规范意识、自主性、责任感等优秀人格及其社会性。
〇继续确认有关综合教育会议的存在方式等状况，与此同时，找出工作进展较好的地方公共团体的优秀事例，与其他地方公共团体共享。

②为能够顺利实施学习指导要领构建指导体制（团队学校的实现），提高教师水平（与第七次、第九次、第十次提议相关）

【迄今为止的工作】

- 修订学习指导纲要，小学从2020年度、中学从2021年度开始，高中从2022年度开始全面实施新学习指导纲要。
- 规定担任指导身体障碍或者外国人学龄儿童的教师基本人员数量
- 从法律上规定在学校设置心理咨询师、社会工作者以及社团活动指导员。
- 根据《部分修正教育公务员特例法等法律》（2017年4月实施）。在教育委员会和大学设置协议会。参考由文部科学大臣制定的方针的基础上，实施新的制度，由负责人来制定提高教师资质相关的“指标”以及“教师研修计划”。

【今后需改进的相关事项】

〇推进新学习指导纲要顺利实施的同时，，重新审视减少教师工作的时间等业务。推进强化学校指导、事务体制的效果等。
〇原则上推进在所有的公立中小学要推进学校的心理咨询岗位设置，在所有的中学，设置学校的社会工作者。之后根据配置的状况，在配置时间充实的学校实现适合的专门人员的设置。
〇要切实保证实施包括修订制度在内，有关提高教师水平的改革。国家与地方公共团体保持密切的联系，适当跟进。

③高中教育与大学教育的衔接、大学入学选拔的方式（与第四次提议相关）

【迄今为止的工作】

- 经过在中央教育审议会上的探讨《高大衔接体系改革会议》的《最终报告》（2016年3月）的基础上。制定《高中生学习基础诊断实施方针》《大学入学统考》实施方针，以及《重新审视2021年度大学入学选拔实施要项相关的预告》（2017年7月）。

【今后需改进的相关事项】

〇在《高大衔接改革的实施方针》（2017年7月）中，继续探讨在入学考试中，有效利用高中生学习基础诊断结果、导入大学入学统考的CBT方式、以及采取多次考试等事宜。但是为了保证主旨落到实处，应积极推进这几项工作的具体实施。

④强化引领日本知识领域的大学教育研究能力以及社会人的继续学习（与第三次、第五次、第六次提议相关）

【迄今为止的工作】

- 根据《部分修正学校教育法及国立大学法人法的法律》（2015年4月实施），促进确立大学运营方面，由校长领导的管理治理改革。
- 根据《修正部分国立大学法人法的法律》（2017年4月实施），为开展世界最高水准教育研究活动，创设指定国立大学法人制度。
- 根据《修正部分学校教育法的法律》（2019年4月计划实施），将职业大学及职业短期大学制度化。

【今后需改进的相关事项】
○大学为了在运营方面吸取各方意见。在赋予的权限责任范围内，积极有效利用外部人才。
○关于国立大学法人运营补贴，私立学校补助方面，为了大学改革及提高教育研究水平，强化弹性机制，采取适当措施的同时，不断推进相关工作以确保多种财务基础来源。

⑤站在新时代的视点下进行有效利用ICT的教育革新和理工科人才培养（与第三次、第七次提议相关）

【迄今为止的工作】

· 在新学习指导要领中，包括信息伦理在内的有效利用信息能力看作是作为学习基础的素质、能力之一。与此同时。在小学，纳入必修课程。明确新时代视点下的教育方式。

【今后需改进的相关事项】
○ 为推进教育的ICT化，尽量使各学校间，不产生较大差异，完善ICT环境，加速完善电子教材的软件内容。
○ 国家以及大学与地方公共团体等合作的同时，努力提高理工科升学的女性的比例，创造环境，使女性研究者在怀孕生子之后，可以继续活跃在教育研究第一线。

⑥实现提高孩子自信的教育，要提高学校、家庭、地域的教育能力，强化在学校工作方式改革的运营体制（与第十次提议相关）

【迄今为止的工作】

· 修订地方教育行政组织及运营相关法律以及社会教育法（2017年4月10日实施），将学校运营协议会设置导入社区学校，将这些变成学校的义务的同时，完善"地区、学校联合活动"相关的联合合作体制。
· 关于教师的工作方式的改革。从2017年7月开始，在中央教育审议会，设初中等教育分科会。在学校的教工作方式改革特别分会上进行讨论。同年12月发表《中期报告》整理了学校教师所承担业务，使学校教师承担业务更加明确和合理。

【今后需改进的相关事项】
○进一步推进社区学校的导入事项，与此同时，地区与学校联合活动向全国推进。
○探讨教职员工办公室的ICT化，有效利用外部人才，确保外国人才的水平等，这些都是为了减轻教师在授课以外的业务负担。

⑦充实教育投资以及确保教育财源（与第八次提议相关）

【迄今为止的工作】

· 除了减轻低收入多子家庭的监护者在幼儿教育方面的负担（从第2个孩子开始免费），创设补助型奖学金之外，还要扩充大学等奖学金事业以及实施学费减免等措施。
· 在《一揽子新经济政策》（2017年12月8日）的基础上，2019年10月计划将消费税提至10%，有效利用这些税收所得，再以提升为前提，计划从根本上扩大对人才的投资。

【今后被期待的相关事项】
○在《一揽子新经济政策》（2017年12月8日）的基础上，在将消费税提高至10%的前提下，获得国民理解的同时，切实推进免除幼儿教育、高中教育费用，减轻负担等工作。

三、面向 Society 5.0 的人才培养

1. 讨论的经纬

人工智能（AI）、大数据、物联网（IoT）、机器人工程学等尖端技术被高度应用到所有产业和社会生活中，社会存在方式本身发生着戏剧性的变化。在迎接 Society 5.0 新时代之际，国民需要怎样的能力；为创造并引领社会，需要怎样的人才，进一步来说，日本的教育政策今后应采取怎样的措施，为研讨这些问题，自 2017 年 11 月起在文部科学大臣林的指导下，召开了

○“面向 Society 5.0 的人才培养的大臣座谈会”。

○“培养新时代美好生活能力的文部科学省内部”，特别工作组反复进行了讨论。讨论时，除了得到了各领域的专家的参与外，文部科学省的许多年青的职员也参与其中，进行了广泛自由的讨论。

在以上讨论的基础上，总结了 Society 5.0 的人才模式、学习方法、今后教育政策的方向等，2018 年 6 月 5 日公布了《面向 Society 5.0 的人才培养—社会在变化，学习在变化—》。

2.《面向 Society 5.0 的人才培养—社会在变化，学习在变化—》

讨论总结中，首先，在描绘 Society 5.0 社会蓝图的基础上，为发挥人类的优势——

理解现实世界后赋予其意义，并指出要想熟练使用 AI，需要具备以下能力：

○正确读懂文章、信息及对话的能力。

○科学思考、甄别并加以运用的能力。

○具有发现和创造价值的能感度和能力，好奇心、探求能力，而且为培养这些能力，提出“学习方式的变革”。

○不只是以往一起学习的课堂，还要成为适合个人进度、能力等的学习场所。

○不仅进行同年级的集体学习，扩大合作学习的范围，在不同年龄、不同年级之间开展，进行“学习革命”，并应该从以下三个方面入手，制定相应的政策：

①实现公正且最适合个性化的学习。

②掌握基础的学习能力、信息运用能力。

③摆脱大学的文理断层。

以上这些也与自治体地区振兴项目的方向相吻合，可以从目前能够开展的项目开始迅速推进具体措施。

第五节

综合推进教育政策的调查研究

国立教育政策研究所是研究教育政策的综合国立研究机构，范围包括从初等中等到高等教育、终身学习、文教设施，涉及所有教育行政领域，为政策的制定，进行摸底调查或者对现有措施的正确与否进行验证，为教育改革提供依据进行基础性的调查和研究。代表日本参与国际性的共同研究，掌握全国学龄儿童学习能力的实际状况，与教育委员会、学校合作进行调查和研究，向国内教育相关人员提供教育课程、学生指导、就业升学指导等相关信息，开展广泛的活动。

一、针对政策问题的调查和研究

2017 年度针对重要的政策问题，开展了外部研究人员、行政负责人等广泛参与的项目研究。具体来说，就从幼儿期到儿童期的教育意义、幼儿期的教育、保育质量等对今后的教育和学习所带来的影响等问题，为获得相关的基础数据，进行“有关从幼儿期开始的教育、学习和过程的质量的研究”，与此同时，通过现有的日本国内数据的分析，开展了有关教育效果的新的实证研究“有关教育效果的调查研究”等。

二、进行专项的调查和研究以及相关的教育活动支援

2017 年度为了解学龄儿童学习能力的实际情况，设计了教授科目在“全国学习能力、学习状况调查”[1]方面的调查问卷。对调查结果进行了分析。为使教育委员会、学校的指导得以改进和完善，制成了《解说资料》《报告书》《课堂构思案例》[2]。除此之外，针对教育委员会举办说明会，并向教育委员会主办的研修会派遣学习能力调查员等，推广调查结果，提供指导和建议。

在研究指定学校项目中，推进有效的课程建设和有关指导方法的改进、完善的实践性研究，在研究研讨会中，推广这些成果。

在有关霸凌、拒绝到校、职业教育、幼儿教育、社会教育、学校设施的调查研究的基础上， 制定并分发各种指导资料和参考资料，推进各种研修项目等。

1　参照第二部第四章第一节。

2　参照 http://www.nier.go.jp/17chousa/17chousa.htm。
http://www.nier.go.jp/17chousakekkahoukoku/index.html。
http://www.nier.go.jp/jugyourei/index.htm。

三、国际共同研究等

国立教育政策研究所代表日本机构参与经济合作与发展组织（OECD）实施的《学生的学习能力水平调查（PISA）》《国际教师指导环境调查（TALIS）》，国际教育成绩评估学会（IEA：International Association for the Evaluation of Educational Achievement）实施的《国际数学和科学评测趋势（TIMSS）》等国际性比较研究，负责出题、实施调查、分析结果等。

2017 年度，11 月公布了 PISA2015 年调查的《合作解决问题能力》的结果。

PISA 的目的在于，评估义务教育结束阶段的 15 岁学生在现实生活中面对各种场合的问题时，能够多大限度利用自身拥有的知识和技能。2000 年以后，每 3 年对阅读能力、数学读写能力、科学读写能力等三领域进行调查，在 2015 年的调查中，除了这三领域外，也对革新领域的合作解决问题能力进行了调查。2015 年参加调查的 72 个国家和地区中，有 52 个国家和地区参加了合作解决问题能力的调查。

OECD 将合作解决问题能力定义为“多人为了达成解决方案，分享所需的理解和努力，为达成解决方案所需的知识、技能和努力，在此过程中有效参与并发挥作用的个人能力”。

合作解决问题能力调查是通过电脑实施的调查，解决调查问题的学生和电脑上的假想人物（会话代理人）就某一课题开展对话（交谈形式），进行调查。

日本的合作解决问题能力的平均得分是 552 分，在参加合作解决问题能力调查的 OECD 加盟国（32 个国家）中位列第 1，在全部参加国家、地区（52 个国家）中位列第 2（参照图表 1–3–13）。

四、研究活动等成果的公开

关于国立教育政策研究所的研究和活动的报告书等，在国立教育政策研究所的网站[1]、以及该研究所的图书馆等都是公开的。通过举办研讨会、由全国教育研究所组成的全国教育研究所联盟大会等，努力向教育相关人员大范围地推广研究活动等的成果。

2017 年度，近来对确保高中教育质量或教育成果的关心程度有所增加，而且基于事实依据的基础上形成政策的呼声越来越高，据此以“如何评估大学教育成果 ~ 全国毕业生调查的国际动向—”为题举办了国际研讨会。

研讨会邀请日本和荷兰的专家，介绍了两国在针对主动学习上的教室空间的事例等，对于教育活动和支持教育活动的学校建筑的未来进行思考，举办了以“支持积极学习的教室空间—日本和荷兰的学校建筑—”为题的文教设施研究演讲会。

在社会教育领域，以有助于多样人才的有效利用、培养的实践事例，就推进“地

1　参照 http://www.nier.go.jp/

区学校合作活动”的支援体制方式等为考量，举办了题为“加强地区和学校合作的研讨会—关于地区学校合作的志愿活动等推进体制—”研讨会。

图表 1-3-13　PISA2105 合作解决问题能力调查平均得分的国际比较

和其他各国比较的日本的结果

OECD加盟国（32个国家）的比较

	国　名	平均得分
1	日本	552
2	韩国	538
3	加拿大	535
4	爱沙尼亚	535
5	芬兰	534
6	新西兰	533
7	澳大利亚	531
8	德国	525
9	美国	520
10	丹麦	520
11	英国	519
12	荷兰	518
13	瑞典	510
14	奥地利	509
15	挪威	502
16	斯洛文尼亚	502
17	比利时	501
	OECD平均	500

所有参加国、地区（52个国家、地区）的比较

	国　名	平均得分
1	新加坡	561
2	日本	552
3	香港	541
4	韩国	538
5	加拿大	535
6	爱沙尼亚	535
7	芬兰	534
8	澳门	534
9	新西兰	533
10	澳大利亚	531
11	台湾	527
12	德国	525
13	美国	520
14	丹麦	520
15	英国	519
16	荷兰	518
17	瑞典	510
18	奥地利	509
19	挪威	502
20	斯洛文尼亚	502
21	比利时	501
	OECD平均	500

※灰色国家及地区是OECD非加盟国和地区。
※分数是由OECD加盟国的学生平均得分可得到500分换算而成。
※95%的信赖区间（日本）：546~557
信赖区间是指考虑统计总体的平均值对应的浮动范围。PISA是标本调查，通过标本推定统计总体的情况，因此，在本次调查的基础上，推想的平均值应该是有对应浮动范围的。但是，就本调查来说，即使计入平均得分的误差，统计出来的日本的平均得分的位次也不会发生变化。

章末资料 第2期教育振兴基本计划 成果指标跟踪

针对成果指标的实际成绩	第2期教育振兴基本计划制订（2013年6月14日）以后
基本方向性培养社会生存能力	
成果目标1（切实培养的“生存能力”）	
（切实的学习能力）以世界顶级学习能力水准为目标 ①国际学习能力调查的平均得分在调查国中位列前茅 增加学习熟练水平的上位层，减少下位层 在全国学习能力、学习状况调查中过去的调查和增加同一问题的回答正确率，减少无解答率	
○PISA（OECD学生学习能力水平调查） 《阅读能力》2012年：538（第1/34国）➡2015年：516（第6/35国） 《数学读写能力》2012年：536（第2/34国）➡2015年：532（第1/35国） 《科学读写能力》2012年：547（第1/34国）➡2015年：538（第1/35国	在PISA2015的平均得分处于高位次。另一方面阅读能力的平均得分，统计学上来看有显著差异，PISA2015明显低于PISA2012
・熟练水平在5级以上（上位层）的比例 《阅读能力》2012年：18.5%➡2015年：10.8% 《数学读写能力》2012年：23.7%➡2015年：20.3% 《科学读写能力》2012年：18.2%➡2015年：15.3%	PISA2012与PISA2015的结果相比较，从统计学上来看，阅读能力方面有显著差异，在数学读写能力、科学读写能力方面，并无差别
・熟练水平在2级以下（下位层）的比例 《阅读能力》2012年：9.8%➡2015年：12.9% 《数学读写能力》2012年：11.1%➡2015年：10.7% 《科学读写能力》2012年：8.5%➡2015年：9.6% （《生存的知识和技能6》（国立教育政策研究所））	PISA2012与PISA2015的结果相比较，统计上来看并无差别
○全国学习能力、学习状况调查结果 ・和过去的调查（*）同一问题的回答正确率的比较 （小学） 与过去的调查相比高出三个点的问题的数量： 6题/9题（2012年度），4题/11题（2013年度），2题/3题（2014年度） 1题/3题（2015年度），1题/1题（2016年度） 过去的回答正确率在3个点前后的范围的问题的数量： 2题/9题（2012年度），6题/11题（2013年度），1题/3题（2014年度） 2题/3题（2015年度），0题/1题（2016年度） 与过去调查相比低于3个点的问题的数量： 1题/9题（2012年度），1题/11题（2013年度） 0题/3题（2014年度），0题/3题（2015年度），0题/1题（2016年度）	2016年度调查中，和过去的调查同一问题方面（小学1题，中学3题）的回答正确率的比较，高出三个点的问题的，在小学的调查中1题，中学调查中1题
（中学） 与过去的调查相比高出三个点的问题的数量： 6题/10题（2012年度），3题/7题（2013年度），2题/6题（2014年度） 2题/4题（2015年度），2题/4题（2016年度） 过去的回答正确率在3个点前后的范围的问题的数量： 2题/10题（2012年度），4题/7题（2013年度），3题/6题（2014年度） 2题/4题（2015年度），2题/4题（2016年度） 与过去调查相比低于3个点的问题的数量： 2题/10题（2012年度），0题/7题（2013年度），1题/6题（2014年度） 0题/4题（2015年度），0题/4题（2016年度）	在今后的调查中收集与过去的调查同一问题的无解答率（2018年度计划收集数据）
※过去的调查是指，全国学习能力、学习状况调查及TIMSS（国际数学和科学评测趋势）等多次实施的情况，实施年度与最近的年度相比较。 （各调查对象学年、实施时期、问题的全体构成有所不同，所以有必要注意不能单纯比较） [《全国学习能力、学习状况调查结果（2012～2016年度）》（文部科学省）]	
②学生的学习热情的提高以及学习习惯的改善	
○PISA（OECD学生学习能力水平调查） 学习热情的提高：对科学的感兴趣的学生以及感觉到科学有用的学生的比例 ・对科学学习感兴趣的学生比例 2006年：49.5％→2015年：47.7％ ・认为因为会对将来的就业有用，所以努力学习理科科目非常重要的学生比例 2006年：46.7％→2015年：61.4％ ・认为学习理科科目会增加将来就业的可能性，是非常有意义的学生比例 2006年：41.0％→2015年：56.7％ [《生存的知识和技能6》（国立教育政策研究所）]	针对对于科学感兴趣的统计在统计上并无差异，认为科学很有用，有意义的回答在统计学上有明显增加
○学校上课时间以外，周内平均每天学习时间在一小时以上的学生的比例 （小学）2012年度60.0％→2013年度63.5％ 2014年度62.2％ 2015年度63.0％ 2016年度62.8％ （中学）2012年度66.7％→2013年度68.8％ 2014年度68.1％ 2015年度69.1％ 2016年度67.9％ [《全国学习能力、学习状况调查结果（2012～2016年度）》（文部科学省）]	比较2012～2016年度结果来看，增加
○学校上课时间以外，周末平均一天学习时间在1小时以上的学生的比例 （小学）2012年度55.5％→2013年度57.7％ 2014年度56.2％ 2015年度57.1％ 2016年度57.3％ （中学）2012年度66.5％→2013年度68.0％ 2014年度68.0％ 2015年度69.3％ 2016年度68.4％ [《全国学习能力、学习状况调查结果（2012～2016年度）》（文部科学省）]	比较2012～2016年度结果来看，增加

针对成果指标的实际成绩	第2期教育振兴基本计划制定（2013年6月14日）以后
○学习习惯的改善：在家复习上课所学内容的学生的比例 （小学）2012年度50.4%→ 2013年度51.5%　2014年度54.1%　2015年度54.5% **2016年度55.3%** （中学）2012年度66.5%→ 2013年度48.8%　2014年度50.5%　2015年度52.1% **2016年度51.42%** ［《全国学习能力、学习状况调查结果（2012～2016年度）》（文部科学省）］	比较2012～2016年度结果来看，增加
○自己在家制订学习计划的学生比例 （小学）2012年度55.5%→ 2013年度59.0%　2014年度61.1%　2015年度62.9% **2016年度62.3%** （中学）2012年度66.5%→ 2013年度44.8%　2014年度46.8%　2015年度49.0% **2016年度48.7%** ［《全国学习能力、学习状况调查结果（2012～2016年度）》（文部科学省）］	比较2012～2016年度结果来看，增加
③在幼、小、中、高学校针对有身体障碍的学生的个别指导计划和教育支援计划的作成率增加	
○个别的指导计划的作成率（国、公、私立计算） 69.0%（2012年度）→70.5%（2013年度）→72.3%（2014年度）→72.6%（2015年度）→73.4%（2016年度） ※将没有相应人员的学校从调查对象校中去除后的作成率 55.1%（2012年度）→58.1%（2013年度）→61.2%（2014年度）→60.5%（2015年度）→62.1%（2016年度）	比较2012～2016年度结果来看，增加
○个别的教育支援计划的作成率（国、公、私立计算） 55.1%（2012年度）→58.1%（2013年度）→61.2%（2014年度）→60.5%（2015年度）→62.1%（2016年度） ※将没有相应人员的学校从调查对象校中去除后的做成率 76.2%（2012年度）→78.7%（2013年度）→81.5%（2014年度）→81.9%（2015年度）→82.2%（2016年度） ［《2016年度特别支援教育体制完善状况调查》（文部科学省）］	比较2012～2016年度结果来看，增加
要培养出（充实丰富的内心）拥有丰富的情操，与他人、社会、自然环境发生关联的时候，能够自律共生的能力。具有根据自我判断，能够采取适当的行动的能力学生。 ①提高自身与他人、与社会交往的意识 ・遵守学校规则的学龄儿童增加	
回答“适用自己的”“大体来说是适用自己的”学生的比例 【小学】2012年度：91.3%→2013年度：90.6%→2014年度：90.5%→2015年度：91.1%→2016年度：91.5% 【中学】2012年度：92.1%→2013年度：92.4%→2014年度：92.9%→2015年度：94.3%→2016年度：94.5% ［《全国学习能力、学习状况调查结果（2012～2016年度）》（文部科学省）］	比较2012～2016年度结果来看，增加
・认为自己有可取之处的学龄儿童增加	
回答“适用自己的”“大体来说是适用自己的”学生的比例 【小学】2012年度：76.8%→2013年度：75.8%→2014年度：76.2%→2015年度：76.3%→2016年度：76.4% 【中学】2012年度：68.4%→2013年度：66.6%→2014年度：67.3%→2015年度：68.1%→2016年度：69.3% ［《全国学习能力、学习状况调查结果（2012～2016年度）》（文部科学省）］	2016年度的结果，小学减少，中学增加
・想让自己成为能够理解他人心情的人的学龄儿童增加	
回答“适用自己的”“大体来说是适用自己的”学生的比例 【小学】2012年度：94.2%→2013年度：92.9%→2014年度：94.4%→2015年度：93.8% 【中学】2012年度：95.0%→2013年度：94.3%→2014年度：95.3%→2015年度：95.0% ［《全国学习能力、学习状况调查结果（2012～2015年度）》（文部科学省）］	比较2012～2015年度结果来看，持平
・拥有梦想和目标的学龄儿童增加	
【小学】2012年度：86.7%→2013年度：87.8%→2014年度：86.7%→2015年度：86.5%→2016年度：85.3% 【中学】2012年度：73.2%→2013年度：73.5%→2014年度：71.5%→2015年度：71.8%→2016年度：71.1% ［《全国学习能力、学习状况调查结果（2012～2016年度）》（文部科学省）］	比较2012～2015年度结果来看，持平
・参加地域社会等志愿者活动的学龄儿童增加	
【小学】2013年度：37.5%→2016年度：36.2% 【中学】2013年度：44.5%→2016年度：48.5% ［《全国学习能力、学习状况调查结果（2013、2016年度）》（文部科学省）］	比较2013年度和2016年度的结果，小学减少，中学增加
②霸凌、拒绝上学、高中退学的状况有所改善（认知为霸凌的案件中霸凌消除的比例有所增加，在所有学生人数中，拒绝上学学生数的比例、高中退学者的比例有所减少） （在成果目标6后有列表）	
○认知为霸凌的案件中霸凌消除的案件所占比例 【小学】2012年度：90.8%→2013年度：90.0%→2014年度：89.9%→2015年度：90.3% 【中学】2012年度：86.6%→2013年度：84.4%→2014年度：86.2%→2015年度：85.8% 【高中】2012年度：90.3%→2013年度：87.1%→2014年度：87.7%→2015年度：83.9%	比较2012～2015年度结果来看，持平

针对成果指标的实际成绩	第2期教育振兴基本计划制定（2013年6月14日）以后
○认知为霸凌的案件中霸凌消除的案件所占比例： 【小学】2012年度：0.31%→2013年度：0.36%→2014年度：0.39%→2015年度：0.42% 【中学】2012年度：2.56%→2013年度：2.69%→2014年度：2.76%→2015年度：2.83% 【高中】2012年度：1.72%→2013年度：1.67%→平成26年度：1.59%→平成27年度：	比较2012～2015年度结果来看，在中学有增加，在高中有减少
○高中退学者所占比例： 2013年度：1.7%→2014年度：1.5%→2015年度： ※因从2013年开始高中通信制课程也算在了调查范围，所以不能和2012年度以前做比较。 [《与学生不当行为等学生指导各种问题相关的调查（2012年度～2015年度）》（文部科学省）]	比较2013～2015年度的结果来看，有所减少
（健康的身体）今后10年的孩子的体力，要以超越体力水平较高的1985年时的水平为目标，锻炼出一生都可以坚强生活的健康体魄。 ①确实保证增强体力的倾向 （今后10年的孩子的体力，要以超越体力水平较高的1985年时的水平为目标）	
○体力、运动能力调查的结果（总分） 2012年度：7岁男孩37.71　7岁女孩38.42　9岁男孩49.86　9岁女孩50.20 11岁男孩61.88　11岁女孩62.00 →2013年度：7岁男孩37.92　7岁女孩37.78　9岁男孩49.55　9岁女孩49.73　11岁男孩60.61　11岁女孩61.90 →2014年度：7岁男孩37.95　7岁女孩37.85　9岁男孩50.27　9岁女孩50.86　11岁男孩61.45　11岁女孩62.07 →2015年度：7岁男孩37.69　7岁女孩38.90　9岁男孩50.31　9岁女孩51.05　11岁男孩61.82　11岁女孩62.52 ※新体力测试总分，是指构成运动能力的基本体力要素所对应的8个项目（①握力②仰卧起坐③坐位体前屈④左右两边跳⑤20米往返耐力跑⑥50米短跑⑦立定跳远⑧扔垒球）折算成分数后，加起来的总分就是学生综合体力和运动能力。	比较2012年～2015年度的结果，7岁女孩，9岁男女，11岁女孩，有所提升，7岁男孩，11岁男孩，持平
○体力、运动能力调查的结果（50m跑，单位：秒） ※ 2012年度：7岁男孩10.62　7岁女孩10.91　9岁男孩9.59　9岁女孩9.89　11岁男孩8.81　11岁女孩9.13。 →2013年度：7岁男孩10.61　7岁女孩10.93　9岁男孩9.67　9岁女孩9.98　11岁男孩8.9　11岁女孩9.12。 →2014年度：7岁男孩10.58　7岁女孩10.95　9岁男孩9.56　9岁女孩9.93　11岁男孩8.85　11岁女孩9.16。 →2015年度：7岁男孩10.70　7岁女孩10.94　9岁男孩9.60　9岁女孩9.91　11岁男孩8.78　11岁女孩9.12。 （参考 1985年度：7岁男孩10.30　7岁女孩10.68　9岁男孩9.40　9岁女孩 9.74　11岁男孩8.75　11岁女孩9.00）	比较2012～2015年度的结果，11岁男女，有所提升，7岁男女，9岁男女，持平
○体力、运动能力调查的结果（扔垒球，单位：m） 2012年度：7岁男孩22.26　7岁女孩8.14　9岁男孩20.41　9岁女孩12.1　11岁男孩29.58　11岁女孩17.41。 ○→2013年度：7岁男孩12.38　7岁女孩7.64　9岁男孩20.33　9岁女孩11.92　11岁男孩28.41　11岁女孩16.85 →2014年度：7岁男孩12.13　7岁女孩7.62　9岁男孩20.21　9岁女孩 12.12　11岁男孩 27.89　11岁女孩16.38 →2015年度：7岁男孩12.01　7岁女孩7.57　9岁男孩20.18　9岁女孩11.95　11岁男孩 27.41　11岁女孩16.50 （参考 1985年度：7岁男孩15.37　7岁女孩8.8　9岁男孩25.13　9岁女孩14.22　11岁男孩33.98　11岁女孩 20.52） 《各年度体力、运动能力调查》（体育厅）	比较 2012 ～2015年度的结果，7岁男孩，9岁女孩，11岁女孩，持平，7岁女孩，9岁男孩，11岁男孩，有所下降
②推进学校的健康教育、健康管理。 ・认识到健康的重要性，并在日常生活中加以实践的学生的比例增加。	
○认为健康对于幸福生活非常重要学生的占比 2010年度：【高三男生】90.1%，【高三女生】93.1%→2015年度：【高三男生】92.7%，【高三女生】95.5% ○要将在保健课上学习的东西，要运用到自己的生活中的学生占比 2010年度：【高三男生】47.1%，【高三女生】47.4%→2015年度：【高三男生】59.6%，【高三女生】57.0% [《保健学习推进委员会报告书（2010年度、2016年度）》（日本学校保健会）]	2010年度和2015年度比较的结果，增加
・设置学校保健委员会的学校占比增加	
2012年度　91.6%→2013年度　92.6%→2014年度　94.1%→2015年度：95.0% （文部科学省调查）	比较2012～2015年度的结果来看，增加
・不吃早饭的孩子占比减少	
○回答"完全不吃早饭"，或者"不太吃早饭"的儿童的比例 【小学】2012年度：3.9%→2013年度：3.7%→2014年度：3.9%→2015年度：4.4%→2016年度：4.5% ○回答完全不吃早饭的儿童的比例 【小学】2012年度：0.8%→2013年度：0.7%→2014年度：0.7%→2015年度：0.9%→2016年度：0.9% [《全国学习能力、学习状况调查结果（2012～2016年度）》（文部科学省）]	比较2012～2016年度的结果来看，增加

针对成果指标的实际成绩	第2期教育振兴基本计划制定（2013年6月14日）以后
・学校供餐使用当地产品的比例增加 ○学校供餐使用当地产品的比例 2012年度：25.1%→2013年度：25.8%→2014年度：26.9%→2015年度：26.9% [《学校供餐使用当地产品的情况（2012～2015年度）》（文部科学省）]	比较2012～2015年度的结果来看，增加
成果目标2（课题探索求知能力的掌握）	
①改善各大学学习时间的管理状况。在充分保证质量的同时。实质性增加并确保学习时间 ○本科阶段进行掌握学生学习时间、学习行动的大学 2012年度：299大学（40.2%）→2013年度：441大学（59.8%） →2014年度：565大学（76.5%） [《关于大学教育内容改革状况（2012年～2014年度）》（文部科学省）]	比较2012～2014年度的结果来看，增加
○和上课有关的自律性学习时间（以一周为单位） 2007年度（东京大学实施）：0小时（10.9%），1~5小时（57.5%），6~10小时（16.4%），11小时以上（15.2%） →2014年度（国立教育政策研究所实施）0小时（12.0%），1~5小时（58.4%），6~10小时（19.5%），11小时以上（10.1%） [《大学生学习状况相关调查》（国立教育政策研究所）]	比较2007年度调查（东京大学实施）2014年度调查（国立教育政策研究所实施），基本持平
②学习支援环境的改善 ○配置教学助手的大学 2012年度：482 校（62.9%）→2013年度：484 校（63.5%）→2014年度：485 校（63.5%） ○设置与学生交流时间的大学 2012年度：617 校（80.5%）→2013年度：655 校（86.0%）→2014年度：681 校（89.1%） ○配置并有效利用自由讨论学习空间的大学 2012年度：321 校（41.9%）→2012年度：389 校（51.0%）→2012年度：425 校（55.6%）[（《大学教育内容的改革状况（2012～2014年度）》（文部科学省）]	比较2012～2015年度的结果来看，增加
③ 提升学校所有教学系统的配置状况。（教育课程体系化，有组织的教育的实施。上课计划的 充实，等等。） ○有固定培养方案、实施方针的大学 【本科阶段】2012年度：570校（76.7%）→2013年度：694校（94.0%）→2014年度723校（97.8%） 【研究生 阶段】2012年度：457校（74.4%）→2013年度：551校（89.3%）2014年度：582校（94.6%） ○在本科阶段实施有编号（为了显示，培养方案的系统性，每个科目都编有具有意义的号码）的大学。 2012年度：125 校（16.8%）→2013年度：162 校（22.0%）→2014年度：209 校（28.3%） ○在本科阶段，有效利用所修课程系统图（培养方案图，培养方案一览表）的大学 2012年度：353 校（47.5%）→2013年度：383 校（51.9%）→2014年度：426校（57.7%） ○探讨将有效的能动性学习并将其放入培养方案的大学。 2012年度：407 校（54.8%）→2013年度：454 校（61.5%）→2014年度：489 校（66.3%） [《大学教育内容的改革状况（2012～2014年度）》（文部科学省）]	比较2012～2014年度的结果来看，增加
④学生、毕业生，企业IPO等，对教育的评价的改善 ○作为学生学习成果的一环，在本科阶段，实施问卷调查（学习活动调查等）询问学生学习经验的大学。 2012年度：106大学（14.3%）→2013年度：157大学（21.3%） ○在本科阶段实施学生对课程评价的大学 2012年度：722大学（94.3%）→2013年度：736大学（96.6%）→2014年度：752大学（98.4%）[《有关大学教育内容的改革状况（2012～2014年度）》（文部科学省）] ○企业对新毕业进入公司的人员的满意度。（“非常满意”“满意”） 2013年毕业：69.2%→2014年毕业：67.4%→2015年毕业：68.0%→ 2016年毕业：64.8%→2017年毕业：62.1% [《就业白皮书》（股份有限公司Recruit Career。就业未来研究所）]	就学生来说，比较2012～2014年度的结果来看，增加 就企业来说，比较2012～2016年度的结果来看，持平

针对成果指标的实际成绩	第2期教育振兴基本计划制定（2013年6月14日）以后
⑤已经从学校毕业走上社会的人员的入学人数倍增 ○进入大学、短期大学、研究生院、专门学校的社会人员入学人数【正规课程】 4.9万人（2012年度）→4.9万人（2013年度）→4.5万人（2014年度）　5.1万人（2015年度） ※→5.0万人（2016年度）※ ○进入大学、研究生院、短期大学的短期项目的听课人数【履修证明制度，科目履修生制度，旁听生制度。需要追加从2014年度以后的数据】： 1.9万人（2012年度）→1.6万人（2013年度）　7.7万人（2014年度，短期大学除外） ○进入专门学校短期项目的听课人数【科目履修制度，附带事业】： 5.3万人（2012年度）→4.9万人（2013年度）　10.4万人（2014年度） ※根据重新审视学校基本调查，以及私立高中等实际状况的调查项目，能够正确掌握正规课程以及短期项目的入学人数，听讲人数。在该调查的基础上按照新方法算出的数值 ［《学校基本调查》（文部科学省），《短期大学教育改善等状况》（文部科学省），《有关大学教育内容等改革状况》（文部科学省），《私立高中等实际状态调查》（文部科学省）］	比较2012～2014年度大学，短期大学、研究生院，专门学校的进入正规课程进修的社会人员入学人数的结果，减少。按照新方法计算，比较2015年度和2016年度的结果，减少 比较2012年度和2013年度。在大学、研究生院，短期大学的短期项目听讲人数的结果，减少。按照新的方法计算，2014年度，约7.7万人（短期大学除外） 比较2012年度和2013年度，在专门学校的短期项目听讲人数的结果，减少，按照新的方法计算，2014年度约10.4万人
成果目标3（掌握终身受益的自立、协作、创造的能力）	
①为应对现代社会课题进行学习的人员的比例增加 ○ 在这一年中学习相关社会问题（社会、时事、国际、环境）的人员占比 5.0%（1999年）→5.0%（2005年）→8.9%（2012年）→5.7%（2015 ［《有关终身学习的舆论调查（1999年，2005年，2012年，2015年）》（内阁府）］ ※因各年度调查的构成有所不同，所以要注意单纯的比较比较困难	比较2012年度和2015年度的结果，减少
②体验活动、读书活动实施状况的改善 ・参加体验活动的学生数量增加 参加学校以外的公共机关、民间团体等举办的自然体验活动的孩子的比例 2012年度：51.1%→2014年度：50.8% ［《有关青少年体验活动等的实际状况调查（2012年度、2014年度）》（独立法人）国立青少年教育振兴机构）］	比较2012年度和2014年度的结果，减少
・在全校举行读书活动的学校的比例有所增加 小学：2012年度：96.4%→2014年度：96.8%→2016年度：97.1%　中学：2012年度：88.2%→2014年度：88.5%→2016年度：88.5% 高中：2012年度：40.8%→2014年度：42.9%→2016年度：42.7% ［《学校图书馆现状相关调查（2012年度、2014年度、2016年度）》（文部科学省）］	比较2012～2016年度的结果，增加
・在市町村，“孩子读书活动推进计划”的制订率增加 ○市推进计划制订率 2011年度：71.1%→2013年度：79.8%→2014年度：84.6%→2015年度：86.6%→2016年度：88.6% ○町村的推进计划制订率 2011年度：38.8%→2013年度：50.5%→2014年度：55.4%→2015年度：59.7%→2016年度：63.6%（文部科学省调查）	比较2011～2016年度的结果，增加
③利用学习成果状况的改善 ・利用所学知识和技能以及体验的人员比例增加 ○有终身学习经验的人中 ・有效利用工作以及就职中的人—2012年度：31.3%→2015年度：32.6% ・有效利用地域及社会活动中的人—2012年度：21.8%→2015年度：24.1%　・没有用的人—2012年度：7.1%→2015年度：5.4% ［《有关终身学习的舆论调查（2012年度，2015年度）》（内阁府）］ ※各年度调查构成有所不同，请注意不能单纯地进行比较。	比较2012年度和2015年度的结果，增加
・参加彰显、评价青少年体验活动成果的青少年的数量有所增加 参加彰显、评价青少年体验活动成果的青少年的数量 2012年度：12人→2013年度：71人→2014年度：149人→2015年度：366人→2016年度：388人 （文部科学省调查）	比较2012～2016年度的结果，增加
地 ④为保证及提高民间教育事业从业机构学习的质量的工作状况的改善 ・实施情报公开，自我评价的民间教育事业从业机构的比例增加 ○一年内组织考试者达到1万人以上的民间检定考试事业从业机构以及其他，允许使用文部科学省后援名义的民间检定考试机构进行自我评价等的比例。 2012年度：50.0%→2013年度：58.6% ［《有关检定考试自我评价相关的问卷调查（2012年度、2013年度）》（文部科学省）］ ○ 一年内组织考试者达到5000人以上的民间检定考试事业从业机构以及其他，允许使用文部科学省后援名义的民间检定考试机构进行自我评价等的比例 2014年度：69.2% ［《2014年度检定考试第三方评价相关的调查研究》（文部科学省）］	比较2012年度和2013年度的结果，增加

针对成果指标的实际成绩	第2期教育振兴基本计划制定（2013年6月14日）以后
成果目标4（培养具有社会性，职业性自立的能力和态度）	
①提高学生的就业升学的意识 ・拥有梦想和目标的学生的比例增加 【小学】2012年度：86.7%→2013年度：87.8%→2014年度：86.7%→2015年度：86.5%→2016年度：85.3% 【中学】2012年度：73.2%→2013年度：73.5%→2014年度：71.5%→2015年度：71.8%→2016年度：71.1% ［《全国学习能力学习状况调查结果（2012～2016年度）》（文部科学省）］	比较2012～2016年度的结果，持平
・认为教学科目的学习对将来社会有用的学生的比例增加 小学：【国语】2012年度：88.9%→2013年度：87.2%→2014年度：87.4%→2015年度：88.6%→2016年度：89.2% 【算数】2012年度：90.4%→2013年度：88.7%→2014年度：89.0%→2015年度：90.4%→2016年度：89.8% 【理科】2012年度：73.4%→2015年度：74.6% 中学：【国语】2012年度：82.7%→2013年度：81.2%→2014年度：82.3%→2015年度：84.1%→2016年度：84.3% 【数学】2012年度：71.3%→2013年度：69.4%→2014年度：71.3%→2015年度：72.3%→2016年度：71.3% 【理科】2012年度：52.6%→2015年度：54.6% ［《全国学习能力学习状况调查结果（2012～2016年度）》（文部科学省）］	比较2012～2016年度的结果，小学算数和中学数学，持平，其他增加
②努力改善就职不当引起的年轻人的雇用情况（就业率低、短期离职等） （充实职业教育） ・改善中学，高中，大学，短期大学，高等专业学校，专科学校等职场体验、职业实习的实施状况。 中学： 职场体验活动实施率　2010年度：97.1%→2011年度：96.9%→2012年度：98.0%→2013年度：98.6%→2014年度：98.4%→2015年度：98.3%	比较2012～2015年度的结果，增加
实施实习率　2010年度：73.4%→2011年度：75.6%→2012年度：80.2%→2013年度：79.4%→2014年度：79.3%→2015年度：81.0% ［《职场体验实习实施状况等调查结果（2010～2015年度）》（国立教育政策研究所］	比较2012～2015年度的结果，增加
高等教育阶段的实习实施率 2012年度：【大学】70.0%【短期大学】39.5%【高专】100% →2013年度：【大学】70.7%【短期大学】40.7%【高专】100% →2014年度：【大学】73.3%【短期大学】39.3%【高专】100% ［《2012年度至2013年度大学实施实习状况》（独立法人）日本学生支援机构）《2014年度大学实施实习状况调查》（文部科学省）］	比较2012～2014年度的结果，大学增加，短期大学持平，高专100%
专科学校的实习实施状况： 2011年度：989校（36.0%）→2012年度：1,000校（36.0%）→2013年度：1,027校（38.1%）→2014年度：1,158校（42.3%）→2015年度：1,296校（51.5%） ［《私立高中等实际状态调查（2012～2015年度）》（文部科学省）］	比较2012～2015年度的结果，增加
・大学、短期大学，高等专业学校，专科学校的PBL（Problem-Based Learning）等实施率增加 ○开设大学和企业联合进行的解决企业课题，开发产品等为内容的课程科目的大学。 2012年度：177校（23.8%）→2013年度：200校（27.1%） ［《大学教育内容改革状况（2012年度、2013年度）》（文部科学省）］	大学，比较2012年度和2013年度的结果，增加
○开设短期大学和企业联合进行的解决课题解决型课程科目（PBL等）的短期大学2012年度：22校（6.3%）→2012年度：31校（9.1%） ［《短期大学教育改善等状况（2012年度、2013年度）》（文部科学省）］	短期大学，比较2012年度和2013年度的结果，增加
○开设高等专业学校和企业等联合进行的解决企业课题，开发产品等为内容的课程科目的高等专业学校 2014年度：55校（96.5%）→2015年度：56校（98.2%）（文部科学省调查）	高等专业学校，比较2014年度和2015年度的结果，增加
○开设与企业共同研究的专科学校比例 2014年度：10.5% ［《职业实践专业课程的实际状态等相关调查研究》文部科学省2014年度委托项目］	专科学校，2014年度的实际成绩是最新的，今后会更新数据（2016年度的数据正在收集统计中）
・大学短期，大学高等专业学校、专科学校接收社会学生的状况有所改善。有履修证明课程的大学增加。开设以社会人为对象的专业方向的专科学校的数量有所增加。社会人学者倍增 。 ○．开设有履修证明课程的大学　2012年度：72校（9.4%）→2013年度：83校（10.9%）→2014年度：94校（12.3%） ［《大学教育内容等改革状况（2012～2016年）》（文部科学省）］	比较2012～2014年度的结果，增加
○以社会人为对象的专业方向中。实际上接收社会学生的专业方向的专科学校数量 2012年度：1,614校→2013年度：1,670校→2014年度：1,815校→2015年度：1,853校 ［《私立高中学校等实际状态调查（2012～2015年度）》（文部科学省）］	比较2012～2015年度的结果，增加

第二部

文教、科技政策的动向和实施

※　第 2 部原则上以 2017 财年的文部科学行政趋势为主要内容，但其中一部分的动向及统计资料的内容则截止到 2018 年 6 月。

第一章

推动行政改革和政策评估

总论

政府于2013年1月，为实现符合以国民为中心的时代的合理高效的公共行政，设立了以全体内阁为成员的“行政改革推进总部”。在政府推进各种行政改革的过程中，文部科学省也进一步提高了业务、预算的效率和卓有成效的应用。

此外，在促进有效和高效的公共行政方面时，城府需要积极主动地审查自己的政策，同时对现有政策的影响和社会经济形势变化做出反应。文部科学省通过政策评估制度和独立行政法人评估制度，对各个政策和独立行政法人业务的必要性、有效性、效率性等进行了客观严格的评价，并根据其结果进行了重新评估。通过继续推动这一审查，我们旨在促进和利用固期性行政管理（PDCA循环），在行政企划、立案（Plan），实施（Do）的基础上，衡量和评估绩效（Check），希望在下一次规划和建议中有所反应（Action）。政策评估和独立行政法人评估的结果，随时在网站上公布，努力履行对国民的说明责任[1]。

另外，考虑这些政策很难因财政状况扩大或紧缩的同时，在中长期内共显现的成果基础上，文部科学省所管辖的教育、科学技术、学术、体育、文化艺术各领域的政策进行评估。

1 关于政策评价、独立行政法人评估请参照：http://www.mext.go.jp/a_menu/hyouka/94

第一节

文部科学省确保遵守再就业法规

文部科学省2017年3月公布了调查结果，调查表明在职人员中确实存在违反国家公务员法中规定的再就业相关规定的行为，与此同时，也明确了文部科学省有组织地参与了再就业的斡旋。这明显损害了国民对文部科学省的信任。文部科学省所有的职员在团结一致努力恢复国民的信任的同时，为完善文教、科学技术实施政策做出了努力。

为防止违反规章制度的再就业行为的再次发生，文部科学省组织了专家探讨了具体的防范措施，2017年4月7日起，文部科学大臣[1]召开了由法规遵守专家等组成的外部专家参加的“文部科学省关于防止再就业违反等规章制度再次发生对策相关的专家讨论会”。同年7月27日，汇总了《文部科学省为防止在再就业等方面在违反规章制度的对策的提议》（以下简称《建议》）。

这些建议包括防止再次发生违反再就业法规的行为的措施，比如建立一个由第三方执行的遵守制度，以及重新审视人事惯例、文部科学省的组织方式等相关的一系列

图表2-1-1　《文部科学省为防止在再就业等方面再次违反规章制度的对策的提议》（概要）（2017年7月27日）

（1）防止再发生的直接政策

①确立由第三方确保遵守再就业等规章制度相关的法规的体制（设立遵守再就业法规团队）
- √ 完善由律师等第三方构建的和再就业等规章制度相关的遵守法规检查体制
- √ 依据以国家公务员法为基础提交的申请书，调查再就业时是否有违反法律法规的行为
- √ 做好正在考虑再就业或者已经离职了的职员的再就业等相关规章制度的咨询工作
- √ 发挥作为通报窗口、以及研修等的指导和建议的作用

②完善与再就业相关的规章制度的内部组织体制
- √ 为处理再就业问题在总务科新设再就业部门，明确其在机构中的地位

③充实、改善与再就业相关的研修
- √ 必须以Q&A的方式进行研修测试
- √ 测试的内容都是依据实际状态制定的，比如像这一次在事实基础上，导入案例，了解实际状态，在此基础上制定测试内容

④重新审视现任职员和离职职员的关系
- √ 如果有离职人员提出需要提供有关再就业相关的信息时，不可回应，关于此制定规章制度，按照①中所述将其汇报给遵从法规团队

（2）努力建设更加具有弹性更加有活力的组织，制定有助于防止再次发生违反法规的对策

①重新审视和人事有关的惯例和工作流程
- √ 改正在同一部门内反复进行的人事变动和人事惯例，将均衡的人事配置规则化
- √ 纠正按照年功序列、入省（进入文部省等—译者注）年限进行人事调整的做法
- √ 即使身处一般职位，若具有管理才能可提拔升任管理岗位

②培养管理岗位的管理能力
- √ 针对继任管理岗位人员必须进行管理研修
- √ 实施360度评价，导入老带新制度

③和民间企业的交流
- √ 向在人事管理法规服从等方面较为先进的企业派遣职员
- √ 通过研修、学习会等方式充分创造机会建立与文部科学省以外人员的关系网

④强化和人事相关的企划组织功能
- √ 强化综合的人事政策企划、调整功能

⑤改善业务方式等
- √ 以自下而上的方式进行探讨或者使提议者可参加探讨的方式成为可能，借此使和业务改善相关的“提案箱”发挥更大的作用

（3）防止再次发生违反再就业方面政策时的注意事项

- ➤ 设置遵守法规团队，在完善再就业等相关规章制度方面要立即执行有关其他防止再次发生违反再就业方面
- ➤ 政策政策，从力所能及之事开始，稳步迅速地进行
- ➤ 就防止再次发生政策的实施状况来说，由遵守法规团队定期跟进

1　文部科学大臣：日本的国务大臣，掌管文部科学省，多数从国会中由首相任命。

涉及范围较广的提议。

依据这些建议，文部科学省于 2017 年 8 月 1 日成立了由第三方遵守再就业法规小组，与此同时，在大臣官房总务科成立了遵守再就业法规办公室，完善了最新的审查制度。遵守再就业法规的培训、审查人事惯例和制度，培养提高管理人员的管理能力等，稳步实施建议中说到的其他防止再次发生的措施，为彻底防止再次发生不断努力。

第二节

推动行政改革

一、权力下放的改革

关于权力下放的改革，自 2014 年开始导入权力下放的改革的“提案募集方式”。2017年12月，为了推进针对地方公共团体的事务、权限的下放等事宜，政府制定了《2017年针对地方提案的应对方针》（2017 年 12 月 26 日内阁通过）。依据此阁决议，第 8 批权力下放法案已提交给第 196 届国会常会，旨在加强地方公共团体的自主权，扩大其自由度。

第 8 批权力下放法案中，与文部科学省相关的措施，包括修订《积极推进为学龄前儿童提供相关教育、保育等综合性服务的相关法律》等。并且除了幼保联合认证幼儿园以外，其他幼儿园的认证的权限都由都道府县向核心城市转移。

二、国家战略特区

国家战略特区是指，通过重点推进经济社会的结构改革，在增强产业的国际竞争力的同时，积极建立国际经济活动中心，在国家规定的区域，综合、集中推进综合规章制度改革措施的制度。

在文部科学省，可以基于 2017 年 1 月制定的有关设立培养兽医医生的大学的特别公告，在此基础上提出申请，同年 11 月进行认证，2018 年 4 月新开设了兽医系。

三、结构改革特区

结构改革特区是指在地区设定的一定的区域，根据各区域的特色，在规章制度的特例措施允许的范围内，在各个领域推进机构改革，与此同时，注意发挥地区作用，以提高国民生活质量以及充分发展国民经济发展为目的的制度。

在文部科学省中特别推进的项目中，并不局限于各个特区，在全国共有 25 项措施（截止到 2018 年 3 月）。在学校设置公司的学校事业，2017 年度修订政府结构改革特区基本方针，不断改进运营政策，使其更加合理。

第三节
政策评估

一、政策评估的实施

文部科学省制订并实施了和政策评估相关的中长期计划《文部科学省政策评估基本计划》和年度实施计划《文部科学省政策评估实施计划》。制定了《文部科学省的使命和政策目标》（以下简称《政策体系》），明确了政策体系。（图表 2–1–2）

在政策评估制度中，政策实施者的自我评价是最基本的，但为确保客观性和严格性，成立了“政策评估专家委员会”，在目标、指标的设定上获得了建议和意见。

（1）事后评估的实施

关于 2017 年度事后评估，《政策体系》（图表 2–1–2）中列举的 43 项施政目标中，有六项施政目标的 2016 年度业绩从必要性、有效性、效率方面进行了评估，汇总为《文部科学省事后评估委员会报告（2016 年度业绩结果）》（2017 年 8 月 31 日）。

进行事后评估时，实行“目标管理型政策评估”，预先就所定目标的完成度以更容易理解的形式将评估结果向大众公布。在评估报告中，记入了所有要进行行政事业评估的项目，以便加强政策评估与行政事业评估的综合评价。

（2）初步评估的实施

2017 年度实施的事前评估从必要性、有效性、效率三个方面进行了评估。

①有预算要求的项目

在 2018 年度的预算申请中，针对六项 10 亿日元以上的新研究开发项目以及包括扩展部分达到 10 亿日元以上的研究开发项目进行了初步评估。

②进行新设规制、改废的项目

在 2017 年度，根据法律或者政令的制定或者改废，针对三项新设的规制（限制国民权利，或者有要求履行义务）或者需要改废的项目进行了初步评估。

③进行修订税制要求的项目

2017 年度有修订税制要求的项目中，针对法人税、法人事业税、法人居民税相关的租税特别措施、赋税减免措施相关的两个项目进行了初步评估。

二、政策评估结果在政策上的反映

政策评估的结果有效地应用于根据预算要求或者法令等在新设、修订、废除制度

图表2-1-2 文部科学省的使命和政策目标

文部科学省的使命

面向未来，优先教育、科学技术、学术、文化、体育领域的投资，为实现“教育、文化立国”和“科学技术创造立国”而努力。

政策目标1 建成终身学习型社会

希望建成让国民每一个人在整个人生中，利用所有的机会、在所有的地方都可以学习，并可以有效地利用其成果的社会。

施政目标1-1 推进教育改革相关的基本政策等
施政目标1-2 增加终身学习的机会
施政目标1-3 提高地区的教育能力
施政目标1-4 提高家庭的教育能力
施政目标1-5 振兴有效利用ICT的教育和学习

政策目标2 提高扎实的学习能力，培养丰富的内心和健全的体魄建设值得信赖的学校

创建让学生具有扎实的学习能力、丰富的内心和健壮的体魄的社会的同时，不断推进建设值得信赖的学校。

施政目标2-1 培养扎实的学习能力
施政目标2-2 培养丰富的内心
施政目标2-3 培养健全的青少年
施政目标2-4 培养健康的体魄和推进学校安全
施政目标2-5 建设值得地区居民信赖的开放的学校
施政目标2-6 培养、保障具有魅力的优秀教师
施政目标2-7 推进完善安全、放心、充足的学校设施
施政目标2-8 做好后援以保障教育机会
施政目标2-9 振兴幼儿教育
施政目标2-10 努力推进可以满足每一个人需求的特别支援教育

政策目标3 义务教育机会均等，保持高水准

在全国所有的地区，确保优秀教师所需数量，保证教育机会均等，继续保持教育水准。

施政目标3-1 确保义务教育所需的教职员工的数量

政策目标4 振兴个性闪耀的高等教育

在“知识基础社会”中，为了保证日本今后的发展充满活力，要构筑以高等教育作为时代引领者，在充分满足社会需求的方向转变的同时，社会也要反馈支持高等教育的转变，形成良好的双向关系。

施政目标4-1 提高大学的教育研究质量
施政目标4-2 完善大学的教育研究基础

政策目标5 通过奖学金制度推进对有干劲和能力的个人的支持

利用奖学金制度积极鼓励积极向上且有能力的个人，帮助学生打消在经济上担心，使其安心学习。

施政目标5-1 进一步推进针对积极向上且有能力的学生的奖学金制度

政策目标6 发展私立办学

为发展私立学校，在提高教育研究条件的同时，谋求提高经营健全性的维持。

施政目标6-1 振兴有教育研究特色的私立学校

政策目标7 为创新创造进行体制改革

在强化推进开放创新结构的同时、通过与社会的多样化利益相关方的共同创新，力图构筑促进创新创造的体制。

施政目标7-1 构筑产学官的人才、知识、资金的良性循环
施政目标7-2 战略性推进科学技术的国际活动
施政目标7-3 强化科学技术创新与社会的关系

政策目标8 加强科学技术创新的基础能力

在促进支持科学技术革新的人材质量的提高和能力发挥的同时，加强创新基础建设，以便能够产出更加多样、卓越的知识效能。

施政目标8-1 加强科技创新人才的能力
施政目标8-2 推进作为创新源泉的学术研究和基础研究
施政目标8-3 战略性加强支持研究开发活动的研究基础

对策目标9 面向未来社会价值创造的努力和对经济、社会课题的应对

进一步努力实现在“超智能社会”方面领先世界的同时，重点推进可对应国内外显著存在的重要政策课题的研究开发以及国家战略上重要核心技术开发。

施政目标9-1 强化未来社会的尖端基础科技
施政目标9-2 应对环境、能源等相关问题
施政目标9-3 应对健康、医疗、生活科学相关的课题
施政目标9-4 应对安全保障相关课题
施政目标9-5 推进国家战略上重要的核心技术

政策目标10 向核事故受害者提供救助

为了对受害者提供迅速、公平、恰当的救助，由核能业者向核事故受害者采取措施的同时，要依据核事故受害赔偿协议尽快进行补偿。

施政目标10-1 确实保障核能业者向核事故受害者采取措施
施政目标10-2 为受害者提供迅速、公平、恰当的救助

政策目标11 振兴体育

将世界共同的人类文化之一的体育作为国民成熟的文化，使之在人们心中生根发芽，在创造丰富的未来的同时，使所有的人都因体育的力量闪闪发光，创造出积极向上朝气蓬勃的社会和彼此之间紧密联系的世界。

施政目标11-1 增加“从事”“观看”“支持”体育的人口，培养更多的体育人才和建设良好的体育环境
施政目标11-2 通过体育实现充满活力、彼此之间紧密联系的社会
施政目标11-3 为提高国际竞技能力，完善强有力且可持续的人才培养的环境
施政目标11-4 推进公正、公平的体育竞技进而提升体育的价值

政策目标12 以文化来实现内心丰富的社会

在振兴优秀的艺术文化的同时，通过继承、发展日本固有的传统文化，通过文化来建设内心丰富的社会。

施政目标12-1 振兴艺术文化
施政目标12-2 更加有效的进行文化遗产的保护和利用
施政目标12-3 推进日本文化的对外宣传及国际文化交流事业
施政目标12-4 巩固加强文化艺术振兴的基础

政策目标13 推进有助于构建丰富的国际社会的交流和合作

通过推进有助于人才培养的国际交流与合作，为构建丰富的国际社会添砖加瓦。

施政目标13-1 推进国际交流
施政目标13-2 推进国际合作

旧政策体系的施政目标11-3《日本国际竞技能力的提升》在2017年度实施了事后评估。

等政策的制定，并为其提供了重要信息。文部科学省在 2018 年 3 月发表了《政策评估结果在政策上的反映状况（2017 年度）》，明确了 2017 年度进行的政策评估结果反映到政策中的情况。

第四节

独立行政法人的评估

一、独立行政法人制度概要

独立行政法人作为2001年中央省厅等改革的一环，为实现国家政策更加有成效、有效率地实施而创立的机构。文部科学省所管辖的独立行政法人在教育、科学技术、体育、文化艺术等各个领域中达成政策目标发挥了极为重要的作用。

《独立行政法人通则法》（以下简称《通则法》），在独立法人中有通过以准确应对国民需要，提供多种品质优良的服务达到增进公共利益目的的独立行政法人“中期目标管理法人”，有助于通过提高日本的科技水平使国民经济健康发展及其他以公益为目的的独立行政法人“国立研究开发法人”。各独立行政法人的主管大臣，为确保业务品质的提高、法人运营的透明性，在通则法等基础上，重新审视了中（长）期目标的制定、指导，中长期计划的许可、业务业绩相关的评估、业务及组织等各个方面的业务。主管大臣在中（长）期目标制定时，必须听取总务省的“独立行政法人评估制度委员会”的意见。在全面重新审视业务业绩等相关的评估及组织方面，要通知该委员会。国立研究开发法人，在此基础上，听取该委员会意见及通知时，必须听取有关研究开发审议会（在文部科学省为“国立研究开发法人审议会”）。主管大臣根据评估的结果，必要的时候，会劝告该独立行政法人改进其业务运营。根据这些，在主管大臣的领导下确立PDCA循环，最大限度地发挥独立行政法人的政策实施作用。

二、独立行政法人评估

2017年度，实行了文部科学省管辖及共管的24个法人[包括日本私立学校振兴、互助事业评团（资助业务）在内]的“2016年度业务业绩相关评估”以及法人（科学技术振兴机构）的“中（长）期目标期间的业务业绩相关评估”。

2017年度在针对已经到了目标期限的六个法人[日本学术振兴会、理化学研究所、宇宙航空研究开发机构、日本体育振兴中心、日本艺术文化振兴会、日本私立学校振兴、互助事业团（资助业务）]实施了“完成中（长）期目标期限后预期的业务业绩相关评估”的同时，在该评估的基础上，通过了“重新审视业务及整个组织的相关内容”。在此内容基础上通过了从2018年度开始的中（长）期目标，指导法人的同时，也认可了法人基于此目标制订的中（长）期计划（图表2-1-3）。

图表 2-1-3 2017年度实施的文部科学省管辖独立行政法人等业务业绩相关评估结果

◆2016年度业务业绩相关评估结果

（中期目标管理法人）

法人名	综合评定
国立特别支援教育综合研究所	B
大学入学考试中心	B
国立青少年教育振兴机构	A
国立女性教育会馆	B
国立科学博物馆	A
国立美术馆	B
国立文化遗产机构	B
教职员工支援机构	B
日本学术振兴会	A
日本体育振兴中心	B
日本艺术文化振兴会	B
日本学生支援机构	B
国立高中专科学校机构	B
大学改革支援、学位授与机构	B
日本私立学校振兴、互助事业团（资助业务）	B

（国立研究开发法人）

法人名	综合评定
物质、材料研究机构	B
防灾科学技术研究所	B
量子科学技术研究开发机构	A
科学技术机构	A
理化学研究所	A
宇宙航空研究开发机构	A
海洋研究开发机构	A
日本原子力研究开发机构	B
日本医疗研究开发机构	A

※评定是按照记述及S、A、B、C、D等五个阶段的评语进行的。各年度业务业绩和评定区分的关系是，中期目标管理法人按照以下的评定区分1，国立研究开发法人按以下评定区分3。

◆中（长）期目标期间结束时预期的业务业绩相关评估结果

（中期目标管理法人）

法人名	综合评定
日本学术振兴会	A
日本体育振兴中心	C
日本艺术文化振兴会	B
日本私立学校振兴、互助事业团（资助业务）	B

（国立研究开发法人）

法人名	综合评定
理化学研究所	A
宇宙航空研究开发机构	A

※评定是按照记述及S、A、B、C、D等五个阶段的评语进行的。各年度业务业绩和评定区分的关系是，中期目标管理法人按照以下的评定区分2，国立研究开发法人按以下评定区分3。

◆中（长）期目标期间的业务业绩相关评估结果

（国立研究开发法人）

法人名	综合评定
科学技术振兴机构	A

※评定是按照记述及S、A、B、C、D等五个阶段的评语进行的。各年度业务业绩和评定区分的关系是，国立研究开发法人按以下评定区分3。

（评定区分1）

S：根据中期目标管理法人活动，整体中期计划中所期目标从量上以及质上都取得了显著的成果。

A：根据中期目标管理法人活动，取得了超越整体中期计划中所期目标的成果。

B：基本达成了整体中期计划中所期目标的成果。

C：未达成整体中期计划中所期目标的成果，需要改善。

D：未达成整体中期计划中所期目标的成果，需要包括废止业务在内的根本性改善。

（评定区分2）

S：根据中期目标管理法人活动，整体中期计划中所期目标从量上以及质上都取得了显著的成果。

A：根据中期目标管理法人活动，取得了超越整体中期计划中所期目标的成果。

B：基本达成了整体中期计划中所期目标的成果。

C：未达成整体中期计划中所期目标的成果，需要改善。

D：未达成整体中期计划中所期目标的成果，需要包括废止业务在内的根本性改善。

（评定区分3）

S：对照国立研究开发法人的目的、业务、中长期目标等，就法人活动的成果、工作等综合考虑各种情况，结果，合理、在有效且高效的业务运营下，面向“研究开发成果的最大化”被认可创造出特别显著的成果，或者未来可期待创造出特别成果。

A：对照国立研究开发法人的目的、业务、中长期目标等，就法人活动的成果、工作等综合考虑各种情况，结果，合理、在有效且高效的业务运营下，面向“研究开发成果的最大化”被认可创造出显著的成果，或者未来可期待创造出成果。

B：对照国立研究开发法人的目的、业务、中长期目标等，就法人活动的成果、工作等综合考虑各种情况，结果，合理、在有效且高效的业务运营下，面向“研究开发成果的最大化”被认可创造出成果，或者未来可期待创造出成果，业务运营稳固。

C：对照国立研究开发法人的目的、业务、中长期目标等，就法人活动的成果、工作等综合考虑各种情况，面向“研究开发成果的最大 化”或者“合理、有效且高效的业务运营”，可期待进一步的努力和改善。

D：对照国立研究开发法人的目的、业务、中长期目标等，就法人活动的成果、工作等综合考虑各种情况，面向“研究开发成果的最大 化”或者“合理、有效且高效的业务运营”，需要从根本上重新审视，进行改善。

第二章

东日本大地震后的重建与振兴的步伐

总论

2011年3月11日，在日本东北地区东侧的太平洋洋面上发生了最大烈度为7的地震。地震之后，以太平洋沿岸为中心发生了大范围的海啸，特别是在东北地区和关东地区的太平洋沿岸因巨大的海啸遭受了前所未有的灾难。此外，东京电力公司福岛第一核电站发生事故，导致放射性物质泄漏。2011年4月1日，内阁会议决定，把发生在东北地区太平洋洋面上的地震以及随之产生的核电站泄漏事故带来的灾难总称为“东日本大地震”。

自东日本大地震发生以来，已经过去七年了。文部科学省以灾区的重建、振兴为目标，为恢复学校设施，让学生尽快复课，对儿童进行心理辅导，并为灾区的复兴培养人才，灵活运用大学、研究所为灾区的重建，以及核辐射赔偿事宜的顺利进行尽心尽力。

第一节

为实现创造性的重建培养人才

东日本大地震之后的重建，人才培养是关键。通过教育和学习，培养能为地区的重建和可持续发展做出贡献的人才。在这种意识的指导下，以东日本大地震为契机，摆脱传统目的和方法的束缚，在东北各地，面向未来的教育实践活动正在稳步推进当中。

一、福岛县双叶郡教育复兴愿景

因东京电力公司福岛第一核电站发生核泄漏事故，福岛县双叶郡的八个町村（葛尾村，浪江町，双叶町，大熊町，川内村，富冈町，楢叶町，广野町）不得不撤离避难，虽然面临着居民离散，孩子们人数减少，以及只能在避难所的临时校舍继续学习等，困难重重，町村仍在坚持组织教育活动。

双叶郡的八个町村认为，为实现长期的复兴计划，必须着眼于未来 10 年、20 年的发展，摆脱传统价值观的束缚，对双叶郡的教育进行大刀阔斧的重建。为此，于 2013 年 7 月 31 日编制了“双叶郡教育复兴愿景”。此外，自 2014 年以来，作为双叶郡独特的魅力教育，以本地实情为题材，八个町村同时在双叶郡的小学、初中、高中开展了探究式的学习，即“家乡创造学”，为了共享学习成果，双叶郡每年还举行一次“家乡创造学峰会”。

另外，为了让大家打破社区界限，交到更多的朋友，双叶郡为孩子们设立了见面交流的平台，举办了“友谊促进交流会（以小学生为对象）”和“初高中生交流会（以初中生和高中生为对象）”，成立了双叶学生会联盟（以初中生和高中生为对象）。

2015 年 4 月，广野町开设了初高中一贯制学校——福岛县立双叶未来学园高中，该高中与本地区合作，共同展开课题研究，并邀请各界最权威的专家作为外部讲师，为培养担当未来家乡复兴事业的人才而努力。由于核电站事故，很多学生在双叶郡以外的地区避难，为了让他们也能回到双叶郡上高中，对宿舍进行了整修，使许多学生能住在学校，完成他们的高中学业。2017 年 3 月该高中举行了第一次毕业典礼，第一届学生向着各自不同的目标，从这所高中毕业了。

此外，为了推进附属初中顺利开学（2019 年 4 月），该校还成立了初高中六年一贯制教育评估协商委员会，该委员会已于 2017 年 10 月对基本计划做了最终总结，招生准备工作正在进行当中。

文部科学省从促进创造性的教育复兴角度出发，为其提供技术和财政两方面的支持。

二、进一步推进创造性的教育复兴

在“第2期教育振兴基本计划”（2013年6月14日内阁会议通过）中写到，教育和学习才是复兴的关键，在这种认识的基础上，以东日本大地震为契机，与以往的目的和方法不同，把在东北各地进行的面向未来的教育实践，定位为“创造性的教育复兴”。此外，在“第3期教育振兴基本计划”（2018年6月15日内阁会议通过）中，也沿袭了这些方针。

创造性教育复兴的特征如下：

①根据当地的实际情况，以培养能够克服困难，并为可持续发展的地区建设做贡献的人才为目标。

培养的人才要能够直面当地的现实和课题，克服一切困难，全身心致力于当地的复兴，为“创造一个可持续发展的地区”做贡献。这些人才即使置身于困境之中，也能够准确把握实情，不断学习、思考，与其他人互相支持，积极主动地克服困难，把学习指导要点中的理念——“生存能力”，进一步上升为“生活能力”，这才是我们培养人才的目标。

②重视积极主动性和创造性的学习，通过各种活动（包括校外）进行实践性的学习。

为了培养有助于可持续发展的人才，对教学计划和教学方法进行了反复探索。不仅重视在课堂上单方面的知识学习，而且提倡通过包括校外的实践活动来学习。从“以教授为中心”到“以学习者为中心”，努力实现从“被动和静态的教育”向“积极主动的创造性的学习”的转变。

③与地方、NPO法人（非营利组织）、大学等不同实体合作，努力营造一个充实的教育环境。

为了实现②，必须营造一个让孩子们主动学习的环境。现在已经实现了与地方、NPO法人（非营利组织）、大学等校外的多个组织进行合作。各个不同实体不只是进行一次性的单独讲座，而是与学校有着共同的教育目标，并作为伙伴进行长期合作。

④地方复兴过程本身就是学习的对象，二者相辅相成，能够促进地区的复兴。

在创造性教育复兴中，地方社会本身就是教材。孩子们把地方复兴的过程作为学习对象，通过长期和反复的实地调查，使他们的学习成果得到进一步加深和巩固。这些尝试让儿童得到了学习的机会，也更加促进了地方复兴本身。作为副产品，孩子们和当地的居民一起学习的“学习社区”正在兴起。

文部科学省大力推进这些“创造性教育复兴”实践活动，不仅在灾区，还把这些信息传播到了全国

地区创新学校 2030
创建下一代教育模式，以学生为主体积极参与的本地创新

Column No. 12

为了解决 2030 年可能出现的地方社会的问题，从 2015 年就开始实施“地区创新学校 2030”工程。本工程就是让各地区的中学生与企业、地方政府和海外的同时代学生进行对话和合作的国际合作项目。为了展示其成果，“经合组织日本创新教育网（以下简称 ISN）”（代表：东京大学公共政策研究生院教授铃木宽）[1] 于 2017 年 8 月 2 日至 4 日在东京举行了“学生创新国际论坛 2017”[2]。

参加这次国际论坛的有东北地区（宫城，福岛）、广岛、和歌山、福井、隐岐诸岛和各个地区、团队的国立高等专科学校机构，及其合作伙伴德国、菲律宾、印度尼西亚、新西兰、美国、新加坡、土耳其和爱沙尼亚共 9 个国家的 200 多名学生和 100 名教师，还有 ISN 中共享教育实践信息和研究成果的“自愿团体”[3] 和研究人员、教育相关人员，总共 400 多人参加了这次国际论坛。

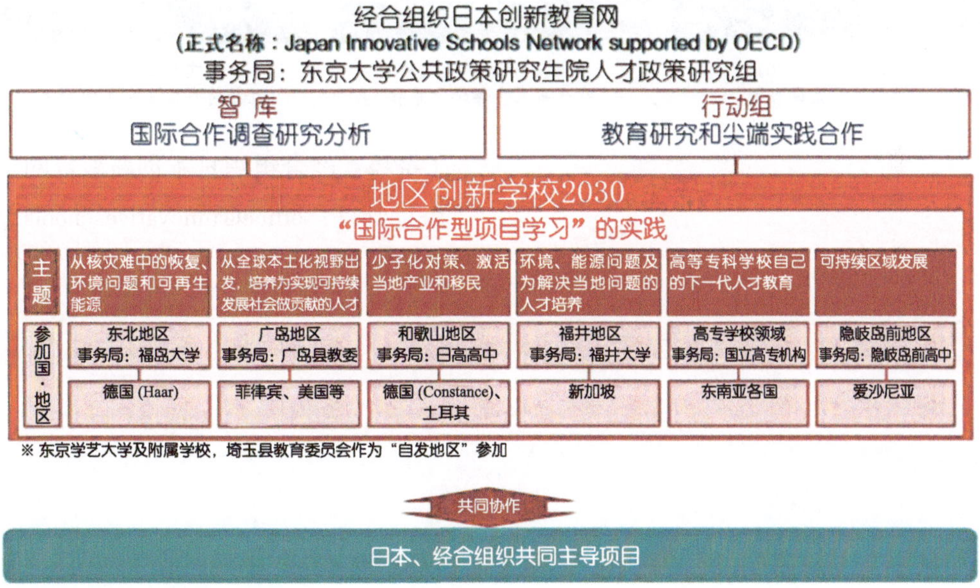

1　经合组织日本创新教育网（官方名称：Japan Innovative Schools Network supported by OECD）：通过“国际合作促进教育研究的智库活动”与“把教育研究和实践结合的行动库活动”，来促进日本下一代学习的发展和传播的组织。重建援助项目“经合组织东北学校”（http://oecdtohokuschool.sub.jp/）（2012-2014 年），是在东日本大地震重建和复兴过程中，克服地震前就存在的问题，以培养可持续建设当地的人才为目的的学校。本教育网作为他们的后继事业，现在正在与经合组织、文部科学省、学校、地方政府和企业等合作，为当地复兴事业而努力着。

2　“学生创新国际论坛 2017”的报告书，请参照如下网址 https://innovativeschools.jp/international-student-innovation-forum/isif2017_report/。

3　赞同 ISN 宗旨的学校、地方政府、大学、非营利组织法人等聚集在一起，共享 ISN 和各学校中等教育的创新实践信息和研究成果的一个组织。

在“学生创新国际论坛 2017”中，学生充分发挥了他们的积极主动性，向合作伙伴国家的学生展示了他们过去的成就，与其他团队互相学习，进行跨文化交流，讨论了有关创造自己的未来（future we want）所需要的能力。在闭幕式上，作为最终的项目成果，用英语向世界发表了“学生宣言”。

从 2018 年度起，“2030 年第 2 期地方创新学校”的准备工作即将开始，该学校在现有成果和经验的基础上，强化体制，以迎接更多的学校参加进来。

ISN 的目标是通过对这些教育实践进行的调查研究，与经合组织进行的“The Future of Education & Skills：Education 2030”项目[1]合作，开发出下一代教育模式（21 世纪教学计划和主动学习的教学法、评估法等），并将其推广到教学一线，同时，为教学一线做出政策方面的建议。

创新国际论坛 2017
参加人员集体合影

和歌山地区学生代表
在闭幕式上做学生宣言

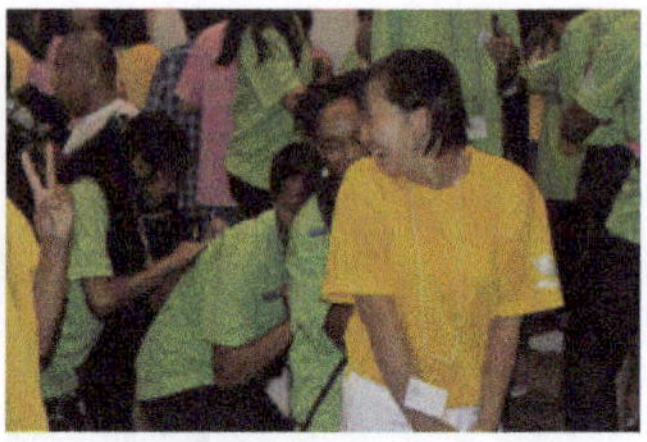

跨文化交流情景
互相将寄语写在 T 恤衫上

（撰稿：经合组织日本创新教育网）

咨询邮件：office@innovativeschools.jp

1 请参照网址 http://www.oecd.org/edu/school/education-2030.htm。

第二节
建立纽带关系与创建充满活力的社区

一、通过学习场所的重逢振兴社区

文部科学省自2016年开始实施“重整临时住宅、为儿童创造学习环境的社区重建援助事业”，为那些现在仍然被迫居住在临时住房，学习环境尚未改善的地区，以及从疏散地返回的儿童提供援助。

具体而言，通过让当地居民参与，为住在临时住房的儿童创造学习环境，如为放学后的儿童提供学习上的帮助、建设活动场所、提供家庭教育支持，以及当地对学校的支援活动等，以达到因灾害被疏散、被隔离地区的社区重建的目的。

岩手县“以帮助儿童学习来振兴社区”
地方和学校合作，实现“丰富的学习”和“真正的学习”

Column No. 13

在岩手县，为了让每个地震受灾灾民重新振作起来，通过充实该地区的教育环境，建设新的社区，使当地居民在相互帮助下，能够实现和平安居的生活，县、市镇村、民间组织、学校、临时住房自治协会等各方正在共同开展地区与学校的协作活动。

例如，因东日本大地震引起的海啸而遭受重大破坏的大槌町，正在推进从震灾中站起来，以重建、防灾为基础的“生活能力”以及“家乡创新”的教育，以便培养担负着家乡未来的人才。并且，作为它的支柱，在学校课程中，设置了“家乡科”，其中包括与复兴当地产业相关的学习、防灾教育、职业教育等内容。在“家乡科”，通过邀请一些个体商店经营者和渔业相关人员作为讲师，给大家讲解“制作鲑鱼”和“裙带菜的学习”等，以便让当地居民也能来体验和学习。

此外，为了进一步加强社区与学校之间的合作，以协调员为中心，制作了一些“支持学校的地区日历”，发布各个学校与地区的活动，为了安排各种活动，在校内还设立了地区志愿者专用的房间——“水井会议室（这一名称借用日本民间共用水井的家庭女性在洗衣打水时喜欢聚在水井边，边干活边聊天的说法——译者注）”。因地震而分离各处的老人，从临时住房来到这个“水井会议室”，再次相聚，它不仅是大家互相学习、互相帮助的地方，也是当地居

民的交流场所。

除了这些支援学校的活动外，町内各处都在进行灾后重建工程，因此，放学后儿童可以安心活动的场所减少了，有不少儿童在临时住房中的学习空间也不足。于是，2017 年 4 月开设了“大槌町儿童教育中心（俗称：OLAI）”，中心以当地居民为主，为儿童打造放学后可以活动的地方，并开展以中学生为对象的学习支援活动。

最初设想是为了方便儿童进行各种活动，却扩展当地居民人际关系和社区的振兴等方面也取得了很好的效果。就像居民说的那样，“本想支持孩子们的，却从孩子们那里得到了鼓励，我们还想继续和他们一起活动”。

在遭受巨大破坏的受灾地区，通过与国家、县、市町村、民间组织、学校和当地居民等多个实体的协作，实施了该项目。今后，为了灾区重建，以及进一步重振社区，还将继续实施该事业的机构组建和当地的人才培养。

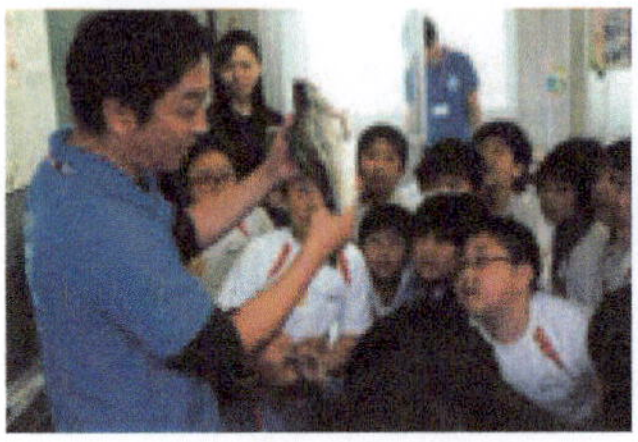
家乡课的课堂情景

儿童教育中心的学习支持活动

在聊天会议室回收赞助商标签

（撰稿：岩手县教育委员会）

二、利用大学和研究所实现地区重建

1. 为灾区重建，推进教育研究活动

经历了东日本大地震之后，作为知识制高点的高等教育机构的重要使命就是对日本的振兴、重建做出更大贡献。在灾难发生后，不仅立即派遣灾害援助医疗队（DMAT），安排受灾人员的住宿等，更重要的是在中长期重建中，高等教育机构应该履行的职责的重要性正在不断增加。在受灾地区，高等教育机构在支援重建专业人才培养的同时，通过从支援灾区以外的高等教育机构派遣学生志愿者和支持重建援助等的研究，为灾区重建提供支持。

2. 建立东北海洋科学基地

由于东北地区的太平洋海上地震和随之而来的海啸，世界上屈指可数的渔场——东北沿海的海洋生态系统发生突变，沿海水产业遭受严重损失。因此，为了支援灾区水产业的重建，以岩手县大槌町和宫城县女川町的海洋研究基地为中心，与地方相关公共团体和渔业协会等合作，对因地震引发突变的东北地区的海洋生态系统进行调查研究（如图 2-2-1）。

图表2-2-1 东北海洋科学基地组建项目概要

3. 东北医疗与生物库计划

东日本大地震导致东北地区的医疗机构严重受损，有必要建立一个医疗和健康管理系统，以保护灾民的生命和健康，让他们能够安心生活。

文部科学省在厚生劳动省和总务省的协助下，以东北大学和岩手医科大学为执行机构，正在推进“东北医疗与生物库计划”。

该计划以灾区为对象，进行健康调查，在积极改善灾区人民健康状况，同时，把收集的健康信息和生物样本，建立生物库[1]。此外，利用该生物库对疾病做出正确的诊断、确定预防的方法等，根据个人基因组信息等为医疗创新而进行的研究和开发也在有序推进。

自 2013 年以来，已经开始进行全面的健康调查，得到了超过目标数字的 15 万人的通力协作，除了正在推进大规模的基因组队列研究[2]，还对所收集的生物样本进行分析研究。在 2017 年，通过对大约 3500 名日本人的全基因组分析，获得了标准基因组序列，并公开这些通过分析所发现的所有突变信息，为下一代医学研究基础创造出更多的成果。

今后，通过与地方公共团体、相关机构的密切合作，利用医生在健康调查中的活动报告和提供的调查结果，为改善灾区人民的健康状况做贡献。此外，在东北地区，建设作为个性化预防基础的生物库[3]，通过推进最先进的分析研究，从东北开始，创造新的医疗系统，为灾区的创造性重建做贡献。

1 管理从合作者身上收集的生物样本、健康信息和临床信息的“仓库”。
2 把同意参加此项研究的居民的生物样本、健康信息、医疗信息等收集起来，与从生物样本获得的基因组信息等一起分析研究，来确定与疾病、药物动态相关的遗传因素以及环境因素等进行生物类别确定的一项研究。
3 根据调查的个体基因组信息的结果，进行更加有效的疾病预防。

第三节

学习安全网

一、恢复文化教育设施

因东日本大地震，与文部科学省相关的（幼儿、小学生、中学生、教职员工等）人员伤亡情况如下：死亡 659 人，失踪 79 人，受伤 262 人（图表 2-2-2）。此外，在全国范围内，学校设施、社会教育设施、文化遗产等的损坏多达 12000 多处（图表 2-2-3）。

由于东京电力公司福岛第一核电站发生核泄漏事故，在福岛县的公立学校中，浪江有 6 所中小学关闭，19 所学校使用其他学校和设施上课，7 所学校使用临时校舍（截至 2018 年 2 月）。

因海啸被损毁的校舍

重建后的校舍

图表2-2-2　东日本大地震中文部科学省相关的人员伤亡情况（2012年9月14日）

	国立学校	公立学校	私立学校	社会教育、体育、文化等	独立行政机构	总计
死亡	10	507	138	4		659
负伤	10	115	125	11	1	262
合计	20	622	263	15	1	921

图表2-2-3　东日本大地震中文部科学省相关设施受损情况（2012年9月14日）

国立学校	公立学校	私立学校	社会教育、体育、文化等	文物	研究机构	总计
76所	6484所	1428所	3397所	744所	21所	12150所

文部科学省努力确保必要的预算，以修复东日本大地震中遭到破坏的文化教育设施，并尽快恢复正常的教学活动。

截至 2017 年末，在灾后重建项目中，除福岛县指定避难地区的学校以外，恢复建立了国立学校（25 所）、公立学校（2,340 所）和私立学校（790 所），基本完成了恢复工作。在灾后恢复项目中，社会教育设施、社会体育设施和文化设施，除了位于指定避难地区、无法确认受灾情况的设施以外，1239 处设施中，需要国家财政补贴的 92 处受灾文化遗产中约有 90%完成了恢复工作。

关于受灾地区的地下文物，派遣了专业人员（2017 年：8 人）进行挖掘调查。为了避免对灾区重建项目施工期的影响，缩短了挖掘调查时间。

二、对就学的经济援助

1. 对就学的经济援助

对受东日本大地震影响，因经济困难无法就学的学龄前儿童、中小学生文部科学省为其提供就学支持，建立了“支援受灾地区中小学生就学临时特别补助”项目（从 2011 年到 2014 年的四年中约有 444 亿日元，由国库全额承担）。在各都道府县具体实施了如下措施：减少幼儿的保育费和入园费；补助中小学生的学习用品费用、上学交通费（市镇村实施的校车外包费）、学校餐费等；对高中生实行奖学金制度；给入学特殊支持学校的儿童及中小学生的必要经费；减免私立学校、职业学校及各种学校的学费。这项基金项目在 2014 年结束，但是从 2015 年开始，为了继续确保灾区儿童及中小学生能够安心学习的环境，实施了新的国家财政单年度补贴项目，即“灾区中小学生就学补助项目”，现已确保 2018 年所需金额（约 52 亿日元）到位。

2. 对学生的援助

对于东日本大地震受灾家庭的学生，全国许多大学实施了学费减免、设立奖学金、提供住宿等措施。文部科学省为了防止受灾家庭的学生因经济原因放弃学业，于 2017 年实施了高等教育阶段学费减免，为学生提供免息奖学金（日本学生支援组织奖学金）等措施，向家庭突发变故的学生提供帮助。此外，从 2012 年以家庭经济困难学生为对象开始实施“推迟还款期特例制度”（2017 年名称变更为“和收入挂钩还款免息奖学金制度”），获得无息奖学金贷款的学生可将还款期限推迟至毕业后获得一定收入为止。2017 年入学的大学生，也适用这项和收入挂钩还款型奖学金制度。每月的返还金额与毕业后本人的收入挂钩，收入较低的学生每月仅需还款 2000 日元，并不会构成负担。

三、学习支持、心理关爱

1. 向学校派遣心理辅导员

为了给灾区儿童进行心理辅导，当地公共机构向学校派遣了心理辅导员，所需费用由文部科学省提供。在2017年，根据灾区的需求，向岩手县，宫城县和福岛县派遣了537名学校心理辅导员。

2. 完善公立学校教职员体制

文部科学省为了向受东日本大地震影响的学生提供细致的学习支持和心理关爱，以完善公立学校的教职员制度为目的，实行了增加特殊教职员人数的措施[1]。文部科学省自2011年以来，每一年度都接受来自灾区地方政府的申请，增加配备了所需的教职员工。

目前仍然有必要对灾区的学生提供细致的学习支持和心理关爱。另外，因为核泄漏事故引发灾难的地区，目前已经解除了避难指令，学校又开始有序复课。因此，在2018年，也继续在该地区增加教职员工以完善必要的教学环境。

3. 派遣运动员和艺术家进行体育、文艺活动

文部科学省根据国家重建项目情况以及灾区和体育界的愿望，派遣运动员到灾区，利用体育振兴彩票（toto）赞助灾区的综合地区体育俱乐部的活动。

另外，为了给儿童营造健康、安全的环境，作为“儿童的文化艺术培养项目（派遣艺术家项目）”的一部分，向灾区派遣了艺术家。在2017年，向426所中小学派遣了艺术家，开展了音乐、戏剧、单口相声、传统艺术、美术等文艺活动，并进行了演讲、实际技能展示和实际技能指导。

4. 利用国立青少年教育设施实施“振作精神野营活动”

2011年夏季，国立青少年教育振兴机构为了灾区儿童的身心健康，以户外游戏、体育和体验大自然等活动为契机，充分利用了国立青少年教育设施进行了一些活动，帮助儿童们重振精神。

之后，以“振作精神野营活动”所获成果为基础，在民间企业的赞助下，以岩手县、宫城县沿海地区和福岛县全县的中小学生和家人为对象，在岩手山、磐梯、花山、那须甲子等东北的四个教育设施继续实施“应对东日本大地震事业”项目。2017年，共计进行了18次活动，1655人参加。从2011年7月到2017年为止共进行了321次活动，总计29294人参加。计划今后将持续实施该项目。

1 2011年4月成立的“公立义务教育各学校班级编制和教职员工定员标准的相关法律以及地方教育行政组织及运营相关法律的部分修订法”的附则中，也规定了与2011年东北地区太平洋地震有关的教职员工定员的特殊措施。

第四节
灾后社会生存能力的培养

一、加强防灾教育

在东日本大地震中，中小学生和教职员工死亡、失踪人数多达600余人，受灾严重。东日本大地震之后，连续发生了大规模的地震，以及因前所未有的大雨造成的大规模洪水等自然灾害。

文部科学省为加强学校防灾意识，帮助各学校制定地震、海啸发生时如何保护学生的防灾指南，制定并颁布了“学校防灾手册（地震和海啸）制定指南”（2012 年 3 月制定），之后，作为学校在今后的防灾教育、防灾管理等方面的参考资料，制定并颁布了“培养生存能力的防灾教育指南”（2013 年 3 月修订）。

另外，在 2017 年，对当地和学校以防灾为主的安全问题，开发了适合当地实际情况的教育方法，实施了“以防灾教育为重点的实用安全教育综合支持项目”，该项目是为支持学校的安全管理体系以及与家庭、地区、相关机构互相协作而设立的。

二、在学校进行有关电离辐射的相关教育

在学校教育中，重要的是让学生学习电离辐射相关的科学知识，并在此基础上培养独立思考和判断的能力。按照现行学习指导要领[1]，在初中理科科目中，补充追加了“电离辐射的性质和使用”的相关内容。在社会科目和理科科目中，补充了与能量和电离辐射等相关的内容。此外，在 2017 年 3 月公布的新学习指导要领中，为了加深对电离辐射的科学理解，初中理科第三学年增加了相关内容，第二学年也涉及了一些电离辐射的内容。在 2018 年 3 月公示的新学习指导要领中，高中理科的物理基础课也补充了有关电离辐射的内容。

此外，还把“从课程的横向角度培养学生应对当代各种问题所需的素质和能力，以应对各种灾难，从而以建设下一代社会为目标”写在中小学的总则当中。要求学校不仅要给学生教授有关电离辐射的科学认识，还应补充电力在地区之间的供需结构以及电离辐射对身体的影响等知识。

文部科学省为支持学校进行有关电离辐射的相关教育，为教职员工开设了研究班，派老师到学校为少年儿童讲授相关课程。此外，2014 年 3 月向全国中小学发放了与电

1　是日本小学、初中和高中各学科、课程计划编制纲要。编辑教科书的依据和学校领导、教师制订教育工作计划的指导文件。（译者注）

离辐射相关的补充读物，读物中登载了有关电离辐射的基础知识和东京电力公司福岛第一核电站因核辐射事故的受灾状况，以及为重建该地区所做的努力。这些内容在文部科学省的网页上也进行了公布[1]。以 2017 年 12 月编制的“消除传闻即风险沟通战略”为基础，2018 年对 2014 年编写的电离辐射补充读物（为帮助科学理解放射线而编辑）进行了修订，并配发给各学校，鼓励全国中小学在课堂上积极使用。

1 请参照 http://www.mext.go.jp/a_menu/shotou/housyasen/index.htm。

第五节

应对核电站事故

一、减少学校的核辐射量

东京电力公司福岛第一核电站发生核泄漏事故以来，文部科学省为确保儿童的安全，发出通知，在明确学校的应对方针的同时，通过提供财政支持和派遣专家，推进清除学校核污染的工作。通过这些努力，除避难地区以外，校园的辐射剂量已降至每小时不到 1 微希沃特。根据《2011 年 3 月 11 日东北地区太平洋地震引发核电厂事故所释放的放射性物质引起的环境污染特别处置法》，政府正在推进包括儿童生活环境（学校，公园等）在内的整个地区的核污染清除工作。

二、努力做好核灾难中的环境恢复、核电站报废的研发和人才培养工作

1. 努力做好环境恢复工作

东京电力公司福岛第一核电站事故导致放射性物质泄漏，环境受到污染。为此，文部科学省正在积极推动清除核污染的研究开发工作，以便尽快恢复环境。

具体而言，日本原子能研发机构和量子科技研发组织，与福岛县等地方的公共组织、国内外的大学和研究机构、民营企业等合作，实施了清除核污染的开发、评价、实证等工作，并开发了使用吸附材料和天然矿物质对土壤、河流和池水的净化技术。此外，日本原子能研发机构开发了可评估对污染土壤进行净化后的空间辐射剂量降低程度的软件，此软件已经向社会公开发布。

此外，2015 年，在福岛县设立了福岛县环境创建中心，作为进行调查研究、信息传播、教育等的综合基础设施，以解决环境的恢复和创建问题。在福岛县环境创建中心，福岛县、日本原子能研发机构和国立环境研究所合作，正在努力推进环境的恢复和创建。同年 10 月，三春町总馆，11 月，南相马市环境辐射中心相继开馆。日本原子能研发机构已迁入福岛县环境创建中心，进行环境中放射性铯的移动量的测定，以及对未来预测等的环境动态研究为中心的技术开发工作。

今后将与相关机构合作，努力做好包括确保当地居民安全、使其放心的成果信息发布等在内的环境恢复工作。

2. 与核电站报废措施相关的研究开发

根据 2014 年 6 月公布的“东京电力股份有限公司福岛第一核电站报废措施的研发加速计划”，为了推进东京电力公司福岛第一核电站的报废工作，文部科学省正在

利用国内外智慧，加速研发和人才培养，以达到安全可靠地实施核电站报废的目的。为此，2015 年，日本原子能研发机构设立了新的组织“废炉国际合作研究中心”。2017 年 4 月，作为汇集日本国内外智慧的场所，该中心的“国际合作研究大楼”在福岛县富冈镇正式启用。该中心主要进行基础研究和人才培养，以便顺利推进东电福岛第一核电站的废炉工作。具体而言，就是从核反应堆内部取出燃料碎片[1]，对放射性废物的处理和处置进行必要的研究和开发，并联合产业界、学术界、政府进行人才培养。

3. 努力促进与核灾难相关的核能基础研究及人才培养工作

为了支持核能基础和安全并为国际核安全做贡献，有必要培养具有广泛知识素养的核能人才。为此，文部科学省通过利用国际核能人才培养倡议中的核领域模拟技术[2]，构建教育体系等活动，来支持与核安全、危机管理相关的人才培养工作。此外，为了推进东京电力福岛第一核电站中长期与报废措施相关的新知识的获取，以及人才的培养和保障，从 2015 年起，实施了“汇集智慧的核能科技和人才培养的推动项目”。从 2018 年起，将该项目的运行方式从文部科学省委托的项目转移到以日本原子能研发机构为对象的补贴项目，并以报废核电站国际合作研究中心为核心，加强与大学等的合作，促进研发和人才培养计划，进一步满足报废核电站的需求。

三、因核泄漏事故遭受损失的赔偿问题的应对措施

自从东京电力公司福岛第一核电站和第二核电站泄漏事故发生以来，许多居民不得不放弃他们原本的生产和经营，紧急避难。为了让他们能够放心地尽早恢复安全的生活，有必要对他们进行快速、公平和适当的赔偿。

文部科学省根据“因核泄漏事故受灾赔偿法”设立了核泄漏事故受灾赔偿争议审查委员会，参考当地居民的意见，按顺序对应该赔偿的类似的损害项目及其范围制定方针政策，并根据需要做了重新认定。在“核损害赔偿纠纷解决中心”，在改善业务运营和体制的同时，正在进行和解中介手续。

此外，日本政府于 2017 年 5 月，批准了东京电力控股有限公司关于迅速适当的受灾赔偿和管理合理化的“新的综合特别项目计划”（同年 7 月修订），并支持东京电力控股有限公司通过核损害赔偿和报废核电站等机构进行的顺利赔偿。

另外，关于核受害赔偿制度的审查，内阁府原子能委员会核受害赔偿制度专家组（2015 年 5 月成立）进行了探讨研究，并于 2018 年 1 月完成了草案编制工作。

1 燃料碎片：熔化的核反应堆燃料冷却硬化的东西。
2 模拟技术：由几乎相同规则控制的另一个系统或计算机模拟特定系统行为的技术。在核电领域，通过利用这项技术，对正常运行时、设计标准事故时、异常瞬态变化时的状态进行模拟验证，从而可以提高设施的安全性。

第三章

实现终身学习型社会

总 论

“终身学习”一般指的是终身进行的所有学习。如学校教育、家庭教育、社会教育、文化活动、体育活动、娱乐活动、志愿者活动、企业内部教育、爱好等在各种地方利用各种机会进行的学习。此外，“终身学习型社会”是指人们在一生中可以随时随地自由选择学习机会，并能对学习结果进行适当评估的社会。

文部科学省按照“教育基本法”精神，要让每个公民为了改善自己的个性，过上富裕的生活，都可以在一生中利用各种机会，在各种场合学习，并能将自己的学习成果适当应用在社会上，也就是建立终身学习型社会。

目前，在“第二阶段教育促进基本计划”的基础上，除了加强学校教育学习，实现终身学习型社会的三个关键词“独立”“合作”“创造”以外，还致力于充实和改善社会教育、家庭教育和其他各种场所的学习环境。

第一节

为每个公民提供终身学习帮助

日本面向"人生百年""超级智慧社会（社会 5.0）[1]"，迎来了重大转折时期，终身学习的重要性日益显著。文部科学省正在构建终身学习型社会，改善每个公民终身学习的环境，提供各种各样的学习机会，并能适当评估学习成果，使其成果能够在各个领域得到充分应用。

一、第九届中央教育审议会终身学习小组会上的讨论

由于出生率下降，日本人口数量减少，老龄化正在迅速发展。人口迁移方面，向东京集中的程度仍在加剧，在很多地方，特别是以年轻人为主的人口大幅减少的情况非常严重，如果这种情况继续发展下去的话，将来有不少地区可能会消失。

在这种情况下，地方经济萎缩、商业街败落、医疗保健供需条件紧张、单亲家庭增加等原因造成的贫困问题、地方传统活动等参与者减少、财政恶化等，都是地方社会所面临的重大课题。其中也包括人与人之间的联系减少，以及人口老龄化问题、年轻人的社会孤立问题。为了使社会在未来可持续发展，使人生百年时代的生活更加充实，解决这些问题就成了目前非常紧迫的任务。

由于人工智能（AI）和物联网的技术创新迅速发展，即将迎来"社会 5.0"，到时预计人们的生活方式和社会将发生巨大变化，每个人具有应对这些变化的能力，掌握新技术，并将其应用到该地区的学习和活动中，都是非常重要的课题。

近年来，除了传统的角色之外，公民馆（在日本的市、町、村，以谋求居民互相交流或提高文化为目的而建立的建筑设施——译者注）、图书馆、博物馆等社会教育设施有望发挥更广泛的作用，如地区振兴、城镇发展基地和地区防灾基地建设等方面。特别是博物馆，作为旅游资源越来越得到重视，地方公共团体希望把博物馆的运营与城市规划管理等其他领域结合起来。

在这种情况下，需要进一步探讨今后时代所要求的公民馆、图书馆、博物馆等的作用以及为实现这些作用的必要方针政策，包括设施的管理方法等。为了研究这些问题，文部科学大臣于 2018 年 3 月 2 日向中央教育审议委员会提出咨问"针对人口减少时代，在新的地区建设方面，如何振兴社会教育"。今后，将以中央教育审议会终身学习小组会为中心深入探讨，并制定新的政策。

1　参照第二部第七章第一节。

二、推进社会人的学习

在未来社会迅速变化的时代，即使从学校毕业进入社会，参加工作，成为社会人（离开校园走入社会的人——译者注），也有必要在大学等地方进一步学习，获得新的知识、技能和素养。从积极支持女性生活方面，如分娩和育儿，以及促进青年人发展的观点来看，社会人更需要不断学习（再教育）。政府在 2017 年 9 月成立的“人生百年时代构想会议”上，提出了“不管多大年龄的人都可以重新学习的再教育”的重要议题，并不断推进顺利实施。

社会人在大学学习存在不少问题，如大学里没有符合他们需求的实践性课程、他们没有时间学习、学费负担重等，直到今天，他们在大学学习的状况仍然没有多大改善。

基于这一事实，为促进社会人的学习，扩大教育机会，以满足不同的需求，文部科学省将文部科学大臣批准的“职业实践能力培养课程”和“职业实践专业课程”作为制度固定下来。“职业实践能力培养课程”（到 2018 年 4 月批准了 222 门）是在大学、研究生院、短期大学、高等专科学校，根据社会人和企业需求设立的具有实践性和专业性的培养课程。“职业实践专业课程”（到 2018 年 2 月批准了 954 所学校，2885 个学科）是为了充实实用职业教育，在专科学校通过产学合作开设的课程。

此外，正在实施“职业学校的地方产业核心人力资源开发项目”，该项目旨在促进开发和展示易于社会成年人学习的教育计划，以满足当地和产业人才需求，改善社会人的学习环境，引入资助社会人长期在大学学习的制度，例如选拔社会人特别入学、长期履修学生制度，通过开设在线课程，为社会人和想提高职业素养的女性提供服务。同时，还运用奖学金制度，为再学习者提供支持。

此外，我们将专职大学和专职短期大学[1]等制度化，作为实用职业教育的新型高等教育机构，将主要功能定位为社会人教育，这些学校计划将于 2019 年度依次开课。

根据“人生百年时代构想会议”的讨论成果，今后将进一步加强、充实社会人的学习。

面向社会人的大学讲座情形

1　参照第二部第五章第一节。

三、支持残疾人终身学习

改善社会环境，确保残疾人一生都能发挥自己的最大能力，并能够作为地方的一员过上富裕多彩的生活，具有重要的意义。另一方面，有人指出，从特殊支援学校高中部毕业后，残疾人士的学习机会不够充分，需要进一步改善。在此认识的基础上，在文部科学省内设立了“特别支援综合项目特别小组”，并于2017年4月在终身学习政策局新设了“残疾人学习支援促进办公室”。2017年4月，发布了以“面向特别支援教育的终身学习化”为题的大臣致辞。此外，我们将与日本青年会所（一家公益社团法人）合作，在全国范围内展开“大家的NIPPON（日本）共生社会项目”，并任命活跃在各个领域的残疾人和八名支持者为“特别支持大使”，支持他们在宣传方面进行合作，以促进残疾人的终身学习。此外，从2017年起，向支持残疾人终身学习开展活动的个人或组织进行文部科学大臣奖表彰。2017年，共奖励了61个表彰对象，在12月举行了颁奖仪式和事迹介绍。通过这些努力，大大促进了残疾人终身学习的传播和发展。

2017年“残疾人终身学习支援活动”文部科学大臣颁奖仪式

表彰团体事例发布会“瑞宝大鼓”

此外，自2018年3月起，举办了“促进残疾人毕业后学习的专家会议”，全面分析了学校毕业后残疾人学习的现状和问题，包括文化和体育活动。研讨了促进学习的方法等问题。

与此同时，从2018年起，实施了一项新的“关于支持残疾人毕业后学习的实用研究项目”，并致力于实证性研究，如残疾人从学校到社会的过渡期和生活各阶段的有效学习计划、实施体制以及与相关组织的合作等。

此外，还计划进行调查研究，以掌握和分析残疾人参与一般终身学习活动的障碍因素和促进因素，并将举办人才培养研讨会和残疾人参与型论坛。

今后，为支持残疾人终身学习的多样化，将努力推动教育、体育、文化各领域的综合性工作。

四、振兴专修学校教育

在1975年7月的“学校教育法”修正案中，专修学校被定义为旨在“培养职业或现实生活所必需的能力或提高文化素养”的学校，2015年迎来了该制度建立40周年。作为应对各领域社会变革的实用职业教育的核心机构，培养了大批支撑地方产业的专业人才，截至2017年5月，已建立3172所学校，正在学习的学生达655254名。

图表2-3-1　专修学校的目的、课程及重要事项

目　　的	培养职业或现实生活所必需的能力或提高文化素养（学校教育法第124条）		
重要事项	上课1年以上，每年要上800小时以上，通常有40人以上等		
课　　程	高等课程（高等专修学校） 入学资格：初中毕业以上	专门课程（专门学校） 入学资格：高中、高等专修学校（3年制）毕业以上	普通课程 入学资格：不做限定（学历不限）

专修学校根据入学资格的不同，开设了三种课程：以高中毕业为入学资格的是“专门课程”（专门学校），以初中毕业为入学资格的是高等课程（高等专修学校），不限学历的是“普通课程”。如果修完文部科学大臣指定的高等课程就能获得大学入学资格，如果修完文部科学大臣指定的专门课程就能获得研究生入学资格。

对于专门学校的学生，如果他们满足学习期限为两年以上，且上课总数为1700小时以上的要求，修完了文部科学大臣认定的课程，就可以获得“专业人士”的称号。如果学习期限为四年以上，且上课总数为3400小时以上，修完了文部科学大臣认定的课程，就可以获得“高级专业人士”的称号。

从2012年开始实行学分制和通信制教育。在2014年，创立了“职业实践专业课程”的认定制度，即通过与企业紧密合作，有组织地开设了实践性的职业教育专业课程。截至2018年2月27日，已经认定的学校达954所，认定的学科为2885门。

为了减轻教育费用负担，上高等课程的学生有资格获得高中入学补助金和高中奖学补助金。另外，上专门课程的学生，可申请获得日本学生支援机构颁发的奖学金（包括2017年以来实施的福利型奖学金）。

在全球化进程和产业的高度化、复杂化不断深化的过程中，专修学校将利用其灵活性的特点，继续发挥其作用，为推动社会人再学习做出更大的贡献。

五、提供多种多样的学习机会

1. 充实、完善广播电视大学

广播电视大学（以下简称“电大”）通过广播、电视和互联网，为国民提供大量的接受大学教育的机会，以便任何人在任何时候都可以随时学习。还在全国各地设立了“学习中心”，以支持学生的学习，并促进该地区的终身学习。截至2017年第二学期，大约有9万人正在电大学习，迄今为止共有超过150万学生，并有超过10万名学生

毕业。无论职业、年龄和地区，电大的学生都呈现出多元化的特点。大约 70% 的学生是在职学生，在籍学生中约有 800 名是身体残疾学生。通过这种方式，电大作为日本终身学习的核心机构发挥着重要作用，文部科学省正在进一步改善帮助社会人轻松学习的环境。

电大已开设了包括本科和研究生院在内的 300 多门课程，学生可以根据学习目的自由选择科目，不受本人现在学术领域的限制。此外，"课程学习认证制度（电大专家）"提供与各种资格相对应的课程，包括特别支援学校教师执照和特定领域的课程，也就是提供非学位课程的证明，通过实施诸如此类的方式来满足各种学习需求。此外，近年来，为了响应社会需求，正在扩大在线课程的科目，包括女性职业发展的科目和与儿童保育相关的特例制度中规定的科目。今后，为迎接人生百年时代的到来，将进一步充实社会人的学习。

2. 各大学为社会提供终身学习的机会

为实现终身学习型社会，各大学（包括短期大学）实施了社会人入学制度，夜间、日夜开讲制度，科目等履修生制度，函授课程、履修证明制度，公开讲座等。其中，许多大学开设了公共讲座，将大学的教育和研究成果直接提供给当地居民。2014 年，在 968 所大学开设了 45000 个讲座。

3. 社会函授教育

文部科学省为了推进和鼓励学校、一般财团法人进行函授教育，确定对社会教育进行奖励。截至 2018 年 3 月底，文部科学省认证的社会函授教育有 25 个团体 109 门课程，仅 2017 年一年，听讲人总数就达到了约 74000 人。

4. 与民间教育机构、NPO 法人的合作

民间教育机构以及在教育领域开展活动的 NPO（非营利组织）法人等民间团体，作为支持公民社会和地方发展的重要参与者，在各种学习活动方面发挥着极大的作用，并且显得越来越重要。文部科学省为了加强民间团体与行政部门之间的合作，不仅赞助民间教育机构，还将民间教育机构的事迹向公民介绍，以便实现民间教育机构的更大发展和官民合作网的快速形成。

六、学习成果的评估和运用

1. 校外学习的学分认定

在高中时，考虑学生的能力、适应性、兴趣和关心重点等多样化的实际情况，从扩大选择范围的角度来看，除了高中的学习成绩外，在该高中以外的地方进行的学习，也可以根据各高中自己的判断将其视为学校所修课程，并且给予学分。如以下几种情况：①在大学、高等专门学校、专修学校等的学习；②知识、技能考试的成绩；③志愿者活动、就职体验活动（实习）等。④参加高中毕业同等学力认证考试，取得合格以上成绩的课程。在 2016 年，①认可在大学、高等专门学校、专修学校等地方学分的有 350 所学校；②认可知识、技能考试成绩作为学分的有 1304 所学校；③认可志愿者活动、就职体验活动（实习）等学分的有 416 所学校；④认可参加高中毕业同等学力认证考试，取得合格以上成绩的课程，给予学分的有 327 所学校。

此外，很多大学（大学、高等专门学校、专门学校），为了充实教育内容，把在大学以外（相当于大学教育）教育机构的学习，也认定为该大学的学分，2015 年有 517 所大学（占总数的 69.3%）认可该制度。

2. 高中毕业同等学力认证考试

高中毕业同等学力认证考试是以没有取得高中学历的学生为对象，对他们给予等于或高于高中毕业生程度的认证考试。通过此考试的人有权获得大学的入学资格。2017 年的申请人数为 24713 人，参加考试的人数为 21744 人，考试合格的人数为 9479 人（如图 2-3-2）。约占申请人数一半（49.2%）的是高中辍学者，高中毕业同等学力认证考试给这些高中辍学者一次重新挑战的机会。通过考试的人，大约有一半已升读大学，此考试也被用作就职时证明自己学习能力的方法。文部科学省为了让考试合格者在招聘考试和录取后能获得和高中毕业生在待遇方面的平等对待，通过分发小册子和海报等方式，大力宣传该认证考试。

3. 高校改革援助及学位授予机制

高校改革援助及学位授予机构，以没有完成大学或者研究生的正规课程，但具有与大学或者研究生毕业的人同等水平的人为对象，评估他们高等教育阶段各种学习成

图表2-3-2 高中毕业同等学历认证考试报考人、考试者、合格者

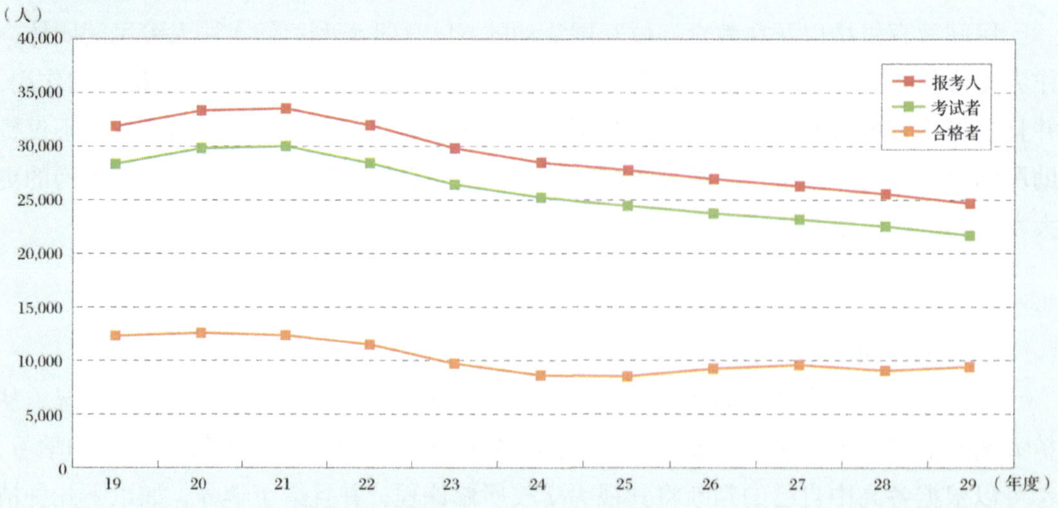

※合格者是所有科目合格者（不包括部分科目合格者）
本表出自文部科学省的调查

图表 2-3-2 高中毕业同等学力认证考试报考人数、参加考试人数、合格人数

果，并授予学位。该机构从 2015 年开始，设立了新的制度，对与大学同等教育课程的学习给予指导，同时，给已经认证的短期大学、高等专门学校能够修完课程的学生授予学位（学士学位）。到 2017 年末，给如下学生授予了学位：①短期大学、高等专门学校的毕业学生，在大学或者专业科又学习了一段时间的学生共计 51104 人；②在该机构认证的教育单位（日本中央省厅设立的成人教育学校）修完课程的人，共有 28778 人。

4. 提高检定测试质量

民间团体（检定测试机构）是为衡量考生的学习成果而进行的考试，虽然不是基于法律法规，但其实施内容和规模多种多样，但中既有在全国范围内进行、有大量考生参加的，也有针对特定考生测试其专业知识和技能的，还有以振兴各地方文化活动和旅游业为目的的，重要的是要提高检定测试的质量并确保其可靠性，以便适当地评估这些检定测试所测试的学习成果，并使其能在学校、工作场所、社区等地方被使用。

文部科学省召开了“检定测试评估调查研究合作大会”，以促进与检定测试相关的评估和信息公开工作，并于 2017 年 10 月，编制发布了《检定测试机构自我评估、信息披露、第三方评估指南》。在指南中，检定测试的评估方法、评估观点和内容、期望信息公开的项目等被作为检定测试机构自愿努力的目标。

我们还对第三方评估进行调查研究，以促进基于该评估指南的自我评估以及把第三方评估推广并固定下来。

第二节 促进应对当代社会化课题的学习

一、少子化对策

对于日本日益严重的少子化问题，政府以《推进支持培养下一代对策法案》和《应对少子化社会政策基本法案》以及依据该法案制定的《应对少子化社会政策大纲》等为依据，正在积极推进相关对策。文部科学省根据不同地区的实际情况实施了各种教育援助活动。（1）免费教育、减轻负担；（2）增加建设“认定保育园（经政府认可的幼儿园——译者注）”，充实幼儿园的托儿保育和育儿支持；（3）由当地居民参与并共同策划，为儿童提供放学后的学习、体验和交流的机会等。加强当地与学校的合作互动，为家长们提供学习机会，援助家庭教育活动。

特别是关于上面的第（1）项，在 2017 年 12 月的内阁会议上决定的“一揽子新经济政策”中，计划将 2019 年 10 月的消费税税率提高到 10%以后，将这部分增加的税收用于幼儿教育和免除高等教育的教育费用等方面。文部科学省正在研讨与相关部委密切合作，把以上政策落到实处。

二、应对老龄化社会，帮助老年人发挥其积极主动性

在价值观多样化的老龄化社会，老年人希望通过学习和参与社会活动，获得精神的丰富和体现生存价值的机会。同时，在就业以及日常生活中，为了应对社会的变化，需要不断获得新的知识和技能。此外，随着独居老人的增加，人们重新认识到在社区与不同年龄层的人进行交流的重要性。为了改善环境，让老年人通过学习，积极主动地、不断地为解决当地问题做贡献，文部科学省举办了由行政机构、大学、NPO 法人及企业参加的研究协商大会“长寿社会的终身学习政策论坛”。在 2017 年，从 11 月到 12 月，在北海道钏路市、北海道富良野市、爱媛县新居滨市和东京文京区进行了促进环境改善的活动，以便能够共享网络创建技术，并将愿意参加地方活动的老年人联系起来。

三、促进人权教育

文部科学省根据《日本宪法》和《教育基本法》的精神，通过学校教育和社会教育努力提高尊重人权意识的教育。2016 年，为了促进对以下法律的执行和民众对法律的理解，以 6 月实行的《努力消除对日本以外国家和地区人的不公平歧视行为的相关法律》（2016 年法律第 68 号）为根据，终身学习政策局社会教育科科长、中小学教

育局学生科科长、高等教育局高等教育规划科科长于2016年6月20日，联名向教育委员会下发了关于执行《努力消除对日本以外国家和地区人的不公平歧视行为的相关法律》的通知。同年12月，以它执行的《努力推进消除地域歧视的相关法律》（2016年法律第109号）为根据，终身学习政策局社会教育科科长、中小学教育局学生科科长、高等教育局大学振兴科科长和高等教育局专门教育科科长联名向教育委员会发布了关于执行《努力推进消除地域歧视的相关法律》的通知。

教育委员会和学校通过对学校人权教育状况的调查研究以及对其成果的推广，支持学校对人权教育工作的改善和充实。

2016年，为了进一步推进学校的人权教育，在执行上述《努力消除对日本以外国家和地区人的不公平歧视行为的相关法律》的基础上，收集并公开了尊重外国人人权的实例。2017年，为了促进学校对日本人绑架问题的理解，向教育委员会发出了“关于推进灵活使用与朝鲜当局绑架问题相关的影像作品”的通知（2018年3月7日，负责日本人绑架问题事务大臣和文部科学大臣联名通知）。

社会教育方面，在社会教育教导主任培训课程中，列举了人权问题等一些当代课题，旨在培养提高领导者的素养。

四、努力创建男女共同参与型的社会

实现男女共同参与型社会是整个社会需要解决的最重要的问题，政府根据《男女共同参与型社会基本法》《男女共同参与基本计划》，正在综合系统地推动这项工作。文部科学省将根据《第四次男女共同参与型社会的基本计划》（2015年12月25日内阁会议通过）所指引的方向，促进男女平等，实现教育和学习方式多样化。

1. 丰富教育和学习方式，不断推进男女共同参与型社会建设，使选择更加多样化

为了建立男女共同参与型社会，正在努力推进学校、家庭、地方等的男女共同参与的社会建设，丰富教育和学习内容，使选择更加多样化。

小学、初中和高中的学校教育，要根据学生成长的不同阶段，对男女平等和相互理解与合作给予适当的指导，同时，要对学生进行毕业后的去向指导，使他们能够根据各自的生活方式、能力、适应性，使自己具有积极主动地选择毕业去向的能力和态度。鼓励各个都道府县教育委员会，利用各种会议在内的各种机会，鼓励积极在校长、教导主任等管理岗位积极任用女性。在包括各种会议在内的各种机会中，文部科学省通过向高等教育机关介绍录用女性教授的国立、公立和私立大学以及高等专科学校（相当于中国的高中专）的实例，促进各高等教育机构对女性的重视。

社会教育方面，正在努力增加学习机会，无论男女，都能在社会的各个领域，充分发挥每个人的个性和能力。

从2017年起，开始实施“为推进男女共同参与型社会建设，支持女性学习和职业提升项目”，大学等地方公共团体与男女共同参与中心等相关机构合作，为了支持因育儿离职的女性的学习、再就业和参与社会建设，打造地区一体化的示范项目，开展了实际论证事业，并在德岛和东京召开了一个研讨会，以便让本项目进一步扩大普及。

2. 国立女性教育会馆的活动

国立女性教育会馆（NWEC）是日本唯一的国立女性教育中心，将“培训”“调查研究”“宣传和信息传播”“国际贡献”有机联系起来，以便推进国内男女能够共同参与事业的开展。

2017 年，为促进男女共同参与各个领域，针对在女性团体、男女共同参与建设中心、地方公共团体、大学、高等专科学校、中小学教育机构、教育委员会和企业等培养领导人的同时，还大力支持这些机构和组织的网络构建。作为一项国际事业，为了促进亚洲地区男女共同参与项目的人才培养，及国际化网络的形成，举办了“亚洲地区男女共同参与推进官及领导者研讨会”。

为了充实以这些培训为基础的调查研究和相关专业信息的收集和提供，继续推进对企业男女初期职业发展过程的调查，同时，以各种机构内的女性教育信息中心和公共关系媒体（电子杂志、SNS 等）为重点，收集发布企业、大学等在男女共同参与方面的信息。

以选出的全国各公立小学、初中教师为对象，就“工作”和“工作环境”相关意识等，进行了关于学校教师职业生涯生活的问卷调查。此外，与广播电视大学合作，开设了关于女性职业规划的在线讲座，还灵活运用电子学习方式（e-lerning），在网站上发布了迄今为止的研修和研讨会的情况。

为纪念国立女性教育会馆开馆 40 周年、国立女性教育会馆女性档案中心开设 10 周年，女子档案中心举办了特别展览“国立女性教育会馆开馆 40 周年展”和“女性档案中心开设 10 周年展”。

五、防止虐待儿童

关于如何防止虐待儿童，政府全体人员正在努力推进各种各样的措施，但令人痛心的事件层出不穷。到 2016 年全国的儿童咨询所有关虐待儿童的相关案例，达到 122575 件，创历史新高，虐待儿童事件依然是全社会迫切需要解决的问题。

为了防止虐待儿童，早期发现、早期应对和帮助受虐待儿童，家庭、学校、社区和相关组织必须密切合作。文部科学省到现在为止都是通过各都道府县，向学校和社会教育有关人员通报各种注意事项的，如，他们有义务向儿童咨询所报告，有义务与有关机构合作，防止虐待儿童事件发生。另外，通过组织家庭教育支持团队，来回答有关咨询，并为家长提供学习机会等方式，加强对家庭教育的支持。

2016年6月，文部科学省向教育委员会发出通知，作为防止虐待儿童的对策：①尽早发现虐待儿童事件，②尽早应对虐待儿童事件，③加强与相关机构的合作，④学校要向儿童咨询所提供信息，⑤学校之间的信息共享，⑥实施与儿童虐待相关的进修培训（摘自2016年6月20日终身学习政策局局长、中小学教育局局长、高等教育局局长联名通知，即“关于公布修改《儿童福利法》等部分法律条文的通知”）。

政府在相关部委合作下，召开了“有关防止儿童虐待对策的相关部委联络会议”，努力加强政府全体人员针对防止虐待儿童对策。文部科学省将进一步加强利用社会福利工作者和顾问等外部专家的学校咨询体制，充实访问型家庭教育支援体系。

六、促进儿童减贫工作

为了平衡教育机会，改善环境，使贫困儿童得到良好的培育，以免儿童受到不良生长环境的影响，2013年6月，国会全体一致通过了《关于推进减轻儿童贫困对策的法律》，并于2014年1月开始实施。

另外，2014年8月，根据该法律，政府为了综合推进儿童贫困对策，制定了基本政策《儿童贫困对策大纲》（以下，简称《大纲》）并在内阁会议上通过。

在全面推进儿童贫困对策中，为了验证和评估相关措施的实施情况和对策的效果，《大纲》设定了25个指标，如：低保家庭儿童的高中升学率、学校社会工作者的配置人数、儿童贫困率[1]等。

同时，为了改善这些指标，政府提出了当前应该优先解决的重点对策，如：（1）教育援助，（2）生活援助，（3）监护人的就业援助，（4）经济援助，（5）儿童贫困的调查研究，（6）政策的推进体制等事项。

根据纲要，文部科学省首先通过以下措施，减轻了从幼儿期到高等教育阶段不间断的教育费负担。

- 逐步推广免费幼儿教育[2]。
- 提高义务教育阶段的入学援助[3]。
- 增加高中入学补助金和高中生奖学补助金[4]。
- 全面实施大学生福利型奖学金制度，稳步实施免息奖学金制度[5]。

此外，将学校定位为打破贫困链的平台，正在推动以下举措。

- 为了消除因贫困导致的教育差距，增加教师定额[6]。

1　贫困线以下的17岁以下儿童所占全体儿童的比率［相当于可支配收入的中间值的一半（家庭可支配收入除以住户数的平方根调整后的收入外），并以OECD（经济合作与发展组织）的标准为基础。

2　参照第二部第四章第十三节二。

3　参照第二部第四章第十七节二。

4　参照第二部第四章第十七节三。

5　参照第二部第五章第五节一。

6　参照第二部第四章第十二节二。

・增加学校社会工作者人数，以及作为贫困对策的重点配置社会工作者[1]

除此之外，文部科学省正在促进以下举措，作为利用当地教育资源，减少儿童贫困的对策。

・实施《利用当地教育资源消除教育差距计划》，以支持有困难的父母和孩子共同学习、成长[2]

・为学习落后的初中生和高中生提供免费学习支持（当地的未来补习班）[3]

计划在2019年10月提高消费税率，税率增收部分将被用于教育无偿化和减轻教育负担方面，为此，在2017年10月，以“人生百年时代构想会议”[4]的讨论为基础，内阁会议通过了“新经济政策一揽子计划”。

七、促进公民教育

2015年6月，《修正公职选举法部分条文的法律》通过，投票权年龄降至18周岁以上。这可能将更多年龄层人员的声音反映到决定日本未来之路的政治上。另一方面，更重要的是培养年轻人作为国家、社会一员的意识，以及他们自己从多方面、多角度思考问题的能力。

根据2015年11月成立的“促进公民教育研究小组”的汇总意见，文部科学省正在积极推动公民教育，以便让公民不仅掌握政治结构知识，而且让他们作为社会的一员自立起来，在与其他人合作的同时，培养他们的社会生存和主动承担解决当地实际问题的能力。

具体而言，文部科学省与总务省合作，向全国所有高中分发与政治和选举相关的补充教材，调查高中的公民教育（政治素质教育）的实施状况，并公布了调查结果，以促进各都道府县更有效地推进公民教育工作。

根据2016年12月的中央教育审议会的报告，文部科学省于2017年3月修订了中小学教学指导方针，并充实了社会科、家庭科、特别活动等相关课程中的公民教育内容。此外，2018年3月，修订了高中教学指导方针，新设了“公共”这门必修课，旨在让学生根据自我与社会的关系，解决与当代问题相关的学习课题，作为独立的个体参与社会中，学会自立和与人合作，为建设更美好的社会做贡献。

在大学校园内，与各地方政府的选举管理委员会合作，在预定日期前设立了投票站，让学生通过实习开始（选举）启蒙活动。在2017年实施的众议院议员大选中，通过《关于第48届众议院议员大选的选举启蒙（请求）》（2017年10月5日，高等教育企划科长事务联络）和《关于第48届众议院议员大选的选举启蒙（请求）》（2017年10

1 参照第二部第四章第八节二。
2 参照第二部第三章第二节十。
3 参照第二部第三章第三节三。
4 参照第一部稳步推进教育振兴第三节专栏No.11。

月 4 日，终身学习政策局终身学习推进科职业学校教育推进办事处联络），把大学里先进的选举做法向各个大学进行了宣传介绍。另外，在各大学校长和负责人会议上，关于在预定日期前在校园内设立投票点、居民登记卡变更的必要性、通过实习等方式加强对学生进行选举启蒙工作等，都告知了与会人员。

八、促进对消费者的教育

围绕消费者的问题变得更加复杂化，不仅从防止消费者受害的角度，而且要从各种信息中挑选出必要的事项，对消费者进行教育，使他们能够选择适当的决策和消费行为，成为自立的消费者。文部科学省根据《消费者教育促进法》和基于此法制定的《消费者教育促进基本方针》（内阁会议于 2018 年 3 月制定）和《消费者基本计划》（2015 年 3 月 24 日制定），正在推动在学校和社会方面的消费者教育。

根据学习指导纲要，在中小学和高中的学校教育方面，正在推进消费者教育。

根据中央教育审议会的报告（2016 年 12 月），2017 年 3 月和 2018 年 3 月分别修改了中小学和高中的学习指导纲要，以便在相关课程里充实有关消费者教育的内容。另外，为了改善各学校的指导，我们委托各都道府县教育委员会，进行有关学习项目开发的调查研究。这些项目包括消费生活和经济学内容在内，富有体验性和实践性。

在社会教育方面，举办了“消费者教育节”，广泛宣传文部科学省在消费者教育工作上取得的巨大成就，同时促进了不同实体之间的紧密合作。2017 年度，在全国妇女教育会馆、千叶县柏市和北海道札幌市三个地点举行了专家主题演讲和公开座谈讨论会，还让从业人员做了案例报告和公开授课。另外，还分发了消费者教育材料，并进行了提升认识教育。教育内容是通过消费者教育应该培养的能力、领导的作用、在领导开展消费者教育时获得的灵感和相关人员相互合作的技巧。此外，为了通过相互协作进一步促进该地区的消费者教育，将消费者教育顾问派遣到八个地点，并在三所大学对建立有效的消费者教育框架进行了实证研究。

九、促进环境教育和环境学习

全球气候变暖，自然环境遭到破坏，各种资源、能源等全球性问题不断发生，但是，为了有效利用能源，减轻环境负担，建立可持续性发展的社会，我们每个公民要通过各种机会了解环境问题，并自愿、积极地参与环境保护活动，这是非常重要的。

此外，2011 年 6 月，文部科学省通过了《以环境教育促进环境保护法》。制定必要措施，促进学校和社会的环境教育，使人们在成长的不同阶段都可以利用每次机会，增强对环境保护的理解和兴趣。

从小学到高中，根据学生的成长阶段，在社会科和理科等不同课程上进行了环境教育的交叉学习。此外，2017 年 3 月，修订了小学和初中学习指导纲要，2018 年 3 月修订了高中学习指导纲要。在以社会科、理科、技术和家庭科等为中心的、与环境教育密切相关的学科中都充实了有关环境教育的内容。

作为进一步促进环境教育的措施，文部科学省指定了国内参加“全球环境学习和观察计划”（GLOBE）的合作学校，本计划是在美国的倡导下，截至 2018 年共有 120 个国家和地区参加的一项计划。文部科学省还与环境省合作，进行了以教员为首的环境教育和环境学习领导者的培训项目（环境教育领导者培训）。另外，在“推进健康成长体验活动项目”上，以学生的健康成长为目标，大力支持他们去参加大自然的体验活动，为了体验农林渔业，让他们住在农村、山村和渔村，进行各种富有创意的住宿体验活动。

关于学校的设施，文部科学省正在与相关部委合作，把环境因素考虑在内，促进学校设施（生态学校）的改善。

在社会教育方面，以文化馆等社会教育设施为中心，文部科学省与当地社会教育相关机构合作，提供解决环境保护等地区性问题的信息，以便提高当地的教育能力。

此外，为了进一步促进青少年的自然体验活动，文部科学省正在开展全国性的启蒙普及项目，促进青少年体验活动的研究，推进企业教育的 CSR（企业社会责任）研讨会，并大力支持各个地区建立可持续发展的体验活动促进机制。国立青少年教育振兴机构，充分利用全国 28 所国立青少年教育设施的地理条件和特点，为自然体验活动提供机会和场所，还为民间组织开展的自然体验活动提供经济援助，即“儿童梦基金”项目[1]。

十、促进读书活动

读书是我们学习语言、提高感知力、增强表达力、丰富创造力和获得更深层次生活能力的重要途径。文部科学省根据《儿童读书活动促进法》和《促进第三个儿童读书活动基本计划》（2013 年 5 月 17 日内阁会议通过）（以下简称“第三个基本计划”），为了：①提高市镇村“促进儿童读书活动基本计划”的制订率（城市 100%，镇村 70%以上），②今后 10 年内实现不读书儿童率（一个月一本书都不读儿童的比例）减半的目标，加深公众对读书活动的兴趣和理解，实施了各种措施。

另一方面，第三个基本计划制订后，由于信息通信技术的普及，孩子们周围的环境发生了变化，如初中生和高中生智能手机数量的增加，高中生不读书的比例仍然居高不下，为了下一个（第四个）基本计划能够取得更加显著的效果，2017 年在“促进儿童读书活动专家会议”上进行了讨论，并汇总编制了“讨论摘要”。以这个“讨论摘要”为参考，2018 年 4 月在内阁会议上，通过了《促进第四个儿童读书活动的基本计划》（以下简称《第四个基本计划》）。在这次修订中，特别是为了改善高中生不读书比例，①为了让他们形成读书习惯，促进他们在每个成长阶段都能有相应的收获，

1　请参照第二部第三章第四节二。

②为了加强他们对读书的兴趣，让他们在朋友之间互相推荐书籍，③掌握、分析信息环境的变化对他们的读书环境产生影响的实际情况。国家、都道府县和市镇村，根据各自不同的角色，与学校、图书馆、民间团体、私营企业等各种机构合作，加强和推动各项举措的实施。

1. 促进学校的读书活动

①促进学校的读书活动

在养成学生读书习惯方面，学校起着不可替代的巨大作用。在“学校教育法”中，作为义务教育的目标之一，规定了“让学生喜欢读书，培养他们能够正确理解、使用日常生活所必需的国语的基本能力”。此外，在学习指导纲要中规定，要让学生有计划地使用学校图书馆，发挥其应有的职能，加强学生自主、自愿的读书活动。

在小学、初中和高中的不同阶段，为了让学生获得终身有用的读书习惯，扩大读书范围，通过增加他们读书的机会，介绍书籍给他们，让他们互相分享阅读经验等方式，来确保他们有更多的接触图书的机会。

根据文部科学省的调查，截至2016年3月，全校开展读书活动的公立学校（包括“早读”）的比例为小学97.1%（2014年是96.8%）、初中88.5%（2014年是88.5%）、高中42.7%（2014年是42%）。得到助愿者协助和与公立图书馆合作的学校都有所增加，在读书活动上，各学校都表现得非常积极。

②改进、充实学校图书馆的资料

学校图书馆有望成为促进读书活动的“阅读中心”，以及推动教学课程展开的“学习中心”和“信息中心”。

为了丰富公立义务教育学校图书馆的书籍，更新根据学校规模设定的藏书数量目标“学校图书馆图书标准”和书籍，文部科学省制订了从2017年到2021年的《完善学校图书馆图书五年计划》。

本计划制订以后，除了购买新书外，还要更新旧书，作为计划性的完善公立义务教育各学校图书馆的图书所需费用，将采取一年约220亿日元和五年总共约1100亿日元的地区财政措施。

截至2015年末，达到“学校图书馆图书标准”的学校，小学只有66.4%，初中为55.3%。为实现“学校图书馆图书标准”，文部科学省敦促各教育委员会有计划地完善藏书规模。

此外，随着“完善学校图书馆图书五年计划”的制订，将采取一年约30亿日元，总额约150亿日元的地方财政措施，以便将报纸配备给学校图书馆。截至2015年末，将报纸配备到学校图书馆的学校比例是，小学仅仅为41.1%，初中为37.7%，文部科学省敦促各教育委员会尽快配备报纸给学校图书馆。

③促进学校图书馆的人员配置

儿童读书日普及启蒙海报

在《学校图书馆法》中规定，有12个以上班级的学校，必须聘请一名图书管理老师，他要在使用图书馆的教育活动和读书活动中发挥核心作用。文部科学省举办培训班，培训图书管理教师，不仅努力培养合格人员，并努力宣传，促进学校配置图书管理教师。

此外，为丰富学校图书馆的活动，有必要安排专门负责学校图书馆业务的学校图书馆员，通过与图书管理教师的合作，促进各种读书活动的规划和实施，以便更有效地改善学校图书馆的服务工作。2014年6月，由议员对《学校图书馆法》进行了修订。增添了以前法律没有规定的学校图书管理员。为了进一步促进学校图书馆的运作，决定在学校设置图书管理员。近年来，安排学校图书管理员的公立小学和初中的比例一直在增加（截至2016年4月，小学占59.3%，初中占57.3%）。学校图书管理员的作用就是将学生与书籍联系起来，其必要性已经得到了充分的认可。基于这些事实，从2012年到2016年，每年采取了约150亿日元的地方财政措施，作为在公立小学和初中安排学校图书管理员的费用。此外，随着2017年开始的“完善学校图书馆图书五年计划”的实施，新增加了学校图书管理员一职，开始采取一年约220亿日元，总额约1100亿日元的地方财政措施。

④进一步完善学校图书馆

文部科学省在“关于改善学校图书馆调查研究合作者大会”上，审查了关于学校图书馆运作的基本观点、学校图书管理员的资格和如何培训学校图书管理员等议题。并于2016年10月汇编了“关于改善未来学校图书馆的报告”。根据此报告，文部科学省制定了“学校图书馆指导方针”，为教育委员会和学校制定学校图书馆运作中的重要事项提供了参考。此外，整理了学校图书管理员所需的知识和技能，编制了“学校图书馆员模范课程”，课程里编入了可以获得这些专业知识和技能的科目和学分等项目，并告知各教育委员会和大学。

2. 促进地方的读书活动

根据第三个基本计划，文部科学省实施了“读书社区基地建设支持项目”，进行了儿童读书调查研究，为纪念“儿童读书日”（4月23日），召开了“儿童读书活动推进论坛”，并向进行读书活动的优秀图书馆、学校和团体（个人）颁发了文部科学大臣奖。在2017年，文部科学省与学校合作，想尽各种办法，采取了各种措施，如举办“学校图书节”等。在2017年，表彰了50个图书馆、134所学校、54个团体，共238个奖项。这些获奖单位都和北海道濑棚町大成图书馆一样，与学校合作举办了“学校图书节”。关于得奖事迹的相关信息，都登载在“儿童读书信息库”[1]。文部科学省在第四个基本计划中将继续努力，把这些事情做得更好。

此外，为了让图书馆成为“当地知识的据点”，成为居民身旁最容易使用的设施，文部科学省正在持续完善图书环境。为了进一步加强图书馆的功能和服务（包括读书活动），基于“图书馆设置和运营的理想标准”（2012年12月19日文部科学省第172号通报），正在努力提升为儿童服务的设施、设备和读书听故事的服务工作。

此外，为了利用图书馆资源，开展消除读书差距的活动，以在“利用当地教育资源消除教育差距计划”方面遇到困难的父母和子女为对象，文部科学省实施了“利用图书馆资源为困难地区提供读书学习机会项目”。通过创建图书清单和开发指导方法来为他们提供更多的读书机会。

1　请参照 http://www.kodomodokusyo.go.jp/。

第三节

振兴社会教育，营造全地区培养儿童的社会环境

一、振兴社会教育

1. 今后的社会教育管理方式

为了让每个人一生过着富裕、充满活力的生活，相互认可，相互支持，建立一个生机勃勃、可持续发展的社会，就必须进一步振兴社会教育。

在2013年1月份编制的“第六期中央教育审议会终身学习小组委员会讨论整理稿”中，显示了作为今后社会教育管理的指导，将退出传统的“自费负担原则”。通过促进与政府直属机关（县市镇村的直属机关）、大学、民间团体、企业等多种实体积极合作的“网络型行政”，以应对当代社会问题，以达到“重建社会教育行政管理”的目标。

在此基础上，在“第二阶段教育振兴基本计划”中，作为促进社会教育的基本理念，使地方教育能为形成充满活力的社区做出积极贡献，明确规定了社会教育管理机构应更加积极地与该地区的各种实体合作，以改善“重建社会教育行政管理”环境。此外，在中央教育审议会的“关于第三期教育促进基本计划（报告）”中建议：为推进地区重建，要具体讨论社会教育管理方式，如在2018年度的五年规划期内，学习如何让每个居民的生活更加丰富，解决出生率下降、人口老龄化、人口减少等所面临的重大课题。

2018年3月2日，文部科学大臣向中央教育审议会咨询了“在人口下降时代重建地区的社会教育振兴对策”。要以中央教育审议会终身学习小组委员会为中心，对新时代所需的社会教育的理想状态进行讨论。

2. 充实社会教育专业人员

教育委员会所配备的社会教育专业人员即社会教育干事，他们的主要作用是掌握当地的学习课题，利用相关组织的有效网络，对社会教育项目进行规划和实施，并通过向相关人员提供专业技术的建议和指导，来支持当地居民，让他们自愿学习，并通过让居民学习来为当地重建做贡献。作为图书馆和博物馆专业人员的图书管理员和策展人，必须以增加来馆人数和居民学习机会的方式支持居民的学习活动。

文部科学省通过实战性培训来提高社会教育干事、图书管理员、策展人的素质，以应对当地所面临的实际问题和学习需求。文部科学省把培养社会教育干事和图书管理员的项目委托给了大学，给他们举办讲座，以应对社会变化和当地居民的高度化和

多样化的学习需求。此外，还通过策展人资格认定考试给策展人授予资格证书。

关于社会教育干事的培养，有人指出，将学习及其成果与解决当地实际问题联系起来的观点是不够的，还必须培养他们更多的实践技能。鉴于这一事实，在2017年度，根据“关于重新认识社会教育干事培训的基本观点”（2017年8月，社会教育干事培训的改进和提高研讨会）的提案内容，为了改善社会教育干事的讲座和培训课程，于2018年2月28日颁布了《修订部分社会教育干事讲座省令》（2018年文部科学省第5号令），该省令将于2020年4月1日起执行。

在此次修订中，新设了终身学习后援论和社会教育经营论两门课程。终身学习后援论是根据学习者的不同特点给予学习后援的知识和技能的课程，社会教育经营论是与各种主体合作，把学习成果与解决当地实际问题结合起来的知识和技能的课程。已经获得包括这两门课的所有科目学分的人，可以获得“社会教育（结业）证书”。

在社会教育干事讲座和培训课程中获得的知识和能力不仅可用于社会教育管理，还可以广泛应用于相关的行政领域和民间活动。社会教育干事作为地区与学校之间的协调员，在地区和学校之间进行协调，以利于信息共享，并做好各种活动的规划、调整和管理工作。

二、通过社会教育设施制定各种措施

文化馆、图书馆、博物馆等社会教育设施是当地居民学习的重要场所，所以，在这些设施的运营中，必须正确把握关键问题，充分掌握使用这些设施的当地居民的意向，才能把该地区创建得更加美好。此外，还需通过客观评估和验证活动内容，并将其公布给当地居民，以便提高这些设施运行的质量。

根据“第二期教育振兴基本计划”，文部科学省以文化馆等社会教育设施为据点，举办了以解决当地实际问题为主的讲座和各种活动。

2017年度，作为“通过学习让地区充满活力的推广引导项目”，为解决各地区的共同问题，在全国七个地点举办了“以学习创建地区的协商会议”。通过有关部门和有关机构之间的协作，把文化馆等学习场所作为据点，大力支持以解决当地实际问题为主的各项活动，让地区充满活力。

1. 文化馆

文化馆不仅是当地居民最熟悉的学习场所，而且作为交流和社区形成的地方，起着非常重要的作用。截至2015年10月，全国约有14200个文化馆，根据居民的学习需求和该地区的实际情况，提供了各种学习机会，如开设了相应的学习班和讲座。文部科学省通过文化馆职员的专业讲座和社会教育干事讲习，解决了当地实际问题，进一步加强了文化馆的工作。

此外，文部科学省对于为当地居民的学习活动，做出了巨大贡献的文化馆（包括

无文化馆地区的移动式文化馆
（冲绳县那霸市若狭文化馆）

和文化馆同等的社会教育活动设施），作为优秀文化馆给予表彰。76 个文化馆作为第 70 届优秀文化馆（2017 年度）得到了表彰。

2. 图书馆

图书馆是人们最易利用的社会教育设施，是为人们收集、整理和提供学习所需的书籍和各种信息的地方。截至 2015 年 10 月，图书馆的数量为 3308 个公立图书馆和 23 个私人图书馆。文部科学省于 2012 年 4 月对《图书馆法实施条例》进行了部分修订，以便大学对图书管理员培训课程进行改进充实，使图书管理员能够准确处理当地社会的实际问题，并为人们提供所需信息。此外，文部科学省正在努力加强图书管理员的培训，以提高图书馆职员的素质。

图书馆，作为“当地获取知识的重要场所”，为儿童和老年人等不同用户和居民的学习活动提供支持，为解决当地面临的各种问题和信息服务提供援助。有望在将来为当地社会和地区发展做出更大的贡献。

3. 博物馆

博物馆，是收集和保存资料，进行调查研究、展览和教育传播等活动的设施，为教育、学术和文化活动以及地区振兴做出极大贡献。截至 2015 年 10 月，有 895 个注册博物馆、361 个相当于博物馆的设施，4434 个与博物馆所做项目类似的设施。文部科学省采取了各种措施来振兴博物馆，如为博物馆馆长和骨干策展人提供专业培训，旨在提高该地区的教育实力和博物馆工作人员的素质，同时，向国外博物馆派遣策展人，并将其在国外的学习成果向全国推广。此外，为了把支撑博物馆的策展人培养成与国际标准相当的具有高级专业知识和实践能力的人才，正在努力充实大学的策展人培养课程。因为博物馆主要是要靠他们来强化（包括支持人们终身学习在内的）各种博物馆功能的。

另外，将在 2019 年 9 月，举办国际博物馆会议（ICOM）京都大会 2019。这样一个国际大会是向国外传播日本文化，利用和加强国内外博物馆网络的绝好机会，必须与有关机构合作，共同努力开好这次大会。

4. 国立科学博物馆

国立科学博物馆是日本唯一的综合科学博物馆，该馆主要对自然历史、科学技术史进行调查研究，收集、保存标本材料，并促进其继承发展，同时，该馆还利用调查研究的成果和标本材料进行展示和支持学习活动。

2017年，该博物馆系统地开展了利用展览支持学习的活动，调查研究了今后常设展览的未来构想和展馆整修计划，并制订了以地球馆为中心的整修基本计划。此外，按照访客的要求，修改、添加了资料解说，使观看环境更具吸引力。

研究成果和标本材料的常设展览

此外，除了特殊的展览外，外如“英国自然历史博物馆展”“深海2017”“古代安第斯文明展”等，还策划了其他很多展览。如：国家科学博物馆首次把焦点对准了发育生物学，通过这个领域最先进的研究成果和过去的历史纪录，介绍了生物形成的“从卵开始：邀您了解发育生物学”展览；介绍日本植物多样性的“日本植物志：日本画家描绘的日本植物”展览（这些画都是日本画家所画的植物插图或者登载在英国植物学杂志“柯蒂斯植物学杂志”上的插图原画）；在南方熊楠150周年诞辰之际，举办了从新视点了解信息提供者的“南方熊楠：100年前的智者”展（南方熊楠作为探索宇宙万物的研究者，广泛搜集积累了各个方面的大量信息）。

在支持学习活动中，为了向从青少年到成年人之间的各年龄层的人传达自然和科学的趣味性和提供思考的机会，该馆利用展览进行了各种交流活动。根据参观者的特点举办了讲座和观察会，与此同时，在全国约30个地点，与博物馆和教育委员会合作，实施了“教师博物馆日”，为自然科学博物馆的骨干策展人提供了专业培训。以大学研究生为对象进行了科学传播者[1]的培训。

此外，利用国家科学博物馆的知识、人力和物力资源，与全国各地的科学博物馆合作，开展巡回展览，以支持学习活动和培训等工作。

例如，在2017年，以冲绳县立博物馆和美术馆为中心进行了巡回展览和培训，以酒店为会场举行了博物馆外小型展览，并通过与长野和岛根博物馆的广泛合作进行了巡回展览、培训和观光研讨会。

三、促进全社会支持儿童学习

1. 促进当地与学校的合作活动

文部科学省通过让当地居民、企业和团体的广泛参与，把地区和学校联系起来，互相合作，用学习来促进社区建设、地区人才培养、乡土文化学习和学生放学后的学习、体验活动，让全地区共同支持担负国家未来的儿童的成长，推动重建当地的“地区与学校的合作活动”。2017年3月，文部科学省修改了《社会教育法》，以促进地

1　科学传播者：为了促进人与自然、科学共存的可持续社会，任何人在科学上都可以提供自由思考、自由行动的机会，把人与人或者科学与社会连接起来的人才。

区与学校的合作，完善教育委员会的合作体制，改善了当地居民与学校信息共享的“地区与学校合作促进员”的委托规定。

在此基础上，2017年4月，文部科学省制定了“促进地区与学校合作活动指南（参考指南）”，以便教育委员会作为促进地区与学校进行合作活动时的参考。

文部科学省通过推动地区与学校的合作活动，期待培养出担负该地区未来的人才，加深以学校为核心的当地居民之间的联系，促进社区建设，让社区充满活力。促进地区与学校的合作活动也有助于实现“面向社会的开放式课程”和学校工作方法的改革。

文部科学省今后将继续支持地区与学校的合作活动顺利有效地实施，并通过收集和推广成功范例，把地区与学校的合作活动推向全国。

①地区与学校合作总部

文部科学省以过去的学校支持地区总部合作体制为基础，正在推动完善更多的地区与学校合作总部，让更多更广泛层次的当地居民和团体参与，形成渐进的合作网络，促进地区与学校的合作更加紧密，2017年，全国完善了5168个总部。

②放学后的儿童课堂

在家长和当地居民的合作下，文部科学省正在推进放学后的儿童课堂建设，以便为孩子们提供学习和各种体验、交流的机会。在2017年，全国共开设了17615间儿童课堂。

放学后的儿童课堂，是按照文部科学省与厚生劳动省共同制订的“放学后儿童综合计划”，以双职工家庭的小学儿童为对象，与厚生劳动省的放学后儿童俱乐部合作实施的儿童课堂。

③地区的未来补习班

为了支持由于经济原因或者家庭环境因素，难以在家庭学习，并且学习习惯也不太好的初中生和高中生，自2015年起，在当地居民的合作下，文部科学省为他们设立了原则上免费的“地区未来补习班”。2017年，全国共设立了这样的补习班2813个。

④利用外部人才促进教育活动

为了加强儿童节假日和课外的教育活动，文部科学省从2014年起，通过具有多种经验和技能的外部人才，主要是私营企业和团体的合作，支持地方政府和学校实施富有特色和吸引力的教育项目。

此外，为了让孩子们接触许多活跃在社会中的成年人，增加他们带着憧憬未来的梦想和希望而学习的机会，文部科学省把赞同这个宗旨的各种企业和团体定位为“周六学习支援团”。成年人把他们在社会上获得的经验、专业知识和技术传授给孩子们，或者让孩子们去参观各种设施等，以此来提供更多的教育项目给孩子们。

2. 促进高中生解决当地实际问题的学习方式

通过学习为当地重建、振兴做贡献的角度来看，就是要学习“当地”，为当地充满活力的建设培养人才，其措施之一就是正在推进的“社会事务创建项目（SBP：Social Business Project）”。

所谓的 SBP，就是担负当地未来的高中生，通过学习社会事务[1]的方法，与周围的成年人一起努力解决当地实际问题的活动。

静冈县县立静冈农业高中，与因枯萎松树的废弃问题而困扰的地方政府合作，对具有抗氧化效果的松针的利用进行科学验证，开发了绿茶和浴盐等产品，将其销售利润的一部分用于松树的保护活动，其独特性和示范性获得好评。作为全国社会商务创建项目实践学校的交流机会，每年举办一次“全国高中生 SBP 交流展销会（由一般社团法人未来成人支持项目执行委员会主办，文部科学省协办）”，在展销会上静冈农业高中获得了文部科学大臣奖。通过对他们先进事迹的介绍，正在向全国范围推广这种活动。

静冈农业高中的活动

第二届高中生 SBP 交流展销会

3. 由 PTA（家长教师联席会）和青少年教育组织实施的互助项目

根据《PTA·青少年教育组织互助法》，PTA 和青少年教育组织可以在经行政机关批准下，在其组织的活动中，开展受灾互助项目。截至 2017 年度，全国已有 27 个组织根据该法获得了互助项目的批准。文部科学省支持各都道府县教育委员会和行政机构组织开展研讨会和信息提供，以便从保护互助签约者的角度，让互助项目得以适当、健全的实施。

1　社会事务：把推进解决社会问题作为持续发展下去的活动。它被认为是一项为该地区带来独立自主支持工作和创造就业机会相关联的活动。

第四节

促进对家庭教育的支持工作和青少年的健康成长

一、在各种因素紧密关联的社会中，加强对家庭教育的支持

1. 家庭教育的现状和问题

目前，虽然许多家庭正在努力加强家庭教育，但家庭环境的多样化和当地社会的变化，削弱了支撑父母和子女共同成长的人际关系，因而，因养育子女而烦恼和担忧的家庭也越来越多（如图 2–3–3）。

图表2–3–3　养育子女的烦恼和担忧

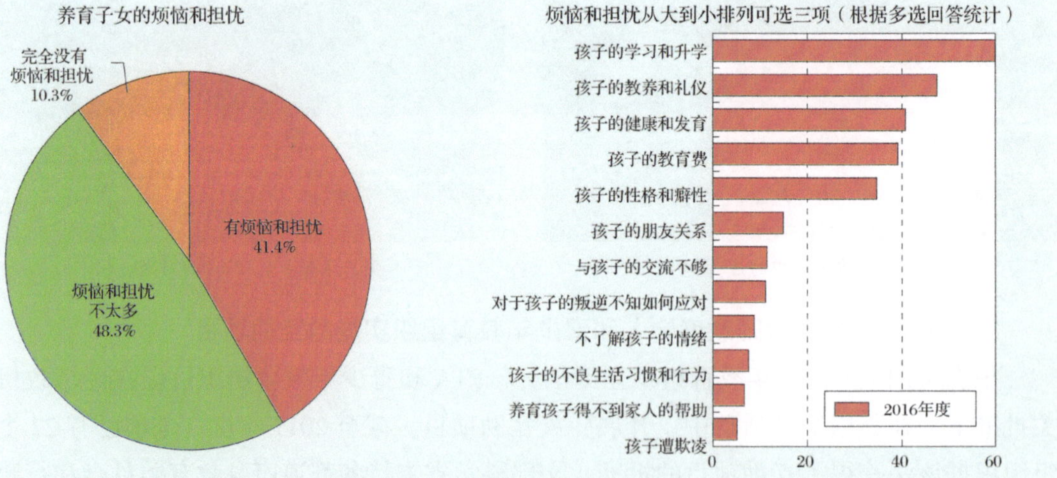

出处：文部科学省委托调查“关于综合促进家庭教育的调查研究—加强支持家庭教育的实情把握调查研究—”（2016年度）

与此同时，当地社会也认识到了支持育儿的重要性（如图 2–3–4）。

在“第二期教育振兴基本计划”中，提到了“在关联多样化的社会中，加强对家庭教育的支持”的基本方针，文部科学省努力通过社区的合作，加强家庭教育支持系统，以便在最近的地区和学校等地方展开家庭教育工作。

2. 通过与社区的合作促进对家庭教育的支持

为了改善方便家长学习和咨询有关家庭教育的体制，地方政府通过组织家庭教育支持团队为家长提供咨询支持和学习机会，为此，文部科学省，根据“支持当地家庭教育综合推进项目”，为支持家庭教育的地方政府给予补贴（2017 年度共补贴：5098

图表2-3-4　对育儿家长来说，地区支持的重要性

9成人认为地区的支持很重要

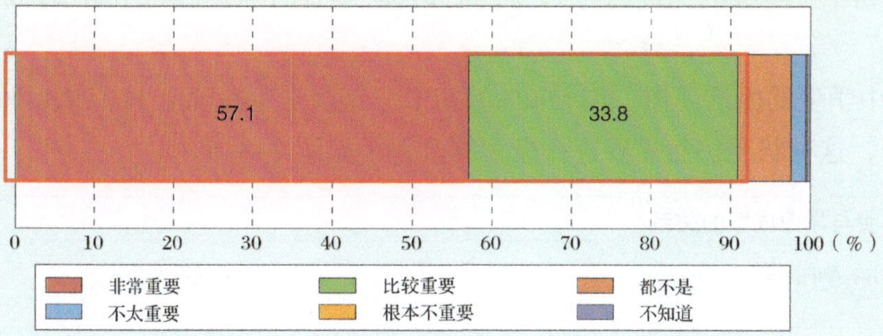

出处：内阁府“关于家人与地区在育儿意义方面的调查”（2013年度）

很多人认为有和自己商量有关育儿的人、提供信息的人和交流场所很重要

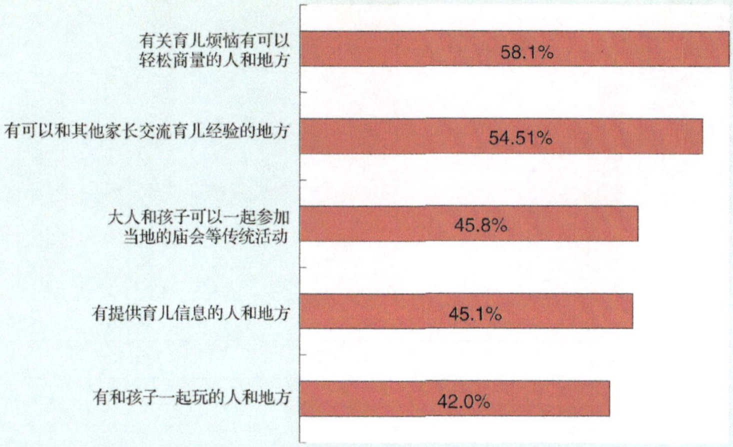

出处：内阁府“关于家人与当地在育儿意义方面的调查”（2013年度）

个地方）。此外，为了由家庭教育支持团队等构筑访问型家庭教育支援体制，文部科学省委托地方政府实施了“开创性的家庭教育支持推进项目（实施访问型家庭教育支持）”（2017年度有6个府县实施本项目）。

此外，为了进一步推动当地的家庭教育支持工作，2017年度，重新实施了文部科学大臣奖表彰活动，以便进一步促进“家庭教育支持团队”的工作。

3. 促进从儿童到成人的生活习惯的形成

①儿童基本生活方式的现状

基本生活习惯差是降低儿童学习欲望、体力和毅力的主要原因之一。

根据2017年度“全国学习成绩与学习情况调查”，在学生睡眠习惯上，每天几乎在同一时间睡觉的小学六年级学生的比例大约是80%，初中三年级学生的比例约为76%，每天几乎在同一时间起床的小学六年级学生的比例约为91%，初中三年级学生的比例约为 92%。

在同一调查中，关于学生吃早餐的问题上，不吃早餐的某一小学的六年级学生的比例约为 13%，初中三年级的比例约为 17%，每天都吃早餐的学生，其比例比较高（如图 2–3–5）。

另外，关于中学生的生活习惯，超过 60% 的初中三年级学生在晚上 11 点以后睡觉，包括吃早餐在内，这种状况仍然需要进行极大的改善（如图 2–3–6）。

图表2–3–5 吃早餐与学业成绩的关系

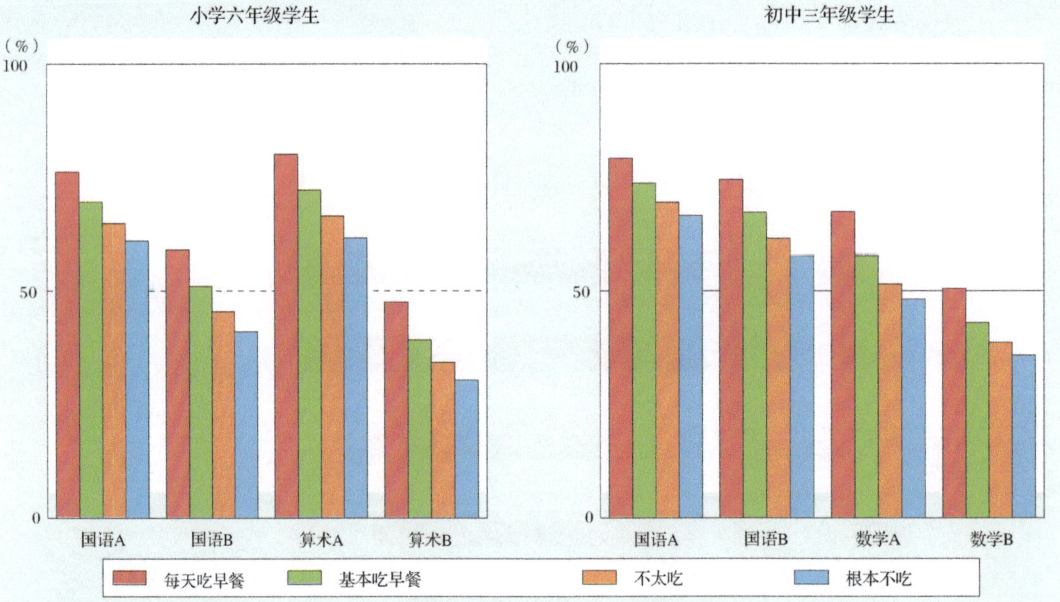

出处：文部科学省“全国学业成就与学习情况调查”（2017年度）

图表2–3–6 初中三年级学生晚上11点以后就寝的比例

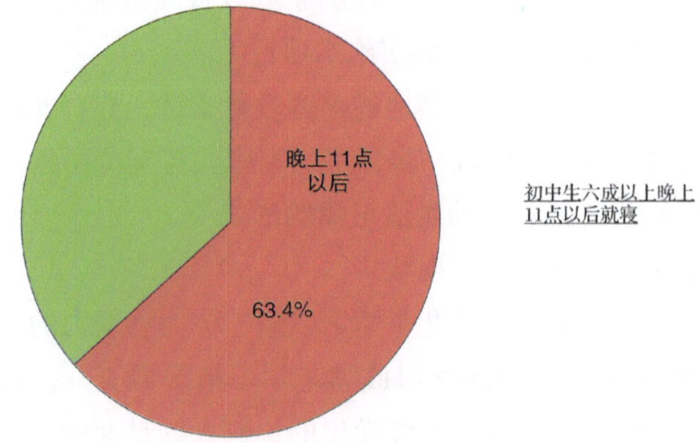

出处：文部科学省“全国学业成绩与学习情况调查”（2016年）

②促进“早睡早起吃早餐”的国民运动

为了改善儿童的生活节奏，把培养儿童生活习惯作为与整个社会的课题，全国协议会于2006年4月启动了“早睡早起吃早餐”的运动，并与文部科学省合作，全面推进“早睡早起吃早餐”国民运动的展开。结果，在PTA（家长教师联席会），经济界，媒体，专家，民间团体，教育、体育、文化相关团体，读书、饮食教育促进团体，行政管理等参与下，培养儿童的基本生活习惯，改善生活节奏的运动在全国展开。全国协议会还通过网站提供信息[1]。在2017年度，为了从幼儿期就让他们轻松地理解和实践包括“早睡早起吃早餐”在内的规律的生活习惯，制作了一本“快乐健康搞笑”图画书，并将其分发给全国各地的图书馆、教育委员会、幼儿园、托儿所等。

此外，在2017年度与全国青少年教育振兴组织合作，为了推广“早睡早起吃早餐”的国民运动，实施了“早睡早起吃早餐”论坛项目，同时，为了改善初中生的基本生活习惯，实施了“早睡早起吃早餐”推广学校项目。

另外，在2016年度，为全国小学一年级学生及其父母制作并散发了“早睡早起吃早餐”的宣传单。

在初中和高中阶段，由于生活圈子的扩大和行为的多样化，容易养成散漫的生活习惯，在这个时期，让他们获得积极主动控制自己生活的能力是非常重要的。

为此，文部科学省作为改善儿童生活习惯的实证研究，主要通过家庭、学校和地区之间的合作，从2015年到2017年，实施了“中学生生活习惯管理支持项目”。

在此项目中，很多地区灵活运用文部科学省制作的以中学生为对象的普及启发材料和指导人员使用材料，以及先进的睡眠检查表，给予这些地区大力支持，同时对其效果进行验证分析，并通告全国，推进其对学生生活习惯改善的有效性和实践性工作。

二、促进青少年健康发展

1. 促进青少年的体验活动

①促进学校、家庭和地区的体验活动

青少年的体验活动是人力资源开发的“根本”，学校、家庭和地区必须合作起来，全社会一起有意识、有计划地为青少年创造体验活动的机会。

据此，文部科学省向家庭和企业宣传了体验活动的重要性，同时，大力推进体验活动在学校、家庭和地区的进一步发展。具体而言，就是举办专题讨论会，对青少年体验活动的评估和奖励制度进行了调查研究，企业是教育学生为社会做贡献活动的一环，文部科学省将企业组织青少年体验活动的经验、受表彰的事迹做成了集子，进行了宣传介绍。另外，与青少年的自然体验活动有关的当地机构、团体、相关人一起合作，作为推进可持续体验活动机制建设的手段，支持建立了“连接儿童与大自然的区

1　请参照 http://www.hayanehayaoki.jp/。

域平台”。

此外，为了培养学生丰富的人性和社会性，实施了“培养学生健康发展的体验活动促进项目”，以支持学校进行的住宿体验活动，同时，与内阁官房、总务省、农林水产省、环境省合作，共同促进儿童在农村山区渔村的住宿体验。

②促进青少年的国际交流

文部科学省实施了两个项目：一个是培养青少年国际视野的“青少年国际交流促进项目”，用于派遣去国外和接受来日本的青少年；另一个是“地方青少年国际交流促进项目”，以便让青少年体验与国外青少年的共同生活。在“青少年国际交流促进项目”中，和来自德国和韩国的青少年，围绕包容性教育和儿童居住地建设等各种主题进行交流，促进了相互理解。在“地方青少年国际交流促进项目”中，让青少年与不同文化背景的人共同生活，通过地方文化体验和小组的协同工作，促进了青少年的国际交流。

同样，在国家青少年教育振兴机构，正在实施各种针对青少年的国际交流项目，如日本、中国和韩国四年级到六年级小学生的“日中韩儿童童话交流项目”[1]。

2. 促进以国立青少年教育振兴机构为中心的体验活动

①促进青少年在教育设施的体验活动

作为国家青少年教育中心，国立青少年教育振兴机构正在规划和实施教育方案，帮助全国 28 个国立青少年教育机构应对当代青少年的各种问题，包括拒绝上学、发育障碍、不端行为、儿童贫困等。同时，还进行了基础和专业的调查研究，为学校和青少年组织活动提供指导和建议。此外，与青少年组织合作，每年 10 月，集中实施“掀起体验之风促进月”项目，以提高推动全社会体验活动的势头，以便将体验活动的重要性广泛传达给各个家庭和社会。

正在进行皮划艇运动的儿童
国立三瓶青少年交流之家

② “儿童梦想基金”项目

全国青少年教育振兴机构旨在通过“儿童梦想基金”项目，对民间团体组织的各种体验活动和读书活动给予经济援助，支持开展民间体验活动，促进儿童健康发展。2017 年度，共有 6942 项申请，采纳了 4905 项。

3. 促进保护青少年免受有害信息的侵害[2]

近年来，随着包括智能手机在内的各种上网设备的普及，由于长时间使用这些设

1　参照第二部第十章第一节。
2　参照第二部第十一章第一节。

备而导致生活节奏紊乱和使用 SNS（社会性网络服务）等的犯罪，已经成为非常严重的问题。

文部科学省根据《青少年安全放心上网环境整备法》，与地方、民间团体和相关部委机构等合作，正在推进对父母和青少年的启发和教育活动。

4. 促进成瘾预防教育

近年来，与吸烟、饮酒、吸毒、上网、赌博等有关的成瘾问题已经成为严重的社会问题，从寻求逐步减少未来成瘾患者数量和让青少年健康成长的角度来看，国家、学校、地方必须共同开展预防教育。

自 2016 年度以来，文部科学省一直在实施“成瘾预防教育推进项目”，并举办了由厚生劳动省协办的全国性研讨会，同时大力支持利用社会教育设施，为儿童、学生、家长和当地居民举办“成瘾预防课堂”。

第四章

改善初等、中等教育

总 论

教育，目的在于完善每个孩子的性格，对孩子将来的幸福生活至关重要。另外，教育也负有为这个国家和社会培养人才的使命。教育的这个重要性在任何时代都不会改变。

特别是近年来，由于全球化、知识型社会的到来、少子老龄化的发展，社会正在急剧发生变化，更加凸显了教育的重要性。

在这样的时代下，为了丰富对孩子们的教育，保证教育机会，提高教育水平，实现学习指导纲要所要求的目标，文部科学省实施了各种各样的措施。如：促进培养科技人才的数理教育，加强全球化人才培养的教育，促进职业教育，推进高中教育改革，充实教科书内容，应对受霸凌和不上学等学生指导上的各种问题，加强道德教育，推动人权教育，确保孩子们的健康和安全，改善师资队伍的素质能力和指导体制以应对精细化高水平的教育，振兴幼儿教育以培养幼儿的早期人格，促进特殊支援教育以满足每个残疾儿童的教育需求，加强当地教育行政管理，与地方一起共建学校，加强幼儿、中小学生的经济援助。

第一节

实现学习指导纲要所要求的目标

学习指导纲要是由国家根据学校教育法制定的，作为学校编制教育课程大纲的标准，以便能够让全国任何地方的儿童接受同样程度的教育。

到目前为止，几乎每十年都会修订一次。现行的学习指导纲要旨在培养学生德智体均衡发展的“生存能力”，也就是非常重视“一定的学习能力”“丰富的精神世界”和“健康的体魄”的培养。

一、关于新学习指导纲要

近年来，随着以信息技术急剧发展为背景的人工智能（AI）的日新月异和全球化的突飞猛进，社会的变化急剧加速，变得更加复杂和难以预测。在这样的社会中，每个孩子都必须思考一个问题，即在灵活地接受所面临的各种变化，让自己的感知力更加丰富，同时，将创造一个怎样的未来，如何更好地改善社会和人生。对于无法预测的变化不是被动地应付，而是要主动面对。这样，才能充分发挥自己的潜能，让自己成为一个更加美好的社会和幸福生活的创造者。

在这样的时代，为了把孩子们真正培养成具有开拓未来所必需的素质和能力的人，文部科学省于 2017 年 3 月修订了幼儿园学习纲要和小学、初中学习指导纲要，2018 年 3 月修订了高中学习指导纲要。

1. 纲要修订时间表

文部科学省为了修订学习指导纲要，2014 年 11 月接受了文部科学大臣的“关于初等中等教育课程标准现状”的咨询，并且在中央教育审议会上再次讨论，于 2016 年 12 月，编制了“关于改善幼儿园、小学、初中、高中、特殊支援学校等的学习指导纲要和必要措施等（的报告）”。根据本报告的内容，2017 年 3 月文部科学省公布了新的幼儿园学习纲要和小学、初中学习指导纲要，2018 年 3 月文部科学省公布了新的高中学习指导纲要。此外，还在 2017 年 4 月公布了特殊支援学校幼儿园学习纲要和特殊支援学校的小学、初中的学习指导纲要。目前，对特殊支援学校高中部的学习指导纲要的修订工作正在进行当中。

幼儿园的学习纲要，经过广泛宣传之后，将从 2018 年度开始全面实施。

小学和初中的纲要，经过广泛宣传之后，将从 2018 年度开始进入过渡期。在过渡期间，增加了特殊规定，例如添加部分内容以实现平稳过渡，在不需要与教科书对应等情况下，就按照新的学习指导纲要积极执行。此外，根据小学的新学习指导纲要，从小学三年级到六年级的外语课和外语活动的标准课时数有所增加，据此，文部科学省设置了标准课时数的特例。

今后，经过教科书的编辑、审查、采用、供应等程序，从2020年度开始，从小学开始依次实施新的学习指导纲要。

图2-4-1 学习指导纲要修订时间表

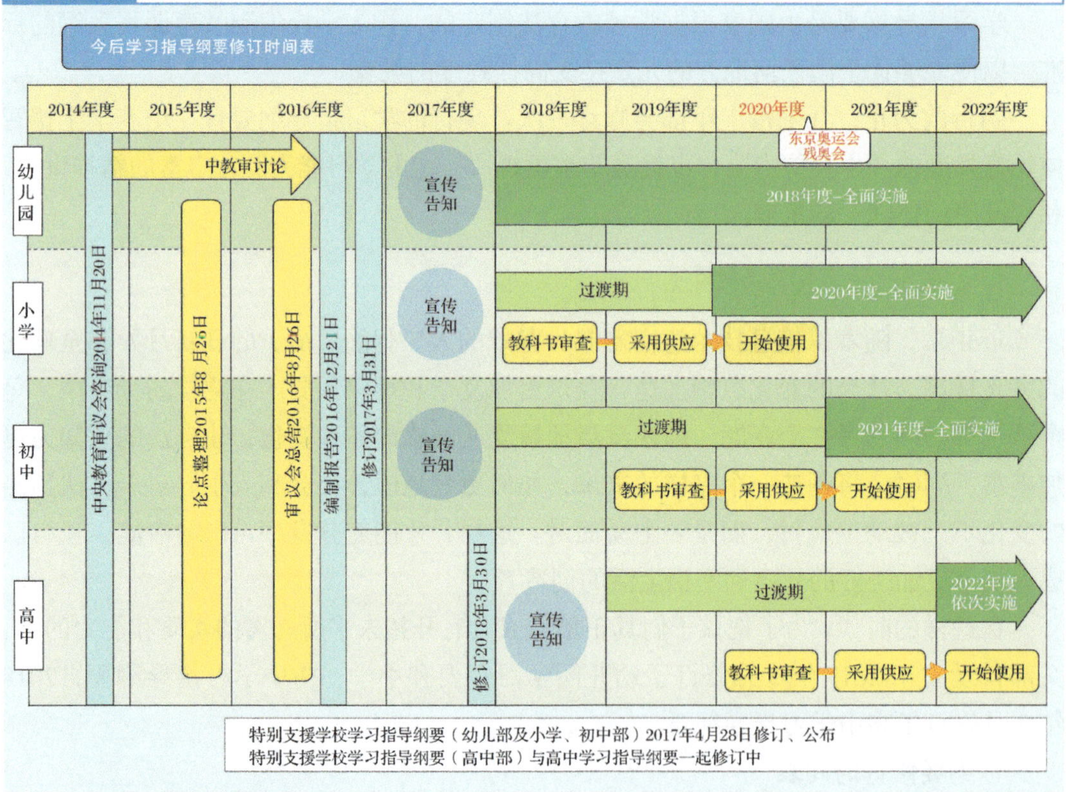

2. 修订纲要的基本思路

新学习指导纲要是根据《教育基本法》和《学校教育法》等，灵活运用日本学校教育以往的实践和经验，以培养孩子们开拓未来所需的素质和能力为目标而制定的。未来所需的素质和能力，就是要重视能够与社会共享、合作的“向社会开放的教育课程”。

此外，新纲要在重视掌握知识和技能，培养思维能力、判断能力和表达能力等的平衡，保持现行学习指导纲要的框架和教育内容的基础上，进一步提高对知识理解的水平，培养真正的学习能力。

此外，通过对特别教科化的道德教育的加强，重视体验活动，充实对体育和健康的指导，以便培养孩子们丰富的精神世界和健康的体魄。

3. 提高知识理解水平，培养素质、能力的“积极主动、对话性的深度学习”

①明确“能做什么”

为了培养孩子们德、智、体三方面的“生存能力”，新纲指出要引导学生普遍理解“为什么学习”，即学习的意义，同时，推进创意性授课的发展和教材的改进，按照三大支柱：1. 知识和技能；2. 思考能力、判断能力、表达能力等；3. 学习能力和人性的标准重新对所有科目进行调整。

例如，在初中理科与“生命”相关的领域，参照上述三大支柱，将培养学生的如下三项素质作为目标：1. 让学生了解生物的构造和功能，理解有关生命的延续，2. 同时还要通过观察和实验等科学探索活动，培养他们发现生物多样性的能力，以及发现规律和进行表达的能力，3. 培养他们科学探索和尊重生命、保护自然环境的态度。

②以日本教育实践积累为基础，改进课堂教育

在日本过去的教育实践积累的基础上搞活课堂，提高儿童对知识的理解水平，培养学生未来所需的素质和能力。

在小学和初中，不必完全采用不同以往的教学方法，而是要基于不同地区和学校教师年龄结构不均衡，30 多岁和 40 多岁的教师人数正在减少的实际情况，让年轻教师牢牢继承和把握过去教育实践积累的经验，想尽办法对课堂进行完善。

为了应对学校的紧急问题，2017 年 3 月修订了《公立义务教育各学校班级编制和教职工定员标准法》，16 年来首次对计划性的教职员定员进行了修改。进一步推动了条件的改善，确保了教师的备课时间和与孩子们相处的时间，并且制定了“体育运动社团活动方式综合指南”，减轻了教师们的工作负担。

在此基础上，还计划进一步给予支持，把已经完成的优秀教育实践教材和教学理念进行汇总、分享，并将其用于各种培训、课程研究和备课当中。

4. 确立各学校的课程管理

全方位把握课程目标和内容，特别是要充实课程的跨学科学习，培养学生作为学习基础的素质、能力（语言能力、信息利用能力、问题发现和解决能力等）以及解决当前问题所需的素质、能力。从“主观、互动和深度学习”的角度来改进授课，非常重要的是在几节课的总结，即单元总结中，下大力气把握学习、活用和探索之间的平衡。

因此，站在整个学校的角度，要加强课程管理工作，通过改进教学内容和时间的分配，确保必要的人力和物力体系，根据实施情况进行改进，提高教育活动的质量，最大化提高学习效果，这就是我们未来的目标。

5. 教学内容的主要改进事项

①语言能力的培养

语言，在孩子们的学校学习活动中发挥着重要作用，是培养所有学科的素质和能力以及学习的基础。因此，语言能力的提高是与学习质量和培养整个课程的素质和能力相关的课题，对于准确理解文章信息非常重要。今后，必须更加重视语言的学习。在现行学习指导纲要中，为了培养每个学生的思维能力、判断能力和表达能力，在包

括国语在内的各科中，都要加强做笔记、解释、总结、论述、讨论等语言活动。在新学习指导纲要中，也在强调语言能力的培养。不仅要重视国语课，根据各科特点，按照不同的成长阶段，要让学生掌握一定的词汇量，才能培养他们准确理解和正确表达信息的能力。

②加强理科教育

为了培养肩负下一代的科学技术人员，提高每个国民的科学基础素质，就必须扩大喜欢理科学生的范围，发现和培养他们的才能。在现行学习指导纲要中，算术、数学、理科的课时和内容得到了充实，正在努力加强观察和实验等内容。在新学习指导纲要中，明确了培养素质和能力的目标，通过增加孩子们从日常生活中发现问题的活动，让他们仔细观察和实验，进一步提高他们的学习质量。

③丰富传统和文化的教育

为了培养积极参与国际社会的日本人，就必须加强接受和继承日本的乡土传统和文化的教育，并将其发扬光大。

因此，在新学习指导纲要中，强调对日本语言文化、县内的主要文化遗产以及例行传统活动的理解，通过对学生进行日本和地方的音乐、日本乐器、武术、日本料理、和服的教育指导，来加深他们对日本传统和文化的理解。

④加强道德教育

在学校教学中，我们的目标是培养协调发展的人，并根据儿童的成长阶段进行道德教育。

小学从 2018 年度，初中从 2019 年度起，全面实施“特别课程——道德”教育。在高中，在 2018 年 3 月公布的新学习指导纲要中，规定了在校长的带领下，以道德教育推进教师为中心，全体教师齐心协力开展道德教育，并明确写入了公民的《公共》《伦理》和特殊活动，作为与生活方式相关的核心指导内容。

鉴于此，文部科学省支持各学校和地方政府的各种努力，如实施培训和编写地方教材，以促进充分利用各地方特点的道德教育，同时，还充实了介绍影像资料的“道德教育档案”的内容。

⑤加强体验活动

在学校开展各种体验活动，如大自然体验活动，团体住宿体验和服务体验活动，以培养关心生命和自然的心灵、为他人着想的善良之心、社交能力和规范意识等，是非常有意义的。在现行的学习指导纲要中，为了亲近大自然和文化，并在人际关系和公共道德等群体生活方面进行所期待的体验，正在充实各种体验活动，如增加特殊活动的时间等。在新学习指导纲要中，充实了各种体验活动，如为了让学生切身体验生命的有限性和大自然的重要性的集体体验活动，以及重视职场经历的体验活动等。

⑥加强外语教学

随着全球化的迅猛发展，外语的交流能力，不只是在部分行业和职业中，而是在整个一生中的各种情况下都需要的能力。那么，提高外语交流能力就成了必须解决的一个问题。在现行的学习指导纲要中，对如下内容都做了修订：通过外语深化对语言和文化的理解，培养积极沟通的态度，培养理解信息和思想，能够互相传达的能力，在小学高年级，引入外语教学，综合培养听、说、读、写的英语能力。通过这些修订，在学校的成果已得到认可。然而，随着年级的提高，出现了各种问题，如：学习欲望降低，或者因学校类型不同产生了衔接不够充分等问题，还有升级和升学后，以前所学内容不能灵活运用等。此外，学生在初中和高中的英语学习应充分利用所获得的知识和经验，根据交流的目的、场景、情况等做出适当的表达。基于这些成就和问题，下一期学习指导纲要将进一步改善和加强外语教育，参考 CEFR[1] 等国际标准，设定从小学、初中到高中一贯制的“听”“说（交流·演讲）”“读”“写”*n* 个方面的目标。

在各个学校的不同阶段，学习内容都做了不同的修订。从小学中年级开始，主要通过“听”“说”的外语活动让学生熟悉亲近外语，并激励他们努力学习外语（每年约 35 学分的时间），从小学高年级开始根据学生成长阶段逐步增加“读”“写”，作为一门课程让学生全面系统地学习（每年约 70 学分的时间）。到了初中，重视互动的语言活动，用外语传达思想感情，基本上用外语上课，设置具体的课题，主要是用学过的词汇和表达方式进行语言活动。到了高中，通过结合多个领域的综合性语言活动，设置了科目群“英语交流Ⅰ、Ⅱ、Ⅲ”，以便平衡地培养学生“听”“说（交流·演讲）”“读”“写”的能力。在把“英语交流Ⅰ”作为公共必修课的同时，还新设了特别科目群“逻辑、表达Ⅰ、Ⅱ、Ⅲ”，以强化学生们的发言能力。

⑦国旗·国歌指导

按照学习指导纲要在学校对学生进行国旗和国歌的指导，旨在教育学生了解日本国旗和国歌的意义，培养他们尊重国旗、国歌的态度，并培养他们同样要尊重其他国家的国旗和国歌。

1999 年 8 月，开始实施《国旗、国歌法》，明确规定了国旗、国歌的地位，加强了学校教育中对国旗和国歌的正确理解。

现行的学习指导纲要规定，要在小学、初中的社会课上让学生了解日本和其他国家的国旗、国歌的意义，并培养他们尊重国旗、国歌的意识。同时在小学音乐课上，要指导学生学会唱国歌。此外，还规定：在小学、初中和高中的特殊活动，如“开学典礼、毕业典礼上，指导学生挂国旗、唱国歌”。这个定位，在新学习指导纲要中继续保持不变。

此外，在 2018 年 4 月实施的新幼儿园学习纲要中规定了不仅要“热爱国旗”，

1 CEFR（Common European Framework of Reference for Languages）：欧洲评议会（Council of Europe）于 2001 年（平成 13 年）发布的一本透明且易于理解的参考书，用于编写学习纲要、课程指导以及学习指导教材。

还新加了热爱国歌的规定。在（幼儿园、保育园合作型）认证儿童园教育、保育大纲和保育所保育准则上，亦有与幼儿园学习纲要相同的规定。

文部科学省将继续指导所有学校，根据学习指导纲要中的规定，更多地为儿童和学生提供有关国旗和国歌的指导。

6. 顺利稳步实施新学习指导纲要

为了实现新学习指导纲要的理念，在广泛传播其宗旨的同时，必不可少的是配备实施本大纲所需的人才、预算、时间、信息、设施和设备等资源。

文部科学省为了广泛传播大纲的宗旨，召开了由文部科学省主办的说明会，并派遣讲师参加各都道府县教育委员会举办的说明会，制作了各科目修订要点说明的动画片，在 2018 年之后，将进一步推动这些工作的进行。

为了改进顺利实施新学习指导纲要所需的指导系统，伴随新大纲中的关于小学外语教学的早期化和教科化要求，需要补充进行高质量英语教育的专业指导教师，于是，在 2018 年度预算中，就将所需教师定额的改善计算在内。此外，还致力于促进学校现场的业务改进，教科书的改善充实，全国范围内优秀教育实践事例的收集和共享，以及对培训的指导和建议等工作。

7. 努力改善教育课程

自 1976 年以来，文部科学省设立了“研发学校”的制度，以获得有助于改善今后课程标准的经验数据。为了应对在学校教学实践中出现的各种教学问题以及由于社会的迅猛变化和发展而产生的对学校教学的各种要求，该制度把有意进行研究和开发的学校指定为“研发学校”。“研发学校”认可特殊课程的编制和实施，不依赖于大纲规定的现行教育课程标准，而通过实践研究开发新的课程和指导方法等。

到目前为止，研究和开发的成果已成为中央教育审议会审议修订学习指导纲要的具体实证数据。例如，在这次学习指导纲要的修订中，其研究成果已被用于研讨改善素质和能力的培养目标、小学的外语教育、高中的“综合历史”、新设“公共”课程等各个方面。

此外，还设立了“特殊教育课程学校”制度，允许学校组织和实施符合学校或地方特点的特殊课程，以便根据当地实际情况实施更有效的教育。具体来说，组织实施了东京都品川区的“市民课”、世田谷区的“日语课”等，这些都是学校编制实施的创造性教育课程。

二、日本儿童的学习成绩和学习状况

为了调查儿童的学习成绩和学习状况，除了在日本实施“全国学习成绩和学习状况调查”外，还参加了“经合组织学生学习成果调查（PISA）”和“国际数学、理科教育趋势调查（TIMSS）”。基于这些调查结果，进一步促进培养世界一流的学习成绩和规范意识。文部科学省正在努力开展如下三项工作：1. 稳步实施和跟进学习指导纲要，以便加强语言活动和理科数学教学等；2. 通过增加教职员工定额，提高教职员工素质，细致地改进指导制度；3. 通过不断实施“全国学习成绩和学习状况调查”，建立完善教学核查周期。

1. 实施全国学习成绩和学习状况的调查

自 2007 年度以来，文部科学省每年 4 月开展“全国学习成绩和学习状况调查”工作，以掌握全国小学六年级和初中三年级学生的学习状况。实施本调查的目的是：1. 从义务教育的机会均等和水平提高的角度，了解和分析全国学生的学习成绩和学习状况，验证教育措施的成果和问题，并加以改进。2. 为改善每个学生的教学指导和学习状况等提供帮助。3. 通过这些努力，建立一个持续的完善教学的核查周期。调查科目包括国语、算术（数学）。调查问题有两项：一项主要是有关“知识”（A 问题）的问题，另一项主要是有关对知识和技能的“运用”（B 问题）问题（2012 年、2015 年和 2018 年实施调查）。除了调查学习成绩以外，还对学生的生活习惯和学习环境、学校的指导方法等进行了调查，并分析与学习成绩的关系。

利用调查结果，各教育委员会和学校都可以验证其教学成果和问题，改进、加强教育措施和教学指导方法，以便推进持续性的教学完善核查周期的构建。文部科学省督促各教育委员会和学校积极利用调查结果。文部科学省以及国立教育政策研究所，为了加强教学指导和改善学生学习状况，根据调查结果，做了如下支持工作：1. 发布了一份“报告”，该报告显示了对每个问题的分析结果和改进指导的要点。2. 制作了一个“课堂构思范例”，以便改进和加强教学中所发现的问题。3. 举办把调查结果运用于教学指导的说明会。4. 派遣学习成绩调查员等，以便按照各都道府县教育委员会的请求给予指点。5. 收集教育委员会和学校的调查结果，推广在改进工作中取得优秀成绩的学校的事迹。6. 由专家进行追加分析和验证。此外，从调查开始实施到提供调查结果期间，为了改善和加强各教育委员会和学校的教学措施和教学指导，分发了解说资料。解说资料对每个问题的出题宗旨和改善学习指导的要点等给予了充分说明。

2.2017 年度全国学习成绩和学习状况调查概要

2017 年 4 月 18 日对国语、算术（数学）两个科目进行了深入调查。

2017 年调查结果的特征是有关初中数学的一些问题（理解如何计算多边形内角之和，理解二元一次方程式与一次函数图之间的关系，以及求相对度数）出现了改善的趋势。同时，通过各个科目的调查，特别是在 B 问题中，发现了一些问题。如从所给信息中准确地掌握其目的、意图、现象之间的关联性，并给予说明。

具体来说，调查结果不理想的项目有：“根据目的和意图，以初中生的建议为基础，整理必要的内容，写一篇请求合作的文章”（小学国语课）。“把两个图形进行旋转运动，掌握其关系，用数学表达方式进行说明”（初中数学课）。

在问卷调查中，对学生和学校都进行了调查。在2017年进行的调查中，根据新学习指导纲要，除了继续对2016年的“从独立，互动和深入学习的角度改善学习与指导”的情况进行调查之外，还设立新的问题项目对社团活动进行了调查。对于长期性的持续调查项目，在分析其随时间的推移而出现的变化的同时，还对与课程相关的调查进行交叉分析。

关于从独立、互动和深度学习的角度来改善学习与指导的努力状况，在2016年度学生和学校都选择了肯定的答案，其答题的平均正确率往往很高，而且，把接受上学援助的学生比例作为控制变量，进行三重交叉分析，不管学校的入学率如何，其结果也显示出相同的趋势。此外，关于学生自我肯定的情况，回答“认为自己有优点”和“老师认可自己的优点”的学生比例出现了增长的趋势。通过对平均正确回答率进行比较，对于“你认为自己有优点吗？”的问题，回答“有”的小学生，其回答问题

图 2-4-2 社团活动状况（初中）

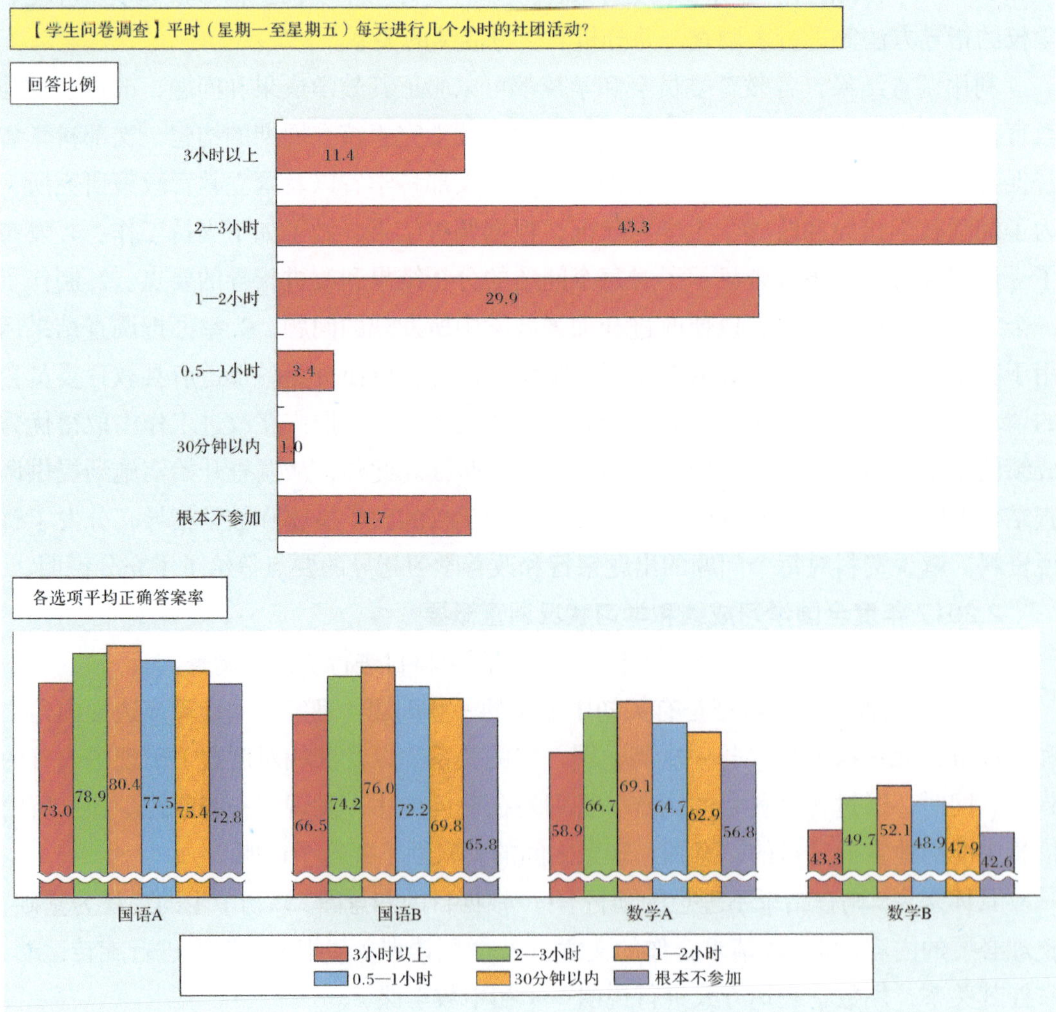

平均正确率最高，回答“还算有吧”的初中生回答问题平均正确率最高。此外，在初中调查中，我们设置了一个新的问题项目，即平时（星期一到星期五）每天进行几个小时的社团活动？回答每天活动时间在2—3小时的学生比例最高，约为40%；回答1—2小时的学生比例约为30%，位居第二。

按照参加社团活动时间的多少，对平均正确回答率进行比较，每天活动1—2小时的学生，其回答问题平均正确率最高（如图2-4-2）。

3. 经合组织对学生学习成果的调查（PISA）

为了评估15岁学生学完义务教育阶段（日本高中一年级学生）的课程在多大程度上可以帮助他们解决现实生活中碰到的各种问题，经合组织实施了“学生学习成果调查（PISA）”。该调查从2000年开始，每三年一次，从读解能力、数学素养和科学素养三个方面进行，最近的一次调查是在2015年进行的。

自2015年调查开始，从传统的书面调查转向使用计算机进行调查。2015年的调查结果和上次相同，在国际上，日本在科学素养、读解能力和数学素养领域的平均得分仍然处于前列。另一方面，与上次的调查相比，读解能力的平均分数显著有所下降（如图2-4-3）。关于学生对科学的态度，虽然指标值与经合组织的平均水平相比仍然很小，但是，认为理科的学习对自己的未来有用的学生比例高于2006年的调查。在读解能

图 2-4-3 PISA平均得分及排名变化

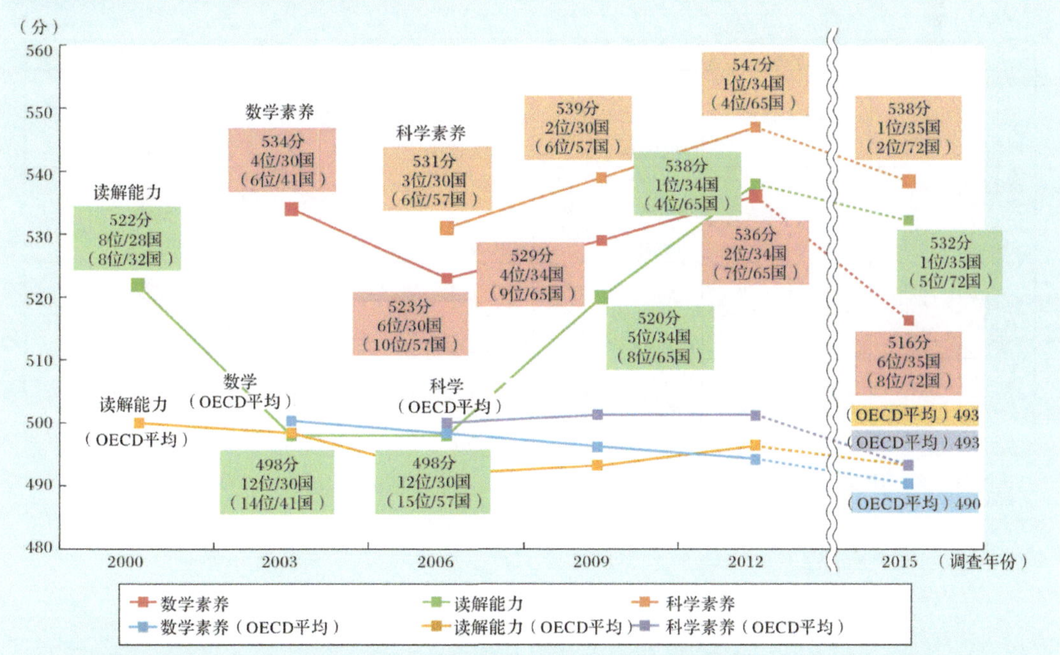

※以各种素养首次成为中心领域时（读解能力是2000年，数学素养是2003年，科学素养是2006年）的OECD平均值500分为标准分数，进行得分换算。数学素养，科学素养发表的是多年可比较的调查之后的结果。把中心领域的年份标志放大了
※2015年的调查是使用计算机调查的,由于尺度和得分方法的变化,在2012和2015年之间用波浪线表示。

力方面，学生对计算机辅助调查感到困惑，但是从回答情况分析，在学生周围的信息环境发生了巨大变化的情况下，针对学习指导纲要修订的研讨中指出的各种问题也更为具体地表现了出来。在此基础上，文部科学省将通过修订学习指导纲要，为改进和完善国语教学，在培养作为学习基础的语言能力和信息利用能力的同时，也在推进加强读解能力的调查研究和加快学校 IT 环境的完善。

4. 国际数学、理科教育趋势调查（TIMSS）

国际教育成果评估学会（IEA）以小学四年级学生和初中二年级学生为对象，对初等、中等教育阶段学生的算术（数学）和理科的教育成果进行测试，以便对学生在学校课程中学到的基本知识和技能的掌握程度进行评估，为此，每四年进行一次“国际数学、理科教育趋势调查（TIMSS）”。最近的调查是在 2015 年进行的。

根据 2015 年的调查结果，日本在小学和初中的算术（数学）和理科各方面的平均得分继续保持国际上前几位的排名。与前一次调查相比，平均得分显著上升（如图 2-4-4）。而且，低分数的学生人数减少，高分数的学生人数增加了。对算术和理科的意识方面，除了小学生认为的“学理科很快乐”之外，有许多项目低于国际平均水平，但是，认为“学算术（数学）、理科很快乐”的学生比例增加了，初中生的情况，与国际平均水平的差异有缩小的趋势。

图 2-4-4 TIMSS平均得分及排名变化

【平均得分变化】

		1995	1999	2003	2007	2011	2015
小学四年级学生	算数	567（3位/26国）	未实施调查	无明显差异 565（3位/25国）	无明显差异 568（5位/36国）	明显上升 585（5位/50国）	明显上升 593（5位/49国）
	理科	553（2位/26国）	未实施调查	明显降低 543（3位/25国）	无明显差异 548（4位/36国）	明显上升 559（4位/50国）	明显上升 569（3位/47国）
初中二年级学生	数学	581（3位/41国）	无明显差异 579（5位/38国）	明显降低 570（5位/46国）	无明显差异 570（5位/49国）	无明显差异 570（5位/42国）	明显上升 586（5位/39国）
	理科	554（3位/41国）	无明显差异 550（4位/38国）	无明显差异 552（6位/46国）	无明显差异 554（3位/49国）	无明显差异 558（4位/42国）	明显上升 571（2位/39国）

※各个国家，地区的得分是以1995年调查的分数为标准值的（500分（即三分之二的目标学生分数在400分到600分之间为标准）），表示了不同年份的分数变化情况。

第二节
加强数理教育，培养科技人才

一、扩大数理爱好者的范围

为了稳步实施数理教育，文部科学省给学校配备理科观察实验助手，以便减轻实验课教师因准备、调整设备的负担，并根据“理科教育振兴法”，正在促进理科、算术（数学）教学设备的系统性完善工作，包括公立和私立的小学、初中、高中的观察、实验相关的实验设备。

日本科学技术振兴机构，与学校、教育委员会和大学合作，一起实施“中学生科学研究实践活动促进项目”，让中学生自己寻找课题，用科学方法不断进行自主的实践活动。此外，还实施了支持将来选择理科学习的“女中学生理科学习支援项目”，也就是通过提供机会让活跃于科技领域的女性研究人员和技术员与女中学生进行交流，通过实验培训和送实验课上门的方式，唤起女中学生对理科领域的兴趣。

二、加强对学生才能的发现、提高工作

文部科学省从 2002 年开始，把实施先进的数理教育的高中指定为“超级科学高中（SSH）”，并通过科学技术振兴机构提供支持，培养学生的科学能力和科学思维能力，以便为未来培养出国际化的科技人才。2018 年度，全国 204 所高中正在为创建有特色的学校而努力奋斗。

科学技术振兴机构从 2017 年度开始，以在数理领域有特别突出能力的小学生、初中学生为对象，为了进一步提高他们的能力，在大学开设了特别教育项目“少年博士培训班”。此外，以有学习欲望和能力的高中生为对象在大学进行培养。把这种开发实施培养国际化科技人才项目的大学指定为“全球化科技校园”，并给予支持。

而且，在埼玉县埼玉市召开了“第 7 届科学甲子园”竞赛，即全国高中生以学校代表队的形式，参加了理科、数学的笔试和实践综合能力竞赛，神奈川县代表队赢得了冠军。在茨城县筑波市举办了以初中生为对象的“第 5 届科学甲子园少年队”竞赛，东京都代表队获得了冠军。

此外，科学技术振兴机构支持在国内举办数学、化学、生物、物理、信息、地学（日本高中理科的一门课，主要研究地球和构成地球物质的学问——译者注）和地理的国际科技竞赛，支持派遣日本选手参加国际竞赛，另外，还支持在日本举办国际竞

赛。参加国际科学奥林匹克国内竞赛的人数逐年增加，2017 年度达到 21,033 人。同年，参加国际科学奥林匹克竞赛的日本选手共获得 29 枚奖牌、其中包括 10 枚金牌、16 枚银牌和 3 枚铜牌。

第三节
加强全球化人才的培养教育

为了从初等、中等教育阶段培养具有国际视野的全球化人才，文部科学省正致力于强化小学、初中和高中阶段的外语教学，促进高中生赴海外留学，指定超级全球高中（SGH）并大力推进对国际的理解教育等工作。此外，还在努力加强在国外学习的、回国的儿童以及在日外国儿童等的教育。

一、全球化社会中特别需要的能力

在全球化日益发展的社会中，在与各种各样的人打交道，积累各种各样的经验，获得“社会生存能力”的过程中，极其重要的是要培养如下这些能力：实现跨越式发展所必须具有的创造性、挑战精神和坚强意志，能迅速决策并领导组织的统率能力，能够跨越国境与人合作的英语能力、交流能力，以及具有作为日本人独特性的同时，能够充分理解外国文化的能力。在此基础上，文部科学省正在强化小学、初中和高中阶段的外语教学，促进高中生赴海外留学，指定超级全球高中（SGH）并大力推进对国际的理解教育，同时，还在努力加强对在国外学习的、回国的儿童以及在日外国儿童等的教育。

此外，为了培养积极参与国际社会的日本人，加强日本历史、传统文化和国语教育也很重要。因此，在新学习指导纲要中，通过对日本语言文化，县内的主要文化遗产，日本传统例行活动，日本传统音乐，日本乐器，武术，日本饮食，日本服装等的指导，从而加深对日本传统和文化的理解。此外，自 2015 年起，支持地方政府编辑有关地方传统和地方文化的教材，开发新的教学方法。

二、强化以英语为首的外语教学

1. 学习指导纲要中的外语教学

文部科学省一直在讨论下一个学习指导纲要，以进一步改善和加强外语教学。2016 年 12 月 21 日，中央教育审议会提出了下一个学习指导纲要的修订方向，指出小学外语教学的早期化和教科化，初中和高中要进一步改进和提高，并于 2017 年 3 月修订了小学和初中的学习指导纲要，2018 年 3 月修订了高中的学习指导纲要。[1]

2. 改进和加强外语教学

文部科学省，为了进一步改进和加强外语教学，在修订学习指导纲要的同时，努

1 参照第二部第四章第一节。

力改善教学环境。为了让小学外语教学实现早期化和教科化，在小学三、四年级和五、六年级的教材方面，2017 年 9 月公布了五、六年级的教材“We Can！”，同年 12 月公布了三、四年级的教材“Let's Try！”。在 2017 年，向希望使用这些教材的所有学校分发了三到六年级的儿童小册子、教师指导用书和数字化教材，以便在 2018 年使用。

同时，自 2018 年起，利用民间机构为小学外语开发了有效的教学方法，并将其成果普及给其他学校。

此外，自 2014 年起，为了提高英语教师的英语水平和指导能力，进行了中央培训，培训了“英语教育推广负责人”，让他们在各地区担任培训讲师和顾问。同时还支持“英语教育推广负责人”作为讲师，在全国各地进行培训。这种培训到 2017 年已经迎来了第四个年头，总共培训了约 2000 名英语教育推广负责人。

另外，自 2016 年起，现任小学教师可以获得中学教师资格证，即委托 36 所大学，实施了“提高小学英语课程专业化讲习的开发和实施项目”。

而且，关于小学英语教科化的教师培训和录用，通过把外语教学法作为必修课程和对外语（英语）核心课程的灵活运用，进一步改善和加强教师培训课程。同时，为了增强教师队伍的专业性，从 2023 年开始录用已经修完新课程的教师。

此外，在 2018 年预算中，为了确保具有一定英语水平的专业教师开展高质量的外语教育，增加了 1000 名教师。

除此之外，文部科学省与总务省、外务省合作，正在一起推动“邀请外国青年进行外语指导项目（JET 项目）”。该项目的目的是通过加强外语教学和地方一级的国际交流的发展，增进与其他国家的相互了解，并为促进日本的国际化做贡献。这些外国青年作为外语教学助教（Assistant Language Teacher）的参与者，为增加学生接触地道的外语并实际使用外语的机会做出了很大贡献。2017 年，该项目邀请了 4712 名外语指导助教在学校等机构从事外语指导和国际间互相了解的工作。并且，自 2016 年起，还对 JET 项目使用协调员给予支持，该项目的协调员负责市镇村外语教学助教（JET-ALT）的日常生活支持、紧急事情处理以及与学校的协调工作。

三、高中生的国际交流

1. 促进高中生出国留学

在全球化日益加速的形势下，文部科学省根据“第二期教育振兴基本计划”，正在实施负担高中生出国留学部分费用的项目（支持人数为 1500 人），该项目的培养对象是具有日本人的身份认同，深刻理解日本文化的高中生。要把他们培养成掌握丰富的语言技能，具有主观积极性，沟通能力强，能深刻领悟异域文化，在各个领域大显身手的全球化人才。

此外，各都道府县也将有海外工作和留学经验的人员作为“全球化讲师团”人员，派往高中进行授课，以提高学生们对国际化的理解以及对国际化职业和海外留学的兴趣。通过召开留学说明会等方式，促进高中生去海外留学。通过这些工作，引起了同学们对安全放心留学的兴趣，创造了更多的留学机会。

除此之外，为了让学生能够听到杰出科学家的讲座，并加深与来自其他国家的高中生的交流，选拔并支持派遣高中生参与“澳大利亚科学奖学生（哈里·梅塞尔国际科学学院）项目”。该项目由澳大利亚悉尼大学物理学财团举办，每两年举办一次，为期两周。2017 年是举办年，派遣了九名高中生。

2. 接受外国高中生

加深拥有不同文化、传统和生活习惯的同一代年轻人之间的交流，就是要培养他们具有广阔视野、了解跨文化并尊重彼此的态度，以及与不同文化背景的人共同生活的素质和能力，这是非常重要的。

文部科学省实施了“跨文化理解升级项目”，即通过办理高中生留学、交流的民间团体，邀请在国外学习日语的外国高中生到日本，体验为期约六周的高中学习生活。2017 年，邀请了来自 14 个国家的 115 名高中生。

此外，从 2018 年开始，计划实施“亚洲高中生桥梁项目”，邀请亚洲学习日语的高中生到日本各地的高中进行学习交流。

四、超级全球高中（SGH）

文部科学省从 2014 年开始，指定了“超级全球高中（SGH）”，并且给予支持。2017 年，在全国范围内支持的学校已达 123 所。这些“超级全球高中（SGH）”主要是把关心社会问题、有深厚文化素养、具有很强沟通能力、问题解决能力等国际化素质的人培养成未来能够在国际社会大显身手的全球领袖式人物。为了培养他们，学校对教学课程进行了深入的研究开发和实践。此外，在 2017 年，首次举办了“2017 年 SGH 全国高中生论坛”，来自全国各地的 SGH 高中生用英语演讲的方式介绍了各自的学习情况。

“2017 年度 SGH 全国高中生论坛”盛况

“2017 年度 SGH 论坛”文部科学大臣奖获得者

五、促进实行大学入学国际资格考试（IB:International Baccalaureate）

国际资格考试（IB）是由国际资格考试机构提供的全球标准教育项目，被认为是培养活跃于国际社会的人才的优良项目。其教育理念和方法与学习指导纲要的方向是一致的，在培养与全球化相对应的素质和能力方面是非常合适的。如培养发现问题和解决问题的能力、逻辑思维能力、沟通能力以及语言能力等。

本项目根据学生的成长阶段和目的，设置了如下课程：

1. 初级课程（PYP）（对象：3~12 岁学生）
2. 中级课程（MYP）（对象：11~16 岁学生）
3. 毕业证课程（DP）（对象：16~19 岁学生）
4. 职业相关课程（CP）（对象：16~19 岁学生）

其中，毕业证课程（DP）是高中水平的课程，学生通过两年时间修完全部课程，并通过考试，取得规定成绩，就可以获得国际通用的大学入学资格（大学入学国际资格）。该资格被广泛用于世界主要大学的入学资格选拔。

随着国际资格考试（IB）的引入，日本学生的毕业出路以及上大学的学校不仅限于日本国内，已经扩展到国外的大学了，并且，该国际资格考试的独特方法和课程，期待在不久的将来会对日本中小学教育的改革起到积极的涟漪效应。日本政府通过《城镇、人力资源、工作创新综合战略（2017 年修订版）》（2017 年 12 月 22 日内阁会议通过），在 2020 年之前，将努力把大学入学国际资格考试认证学校的数量增加到 200 所以上。截至 2018 年 1 月，获得大学入学国际资格考试认证的学校共有 118 所，其中初级课程（PYP）认证学校 45 所、中级课程（MYP）认证学校 22 所、毕业证课程（DP）认证学校 51 所。

对于普及日本国际资格考试，特别是 DP（毕业证课程）的所有课程，原则上必须用英语进行教学，那么确保指导教师（外国教师）就成了大问题。为此，自 2013 年度起，文部科学省与大学入学国际资格考试机构合作，引进、开发了对 DP 的部分课程可以用日语进行教学的“日语双语毕业证课程（DP）”（日语 DP）。通过使用日语 DP，就比以前更容易找到能够在国际资格考试认证学校授课的优秀日本教师了。此外，在 2015 年 8 月，制定了“为促进国际资格考试的引进而采取的教育课程特别措施”。这样一来，就保持了日本学习指导纲要与国际资格考试课程的一致性，学生也可以毫无困难地参加两个项目的学习。而且，在同年 9 月，正当引入 DP 之际，制定了“国际资格考试认证指南”，总结了引进 DP 所需的经费、设备要求和认证流程。通过这些努力，在不久的将来，国际资格考试将被引进日本的高中。

正当国际资格考试在日本国内普及之际，促进国际资格考试资格以及其成绩在日本国内大学入学选拔中的使用，也是非常重要的。为此，文部科学省向各个大学积极提供信息并进行各种信息交换，越来越多的大学使用国际资格考试的成绩作为选拔标准。截至 2017 年 10 月，已经有 54 所国立、公立和私立大学，使用国际资格考试的成绩选拔学生。

文部科学省还积极开展宣传活动，如在“文部科学省、国际资格考试普及推广宣传网页”[1]上，广泛宣传有关国际资格考试的最新信息。

六、加强国外教育机构的教育工作

随着日本国际化的发展，许多日本人在国外陪伴着自己的孩子。截至 2017 年 4 月，居住在国外的处于义务教育阶段的儿童人数已达 82571 人。

考虑海外日本儿童教育的重要性，文部科学省派遣国内的义务教育阶段各学校教师到国外的日本人学校和补习学校，去改善和加强那里的教育。同时，派遣退休教师作为高级教师去进行教学工作，以确保派遣高素质、高水平教师的数量。在 2017 年，派遣了 1026 名教师和 229 名高级退休教师去 50 个国家和一个地区进行教学工作。

此外，为了改善教学环境，还无偿提供了义务教育教科书，完善和改进了教材，并对函授教育给予支持。

2016 年 5 月 19 日，制定了“海外教育机构全球化人才培养强化战略”。基于这一战略，在 2017 年，为了改善教育环境，实施了“海外教育机构高度全球化人才培养基地项目”，以应对海外教育机构所遇到的问题和培养高度全球化人才，并且启动了“起飞吧，教师工程”，以便提高派遣教师的吸引力。

此外，为了应对国外的自然灾害、恐怖主义、传染病等危机，制作了海外教育机构派遣教师安全对策材料。另外，为了在紧急情况下，确保教职员工和儿童的安全，文部科学省和相关部委以及当地的海外教育机构进行了密切合作。

另外，还把有关海外儿童教育和归国日本儿童教育的信息发布在综合网站上（通称为“单簧管”[2]）。

七、加强归国日本学生和外国学生的教育

1. 公立学校的在校归国学生和外国学生的现状

从 2016 年 4 月 1 日到 2017 年 3 月 31 日的一年期间，在国外停留一年以上，之后返回日本，在公立小学、初中、义务教育学校（小学初中九年一贯制学校）、高中、中等教育学校（初中、高中六年一贯制学校）学习的学生，共计 9684 人。此外，截至 2017 年 5 月 1 日，在公立学校就读的外国学生为 86015 人。截至 2016 年 5 月，有 34335 名外国学生需要日语指导，比 2014 年增加了 5137 名。除此之外，需要日语指导的日本籍学生（除了归国学生以外，还包括因为本人是双重国籍或者父母之一是

1 参照 http://www.facebook.com/mextib。
2 参照 http://www.mext.go.jp/a_menu/shotou/clarinet/main7_a2.htm。

外国国籍，在家里使用日语以外的语言，没有足够日语能力的学生）有 9612 人，与 2014 年相比，增加了 1715 人。

2. 对归国日本学生和外国人子女的支持措施

文部科学省为了促进对这些学生的教育，不仅帮助他们顺利适应日本国内的学校生活，而且还尊重他们在海外学习和生活的经历，鼓励发挥、运用自己的特长，为此，制定了如下措施：

①关于公立义务教育各学校的教师定额，根据 2017 年 3 月修订的“公立义务教育各学校班级编制和教职员定额标准法”，过去是在每个年度的预算范围内，把增加的定额作为基础定额，而在 2017 年之后，根据日语能力给予特别指导的学生人数来计算教师定额。

②为了建立从学生的接收到毕业后升学为止的指导和支持体系，文部科学省实施了辅助支持项目，促进地方政府接收归国学生和外国学生，加强日语指导，改进指导和支持系统。

③促进需要进行日语指导的学生“特殊教育课程”的编制和实施（对《学校教育法试行条例》部分内容进行了修订，于 2014 年 4 月 1 日起生效）。

④推广普及“外国学生 JSL[1] 的对话评估—DLA[2]”和《外国学生教育培训手册》。将“外国学生 JSL 的对话评估—DLA”作为掌握学生在校日语能力，并对其指导方针进行检查时的参考。将《外国学生教育培训手册》作为教育委员会计划召开与归国学生和外国学生教育相关的研讨会时的参考。

⑤通过教职员工支援机构，为从事外国学生教学的教师、学校管理人员和教导主任提供以日语教学法为主要内容的实践性培训。

⑥从 2015 年度开始，实施了对地方政府的支持援助项目，即支持当地政府为在公立学校和外国人学校上学有困难的外国学生给予学校以外的入学支持。

⑦在“关于对外国学生进行教育支援的专家会议”上，对今后应采取措施的方向性进行了讨论，并于 2016 年 6 月公布了《关于加强对外国学生教育支持措施的报告》。

1 JSL（JapaneseasaSecondLanguage）：作为第二语言的日语。
2 DLA（DialogicLanguageAssessment）：对话评估。

第四节
大力推进职业教育

一、促进职业教育

1. 推进初、中等教育中的职业教育

今天，日本社会各个领域的结构性变化正在发展当中，特别是在产业和经济领域，变化程度非常之大，这与雇佣形式多样化和流动性有着直接的关联。在这种情况下，年轻人面临着“从学校到社会就职”过渡不够平稳的巨大困难。如，年轻人完全失业率和非正规雇佣率居高不下，无业者和提前离职者大量存在。

鉴于这些情况，就必须让学生了解“工作的乐趣”和“社会的实际状况和艰难程度”，对未来的生活方式和事业充满梦想和希望，为了实现这一点，必须引导学生积极主动应对学校的生活和学习。为此，就必须加强职业教育，帮助学生们平稳地从学校走到社会，让他们从小获得和养成在社会和职业上独立工作所需的技能和态度。

在小学到高中的新学习指导纲要中，明确写入了要加强职业教育。为此，文部科学省还制定了各种措施，以普及和促进职业教育的实践工作。

2017 年度的政策方针：

①实施“职业护照(暂定名称)普及落实项目”。即为了引入类似投资组合的教材“职业护照（暂定名称）”，引导学生自主描述和回顾自己的学习活动过程，对其运用方法进行调查研究，以获取关于其成果和存在问题的实证数据。

②实施“小学初中创业体验推进项目”，旨在培养未来时代所需的素质和能力，如挑战精神和与他人合作共同创造新价值的能力。

③实施“地方人才培养职业规划推进项目”，通过在各都道府县设立职业规划监督员等，促进当地的人才培养和就业支持工作。

④开设特设网站“作为儿童与社会之间桥梁的门户网站”，以匹配学校所需支持和当地社会、产业界可以提供的支持。

⑤与厚生劳动省和经济产业省合作举办“职业教育推进合作研讨会”（2018 年 1 月 11 日）

⑥对于在加强和发展职业教育方面取得显著成就的学校和教育委员会，授予“文部科学大臣奖”，对于在职业教育方面积极努力、共同合作的学校、地区、产业界和地方政府等相关机构，给予“职业教育推进合作奖”的表彰奖励（与经济产业省共同

实施）。

2. 推进职场体验、实习等体验活动

职场体验和实习（就业体验）是学生与教师和家长以外的成年人接触的宝贵机会。1. 将会提高他们与不同年代人的沟通能力。2. 这是学生思考自己的职业适应性和设计自己未来的好机会，可以帮助他们提升自我职业选择能力，养成较高的职业意识。3. 促进学生对学校学习和职业之间关系的理解，唤起学习欲望。4. 能够在工作一线接触到实践性知识和技术、技能，将会产生极高的教育效果。因此，作为职业教育的核心工作之一，文部科学省正在学校努力传播、推广职场体验和实习。

在很多公立小学，都实施了职场参观学习项目。在 2016 年，公立初中的职场体验实施率达 98.1%，几乎大部分初中都实施了。为了防止这种职场体验变成一时性的活动，在学校实施事前指导和事后指导的时候，就要想尽办法，把职场体验和日常教育活动结合起来，以便达到目标，提高效果。

公立高中（全日制和定时制）的实习率为 83.7%。但是，由于有许多学校的参与是志愿的，所以，在学校参与实习的学生比例为 34.4%，其中，普通高中仅为 22.0%，提高参与率是今后需要解决的问题。

二、推进职业教育

1. 职业高中的教育现状

高中的职业教育，主要以农业、工业、商业、水产业、家庭、护理、信息和福利等职业高中为主，在培养日本产业经济和医疗保健发展人才方面，起着巨大的作用。截至 2017 年 5 月，职业高中有 1522 所，学生人数约为 60 万，约占高中学生总数的 18.4%。此外，2017 年 3 月的职业高中毕业生，考上大学的占 21.3%左右，22.5%的人升入专科学校，53.1%左右的学生选择就业。

2. 充实职业高中的教学内容

①顺利稳步实施学习指导纲要

为了顺利稳步实施现行高中学习指导纲要（与职业相关的课程），文部科学省努力宣传其宗旨和内容，同时，还在进行先进事迹的共享和问题的讨论工作。并在 2018 年3月底，全面修订了高中学习指导纲要。为了培养肩负起地区和社会发展的专业人才，根据社会和产业的变化情况，从构筑可持续发展的社会，以及信息化、全球化的角度出发，对各门与职业相关课程的教学内容进行了修订，特别是在与职业相关的所有课程中，重视对专业人才的道德指导。此外，按照课程特性，增加了与第六次工业化等管理意识的培养有关的内容，以及应对技术的高度发展和信息技术发展的内容以及与环境保护相关的内容。今后，从 2022 年入学的学生开始，为了逐年顺利实施新高中学习指导纲要，将充分向他们解释和宣传纲要的宗旨和内容。

②支持职业高中进行富有特色的教学内容并宣传其成果

近年来随着科学技术的进步，产业界所需的专业知识和技能不断发展和变化，超越了传统产业分类，更加复杂的产业不断发展。为了培养能够掌握与此相关的先进知识和技能，活跃在社会第一线的专业人才，文部科学省把工作先进、卓越的职业高中指定为“超级职业高中（SPH）”，并进行实践性研究。

此外，还对在“专科学校地方产业核心人才培养项目”中，与产业界和大学合作，进行人才培养的职业高中（日本中等教育水平的职业教育学校）提供支持。

3. 努力搞活职业高中

①全国产业教育博览会

全国产业教育博览会通过全面宣传全国职业高中学生的学习成果，以搞活符合新时代的职业高中的产业教育，振兴职业高中。2017 年，该博览会在秋田县召开，两天内参会人员达 10.7 万人左右，让全国人了解了产业教育的魅力所在。2018 年的博览会将在山口县举行。

②加强教师的培训工作

为了提高教师队伍的素质，加强他们的指导能力，教职员支援机构以教授产业教育课程的教师为对象，对他们进行信息化、技术革新以及其他应对社会变化的最新知识、技术的培训，并派遣他们去大学、企业等与产业教育相关的机构进修。

③援助设施和设备

为了振兴产业教育，根据产业教育设施、设备的标准，给予公立和私立高中援助完善设施、设备所必需的一部分相关费用。

4. 专修学校高等课程（高等专修学校）

专修学校高等课程（高等专修学校）以初中毕业阶段，对职业有强烈目的意识的学生为对象，发挥其机动的制度特性，按照社会需求进行灵活教育，为学生提供富有实践性的职业教育和专业技术教育的机会。

此外，强调实践性教育的专修学校高等课程为拒绝上学、中途辍学的学生，以及不适应高中教育的学生提供教育机会，帮助他们在社会上和职业中实现自强自立。

专修学校高等课程与高中相并列，是提供多样化教育选择的后期中等教育机构之一，在不久的将来，将为社会发展做出更加巨大的贡献。

三、高中毕业后的就职现状

在高中生就业方面，2018 年 3 月高中毕业的学生就业率（有就业愿望者的就业率）为 98.1%，比上年同期提高了 0.1 个百分点，就业率连续八年高于上年同期。

然而，有许多学生在毕业前没有找到工作，这些学生在毕业后将在职业介绍所的帮助下继续他们的求职活动。

文部科学省通过与厚生劳动省及相关经济团体合作，促进高中毕业生的就业活动，例如敦促学校和职业介绍所协作给学生就职提供支持。

第五节
加强适应新时代教育制度的灵活性

一、小学初中的九年一贯制教育

1. 小学初中九年一贯制教育制度化的来龙去脉

小学初中的九年一贯制教育，是通过统一编制小学和初中九年的教育课程，对儿童进行系统性的教育，其背景是：

○通过对《教育基本法》和《学校教育法》的修订，新设了义务教育阶段的目的和目标。

○应对近年来对教育内容质和量两个方面的充实。

○与儿童发育早期化现象有关。

○应对所谓的“初一裂隙”，如初中升学后拒绝上学和霸凌剧增问题等。

○有必要加强学校对学生社会性功能的培养

在全国各地，根据当地情况都做了很多努力工作。根据文部科学省在2014年进行的“小学初中九年一贯制教育实情调查”[1]，在全国211个市镇村，实施了1130项具体措施，已经开始在全国大力推广。这些努力已经在各方面取得了显著成果，例如提高了学生的学习水平，缩小了“初一裂隙”，提高了教师的教学意识。同时在推进小学初中一贯制教育时，需要解决的大量问题也越来越明晰了。

2. 小学初中九年一贯制教育的制度化

实施至今的小学初中一贯制教育，是小学、初中作为相对独立的团体而设置的，因此在确保教育主体、教育活动、学校管理的一惯性方面就存在一些问题，要想有效地、连续地实施一贯制教育，就存在着一定的限制，于是，从教学一线的学校向国家提出了义务教育制度化的强烈愿望。

根据教学一线的学校提出的愿望，文部科学省对制度进行了修订，以便能够根据当地实际情况灵活处理，从2016年4月1日开始，作为小学初中一贯制教育，设立如下形式的学校：

【义务教育学校】

根据《学校教育法》定位的一种新型学校种类，即在一位校长的领导下，一个教职员工团队进行九年一贯制教育的学校。

1　参照 http://www.mext.go.jp/a_menu/shotou/ikkan/__icsFiles/afieldfile/2016/04/08/1369584_01.pdf。

【初中型并设小学和小学型并设初中】

将独立的小学和初中设置在同一人管理之下，按照义务教育的形式进行一贯制教育。

【与初中合作型小学和与小学合作型初中】

将相互合作实施教育课程的学校制度化，使小学和中学一起提供一贯制教育。

关于义务教育学校，除了现在的小学初中以外，根据 2015 年 6 月 17 日颁发的“学校教育法部分修订法律”，对从小学到初中进行一贯制义务教育的新型学校做了完善工作。同时，内阁法令规定，义务教育学校是指定上学的学校。根据文部科学省法令和通知规定，作为特例，同意实施一贯制教育的学校设立新的课程和替换学校的教学指导内容。

关于初中并设型小学和小学并设型初中，在现有的小学和初中的框架下，按照义务教育的形式设定九年教育目标，根据文部科学省法令，对系统性九年教育课程编制

图 2-4-5 小学初中一贯制教育制度的类型

<table>
<tr><td colspan="2" rowspan="2"></td><td rowspan="2">义务教育学校</td><td colspan="2">一贯制教育型小学和初中</td></tr>
<tr><td>并设初中型小学
并设小学型初中</td><td>与初中合作型小学
与小学合作型初中</td></tr>
<tr><td colspan="2">设置者</td><td>—</td><td>同一设置者</td><td>不同设置者</td></tr>
<tr><td colspan="2">学业年限</td><td>九年
（前期课程六年+后期课程三年）</td><td colspan="2">小学六年，初中三年</td></tr>
<tr><td colspan="2" rowspan="2">组织和运营</td><td rowspan="2">一位校长，一个教职员工团体</td><td colspan="2">各自有校长和教职员工团体</td></tr>
<tr><td>小学和中学为了一起进行一贯制教育，采取合适的运营方式。
例如：1.设置相关学校一体化管理，由校长进行综合调整，由教育委员会委任必要的权限。
2.相关学校共同设立教育运营协议会，将认可与编制一体化教育课程相关的基本方针明确化。
3.为了进行一体化管理，包括小学初中的管理职务在内，所有教职员工都兼任两校职责</td><td>以并设初中型小学和并设小学型初中为参考，适当调整运营体制</td></tr>
<tr><td colspan="2">教师资格证</td><td>原则是要同时具有小学和初中两个资格证
※有小学教师资格证的教师暂时指导小学，有初中教师资格证的暂时指导初中</td><td colspan="2">具有所属学校教师资格证</td></tr>
<tr><td colspan="2">教育课程</td><td colspan="3">·设定九年教育目标
·编制具有系统性，成体系的九年教育课程</td></tr>
<tr><td rowspan="2">教育课程特例</td><td>设定一贯制教育所必需的独特课程</td><td>○</td><td>○</td><td>○</td></tr>
<tr><td>教育指导内容的更换和过度</td><td>○</td><td>○</td><td>×</td></tr>
<tr><td colspan="2">校舍形式</td><td colspan="3">校舍一体型，校舍毗连型，校舍分离型</td></tr>
<tr><td colspan="2">设置标准</td><td>前期课程按照小学标准设置，后期按照初中标准设置</td><td colspan="2">小学按照小学标准设置，初中按照初中标准设置</td></tr>
<tr><td colspan="2">标准规模</td><td>18个班级以上27个班级以内</td><td colspan="2">小学初中各自设立12个班级以上18个班级以内</td></tr>
<tr><td colspan="2">上学距离</td><td>大概六公里以内</td><td colspan="2">小学大概四公里以内，初中六公里以内</td></tr>
<tr><td colspan="2">设置学校手续</td><td>按照市镇村条例</td><td colspan="2">按照市镇村教育委员会章程</td></tr>
</table>

的学校，进行了完善。为了在这些学校中进行小学初中一贯制教育，就必须对其运营上的结构进行调整，例如预先任命负责学校之间全面协调的人员，共同建立学校运营协议会，让教职员工兼任双方工作等。此外，与义务教育学校一样，也可以设置实施一贯制教育所必需的课程和科目。

3. 小学初中一贯制教育的现状

文部科学省为了掌握自 2017 年将义务教育学校等制度化之后一年的实际情况，进行了"小学初中九年一贯制教育导入状况调查"[1]。

根据调查结果，全国共计 48 所义务教育学校，实施小学初中一贯制教育的小学和初中有 253 所，与 2014 年文部科学省所做的调查相比，很明显，在全国各地设立义务教育学校和一贯制教育的小学和初中越来越多。此外，几乎所有导入小学初中一贯制教育的市区町村，都在学生学习指导和生活指导方面取得了显著成效。

4. 小学初中一贯制教育课程的编制和实施

文部科学省以小学初中一贯制教育的制度化为契机，为实施高质量的一贯制教育，在 2016 年 12 月，以编制、实施小学初中一贯制教育核心的教育课程和指导计划为中心，编制了一本手册，其中包含全国各地的各种先进事迹和注意事项。为了进一步加强小学初中一贯制教育，在 2018 年 1 月还编辑了案例集，其中包括全国各地特色学校的事迹概要和有效办法，并和手册一并公布在文部科学省的网站上，作为各学校的参考。

5. 小学初中一贯制教育的推进办法

文部科学省为了进一步推进小学初中一贯制教育，从 2015 年度起，在各都道府县教育委员会的积极指导下，实施了委托研究项目，在市镇村教育委员会管辖的整个区域引入小学初中一贯制教育。今后将继续通过收集和传播小学初中一贯制教育的先进事迹，不断把握教育成果和存在问题，来支持各地方政府的小学初中一贯制教育。

二、关于初中夜校

1. 初中夜校的现状

在战后混乱期间，由于生活贫困等原因，许多学龄儿童要在白天被迫工作或做家务，为了给他们提供义务教育的机会，自昭和 20 年代（1945~1954）初期就设立了初中夜校。截至 1955 年左右，已设立了 80 多所初中夜校，由于上学援助措施的加强和社会形势的变化，目前学校数量有所减少，8 个都府县的 25 个市区只剩下 31 所了。根据 2017 年 7 月文部科学省的调查结果，还有 1687 名学生在上初中夜校。

2. 希望上初中夜校的潜在学生

在 2010 年的"人口普查"中，很明显，所有都道府县[2]都存在未上学儿童[3]，至

1　参照 http://www.mext.go.jp/a_menu/shotou/ikkan/__icsFiles/afieldfile/2017/09/08/1395183_01.pdf。
2　大约占全部市镇村的 96%。
3　没有上过学或者小学退学者。

少有 12 万人以上，初中夜校存在潜在需求[1]。

在这种情况下，文部科学省于 2015 年 7 月表示，对于因拒绝上学等各种缘由，实际上没有充分接受教育却因学校的关照而毕业，现在又希望重新在初中学习的学生（希望重新上学的毕业生），接收他们上初中夜校是比较合适的。这样一来，在 2017 年 9 月文部科学省进行的调查中，就有 73 名已经毕业的学生在上初中夜校。

并且，文部科学省在 2016 年 9 月发出通知：为了保证拒绝上学儿童接受教育的机会，要对教育进行必要的完善，同时，要接收拒绝上学的学龄儿童在初中夜校学习。

这样，就可以从实质上保障没有完全接受义务教育而超过了学龄期的学生（未完成义务教育者）、因拒绝上学等各种缘由未充分接受教育而初中毕业的学生（希望重新上学的毕业生）以及外国籍学生接受义务教育的机会。

3. 设立和完善初中夜校

根据 2016 年 12 月 7 日颁布的《义务教育阶段普通教育机会保障法》（《教育机会保障法》），文部科学省于 2017 年 3 月制定了基本准则。

针对这一情况，文部科学省为了设立和完善初中夜校，采取了以下措施：

○修改《义务教育费国库负担法》部分条文，以便在新设初中夜校时，把各都道府县设立的夜校也计算在内，一起进行探讨研究，把由都道府县设立的初中夜校的教职员工工资费用追加为国库补助对象。

○ 2017 年 3 月公布的《初中学习指导纲要总则》中明确写入了要努力改进指导方法，关照超过学龄学生。同时，要完善制度，对超过学龄的学生进行指导的时候，要按照实际情况编制特别教育课程。

○为了设立和完善初中夜校，确保教育机会，在 2017 年 1 月编制了手册指南，作为各地方政府的参考。为了反映设立初中夜校时的必要信息，如最新动向和制度修改等，在 2017 年 4 月对手册指南做了修订。

○ 2017 年 8 月首次举办了说明会，向教育委员会的负责人介绍了教育机会保障法的目的、基本指导内容，以及初中夜校的实际情况。

○以教育机会保障法的内容为根据，对初中夜校的实际现状进行了详细调查，并于 2017 年 11 月公布。

文部科学省今后将根据基本方针，继续采取必要措施，促进各都道府县至少设立一所初中夜校，接收各种各样的学生来初中夜校学习。

1　关于未上学者的定义，因为不包含虽然小学毕业了，而初中没有毕业的人，所以，文部科学省要求总务省改进“人口普查”的调查方法。

第六节

推进高中教育改革

一、高中教育的现状和成绩

新制高中建立初期，1948 年的入学率约为 42%，目前已达到 99%左右，高中已经成为全体国民接受教育的机构（如图 2-4-6）。随着高中入学率的提高，学生的能力、适应性、兴趣、将来的出路变得更加多样化，也就要求高中教育必须能够发挥每个学生的个性。

图2-4-6　高中入学率（变化）

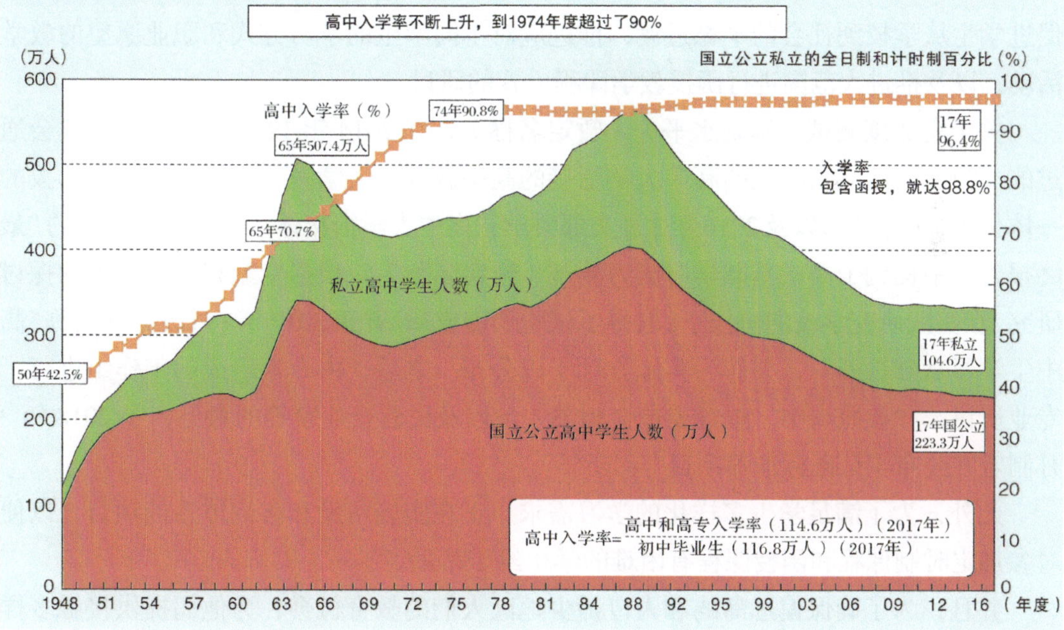

另一方面，高中学生人数从最多的 1989 年的约 580 万人减少到 2017 年度的约 346 万人，而高中的适当配置和适当规模变成今后的一个问题。为此，各都道府县在注意适当的配置和规模的同时，要发挥每个学生的个性，为实现德智体平衡发展的高中教育，充分发挥各个学校的特色，进一步推进富有创造力和吸引力的学校建设。

到目前为止，文部科学省为了培养学生的各种能力、兴趣爱好，拓宽将来的出路等进行了各种改革，如：实行初中高中一贯制教育，开办综合学科、实行学分制高中等，目标是建设能够发挥每个学生个性的特色高中。同时，还要注意重新学习义务教育阶段的学习内容以及学生的学习欲望等问题。关于当前的高中教育，虽然可以灵活地应对学生广泛的学习需求，但是，因为实际状况复杂多样，要把高中作为一个阶段来总结变得越来越困难。

二、努力提高高中的教学质量

鉴于高中教育的现状，在 2014 年 6 月中央教育审议会高中教育小组委员会上，总结编写了关于高中教育现状和课题以及未来高中教育的理想状况等的《审议总结报告》。

在这个《审议总结报告》中，总结了高中教育的目标，那就是为“确保共同性”，让学生掌握社会生存能力和为社会发展做贡献的能力，同时，根据学生和学校的实际情况，通过加强对“多样化”的应对策略，来确保和提高教学质量。

《审议总结报告》列举了重要的具体措施，如引入完成度测试（基础水平）（暂定名称），加强对广泛的、多方面的素质评估等学习成果和教学活动的掌握和检验，促进学生从学校到社会的平稳过渡，推进应对不同学生的学习方式和职业愿望的教学活动，以及推进大范围进行函授教学课程方式的研讨。

关于完成度测试（基础水平）（暂定名称），在 2014 年 12 月中央教育审议会通过的《为实现适应新时代的高中大学衔接的高中教育、大学教育、大学入学者选拔的一体化改革的报告》以及 2016 年 3 月文部科学省高中大学衔接体系改革会议总结的“最终报告”中提到了高中基础学习能力测试（暂定名称）。根据专家和准备小组的探讨研究，在实践研究学校的协作下，取得了试验调查成果，并于 2017 年 7 月改为新名称“高中生学习基础诊断”，并作为实施方针予以公布。之后，由专家组成的工作组进行了专业研讨，并参照高中、教育委员会相关人员以及民营企业家等的意见，于 2018 年 3 月制定并公布了认证标准等项目[1]。

此外，为了满足学生多样化的学习需求，正在实施帮助和咨询体系的项目，以便对参加定时制课程和函授课程有困难的学生给予帮助。

并且，为了确保偏远岛屿和人口稀少地区人们的教育机会，为他们提供接触多样化和高水平教育的机会，2015 年，引入了实行全日制和定时制课程的远程教育系统。为了促进远程教育的普及，为先行实行的教育委员会提供财政援助，并以获得的实际案例为基础，对其成果和出现的问题进行核查。

另外，搞清了部分不适当的教育管理的实际状况，为确保和提高高中函授教育的质量，2016 年 3 月，文部科学省制定了“大范围函授制高中集中改革计划”，并确定了“确保和提高大范围函授制高中教学质量的集中检查期”，为期两年，至 2018 年。

1 参照第一部稳步推进教育振兴第二节。

在此基础上，同年 9 月，经过“关于确保和提高大范围函授制高中教学质量调查研究合作者会议”的讨论，制定了《确保和提高高中函授教育质量指南》。文部科学省与主管部门充分合作，正在对大范围函授制高中实施现场检查。

根据检查，弄清了存在的问题，2017 年 7 月，在调查研究合作者会议上，汇编了《关于确保和提高高中函授教学质量的审议总结》，对今后应采取的措施提出了建议。在此“审议总结”的基础上，为了改善学校的运作和主管部门的指导和监督，2018 年 3 月，修改了《确保和提高高中函授教学质量指南》，并把面试指导实施机构作为校规的记载事项写入学校教育施行规则（2018 年 4 月 1 日起执行）。

文部科学省将继续实施进一步的改进措施，努力确保和提高高中函授教学的质量。

第七节
充实教科书

教科书，作为学校进行教学活动的主要教材，对促进学生的学习起着重要作用。为了保证实质上的教育机会均等，提高全国教育水平，小学、初中、高中、特殊支持学校都必须使用教科书。教科书是通过以下过程交付到学生手上的。

图2-4-7 教科书从编辑到使用

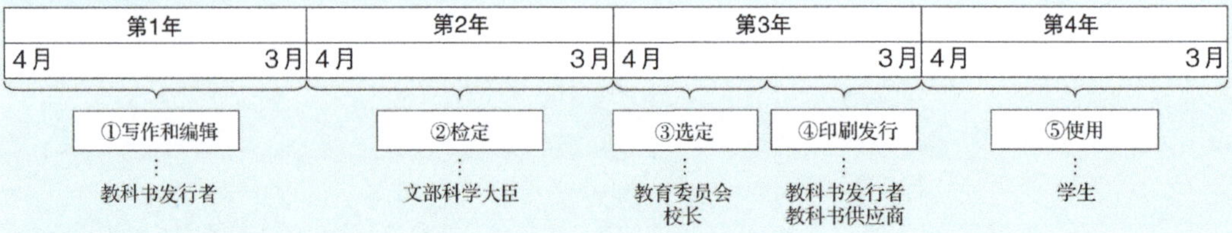

图2-4-8 小学、初中、高中教科书的检定和选定周期

学校类别 \ 年度			2013	2014	2015	2016	2017	2018	2019	2020	2021	2022
小学		检定	◎			◆	◎	◎				◎
		选定		△			▲	△	△			
		开始使用			○			●	○	○		
中学		检定		◎			◆	◎	◎			
		选定			△			▲	△	△		
		开始使用				○			●	○	○	
高中	主要用于低年级	检定			◎				◎	◎		
		选定				△				△	△	
		开始使用	○				○				○	○
	主要用于中年级	检定				◎				◎	◎	
		选定	△				△				△	△
		开始使用		○				○				○
	主要用于高年级	检定	◎				◎				◎	◎
		选定		△				△				△
		开始使用			○				○			

◎ 检定年度
△ 最近检定合格初次选定教科书的年度
○ 使用开始年度（小学、初中原则上每四年，高中每年选定）
◆ “特别科目 道德”教科书的检定年度
▲ 上一年度检定合格的“特别科目 道德”教科书初次选定年度
● “特别科目 道德”教科书的开始使用年度
※小学在2018年，初中在2019年分别对除过“特别科目 道德”以外的其他教科书进行选定。
※粗线条以后是关于教学指导大纲修订后实施教育课程的教科书。
※阴影部分是预计实施年度

一、教科书的检定

教科书检定制度的实施，是在期望民间发行者努力发行多种多样教科书的同时，还要①维持和提高全国教育水平、②保证教育机会均等、③维持适当的教育内容、④确保教育的中立性等要求。

教科书检定，是根据学习指导纲要和课程用书检定标准，由各领域具有专业知识的课程用书检定调查审议会委员从专业性、学术性的角度对教科书进行严格的审议。

为了回应人们对教科书的高度关心和信任，并加深对教科书检定的进一步理解，其检定结果是公开的，以确保检定的透明度。在 2017 年，公开了 2016 年进行的小学（特别科目道德）和高中（主要是中间年级）用教科书的检定结果[1]。

另外，根据 2017 年 5 月发布的课程用书检定调查审议会的“关于教科书的改进”报告，为实施新学习指导纲要，正在对检定标准进行逐步修改。

二、教科书的选定

教科书的选定是根据各个地区和学生的实际情况，来决定在该地区学校使用的教科书。公立学校（不包括公立大学法人设立的学校）的教科书是由学校的创立者，即各都道府县和市町村教育委员会、国立学校和公立大学法人创立的学校和私立学校的是校长选定的。公立小学和初中所使用教科书的选定，是由各都道府县教育委员会通过听取市町村教育委员会的意见来设定教科书选定地区。在由多个市町村组成的教科书选定地区，由地区内的市町村教育委员会制定协议，设立选定地区协议会，并根据协议结果来选定相同的教科书。

有选定权的人，根据自己的判断和责任选定教科书时，要做到：①对教科书的内容要进行充分的调查研究，②确保安静的选定环境，③公布选定结果和理由。文部科学省对各教育委员会进行指导，要他们更加努力完善教科书的选定工作。如：加强调查研究，明确选定工作的规范化手续，选定地区要适当规模化。

此外，从 2015 年到 2016 年，文部科学省对多个教科书发行人在教科书选定上的公正性和透明度方面产生怀疑，除了对发行者进行指导以外，还采取措施，防止类似事件再次发生。

2017 年，首次进行了小学用教科书“特别科目道德”的选定工作。

三、义务教育教科书的无偿提供

义务教育教科书的无偿提供制度，是《日本宪法》第 26 条规定的为了更加广泛实现免费义务教育精神而实施的制度。自 1963 年以来，已经在日本全国广泛地实施了 50 多年。该制度是在包含全体国民为加深下一代的国民意识强烈愿望下进行的，

1　http://www.mext.go.jp/a_menu/shotou/kyoukasho/kentei/1383598.htm
http://www.mext.go.jp/a_menu/shotou/kyoukasho/kentei/1386005.htm

同时具有减轻学生家长教育费用负担的效果。教科书无偿提供的对象是所有实施义务教育学校的学生。因该制度的实施，2017 年的预算列入了大约 416 亿日元，向约 990 万学生提供了约 9300 万册教科书。

四、特定教学用书的普及和增加

2008 年制定了《关于促进残疾儿童特定教学用书的普及法》，以便普及残疾儿童特定教学用书，如放大字号的教科书。

具体而言，为了尽量满足更多的弱视儿童，制定了放大字号的教科书标准，督促教科书发行者发行放大字号的教科书，此外，还在全国五个区域，召开了以都道府县教育委员会为对象的语音教材普及推广大会。

2017 年，几乎所有使用检定教科书的小学和初中，都把符合标准的放大字体教科书提供给了必要的学生。此外，对于无法使用教科书发行者发行的放大教科书的学生，要求根据每个学生的需求，让制作放大教科书的志愿者组织为儿童们提供数字化教科书。

此外，由于发育障碍等残疾因素，对检定教科书中通常使用的文字和图形认识有困难的学生，文部科学省正在与志愿者组织合作，进行调查研究，以便为他们提供特定教科书，即语音教科书。

图2-4-9 放大字体的教科书发行册数（2017年）

	发行册数		放大教科书/检定教科书
	字体放大教科书	检定教科书	
小学	253	253	100%
初中	128	129	99.2%
高中	43	742	5.8%
合计	424	1.124	37.7%

五、对数字化教科书制度化的研究

在 2016 年 12 月对“数字教科书”定位讨论会的最后总结和 2017 年 10 月中央教育审议会初中等教育小组委员会讨论认为：以纸质教科书作为主要教材，根据需要并用数字化教科书是比较合适的。在此基础上，在实施新学习指导纲要时，为了导入数字化教科书，在 2018 年国会例行年度会议上，提交了“修改学校教育法部分条文的法律建议书”，并于同年 5 月 25 日通过。

第八节
应对霸凌和不上学等学生指导方面的各种问题

一、学生指导方面存在的各种问题

1. 学生指导方面的现状

学生指导，是以所有学生为对象，在学校的所有教育活动中，让每个人的人格得到健全发展，身体得到健康成长，以及现在和将来的自我实现，对学生进行实现自我能力的培养，使他们在学校的生活变得有意义、有趣味，更加充实。考虑学生指导的积极意义，日本十分重视指导和帮助学生获得将来在社会生活中所必需的素质、能力和态度。

同时，霸凌问题和少年之间发生的各种严重事件已经成为教育上的大问题。文部科学省每年都要通过各都道府县教育委员会进行调查，努力掌握暴力行为、霸凌、不上学等学生指导方面的实际情况。根据 2016 年度的调查结果，从小学到高中的暴力行为案件数量约为 59000 件，从小学到高中，以及特别支持学校的霸凌案件数量约为 323000 件，从小学到高中“不上学”学生人数约为 182000 人。

在学校的日常指导中，要建立师生之间的信任关系，通过所有教育活动，对学生的规范意识和社会性进行详细的指导。同时，要防患于未然，早发现，早处理。不仅如此，当问题发生时，要坚持不懈地进行指导。当反复不断地指导之后，仍然看不到改善效果时，就要采取坚决措施，如让学生暂停上课和给予惩戒等。不能隐藏问题，全体教职员工必须齐心协力，共同应对。而且，教育委员会要建立一个适当支持学校的体制，并在家庭、社区、警察、法务局和儿童指导中心等相关机构的理解与合作下，全地区共同推进问题处理的体制建设。

文部科学省编辑了《学生指导简明教程》，作为对学生进行指导的概念和努力方向的基本材料，以促进从小学阶段到高中阶段的富有组织性、系统性的指导工作，并将其分发给各教育委员会和学校，以督促其在指导和培训中使用，以便进一步加强对学生的指导。

2. 霸凌

在《霸凌预防措施促进法》中，霸凌被定义为“在同一学校上学的学生，一方对另一方施加了心理或者物理的不良影响行为（包括通过互联网进行的行为），受到影响的学生感受到精神和身体的痛苦，这种行为就是霸凌”（第 2 条第 1 款）。判断某个行为是否属于“霸凌”，不应该仅靠表面和形式来判断，必须站在受霸凌学生的立场上。

关于霸凌问题，社会全体人员首先要达成“霸凌绝对不可原谅”的共识，还需要实施“不让孩子成为加害者、被害者和旁观者任何一方”的教育。此外，为了妥善处理霸凌问题，必须了解孩子的烦恼和担心，与他们共同协商，这是至关重要的。

在 2012 年，发生了令人痛心的事件，有个学生因霸凌问题而自杀，成了重大的社会问题。继 2013 年 6 月颁布了《霸凌预防措施促进法》后，文部科学省于同年 10 月制定了《防范霸凌基本方针》（以下简称《基本方针》）。

文部科学省为了让教育委员会和教职员工了解《霸凌预防措施促进法》和《基本方针》，并确保彻底防止霸凌事件的发生，举行了“解决霸凌问题的领导培训进修”，并召开了“防止霸凌的普及启发商讨大会”。

此外，在2016年，《霸凌预防措施促进法》已经实施三年了，“防止霸凌对策协议会”对该法律的执行情况进行了核查。根据核查结果，修订了国家的基本方针，制定了《严重霸凌案件调查指南》。

在 2016 年，全国国立公立私立小学、初中、高中以及特别支持学校得到确认的霸凌案件数量大约是 323000 件，得到确认有霸凌案件的学校数量约为 26000 所，约占学校总数的 68.3%（如图 2–4–10）。

任何学生和任何学校都可能发生霸凌行为，但就所确认的霸凌案件的数量而言，调查中每千人中得到确认的数量，各都道府县之间的差异却很大，很难说已经准确地反映了实际情况。出于这个原因，文部科学省表示，得到确认有大量霸凌案件的学校“积极承认有霸凌行为，包括那些处于早期阶段的霸凌行为，并且正在努力消除霸凌行为”，对这些学校给予了积极的肯定评价，并敦促各个都道府县对霸凌行为要进行积极彻底的确认。

①对霸凌的对策和不上学儿童的帮助等综合性项目的推进

为了加强霸凌预防，早期发现和早期应对，改善教育咨询制度以及通过互联网应对进行霸凌，正在扩大“霸凌对策，对不上学儿童的支持等综合性推进项目”，并对地方政府在应对霸凌问题方面的努力给予大力支持。

②召开霸凌预防对策协议会

文部科学省召开了“霸凌预防对策协议会”，得到了学校相关人员和各种职能组织专家的参与，以便能够根据《霸凌预防措施促进法》准确掌握和核实霸凌预防状况，并加强解决霸凌问题相关人员之间的合作。2017 年度，在同一协议会下，设立了“使用 SNS 进行霸凌问题咨询系统的构建工作组”，对使用社交网络服务（SNS）的优点和问题进行了探讨研究[1]。

1　请参照第二部第四章第八节二。

图2-4-10 得到确认的霸凌案件数量的变化

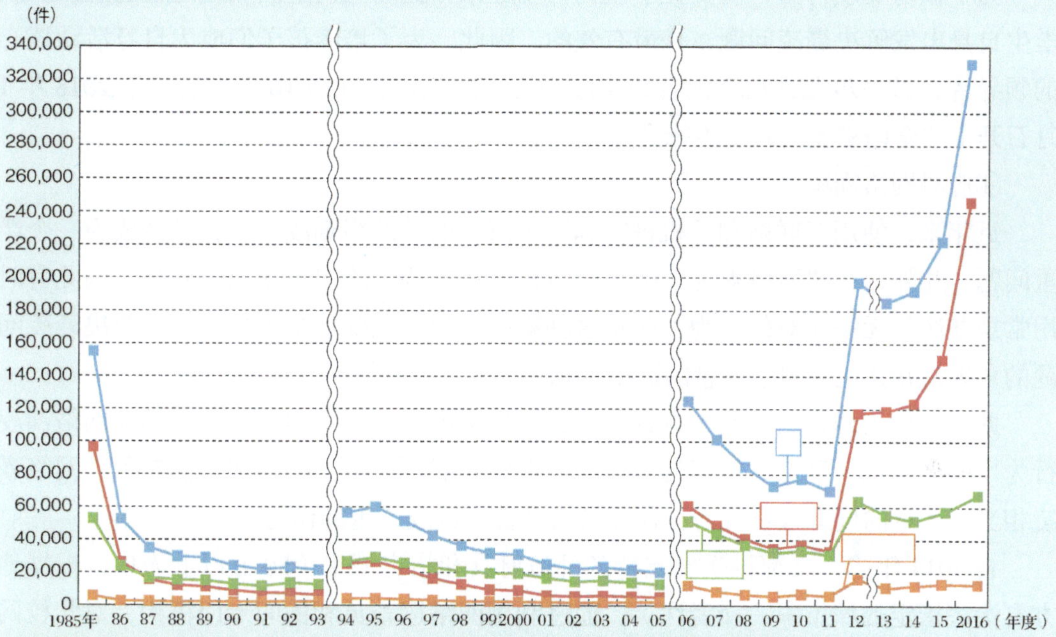

	1985年度	86年度	87年度	88年度	89年度	90年度	91年度	92年度	93年度
小学	96,457	26,306	15,727	12,122	11,350	9,035	7,718	7,300	6,390
初中	52,891	23,690	16,796	15,452	15,215	13,121	11,922	13,632	12,817
高中	5,718	2,614	2,544	2,212	2,523	2,152	2,422	2,326	2,391
合计	155,066	52,610	35,067	29,786	29,088	24,308	22,062	23,258	21,598

	94年度	95年度	96年度	97年度	98年度	99年度	2000年度	01年度	02年度	03年度	04年度	05年度
小学	25,295	26,614	21,733	16,294	12,858	9,462	9,114	6,206	5,659	6,051	5,551	5,087
初中	26,828	29,069	25,862	23,234	20,801	19,383	19,371	16,635	14,562	15,159	13,915	12,794
高中	4,253	4,184	3,771	3,103	2,576	2,391	2,327	2,119	1,906	2,070	2,121	2,191
特别教育学校	225	229	178	159	161	123	106	77	78	71	84	71
合计	56,601	60,096	51,544	42,790	36,396	31,359	30,918	25,037	22,205	23,351	21,671	20,143

	06年度	07年度	08年度	09年度	10年度	11年度	12年度
小学	60,897	48,896	40,807	34,766	36,909	33,124	117,384
初中	51,310	43,505	36,795	32,111	33,323	30,749	63,634
高中	12,307	8,355	6,737	5,642	7,018	6,020	16,274
特别支持学校 特别教育学校	384	341	309	259	380	338	817
合计	124,898	101,097	84,648	72,778	77,630	70,231	198,109

	13年度	14年度	15年度	16年度
小学	118,748	122,734	151,692	237,256
初中	55,248	52,971	59,502	71,309
高中	11,039	11,404	12,664	12,874
特别支持学校	768	963	1,274	1,704
合计	185,803	188,072	225,132	323,143

注1：到1993年度调查了公立小学、初中、高中。从1994财年开始调查特别教育学校，2006年开始包含国立私立学校。
注2：1994年度和2006年度改变了调查方法。
注3：到2005年度是发生案件数，从2006财年开始是得到确认案件数。
注4：从2013年度开始,高中部分包含函授制课程。
注5：从小学就是义务教育学校前期课程，初中就是义务教育学校后期课程和中等教育前期课程，高中包含中等教育学校后期课程。
出处：文部科学省“关于学生问题行动和逃学等指导的问题调查”

③召开全国霸凌问题学生峰会

为了预防霸凌行为，就要让学生们行动起来，提高他们解决霸凌问题的意识。从学生自身出发解决霸凌问题，是最有效的。因此，为了培养孩子们成为自身活动核心的领导者，进一步促进在全国各地实施霸凌预防工作，在2016年之后，于2018年1月召开了“全国霸凌问题学生峰会”。

④应对网络霸凌

近年来，使用互联网和手机进行霸凌（所谓的“网络霸凌”），已经成为一个严重问题。此外，在“网络霸凌”中，使用SNS的霸凌，难以被第三方发现，因此有时用常规办法是无法应对的。为了防止这种霸凌行为，就要让学生提高自己解决霸凌问题的意识，并让他们树立信息的道德观念[1]。

此外，作为修订后的基本方针，写进了如下内容：要努力让孩子们理解网络霸凌行为可能会构成《刑法》规定的诽谤罪或者侮辱罪，民事上的损害赔偿对象，网络霸凌相当于严重的侵害人权行为，很容易给受害人造成严重的伤害。

自2014年起，文部科学省支持各都道府县和指定城市（50万以上人口，根据地方自治法指定的城市——译者注），通过利用网络巡查员和民间专门机构，对学校网络进行巡查监视。

⑤应对遭受东日本大地震的学生或因核电站泄漏事故避难的学生的霸凌行为

对于因核电站事故而避难的学生遭受霸凌，学校未进行适当应对的案件，文部科学省于2016年12月发出《关于接收遭受东日本大地震学生的学校的应对通知》（2016年12月16日，发给初等中等教育局局长的通知），要求学校确认灾区学生是否遭受到霸凌。此外，在2017年3月，修订了基本方针，写入了对核电厂事故避难学生的霸凌预防和早期发现，要求教职员工进行适当的应对。而且，在同年4月，文部科学大臣就防止受灾儿童遭受霸凌问题，向全国学生声明，同时，公布了根据上面2016年12月发出的要求各教育委员会对霸凌状况进行确认的后续调查结果。

3. 暴力行为

2016年度，全国国立公立私立小学、初中和高中学生引发的暴力行为（对教师的暴力、学生间的暴力、对人暴力和破坏财物）的发生情况如下所示，发生在学校管理之内的，大约11000所学校发生了大约56000起案件，占所有学校的30.6%，发生在学校管理以外的，大约2100所学校发生了大约3200起案件，占所有学校的5.9%，案件数据相当惊人（如图2-4-11）。

1　参照第二部第十一章第一节。

图2-4-11　学校管理之内和管理之外的暴力行为发生件数的变化

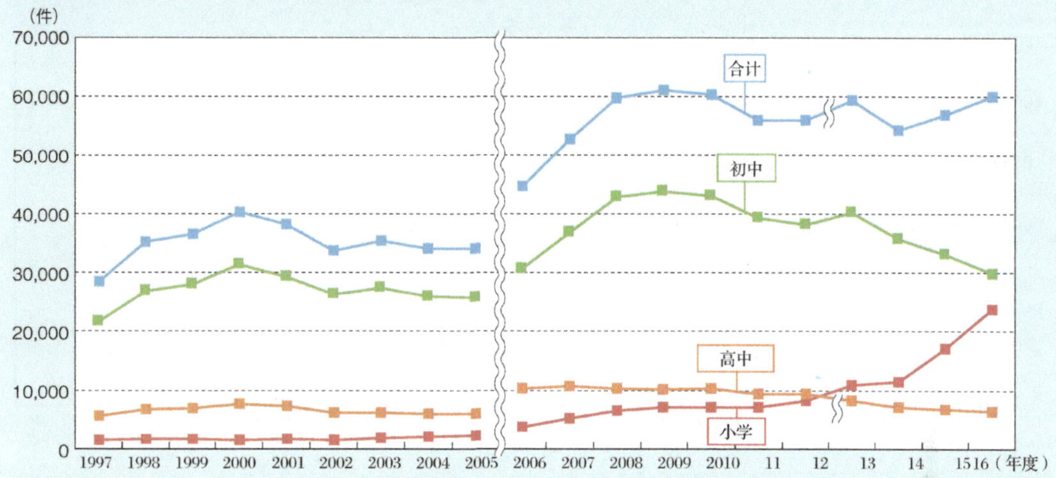

财年	1997	98	99	2000	2001	02	03	04	05	06	07	08	09	2010	11	12	13	14	15	16
小学	1,432	1,706	1,668	1,483	1,630	1,393	1,777	2,100	2,176	3,803	5,214	6,484	7,115	7,092	7,175	8,296	10,896	11,472	17,078	22,841
初中	21,585	26,783	28,077	31,285	29,388	26,295	27,414	25,984	25,796	30,564	36,803	42,754	43,715	42,987	39,251	38,218	40,246	35,683	33,073	30,148
高中	5,509	6,743	6,833	7,606	7,213	6,077	6,201	5,938	6,046	10,254	10,739	10,380	10,085	10,226	9,431	9,322	8,203	7,091	6,655	6,455
合计	28,526	35,232	36,578	40,374	38,231	33,765	35,392	34,022	34,018	44,621	52,756	59,618	60,915	60,305	55,857	55,836	59,345	54,246	56,806	59,444

注1：从1997财年开始，以公立小学、初中、高中为对象，对校外的暴力行为也进行了调查。
注2：从2006财年开始，对国立私立学校也进行了调查。
注3：从2013财年开始，高中包括了函授课程。
注4：从小学包括义务教育学校前期课程，初中包括义务教育学校后其课程和中等教育学校前期课程，高中包括中等教育学校后期课程。
出处：文部科学省“关于学生问题行动和逃学等指导方面的问题调查”

4. 不上学

2016 年，全国国立公立和私立小学、初中仍有相当数量的学生不上学，大约为 134000 人，高中大约为 49000 人（如图 2-4-12）。

为了研讨关于不上学的综合性对策，文部科学省于 2015 年 1 月举办了“关于不上学的调查研究合作者大会”，并于 2016 年 7 月发布了最终报告。针对这份最终报告，2016 年 9 月 14 日发出了“关于对不上学学生的援助方式”的通知（发给初等中等教育局局长的通知），通知表示了对不上学学生新的援助方式。不上学是有各种因素和背景的，不能将其视为一种问题行为，对不上学学生的援助不仅仅是让他们来学校上学，而是要让他们树立将来能够在社会上独立生活为目标。

此外，根据在自由学校（以尊重学生自由自主为理念的学校，主要针对不上学的学生——译者注）学习的儿童学习现状，2015 年 1 月举行了“关于自由学校的研讨会”，2017 年 2 月，发布了加强援助不上学学生在校外学习的报告，以便推进教育委员会、学校和民间团体对不上学学生的共同援助。

并且，在 2016 年 12 月，通过了《确保在义务教育阶段与普通教育相当的教育机会的法律》，规定了不上学学生在学校以外参加各种适当的学习活动的重要性，以及

图2-4-12 不上学学生人数变化

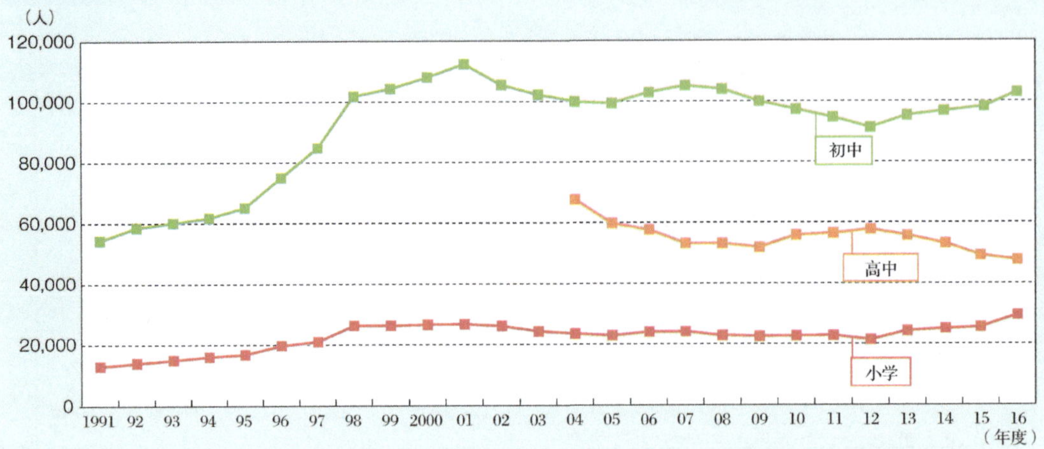

年度	1991	1992	1993	1994	1995	1996	1997	1998	1999	2000	2001	2002	2003
小学	12,645 (0.14)	13,710 (0.15)	14,769 (0.17)	15,786 (0.18)	16,569 (0.20)	19,498 (0.24)	20,765 (0.26)	26,017 (0.34)	26,047 (0.35)	26,373 (0.36)	26,511 (0.36)	25,869 (0.36)	24,077 (0.33)
初中	54,172 (1.04)	58,421 (1.16)	60,039 (1.24)	61,663 (1.32)	65,022 (1.42)	74,853 (1.65)	84,701 (1.89)	101,675 (2.32)	104,180 (2.45)	107,913 (2.63)	112,211 (2.81)	105,383 (2.73)	102,149 (2.73)
小初合计	66,817 (0.47)	72,131 (0.52)	74,808 (0.55)	77,449 (0.58)	81,591 (0.63)	94,351 (0.75)	105,466 (0.86)	127,692 (1.06)	130,227 (1.11)	134,286 (1.17)	138,722 (1.23)	131,252 (1.18)	126,226 (1.15)

	2004	2005	2006	2007	2008	2009	2010	2011	2012	2013	2014	2015	2016
小学	23,318 (0.32)	22,709 (0.32)	23,825 (0.33)	23,927 (0.34)	22,652 (0.32)	22,327 (0.32)	22,463 (0.32)	22,622 (0.33)	21,243 (0.31)	24,175 (0.36)	25,864 (0.39)	27,583 (0.42)	30,448 (0.47)
初中	100,040 (2.73)	99,578 (2.75)	103,069 (2.86)	105,328 (2.91)	104,153 (2.89)	100,105 (2.77)	97,428 (2.73)	94,836 (2.64)	91,446 (2.56)	95,442 (2.69)	97,033 (2.76)	98,408 (2.83)	103,235 (3.01)
小初合计	123,358 (1.14)	122,287 (1.13)	126,894 (1.18)	129,255 (1.20)	126,805 (1.18)	122,432 (1.15)	119,891 (1.13)	117,458 (1.12)	112,689 (1.09)	119,617 (1.17)	122,897 (1.21)	125,991 (1.26)	133,683 (1.35)
高中	67,500 (1.82)	59,680 (1.66)	57,544 (1.65)	53,041 (1.56)	53,024 (1.58)	51,728 (1.55)	55,776 (1.66)	56,361 (1.68)	57,664 (1.72)	55,655 (1.67)	53,156 (1.59)	49,563 (1.49)	48,565 (1.46)

注1：调查对象：国立公立私立小学和初中（小学包括义务教育学校前期课程，初中包括义务教育学校后期课程和中等教育学校前期课程，高中包括中等教育学校后期课程。）

注2：调查的是财年之间连续或者断断续续旷课30天以上的学生。逃学就是因为某种心理、情绪、身体或者社会因素等不上学或者想上学不能上学（但是不算因疾病或者经济原因不上学的情况）。

注3：括号内的数字是逃学学生占全部学生的比例。

出处：文部科学省“关于学生问题行动和逃学等指导方面的问题调查”

每个不上学学生（在校外）休养的必要性。这是以法律的形式首次系统地对不上学学生的援助。根据这项法律，文部科学省于2017年3月制定了《确保在义务教育阶段与普通教育相当的教育机会的基本方针》，作为全面推进确保不上学学生教育机会的基本方针。

该基本方针就是为了综合推进实施有关确保不上学学生接受教育机会的相关措施而制定的。旨在把学校建设成对所有学生都有吸引力的学校，让学生能够安心接受教育的学校，例如不允许霸凌、暴力行为等。对不上学学生的援助就是要根据他们每个人的实际情况给予必要的援助，让他们将来能够在社会上独立生活。

在此基础上，在2017年度财政预算中，为了促进教育援助中心的设立以及与自由学校等民间团体的合作，实施了调查研究，以确保在学校以外的地方进行教育的机会，在2018年度财政预算中，继续进行同样的调查研究，以便对每个不上学学生根据其实际状况，给予必要的帮助。

5. 高中辍学

2016年，在全国国立、公立、私立高中中，辍学人数约为47000人，占在校学生的比率（辍学率）为1.4%（如图2–4–13）。辍学的原因是“不适应学校的生活和学习能力不够”（33.6%）以及“改变了将来的毕业去向”（33.8%）。

如何应对高中辍学问题，重要的是要根据每个高中生的能力、适应性、兴趣、关注要点等，开展有吸引力的教育活动，以便每个学生都可以积极主动地按照自己的目标和意志来学习。同时，还要加强职业教育并开展更加细致的教育咨询。另外，对就职和转学等积极改变将来毕业去向的支持也是很重要的。

文部科学省为了加强教育咨询系统，增加了学校心理辅导员和学校社会工作者的配备。为了对辍学者进行从学校到社会不间断的援助，加强了当地的青年援助工作站等相关机构与学校之间的合作。

文部科学省也掌握了全国公立高中学生因怀孕而辍学的实际情况。在2015年4月至2017年3月的两个财政年度，学校掌握的学生怀孕的有2098人，以怀孕为理由劝其退学没有被（文部省）批准，并且，学生或监护人希望学生继续上学，但学校仍劝其退学的有32人。因此，在2018年3月，发出了《根据所把握的公立高中以怀孕为理由让学生退学的实际情况，对怀孕学生应对措施的通知》（2018年3月29日发给初等中等教育局学生科长、初、中等教育局健康教育和食品培训科长的通知）。该通知告知了基本应对措施，即：当学生怀孕时，相关人员之间要进行充分的对话，在考虑教育必要性的同时，要优先保护当事人，如果学生愿意继续学习，就不能轻易做出退学处分或者事实上的退学劝告。为了确保该通知得到彻底贯彻，在以全国学生指导负责人为对象的各种会议上进行了大力宣传。

6. 自杀

根据厚生劳动省（相当于中国的劳动和社会保障部）和警察厅发布的《2017年度的自杀状况》（2018年3月），2017年小学、初中和高中学生的自杀人数为357人。此外，在2017年，发生了一件极其卑劣的事件，有人利用SNS，在网上发出自杀邀请，使用巧妙的语言将高中生引诱出来并杀害。针对这一情况，2017年12月19日，在神奈川县座间市召开了防止类似事件再次发生的部长级会议，并总结编写了《防止座间市事件再次发生的对策》文件。

通过教育来防止学生自杀，让学生了解生命的重要性。同时，根据学生自杀的特点和倾向，对其采取相应的对策。文部科学省从2008年就开始召开专家会议，研讨这些问题及对策。另外，为防止学生自杀，或者作为不幸发生自杀时的紧急应对，制

图2-4-13 高中辍学者人数及辍学率

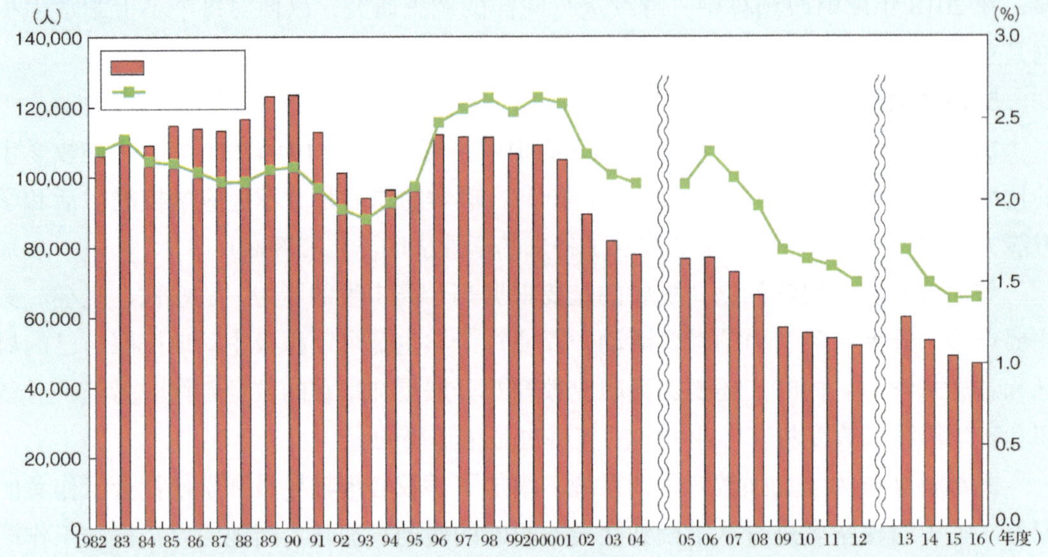

		1982	1983	1984	1985	1986	1987	1988	1989	1990	1991	1992	1993	1994
辍学人数（人）		106,041	111,531	109,160	114,834	113,938	113,357	116,617	123,069	123,529	112,933	101,194	94,065	96,401
	公立	65,314	67,932	67,009	72,086	73,176	73,127	75,791	81,332	82,846	76,684	68,822	63,428	64,229
	私立	40,727	43,599	42,151	42,748	40,762	40,230	40,826	41,737	40,683	36,249	32,372	30,637	32,172
辍学率（%）		2.3	2.4	2.2	2.2	2.2	2.1	2.1	2.2	2.2	2.1	1.9	1.9	2.0
	公立	2.0	2.0	1.9	1.9	1.9	1.9	1.9	2.0	2.1	2.0	1.9	1.8	1.9
	私立	3.2	3.3	3.1	2.9	2.8	2.7	2.6	2.6	2.5	2.3	2.1	2.1	2.2

		1995	1996	1997	1998	1999	2000	2001	2002	2003	2004	2005	2006	2007
辍学人数（人）		98,179	112,150	111,491	111,372	106,578	109,146	104,894	89,409	81,799	77,897	76,693	77,027	72,854
	国立	–	–	–	–	–	–	–	–	–	–	53	44	45
	公立	64,431	73,736	73,654	73,474	70,554	73,253	70,528	60,633	55,668	53,261	53,117	53,251	50,529
	私立	33,748	38,414	37,837	37,898	36,024	35,893	34,366	28,776	26,131	24,636	23,523	23,732	22,280
辍学率（%）		2.1	2.5	2.6	2.6	2.5	2.6	2.6	2.3	2.2	2.1	2.1	2.2	2.1
	国立	–	–	–	–	–	–	–	–	–	–	0.6	0.5	0.5
	公立	2.0	2.3	2.4	2.5	2.4	2.5	2.5	2.2	2.1	2.0	2.1	2.2	2.1
	私立	2.4	2.8	2.9	3.0	2.9	2.9	2.9	2.5	2.4	2.3	2.2	2.3	2.2

		2008	2008	2010	2011	2012	2013	2014	2015	2016
辍学人数（人）		66,243	56,947	55,415	53,869	51,781	59,923	53,391	49,263	47,249
	国立	52	51	43	56	40	34	43	44	43
	公立	45,742	39,412	38,372	37,483	35,966	38,602	33,982	31,083	29,531
	私立	20,449	17,484	17,000	16,330	15,775	21,287	19,366	18,136	17,675
辍学率（%）		2.0	1.7	1.6	1.6	1.5	1.7	1.5	1.4	1.4
	国立	0.5	0.5	0.4	0.6	0.4	0.3	0.4	0.4	0.4
	公立	1.9	1.7	1.6	1.6	1.5	1.6	1.4	1.3	1.3
	私立	2.0	1.8	1.7	1.6	1.5	1.9	1.7	1.6	1.5

注1：2004财年之前调查了公立和私立高中。国立高中从2005财年开始，2013财年开始也调查了高中函授课程。
注2：辍学率就是辍学者占全体在籍学生人数的比例。
注3：高中包含中等教育学校后期课程。
出处：文部科学省“关于学生问题行动和逃学等指导方面的问题调查”

作了面向学校和教职员工的材料，并分发给各教育委员会和学校。在 2014 年度，制作了学校预防自杀教育指南《要告诉学生的自杀预防策略》以及修订版的《学生自杀发生后的背景调查指导方针》《儿童自杀实际情况分析》。在2017年度，以各教育委员会的学生指导负责人和校长、教务主任为对象，召开了“关于预防学生自杀的启发商讨会议”，通报了防止学生自杀的对策。

此外，在2018年1月，文部科学省和厚生劳动省联合发出了《关于促进在预防学生自杀问题上遇到困难，即受到强烈心理负担的情况下，掌握应对方法的通知》，［2018年1月23日发给初等中等教育局学生科长、厚生劳动大臣官房参事官（自杀对策负责人）的通知］，要求进一步推动《新自杀综合对策大纲》（2017年7月25日内阁会议通过）中规定的“关于求救信号发出方法的教育”。

并且，由于在学校长假快要结束的时候，18岁以下学生的自杀倾向会迅速增加。因此，从长假前到长假期间以及长假快要结束时，学校都要努力做到早期发现，督促家长在家监护，以及进行校内外的集中监护活动，并强化网络巡查，这些必须在暑假等长假放假之前一一认真落实。

二、完善和加强教育咨询体制

为了妥善处理学生霸凌等问题，必须完善教育咨询体制，以便能够听到学生的烦恼和不安，并及时与他们沟通。

2015年12月，文部科学省举办了“教育咨询调查研究合作者会议”，并于2017年1月，发布了关于加强学生教育咨询的建议报告，报告讲到了今后的教育咨询方式，学校心理辅导员和学校社会工作者的工作内容以及学校、教育委员会的组织方式等内容。

并且在2015年12月的中央教育审议会《关于作为团队的学校现状以及今后的改进对策（报告）》的基础上，修改了《学校教育法实施条例》的部分条文，规定了学校心理辅导员和学校社会工作者的职责内容（于2017年4月1日执行），即“学校心理辅导员就是在学校从事与学生心理咨询相关的援助工作”“学校社会工作者就是在学校从事与学生福利相关的援助工作”。

此外，为了改善学校的教育咨询体制，给学校配备心理辅导员和社会工作者的都道府县，给予经济补助。

除了补助给公立初中和公立小学安排学校辅导员所需的费用外，2017年，还针对解决贫困和虐待问题，给予重点补助。在2018年度预算中，除了为所有公立初中安排学校辅导员之外，还在学生指导上存在重大问题的公立初中实施每周五天的心理咨询体制，以便促进学生经常都可以咨询的体制建设。关于公立小学，包括小学初中合作型学校在内，给16700所学校加大了（心理咨询辅导员和社会工作者的）配备。并且，还列入了针对解决贫困和虐待问题的优先配备（1000所学校）所需的费用。

此外，在2017年，除了给小学和初中安排学校社会工作者补助所需费用外，还对解决贫困和虐待问题进行了优先配备。在 2018 年预算中，增加了配备人数，已达 7547 人，并为解决贫困和虐待问题优先配备（1000 人）。为提高质量，还配备了管理员（47 人），作为必需费用也计算在预算当中。

此外，文部科学省提供“24 小时学生求救电话”，以便可以随时接听学生的求救，包括夜间和假期。从 2016 年度起，该求救电话变为免费电话，电话号码也更改为“0120–0–78310”。

此外，近年来，许多年轻人使用 SNS 作为主要的通信手段，应对 SNS 上的霸凌也成为一项巨大课题，为此，为了接受包括霸凌在内的各种烦恼的咨询，文部科学省于 2017 年 7 月召开了专家会议，研讨使用 SNS 的优缺点，并于 2018 年 3 月，编制了《利用 SNS 设立咨询系统的最终报告》。此外，从 2018 年起，支持地方政府设立使用 SNS 的学生咨询系统。

并且，自 2013 年以来，对各都道府县和市镇村从第三方的立场上协调解决霸凌问题，以及利用外部专家协助学校解决问题给予了补助。

三、禁止体罚

《学校教育法》严格禁止体罚，从尊重学生人权的观点来看也是不允许的。此外，体罚不仅是一种非法行为，而且是对学生身心方面产生严重不利影响的行为，导致学生对教师和学校失去信任，助长学生以武力解决问题的意识，从而滋生一系列霸凌和暴力等行为。

然而，在 2012 年，因为社团活动中的体罚，发生了学生自杀案件，成为当时的重大社会问题。在此案件和教育再生执行会议的第一个建议《关于防范霸凌问题的对策》的基础上，为了促进对惩戒和体罚的区别的深刻理解，以及在教育现场基于学生的理解进行指导，文部科学省发出了《禁止体罚和基于对学生的理解情况下的全面指导的通知》（2013 年 3 月 13 日发给初等中等教育局局长、体育和青少年局局长的通知）。在本通知中，用具体事例清楚地解释了惩戒与体罚之间的区别，并且还说明了社团活动的注意事项。此外，在 2018 年 3 月 9 日向初等中等教育局局长、体育和青少年局局长发出了《关于彻底根除体罚的通知》，要求检查有没有以严格指导为名，或者以得到家长和学生的理解为由，忽视可能导致体罚或与体罚相关的不适当的指导。为从根本上防止体罚，要努力做到有组织地防止体罚于未然，彻底掌握实际情况，还要做到体罚发生后的早起应对和防止再次发生，并对已经发生的体罚进行严格处置。

自 2012 年以后，每个年度都总结了处理国立、公立和私立学校体罚的情况，并将调查结果进行了公布，在掌握了体罚的实际状况的同时，力求彻底禁止体罚。

为了在体育运动社团中彻底禁止体罚，2013 年 3 月举行了“关于体育运动社团活动方式的调查研究合作者会议”。同年 5 月，为了让运动社团活动的负责人不能减少指导，也不能依赖体罚进行指导，制定了《运动社团活动指导指南》。在本指南中，写入了运动社团活动中可以接受的指导和不被允许的指导的理念，以及与指导相关的运营、体制等必要事项。

文部科学省将该指南广泛通知给各个学校，以便从运动社团活动的现场根除体罚现象。

第九节
加强道德教育

在学校教育中，为了培养协调发展的人，根据学生不同的发育阶段开展了道德教育。在幼儿园，通过各方面的全面指导，对孩子进行道德启蒙教育。在小学和初中，需要安排道德课的时间（每周一个学分的时间），根据各门课、综合学习时间以及特殊活动等不同特点，给予适当的指导，也就是说通过学校的全部教育活动进行道德教育。到了高中，整个学校的教育活动都是以人为本的教育，以此来加强道德教育。

另一方面，自小学和初中设置道德课以来已经过去了大约 70 年。有人指出，虽然按照学习指导纲要，学校下了很大功夫，想了很多办法进行了实践活动，但是，道德教育似乎并没有完全发挥其应有的作用。

此外，包括人工智能在内的技术创新不断发展，对未来的预测将会变得越来越困难。在这样的时代下，要求人们在丰富自身感受性的同时，通过反复不断的摸索，与各种人合作，创造出新的价值。在这种情况下，道德教育在培养改善生活基础的素质和能力方面的作用就显得越来越重要了。

基于这些情况，为了进一步加强道德教育，文部科学省对学习指导纲要的部分条文进行了修订，将道德课的时间定位为“特别课程・道德”。这样一来，就把不只有一个答案的道德问题转变为每个学生自己的问题来面对，即“思考的道德”“讨论的道德”。

本次修订的要点如下：

①对大纲内容进行了系统性的修改，进一步加强了对霸凌问题的应对措施，以及根据学生的成长阶段进行不同的道德教育。

②在指导方法上下功夫，采取解决问题的学习方式和体验式学习方式。

③不再继续对数值进行评估，而是不断掌握与学生道德相关的成长状况。

④向道德课引入检定教材。

根据这一修正案，道德课将从 2018 年在小学、2019 年在初中全面实施。从 2015 年开始，可以根据修订后的学习指导纲要的主旨进行道德教育，作为小学和初中在实施之前的过渡性措施。

关于评估和指导纲要，根据 2016 年 7 月《关于道德教育评估方式的专家会议》的报告，文部科学省在同月 29 日向初等中等教育局局长发出了《在修订学习指导纲要部分条文的情况下，要求改进小学、初中及特别支援学校小学部、初中部学生的学习评估及纲要的通知》，要求彻底贯彻道德课程的评估方式和指导纲要的参考样式。

其中，通知要求不像往常那样进行数值评价，按照如下基本概念进行评估：

①不要通过与其他学生比较来评估，而是积极理解、认可学生有了多大的成长，并以描述式的鼓励性语言进行个人评价。

②不要一项一项进行评估，而是总括式的评估。

③强调学生是否正在向多方面、多角度的方向发展，或者是否加深了道德价值观与自己关系的理解。

④不要把道德课程的评估应用于入学选拔是否合格上。

此外，在 2018 年 3 月公布的新学习指导纲要中有了新的规定：在高中，要在校长的领导下，以推进道德教育的教师为中心，所有教师都要齐心协力，共同开展道德教育。新纲要还写入了：公民的“公共”“伦理”以及特殊活动都是作为与人类生活密切相关的核心指导内容。

并且，为全面实施道德课程，文部科学省于 2017 年 5 月开设了“道德教育档案”，在网站上发布了加强道德教育的资料，以便让每个学校根据学生的实际情况，利用各种创意，进行道德教育课程的建设。此外，为了促进充分利用各地特色进行道德教育，实施了“彻底改善、加强道德教育的援助项目”，支持当地政府加强培训工作，聘请外部讲师，编写讲述地方历史和伟人的地区性教材，并强化与家庭、地区的合作。

第十节

推进人权教育

根据《日本国宪法》和《教育基本法》的精神，通过学校教育和社会教育，推进提高对尊重人权认识的教育，这是至关重要的。根据《人权教育和人权启蒙推进法》和《人权教育、人权启蒙基本计划》（2002 年 3 月 15 日内阁会议通过，部分条文于 2011 年 4 月 1 日做了修订），政府全体人员都在努力推动人权的教育和启蒙。在学校教育方面，按照学生的成长阶段，通过整个学校的教育活动，来推进对提高学生尊重人权意识的指导，并努力促进对每个人的教育。

在学校教育领域，文部科学省以《人权教育指导方法第三次总结报告》（2008 年 3 月）为基础，与学校、家庭和社区联合，实施了“人权教育研究推进项目”，对完善和加强学校指导方法进行了实践性的研究，以便普及推广人权教育的先进事迹。

另外，为了把人权教育推向全国，从 2011 年到 2015 年，对人权教育的实际案例进行了收集和公布。2016 年，实施了《推进消除对外国人不当歧视性言行的法律》（2016 年第 68 号法律），为了进一步推进学校的人权教育，收集和公布了对外国人人权尊重的实际案例。

2015 年 4 月 30 日向初、中等教育局学生科科长发出了《关于实施对性别认同障碍学生的细致应对的通知》，同时，于 2016 年 4 月，编写了面向教职员工的《关于实施对性别认同障碍和与性取向、性别认同相关学生的细致应对措施》，并向各个学校做了公布。

此外，再次召开了从 2010 年就开始的以各都道府县的人权教育监督主任为对象的“人权教育监督主任联络协议会”，分享了对人权教育重要性的认识。与此同时，进一步宣传了《推进消除对外国人不当歧视性言行的法律》、《推进消除歧视村落居民法律》（2016 年第 109 号法律）、朝鲜绑架日本人问题以及面向教职员工的《关于实施对性别认同障碍和与性取向、性别认同相关学生的细致应对的措施》。

第十一节
学生的健康与安全

学校是让学生健康成长、接受教育的场所，保证学生的健康和安全至关重要。文部科学省正在采取各种措施，促进学校的饮食教育，以应对儿童的精神和身体的健康问题，并确保学生在学校的安全。

另外，关于促进学校的饮食教育以及保证身心健康和安全的指导，迄今为止作为学校的整体教育活动一直被认为是至关重要的。在 2017 年 3 月公布的新学习指导纲要总则中规定，不仅是在体育课（保健体育课）、家庭生活课（技术、家庭课）和特殊活动中，在其他课和综合学习时间也要适当进行健康和安全教育。此外，在课程的编制和实施过程中，要将课程与学校保健计划、安全计划、饮食指导的总体计划等各方面的整体计划关联起来，进行有效的指导。

一、饮食教育和学校供餐制度的推进

1. 推进以营养老师为中心的饮食教育

为了应对近年来学生饮食环境的变化，在学校，以营养教师为中心，全体教职员工齐心协力，完善促进饮食教育的制度，并通过学校的整体教育活动，对学生的饮食进行系统、持续的指导。在新学习指导纲要总则中规定：学校饮食教育的推进，要与饮食指导的整体计划联系起来，根据每门课程的特点适当进行，并通过学校的所有教育活动，来推进饮食教育。

此外，文部科学省从 2017 年度开始，以学校为核心，努力将家庭也纳入饮食教育当中来，例如让营养教师和护理教师合作，接近学生家庭，或者通过体验活动深化对饮食的了解等。通过这些工作，实施了“相关饮食教育的推广项目”，有效培养了学生对与饮食相关的自我管理能力。

2. 加强学校供餐制度

学校供餐制度，通过为学生提供均衡营养的饮食来维持和促进儿童的健康，并作为有效促进饮食指导的教材，具有重要的教育意义。截至 2016 年 5 月，小学有 19510 所学校（占所有小学的 99.2%），初中有 9000 所学校（占所有初中的 89.0%）实施了学校供餐制度（如图 2-4-14）。

在各个学校，利用当地产品作为学校供餐的食材，并把当地菜肴和传统菜肴作为菜单。按照“第三次饮食教育振兴基本计划”，在 2020 年之前，努力把学校供餐使

图2-4-14 学校供餐实施状况（国立公立私立）

分类		全国总数	完全供餐		补充供餐		供给牛奶		合计	
			实施学校	百分比	实施学校	百分比	实施学校	百分比	实施学校	百分比
小学	学校数	19,675	19,391	98.6	57	0.3	62	0.3	19,510	99.2
	学生数	6,386,206	6,315,622	98.9	8,694	0.1	8,721	0.1	6,333,037	99.2
初中	学校数	10,108	8,476	83.9	42	0.4	482	4.8	9,000	89.0
	学生数	3,357,538	2,619,602	78.0	8,620	0.3	195,967	5.8	2,824,189	84.1
义务教育学校	学校数	22	22	100.0	0	0.0	0	0.0	22	100.0
	学生数	12,830	12,068	94.1	0	0.0	222	1.7	12,290	95.8
中等教育学校（前期课程）	学校数	51	27	52.9	0	0.0	5	9.8	32	62.7
	学生数	16,551	8,768	53.0	0	0.0	1,752	10.6	10,520	63.6
特别支持学校	学校数	1,103	971	88.0	1	0.1	13	1.2	985	89.3
	幼儿、学生数	137,939	121,804	88.3	25	0.0	879	0.6	122,708	89.0
定时制高中夜校	学校数	565	318	56.3	91	16.1	1	0.2	410	72.6
	学生数	83,258	21,411	25.7	3,865	4.6	16	0.0	25,292	30.4
合计	学校数	31,524	29,205	92.6	191	0.6	563	1.8	29,959	95.0
	幼儿、学生数	9,994,322	9,099,275	91.0	21,204	0.2	207,557	2.1	9,328,036	93.3

出处：文部科学省“学校供餐实时状况调查”（2016年5月1日）

用的本地食材的比例提高到30%以上（2016年度的使用比例是25.8%），使用国内食材的比例提高到80%以上（2016年度为75.2%）。

文部科学省从2016年开始，在学校供餐方面，为了应对减少粮食损失、推动当地生产当地消费、传统饮食文化的继承等社会问题，与食品生产、加工、流通等相关机构合作，实施了“灵活运用学校供餐制度以解决社会性问题的项目”，以便开发出更加有效地运营学校供餐制度的方法。

另外，作为学校改进和加强对过敏反应的应对资料，文部科学省制作了《学校供餐过敏反应应对指南》《学校应对过敏反应疾病的行动指南概要版》以及《学校应对过敏反应疾病的数据（DVD）》，并分发到全国教育委员会和各个学校，以便加深全体教职员工的理解和彻底防止事故的发生。

二、加强学校保健工作

1. 综合解决儿童健康问题

为了应对当今复杂严重的儿童健康问题，文部科学省制作了《保护儿童身心健康启蒙教材》，并分发到全国各地的小学、初中和高中。教材描述了有关儿童心理健康、性、吸烟、饮酒和预防药物滥用等各种问题。

另外，为解决儿童健康问题，采取了各种措施，如派遣退休的保健教师作为学校保健负责人，为了解决心理健康问题、各种传染病、过敏性疾病等仅仅靠学校解决不了的学生的健康问题，在当地设立了地区研讨委员会，与当地的医疗机构合作，共同解决这些学生问题。并且，为了加强应对学校的过敏性疾病，每年在全国六个地方举办教职员工和教导主任的研讨会，以便进一步推进“学校应对过敏反应疾病的行动指南”的普及和启蒙教育。

另外，为了确保学生的身心健康，成立了学校保健委员会，以便学校、家庭和当地的专业机构一起合作，共同商讨学生的健康问题。2016年度，高达96%的学校都成立了保健委员会。

2. 推进癌症教育工作

在《癌症对策基本法》的框架下，以厚生劳动省为中心，政府制订的《癌症对策推进基本计划》为基础，实施了癌症对策，现在是从2017年度到2022年度的第三个计划期间。根据该计划，作为癌症教育的单个目标，国家在掌握全国实施情况的基础上，按照当地实情，改进外聘讲师制度，努力加强癌症教育。

为了实现这一计划，改进各地区的癌症教育，文部科学省对癌症教育的实施状况进行了调查，并支持各都道府县积极开展有关癌症的教育工作。

3. 预防药物滥用教育

关于近年来青少年药物滥用的问题，通过现在的各种对策，已经可以看到青少年的规范意识提高了，取得了一定的成果，认为绝对不可以使用药物的学生比例增加了。另一方面，关于2016年被捕的大麻犯罪者人数，少年和20多岁以前的人占到大约45%，并且有人指出，主要还是以青少年为中心的人群在滥用药物，此外，年轻人滥用危险药物的实际情况仍有待进一步详细确认。

文部科学省为了进一步彻底防止药物滥用，对各个都道府县教育委员会给予指导，每年在所有初中和高中举办一次预防药物滥用学习班，并根据当地情况努力在小学也举办预防药物滥用学习班。此外，决定在高中学习指导纲要“保健体育”一项中加入有关大麻的指导，以便促进对预防药物滥用的教育，加强对大麻的有害性和危害性的指导。

此外，还通过为药物滥用预防学习班的领导人举办研讨会，以及制作预防药物滥用手册分发给大学生，加强对预防药物滥用的认识。

三、推进学校安全工作[1]

1. 综合解决学生的安全问题

文部科学省根据2009年4月实施的《学校保健安全法》，于2017年3月制订了《第2个学校安全推进计划》[2]，以便改善和加强整个学校的安全体系，确保对各种安全问题的解决。在该计划中，明确了推进学校安全的方向性的态度和政策目标，在此基础上，根据对学习指导纲要的修订，将加强安全教育的措施也写入该计划。在《第1个学校安全推进计划》制订后，出现了新的安全问题，将其对应措施也纳入该计划中。今后将根据该计划，努力加强学校的安全工作。

1　关于防灾教育请参照：第二部第二章第四节一。
2　参照 http://www.mext.go.jp/a_menu/kenko/anzen/1383652.htm。

2. 确保学生在校安全

学校是学生安心学习的地方，必须改善学校的安全环境，防止各种案件、事故的发生。

因此，作为安全措施，必须在学校设置监控摄像头、紧急通知装置以及自动体外除颤器（AED），其设置费用由地方财政来负担。此外，文部科学省为教职员工制定了学校安全资料，以加强学校的安全教育和安全管理。2018 年 2 月，基于对近年来出现的各种安全问题的反思，学校在制定危机管理手册时，修订了作为参考的《学校危机管理手册制作指南》。另外，学校、教育委员会、道路管理员、警察等相关机构共同合作，确保学生在上学路上的交通安全。为此，他们实施了各种交通安全对策，各地区也在实施定期联合检查，并对各项安全措施进行改进和充实。

并且，吸取在学校管理范围内发生的各种事故的教训，基于 2014 年度至 2015 年度召开的“关于应对学校事故调查研究”专家会议上的讨论，2016 年 3 月制定了有关事故发生后的应对措施和防止事故再次发生的《应对学校事故处理指南》[1]。

此外，鉴于目前的国际形势，对于导弹、恐怖主义，以及其他可能发生的突发性大规模灾害，要按照各地方政府的国民保护计划的方向，作为学校安全管理的一部分推进应对措施的完善，文部科学省要敦促教育委员会重新修订危机管理手册，强化与地方政府危机管理部门的合作，并督促实施防灾训练。

3. 全地区共同协作，改善保护学生安全的环境

为了确保学生在校内及上学放学路上的安全，必须建立一个完善的全社会共同保护学生安全的体系。例如，促进安全学校[2]就是一个典型的先进事例。

另外，从 2005 年起，文部科学省就在完善有学校安全志愿者参与，全地区共同保护学生校内外安全的体系。例如，由原来当过警察的人担任学校的保安领导[3]在学校巡逻或者给学校安全志愿者进行安保注意事项的指导，以此来对各地区保护学生安全工作提供支持和帮助。

4. 加强实践性的安全教育

在学校的安全教育中，必须注重从生命安全、交通安全、防灾安全等各个方面，教导学生尊重自己和他人的生命，帮助他们实际了解日常生活中的安全常识和注意事项，以及培养他们终身安全生活的态度和能力，特别是为了确保学生的安全，必须促进实践性的安全教育，培养他们掌握预测危险和避免危险的能力。为此，文部科学省在学习指导纲要的基础上，为教职员工制定了学校安全教育参考资料《培养“生存能力”的学校安全教育》（2010 年 3 月修订）和《开展培养“生存能力”的防灾教育》

1　参照 http://www.mext.go.jp/a_menu/kenko/anzen/1369565.htm。
2　促进安全学校：与当地和学校安全有关的人员、机构合作，根据 PDCA 循环（译者注：计划（plan）、执行（do）、检查（check）、处理（act））对学校安全计划进行并反映出来年计划，即连续实施促进安全的学校，由大阪教育大学予以认证。
3　学校保安领导：在学校进行巡逻，对学校的安全系统和学校安全志愿者的工作提供专业指导的人员。

（2013 年 3 月修改）等各种资料和教材，并督促教职员工使用。另外，在“以防灾教育为中心的实践性安全教育综合支持项目”中，支持各学校进行包含交通安全和预防犯罪在内的实践性安全教育。

文部科学省还开设了门户网站[1]，将文部科学省和各地方政府制作的资料刊登在网站上，以便各地方政府和学校在推进安全教育时能够得到必要的信息和优秀事迹作为参考，这个门户网站从 2016 年 4 月开始运营。

1　参照 https://anzenkyouiku.mext.go.jp/。

第十二节
完善教师培养体制，提高教学水平

一、提高教师的素质和能力

1. 推进教师的培养、录用和进修一体化

为了加强肩负着日本未来的学生的教育，就必须提高教育直接担当者——教师的素质。为了实现未来所需的高质量的学习，以及应对日益复杂的教育问题，教师就需要提高教学能力。为此，教师就必须在自己整个教学生涯中，不断学习，不断进步。另一方面，近年来，由于教师的大规模退休，大规模录用，教师的年龄构成和教龄产生了不平衡的现象，主要负责培养教师的大学和主要负责教师进修的教育委员会之间，存在合作不足等问题。

在这种情况下，2016 年 11 月，对教育公务员特别法进行了一些修订，加强了教育委员会与大学之间的合作，并通过在教师的培养、录用和进修的不同阶段，提高教师的素质，完善教师的培养体制。

①教师的培养

为了提高教师的素质和能力，为获得教师资格证书的师资培养课程就显得非常重要。文部科学省于 2017 年 11 月对《教师资格证法实施规则》进行了修订，并决定在大学师资培养课程中加入新出现的教育问题。具体而言，就是要在小学、初中、高中的师资培养课程中独立设置综合学习时间的教学指导法，在所有教师资格证培养课程中独立设置有关特别支持教育的项目，并设置一个以上的学分，作为必修课。此外，为了增加学生长时间在学校现场持续进行体验活动的机会，在课程中新设了学校体验活动，并决定将其作为教学实习学分的一部分，予以认可。此外，为了充实整个师资培养课程的内容，把与小学师资培养课程中与外语科目相关的专业项目和教学方法作为必修课，还增加了信息设备和教材的活用、对学校团队管理运营的应对、学校和地区之间的协调、对学校安全的应对、课程管理和职业教育等内容。

此外，2017 年 11 月，对师资培养课程中的核心课程进行了研究检查，制定了师资培养课程中应该普遍掌握的最低限度的学习内容和完成目标。在师资培养课程的核心课程中，详细规定了教学内容，对每项实施规则都设定了总体目标、一般目标和完成目标。

2018 年大学获得了文部科学省关于新的师资培养课程的认证，并且在 2019 年 4

月之后入学的学生，必须在大学学习修订后的新培养课程，来获得教师资格证书。

此外，实施了“教师培训、招聘及进修综合改革促进项目”，将应对新的教育问题的科目定位为师资培养课程的框架，并支持研究核心课程，以便弄清有关课程教育应该掌握的素质和能力的详细情况。

图2-4-15 师资培养课程核心课程范例

课程名称	必须完成的目标（部分摘录）
各门课的教学法（包含信息设备和教材的活用）	了解在教学指导大纲中该学科的目标、主要内容和整体结构。 能够了解教学计划的构成，并能为设想的具体课程编写授课设计和教学计划。
对需要特别支持的幼儿及学生的理解	能够说明对需要特别支持的幼儿和学生，包括发育障碍和轻度智障学生的帮助方法。 理解“轻度残疾学生班级的教学”和“自立活动”在师资培养课程中的定位和内容。
道德理论及教学法	理解道德教育的历史和现代社会道德教育的问题（如欺凌和信息道德等）。 通过道德教育计划和所有教育活动，来了解教学指导的必要性。
教学实习（学校体验活动）	作为一名教学实习生，要理解应遵守的义务，并在意识到这一责任后积极参加教学实习。 能够根据教学指导大纲及学生的实际状况制订教学计划，并走上讲台上课。

②教师的录用

文部科学省为确保真正具有教师素质和才能的人才当教师，督促各都道府县教育委员会对教师的录用选拔工作进行改进。各都道府县教育委员会不仅通过学习能力和考试成绩，而且通过面试和实际技能考试，放宽考试年龄限制，以及通过对各种社会经验给予适当评估的特殊筛选，即在重视个人评价的方向上对录用选拔方法进行了改进。为了确保富有个性的多样化人才，对具有多年教学经验或在民间企业工作经验的人、获得英语相关证书的人，以及有体育或者艺术方面的技能或成就的人进行特别选拔，并且在 2017 年的招募选拔中，按照修订的学习指导纲要，加强了有关外语方面的选拔工作（如图 2–4–16）。

另外，为了提高录用选拔的透明度，防止发生不公正行为，各县市在考题、答案、分数分配、选拔标准的公布以及向本人公布成绩等方面做了积极的努力。

文部科学省督促各教育委员会，要适当运用附加条件的录用期间制度[1]，以便确认新聘教师是否合格。

为了让学校教育更加多样化和充满活力、对于经验丰富，具备一定优秀知识和技能的社会成年人和当地居民，让他们以各种方式参与学校教育。目前，即使没有获得教师资格证书，也可以负责各门课程和综合学习时间的教学，这种使用特别兼职讲师的制度正在不断扩大，全国在 2016 年使用特别兼职讲师的数量达 20771 人次。

为了将具有良好社会经验的人请到教学现场，特别兼职讲师制度已得到完善，给他们授予特别教师资格证和教师的职位。各都道府县教育委员会在教师录用选拔中，

1 这是一个招聘选拔教师的制度，以确定在招聘选择中已经证明自己有一定水平的教师是否真正有能力进行教学工作，对于那些直接参与学生教育的教师、助理教师和讲师，根据他们的职责特点，规定其附加条件聘期为一年，在此期间，他们要接受新手培训。

图2-4-16 2017年实施的公立学校教师招聘选拔办法等

（各都道府县及指定城市的68个教育委员会）

①放宽考试年龄限制的状况

（单位：县市）

	无限制	51—58岁	41—50岁	36—40岁	35岁以下
2007年度实施	12	0	12	31	9
2007年度实施	18	1	17	31	0
2007年度实施	32	1	26	9	0

②特别选拔的实施状况

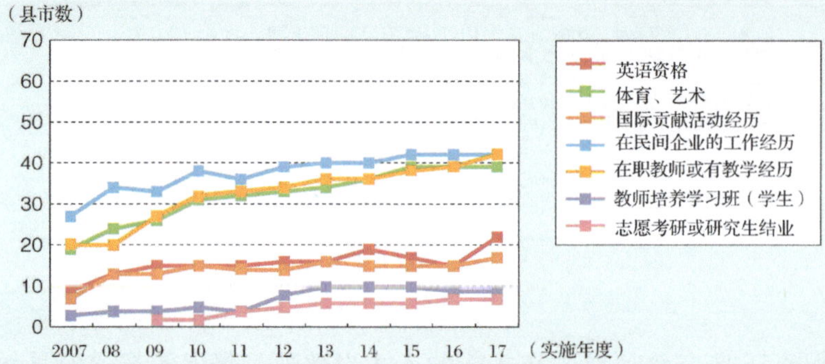

③选拔公布状况

	公布考题	公布答案	公布分数分配	公布选拔标准	公布成绩给本人
2007年度实施	64	53	-	20	64
2012年度实施	67	67	67	67	67
2017年度实施	68	68	68	67	68

出处：文部科学省才初等中等教育局教师科“关于改进教师招聘工作的优秀事迹”

也在招聘以授予特别教师资格证为前提的社会成年人。

为了促进特别兼职讲师和特别教师许可证的使用，各都道府县在2017年3月编辑了《特别教师资格证使用事迹集》，并分发给各都道府县。

在“教师培养、录用及进修综合改革促进项目”中，文部科学省支持建立系统，以支持使用特别教师资格证来录用专业人才。同时，为了让新录用的教师顺利就职，各都道府县教育委员会为希望成为教师的人开设了入职前的实践性进修，提供了教学现场体验机会，即“教师培训班”，并支持与大学合作，开发项目，验证教学效果。

③教师进修

教师必须不断进行研究和培训，以履行其职责。现在，各种进修都在开展当中。

教职员工支持机构（NITS）通过一系列进修培训来培养当地的核心领导。如在各地区对在学校教育方面发挥核心作用的校长、教导主任、骨干教师、事务办事员等进行学校管理培训，地方政府就有关霸凌和道德教育等紧迫的重大问题进行研究培训，对负责各种企划和立项计划的负责人进行培养等。在2017年度，为了促进进修成果发挥更大作用，分享教学实践活动中的好人好事，广泛收集了为解决学校问题而进行的实践性努力事迹，并进行了表彰和宣传，即实施了表彰项目（NITS大奖）。同时，为了给因工作繁忙而无法离开学校，参加进修的教师提供多样的进修机会，为他们提供了50集，每集20分钟的在线讲座视频，用于校内进修。

根据2017年4月实施的“关于修改教育公务员特例法部分条文”的通知，教职员工支持机构（NITS）的职能得到进一步加强，在制定校长任命权和提高教师素质目标时提出建议，以都道府县及指定城市的教育委员会为对象，实施关于目标内容等信息公开的问卷调查，同时，设置了新的目标咨询窗口。此外，在2017年度，与12所师范研究生院签订合作协议（共31所师范研究生院），同时，实施“NITS_CAFE”项目，支持以师范研究生院为中心，培养、进修相关机构与现任教师就目标等事项进行讨论的研究会，以达到推进行政与大学等一起构建强大网络。

此外，于2015年度，在教职员工支持机构（NITS）内设立的“下一代教育促进中心”，实施了“提高教师新的学习素质能力项目”调查研究，公开了有关“积极互动深入学习”的课堂实践范例和研修项目典范，并在全国22个地方举办了研讨会，以便宣传普及其取得的巨大成果。

除此之外，各都道府县教育委员会为了能够让老师们按照自己的经历、能力、专业领域等接受必要的培训进修，提供了各种各样的进修项目，如：新教师进修、骨干教师素质提高进修、长期社会体验进修，以及派遣去研究生院的进修等。

2. 关于人事评价、优秀教职员工表彰和不合格教师的处罚

①对教师的评价

关于人事评价，重要的是通过对整体组织的努力程度、业务改进、与当地的合作等的评价来提高学校整体综合力量，以及通过对教师本人的特长、对解决问题的认识、与教师面谈等形式，与学校管理人员达成共识，以利于人才的培养，以便进一步改善学校教育。

2014年5月，关于地方公务员，通过引入人事评价制度，以便有效管理能力和实际绩效为主的人事项目，对《地方公务员法》的部分条文进行了修订，并从2016年4月1日开始执行。

在以前，关于包括教育公务员在内的地方公务员的工作评价，作为指定机构的教育委员会，根据《地方公务员法》第40条，对职员的工作绩效进行定期评价，并根据评价结果采取相应措施。但这项法律修订以后，不再是对工作绩效给予评价，而是引入了在掌握职员履行职责时发挥出来的能力和绩效的基础上，进行评价的人事评价制度。在人事评价制度中，是基于能力和绩效两个方面进行评价的，通过告知教师评价标准、教师自我报告、与教师面谈、公开评价结果等机制来确保评价的客观性，同时，评价结果将会和任用、薪金、身份地位等其他人事管理挂钩。

文部科学省过去一直督促将评价结果与人事、薪金、优秀教师表彰以及提高教师素质必需的进修机会的提供相挂钩。现在，各教育委员会实施了能力和绩效两方面的评价，其评价结果也得到了适当运用。文部科学省敦促各教育委员会根据《地方公务员法》，运用教职员工的评价制度，进一步加强人事管理。

②表彰优秀教职员工

表彰优秀的教职员工，会督促教职员工更加努力向上，通过树立教职员工模范，也将有助于提高其他教职员工的动力和能力，这是提高学校整体活力的重要工作之一。文部科学省自 2006 年以来，一直在实施文部科学大臣优秀教职员工表彰工作。除个人以外，2016 年度还把教职员工组织也加进了表彰对象，另外，把在改善工作环境方面取得优异成绩的人也给予表彰。2017 年度，在全国各地国立、公立、私立学校的现任教职员工中，各都道府县和指定城市教育委员会把在教育实践等方面取得显著成绩的人员和教职员工组织推荐为候选者，其中 734 名教职员工和 38 个教职员工组织受到表彰。

③对教学有问题教师的处罚

由于教学工作会对发育阶段学生的身心产生很大的影响，因此不能让教学有问题的教师进行教学工作。对教学有问题教师的认定和让其进行教学改进培训，都要根据文部科学省督促各教育委员会按照人事评价结果和文部科学省编制的《对教育有问题教师的人事管理制度指南（2008 年 2 月 8 日）》进行公正适当的处理。

另外，关于被认为教学存在问题的教师，但还没有达到被认定为不适合当教师的时候，文部科学省督促各教育委员会除了采取措施让其提高素质和能力以外，还要适当运用附有条件的招聘制度、努力对其按照人事管理系统规定，进行公平和适当的处置。（如图 2–4–17）

3. 对有非法行为的教师要严格处理

猥亵行为和体罚等非法行为，其本身不仅是不可宽容的，而且还严重损害了学生对教职员工的信任，甚至最终会对整个学校教育的信誉遭到严重损害。

关于体罚案件，文部科学省督促各教育委员会要预防体罚发生，彻底了解实际情况以及进行早期应对，对进行体罚的教职员工，根据客观事实，给予严正处分。关于对学生进行了伤害性的体罚、经常性的体罚，隐瞒体罚事实，给予需要特别支持的学生也进行了体罚等情况，文部科学省指导各教育委员会要对其教师进行更加严重的处分。

另外，对学生有猥亵行为，作为教职员工是绝对不允许的。文部科学省督促各教育委员会严肃对待。在强化措施的同时，一旦发生了这种行为，原则上要给予惩戒免职的处分。同时，文部科学省指导各教育委员会，制定惩戒处分的标准。关于处分的案例应尽可能公布详细内容，同时充分考虑学生的隐私保护，以确保教职员工遵纪守

图2-4-17 被认定有问题教师的人数等情况（2016年度）

被认定人数总数（①+②+③）	其中2016年度新认定人数	① 2016年度接受培训教师	复归教职	要求退休	免职	停职	调动	继续培训	其他（免职处分1 培训中止1）	② 计划培训者中，采取了其他措施（要求退休3 因病停职3）	③ 2017年度之后的进修对象
108	44	68	33	12	2	1	0	18	2	6	34

被认定有问题教师的人数变化

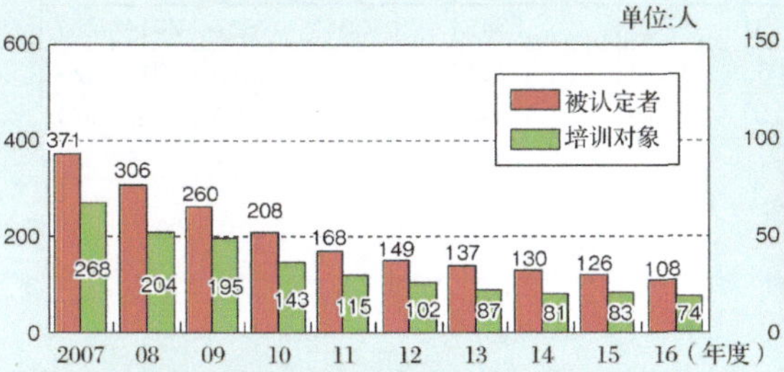

有问题教师当中复归教职或退休者人数

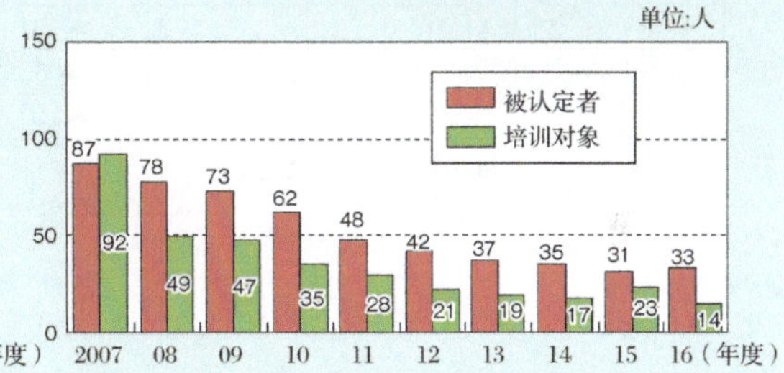

出处：文部科学省“公立学校教职工人事行政状况调查”（2016年度）
注：退休人数包括要求退休、免职、调动的人数。

法的服务意识（如图 2–4–18）。

4. 维护教职员工的心理健康

学校教育是通过师生之间的人格碰撞而进行的，因此教师保持身心健康从事教育是非常重要的。然而，2016年，公立学校教职员工因精神疾病请病假的人数约为4891人。自 2007 年以来，一直在 5000 人左右，处于较高水平，因此采取措施，维护教师的心理健康是非常紧迫的问题（如图 2–4–19）。

文部科学省举办了专家“教职员工心理健康对策讨论会”，并于 2013 年 3 月编制了最终总结报告。在最终总结报告中指出，要将维护教职员工的心理健康措施与人事管理、学校运营有效地联系起来，通过员工的自我照顾，校长通过 LINE（即时通信软件——译者注）对教职员工的关心等为教职员工营造良好的教学环境和氛围，让教职员工在维护好身心健康的状态下从事教育。这些都是推进维护教职员工身心健康的预防性措施，是很有必要。同时，在教职员工恢复工作时，教育委员会必须根据其身心恢复状况，是否可以顺利进行教学工作，在听取学校医生和委托的精神科医生意见之后，进行慎重的判断，提供对其进行包括复职后过渡措施在内的各种帮助。

文部科学省以最终总结报告为参考，指导各教育委员会更加积极地投入维护教职员工精神健康的工作中。

5. 灵活运用让民间人士当校长、副校长和教务主任的制度

文部科学省在2000年度放宽了校长的资格要求，以便根据当地和学校的实际情况，任命来自校内外的各类优秀管理人才。启用没有教师资格证书、没有教学工作经验的

图2-4-18 公立学校教职员工惩戒处分状况（2016年度）

处分理由	① 惩戒处分	前年度比	② 警告等	合计（①+②）	前年度比	（参考）最近10年最多的案件数量（年度）
违反校规、交通事故	266	11	2,739	3,005	▲23	3,225（2012年度）
罢课等行为	0	0	0	0	0	13,623（2007年度）
体罚	162	▲12	492	654	▲67	3,953（2013年度）
猥亵行为等	197	2	29	226	2	226（2016年度）
公费使用不当或获得不当津贴	40	9	12	52	▲8	371（2009年度）
与升国旗唱国歌相关的不当行为	2	▲12	0	2	▲15	98（2006年度）
滥用个人信息等相关行为	23	▲13	325	348	39	837（2014年度）
其他违反规则的行为	233	▲5	3,518	3,751	1,790	4,575（2014年度）
合计	923	▲20	7,115	8,038	1,718	17,490（2007年度）

注：滥用个人信息等相关行为是2005年设定的项目。

出处：文部科学省“公立学校教职员工人事行政状况调查”（2016年）

图2-4-19 公立学校教职员工病休者人数变化

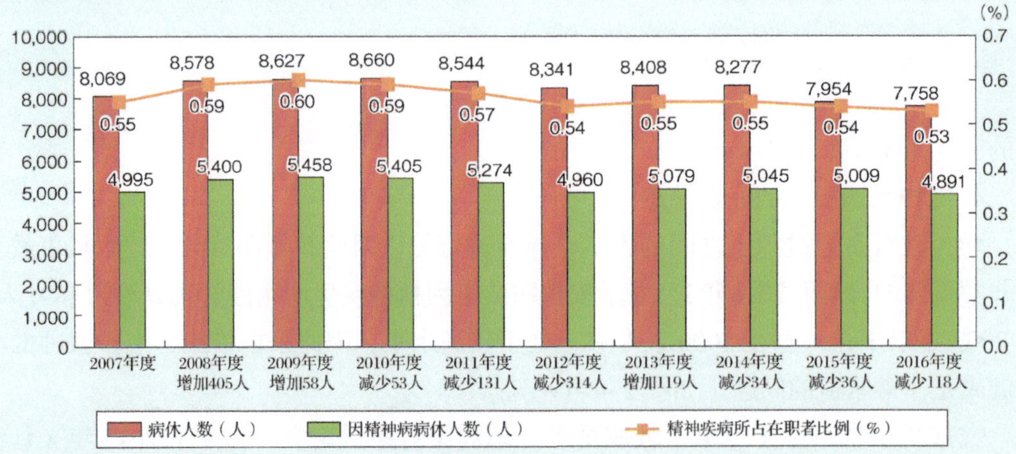

※年度下面的数字为因精神疾病休假者与前一年度相比人数的增减。

	2007年度	2008年度	2009年度	2010年度	2011年度	2012年度	2013年度	2014年度	2015年度	2016年度
在职人数（A）	916,441	915,945	916,929	919,093	921,032	921,673	919,717	919,253	920,492	920,058
病休者人数（B）	8,069	8,578	8,627	8,660	8,544	8,341	8,408	8,277	7,954	7,758
其中因精神疾病病休人数（%）	4,995	5,400	5,458	5,405	5,274	4,960	5,079	5,045	5,009	4,891
占在职者比例（%） （B）/（A） （C）/（A） （C）/（B）	 0.88 0.55 61.9	 0.94 0.59 63.0	 0.94 0.60 63.3	 0.94 0.59 62.4	 0.93 0.57 61.7	 0.90 0.54 59.5	 0.91 0.55 60.4	 0.90 0.55 61.0	 0.86 0.54 63.0	 0.84 0.53 63.0

※在职人数是根据该年度“学校基本调查”的公立小学、初中、高中、义务教育学校、中等教育学校以及特别支持学校的校长、副校长、教务主任、校长助理、指导教师、教师、护理教师、助教、讲师、护理助教、实习助教以及宿舍指导员（本职工作）的合计。

出处：文部科学省“公立学校教职员工人事行政状况调查”（2016年度）

人当校长（副校长是从2008年，教务主任是从2006年开始的）。

由于放宽了资格要求，截至2017年4月1日，全国公立学校的非教师出身在职校长人数为123人，在职副校长和教务主任为115人。

二、构建新的运营体制，以便顺利实施新的学习指导纲要，指导学校工作作风改革

1. 班级的编制和教职员工定员

为了维护教育机会均等，提高教学水平，国家以法律形式规定了公立小学、初中、义务教育学校、高中、中等教育学校和特别支持学校每个班级的学生人数（班级编制）和教职员工的配备（教职员工定员）“标准”。目前，公立小学和初中的班级编制标准是每个班 40 人（从 2011 年度起小学第一学年为 35 人），各都道府县教育委员会都以此为标准决定班级的编制。

另外，各都道府县教育委员会，根据各地实情和学生的实际状况可以进行灵活应对，设定的班级人数标准可以比国家标准少。

2017 年度，所有的都道府县和指定城市一直努力实施低于国家标准的班级编制（如图 2–4–20）。

文部科学省为了应对教育上的各种问题，以便推动减少班级人数的教育，加强解决霸凌问题和特别支持教育，多次改进了班级编制标准和教职员工定员。在 2017 年度预算上，伴随着公立义务教育各学校班级编制以及教职员工定员标准的法律的修改，实施了基础定员化，增加定员的措施，详情如下：

①对于残疾学生的特别教育（轻度残疾学生教育）每 13 人配置 1 名教师

②对于外国学生的教育对象，每 18 人配置 1 名教师

③每 6 名新任进修阶段的教师配置 1 名教师

④改善教学方法增加教师定员当中，已经固定下来进行小班教学的约有 9500 名教师

图2–4–20　2017年度实施低于国家标准编制的都道府县和指定城市的状况

学年＼人数	30人	31～34人	35人	36～39人	根据实情实施	纯计（去除重合部分）
小学第1学年	17	4	0	0	5	22
第2学年	15	4	54	0	5	67
第3学年	3	4	39	2	5	50
第4学年	3	4	35	3	6	48
第5学年	3	2	25	5	6	38
第6学年	3	2	25	5	5	38
初中第1学年	5	3	47	2	5	57
第2学年	1	3	27	3	5	38
第3学年	2	3	26	2	5	36
纯计（除去重合部分）	19	7	65	7	6	67

※关于班级编制，实施小学一年级35人以下，小学2年级到初中三年级40以下的计算在内。

※根据当地和学校实际情况采取个别措施的都道府县和指定城市算在“根据实情实施”栏内。

※即使在同一学年，因班级数量不同、班级编制人数不同时，会重复计算。

※即使采取了措施，一个学年只有一个班级时，有时会设置40人（小学第一学年35人）标准的例外措施。

出处：文部科学省调查

其中，从①到③，计划到2026年之前的10年内进行计划性的推进，根据这个基础定员化，地方政府更容易稳定地、有计划地进行招聘、进修和配置。同时，将会加强对残疾儿童或日语有问题的学生的细致指导，并改进提高教师素质所需的培训体制。

此外，为了顺利实施新学习指导纲要和学校工作方式改革，有效加强和完善学校教学和管理制度，在2018年度预算中，列入了必要的教职员工定员人数（1595人），其中包括为加快小学外语教学所需的具有一定英语水平、能够进行高质量英语教学的专业教师，以及为加强初中学生的教学体制所需的教师。

并且，为了评估教育政策的效果，如应对霸凌、不上学、儿童贫困等问题，从2016年度开始，在专家和地方政府的积极配合下，对教育政策的制定进行了实证研究。

此外，还增加了新的预算，以加强学校整体的教育体制。如把退休教职员工和大学生教师志愿者等各种人才作为支援学校的工作人员来支持学校的教育活动的"补习指导员派遣事业"，还有一直进行的"为提高学习能力进行的学校教育活动支援项目"（约7700人），以及配备"学校支援工作人员"（约3000人）、配备"初中社团活动指导员"（约4500人）等相关事项。

2. 义务教育费用国家财政负担制度

①义务教育费用国家财政负担制度

为了维持平等的受教育机会，提高教学水平，根据《义务教育费用国家负担法》，原则上，各都道府县负担了义务教育阶段，即教职员工工资实际支出金额的三分之一（义务教育费用国家财政负担制度）。这样一来，无论当地政府的财务状况如何，都可以稳定地确保教职员工的工资。

此外，在"总额自由裁量制度"下，大幅扩大了地方在义务教育费用国家财政负担总额范围内，工资和人员配置的自由度。各都道府县就可以根据当地和学校实情，增加教师人数，减少班级学生人数，以便进一步开展特色教育。

②教师工资

根据《为提高学校教学水平确保义务教育各学校教学人员人才的特别措施法》（即《人才确保法》），教师的工资高于普通公务员的工资。在1980年，教师的月工资比一般行政工作的公务员高出7%以上，不过，之后却在逐年减少。文部科学省根据教师工作情况探讨教师待遇问题，要重新回归人才确保法的初心，以确保教师的工资待遇。

另外，在2017年的义务教育费财政负担金额方面，一边推进社团活动管理的适当性，如休息日的设置，一边确保能够增加社团活动的教育津贴。

3. 为实现团队化学校而努力

学生的问题变得越来越复杂多样化，为了应对这些问题，必须建立一个"团队化学校"体制，以组织团队的形式来进行教学活动，才能强化学校的功能。文部科学省根据中央教育审议会于 2015 年 12 月做出的《团队化学校的理想方式和未来改进措施（报告）》提出的三个观点，继续致力于实现“团队化学校”。

为了让教师根据学校和学生的实际情况进行教学和生活指导，就必须改进教学体制。另外，作为学校的心理及福利等的专业职员，必须明确业务内容。为确保服务质量，就要增加人员配置。具体而言，为了实施新学习指导纲要，加强应对霸凌和不上学问题，就必须增加必要的教职员工定员人数。此外，从 2017 年 4 月开始，对学校心理辅导员、学校社会工作者和能够独立开展社团活动的指导员进行了法令上的定位。文部科学省通过对这些人员配置的支持来促进学校的教职员工配备工作。

为了让专业性的“团队化学校”发挥作用，校长的领导能力非常重要，并且需要进一步加强学校的管理职能。为此，需要改进支持校长的管理系统，例如确保优秀的管理人才，加强行政职能。此外，2017 年 4 月，为了让学校事务职员更加积极主动参与学校管理，除了重新认识其职责规定外，还要强化学校的事务职能，在法令上明确了学校联合办公室制度。

为了让教职员工充分发挥和扩展他们的工作能力，加强人才培养和改善业务工作是非常重要的。具体而言，就是对人事评价结果的适当处理和对教师进修培训的适当反映，以及给小规模市镇村增加教导主任配备，以便为其提供专业指导和建议。另外，根据 2017 年 12 月由中央教育审议会整理编辑的《关于构建面向新时代教育的可持续发展的学校教学、管理体制的工作方式改革综合方案（中期总结）》，正在稳步地进行业务的职责分工和适当性运作。

第十三节

振兴幼儿教育，培养终身人格形成基础

一、幼儿园的教育现状

幼儿期是培养终身人格形成基础的重要时期，这个时期的幼儿教育非常重要。

幼儿园是从三周岁到小学入学前的幼儿都可以入园学习的学校，在日本的幼儿教育中发挥着核心作用。截至2017年5月1日，全国共有10878所幼儿园，约有127万名幼儿，约占所有三周岁到小学入学前幼儿的一半（如图2-4-21、图2-4-22、图2-4-23）。

图2-4-21 幼儿园数量和幼儿数量

分类		合计	国立	公立	私立
幼儿园数量（所）		10,878	49	3,952	6,877
入园幼儿（人）	合计	1,271,918	5,288	204,795	1,061,835
	3岁幼儿	370,274	1,265	35,668	333,341
	4岁幼儿	435,782	2,012	74,540	359,230
	5岁幼儿	465,862	2,011	94,587	369,264
教师人数（全职工作者）（人）		97,840	337	19,836	77,667

出处：文部科学省“学校基本调查报告书”（2017年5月1日）

图2-4-22 幼儿园保育园合作型认定园数和幼儿数量

分类		合计	国立	公立	私立
幼儿园保育园合作型认定园数（所）		3,673	—	552	3,121
入园幼儿（人）	合计	505,740	—	63,803	441,937
	3岁幼儿	121,789	—	14,601	107,188
	4岁幼儿	123,247	—	16,240	107,007
	5岁幼儿	123,552	—	17,030	106,522
教师、保育教员数（全职工作者）（人）		75,615	—	8,948	66,667

出处：文部科学省“学校基本调查报告书”（2017年5月1日）

图2-4-23 幼儿园[1]入园的变化

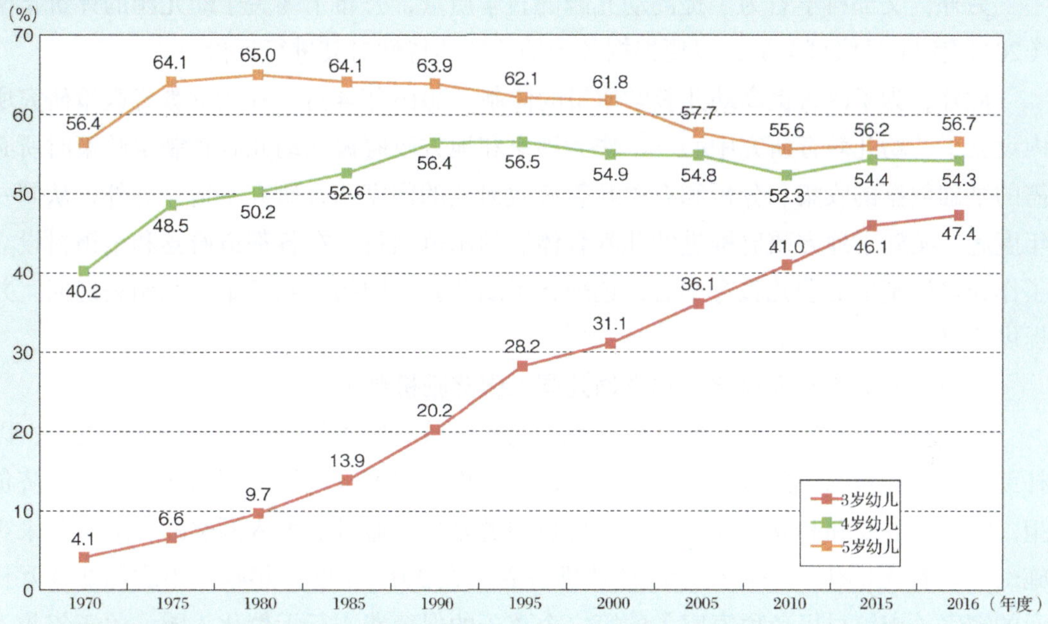

出处：文部科学省调查

二、充实幼儿园的教育活动和教学环境

1. 提高幼儿教育质量

鉴于幼儿教育的重要性，2006年修订的《教育基本法》规定：国家和地方政府将努力振兴幼儿教育，并在2007年修订的《学校教育法》里明确指出：幼儿园是为义务教育和之后的教育打基础的学校。

幼儿园学习纲要，是为了在全国范围内确保统一的教学水平，作为幼儿园编辑教学课程的大纲标准，根据国家的《学校教育法》而制定的。根据儿童发育和社会变化，一般每10年进行一次修订，新的幼稚园学习纲要已于2017年3月公布，并于2018年4月开始实施。在新的幼儿园学习纲要中明确规定：基于五个方面（“健康”“人际关系”“环境”“语言”“表达”）的目标和内容，通过所有的活动来达到幼儿园教育要培养的素质和能力（“知识和技能的基础”“思考能力、判断能力和表达能力的基础”以及“学习能力、人性等”）。另外，明确了“在幼儿期结束之前希望把幼儿培养成什么样的孩子”的目标，并且分享给小学教师，以便进一步推进幼儿教育和小学教育的紧密联系。此外，还需要掌握每个幼儿的优点和可能性，对幼儿进行了解、评价，并通过对残疾幼儿或从国外归来的幼儿等需要特别关照的幼儿的指导来加强幼儿教育。在2017年度，国家和各都道府县关于新的幼儿园学习纲要举办了说明会宣传，

1 除幼儿园以外，还包括幼儿园保育园合作型认定儿童园（2015年以后）。

还根据新的幼儿园学习纲要内容，实施了有关教学方法的调查研究项目。

另外，文部科学省为了提高幼儿园的教学质量，公布了《关于幼儿园的评价指南（2011 年 11 月修订）》，以便根据各个幼儿园的特性对其进行评价。

此外，为了改善提高幼儿教学质量的体制，2016 年 4 月，在国立教育政策研究所内设立了“幼儿教育研究中心”，作为国家和地方政府振兴幼儿教育制定政策时所必需的基础数据的收集、分析和有关政策成效研究的国家调查研究基地。另外，从同一年度起，实施了地方政府推进幼儿教育体制的示范项目，在各都道府县和市镇村设立了作为培训基地的幼儿教育中心，还配备了幼儿教育顾问，到各个幼儿园去巡回，并提供建议。

2. 推进幼儿教育无偿化（加强幼儿园入园奖励机制）

文部科学省对实施《入园奖励项目》的地方政府给予幼儿园入园奖励补助金，以补助其所需经费的一部分由国家行政补助。这样，就可以减轻入园幼儿父母的经济负担，并纠正公立和私立幼儿园之间父母负担的差异。通过扩大入园奖励补助对象来实施幼儿教育无偿化，一直在阶段性地推进着。在 2017 年度，年收入不到约 270 万日元的家庭（市镇村民免税家庭）的第二个孩子的保育费实行无偿化入园，关于年收入相当于约 270 万日元到 360 万日元（市镇村民所得税应纳税额在 77100 日元以下）的单亲家庭的第一个孩子家长的负担，和年收入约 270 万日元以下家庭的第一个孩子一样，每月减少 3000 日元的家庭负担，扩大了减少父母负担的范围。另外，还扩大了对其他家庭的补助，年收入约 270 万日元到约 360 万日元的其他家庭，第 1 个孩子每月的保育费也从 16100 日元减少到 14100 日元，第二个孩子的保育费从每月 8050 日元减少到 7050 日元。

2017 年 6 月 9 日，在内阁会议上通过了《经济财政管理和改革的基本方针 2017》，该基本方针涉及了“包括幼儿教育、保育的早期无偿化，消除等待入园儿童，财政的效率化、税费、新社会保险制度的运用等，对如何确保稳定财源的方式进行了研讨，并将在年内得出结论”“关于幼儿教育，在确保财源的情况下，阶段性地推进幼儿教育无偿化”。此外，在“有关幼儿教育无偿化的相关阁僚和执政党官员的联络会议”（2017 年 7 月 31 日）上，决定了“在 2018 年度，不管家庭经济状况如何，都要保障所有孩子接受高质量的幼儿教育”，为此，在促进“改善环境”和“保障财源”的同时，要逐步推进幼儿教育无偿化，并在预算编制过程中充分考虑其对象范围和内容。

根据这些方针政策，为了进一步减轻幼儿父母的负担，在 2018 年度预算中，年收入相当于约 270 万日元到 360 万日元以下的家庭，第一个孩子的保育费，将从每月 14100 日元减少到 10100 日元，第二个孩子从每月 7050 日元减少到 5050 日元。

在 2017 年 12 月 8 日由内阁会议通过的《新经济政策一揽子计划》中规定，“从 3—

5 岁的所有儿童入园的幼儿园、保育园和认定儿童园，都将实行无偿化”，关于其实施时间，“因与消费税增税的时期有关，根据其增收额，将有一部分从 2019 年 4 月开始实施，从 2020 年 4 月起将全面实施。另外，关于幼儿园幼儿托管的无偿化，根据《新经济政策一揽子计划》，在“幼儿园、保育园、认定儿童园以外的无偿化措施对象范围的研讨会”上，进行了研究讨论，将在 2018 年夏天之前得出结论。

此外，和幼儿园入园奖励费补助项目一样，在“儿童和育儿援助新制度”中，也将根据父母的收入状况，实施减轻负担的政策。

三、儿童和育儿援助新制度的实施

1. 儿童和育儿援助新制度概要

儿童和育儿援助新制度（以下简称《新制度》），就是为了实现以“儿童的最大利益”为目标的社会思想指引下，以所有的儿童和育儿家庭为对象，积极推进幼儿期的学校教育和保育，从“量的扩大”和“质的提高”来援助当地儿童和育儿家庭，本制度于 2015 年 4 月开始实施。

本制度的要点如下：

①统一幼儿园、保育园和认定儿童园的财政援助系统（设立“设施型支付”），以确保稳定的经营，无论设施的类型和规模大小 。

②改进认定儿童园制度，例如统一对幼儿园、保育园合作型认定儿童园的批准和指导监督。

③根据当地的实情，加强对儿童和育儿家庭的援助（设置了 13 个援助项目）。

④把居民最熟悉最亲近的市镇村作为实施主体。

⑤利用提高消费税率增加的收入，全社会一起从数量和质量两方面援助育儿家庭。

⑥在内阁府设立了“儿童和育儿总部”，统一新制度的权限。

2. 私立幼儿园和新制度

新制度与以前的私立幼儿园相关制度（国家和地方政府对私立学校的公费补助等）有很多不相同的地方，因此私立幼儿园可以根据当地情况和前景自由过渡到新制度。此外，当私立幼儿园转型到新制度时，可以选择：①幼儿园原封不动的转型，②变为附有保育功能的认定儿童园（“幼儿园保育园合作型”或“幼儿园型”），转型到新制度（如图 2-4-24）。

到 2017 年，所有私立幼儿园（8058 所）的 36.4%（2931 所）将转型到新制度，2018 年之前，将增加 581 所，即 44.5%（3512 所）的幼儿园，将转型到新制度（如图 2-4-25）。

文部科学省正在与内阁府等合作，努力改善环境，使希望过渡的幼儿园能够顺利过渡，并根据在转型中幼儿园所存在的问题，进行各种各样的努力。例如，①作为应

图2-4-24 新制度实施后私立幼儿园的选择

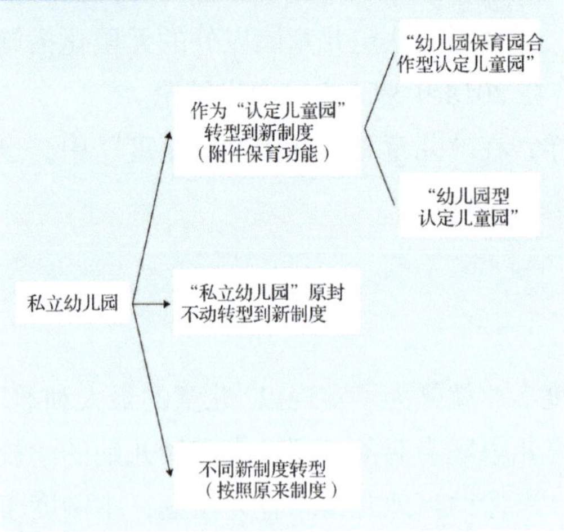

图2-4-25 2018年度之前转型到新制度的私立幼儿园的设施类型

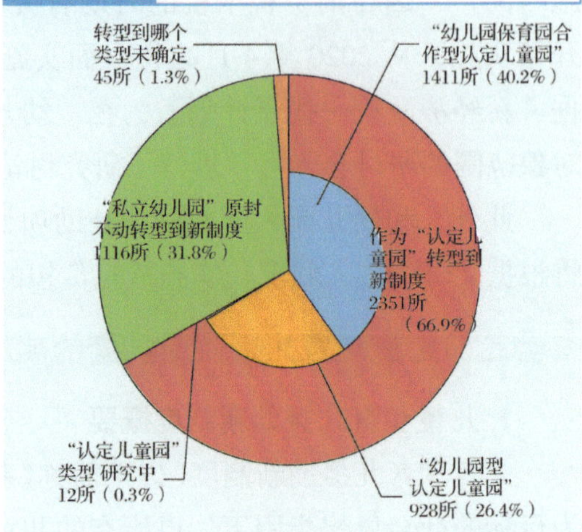

※2018年度转型到新制度（包括计划中）的私立幼儿园3512所
出处：文部科学省以“2017年度私立幼儿园向儿童和育儿支持新制度转型的跟踪调查”和“2018年度私立幼儿园向儿童和育儿支持新制度转型的意向调查”为基础制作

对转型后对收入方面的担心、增加大规模幼儿园的预算、改进官方价格估算软件等。②作为应对行政负担增加的担心，将设立与准备转型相关的行政费用补助和增加大规模幼儿园行政职员，③作为对人才短缺的应对措施，为了缓解与幼儿园托管保育的补助制度“临时托管服务（幼儿园型）”相关职员的配备等，正在改善环境，以便进行幼儿园的平稳过渡。

通过这些努力，从转型后的幼儿园传来了“收入增加了，经营稳定了”“员工人数增加了，员工待遇提高了”等声音。

此外，在 2017 年度，为了实现更高质量的幼儿教育，让每个幼儿园教师都可以按照自己所描绘的职业之路长期工作，①作为提高质量的一个环节，把所有员工的待遇提高 2%，②给获得技能和经验的员工额外增加待遇（骨干领导和专业领导：40000 日元，年轻领导：5000 日元），③根据国家人事院（对日本国家公务员进行人事管理的中央机关——译者注）的建议，实施了改善待遇举措（幼儿园老师：提高 1.1%）。

另外，为了促进幼儿园接收等候入园的儿童，给“（幼儿园型）临时托管服务”，增加了对长时间和长假期间接收儿童托管的补助。

3.2018 年的预算内容和今后的应对方针

在 2018 年预算中，在严峻的财政状况下，虽然提高消费税政策被推迟，但是作为援助儿童和育儿的“提高社会保障”政策，在保证 6924 亿日元援助的基础上，并开始实施 0.7 万亿日元的质和量的全面提高。将从 2017 年开始把追加部分的提高待遇金额固定下来。此外，根据国家人事院的建议，将继续实施提高 1.1% 的改善待遇政策。

另外，在 2018 年，为了实现在 2017 年 6 月制订的《育儿补助计划》，将设立对两岁儿童可以定期使用“（幼儿园型）临时托管服务”的制度，对于从 3—5 岁儿童的（幼儿园型）临时托管服务，将进一步增加接收长时间儿童托管幼儿园的补助。同时，对于在长时间、长假期间接收儿童托管的设施，将增加其处理行政事务的补助，以便进一步推进接收等候入园儿童问题的解决。

为了让幼儿园顺利转型，文部科学省将继续宣传所有相关制度和应对措施，并认真听取企业主和地方政府的意见和要求，以便对必要的制度和管理做好进一步的改进。

第十四节

推动特殊教育的发展，满足每一个残疾儿童的需求

一、特殊教育的现状

为了最大限度地提升残疾儿童的能力和可能性，培养他们自食其力走入社会所必需的能力，就要满足每一个孩子的教育需求，学校要结合多样化的学习环境，给予妥当的指导和必要的援助。目前在特殊教育学校和中小学的特殊教育班级，以及根据残疾程度进行的特别指导（即“通级指导[1]”），都是在特殊的教育课程和小班编制下，通过特殊编制的教材、由具有专业知识和经验的教师，有效利用为残疾人士专门配备的设施、设备来进行指导的。近年来，随着特殊教育学校在册的幼儿、中小学生的残疾程度越来越严重和多重化，有必要进一步完善更加细致的援助体制。包括发育迟缓在内，凡是有需要帮助的孩子在册的所有学校都要实施特殊教育。对普通班级在册的残疾中小学生也要提供合理的照顾，进行必要的援助。

截至 2017 年 5 月 1 日，特殊教育学校在册的幼儿、中小学生和中小学特殊教育班级以及编入普通班级指导的学生总数约为 49 万人。其中义务教育阶段的学生约为 41.7 万人，这约占同年龄段整体学生的 4.2%（图表 2–4–26）。特殊教育学校在册的幼儿、中小学生和中小学特殊教育班级以及通级指导的学生数量每年都在增加。

二、完善多样化的学习环境

1. 加强与特殊教育相关的指导

为残疾孩子提供多样化的学习环境，比如特殊教育学校、中小学的特殊教育班级、通级指导等。

其中通级指导这种形式，在高中阶段，没有像中小学那样形成制度，所以在有关推动高中特殊教育的调研员会议上，就高中的通级指导形式制度化问题进行了探讨，2016 年，在修改了相关政府各部的指令后，决定从 2018 年开始实施该制度。2018 年 3 月修改了高中标准法施行令，以便能增加编制，保证在公立高中实施通级指导制度。

关于幼儿园、小学、初中、高中的特殊教育，学习指导纲要上要求根据每个学生的残疾情况，制订单独指导计划和单独教育援助计划等，要有计划、有组织地设计指导内容和指导方法。

1　在中小学里，以普通班级在册的残疾、多动症、自闭症的学生为对象，各学科等的指导主要随普通班级进行，为改善和克服因残疾而造成的学习或生活上的困难，也会进行必要的特殊指导。另外，从 2018 年开始，在高中也开始了编入普通班级的指导。

图表2-4-26 特殊教育概念图（义务教育阶段）

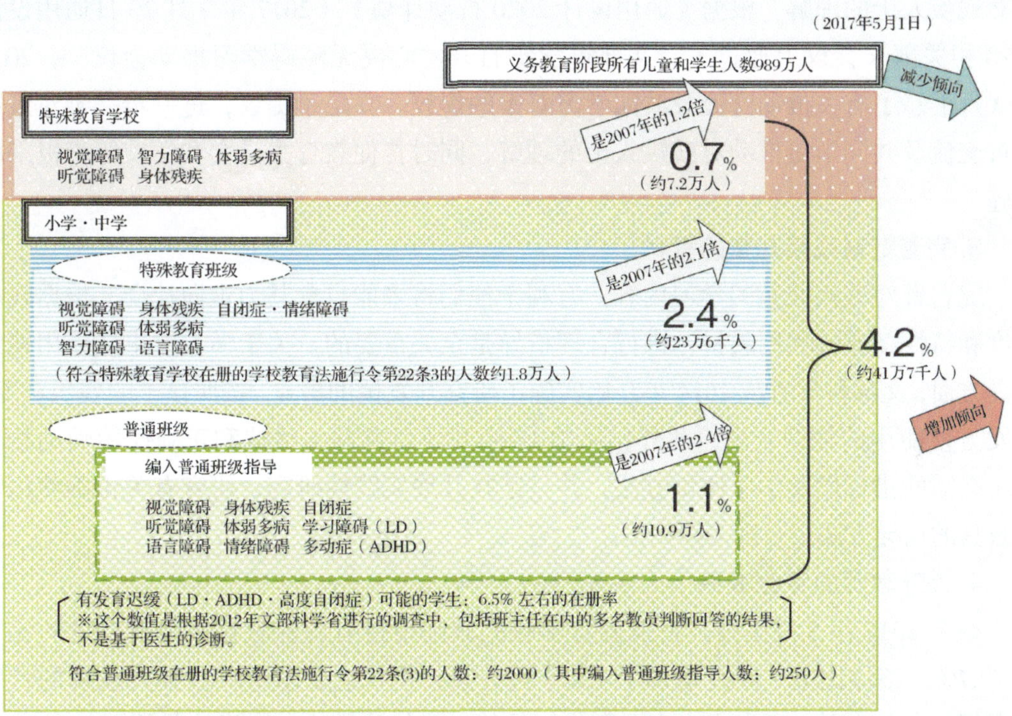

2017 年 3 月 31 日颁布的新的小学学习指导纲要里强调了以下内容：①在为特殊教育班级和通级指导的学生制订特殊教育课程时要注意的事项；②为了那些特殊教育班级在册的学生和接受通级指导的学生，要集体制定并正确使用单独教育援助计划和单独指导计划；③根据各学科学习时遇到的困难，不断完善对指导内容和指导方法的设计等。

2017 年 4 月 28 日颁布的特殊教育学校小学部和初中部新的学习指导纲要里强调了以下内容：①保证多重身体残疾儿童和智障孩子学习的连贯性；②根据残疾的特点，在指导方面多加考虑；③完善就职教育，提升终身学习的热情等，加强自食其力和走向社会方面的教育指导。

为了在特殊教育学校顺利实施新的学习指导纲要，立足于学习指导纲要的宗旨，在编制教育课程、按照每个人的残疾情况改善和完善指导方法方面，已经进行了先行性的实践研究。

2. 加强交流和共同学习

残疾儿童与正常孩子以及本地区的人们一起开展活动，这不仅有利于培养所有孩子的社会性和丰富他们的人性，也让同区域的人们有机会加强对残疾儿童的认知和理解。为此，在幼儿园、小学、初中、高中以及特殊教育学校的学习指导纲要里也规定了要创造交流和共同学习的机会，同时，在教育委员会的领导下，各学校也在通过各学科、体育、文化艺术活动等创造交流和共同学习的机会，采取各种举措，进一步推动对残疾人士的理解。根据《通用设计 2020 行动计划》（2017 年 2 月 20 日通用设计 2020 相关部长会议上通过），文部科学省召开“心灵无障碍学习推动会议”，2018 年 2 月汇总了有关推动交流及共同学习对策的提议。立足于提议，进一步完善对策，通过交流及共同学习推动对残疾人士的理解，同时督促教育委员会和学校等积极采取措施。

3. 完善针对残疾儿童的教材

完善针对残疾儿童的学习内容，有利于他们将来能自食其力走向社会，根据残疾程度和特性，有效利用教材，进行合理指导是至关重要的。关于学习上正确使用辅助教具方面，文部科学省从 2014 年开始实施了研究开发援助事业，按照孩子的残疾程度，研发方便使用的辅助教具，此外，从 2017 年开始研究有关挑选和正确使用辅助教具时所必需的指标以及学习评价方法，并且还在开展实践性研究，研究有关正确使用辅助教具的指导方法。

4. 提升教师的专业水平

截至 2017 年 5 月 1 日，特殊教育学校的教师中持有特殊教育教师资格证的比率为 77.7%，整体比上一年度增加了 1.9 个百分点，但社会要求进一步提升教师的特殊教育相关专业水平，所以提高专业资格证的持有率依然是迫在眉睫的课题。

因此，文部科学省为了提高特殊教育学校教师资格证的持有率，要求各都道府县的教育委员会在录用、进修、分配时，要考虑资格证的持有情况。而且，为了提升特殊教育学校教师的专业水平，也在采取措施，开展各都道府县教师的进修活动。

5. 完善职业教育，推动残疾学生自食其力和走向社会

为了残疾人士终身都能自食其力并参与社会中去，帮助他们去企业等单位就职，实现职业上的自立非常重要。但是截至 2017 年 5 月 1 日，特殊教育学校高中毕业生中，进入福利设施工作的人达到 62%，另一方面，就业人员的比率约为 30%，在职业自立方面的状况还很严峻（图表 2–4–27）。其背景是，虽然特殊教育学校高中毕业后的就职人数在增加，但是特殊教育学校高中部在册人数也大幅增加，所以就职率只不过是稍微有所增加而已。

为了促进残疾人士的就业，必须实施教育、福利、医疗、劳动等相关机构协同一致的对策。文部科学省推进以下举措的完善：和厚生劳动省合作，针对都道府县教育委员会，积极有效利用劳动相关机构等的种种对策，比如召开就业援助研讨会和推动残疾人士职场实习等；和福利相关机构合作，实现向就业的顺利过渡。

特殊教育学校的高中部和高中都在与福利、劳动等相关机构合作，开展完善职业教育，提供就业帮助方面的研究，比如与劳动等相关机构合作，配备帮助学生就业的协调人等。

图表2-4-27 特殊教育学校高中部（正规生）毕业后的状况

类别	毕业人数	升学·教育训练机构等	就职人数	福利设施医疗机构	其他
合计	21,292人	777人（3.7%）	6,411人（30.1%）	13,253人（62.2%）	851人（4.0%）

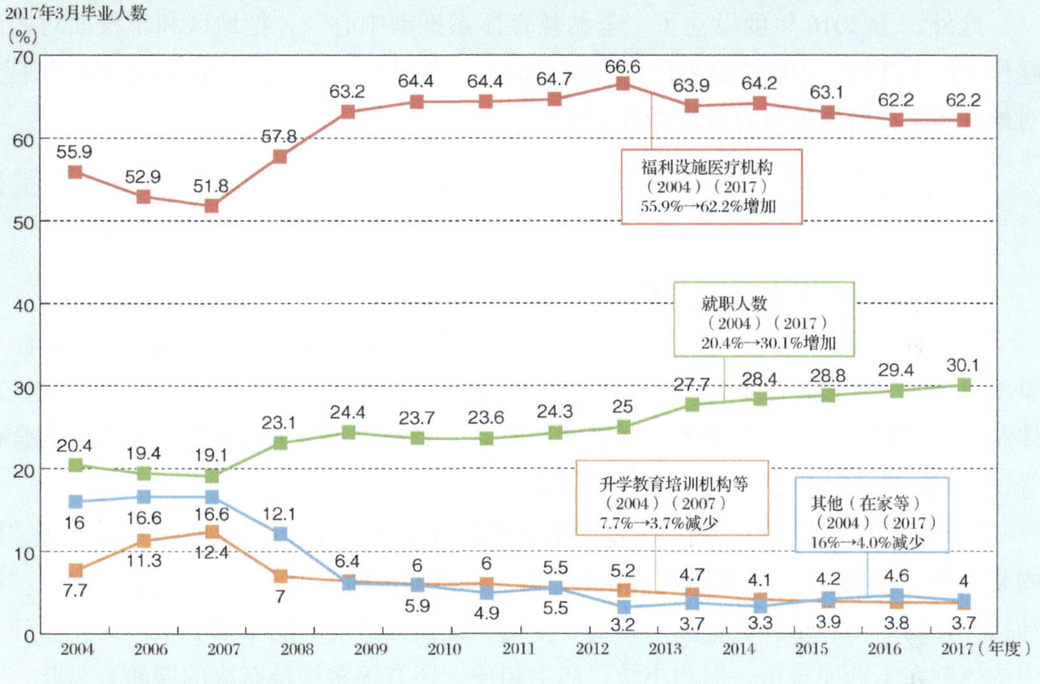

出处：文部科学省《学校基本调查》

6. 国立特殊教育综合研究所的举措

国立特殊教育综合研究所是日本唯一的国家级特殊教育中心，主要业务是开展研究活动，解决国家政策课题和教育第一线的紧要课题，并以各都道府县担任领导职位的教职员工为对象，组织专业性进修。还通过网络，对提升包括正常班级教师在内的广大从事残疾学生教育的教师资质的举措予以援助，发送进修课信息，实施资格认定函授教育，帮助提高特殊教育学校教师的资格证持有率。为了向所有学校的相关人员提供必要且有助益的信息，为了发布有关发育迟缓的信息，提供学校采取合理举措的实践案例，为了促进正确使用针对不同残障程度和特性而编制的教材和辅助教具等，不断推动以下的举措并发布信息。

①发育迟缓教育推动中心[1]

通过网站向教育相关人士和监护人提供有关发育迟缓的各种教育信息，发布面向教师的进修讲座。

②帮助构建全纳教育体系的数据库[2]

1　参照 http://icedd.nise.go.jp/。
2　参照 http://inclusive.nise.go.jp/。

发布学校采取合理举措的一些实践案例，以便进一步推动特殊教育的发展。

③特殊教育教材门户网站[1]

这个门户网站是作为完善基础环境（完善采取合理举措的基础环境）的一环，为了汇集、管理和发布有关正确使用教材和辅助教具等各种信息的网站。

此外，于2016年度设立了“全纳教育体系推动中心”，把地区和学校面对的问题作为研究课题，为解决这些问题开展“地区实践研究”，通过发布各国的最新信息，对地区和学校所做的努力进行强有力的支援。

三、完善地区、学校的援助体制——向包括发育迟缓在内的残疾儿童提供援助

1. 为了完善特殊教育而完善体制

文部科学省为了完善针对残疾儿童的特殊教育，提出了学校要完善的体制和注意事项，督促学校和教育委员会等采取措施[2]。此外，完善对残疾幼儿和中小学生的援助体制，通过巡回咨询和专家团队开展援助活动、完善并实施进修体制和相关机构合作等，对推动援助体制完善所需的一部分经费予以补助。

据2017年度进行的完善特殊教育体制情况的调查显示，小学、初中都设立了“校内委员会”，指定了“特殊教育协调人”等，基础的援助体制已基本完善；在制订“单独指导计划”和“单独教育援助计划”方面，也在推进切实的举措。虽然幼儿园和高中的体制在不断完善中，但和小学、初中相比，还有很多亟待解决的课题。为此，文部科学省为了从幼儿园阶段开始就加强援助，推动针对残疾儿童的早期教育咨询及援助体制的构建，对推动教育和保育、福利、保健、医疗等方面的合作，提供信息等方面的举措予以支持。

在教育和福祉携手帮助发育迟缓以及残疾儿童方面，因有研究指出，促进学校和从事残疾福祉服务人员之间的相互理解，包括监护人在内的人员之间信息共享都是非常必要的，所以，文部科学省和厚生劳动省两省于2017年12月启动了“三角铁”项目，在各地方政府的教育委员会和福祉机构各个部门的主导下，为了使需要援助的孩子及其监护人，从幼儿期到学龄期乃至走向社会，都能在地方上得到不间断的援助，探讨了推动家庭、教育和福祉进一步合作的对策，并于2018年3月汇总了报告。

2. 在公立幼儿园、小学、初中、高中设置特殊教育援助员岗位

各教育委员会给公立幼儿园、小学、初中、高中设置特殊教育援助员岗位，对残疾学生给予学校生活上和学习上的援助。设置特殊教育援助员岗位的相关经费，由地方财政负担。文部科学省把有效发挥特殊教育援助员作用的成功案例汇集成册发放给各教育委员会，促进特殊教育援助员岗位的设置。

1　参照 http://kyozai.nise.go.jp/。

2　参照 http://www.mext.go.jp/b_menu/hakusho/nc/07050101.htm。

图表2-4-28 特殊教育的现状—学校援助体制的完善状况、课题

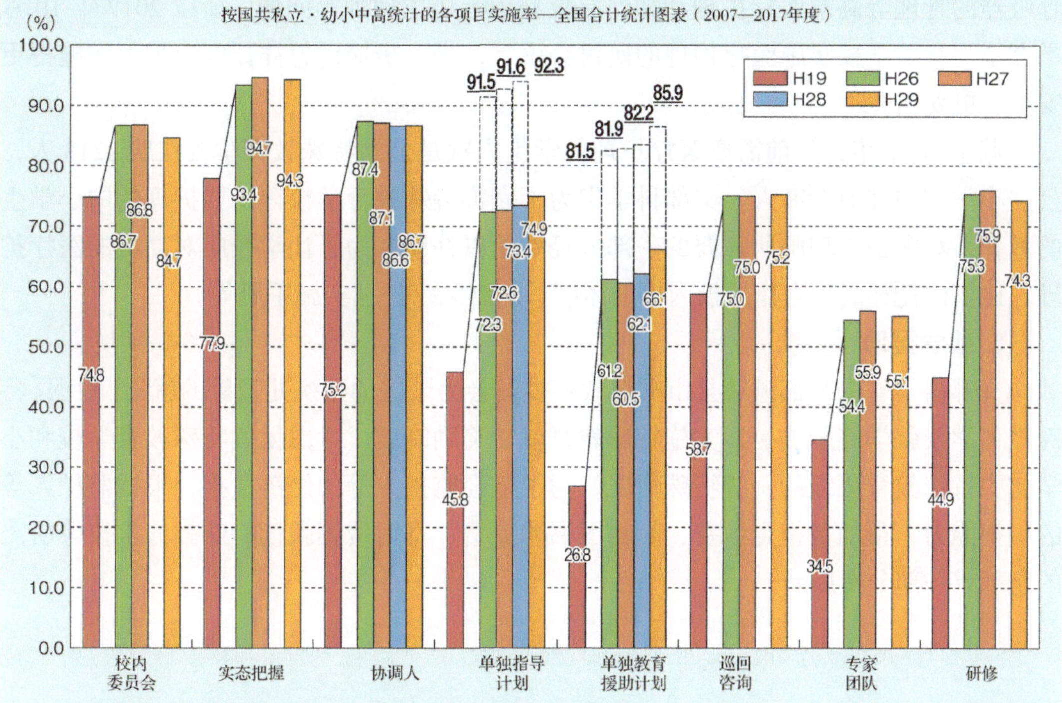

※虚线处表示从调查对象学校总数中减去没有制定需要的学校数后的制定率。

※2016年度的调查项目只以“协调人”“单独指导计划”“单独教育援助计划”为调查对象。

出处：文部科学省《2017年度特殊教育体制完善状况调查》

各教育委员会有效使用这样的财政措施，在全国范围内增加特殊教育援助员岗位的设置数量。截至 2017 年 5 月 1 日，全国的设置数量为公立幼儿园 7139 人、公立小学初中 52065 人、公立高中 510 人。

3. 对疑似发育迟缓的学生予以援助

文部科学省为了援助疑似发育迟缓的学生，从 2016 年度开始，做了有关学校和福利机构联合援助和共享援助内容方式的调查研究，对于实施“通级指导”制度的学校，构建班主任进修体制并研究所需的指导方法。

此外，2017 年 3 月，制定并公布了面向教育委员会、学校和监护人等的《针对包括发育迟缓在内的残疾幼儿中小学生的教育援助体制完善的指导方针》。

4. 对需要医疗护理的孩子的援助

特殊教育学校里，有需要日常医疗护理的幼儿、中小学生在册，所以在学习和生活上需要妥当的应对。

现在，根据《社会福祉士以及护理福祉士法》，特殊教育学校的教师在一定条件下也能做吸痰等的医疗性护理工作。关于特殊教育学校如何确保需要医疗护理的中小学生的健康和安全，文部科学省给出了应该留意的要点，并于 2011 年发出了通知。

从制度执行开始至今已经过去五年了，又出现了新的课题，那就是如何应对人工呼吸器的管理等高端医疗护理和如何有效利用走访护理师等问题，所以 2017 年 10 月举办了“有关学校实施医疗护理的研讨会议”，进一步探讨怎样让医疗护理实施得更安全、更妥当。

截至 2017 年，目前需要医疗护理的学生人数是公立特殊教育学校在册 8218 人，公立小学初中在册 858 人。文部科学省为了完善特殊教育学校等需要护理的中小学生的教育，对配备护理师所需要的一部分经费予以补助。为了让学校应对高端的医疗护理，比如构建和医生合作的校内援助体制、编制医疗护理实施手册等。

5. 就学援助

文部科学省以及都道府县市町村教育委员会为了援助残疾儿童等的就学，根据《特殊教育学校就学奖励法》，实施特殊教育就学奖励制度。考虑就读特殊教育学校和小学初中特殊教育班级的一些特殊情况，为了减轻监护人等的经济负担，根据监护人等的负担能力，帮助负担走读费、教材图书购置费、寄宿费等就读特殊教育学校等所需的全部或一部分费用。

第十五节

地方教育行政的现状和地区共建学校

一、教育委员会制度

教育委员会是地方教育行政的核心力量，作为负责地区的学校教育、社会教育以及与文化、体育等相关事务的机构，有权决定地区的教育行政方面的重要事项和基本方针。教育委员会为了实现教育上的政治中立性，确保持续性、稳定性，反映地区居民的多样性意向，作为独立于地方政府领导的合议制执行机关，在所有的地方政府（都道府县及市镇村）里都有设置。

有人针对教育委员会制度，指出教育委员长和教育长之间的职责不够分明，根据重振教育执行会议的提议和中央教育审议会的答复，2014 年 6 月，修改了《地方教育行政的组织及运营法》，改革了教育委员会制度。

新的教育委员会制度，为了明确教育行政的责任，把代表教育委员会的委员长和领导事务局的教育长合二为一，设立了新的责任人（新教育长）。除了加强教育委员对新教育长的监察机能以外，还规定由地方政府的领导人制定有关教育、学术及文化振兴的综合性对策纲要，同时还规定要设立由地方政府的领导人和教育委员会构成的综合教育会议（图表 2–4–29）。此外，当必须防范由于霸凌导致的自杀，防范发生伤害学生生命或身心的事件扩大化时，明确了文部科学大臣可以直接对教育委员会做出指示。修改法令从 2015 年 4 月 1 日开始实施。

从新教育长的任命情况来看，2017 年 9 月 1 日约有八成的地区都任命了新教育长，到 2018 年度所有的地方政府都要任命新教育长。

随着向新制度的过渡，文部科学省为了提升新教育长、教育委员的资质和能力，正努力拓展进修机会。

二、推动社区学校（学校运营协议会制度）

1. 和地区共建学校

为实现全社会教育，很重要的一点是学校在地区社会中发挥作用并和地区共同发展。为了让学校和地区成为合作伙伴关系，今后的公立学校要从“向地区开放的学校”再向前迈一步，转变成为“和地区共建的学校”，希望本地区培养出怎样的孩子、想实现什么目的等，要和监护人及地区居民共享这些目标和愿景，和地区一起齐心协力培养孩子们。

图表2-4-29 教育委员会的组织

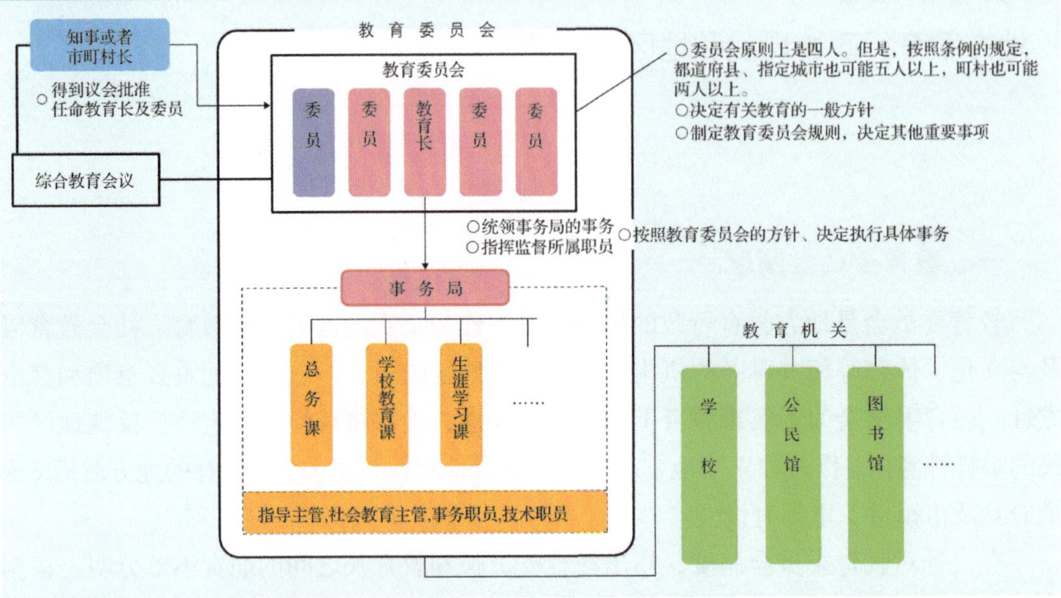

社区学校（学校运营协议会制度）能让学校和地区居民齐心合力致力于学校运营，是转变为“和地区共建学校”的有效尝试，社区学校是2004年6月，在修改《地方教育行政的组织及运营法》时引入的。2015年12月，中央教育审议会答复的《有关面向新时代的教育和实现地方创新的学校、地区合作的现状及今后的推动方案》中，制定的目标是要在所有公立学校里导入社区学校，根据上述讨论，2017年3月，修改了《地方教育行政的组织及运营法》的一部分，规定有义务导入社区学校。社区学校中，由教育委员会设立学校运营协议会，委员由监护人和地区居民等组成。学校运营协议会的职责是批准校长制定的学校运营基本方针，就学校整体运营情况向教育委员会、校长陈述意见；有关教职员的任用，就教育委员会规章中所定的事项方面，可以向教育委员会陈述意见。通过引入这个制度，可以在学校运营中听取地区的意见，推动地方匠心独具，富有特色的学校建设（图表2-4-30）。

2. 构建社区学校的推动体制

2017年4月1日，46个都道府县内的3600所公立学校设立了学校运营协议会。从中小学义务教育学校数量来看，占整体11.7%（3398所）的学校引入了社区学校，达成了《第2期教育振兴基本计划》中所设的目标（公立中小学的10%：约3000所学校），全国引入社区学校的工作在稳步推进（图表2-4-31）。文部科学省为了进一步推动社区学校的设立，实施以下的举措。

①对引入社区学校时的运营体制建设实施援助以及补助；

②派遣有实践经验的社区学校推动员（CSMeister）；

③举办“推动地区共建学校论坛”以及制度说明会。

另外，文部科学省的网站以及 Facebook 上登载了有关社区学校的信息[1]。

图表2-4-30 社区学校（学校运营协议会制度）的体系

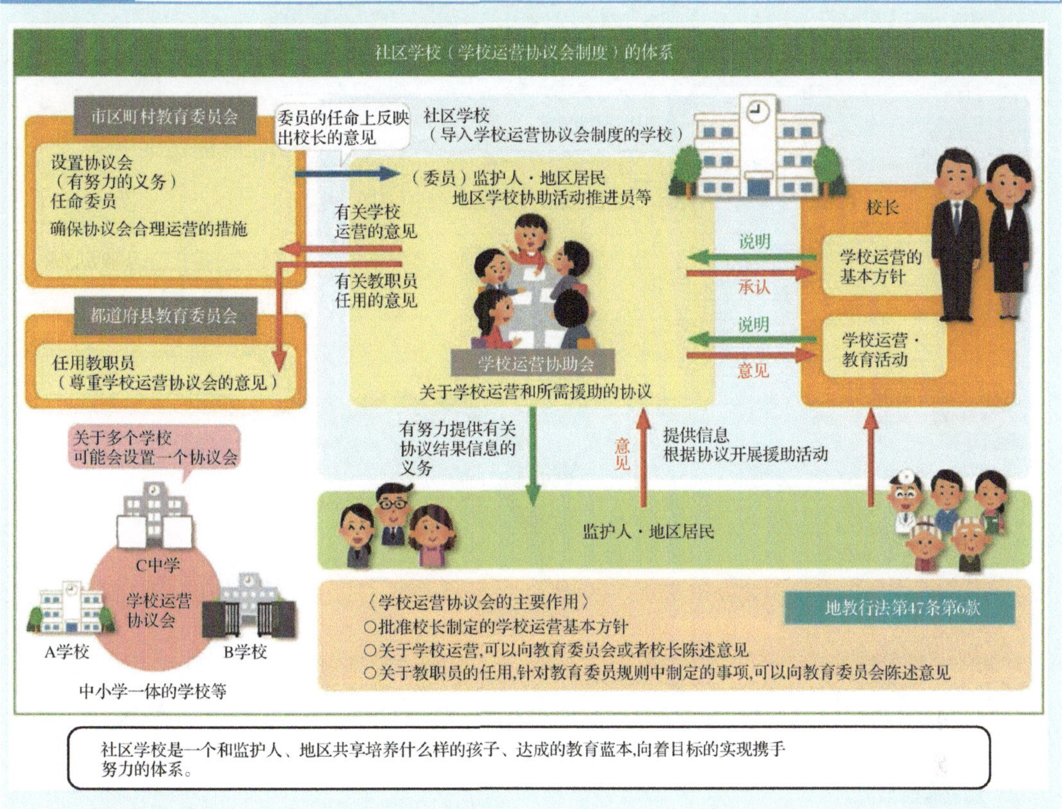

1　参照 http://www.mext.go.jp/a_menu/shotou/community/index.htm,
https://www.facebook.com/community.school.mext/。

图表2-4-31 社区学校（学校运营协议会制度）的导入状况

设置了学校运营协议会的学校数
46都道府县内3600校（2017年4月1日）
（幼稚园115、小学 2300、中学，1074，义务教育学校24，中等教育学校1，高中65，特殊教育学校21）

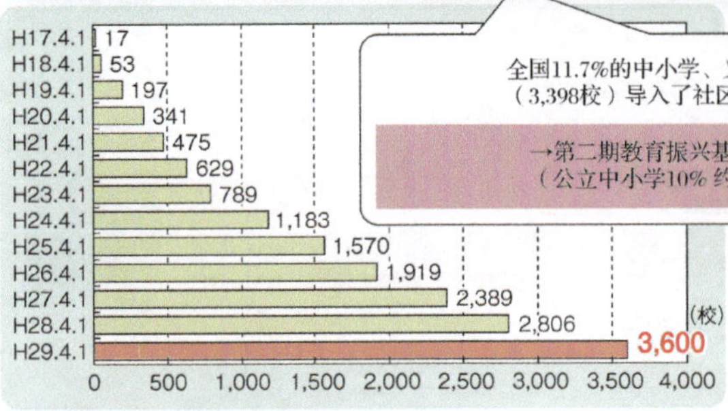

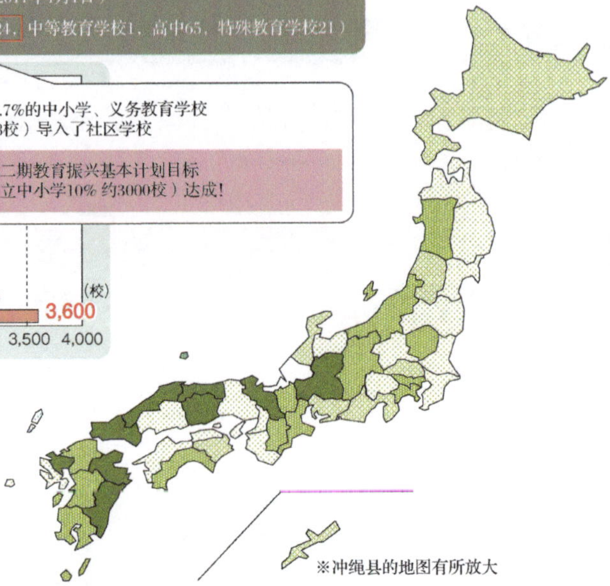

设置了学校运营协议会的学校比率（中小学、义务教育学校）
【设置率】※
20%以上
10%以上20%未满
5%以上10%未满
5%未满
未设置

※参数是2017年4月1日的调查，来自各教育委员会报告的学校数。

导入了社区学校的学校设置者数：11道县367市区町村

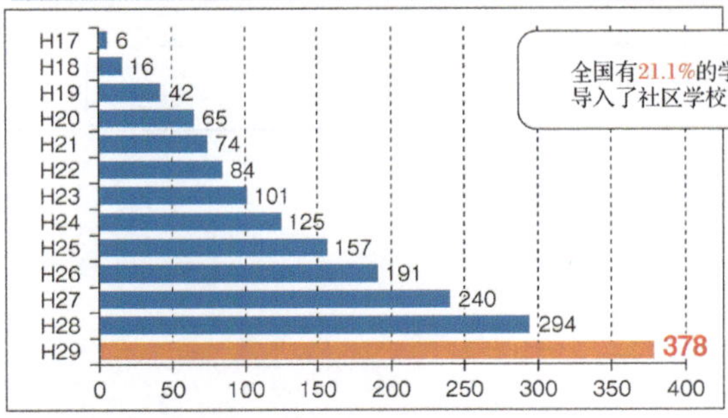

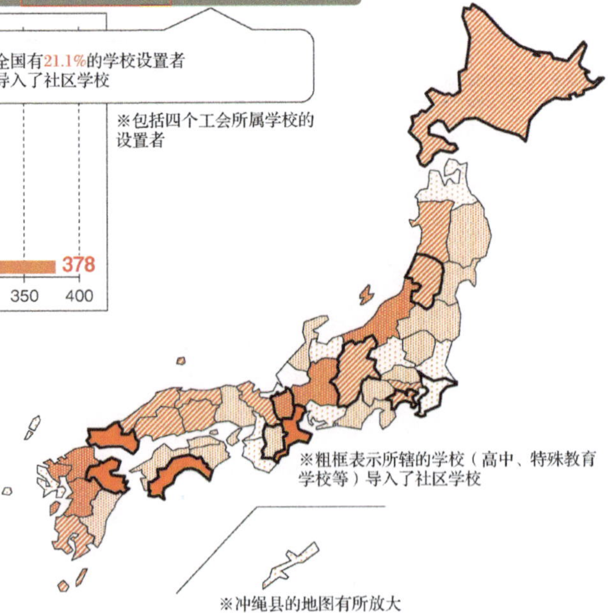

导入了社区学校的学校设置者所占的比率
【设置率】
50%以上
30%以上
20%以上
10%未满
未设置

※这里所说的社区学校是指《有关地方教育行政组织及运营的法律》第47条第6款规定设置了学校运营协议会的学校。

第十六节

推动适应少子化的充满活力的学校建设

在学校教育中，很重要的是让孩子们在集体当中，接触多样化的思维，相互认可，相互合作，通过相互切磋，提升每个人的资质和能力，这就需要中小学确保一定的规模。为此，文部科学省根据《学校教育实施规则》及《义务教育设施费负担法施行令》，把公立中小学的合适规模定为 12 个班到 18 个班，在合理配置方面，关于走读距离，小学定为 4 公里以内，中学定为 6 公里以内。

在少子化趋势的影响下，最近 10 年来，公立中小学的数量减少了约 3000 所，占一成左右，现状是约有一半的学校达不到标准规模。今后，少子化会进一步发展，很担心因学校规模变小而出现教育上的负面影响。另一方面也要考虑由于地理位置特殊性而难以进行合并的学校以及学校作为地域社区核心的重要性。

一、有关公立小学初中的合适规模、合理配置等的指南

作为对市区镇村所采取的各种举措进行综合性援助的一环，文部科学省于 2015 年 1 月 27 日公布了《有关公立小学初中的合适规模、合理配置等的指南》，通过合并来打造有魅力的学校；不断克服小规模学校的缺点，选择保留学校；一时停办的学校重新开办等，在对上述情况开展讨论时应遵循的基本方针、应该考虑的要素、需要留意的点等做了汇总，这个指南通知到全国的都道府县，同时也公布在了文部科学省的网站上[1]。

希望各市区町村积极面对少子化带来的学校规模减小的课题，主动探讨如何打造有魅力的学校，使其成为地域社区核心的问题。

二、在应对合适的学校规模以及少子化方面，完善学校教育对策的实际情况调查概要

文部科学省继 2014 年之后，于 2016 年 5 月以所有地方政府为对象，开展了《在应对合适的学校规模以及少子化方面，完善学校教育对策的实际情况调查》[2]。

该调查结果显示 80% 以上的市区镇村都认识到区域内的小学初中在学校规模方面存在问题，但另一方面，多达 42% 的市区镇村回答说还没有把研究解决办法提到日程上来。

1　参照 http://www.mext.go.jp/component/a_menu/education/micro_detail/__icsFiles/afieldfile/2015/07/24/1354768_1。

2　参照 http://www.mext.go.jp/a_menu/shotou/tekisei/__icsFiles/afieldfile/2017/04/03/1384138_1.pdf。

三、推动适应少子化的充满活力的学校建设

文部科学省为了依照《经济财政运营和改革的基本方针 2015》里增加的《经济、财政再生计划》，扎实推动改革，制定了最新改革进度表，这个改革进度表里汇总了每个政策的进展情况以及今后努力的方向等，根据这个进度表，决定在 2018 年度，实施“在应对合适的学校规模以及少子化方面，完善学校教育对策的实际情况调查”，再次掌握已经着手研究学校规模减小问题的地方政府的比例。

为了对市区镇村开展的主动探讨问题的活动和所采取的具体举措加以细致的援助，继续实施调查研究，以便在通过合并来打造有魅力的学校，难以合并地区的教育环境完善方面创出典范，分析优秀事例，发布给各地方政府参照。

图表2-4-32 向应对少子化、有活力的学校教育加以援助的方案

向应对少子化有活力的学校教育加以援助的方案

（注）金额是2018年度预算额　（ ）内是2017年度预算额　● 表示预算层面的援助　○表示没有预算的援助

普及见识和事例

○ 制定并周知《有关公立中小学合理规模、合理配置等的指南》
● 就合并中和合并后的教育活动给予指导和建议（活用咨询顾问等）
● 开创分析并周知样板事例
◆应对少子化、人口减少社会、推动充满活力的学校教育事业费3500万日元（3700万日元）

援助停办学校重新运营

● 大规模改造设施，资助改良延长使用寿命
◆公立学校设施完善费［再示］6819400万日元的部分值（6901300万日元的部分值）
● 补助购买校车、船的费用
◆对偏僻地区儿童学生援助费的补助［再示］231300万日元（251800万日元）
○ 关于学校重新运营，文部科学省的咨询窗口一站式化

通过学校合并创办有魅力的学校

● 设施完善补助※（ ）内是补助率（原则）
截至2014年，伴随学校合并，对新建设施（1/2）和现有设施（1/3）改造的补助
→关于改造，2015年制定了关于利用现在设施进行学校重组完善的补助制度（1/2）
◆公立学校设施完善费6819400万日元的部分数（6901300万日元的部分数）
● 增加教员额定人数
从2016年开始，延长增员期限（合并前1年—合并后2年→合并前1年～合并后5年）
◆增加教员额定人数措施400人→440人
● 研究学校合并情况下，充实教育环境的对策
◆应对少子化、人口减少社会，推动充满活力的学校教育事业［再示］3500万日元（3700万日元）

小规模学校继续存在的情况下，教育活动要高度化

● 研究对策，让小规模学校的优势最大化，劣势最小化
◆应对少子化、人口减少，推动充满活力的学校教育事业［再示］3500万日元（3700万日元）
● 增加小规模学校的教员额定人数
◆增加教员额定人数措施55人→65人

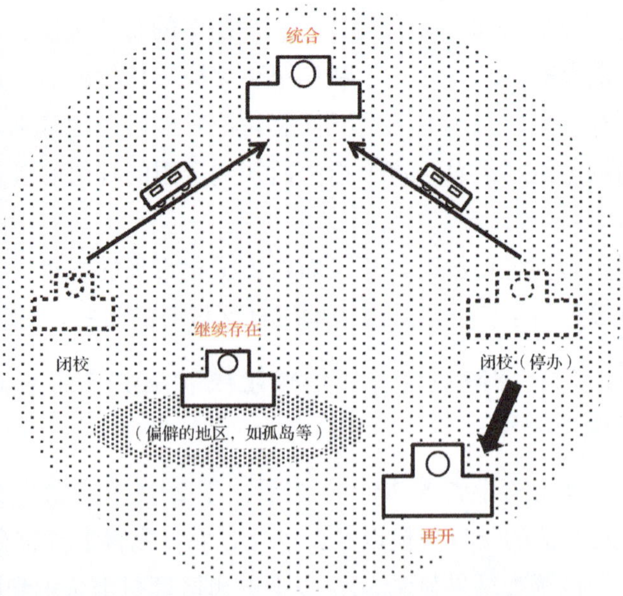

维持和加强地域社区

● 通过社区学校、地区学校合作活动，推动强化以学校为核心的地区实力
◆强化以学校为核心的地区实力计划647500万日元（693200万日元）
○ 援助对废弃学校的有效利用
○ 介绍文化、体育等有助于地区振兴的事业

其他援助

援助走读

● 对远距离走读费用给予补助
● 对够买校车、船只的费用给予补助
从2015年度开始提高补助对象的金额（约500万日元→约740万日元）
◆对偏远地区儿童学生援助费等的补助231300万日元（251800万日元）

第十七节
完善针对幼儿、中小学生的经济性援助

一、小学入学前教育阶段的经济性援助

一些地方政府实施了上幼儿园奖励制度，以减轻幼儿园的入园费和保育费等经济性负担，文部科学省通过幼儿园入园奖励补助金对这些地方政府所需的一部分经费予以补助[1]。

二、减免义务教育阶段的相关教育费用

在义务教育阶段，国公立学校的学费、国公私立学校的课本都是免费的，但是除此以外，学校生活中还需要很多费用。比如，据《2016年度孩子的学习费用调查》显示，包括学习用品费用、郊游费、修学旅行费等在内的学校教育费和学校伙食费等，公立小学一年约需10万日元，公立初中一年约需18万日元。

市镇村实施就学援助制度，对难以负担这部分费用的中小学生监护人予以经济性援助。

就学援助制度就是根据《学校教育法》里规定的义务，各市镇村针对那些认定为因经济性原因而难以让学龄儿童上小学、初中的监护人，给他们发放学习用品等给予援助的制度。就学援助制度的对象是符合《生活保护法》里规定的需要救助的人员、以及符合这个标准，认定为需要救助的贫困人员。

接受就学援助的中小学生比例依然很高，因此就学援助制度也就越发重要。2017年3月，文部科学省重新对“中小学新生学习用品费等”的单价做了预算，增加了约两倍的金额，进而，也修改了中小学等的实施纲要，改为可以入学前支付“中小学新生学习用品费等”。另外，虽然就学援助制度是在市镇村一级实施的，但是用于被救助人员的就学援助相关经费是由国家补助的。达到要救助人员的贫困标准，被认定为准救助人员的就学援助相关经费由地方财政补助。

2018年10月计划重新划定生活救助基准，关于如何应对其带来的影响问题，2018年1月19日的部长级座谈会上，给出了政府的基本方针，就是尽量不影响其他制度的实施。关于就学援助制度，文部科学省充分遵循政府的应对方针，在生活救助基准金额减少的情况下，尽可能合理应对，不造成影响。

从2017年到2021年度的五年内，年收入不满400万日元家庭的孩子在私立学校

1　参照第二部第四章第十三节。

走读，原则上一年减免 10 万日元的学费负担，为了针对义务教育阶段，选择私立学校的理由和家庭经济状况等的实际情况开展调查，已经启动了“有关对私立中小学在读的学生给予经济性援助的实证项目”。

三、减轻高中阶段的教育经费负担

作为对高中生的学习援助，通过高中就学援助金（以下通称为“就学援助金”）对高中的学费给予援助。

就学援助金，不管国公私立学校，市镇村民的所得税税额不到 30.42 万日元（年收入约 910 万日元[1]）家庭的学生，被认定为有领取资格[2]的人员，每年支付 11.88 万日元就学援助金，这与公立高中的学费相当。私立高中在读的学生，按照家庭收入所得，最高支付到 2.5 倍（每年 29.7 万日元）的金额。2017 年 12 月 8 日部长会议决定的《一揽子新经济政策》中，加入了以下宗旨：到消费税用途改变后的 2020 年前，确保现行制度每年执行的财源，以政府确保财源稳定，学生不受家庭经济状况影响，广泛接受教育为指导思想，以年收入不到 590 万日元的家庭为对象，实现私立高中学费的实质性免费。

为了减轻低收入家庭学费以外的教育经费负担，通过高中生助学金来予以援助。2017 年度对制度进行了完善，增加了向免税家庭的发放金额等。此外，还编成面向初三的宣传单，发放给全部初中，进一步周知和促进对该制度的利用。

另外，高中中途退学学生再度回校学习时，即使超过了就学援助金的支付期限，也继续予以援助，监护人等因失业、破产等家庭经济发生剧烈变动而造成收入骤减时也会予以援助，对在国外教育机构接受教育的日本高中生也予以援助。

图表2-4-33 高中生等助学金的发放金额（2017年度）

发放对象	发放额(年额)	
	国公立	私立
领取生活补助的家庭[全日制・通信制]	32,300円	52,600円
免缴税的家庭[全日制等(第1子)]	75,800円	84,000円
免缴税的家庭[全日制等(第2个孩子以后]	129,700円	138,000円
免缴税的家庭[通信制]	36,500円	38,100円

1 市镇村民所得税税额是父母双方的合计。2018 年 7 月以后的支付，以道府县民所得税税额和市镇村民所得税税额合计不到 50.7000 万日元的家庭为对象。基准是年收入靠父母中的一方工作获取，有一个高中生和一个中学生的四口之家。

2 高中在读，在日本国内有住所的人，同时满足：①高中还没毕业或肄业的人，②高中整个在学期间总计没有超过一定期限的人（全日制学校为 36 个月）。

第五章

完善高等教育

总 论

在全球化和少子老龄化等社会激变的背景下，日本为了实现可持续发展并充满活力的社会，就务必要完成变革。为此以大学为首的高等教育机构要认识到自己肩负的重大职责，认真应对日本以及日本国民所面临的课题，积极主动实施变革，不辜负来自国民和社会的期待。

高等教育改革已经刻不容缓，遵照重振教育执行会议和中央教育审议会的意见，文部科学省正致力于扎扎实实的改革。培养医学和司法等专业人才，加强处于地区医疗核心地位的大学附属医院的作用，完善高等专科学校和专科学校教育等，推动高等教育向多样化发展。

另外，为了那些有学习意愿和能力的学生不会因经济原因而被迫放弃学业，文部科学省致力于进一步扩大奖学金制度，对各大学采取的减免学费措施予以援助，也在学生就业和完善职业教育方面给予支持。

第一节

高等教育政策措施的动向

一、大学改革的发展

1. 大学改革的基本方针

日本社会的各个层面上，都正经历着前所未有的迅猛而巨大的变化。比如有人指出“第四次工业革命”应用 IoT（Internet of Things）、大数据、人工智能等，很有可能改变现有的产业结构、就业结构，甚至人们的生活。经济社会发生变化，全球化急速发展，真正的人口减少社会即将来临，在这种背景之下，为了实现每个人有价值的一生和日本社会的可持续增长及发展，为人类社会的和谐发展做出贡献，就要求高等教育机构发挥更重要的作用，成为培养人才和智慧创造的核心，特别是在今后的人才培养方面，不仅是培养掌握新知识新技能的能力，更为重要的是培养对所学知识和技能的实践、应用能力，进而自己发现并解决问题的能力。通过这样的方式，培养出能自觉主动思考，与不同的人合作，创造出新的产品和服务，为社会创造新的价值，造福于社会的人。

日本高等教育机构的升学主力军是 18 岁的人口，让我们看一下这个年龄段的人口变化，1992 年是 205 万，达到峰值，之后逐年减少，据国立社会保障、人口问题研究所推算，现在 18 岁人口大约 120 万，到 2030 年将减少到 103 万，2040 年将减少到 88 万（图表 2-5-1）。另外据经合组织（OECD）的调查显示，2015 年日本大学本科的升学率是 50%，与 OECD 的平均 57% 相比要低，而另一方面，包括专科学校在内的高等教育机构整体的升学率为 80%，比 OECD 的平均 66% 要高（图表 2-5-2）。

在这种状况下，向所有有意愿和能力的年轻人敞开高等教育的大门，同时完善高等教育机构的功能，让其成为社会人回炉深造等实现终身教育的平台，推动吸纳留学生工作，完善研究生院教育，努力提升多样化、高质量的大学教育机会等这些工作都是至关重要的。

特别是在大学教育质量方面，社会需要高端、多样化的人才，所以除了素养、知识等以外，还要求培养发现并探索课题的批判性思维能力和判断力，发挥团队合作和统率作用，能肩负起社会责任的伦理、社会性能力。为此，大学教育要向重视学生自主学习方向转换，同时在批准设立大学、设立后的认证评估等方面，必须进一步加强大学教育质量的保障体系。

图表2-5-1　18岁人口和高等教育机构升学率的变化（年）

18岁人口和高等教育机构升学率的推移（年）

18岁人口预测（2009年）~（2020年）平稳推移，（2021年）开始再度减少

- ●18岁人口=3年前初中毕业人数及中等教育学校前期课程结业人数
- ●升学率1=该年度大学、短大、专科学校入学人数；高等专科学校4年级在校人数 / 18岁人口
- ●升学率2=该年度大学、短大入学人数 / 18岁人口
- ○高中等毕业人数=高中毕业人数及中等教育学校后期课程结业人数
- ○应届报考率=该年度高中等毕业人数中向大学、短大等提交了报考志愿的人数 / 该年度高中毕业人数
- ○收容力=该年度大学、短大的入学人数 / 该年度大学、短大报考人数

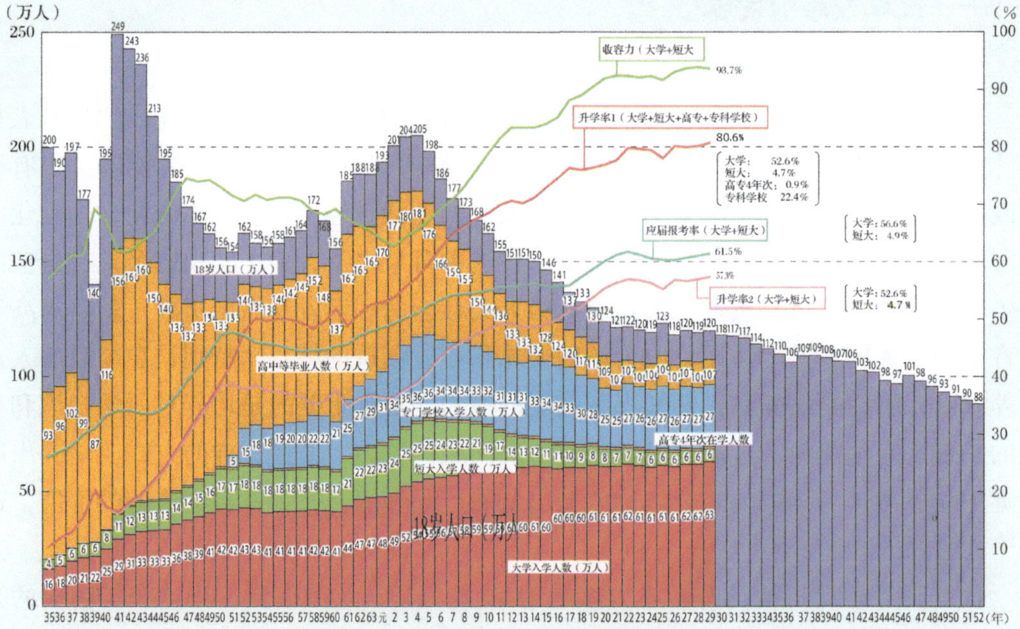

※关于升学率、应届报考率，由于小数点以下两位进行了四舍五入的处理，所以明细的计算值和总计值有的地方有出入。

出处：以文部科学省《学校基本统计》，关于平成42年（2030）—52年（2040）度国立社会保障人口问题研究所《日本将来推算人口（2017年推算）（出生中位·死亡中位）》为根据做成

今后是知识型社会进一步发展的时代，“大学实力就是国力”，推动满足社会期望的大学改革，同时必须大力援助积极致力于改革的大学，来充实大学教育。

在这样的问题意识下，文部科学省于2017年3月，就“日本高等教育未来的构想”向中央教育审议会进行了咨问，要求放眼2040年的日本社会，对今后高等教育未来的构想进行综合性研究。接受本咨问，在中央教育审议会大学分科会未来构想小组会的主导下展开了审议，2017年12月汇总出了“今后高等教育未来形象的论点整理”。今后将就具体的未来形象和为了确保实现而要做的制度修订方面继续进行探讨。

2. 2017年度的大学改革动向

为了进一步推动满足社会期待的大学建设，文部科学省致力于以下事宜：

第一，推进高中大学教育衔接改革；为促进学生自主、合作式学习，完善主动教育模式；提高大学的国际竞争力，建设有利于发明创新的教育和研究环境；加强大学

图表2-5-2　大学升学率的国际比较

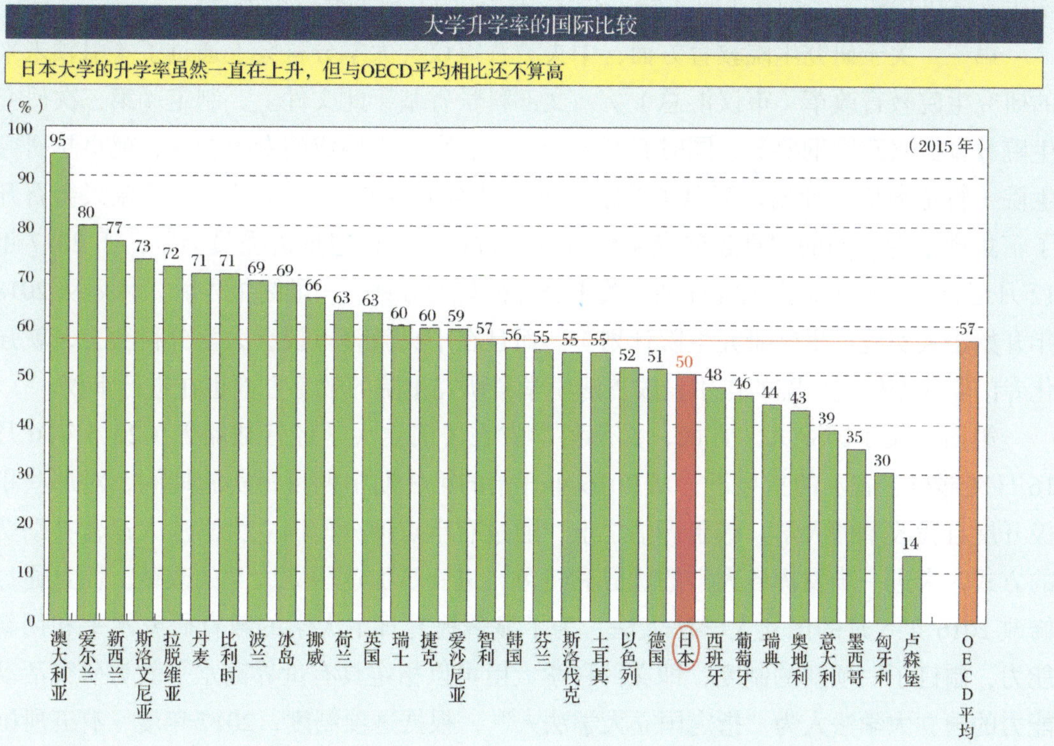

注：1.这个数据从定义上，包含了留学生的入学人数。

2.EAG2015中，是不包含医学、牙科学、药学、兽医学等6年制课程的数值。

出处：OECD「Education at a Glance2017」

功能，以便社会人回炉深造。

关于高中大学教育衔接改革方面，2013 年 10 月重振教育执行会议进行了第四次提议，2014 年 2 月中央教育审议会给出答复，2015 年 1 月制订了《高中大学教育衔接改革施行计划》，以此为基础，2016 年 3 月，在“高中大学教育衔接体系改革会议”上，从专业的角度加以研讨，形成了最终报告。在这个报告里，为了扎实培养学生学习能力的三要素，而进行多方面、综合性评价，建议文部科学省在高中教育、大学教育、大学入学选拔的一体化改革方面，应该拿出具体化的方案。基于这个报告，文部科学省为了稳步实现高中大学教育衔接改革，正在推动高中教育、大学教育、大学入学选拔方面的各项举措。[1]

第二，为了实现 1 亿总活跃社会，让那些有意愿、有能力的年轻人，不受家庭经济状况的左右，接受大学教育，文部科学省正致力于完善奖学金制度等减轻教育负担的举措，特别以《日本 1 亿总活跃计划》《实现向未来投资的经济对策》为指导方针，

1　参照第一部扎实推动教育重振第二节。

文部科学省内设立了发放型奖学金制度研究组，历时半年反复论证，通过修改《日本学生支援机构法》，创立了日本第一个无须偿还的发放型奖学金制度。

第三，关于研究生院教育方面，中央教育审议会大学分科会上通过了《引领未来的研究生院教育改革（审议汇总）》，文部科学省基于此文件上，制定《第三次研究生院教育振兴政策纲要》，同时召开由产、学、官三方构成的专家会议，就卓越研究生院（暂定名称）计划，汇总了基本意见。进而于 2017 年，在日本学术振兴会召开了汇集产学专家们的“卓越研究生院计划（暂定名）构想推进委员会”，于 2017 年 12 月汇总了《卓越研究生院计划　关于公开征集的方针——最终报告》。计划从 2018 年开始正式实施《卓越研究生院计划》。而且在中央教育审议会大学分科会上，就强化专门职业型研究生院的作用，改善法学学科研究生院的教育方面也在进行审议。

第四，关于国立大学方面，文部科学省在《国立大学经营战略》（2015 年 6 月 16 日文部科学省）的指导下，从 2016 年开始的第 3 期中期目标实施期间，对那些积极开展自我改革的大学，基于评估之上，通过有重点地分配国立大学法人运营补助费的方式，来进一步发挥各大学的优势和特色，进一步加速国立大学的改革。而且通过修改 2016 年 5 月的国立大学法人法，为了显著提升日本大学的教育研究水平和创新能力，制订了一项新的制度，即文部科学大臣可以指定具有世界高水平教育研究活动能力的国立大学法人为“指定国立大学法人”，根据这项制度，2017 年度，有五所国立大学法人被指定为“指定国立大学法人”。同时，在改定的该法中，也采取了一些举措来有效利用国立大学法人等的资产，①放宽了向第三方出租土地的限制，②在一定范围内，学校自主收入的使用范围，比如不属于政府性资金的捐赠款等，扩大到收益性更高的金融商品，进而，根据 2018 财年修订的税制，个人向国立大学法人[1]等进行的实物资产的捐赠，这些法人以得到主管部门批准的基金形式对该资产实施管理的情况下，放宽个人资产赠予纳税的免税条件，同时也放宽了该基金内的资产代替必要条件。

第五，在重振教育执行会议上，从目前的学制是否符合今后日本少子老龄化和全球化发展的观点进行了探讨，于 2014 年 7 月 3 日汇总了《关于今后的学制等状况（第五次建议）》。在这个建议下，文部科学省商讨了让实施实践型职业教育的全新高等教育机构形成制度的问题，结果是在 2016 年 5 月汇总的中央教育审议会答复的基础，让 2017 年 3 月 10 日，向国会提交了《部分修改学校教育法的法律》提案，并于 5 月 24 日通过，内容是设立专业性职业大学以及专业性职业短期大学（以下通称“专业性职业大学”），把其定位于大学制度内，作为一个崭新的以培养专业职业人员为目标的高等教育机构。专业性职业大学实施实践性教育，包括长期的企业内实习和产业界联合进行教育课程的开发等。另一方面，除了培养这种在专门领域能立刻派上用场的

1　本税制改定的对象是国立大学法人、大学共用机构法人、公立大学法人以及国立高等专科学校机构。

“实践能力”以外，还通过基础教育和相关领域的教育，培养出具有创造能力的人才，能创造出崭新的产品和服务，这就为高等教育机构提供了一个全新的选项。另外，基于专业性职业大学制度的宗旨，让现有的大学和短大的部分机构开设“专业性职业学科”，努力打造具有实践性和创造力的专业职业人才，这也将于2018年1月形成制度，与专业性职业大学一样，计划于2019年4月开设。

而且文部科学省秉承2015年4月施行的《学校教育法以及国立大学法人法之部分修正法》的宗旨，为了在各大学推进校长领导下的战略性发展，跟踪各大学的改革状况并共享优秀成果。

进而，为了让大学行政职员和行政组织在大学运营方面进一步发挥积极的作用，文部科学省于2016年3月修改相关各部的指令，规定各大学要给职员（不仅是行政职员，还包括教师和技术职员）创造进修机会（staff development）；2017年3月又修改了各部的指令，旨在提升大学行政组织的定位，同时明确指出教师和行政职员必须相互协作，携手并进（2017年4月实施）。

此外，针对大学教师培养的现状，文部科学省基于当前将迎来教师需求的减少和要求教师高度专业化这一状况，于2017年8月29日汇总了《加强教师需求减少时期的教师培养进修作用——关于国立教师培养大学·学院、研究生院、附属学校改革的专家会议报告》。根据这份报告，以国立教师培养大学·学院为首的各大学进一步推进改革，努力提升日本学校教育整体的质量。

高等专科学校也立足于今后就业结构、产业结构的变化，推动工学专业以外领域的人才培养，努力进一步完善教育。

另外，作为有助于地方发展的大学改革，在2017年6月9日内阁会议上通过的《城市·人·工作创生基本方针2017》中，由于18岁人口的大幅减少，学生过度集中于东京，担心地方大学的经营恶化和东京区周边因大学撤走造成地区衰退，原则上在大学生过于集中的东京23区，对增加大学招生人数的申请不予批准。基于此方针，文部科学省于2017年9月，向原定于2017年10月提交申请的有关2018年度大学扩招以及2019年度增设大学的问题；又于2018年2月，向原定于2018年3月提交申请的有关2019年度增设院系以及2019年度扩招的问题，分别依据方针内容，颁布了告示。

第二节 为了高等教育的进一步发展

一、树立学生自主学习意识，进行大学教育质的转变

1. 学士课程教育

关于学士课程教育，2016 年 3 月，文部科学省修改了《学校教育法实施规则》。规定大学 2017 年度以后有义务制定和公布《毕业认定、学位授予方针》（diploma policy）、《教育课程编制和实施方针》（curriculum policy）以及《学生录取方针》（admission policy）三个方针。要求大学切实制定并公布这三个方针，同时要求大学教育发生质的转变，做到基于此方针，对教育课程进行体系化和结构化，导入和普及主动教育（active learning）促进学生自主学习，大学通过学习成果的可视化和验证改善循环（PDCA 循环）的导入，努力建立起教学管理体系，培养学生具有知识、技能、思考能力、判断能力、表现能力、能主动地与各式各样的人进行合作学习的态度，让学生拥有真正的“学习能力”。

为了给大学在这方面所做的努力予以帮助，文部科学省 2017 年度主要推行了以下措施。

①加速大学教育改造计划（AP）：在主动教育（active learning），学习成果的可视化，入学考试改革・高中大学教育衔接，长期校外学习计划（gap year），加强毕业质量监管方面所采取的先进举措予以援助，其目的是通过援助，加速大学教育质的转变，彻底加强大学的人才培养作用（截至 2017 年度选定了 77 件举措）。

②实施 FD[1]・SD[2] 的教育系统共用基地制度：为了大学整体能提供高质量的教育，和其他大学共同举办有组织的大学教职员进修（FD・SD）的基地，作为教育系统共用基地，由文部大臣进行认定的制度（2017 年度认定了 14 所大学的 15 个基地）。

2. 短期大学课程教育

短期大学课程教育要确保地区高等教育机会的均等，提供素质教育和专业教育均衡的课程设置，起到地区终身学习基地的作用。

文部科学省 2016 年 3 月修改了《学校教育法实施规则》，规定 2017 年度以后有

1 FD：能力发展（faculty development）为改善大学授课内容以及方法而举办的有组织性的进修和研究的总称。比如实施教师之间的相互听课，举办有关授课方法的研讨会，为新任教师举办进修会等。

2 SD：教辅人员的发展（staff development）为了合理有效地管理大学的教育研究活动等，让职员习得必要的知识及技能，以及为了提升其能力和资质而举办的进修的总称。比如，以行政职员和技术职员在内的教职员为对象，举办进修活动，提升管理运营和为教研提供帮助的资质等。

义务制定和公布三个方针。要求短期大学立足于各自的强项和特色，制定并公布具有一贯性的三个方针，同时要求按照方针开展充实的大学教育。文部科学省通过《加速大学教育改造计划（AP）》，对此进行援助。

而且，2017 年 2 月的中央教育审议会大学分科会的《有关加强今后各高等教育机构的作用 · 功能的论点整理》中，为了帮助短期大学强化功能，就完善教育对策以满足社会人学生的需求，加强体系建设以确保地区高等教育等问题，建议有必要对这些问题尽早加以研究。根据这个提议，在中央教育审议会大学分科会未来构想部的会议上，就加强地区短期大学的功能问题展开了研讨，文部科学省从确保地区高等教育机会的观点出发，对短期大学设立基准进行了修改，以便设立学科规模虽小，但能保证合理运营的短期大学。

3. 研究生教育

文部科学省根据 2017 年 9 月中央教育审议会大学分科会审议汇总的《引领未来的研究生教育改革》和 2016 年 3 月制定的《第 3 次研究生教育振兴对策纲要》，正在着手完善和加强研究生教育。

特别是关于博士教育，为了培养能在跨产、学、官的广泛领域活跃于全球的领导型人才，文部科学省从 2011 年开始实施《领先研究生院计划（leading program）》，对得到来自产、学、官的参与策划，构建和开展跨专业领域、硕博连读学位计划的研究生教育改革予以援助，截至 2017 年，有 62 项计划在接受援助。

而且在《〈日本复兴战略〉改订 2015》中，创设了能“开展文理融合领域等跨领域的一体化教育和日本优势领域的最尖端教育，由若干大学、研究机构、企业和海外机构等联手打造的‘卓越研究生院（暂定名）’制度。根据此设想，2017 年 4 月，在由产、学、官联合举办的“探讨卓越研究生院（暂定名）的专家大会”上，汇总了《有关卓越研究生院（暂定名）构想的基本意见》，就设立卓越研究生院的领域以及多个机构合作的机制方面给出了基本方针。为了 2018 年度开始正式实施，各大学都在研究如何让构想具体化。文部科学省 2017 年度通过“卓越研究生院计划（暂定名）构想推进委托事业”，对公开征集和审查的方针等问题展开调查研究，为了加速探讨，在日本学术振兴会设立了由产学各方面的专家构成的“卓越研究生院计划（暂定名）构想推进委员会”，于 2017 年 12 月汇总了《卓越研究生院计划　关于公开招募的方针——最终报告》。计划从 2018 年度开始正式实施《卓越研究生院计划》。

通过这些对策来推动研究生教育改革，培养“智慧的专家”，他们能用高度专业化知识和伦理观来自主思考和行动，创造崭新的智慧和价值，活跃于全球，引领未来。

二、改善大学录取选拔

1. 各大学的录取选拔

各大学一直以来都是根据各自的教育理念制定的《录取方针》（admission

policy），利用面试、小论文等多元化的评价尺度，通过 AO（admission office）入学考试或推荐入学考试等多样化的入学考试方式，从多方面、综合评价考生接受大学教育的能力、意愿、资质等。另一方面，也有人指出部分 AO 入学考试和推荐入学考试不能充分把握考生的学习实力。为此，文部科学省每年通知要求无论何种入学考试方法，都要使用学习实力检测和调查来把握考生的学习实力，不光是大学自己的命题考试，还要积极利用资格考试和检定考试等，以此促进入学考试方法的改善（2017 年 6 月 1 日高等教育局长通知《2018 年度大学录取选拔实施要点》）。

2. 大学入学统一考试

大学入学统一考试的目的是为了判定考生高中阶段的基础学习完成情况，该考试是各大学协同考试中心于 1990 年开始实施的考试。2018 年度参加大学入学统一考试的有 697 所大学、151 所短期大学，约 55 万的报考考生（约占全部考生的 70%）参加了考试，已经发展为一个规模非常庞大的考试。

三、建立保证大学教育质量的综合体系

1. 大学设立批准制度

为了确保大学教育的国际通用性和保护学生的利益，大学、短期大学、高等专科学校（以下称“大学等”）的设立和机构调整，都要履行规定的审查等手续。文部科学省接到设立大学的申请后，就申请内容是否符合《大学设立基准》等法令规定，要向专家人士组成的大学设立学校法人审议会进行咨询。该审议会从教学、财政和管理运营方面进行专业审查并给出报告，文部科学大臣据此做出判断。

为了大学等能进行机构调整，灵活应对学问的发展和社会的变化，大学授予学位的类型和领域不发生变更的学院、学科设置等，可以通过申报来完成。

大学、学院等设立后，原则上大学自主、自律地进行教研活动，但为了保证设立后的质量，文部科学省会要求各大学提交报告，检查课程科目的开设、教师人员配备等计划的履行情况，通过书面、面试或实地考察（开设计划履行情况等的调查）的形式加以调查。调查结果，特别是针对发现问题的大学，会给以具体的意见，通过公布于众的方式督促大学自觉加以改善。对那些有问题却不加改善的大学，会警告他们新的申请将不会获批，以此建立起促改的体系。

2. 认证评估制度

认证评估制度是基于《学校教育法》而制定的，要求所有的国立公立私立大学、短期大学、高等专科学校有义务七年内接受一次（专门职业型研究生院每五年内一次）第三方评估，评估机构（认证评估机构）是得到文部科学大臣认可的。认证评估制度的导入一方面是为了使国家的事前管控趋于弹性化，另一方面也是为了保证大学等的教研质量，完善体制，以便对大学等成立后的组织运营和教研活动等状况进行定期的

追踪调查。2018 年 3 月，有 14 家得到认可的评估机构（图标 2–5–3）在实施评估。

评估的标准和方法，各评估机构有所不同，各评估机构也建立了督促各大学等进行改进的体系，比如根据评估结果，要求接受重新评估和提交整改报告等。

而且 2016 年 3 月在中央教育审议会大学分科会上，汇总了《完善评估体制（审议汇总）》。根据这份报告，文部科学省 2016 年 3 月对政府相关各部规定的评估机构应该评估的事项等做出了修改，反映在从 2018 年度开始的第三轮评估里，目标是确立内部质量保证体系（各大学自主、自律的质量保证举措）、让评估向着促进大学等教育质量转变的方向发展。

2017 年度，141 所大学、59 所短期大学、4 所高等专科学校、法科研究生院的 13 个专业、经营方向的专门职业型研究生院的 2 个专业、公共政策方向的专门职业型研究生院的 1 个专业、教职研究生院的 9 个专业、信息方向的专门职业型研究生院的 1 个专业、美容产业专门职业型研究生院的一个专业、global communication 专门职业型研

图表2–5–3 认证评估机构

领域（按机构）	评价机构名称	URL
大学	（财）大学基准协会	http：//www.juaa.or.jp/
	大学改革支援·学位授予机构	http：//www.niad.ac.jp/
	（财）日本高等教育评价机构	http：//www.jihee.or.jp/
短期大学	（财）短期大学基准协会	http：//www.jaca.or.jp/
	（财）大学基准协会	http：//www.juaa.or.jp/
	（财）日本高等教育评价机构	http：//www.jihee.or.jp/
高等专科学校	大学改革支援·学位授予机构	http：//www.niad.ac.jp/

领域（专门职业研究生院）	评价机构名称	URL
法科研究生院	（财）日辩连法务研究财团	https：//www.jlf.or.jp/index.php
	大学改革支援·学位授予机构	http：//www.niad.ac.jp/
	（财）大学基准协会	http：//www.juaa.or.jp/
经营	（社）ABEST21	http：//www.abest21.org/jpn/index.html
	（财）大学基准协会	http：//www.juaa.or.jp/
会计	NPO法人 国际会计教育协会	http：//www.jiiae.jp/
助产	（财）日本助产评价机构	http：//www.josan-hyoka.org/
临床心理	（财）日本临床心理士资格认定协会	http：//fjcbcp.or.jp/
公共政策	（财）大学基准协会	http：//www.juaa.or.jp/
时尚商务	（财）日本高等教育评价机构	http：//www.jihee.or.jp/
教职研究生院、学校教育	（财）教员养成评价机构	http：//www.iete.jp/
信息、创造技术、嵌入式技术、原子能	（社）日本技术人员教育认定机构	http：//www.jabee.org/
公众卫生	（财）大学基准协会	http：//www.juaa.or.jp/
知识产权	（社）ABEST21	http：//www.abest21.org/jpn/index.html
	（财）大学基准学会	http：//www.juaa.or.jp/
美容产业	（社）专门职高等教育质保机构	http：//ibbe.lolipop.jp/
环境·造园	（社）日本造园协会	http：//www.jila-zouen.org/
Global communication	（财）大学基准协会	http：//www.juaa.or.jp/
社会福祉	（社）日本社会工作教育学校联盟	http：//www.jaswe.jp/
数字内容产业	（财）大学基准协会	http：//www.juaa.or.jp/

究生院的一个专业、社会福祉方向的专门职业型研究生院的一个专业、数字内容方向的专门职业型研究生院的一个专业都进行了评估。结果都公布在各评估机构的网站上。

3. 推动信息公开

大学作为公共教育机构，对社会负有解释说明的责任，同时要求其进一步提升其教育质量。从 2011 年 4 月开始，规定所有大学根据《学校教育法实施规则》，要公布有关教研活动等情况的信息。"大学 portrait"是一个建立在国公私立大学数据库基础之上的，公布教育信息的网站，从 2015 年 3 月开始，推动使用该平台向社会公开大学信息。

四、向地区、社会开放的高等教育

1. 推动高等教育机构成为地区社会的核心

文部科学省根据《第 2 期教育振兴基本计划》的精神，为了促进高等教育机构和地区之间的相互交流，让高等教育机构成为被地区信任的地域社区的核心（COC：Center of Community），于 2013 年度开始，实施《地方大学完善事业（大学 COC 事业）》，援助那些与地方政府携手解决本地课题的大学等。为进一步发展此事业，从 2015 年度开始，实施《地方大学促进地方创生产业（COC ±）》，多所大学等不仅和负责搞活地区的地方政府，还和接受人才的地方企业、以搞活地区为目的开展活动的 NPO 法人和民间团体等形成事业合作机构，发挥各自优势，创造就业和提高毕业生本地定居率，文部科学省也对开展的此类举措加以援助。[2017 年度援助件数 42 件（参与大学数量 277 所）]

2. 丰富社会人回炉深造的机会

为了应对日本产业结构的急速变化和全球化的发展，走向社会后，不断更新知识、技能也是至关重要的。还有女性在结束育儿后，重返职场等情况，为了帮助她们在不同的生活舞台上，大放光彩，大学等越来越有必要应对社会人的回炉深造需求。

另一方面，有人指出对于社会人和产业界来说，大学等的教育项目缺乏实践性，感受不到魅力，在提供经济援助，减轻学费负担方面做得还不够充分。为了进一步促进社会人的回炉再造，有必要完善环境，让社会人能够多次重新学习，而且每次都能掌握需要的专业技能。

文部科学省基于《第 2 期教育振兴基本计划》，为了开发和实证由专修学校、大学、短期大学、高等专科学校和产业界等联手打造的，适应地区和产业界人才需求的，便于社会人学习的教育项目，开展"由专修学校主导的地区产业核心人才培养事业"，2017 年度通过了 62 个项目，推进社会人等的回炉学习。

作为本事业的一环，从 2014 年度开始，一直在开发和实证研究生院水平的项目，培养应对全球化所需要的高端业务执行能力和创新资质等，具备高端技术和专业知识、能力的人才。

根据重振教育执行会议《关于实现“持续学习”型社会、全员参加型社会、地方创生的教育构想（第六次建议）》（2015 年 3 月），为了扩大机会，让社会人通过参加大学、研究生院、短期大学、高等专科学校的项目课程，提升所需的必要职业技能，于 2015 年 7 月创设了文部科学大臣认定制度。把满足社会人和企业等需求的实践性、专业性项目认定为“职业实践能力培训项目（BP：Brush up Program for Professional）”，2017 年度 12 月认定了 42 门课程，加上上一年度认定的课程，现在一共是 222 门课程。

在认定的项目课程中，有以“女性大展宏图”为主题的，主要是以回归职场的家庭主妇和想成为职场领导的女性为对象，培养她们的管理能力；有以“地区创生”为主题的，旨在培养致力于构建地区农业的高端农业经营人士和培养能让地区资源商业化的人才；也有以提升非正规劳动者的职业履历，搞活中小企业为主题的；还有以 MBA（Master of Business Administration）、制造业、医疗等各种职业领域为对象的课程。这些项目课程在大学、研究生院、短期大学、高等专科学校里开设。

被批准的项目课程，满足一定的条件，并由厚生劳动大臣指定的专业实践教育训练，满足一定条件的劳动者在接受该项目课程培训时，可以享受拨付最高 60% 训练经费（一年上限是 48 万日元）的制度。

文部科学省将继续灵活运用上述举措，完善社会人回炉学习的机会。

第三节

培养全球化人才和大学的国际化

一、推动双向留学生交流[1]

日本的社会和经济都在向着全球化发展，获得优秀的外国留学生助力于日本的发展，提高每个人的能力，培养在全球化的社会中大展宏图的人才是迫在眉睫的课题。

据日本学生援助机构的调查，外国留学生的数量，2017 年 5 月 1 日，已经从上一年的 23.9287 万人增加了 2.7755 万人达到 26.7042 万人。而据文部科学省的统计，去海外留学的日本人数是 5.4676 万人，比上一年减少了 236 人。但据日本学生援助机构的调查，留学期限在 1 年以内的短期留学，日本留学生数量在增加，2016 年为 9.6641 万人，比上一年增加了 1.2185 万人（日本学生援助机构对大学等掌握的日本学生海外留学状况的调查）。政府在《日本复兴战略——JAPAN is BACK》（2013 年 6 月 14 日内阁会议决定）以及《第 2 期教育振兴基本计划》中定的目标是到 2020 年前，让日本人海外留学生从 2010 年的 6 万人倍增到 12 万人，关于外国留学生，目标是实现“留学生 30 万人计划”，从 2012 年的 14 万人倍增到 2020 年的 30 万人。

为了实现这些目标，文部科学省发起促进留学的活动“起飞吧！留学 JAPAN”，打造年轻人海外留学的气氛；同时得到企业协助，开展“起飞吧！留学 JAPAN 日本代表计划”，并扩充海外留学公费援助制度，以便减轻学生经济负担。

另一方面，以确保优秀外国留学生，实现内部国际化的“留学生 30 万人计划”为目标，文部科学省不断改善制度，保证在海外的招募和选拔考试能有效实施，同时在产、学、官的配合下，搭建促进在日本国内就业的教育项目，对完善接收留学生的环境建设等方面予以援助，通过这些举措来提升日本留学的魅力。

二、大学的国际化

日本的大学作为培养活跃于国际社会的全球化人才的核心机构，必须要推动自身教育研究环境的国际化和学生双向交流等方面的国际化。

文部科学省从 2014 年度开始实施“超级国际化大学计划”，旨在提升日本高等教育的国际通用性和国际竞争力，选出 37 所大学进行援助，这些大学不仅和海外优秀大学合作，还通过大学改革推行彻底的国际化。2017 年 3 月文部科学省建成了基础

---

1 参照第二部第十章第一节。

网站，广泛发布本事业取得优异成效的举措，共享实施本事业取得的成果。[1]

另一方面，放眼海外，全世界学生的流动性都在提高，获取人才的竞争愈演愈烈，都在积极构建能保证质量的国际化高等教育合作框架。日本为了确保更多优秀的学生，在这些举措中发挥主导作用是十分重要的。

文部科学省从 2011 年度开始实施的“加强大学世界拓展力事业”中，针对那些对日本来说战略地位非常重要的国家和地区，在开展国际教育合作，比如学分互认，确保教育质量方面的举措给以援助。2017 年度通过了和俄罗斯、印度等大学的教育合作计划九项。为了将来在亚洲形成高等教育圈，推动“亚洲校园”活动，促进中、日、韩三国之间进行高质量的大学交流。

在 ASEAN+3 的政府框架下，文部科学省推动有质量的学生交流活动。具体开展了以下工作，2012 年在印尼举办的第一届 ASEAN+3 教育部长级会议上，日本提议设立“ASEAN+3 高等教育流动性和质量保障的工作组”。之后每年都举办由各国政府的高等教育行政官员参加的工作组会议，2016 年 5 月，作为第 3 届教育部长级会议的成果，通过了《有关学生交流和流动性的指导原则》。现在正努力制定《留学生成绩证明指导原则》和监控学生流动性。

2017 年 12 月，日本缔结了《亚太地区承认高等教育资历公约》。该公约于 2018 年 2 月 1 日生效，期待该公约的实施能带来赴日留学的外国留学生和日本赴海外留学的学生数量增加，推动跨境学生交流，进一步提高亚太地区高等教育的质量。

1　参照 https://tgu.mext.go.jp。

第四节

培养专业人才

一、培养医疗领域的人才

随着人口老龄化，医疗需求不断增加，除了81个医学系、29个口腔系、74个药学系、265个护理系专业等，众多的大学都在积极培养医疗领域的人才。文部科学省也在和各大学合作，积极推动各种举措，培养高质量医疗领域的人才。

1. 确保医生数量

为确保地区医生的数量，和厚生劳动省合作，从2008年度开始增加医学系的招生名额。2018年度，含增加的地区定向名额（以将来会去医生不足的地区医院工作，借给学习资金为条件而设定的名额），全国医学系入学名额总计9419人。

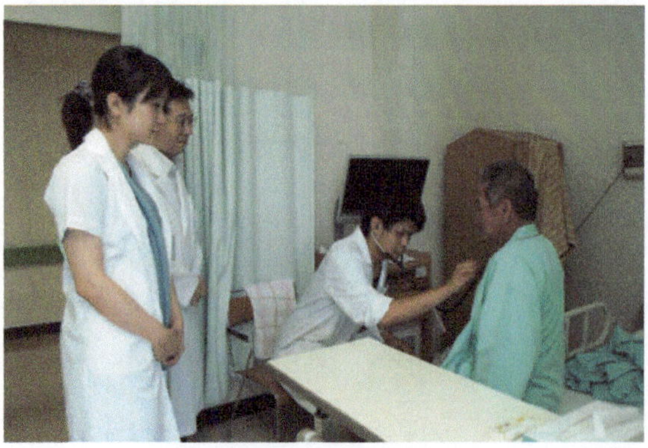
医学系医学专业的诊疗参加型临床实习（检查身体）的状况
（照片来源：信州大学）

2. 改善、充实医学教育

各大学在制订教学计划时，参考《医学教育模式、核心、课程》里制定的医学专业学生毕业前必须掌握的实践能力目标，各自开展独具特色的教育。

模式、核心、课程要结合医学教育的周期（6年）进行修订，2017年3月，以培养能应对多种需求的医生为指导思想，做了修订。为了从2018年度开始执行改订后的模式、核心、课程开展教育，在所有医学系都开展了工作坊等活动。以提升医学专业学生的临床能力为指导思想，对完善诊疗参加型临床实习的举措予以援助，除此以外，为了立足于国际动向，保证医学教育的质量，对从2017年度开始正式实施的分领域评价的举措加以援助。

3. 改善充实口腔学教育

和医学教育一样，各大学基于《口腔学教育模式、核心、课程》，各自开展独具特色的教育。

模式、核心、课程要结合口腔学教育的周期（6年）进行修订，2017年3月，和医学教育的模式、核心、课程同时做了修订。为了从2018年度开始基于改订后的模式、核心、课程开展教育工作，专门组织了针对所有口腔系的研讨会等活动。

为了提升口腔系学生的临床能力，对完善诊疗参加型临床实习的举措予以援助，此外，还要着重支持即将正式开始实施的分领域评价的举措，立足于国际动向，保证口腔系教育的质量。

4. 改善和充实药学教育

为了培养医疗药剂师人才，按照《药学教育模式、核心、课程》的宗旨，扎实办教育，努力推动产出导向型教育和完善业务实习。

此外，以大学相关人士为主，以所有大学为对象进行的分领域评价等旨在保证药学教育质量的措施也在逐步推进中。

5. 改善和充实护理师等医疗技术人员的教育

在护理师等医疗技术人员的培养方面，目前培养高质量医疗技术人员、教育人员、研究人员的大学和研究生院正在不断增加，人们对大学培养的人才寄予厚望。

另一方面，随着护理类大学的急剧增加，如何确保教育质量成为当前的重要课题。因此，为了有助于大学学士课程阶段的护理学教育水平的稳定和提升，作为各大学可以参考的课程安排，2017 年 10 月制定了《护理学教育模式、核心、课程》，其中规定了学生到毕业之前必须掌握的护理实践能力的具体学习目标。

6. 加强大学附属医院的作用

为了应对医疗的高度发展和超老龄化社会等带来的疾病结构的变化，大学以及大学附属医院必须在学生大学毕业前和毕业后两个阶段，做好人才培养工作，使学生能为医疗高度发展做出贡献，并能肩负起新医疗技术的开发工作，同时大学附属医院是地区医疗最后的要塞，必须加强大学附属医院的作用，努力建立起医疗安全体系。

为此，2017 年度，启动了《构建培养未来医疗研究人才基地事业》，对构建基地，培养具有研究素质的新一代医疗人才等方面的工作进行援助，实施了《解决课题型高级医疗人才培养计划》，旨在扶持培养出能科学地为医疗第一线的各种课题提供解决办法的人才。通过上述方式，推动新一代医疗人才的培养，以应对急速变化的医疗需求。

对那些积极办教育，培养社会需要的医疗人才，积极投身先进医疗技术研发的国立大学附属医院，在完善教育研究环境和强化实施体制基础方面加以援助。

7. 致力于癌症医疗

文部科学省为了实现基于《癌症对策基本法》的《第 3 期癌症对策推动基本计划》（2017 年 10 月内阁会议通过），实施了《应对多样化需求的“癌症专门人才培养计划”》，致力于培养专门从事癌症医疗的人员。

8. 培养尸检相关人才的措施

文部科学省根据《尸检等推动计划》（2014 年 6 月 23 日内阁会议通过），通过完善与尸检相关的教育以及科研基地，对各大学在培养尸检相关人才方面所做的努力加以援助。

二、专业性职业研究生院

2003年度创设的专业性职业研究生院（专业性职业学位课程），其目的是在研究生院层面，培养高水平的专业技术人员，开设理论联系实际、进行实践教育的课程。具体来说，课程设置是有制度规定的，比如在师资方面，实务型专家要占一定比例以上；从教学内容上来说，课程基本上以实例研究和实地调查为主，上课主要采取双方或多方的讨论、问答等方式；为了保证教育质量，规定有义务每五年要接受一次教研活动情况的评估。截至2017年5月，已设置173个专业，涉及司法人员（法学研究生院）、教师（教职研究生院）、MBA（商务）、MOT（技术经营）、会计、公共政策、公众卫生、临床心理等多个领域，特别是社会人学生的占比约达50%，在推动社会人教育方面取得了一定的成果。

但是也暴露出很多问题，比如专业性职业研究生院和社会（出口）之间的协作不够紧密，在专业性职业研究生院层面，培养高水平专业技术人员的必要性方面，可以说并没有和社会之间达成共识。为此，在中央教育审议会大学分科会研究生院小组下，设立专业性职业研究生院工作组，对教育课程、师资结构、评估等，就专业性职业研究生院的制度整体进行审议，于2016年8月汇总了《关于完善和加强以专业性职业研究生院为核心的高水平专业技术人员培养机能的对策》。

根据本报告，以加强和社会（出口）的合作为指导原则，文部科学省修改了设置教育课程合作协议会相关的制度（2019年4月1日开始实施），除此之外，为了推动专业性职业研究生院和大学学院等的合作，修改了专业性职业研究生院专任教师任职相关必要条件的制度（2018年4月1日实施）。

1. 法科研究生院

法科研究生院是把司法考试和司法学习有机结合的专业性职业研究生院，创设于2004年。作为制度规定的、培养司法人员程序上的关键机构，希望能保质保量地培养出众多司法专业人士。到目前为止，为司法以及企业和公务部门等社会的各个领域输送了很多毕业生。

另一方面，法科研究生院整体的司法考试合格率，司法资格证拥有者的活动范围扩大等，和制度创设之初的期待有出入，导致报考司法的人数减少。为了从法科研究生院教育方面来解决这些问题，要根据《进一步推动司法人才培养制度的改革》（2015年6月30日司法人才培养制度改革推动会议上通过）中给出的具体方法，推动法科研究生院的改革。

通过《加强对法科研究生院政府援助的重新认识、合算计划》，施行张弛有度的预算分配，和顶级司法学校合作，提升法科研究生院的魅力；通过法科研究生院之间的合作，提升教育能力；完善对非法学专业学生的教育；通过灵活运用跳级入学和提前毕业制度来减轻时间上的负担；应对全球化为地区发展做出贡献，把 ICT 技术应用于教育来应对多样化的需求等，文部科学省对这些方面率先采取的有成效的举措予以援助。《认定达成水平的通用考试（暂定名）》，是法科研究生院共同、客观且严格评定升级的规定，于 2014 年开始试行，正在讨论正式实施的问题。中央教育审议会大学分科会法科研究生院等特别委员会，为了增加司法报考人数，通过法科研究生院教育为社会输送有作为的人才，正在讨论加强法科研究生院和法学院的合作，提高对非法学专业学生的教育质量等问题，2018 年 3 月汇总了《彻底改善和完善法科研究生院等教育的基本方针》。今后将按照这个基本方针，进一步深入研讨。

2. 教职研究生院

教职研究生院的设立是为了培养新教师，使他们能成为开设新学校时的中坚力量；培养在职教师，使他们成为兼具理论指导和优秀实践能力、应用能力的学校领导，能在地区和学校发挥领导性作用。到 2017 年 4 月为止，在 45 个都道府县设立了 53 所教职研究生院。

教职研究生院的课程特色是成体系，符合学校和教育委员会的需求，比如通过学校和教育委员会的合作，配备的指导教师都是有实际教职经验的人，可以在学校进行长期实习等，通过这样的课程设置，培养具备开展全新学习的实践指导能力的教师。教职研究生院取得了实实在在的成果，比如教育委员会向教职研究生院派遣的在职教师人数在逐步增加；除了在职教师型的学生外，2017 年 3 月的毕业生，走上教师岗位的就业率高达 92% 左右。

文部科学省基本达成了在所有的都道府县设立教职研究生院的目标，并在 2017 年 8 月 29 日汇总了《加强教师需求减少时期的教师培养、进修作用——有关国立教师培养大学、院系研究生院、附属学校改革的专家会议报告》，基于此报告，让教职研究生院成为整个学校教育的智慧中心，推动教育内容质量的进一步提升和多样化、特色化。

三、高等专科学校

高等专科学校作为高等教育机构，其特征是进行五年制的专业、实践性技术人才的教育培养，全国共设立了 57 所。每年有就职意愿毕业生的就业率接近 100%，培养着符合产业界需求的人才（图表 2-5-4）。为了切实应对今后预计到的各种课题，开展更高质量的教育，2015 年 5 月举办了“完善高等专科学校教育的调查研究协作人员会议”（主持人：东京工业大学校长三岛良直），2016 年 3 月汇总了《关于完善高等专科学校的教育》。本报告从三个方面给出了具体的对策：加强和医疗、农业等其他领域合作的“未来高等专科学校教育的方向和完善对策”；培养地区产业支柱型人才等的“与地区、产业界的合作”对策；提升技术人才国际化能力等的“应对国际化”对策。文部科学省正在根据本报告，推动高等专科学校教育的完善。

在通过工业化来推动经济发展的发展中国家，对高等专科学校从 15 岁就开始进行的早期专业人才培养的做法评价很高。因此，国立高等专科学校机构为了根据各国需求，完善技术人员教育，在开发教育课程和教员进修等方面给予援助。2017 年度，在越南设立了办事处，作为和当地教育机构的合作据点，和之前设立在蒙古和泰国的办事处一起，加强了援助体制。

图表2-5-4 高等专科学校正式毕业生出路情况的变化

	2012年度（2013年3月毕业）	2013年度（2014年3月毕业）	2014年度（2015年3月毕业）	2015年度（2016年3月毕业）	2016年度（2017年3月毕业）
毕业人数	10,101 人	10,307 人	9,811 人	9,764 人	10,086 人
有就业意愿人数	5,908 人	5,967 人	5,755 人	5,688 人	5,829 人
就业人数	5,845 人	5,934 人	5,717 人	5,649 人	5,786 人
就业人数占比	57.9%	57.6%	58.3%	57.9%	57.4%
就业率	98.9%	99.4%	99.3%	99.3%	99.3%
升学人数	3,913 人	4,047 人	3,818 人	3,855 人	4,108 人
升学人数占比	38.7%	39.3%	38.9%	39.5%	40.7%

出处：文部科学省“学校基本统计”

四、专科学校的现状和最近的举措

1. 专科学校的现状

专科学校是作为开展顺应社会变化的实践性职业教育、专业性技术教育等的教育机构而发展起来的，特别是以高中毕业水平的人为入学对象的专业课程（专科学校）学生数量截至 2017 年 5 月，达到约 59 万人，18 岁人口中有 22.4% 升学，在日本高等教育的多样化和个性化发展中发挥了重要作用。

2. 最近的举措

2013 年 8 月，文部科学大臣创设了认定制度，专科学校通过和企业的密切合作，开设的能确保实践性职业教育的质量课程，可以认定为“职业实践专业课程”，这项制度从 2014 年度开始执行［认定的学校数：954 所，认定的学科数：2885 个（2018 年 2 月 27 日）］，而且文部科学省还对专科学校为培养地区核心人才所做的产、学、官联合的举措等予以援助。

第五节

完善面向学生的经济性援助和针对社会性、职业性自立的援助

一、完善面向学生的经济性援助

1. 学生的经济状况

教育费用的支出在家庭经济中占多大程度的负担呢？如果两个孩子都上私立大学的话，那教育费用几乎占到一个工薪家庭平均可支配收入的一半左右。可以看到在学生经济状况方面，家庭经济所负担的教育费用在大学阶段是相当大的（图表2-5-5）。

图表2-5-5 家庭经济中所占的教育费用的负担

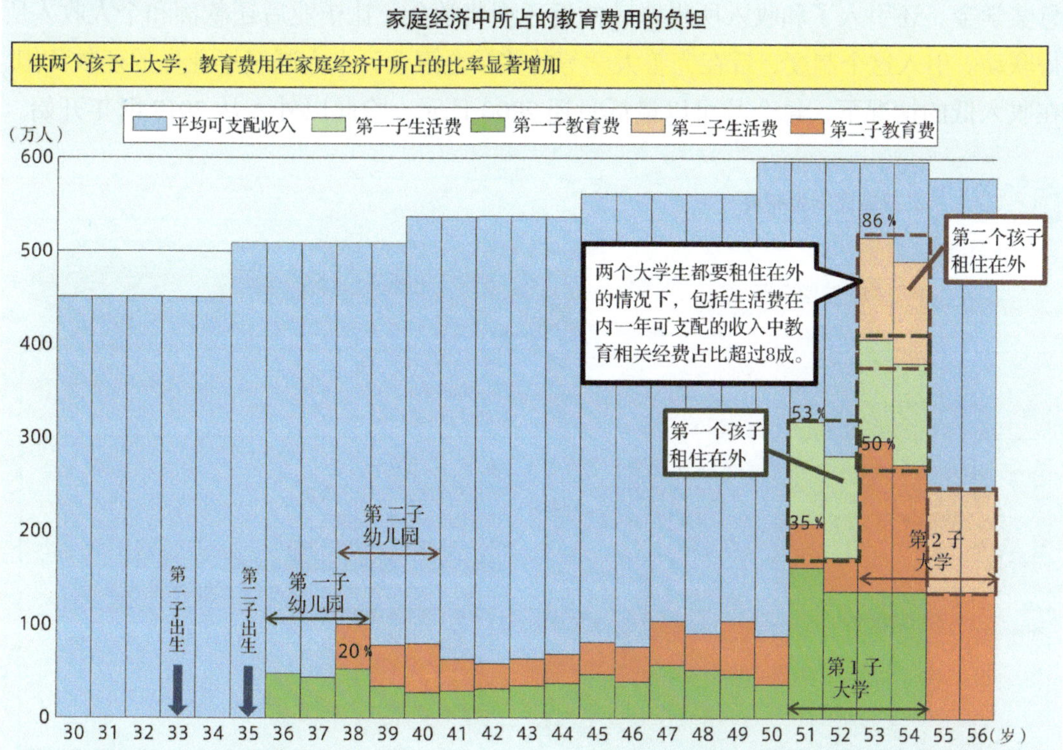

注：1. 假设33岁生第一个孩子，35岁生第二个孩子。

2. 教育费用负担：幼儿园按私立，小学、初中、高中按公立来算的学习费用总额（学校教育费、学校伙食费以及校外活动费的总计）大学是不考虑私立大学白天上学学生居住状况的平均学费（课程费，其他的学校缴纳款、修学费、课外活动费、走读费的合计），除此以外，大学1年级加入了入学费。

生活费负担：私立大学白天上学的寄宿、租住公寓等的生活费（伙食费、房租·水电、保健卫生费、娱乐嗜好费、其他日常费用的合计）。

可支配收入：2人以上的工薪家庭。按户主的年龄段每个月可支配收入以年为单位换算。

3. 本数据是一个估算，没考虑储蓄和教育贷款的使用。

出处：文部科学省《2016年度儿童学习费用调查》，文部科学省《私立大学等2016年入学学生的缴纳金等的调查》，日本学生援助机构《2016年学生生活调查》，总务省统计局《2016年度家庭经济调查年报》

不论家庭经济状况如何，至关重要的是必须改善环境，让所有人都能安心接受教育。

2. 日本学生援助机构的奖学金事业

①完善以发放型奖学金为代表的奖学金事业

根据内阁会议所决定的《日本一亿总活跃计划》和《实现向未来投资的经济对策》，文部科学省在 2017 年度的预算中，为了援助那些尽管有意愿和能力，却因经济方面的原因被迫中断升学的学生，创设了无需返还的发放型奖学金制度。从 2018 年度开始，扎实、稳步地执行 2017 年度创设并先行实施的发放型奖学金制度，以免交居民税的家庭为对象，每学年给 2 万人发放（图表 2-5-6）。另外，因 2018 年度税制修改，关于发放型奖学金，适用于指定捐赠款，可以税前列支法人捐赠的金额。关于无息奖学金，新增贷款学生 4 万 4000 个名额（贷款学生 51 万 9000 人，其中灾区学生 4000 人；事业费总额 3502 亿日元，其中灾区学生 26 亿日元）。通过增加名额，减少了尽管满足条件却受预算的限制而没法领到无息奖学金的学生，同时，从 2017 年度升学的学生开始，废除关于低收入家庭孩子的按成绩发放的条款，让所有需要的学生都能享受到无息奖学金。还引入了和收入所得联动的返还型奖学金，让毕业后还款额和个人收入所得联动。引入这个制度，旨在完善大学等的奖学金事业，大大减轻毕业生的还款负担，在收入低的情况下，每个月可以最低只还 2000 日元。除此以外，从 2017 财年开始，

图2-5-6 发放型奖学金制度

	2017年度先行实施		对象扩大 → 2018年度正式实施
对象	私立离家 在外的学生	从儿童福利院 出来的人等	大学、短期大学、高专（4、5年） 专科学校的学生 （高中3年级预录取）
发放基准	【学习能力·资质】 取得了满足条件的非常优秀的成绩 【家庭经济】 不缴居民税的家庭	【学习能力·资质】 对在大学等的学习充满热情，预计入学后会取得优秀的成绩 【家庭经济】 —	【学习能力·资质】 各高校等根据制定的基准推荐 （成绩基准等要制作指南） ※从符合下列某个条件的人中推荐 ①取得了满足条件的非常优秀的成绩 ②在学习以外的学校活动中取得非常优秀的成果，学习上也取得了基本满意的成绩 ③需要社会保障的学生，入学后学习态度积极，入学后会取得优秀成绩的学生 【家庭经济】 不缴居民税的家庭
发放月额	4万日元	①国公立 3万日元 ②私立 4万日元	①国公立（住家） 2万日元 ②国公立（离家在外） 3万日元 ③私立（住家） 3万日元 ④私立（离家在外） 4万日元

※从儿童福利院出来的人的另外发放入学注册费（24万日元）
※国立大学享受减免学费待遇的减少金额

出处：文部科学省调查

又开启了全新的事业，派遣奖学金顾问，针对包括资金计划在内的奖学金使用方面进行指导，通过举办研讨会和咨询等方式，努力进一步谋求学生和监护人等的理解。

奖学金借贷事业包括无息奖学金（第一种奖学金）和有息奖学金（第二种奖学金）两种，从 2017 年度的预算来看，借贷人约 134 万，事业总经费约 1 兆 766 亿日元（图标 2–5–7）。有利息的奖学金，在学期间无须还利息，毕业之后根据之前的借贷额收取低利息（2018 年 2 月借贷结束的人，固定利率方式的话是每年 0.27%，变动利率方式的话，每年 0.01%〈最大 3%〉）。另外，2016 年 10 月通过对财政融资资金贷款利息下限的调整，在有利息奖学金的借贷利率上，体现出目前低利息的优惠。

除此以外，针对那些因家庭经济支柱的失业和受灾而紧急需要奖学金帮助的学生，随时受理“紧急需求型奖学金（无息）”和“应急需求型奖学金（有息）”的申请。

图表2–5–7　奖学金事业费总额

（2017年度预算）

类型	贷与人数	事业费总额
	（人）	百万日元
无利息奖学金	522,652	352,792
大学	397,315	253,643
研究生院	66,530	63,334
高等专科学校	4,632	1,777
专修学校专门课程	53,821	34,007
函授教育	354	31
有利息奖学金	815,203	723,800
大学	639,804	541,813
研究生院	7,965	8,260
高等专科学校	370	273
专修学校专门课程	165,138	153,578
海外留学	1,926	2,260
入学时增额	（45,506）	17,616
合计	1,337,855	1,076,592

注：入学时增额的贷与人数是部分值
出处：文部科学省的调查

②应对还款困难学生

日本学生援助机构的奖学金还款，从借贷结束的次月第 7 日开始。日本学生援助机构的奖学金事业是把毕业生等的还款再借贷给下一届的学生，所以切实收回还款非常重要。为此，日本学生援助机构通过取得各学校的协助，提高学生的还款意识，同时进一步完善还款咨询体制等，非常重视调整还款措施，以便回收借款业务的得力执行。

另一方面，针对因受灾、疾病、经济困难等造成的还款困难学生进行细致应对，采取减轻每月还款负担的减额还款制度和延缓还款期限制度等。从 2017 年度开始，扩充了减额还款制度，除了现在减额二分之一外，还可再减三分之一的金额，扩大了减额的幅度，同时还款适用期从 10 年延长到 15 年，进一步减轻了负担。这个调整也适用于已经开始还款的人和现在正在接受贷款的在校生。

奖学金还款时，重要的是不要陷入长期拖欠的状况。日本学生援助机构在拖欠初期阶段督促还款，还款困难时介绍救济措施，还派遣奖学金顾问，从领取奖学金前的高中阶段就针对资金使用给以指点，用以上方式努力防止和消除拖欠。

3. 援助大学的学费减免事业

为了让那些因经济方面的原因等造成学费缴纳困难的学生还能继续学业，文部科学省通过向国立大学发放法人运营费、向私立大学等提供日常经费特别补助等，对国立和私立大学等的学费减免举措予以援助。对于公立大学，采取地方财政措施。

现在，所有国立大学都有学费减免制度，2017 年度学费减免预算额是 333 亿日元，减免对象人数约达 6.1 万人。所有的公立大学也都有同样的制度，2016 年度针对约 1 万人减免了约 35 亿日元。私立大学等实施的学费减免方面，2017 年度面向约 5.8 万人补助了 102 亿日元。

4. 让低收入家庭无偿接受高等教育

2017 年末，内阁会议通过了《新经济一揽子政策》，对低收入家庭的学生，仅限于真正需要的学生，实现无偿接受高等教育，扩充学费减免措施，并加大发放型奖学金的支付额。目前文部科学省的专家会议正在讨论详细的制度设计，2018 年夏季前会给出结论。

5. 扩充对研究生的经济性援助

为了达到《第 5 期科学技术基本计划》里提到的目标“让 20% 左右的博士在册学生能得到保障生活费程度的补贴”，文部科学省正在通过多样化的财源来完善对博士生的经济性援助。通过完善“特别研究员事业（DC）”以及 Fellowship,TA（Teaching assistant）[1],RA（Reach Assistant）[2] 等竞争性经费，来扩充对研究生的经济性援助。

另外，日本学生援助机构针对研究生期间接受无息贷款奖学金并于在学期间取得优秀成绩的学生，免除奖学金的返还。从 2018 年度入学的学生开始，执行对博士生成绩优秀者的免除还款制度，通过减轻经济负担来促进博士课程升学。

6. 奖学金团体的奖学金事业

除了日本学生援助机构外，还有公益法人、地方政府、大学和企业等广泛实施的形态多样的奖学金。据 2013 年日本学生援助机构的调查，约有 2500 个奖学金团体给约 15.6 万学生发放了总额约 632 亿日元的奖学金。另外，针对给特定奖学金团体的捐款，在税收方面加以援助。

1 TA（Teaching Assistant）：考虑到教育需要，针对优秀的研究生，让他们做本科生的辅导、授课、实验、实习、研讨等教学辅助工作，目的在于给研究生提供教学训练机会的同时，通过支付相应的报酬，帮助改善研究生的待遇。

2 RA（Reach Assistant）：考虑教育需要，让研究生等作为辅助人员参与大学等开展的研究项目等，目的在于培养研究执行能力，完善研究体制，同时通过支付相应的报酬，帮助改善研究生的待遇。

二、帮助学生就职以及完善大学的就职教育和职业教育

1. 学生就职活动

文部科学省和厚生劳动省每年一起共同调查大学等毕业生的就职情况。2016 年的就业率，大学本科毕业生同比增长 0.3 个百分点达到 97.6%，大学、短期大学、高等专科学校整体增长 0.2 个百分点达到 97.7%，都达到 1996 年开始调查以来的最高值（图表 2-5-8，图表 2-5-9）。

图表2-5-8　2016年度大学等毕业生的就职情况

（2017年4月1日）

学校类型		就职意向率	就职率
大　学		74.7%（　0.7）	97.6%（　0.3）
其中	国公立	55.3%（　2.1）	97.3%（　0.2）
	私　立	84.3%（　0.0）	97.7%（　0.3）
短期大学		82.3%（　1.0）	97.0%（▲0.4）
高等专科学校		58.0%（▲4.0）	100.0%（　0.0）
计		74.2%（　0.4）	97.7%（　0.2）

注：1. 就职意向率是指抽取的学生中有就职意向的人所占的比率。
就职率是指在有就职意向的学生中就职的人所占的比率。
2.（　）是与上一年度相比的增减值（▲代表减少）

出处：文部科学省、厚生劳动省《大学等毕业生的就职情况调查》

图表2-5-9　就业率的推移

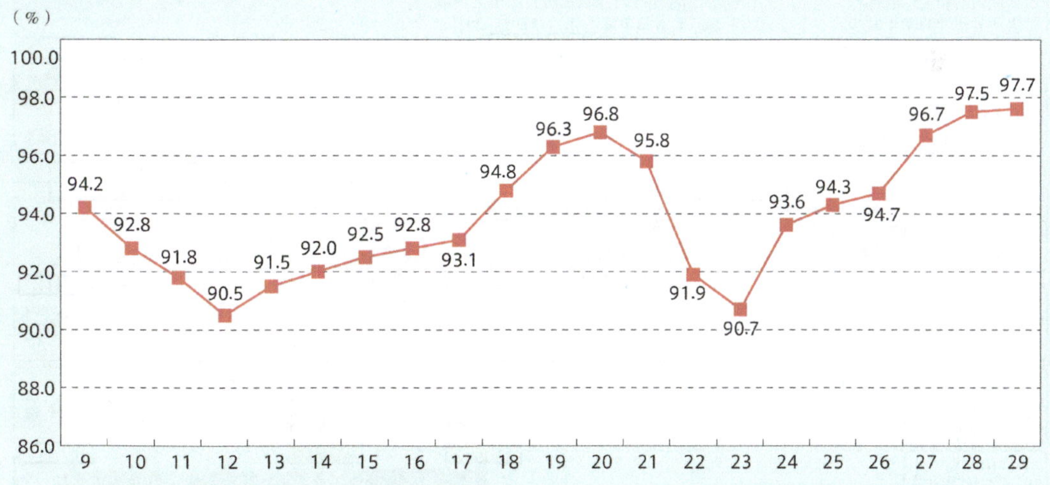

注：数值表示各年份4月1日当时大学、短期大学以及高等专科学校整体的值

出处：文部科学省、厚生劳动省《大学等毕业生的就职情况调查》

可以看出大学等毕业生的就业环境在得到改善，文部科学省和厚生劳动省合作，为了使想就业的学生在毕业前尽可能就业，督促大学等与帮助应届毕业生就业的职业介绍所合作，旨在进一步加强对就业的援助。

2. 学生就职、录用活动开始的时间

关于大学生等的就职、录用活动的开始时间，根据大学等相关团体和各经济团体

的建议，为了确保学生的学习时间和留学等多样化的体验，2013 年 4 月政府要求经济团体在时间上做出调整，从 2015 年的毕业生开始，把宣传活动开始时间放到毕业前一个年度的 3 月 1 日以后（以前是 12 月 1 日以后），把录用选拔的开始时间放在毕业年度的 8 月 1 日以后（以前是 4 月 1 日以后）。

关于 2015 年度的就职、录用活动，有评价说因为宣传活动开始时间的后调，学生可以专心学习到毕业，收到了调整时间的成效。另一方面，也有人指出由于很多企业的录用选拔活动开始时间早于 8 月 1 日，所以结果是拉长了学生的就职活动时间。为此，企业方、大学方和相关政府部门进行讨论，为了充分照顾学生的学业，决定把 2016 年度毕业生的录用选拔开始时间调整到毕业年度的 6 月 1 日以后。

2016 年度的就职录用活动，因被指出的问题得到修正，没有出现大的混乱，所以经济团体、大学等、相关政府部门经过讨论，决定 2017 年度的毕业生和 2016 年度维持同样的时间日程（宣传活动开始：3 月 1 日，录用选拔活动开始：6 月 1 日）。因为 2017 年度的就职录用活动也没出现大的问题，所以决定 2018 年度也维持同样的日程安排（图表 2–5–10）。

图表2–5–10 大学等应届毕业生的就职录用时间

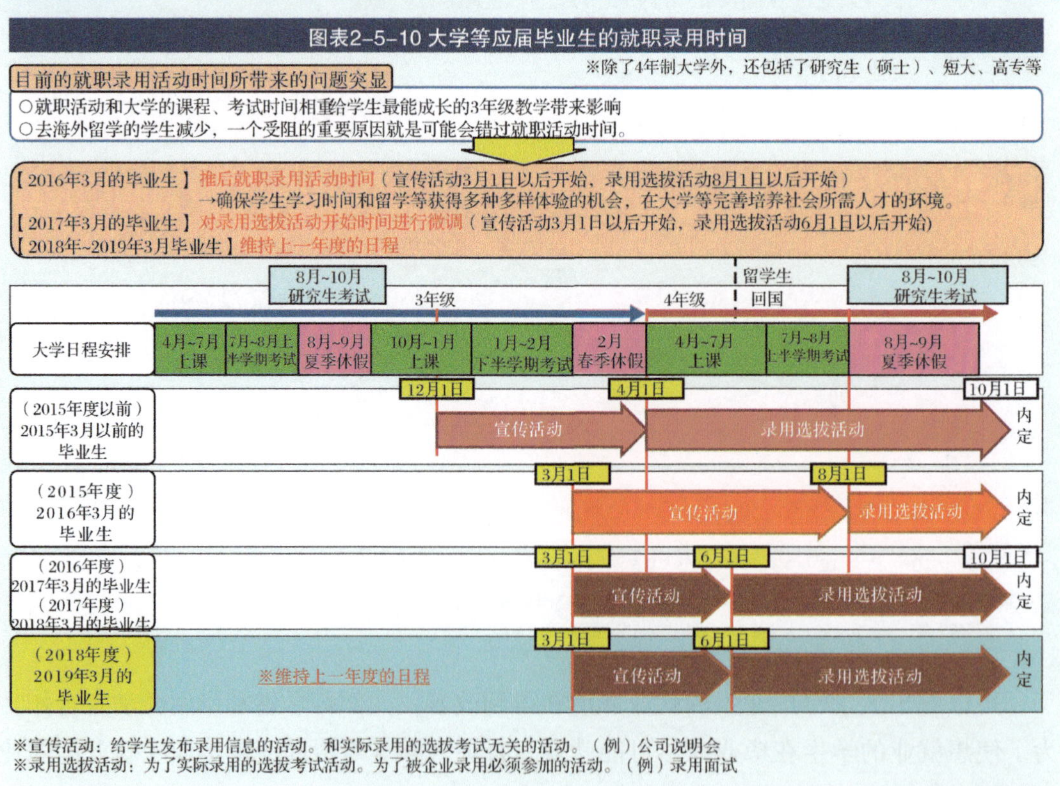

2017 年 4 月 10 日，一般社团法人日本经济团体联合会修改了《关于录用选拔考试的方针》，5 月 11 日，就职问题座谈会制定了《关于 2018 年度大学、短期大学以

及高等专科学校毕业生结业生的就职（协议）》。

政府方面也于 2017 年 5 月 16 日，内阁官房、文部科学省、厚生劳动省以及经济产业省通过约 440 个经济团体、业界团体向企业提出要求，让他们按照就职、录用活动开始时间设定的宗旨来实施宣传活动、录用选拔考试活动。

文部科学省决定继续和相关政府部门合作，与大学等、经济界齐心协力，为了就职录用活动的顺利实施推动必要的举措。

3. 完善大学的就业教育、职业教育

在大学等的就业教育方面，为了加深学生对产业、职业的认知，提高实际效果，必须要得到企业的协助，不与录用选拔直接挂钩。

2014 年 9 月 16 日，在就业问题座谈会上，为了使校内的就业教育和以录用为目的的宣传活动“企业说明会”有个明确的区分，制定了《有关得到企业协助实施校内就业教育活动的协议》，一般社团法人日本经济团体联合会也赞同这个协议，修改了《〈录用选拔考试方针〉指南》。

4. 推动大学等的职业体验实习

作为教育的一环，在大学等开展的职业体验实习是一项既能深化学生在大学等的学习并唤起他们全新的学习热情，又能帮助学生自主选择职业并培养高水平职业认识的活动。为了推动这样的职业体验实习活动，2014 年 4 月，文部科学省、厚生劳动省、经济产业省三个省对《在推动职业体验实习方面的基本构想》的部分条文进行了修改。

从 2016 年开始，举办了“有关推动职业体验实习的调查研究协助人员会议”，针对职业体验实习活动的普及以及进一步推动的具体对策问题进行了讨论，2017 年 6 月汇总了《有关进一步完善职业体验实习活动的讨论汇总》。根据这个讨论结果，计划在大学和企业等开展各种对策，普及能成为模板的项目。

另外，为了加深参与学生对文部科学行政管理的理解，同时考虑职业适合性和对将来的规划、自主择业等，文部科学省实施了文部科学省的职业体验实习活动（1999 年度开始的暑期实习，2002 年度开始的春季实习，2013 年度开始长期的职业体验实习活动）。2017 年度接受了 247 名（暑期 156 名，春季 91 名）学生的实习。

第六章

振兴私立学校

总 论

私立学校在册的学生比例分别是大学、短期大学约70%，高中约30%，幼儿园约80%，专修学校和各类学校约90%以上。知识全球化和学习型社会大背景之下，需要各私立学校应对多样化的国民需求，推动富有特色的教育研究，私立学校各自都在根据办学宗旨，积极开展富有个性化的活动。私立学校对日本的学校教育发展来说，在质和量两方面都发挥着重要的作用。

文部科学省在《第2期教育振兴基本计划》中，提出把“振兴私立学校”作为基本对策的一环，把振兴私立学校定位为重要的政策性课题。为了维持和提升私立学校的教育研究条件并减轻在册学生学习方面的经济负担，同时也为了提高私立学校经营的健全性，文部科学省具体实施了以下办法：①对教职员的人事费用、与教育研究相关的经费等日常费用和设施完善费进行补助，②日本私立学校振兴·互助事业团的贷款，③税收制度上的援助措施，④针对学校法人，采取并进一步完善振兴对策，在私立学校经营方面予以援助。

期待各私立学校通过各自努力，维持和加强自身的经营基础，积极公开与教研内容和财务状况相关的信息，推动学校建设，建成符合国民需求的、充满个性魅力的学校。

第一节

对私立学校的资助

一、对私立大学等的资助

1. 对日常经费的补助

文部科学省根据 1975 年制定的《私立学校振兴资助法》的宗旨，以①维持和提升教育条件，②减轻学生学业上的经济负担，③提高经营的健全性为目的，对私立大学、短期大学、高等专科学校在教育研究方面所必需的日常经费（教职员工的工资、教育研究经费等）进行补助。2017 年度做了约 3153 亿日元的预算。这个补助大体分为“一般补助”和“特别补助”两种，2017 年度的一般补助约占比 85%（图表 2–6–1）。

图表2–6–1　私立大学等日常经费补助预算额的变化

单位：亿日元

年 度	1970年	1975年	1980年	1985年	1988年	1993年	1998年	2003年	2008年	2010年	2011年	2012年	2013年	2014年	2015年	2016年	2017年
一般补助	132	990	2,532	2,333.5	2,258.5	2,258.5	2,255.5	2,205.5	2,136.0	2,119.7	2,811.7	2,793.3	2,782.5	2,762.0	2,711.1	2,701.4	2,688.7
特别补助	0	17	73	105	228	397	695	1,012	1,112.7	1,102.1	397.5	394.3	392.6	422.1	441.5	451.1	463.8
合 计	132	1,007	2,605	2,438.5	2,486.5	2,655.5	2,950.5	3,217.5	3,248.7	3,221.8	3,209.2	3,187.5	3,175.2	3,184.0	3,152.5	3,152.5	3,152.5

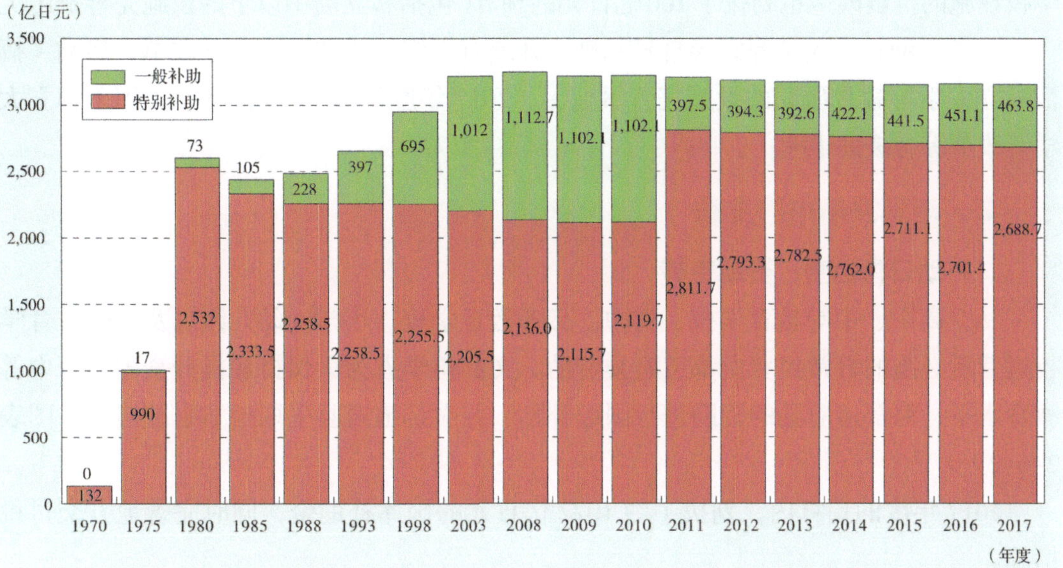

在进行一般补助的分配时，要依据以下有关教育条件和财政等的客观指标增减补助金额，进行有效的分配：①学生定员的管理状况，②专任教师人均学生数，③学生缴纳款用于教育研究经费的状况，④公开教育信息和财务信息的情况等。

特别补助是针对那些发挥自身特色，愿意改革的大学等进行的双重性援助。《私立大学等改革综合援助事业》是针对那些全校有组织地开展教育的质的转变性改革的私立大学，进行重点援助的，2017 年度又新设了一个类型，对那些为了促进各大学等的特色化发展和资源集中，推动多所大学之间的合作，以及同地方政府及产业界等的合作而打造平台的，予以援助。

在校长的领导下，以独具特色的研究为基础，努力打造本校特色的私立大学，通过《私立大学研究品牌事业》，予以重点援助。为了减轻学生经济负担，对学校完善减免学费等方面的举措予以援助。

2. 对完善设施、设备等的补助

关于私立大学等所做的完善设施、设备等方面的举措进行以下的补助。

①全校有组织性地开展教育的质的转变改革的私立大学等，对其设施费、设备费和日常经费进行整体补助（《私立大学等改革综合援助事业》）。

②作为优先课题，打造全校性的、独具特色的研究的私立大学，对其设施费、设备费和日常经费进行整体补助（《私立大学研究品牌事业》）。

③对校舍等的抗震改造以及抗震加固工程（包括非结构性部件的抗震对策工程），加强防灾功能的工程等予以补助，对石棉对策工程以及无障碍化工程进行补助。

2017 年度的预算中，为了推动私立学校设施、设备的完善，划拨了 102 亿日元的预算（包括私立高中以下的设施以及设备的完善费用），另外在补充预算里，对私立学校设施的抗震改造也划拨了 100亿日元的预算(包括私立高中以下的设施完善费用)。

为了帮助私立大学等完善自身基础，开展有组织、成体系的大学改革，启动《搞活私立大学等教育研究的设施完善事业》，2017 年度划拨了 13 亿日元（用于私立大学等改革综合援助事业）。

二、对私立高中的资助

1. 补助日常经费、资助费等

私立高中、中等教育学校、初中、义务教育学校、小学、幼儿园以及特殊教育学校运营所必需的日常经费由都道府县资助。文部科学省为了保持和提升全国初等中等教育水平，对都道府县的资助进行国库补贴，并对都道府县采取地方财政措施（图表 2–6–2）。

2017 年度的预算内，划拨了约 1022 亿日元的国库补助金，同时完善地方交付税措施。

国库补助金主要是援助私立学校有特色的举措，比如对那些推动教育国际化和完善教育咨询体制等的学校加大援助，私立幼儿园接收需要特别照顾的幼儿入托和临时托管保育方面的援助。

图表2-6-2　私立高中等的日常经费资助等补助的变化

单位：亿日元

年 度	1975年	1980年	1985年	1988年	1993年	1998年	2003年	2008年	2013年	2016年	2017年
补助金额	80.0	700.0	716.0	755.0	847.0	748.5	1,001.5	1,038.5	1,022.1	1,023.5	1,021.9（1,034.3）

制定私立学校振兴补助法・创立补助制度

※（　）内的金额包括了向儿童、育儿补助新制度过渡的部分

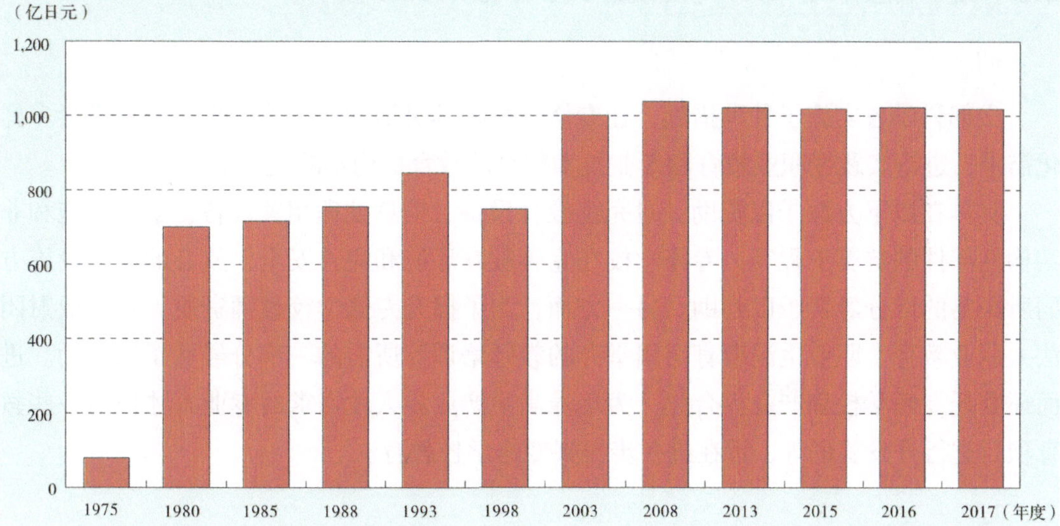

2. 对设施、设备完善方面的补助

为了进一步提高校舍设施的功能，文部科学省对私立学校所采取的完善设施方面的工作予以补助。具体针对以下工程予以补助：抗震改造以及抗震加固（包括非结构性部件的抗震对策工程）等加强设施防灾和安全方面功能的设施完善工程；石棉对策工程以及无障碍化工程。根据2008年修改的《地震防灾对策特别措施法》，针对那些受地震影响倒塌风险高，Is值[1]达不到0.3的学校设施的抗震改造，补助率由三分之一提高到二分之一。

如前所述，文部科学省在2017年度的预算中，为了推动私立学校设施、设备的完善，做了102亿日元的预算，另外在补充预算里，对私立学校设施的抗震改造也划拨了100亿日元的预算。

文部科学省还实施了《推动私立高中等IT教育设备完善事业》，对私立高中的电脑等IT教育设备购买所必需的一部分经费予以补助。2017年度划拨了约12亿日元的预算。

3. 对教师培训费予以补助

为了完善私立学校的教育指导，文部科学省对一般财团法人日本私立学校教育研

1　Is值：结构抗震指标（Seismic Index of Structure）。评价建筑物结构性抗震性能的指标。Is值越大抗震性越高。在《促进建筑物抗震诊断及抗震改建的基本方针》（1996年国土交通省告示第184号）里，认为Is值达不到0.3的建筑物因地震而坍塌或倒塌的危险性高。

究所实施的私立高中新任教师培训等所需要的一部分经费予以补助。2017 年度划拨约 2000 万日元的预算。

三、推动私立学校设施的高水准化

为了提高私立学校设施的抗震性能，文部科学省对接受日本私立学校振兴、互助事业团的贷款，而实施的私立学校抗震改造、改建工程以及私立大学医院的改建完善工程，给予利息补助。2017 年度做出了约 13 亿日元的预算。

四、对私立专修学校的资助

文部科学省实施了种种措施，让专修学校在其灵活的制度下，作为应对社会多样化需求，进行实践性职业教育和专业技术教育的教育机构不断发展下去。

具体在以下方面予以资助：对完善教育设备、信息处理相关设备，学校设施和非结构性部件的抗震工程等，专修学校在完善教育环境和完善安全、放心的学校设施方面所需要的部分经费予以补助。另一方面，为了提升专修学校教师资质，对一般财团法人职业教育、职业生涯教育财团举办的教师培训等所需的一部分经费予以补助。进而还委托专修学校和产业界合作，为培养满足产业界人才需求的专业人才而对一些教育项目进行开发验证等，旨在进一步振兴专修学校教育。

第二节
完善私立学校振兴对策

一、日本私立学校振兴、互助事业团的工作

日本私立学校振兴、互助事业团综合开展以下工作：对私立学校为了完善、提升学校的教育和维持经营稳定而采取的措施予以资助，针对开设私立学校的学校法人，开展有关经营等方面的咨询工作，开展私立学校教职员福利保健方面的互助工作。

资助私立学校振兴的具体工作如下：接受文部科学省发放的私立大学等日常经费补助金[1]，把补助金发放给创办私立大学等的学校法人。2017 年度约发放 3153 亿日元。

针对私立学校完善设施、设备等所必需的资金，向学校法人实施条件优惠的长期低利率贷款，特别是针对抗震改建及修复工程，通过文部科学省的利息补贴（推动私立学校设施高水准化事业费补助金[2]）的方式，实施一种比一般贷款条件更优惠的贷款。

开展针对学校法人的有关经营等方面的咨询工作：收集有关私立学校教育条件和经营方面的信息，接受学校法人的委托，进行经营咨询。作为此业务的一环，还以理事长、校长等为对象举办“私立学校领导研讨会”，以肩负未来学校运营的骨干年轻职员为对象举办“私立学校职员研讨会”，除此以外，设立“专家人才库”，派遣具有专业知识的人才。

开展私立学校教职员的互助工作。具体包括以下内容：①针对加入互助制度的私立学校的教职员及其家人，在疾病、受伤、分娩、死亡或遇到灾害等时，发放短期钱款补助，②会员年老、退休、残疾或死亡时，发放养老保险及退休金，③实施福利措施，比如对会员进行与疾病预防等相关的健康检查、运营医院和住宿设施、开展以会员为对象的资金贷款、储蓄等。

二、关于私立学校的税制

针对私立学校，考虑私立学校教育的振兴和学校法人的公益性，采取各种税制方面的优惠措施。

创办私立学校的学校法人，除了盈利事业以外，不用交法人税、事业税；盈利事业所得，在法人税方面降低税率。学校法人把自己的不动产直接用于保育或教育，不用交不动产购置税、固定资产税、房产过户税。

1　参照第二部第六章第一节。
2　参照第二部第六章第一节。

学校法人具有特定公益增进法人证明的，个人向其做了捐赠时，捐赠金额超过2000日元的，实施从收入所得里扣除的个税减免制度。法人做了捐赠时，实施和一般捐款另项的税前列支。

学校法人满足与捐赠实际业绩相关的一定条件，个人向其捐赠时，实施税收减免捐款的约40%可以从所得税中扣除。对于捐赠人来说，不管收入所得多少，都享有一样的减税政策，对学校法人来说，可以期待来自更广泛的相关人士的小额捐款。2015年度和2016年度的税制修改中放宽了有关必要条件。2017年度末，文部科学大臣所管辖的学校法人中，有347个法人（约占52%）拿到了税收减免对象法人的证明。

在申报期限前，把继承财产捐赠给满足一定条件的学校法人时，继承财产的继承税免交。除此之外，还采取了下列举措：把土地、建筑物等资产捐赠给学校法人时，当满足一定的必要条件，得到国税厅厅长批准的情况下，不当作捐赠，免缴所得税；其中，针对学校法人把该资产作为固定基金管理等满足一定必要条件的资产，建立了特例制度，简化申请手续。2018年度的税制修改中，把不作为特例的股票等也认可为对象资产了。另外，把不适用于特例，但得到国税厅厅长批准的捐赠财产纳入固定基金的情况下，即使不是特例，也允许出售资产，然后用出售所得获取别的资产。

文部科学省努力让这些捐赠税制制度进一步巩固下来，促进对私立学校经营基础的强化，期待各私立学校积极有效运用这些税制方面的特例举措，强化经营基础，开展独具魅力的教育研究活动。

三、完善学校法人制度

据日本私立学校振兴、互助事业团调查的2017年度入学规定人数达成情况来看，达到入学规定人数80%的私立大学有491所（84.5%），私立短期大学209所（68.8%），入学人数不到规定人数一半的私立大学8所（1.4%），私立短期大学9所（3.0%）。从2016年度的决算来看，从学生缴费、捐款等收入里减去人员费、教育研究经费等支出后，呈负数的学校法人（拥有大学的学校法人）占39.6%。

由于18岁人口减少等，学校法人所面临的经营环境整体持续恶化。各学校法人要顺应新时代的要求，重新审视院系、学科的设置，开展独具特色的教研活动，也要通过削减经费等来提高经营效率，积极努力稳定经营基础。

文部科学省为了有助于确保学校法人的良好经营，就学校法人管理运营的组织以及其活动状况、财务状况等，由学校法人运营调查委员开展调查。根据这个调查，文部科学省针对经营有恶化倾向的学校法人，和日本私立学校振兴、互助事业团合作，分析各学校法人的经营状况，进行单独指导和给予建议，尤其是针对管理运营有问题的学校法人。为了学校法人充分发挥其自主性和公共性，以学校法人监察人为对象，举办提高专业性的进修活动，以事务局局长为对象，召开协议会，提供有关高等教育对策的信息。

另一方面，日本私立学校振兴、互助事业团举办如前所述的“私立学校领导研讨会”“私立学校职员研讨会”“专家人才库”等，开展改善经营方面的援助和收集提供信息的工作。

在履行社会责任上，对于非常重要的财务信息公开方面，学校法人近年来也在积极努力。2017 年度，有 658 家法人（99.7%）在网站公开了财务信息[1]。

四、有关振兴私立大学等的综合性研讨

近年来由于少子化的进一步恶化等社会经济形势的变化，各个学校招生都很难达到规定人数，私立学校所面临的经营环境越发严峻。在这样的背景下，需要各学校法人稳定经营基础，推动富于个性、充满魅力的学校建设，不辜负国民期待。为了开展有关振兴私立大学等的综合性研讨，从 2016 年 4 月开始，召开了“有关振兴私立大学等的研讨会”，2017 年 5 月做出了《讨论汇总》。在《讨论汇总》中，为了推动私立大学的教研活动，确保与高等教育相符的质量，延伸并发挥私立学校多样性、机动性的举措等，就今后私立学校振兴对策方面广泛听取了建议。具体建议如下：通过加强管理，明确理事会、评议员会的功能和推动信息公开，进一步提高学校法人的公共性和公益性；加强管理，取信于社会，得到进一步的援助；面临 18 岁人口骤减时期，为了加强学校的经营能力和得到援助，通过促进制订中长期计划等，加强取长补短的合作和协作，以此来推动经营基础更牢固的学校建设。在这个《讨论汇总》下，为了就加强今后学校法人的管理机能方面展开研讨，2017 年 8 月在大学设置学校法人审议会之下设立了改善学校法人制度研讨小委员会，就“关于改善和加强学校法人自律性管理”“关于加强学校法人的经营”“关于推动学校法人的信息公开”“关于明确学校法人的破产处理手续”等议题展开了讨论。

1　参照 http://www.mext.go.jp/a_menu/koutou/shinkou/07021403/1355974.htm。

第七章

综合推进科技、学术政策

总 论

日本的科技行政是以内阁总理大臣为主席，在综合科技、创新会议的基本方针指导下，由相关的政府部门联合推动的。文部科学省主要开展以下工作：规划、起草和推动有关科技、学术方面的基本政策，制订和推动有关研究开发的具体计划，协调与科技相关的各行政机构的工作等。

为了解决东日本大地震后的复兴、少子老龄化、因新兴国家的崛起而导致的国际竞争力相对下降等种种问题，为了发展日本的社会经济，就必须实现科技创新。基于这种认识，安倍内阁制定的方针是把日本打造成“世界上最适合创新的国家”，在该方针的指导下，2016 年 1 月，制订了《第 5 期科技基本计划》，这是第 5 个综合性科技振兴五年计划，预见到未来十年的科技发展。

文部科学省根据该基本计划，不断推动广泛的举措，以便利用科技创新[1]的成果创造出新产业，切实解决经济、社会性课题。

1　科技创新：在科学发现和发明等带来的全新知识的基础之上进行智慧、文化价值的创造，以及发展这些知识，并与经济性、社会性、公共性价值的创造相结合的革新。

第一节

科技、学术政策的开展

一、第 5 期科技基本计划

《科技基本计划》是政府根据《科技基本法》，为了综合并且有计划地推动与科技振兴相关的对策而制订的计划。自从 1996 年制订了《第 1 期科技基本计划》之后，每五年制订一次《科技基本计划》，意在振兴科技政策。

2016 年度开始的《第 5 期科技基本计划》中，把以下四项内容定位为重要支柱：①以旨在实现领先于世界的“Society 5.0[1]”而采取的一系列举措为代表的，面向未来产业创造和社会变革而创出全新价值的举措，②应对经济、社会性课题，③培养人才、学术研究、基础研究等，加强科技创新的基础实力，④推动开放创新（open innovation）[2]。构建面向创新的人才、知识、资金的良性循环系统。

该计划中明确提出政府投资研发的目标是要占到 GDP 的 1%，总额约为 26 兆日元，以此向国内外表明安倍政权大力推行科技创新政策的基本态度。

二、推动科技、学术政策发展的举措

1. 年度报告（科技白皮书）

《关于科技振兴的年度报告（科技白皮书）》是基于《科技基本法》的第 8 条，就政府实施的有关振兴科技方面的对策，每年由文部科学省汇总后向国会提交的报告。2017 年度的报告是关于《为了进一步强化科技创新基础实力》的专集。

2. 加强综合科技、创新会议作为总指挥部的功能

为了加强综合科技会议作为总指挥部的功能，2014 年 4 月 23 日通过了《部分修改内阁府设置法的法律》，同年 5 月 19 日开始实施，修改后的法律追加了综合科技会议以及内阁府所掌管的事务，同时综合科技会议被改组为“综合科技、创新会议”。通过加强这样的功能，推动跨政府部门、跨领域的横向研发《战略性创新创造项目（SIP）》的执行，并正式启动《革新性研究开发推进项目（ImPACT）》，如果该计划得以实现，就能推动给产业和社会现状带来巨大变革的高风险、高冲击的研发。从 2018 年度开始，为了扩大政府和民间的研发投资，新制定了《官民研发投资扩大项目（PRISM）》。文部科学省也肩负着推动科技相关的众多领域发展的工作，正积极配

1　Society 5.0：继狩猎社会、农耕社会、工业社会、信息社会之后，通过科技创新引导变革产生的全新社会之意。
2　开放创新（open innovation）：企业积极吸收组织外的知识和技术的举措。

合这些项目的实施。

3. 为了第 5 期科技基本计划的顺利实施而采取的举措

在《第 5 期科技基本计划》中，为了把握计划的进展情况以及取得的成果，设定了主要指标和目标值，并通过把握主要指标情况和目标值的达成情况，来不断促进政策的提升。文部科学省作为肩负着科技创新核心作用的机构，为了确认该基本计划的进展情况，制作了“俯瞰图”，忠实“可视化”地展现该基本计划所涉及的各政策领域。在计划、拟定、评价每张“俯瞰图”的政策、对策、个别举措的基础上，还进行了参考指标的设定。在计划实施的五年中，通过参考“俯瞰图”里的指标值的变化，并时刻准确把握周边环境的变化，根据情况有效地拟定和改善对策。

第二节

面向未来的产业创造和社会变革，创出全新价值的举措

一、推动勇于挑战未来的研发

在当代，新的知识和创意很大程度上影响着一个组织和国家的竞争力，所以勇于挑战全新的尝试，推动积极产生非连续创新的高风险、高冲击的研发工作至关重要。从2017年度开始的未来社会创造事业中，文部科学省根据社会、产业需求，锁定对经济、社会有冲击的对象（高冲击），设定值得技术性挑战的目标（高风险），吸引民间投资，有效运用多种多样的基础研究成果，向着实用化阶段（概念实证：POC），推动研发活动。

二、实现领先世界的“Society 5.0”

由于信息通信技术（ICT）的急速进步，网络化和网络空间的利用取得飞跃性发展。因此，从2016年度开始的《第5期科技基本计划》，通过把网络空间和物理空间（现实社会）高度融合的举措，展示了给人们带来丰富多彩生活的未来社会的图景。文部科学省为了实现全新的经济社会“Society 5.0”，也非常重视竞争力的提升和对基础技术的战略性强化。

三、提升“Society 5.0”的竞争力和强化基础技术

1. 构筑“Society 5.0”服务平台所必需的基础技术

人工智能技术是“Society 5.0”的基础技术，为了其研发和社会应用，以2016年4月创立的“人工智能技术战略会议”为指挥部，根据2017年3月汇总的《人工智能技术战略》，相关政府部门正在联合推动各项举措。文部科学省推动《AIP（Advanced Integrated Intelligence Platform Project）：人工智能／大数据／IoT／网络安全综合项目》的开展，在理化学研究所里设置的革新智能综合研究中心（AIP中心）实施着以下研究：①弄清深层学习的原理、构筑通用性机器学习的全新基础技术，②为了更进一步发展再生医疗、制造业等日本拥有优势的领域，研发应用人工智能等基础技术的解析系统，以便解决日本重要的社会性课题，比如老年人的健康护理、防灾减灾、基础设施的保养管理技术等，③随着人工智能技术的普及，产生了伦理、法律、社会性问题等，针对这些问题开展研究。还与产业技术综合研究所、信息通信研究机构合作，以三个研究中心为主，开展人工智能技术的研发以及实施与社会应用相关的举措。同时，在人工智能领域，对年轻科研人员的独创性构想和开拓创新具有挑战性的研究课题，科技

振兴机构（JST）推动一体化资助。

从 2018 年度开始启动《Society 5.0 现实化研究基地资助事业》，作为 Society 5.0 的实证研究和解决课题的尖端核心基地，决定在汇聚了高水平的智慧、信息、技术和人才的大学等机构内，以信息科学技术为核心，推动引领创新的举措。

2. 拥有创造全新价值核心的优势基础技术

①推动纳米技术、材料科技领域的研发

纳米技术、材料科技领域是日本具有高度竞争力的领域，同时也是支撑广泛多样的研究领域、应用领域的基础，因其具有横向性的特点，所以在通过不同领域的融合、技术融合，带来非连续创新方面，起着关键性作用，有助于解决广泛的社会性课题，同时也是在未来社会，成为创造全新价值核心的基础技术。

文部科学省在纳米技术、材料科技领域方面，战略性推动从基础性、先行性研究到展望实际应用的技术开发，并对研究开发基地的组建等予以资助。

另外，物质、材料研究机构，正在针对新物质和新材料，进行基础研究和初级开发，比如测量技术、模拟技术、控制纳米结构的材料合成技术，以及纳米级特有的现象、功能的探索等。而且，从 2017 年度开始，为了大力推动纳米技术、材料科技领域的创新，正在打造融基础研究和产业界需求为一体的创新材料创造平台，构筑全世界研究人员汇集的全球化基地，同时还在实施《创新材料研发能力强化计划——M^3（M－cube）》，以便完善研究基础，把上述活动效果最大化。

②推动量子科技（光、量子技术）领域的研发

在经济、社会的种种课题不断复杂化，资本和竞争优势剧烈变动的社会背景下，量子科技[1]中诞生出物理成分的基础技术，能通过尖端激光控制量子状态，进行量子信息处理，不仅科学进步了，而且新的技术体系把实现 Society 5.0 而要解决的社会课题和产业应用纳入视野，呈现出急速发展的势头。

文部科学省从 2008 年度开始，实施了《组建光、量子科学研究基地的基础技术开发》，把日本的光、量子技术领域的潜力和其他领域的需求相结合，来自产学官的多样化科研人员相互合作、融合，共同推动了光、量子技术的研发。鉴于上述状况，科学技术、学术审议会量子科技委员会从 2016 年 3 月开始，综观量子科技的最新研究动向，就量子科技能带给经济、社会的影响和日本的优势、课题等展开了调查研讨。进而以时间为轴，制定了进度表，展示了在量子信息处理、量子测量、量子传感器、超短脉冲激光、下一代激光加工等研究和技术领域，今后如何进展以及能实现的成果等。在此基础之上，就今后的对策导向方面，于 2017 年 8 月汇总并公布了《推动量子科技（光、量子技术）的全新对策报告》。

在文部科学省和经济产业省的联合研讨会上，就光、量子领域（CPS 型激光加工）

1 量子科学技术：有关“量子”行为和影响的科学及其应用技术。

的合作方面达成一致意见。

此外，量子科技作为创新的基础技术，其重要性在不断提升，所以 2016 年 4 月，放射线医学综合研究所和日本原子能研究开发机构的一部分合并，成立了量子科学技术研究开发机构（QST）。QST 致力于开展使重粒子线癌症治疗装置小型化、高度化的研究，还利用世界最高级别的高强度激光（J-KAREN）和离子照射研究设施（TIARA）开展物质、生命科学等研究，整体性、综合性地推动量子科技的发展。

第三节
应对经济、社会性的课题

一、可持续性发展和地区社会自律性发展

1. 确保能源、资源、食品的稳定性

①确保能源的稳定和有效利用能源

（a）节能、可再生能源

为了构筑长期、稳定的能源供求结构，实现全世界最先进的低碳社会，推动革新性能源技术的研发是至关重要的，这是以往技术不可能带来的。为了实现完全节能型社会和加速导入可再生能源，文部科学省和相关机构合作，推动这方面的研发工作。2014 年，蓝色发光二极管获得诺贝尔物理学奖，这代表着下一代的半导体研发是日本具有优势的领域之一，可以应用于电力设备系统[1]，大幅削减电力损耗。文部科学省从灵活应用理论、仿真技术进行材料创制到设备化、系统应用等，通过开展下一代半导体的一体化研发，加速研发的实用化。

科学技术振兴机构（JST）为了持续并且扎实地推动中长期温室效应气体的削减工作，设定了太阳能电池、太阳能利用系统、蓄电设备等研究领域，在全新的科学、技术知识的基础上，推动革新性技术的研发。

文部科学省和经济产业省合作，为了削减温室效应气体，新一代蓄电池项目设为重要课题，目标是争取到 2030 年应用于社会。新一代蓄电池的性能远远超过现在的蓄电池，正在推动新一代蓄电池技术从基础到实用的连贯式研发。

作为满足国家、社会需求的战略性、重点性研发的一环，理化学研究所开创了物性科学这一全新概念，推动有关能源的高效转换、革新性地降低耗电的设备技术方面的研究。

物质材料研究机构为了构建有助于促进多元化能源利用的网络体系，正在推动革新性材料技术的研发，以确保能源的稳定和能源的有效利用，比如高效太阳能电池和蓄电池的研发，提高能源利用率的能源转换、贮藏用材料的研发等。

（b）未来能源技术的研发

为推动核聚变能源成为将来的主要能源，文部科学省根据国际约定，开展《国际热核聚变实验堆（ITER）计划》和《broader Approach（BA）活动》，通过在核融合科学研究所和大学等开展的学术研究等活动，有计划地稳步实施核聚变的研发，同时

1 电力设备系统：变压器、变流器等电力转换器。

通过研发来推动人才培养。

国际热核聚变实验堆（ITER）

Broader Approach（BA）国际核聚变能源研究中心
（青森县六所村）

（c）原子能领域

（ⅰ）研究开发

基于东京电力福岛第一核电站事故等的教训，政府制订了《能源基本计划》（2014年4月11日内阁会议通过）。文部科学省正在致力于以下研究开发：提高原子能安全性的研究，原子能基础研究及研究人员的培养，有助于原子能多样化利用的高温气冷反应堆、核燃料的循环以及放射性核废料的处理等方面的研发。

文部科学省为了推动东京电力福岛第一核电站的安全废弃措施，2014年6月公布了《东京电力（股份）福岛第一核电站的废弃措施研发加速计划》。根据这一计划，集结国内外的才智，加速研发和人才培养，以便安全、可靠地实施废弃措施。

快中子反应堆循环技术比起消费掉的燃料能产生更多的新燃料，同时可以减少高放射性核废料，为日本的长期性稳定能源供给做出巨大的贡献。在《能源基本计划》里，决定和美国、法国等开展国际合作，努力进行研究开发。

（ⅱ）快中子增殖原型反应堆“文殊”

关于快中子增殖原型反应堆“文殊”，2015年11月，原子能规制委员会向文部科学大臣发出劝告，有必要特别指定有能力的机构，代替日本原子能研究开发机构，负责“文殊”的安全运转。接受此劝告，文部科学省于当年12月举办了“有关‘文殊’现状的研讨会”，在对“文殊”相关问题进行查证和总结之后，为了归纳出担负“文殊”运营的主体应具备的必要条件，进行了研究讨论，其结果于2016年5月汇总为报告。

另一方面，日本快中子反应堆开发的环境，近年来形势发生了很大的变化，鉴于此，2016年9月举办了第5次原子能相关部长会议，在会议上通过了《关于今后快中子反应堆开发进展方式》的决定，在该决定中，关于“文殊”问题，认为“要彻底重新审视包括报废反应堆在内的问题，有关其处理方面的政府方针要结合快中子反应堆开发方针，两者要一起在本年度的原子能相关部长会议上做出决定”。

基于此决定，在2016年12月举办的第6次原子能相关部长会议上，决定了《快中子反应堆开发方针》，为了实现未来快中子反应堆的研发，认为制定战略、完善体制方面的工作要一体化地推进。关于“文殊”，明确了要应对新的限制基准，会增加时间和经济成本，特别指定新的运营主体不现实，在《快中子反应堆开发方针》里，给出的方针是，不再通过重新运转“文殊”来获取知识，所需知识通过其他方式获取。基于此方针，通过了《有关“文殊”处理的政府方针》，决定不再重新运转“文殊”，今后向报废措施过渡，让其在将来的快中子反应堆开发过程中担任新的角色。该方针中，关于“文殊”，指出其在安全防护实施体制、人才培养、相关人员的责任关系等管理方面存在着种种问题，另一方面，也列举了“文殊”为今后开发实证反应堆所做出的贡献，指出迄今为止，通过设计、建设、输出 40% 功率的运转，获取了有关开发快中子反应堆的各种技术性成果，也为培养研究人才做出了贡献。决定“为了安全稳步推进‘文殊’报废措施，构建新的‘文殊’报废措施体制，①政府整体性地指导、监督，②接受第三方的技术性评价等，③由日本原子能研究开发机构集国内外的智慧完善体制，在此基础上安全稳步实施报废措施”。

这个方针决定之后，政府在各种层面向当地的地方政府进行解释说明，就“文殊”的报废措施取得理解。2017 年 5 月设置了“‘文殊’报废措施推进组”，由内阁官房副长官任组长，文部科学副大臣和经济产业副大臣任副组长。同年 6 月，召开了“有关‘文殊’的协议会”，就政府关于报废“文殊”措施的基本方针、原子能机构的基本计划方案等，向当地的地方政府做一说明。之后又举办了“‘文殊’报废措施推进组”会议，决定了《有关‘文殊’报废措施的基本方针》，同意了《有关‘文殊’报废措施的基本计划》。同年 11 月，召开了“有关文殊的协议会”，就实施“文殊”报废措施的相关工程及体制进行了说明，也就地区振兴对策等方面进行了协商，让当地理解了报废“文殊”的推进措施。在此基础之上，同年 12 月，原子能机构向原子能规制委员会提交了“文殊”报废措施计划的申请，于 2018 年 3 月获得了批准。为了执行报废措施，文部科学省及原子能机构举办了和当地居民交换意见的会议以及说明会，决定今后也要好好听取当地居民意见，安全、稳步并且有计划地推进报废“文殊”的措施。

（ⅲ）基础研究和人才培养

为了提高原子能的安全性，文部科学省正在推动包括提高轻水反应堆安全在内的原子能安全性方面的研究，还有维持和加强原子能基础的研究开发。为了培养广泛的原子能人才，与产学官的相关机构携手，对有成效、有效率、有战略地进行机构间横向人才培养的活动予以资助。为了调查研究今后原子能领域人才培养的政策情况，2015 年 4 月在科学技术、学术审议会研究计划、评价分科会原子能科学技术委员会下设立了原子能人才培养工作组，工作组正在展开讨论。在该工作组会议上，由大学和研究机构等的专家与经济产业省合作，就大学里培养专业人才的模式和培养原子能人才所必需的研究设施等方面，在展开讨论。2016 年 8 月，把目前的讨论结果做了中期汇总。

高温气冷反应堆本身很安全，不仅用于发电，将来还可以制造氢等，进行热能的多样化产业利用，文部科学省正在推动其研究开发，进一步提高其安全性，有益于原子能的多样化使用。

（ⅳ）放射性核废料处理方面的举措

高放射性核废料的减容处理和降低有害性是重要的政策性课题，正在开展研发来解决这方面的课题，同时对研究设施和医疗机构等产生的低放射性核废料的处理，也在切实采取措施。

（ⅴ）原子能国际合作

文部科学省针对亚洲原子能论坛（FNCA）的会员国以及亚洲各国中新引入原子能的国家，在人才培养方面予以帮助。加强和国际原子能机构（IAEA）等国际性组织的合作，在国际化框架下，开展与革新性原子能体系相关的共同研究等。

（ⅵ）核不扩散及核安全领域

文部科学省通过日本原子能研究开发机构下的核不扩散、核安全综合支援中心（ISCN），和 IAEA 等机构合作，帮助亚洲各国开展人才培养。和美国等国家合作，开展核物质的测定、检查以及核鉴别的技术开发。

（ⅶ）取得国民理解与共处方面的举措

为了促进国民对核发电设施的理解和与核能的共处，对核电站选址地区所实施的可持续性发展的举措以及在核能等能源教育方面的举措等予以援助。

（ⅷ）与东京电力福岛第一核电站报废措施相关的研发举措

根据《东京电力（股份）福岛第一核电站的废弃措施等研发加速计划》，2015 年 4 月，日本原子能研究开发机构下设了“报废核反应堆国际共同研究中心”。2017 年 4 月，作为汇集了国内外智慧的平台，该中心所属的“国际共同研究楼”，在福岛县富岗町开始投入使用。

该中心为了顺利推动东京电力福岛第一核电站的报废措施，正在开展所必需的基础研究和人才培养等工作。通过推动以该中心为核心的，国内外大学、研究机构的共同研究活动，形成一个相关机构齐心合力、集全球智慧于一体的国际性报废核反应堆研究基地。

②确保资源的稳定和循环利用

文部科学省实施《元素战略项目》，目的是创造出替代稀有元素的材料。从理论性阐明物质中元素的功能到创制新材料，乃至对特性的评价，本项目采取通力合作，一体化推进的方式，开发革新性替代材料，替代各种尖端产业产品不可缺的稀有元素（稀土、稀有金属等），为加强日本的产业竞争力做出贡献。本项目和经济产业省等的相关举措联动，构筑起研究成果快速实用化的体系。

科学技术振兴机构（JST）通过和文部科学省、经济产业省合作，为了削减温室效应气体，到2030年回馈社会，设定了白色生物技术[1]课题，为摆脱对化石资源的依赖，推动新一代化成品一贯制工程的研究开发。

炭等资源作为石油化学产品在不断消耗，理化学研究所为了实现对炭等资源的循环再利用，集植物科学、微生物科学、化学生物学、合成化学等为一体，推动其先导性研究。为了实现以植物生物量（来源于植物的有机性资源）为原料的新材料的开发，和国内外的大学、企业等合作，为建立革新性、一贯式生物工程[2]，开展所必需的研究和技术开发。

为了确保海洋资源的稳定，文部科学省正在开展探测海洋资源所必需的先进而基础性的技术开发以及对已开发技术进行应用的调查研究。在2013年度实施的《促进海洋资源利用的技术开发计划》中，关于《海洋矿物资源广域探测系统开发》方面，通过进一步提高目前大学等已开发的最尖端传感器技术，来开发数个传感器组合的高效率大范围探测系统，开发全新的探测手法以及对其实用化进行实证，以此来推动向企业等的技术转移。

海洋研究开发机构为了对沉睡在日本周边海域的海底资源进行可持续性的利用，运用船舶、探测器、最尖端的传感器技术等，实施调查研究，来探明海底资源的成因，建立有效的调查方法和环境影响评价方法。2017年度，通过无人探测器进行了非常有效的调查，发现位于本州近海的海底山脉，从水深1500米到5500米的斜坡一带广布着富钴结壳[3]。

为了实现海洋生物资源的可持续性利用，文部科学省在《促进海洋资源利用的技术开发计划》中，关于《确保海洋生物资源技术高度化》方面，正在开展阐明海洋生物的生理机能、带来革新性生产的研究开发。

2. 应对社会的超老龄化、人口减少，实现可持续发展的社会

期待生命科学带来的创新，能为实现健康长寿社会和加强产业竞争力做出巨大贡献。文部科学省大力推动各种举措，通过iPS（诱导性多能干细胞）研究等实现世界最尖端的医疗，战胜疾病。

通过加强临床研究、治疗效果方面的举措，带来生命科学的创新。2015年4月成立了日本医疗研究开发机构，整合了此前在文部科学省、厚生劳动省及经济产业省实施的有关医疗领域研究开发的预算。文部科学省和相关政府部门通力合作，不间断地援助从基础到实用化的研究。

①推动达成重要课题的对策

（a）实现世界最尖端的医疗

京都大学的山中伸弥教授发现的iPS细胞是日本发现的划时代的成果，期待能广

1　白色生物技术：化学产业中的生物技术。
2　生物工程：活用生物技术的制造工程。
3　富钴结壳：覆盖在海底山脉表面的锰等矿物中，富含钴（稀有金属的一种）的矿物。

泛应用于再生医疗和研制新药等领域。为了让这项成果早日实现成果转化，投入使用，产学官正战略性地联合推动 iPS 细胞等的研究。为了预防癌症、生活习惯病的发病，做到早期诊断以及开发有效的治疗方法，正在推动各项举措，实现有效利用基因信息来开展因人而异的医疗。

（b）战胜癌症、精神和神经性疾病

正在推动各种研究，开创新一代的癌症治疗，比如搞清癌症的生物学本来面目的研究，基于癌基因信息等患者临床数据的研究以及这些方面的综合研究。为了战胜痴呆症、抑郁症等精神、神经性疾患，正在加强研究开发和完善基础的工作，以便搞清发病的脑神经回路机能，同时也在推动加强临床和基础研究相结合的研究。

②强化转化型研究援助体制，推动医药品和医疗器械的开发

为了进一步加速大学等开发的有前途的研究成果向临床的转化，加强转化型研究援助基地的作用。具体的做法是，针对各开发阶段的 seeds[1]，要完善体制，帮助研发成果向国际高水平临床研究、治疗的转化，旨在更多地且可持续地创造出革新性的医药品和医疗器械等。

③推动生命科学创新

为了在革新性的药物研发方面做出贡献，正在完善高水平的援助基础，以便在药物研发等更广泛的生命科学研究方面有所助益。除了战略性地完善数据库和生物资源[2]外，还在探明和控制老化机制方面推动综合性的研究开发。有效运用设立在亚洲和非洲九个国家的海外研究基地，推动有助于传染病对策的研究开发，还对那些在最高防护实验室（BSL4 设施）开展传染病研究的研究基地进行科研援助。

3. 提升产品制造、理念创造的竞争力

作为《构建创新核心的援助事业》的一环，科学技术振兴机构推动《信息集成型物质、材料研发（MI^2I）》项目，该项目有效利用计算科学、数据科学，短时间内开发未知的、具有革新性功能的材料。物质、材料研究机构是研究物质、材料的核心机构，以其为中心，集合产学官的人才，构建数据库，促进其与数据科学的融合发展，同时促进更多的企业参与进来，致力于划时代的磁石、电池、导热控制等新材料设计的应用。

二、确保国家安全，让国民放心，实现富裕、高质量的生活

1. 应对自然灾害

以文部科学大臣为部长的地震调查研究推进总部制定了《关于推进新的地震调查研究的意见（新综合基本对策）》（2009 年 4 月制定，2012 年 9 月基于东日本大地震进行了修订）和《有关地震的综合性调查观测计划（2014 年 8 月制定）》，文部科学省根据这两个文件，和相关机构合作，提高将来预测地震的精度，推动有助于弄清

1　seeds：成为医药品、医疗器械、再生医疗等产品候选的新物质。
2　生物资源：作为研究开发材料的动物、植物、微生物的系统、集团、组织、细胞、基因材料等以及它们的信息。

地震发生机制的调查观测和研究开发等。

具体做法是：通过南海海沟大范围地震防灾研究项目，开展关于防灾、减灾对策的研究，结构探测、密集地震观测、海啸发生历史调查、模拟研究等；通过日本地震、海啸调查项目，开展有关震源断层模型和海啸波源模型的研究。还实施有关援助地区防灾对策方面的研究项目，积极推动地方政府防灾计划的制订、有助于减轻受灾损失的地震防灾方面的研究。

文部科学省从 2017 年开始推动以下工作的开展：构建政府民间合作的超高密度地震观测系统；收集包括非结构构件在内的构筑物坍塌富余度的相关数据；完善大数据，从维持城市功能的角度，有助于政府民间一体化综合性地应对灾害及指导个体的防灾行动。

防灾科学技术研究所用约 1900 个高性能、高精度的地震仪观测地震，这些地震仪均等并且高密度地覆盖日本全境，从人体感觉不到的微震到造成巨大损失的强震都能观测到。沿南海海沟（地震、海啸监视系统：DONET）和以东北地区太平洋海域为中心的日本海沟（日本海沟海底地震海啸观测网：S-net）的海底放置了地震仪、水压计等观测仪器，实施对地震、海啸的实时监测。在这些观测网里又加进了基础的火山观测网，从 2017 年 11 月开始，正式启用“海陆地震海啸火山综合观测网（MOWLAS）”，覆盖日本全国陆域和海域。

除了用 MOWLAS 里的基础地震观测网进行地震观测、预测研究外，还用实物大小的三维震动破坏实验设施（E-defense）进行抗震工程学研究。担心今后会发生南海海沟巨大地震和首都直下型地震，为了提高日本应对巨大地震灾害的快速恢复能力（resilience）[1]，展开抗震工程学研究，比如有效利用 E-defense，研发新一代的高抗震技术等。

海洋研究开发机构正在展开以下技术开发：利用地球深处探查船“地球号”的挖掘孔，放置长期孔内观测装置，还有利用 DONET 实时观测震源区域上方板块边界的胶着状态的变化。南海海沟的断裂带在东海、东南海、南海地震的联动性评价方面非常重要，以其为中心，正在对紧急、重要海域实施高精度海底构造调查。应用这些调查、观测结果，可以构建更真实的模型，进而实现高精度的模拟地壳变动和海啸。

从 2014 年 9 月御岳山火山喷发中吸取教训，为了从 2016 年度开始实施新一代火山研究、人才培养综合项目，从而为减轻火山灾害做出贡献，文部科学省和其他领域合作融合，推动“观测、预测、对策”一体化的火山研究，并确保火山研究人员的培养。从 2016 年末开始，由大学和研究机构等参与的协会开始招收学员，设置了专业课程、田野实习、火山学研讨、就职体验。草津白根山喷发时，向现场派遣了研究人员，并

1　快速恢复能力（resilience）：置身于（地震、海啸等自然现象的外力）危险之下，系统、社区或社会通过保持恢复基本的结构及功能，针对危险所带来的恶劣影响，以合适的时机和有效的方法进行抵抗、吸收、容纳和重建的能力。

设置了临时观测点。

防灾科学技术研究所通过《海陆地震海啸火山综合观测网（MOWLAS）》中的基础火山观测网，进行火山的观测、预测研究。2019年度更新了浅间山的火山观测设施。雾岛山（新燃岳）和草津白根山喷发之后，立刻派遣研究人员进行了喷发物的调查。

还用高性能雷达进行高精度降雨预测，开展有关泥石流、风灾水灾预测方面的研究，进行实时预测冰雪灾害方面的研究。2016财年开始，为了防止和减轻气象灾害，给产业界带来正向的经济效果，开始着手建立“全面‘出击’防灾，实现减轻气象灾害的创新中心”。与经营便利店的企业合作，通过开发并在店铺里安置新型积雪传感器，提高积雪预测的精度，实施双管齐下的举措，确保大雪天时的物流和减轻冰雪灾害。

此外，也在进行关于地震等各种灾害发生概率和危险性评价的研究，与防灾相关的研究开发，比如利用灾害风险信息的研究等。有关灾害信息共享和发布的研究开发成果有两个：一个是“政府联合防灾信息共享系统（SIP4D）”，另一个是“防灾科学技术研究所危机应对网站（NIED-CRS）”，在应对“2017年7月的九州北部豪雨”时，借助了这两个平台，把自行观测、解析、评价、调查的信息，外部机构发布的信息和受灾当地报纸等刊载的信息汇总到一起，有利于灾害应对机构统一认识，因此文部科学省对此类信息的共享和活用予以了援助。在之后发生的多次自然灾害［台风5号登陆、雾岛山（新燃岳）和草津白根山的喷发等］中，也对类似的信息共享和活用进行了援助。

2. 汇集并提供食品成分信息

文部科学省公布了《日本食品标准成分表》，其中刊载了日本日常摄取食品的成分。日本食品标准成分表被广泛应用于营养指导、教育、研究以及行政等方面。2017年12月制定了《日本食品标准成分表2015年版（第七次修订）增补2017年》，对刊载的食品进行了扩充。

三、应对全球规模的课题，为世界发展做出贡献

要解决气候变动等全世界人类面对的全球规模的课题，很重要的是发挥日本的科学技术，积极参与国际协作，为世界发展做出战略性的贡献。

作为地球观测峰会上达成协议的《全球地球观测系统（GEOSS）10年实施计划》的后续框架，2015年11月，在墨西哥城举办的地球观测政府间会议（GEO）部长级会议上批准了《GEO战略计划2016—2025》，文部科学省响应这个决议，实施了人工卫星观测、漂流浮标、系泊浮标、船舶海洋观测、南极区和北极区的调查观测等。

通过精准预测气候变动，开展有助于国内外制定气候变动对策的研究开发。具体工作有：充分利用具有地球模拟装置的世界最高水平的超级电脑，努力探明气候变动机制和提高气候模型精准度，推动运用最尖端科技的气候变动预测研究。

日本领先世界开发出了“数据统合解析系统（DIAS）”，这个系统作为一个信息平台，可以有效组合地球观测、预测信息，从而创造出新的有用信息。文部科学省正在完善该系统运营体制，以便包括企业在内的国内外众多用户长期、稳定地使用。同时也在推动共通性的基础技术的研究开发，以便有助于解决防灾、能源、农业等各个领域的社会性课题。

为了地方政府能按照地区特性，积极应对气候变动的影响，文部科学省和地方政府等共同开发以下技术：能预测近期内气候变动影响的可信度高的技术、用超高解像度使预测数据更精细的技术、评价气候变动影响的技术、评价对策效果的技术。这些科学性的研究成果，可供地区在研究应对气候变动的对策时作为参考。

为了把握地球变暖状况等情况，全世界的国家和机构都在通过人造卫星和陆地、海洋观测等做着各种地球观测。为了让全世界在解决气候变动问题方面所做的努力取得进一步的成效，至关重要的是通过国际合作，结合这些观测数据进行综合解析，为各国制定政策提供科学依据。为此，就要让各国及机构能够方便地访问并得到观测数据以及科学性依据，因此就有必要构建一个由多个系统构成的全球性地球观测系统（GEOSS）。作为推动 GEOSS 构建的国际性框架，设立了“政府间国际地球观测组

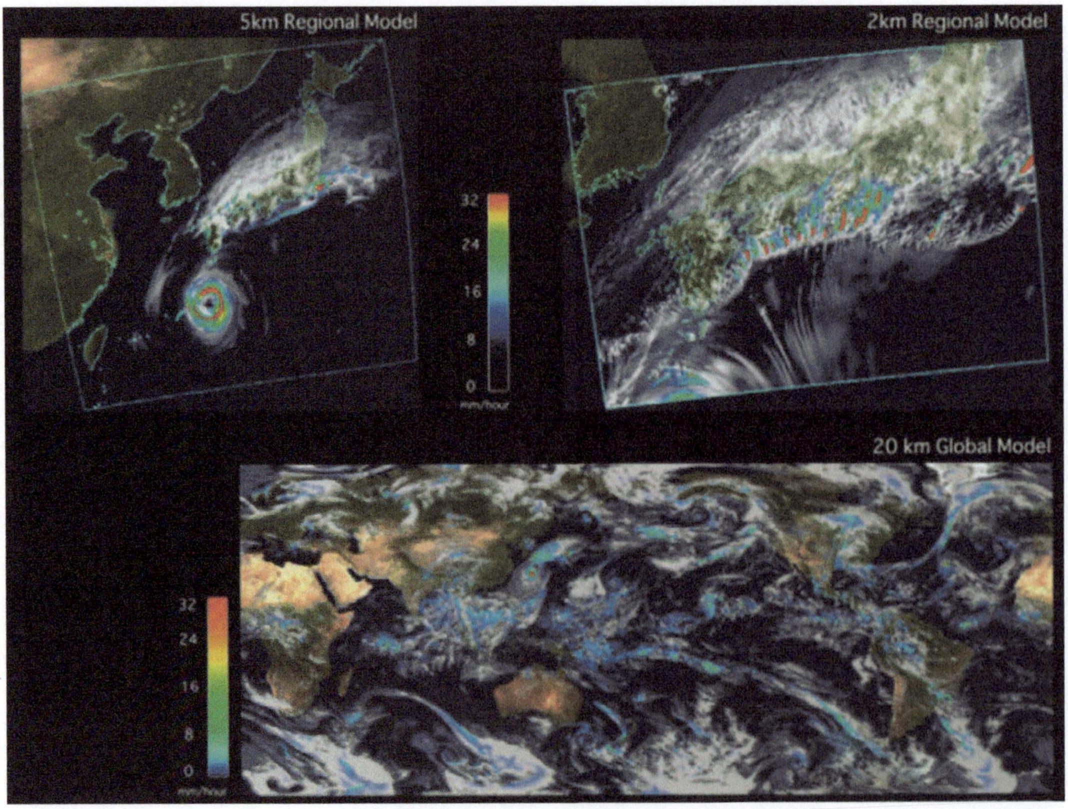

用高解像度实现的 208X 年气候变暖时降水量分布的预测
（照片来源：气象厅·气象研究所）

织（GEO）”。2018年2月，有223个国家和国际机构等参加该组织。日本作为GEO的执行委员国之一，起着主导性的作用。

通过人造卫星来观测地球是极为有效的观测手段，可以在很大范围内，反复连续收集各种信息。文部科学省为了解决防灾、灾害对策和地球环境问题，和国内外的相关机构配合，综合性地推动各种人造卫星的开发和运用，比如陆域观测技术卫星2号“大地2号”（ALOS-2）、温室效应气体观测技术卫星“气息”（GOSAT）、水循环变动观测卫星“水滴”（GCOM-W）、全球降水观测计划（GPM）主卫星、气候变动观测卫星“色彩”（GCOM-C）、先进光学卫星（ALOS-3）、先进雷达卫星（ALOS-4）、光数据中继卫星等[1]。

关于海洋观测方面，海洋研究开发机构为了了解海洋环境的变化、保护和可持续性利用海洋及海洋资源、探明地球环境变动，组合漂流浮标、系泊浮标、船舶等观测方式，构建综合性的海洋观测网。而且根据所得到的海洋观测大数据，构建和发布综合性数据集（date set），这些数据集是创造新价值的基础。

文部科学省在可以明显捕捉到地球环境变动的南极和北极地区，推动各研究领域的调查与观测。“南极地区观测事业”在国际协作下，以文部科学大臣任部长的“南极地区观测综合推进本部”为中心，得到相关政府部门和国立极地研究所等研究机构的配合，根据《南极地区观测第IX期6年计划》（2016年到2021年），在南极地区实施调查观测等。

关于北极地区，通过了《日本北极政策》（2015年10月16日综合海洋政策总部通过）。从2015年度开始了《北极地区研究推进项目》（ArCS），该项目的目标是综合性地把握北极地区的环境变动和波及地球整体的影响，进行精准预测，同时明确社会经济性的影响，给相关方传递信息，以供他们做出合理判断和解决问题，为了实现该目标，正在开展国际共同研究，构建国际研究基地，培养年轻科研人员等。

海洋研究开发机构设立了北极环境变动综合研究中心，在推动北极研究的同时，还在开展可以在冰下航行和观测的自动无人探测器（AUV）等主要技术的开发。为了弄清北冰洋及周边海域的海洋环境、海洋生态系统的变化，在浮冰最少的8月到10月，通过海洋地球科研船“未来号”开展航海观测。科研船是在北极地区进行科考的平台，2017年度，对科研船展开了调查探讨。

四、开拓国家战略上重要的前沿领域

1. 海洋领域

日本拥有位居世界第6的领海和海上专属经济区，所以必须取得和“海洋立国”名副其实的科学技术和创新成果。为此，推动以下技术的研发至关重要：包括冰海

1　参照第二部第七章第三节。

区域、深海区、海底在内的海洋调查观测技术，包括生物在内的资源、运输、观光等有助于海洋可持续开发利用的技术，有助于确保海洋安全和环保的技术，以及支撑以上技术的科学性依据和基础性技术的研发。

为此，根据在科学技术学术审议会海洋开发分科会上制订的《海洋科学技术研究开发计划》，文部科学省综合性地推动海洋科学技术领域的研究开发。

具体来说，开展了以下研究开发：为了确保海洋矿物资源的稳定性和实现海洋生物资源的可持续性利用，在《促进海洋资源利用的技术开发计划》中，正在开展探查海洋矿物资源所需的先进而基础性的技术开发以及应用所开发的技术实施调查研究，同时也在开展弄清海洋生物的生理机能方面的研究，从而带动革新性的生产[1]。

东北地区太平洋海域发生的地震引起了海啸，导致东北海域的海洋生态系发生剧烈变化，为了弄清这个变化，实施“组建东北海洋科学基地事业”，和相关地方政府、渔业协会等协作开展调查研究[2]。

通过实施《南极地区观测事业》和《北极地区研究推进项目（ArCS）》，在可以明显捕捉到地球环境变化的南极地区和北极地区，推动各研究领域的调查观测等[3]。

海洋研究开发机构是日本海洋科学技术的核心机构，为了推动基础性的研发，把海底资源、海洋和地球环境变化、海域地震发生带、海洋生命理工学定位为重点领域，开展社会需要的研发工作。同时，为了推动上述研发工作，也在开展所需的尖端基础技术。

具体来说，正在和国内外的研究机构、产业界合作，推动具有先进性的研发工作，比如有效利用地球深处探查船“地球号”的挖掘孔，来进行高精度的海底地壳变动观测[4]；应用海洋地球科研船“未来号”以及各种观测仪器构建综合性海洋观测网等[5]。

2. 宇航领域

为了保持日本国际性的优势地位，保障国民生活安全，日本就必须以长远的眼光，持续、大范围、长期推动与国家生存基础相关的研究开发，并不断地积累成果。关于这类研发，日本把其定位为事关国家生存基础的研发，加以大力推动。

另外，2013 年 12 月内阁会议通过的《国家安全保障战略》中，也陈述了如下的认识：“日本的高端技术实力是经济实力和防卫实力的基础，也是国际社会眼中日本最有价值的资源。为此，有必要进一步促进包括军民两用技术在内的技术振兴，加强日本的技术实力。”

①推动研究开发的对策

气象卫星、通信广播卫星等的宇宙开发利用是国民生活不可或缺的，是扩充人类

1 参照第二部第七章第三节一。
2 参照第二部第二章第二节二。
3 参照第二部第七章第三节三。
4 参照第二部第七章第三节二。
5 参照第二部第七章第三节三。

地球深部探查船“地球号”

海洋地球科研船“未来号”

知识财产，给国民以梦想和希望的重要所在。日本的宇宙开发利用作为国家战略，根据《宇宙基本法》和《宇宙基本计划》综合并且有计划地推进。

宇宙政策所面临的环境发生了变化，政府根据这种变化，为了充分反映国家安全保障战略所给出的新的安全保障政策，同时也为了提高产业界投资的可预见性，从而维持并加强产业基础，于是制订了全新的《宇宙基本计划》(2016年4月内阁会议通过)。在这个计划中，把“确保宇宙安全”“推动在民生领域的宇宙利用”“维持并加强产业、科技基础”这三项定位为宇宙政策的目标。文部科学省根据这些目标，和相关政府部门共同推动对宇宙的开发利用。

②航天航空领域的举措

（a）日本的运载系统

拥有日本独自的航天运载系统在确保航天活动自主性方面是必不可缺的。日本的主力火箭，2020年6次发射成功，是发射次数最多的一年。

具体情况如下：分别搭载了准天顶卫星系统“指路”2号、3号、4号卫星的H-IIA火箭34、35、36号，于2017年6月、8月、10月发射成功；同年12月又发射了搭载气候变动观测卫星“色彩”（GCOM-C）和超低轨道卫星技术试验机“燕”（SLATS）的H-IIA火箭37号；2018年1月发射了伊普西龙火箭3号，搭载着高性能小型雷达卫星（ASNARO-2）；同年2月，搭载着信息收集卫星光学6号的H-IIA火箭38号发射成功。日本的主力火箭41次连续发射成功，其成功率达到世界最高水平的97.9%。

发射H-IIA火箭37号的状态
（照片来源：三菱重工（株）（MHI）/宇宙航空研究开发机构（JAXA））

从2014年度开始，为了维持并发展自主开展航天活动的能力，同时确保国际竞争力，正在致力于新一代的主力火箭H3的开发，将于2020年首次发射。

（b）人造卫星所做的社会贡献

日本为了满足多样化的社会性需求，比如把握大规模自然灾害的受灾情况、探明气候变化机制、进行预测研究等，正在推动各种人造卫星的开发和运用，为国内外做着贡献。

陆域观测技术卫星2号“大地2号”（ALOS-2）的观测数据提供给相关防灾机构和地方政府。2017年10月，因台风21号造成的静冈县暴雨灾害和2018年1月草津白根山火山喷发时，应内阁府（防灾负责人）、国土交通省、火山喷发预知联络会（事务局：气象厅）等相关政府部门和机构的要求，用ALOS-2进行了紧急观测并提供了卫星数据。今后，希望通过监视各种灾害、把握详细的大范围灾区的情况以及观测森林和极地的冰川，为防灾和灾害对策、地球变暖对策等全球规模的课题解决做出贡献。陆域观测技术卫星“大地”（ALOS）到2011年5月已经结束运行，目前正在组合通过“大地”获取的数据，开展有关发展中国家森林减少、恶化造成的温室效应气体排放方面的研究。

温室效应气体观测技术卫星“息吹”（GOSAT）正在执行必要的全球观测，以便测定全球温室效应气体浓度分布及其变化，提高温室效应气体吸收排放量的推定精度。到目前为止取得的成果是明确了二氧化碳及甲烷的全球浓度分布及其季节变动。此外，正在进行“息吹2号”（GOSAT-2）的开发，进一步提高观测精度，计划2018年度发射。

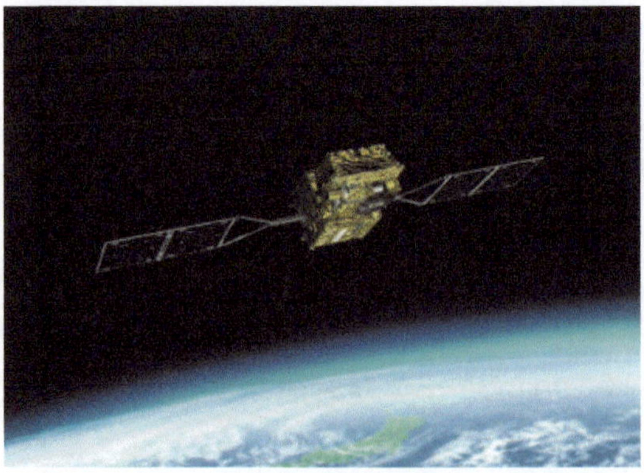
色彩（GCOM-C）
［图片来源：宇宙航空研究开发机构（JAXA）］

水循环变动观测卫星“水滴”（GCOM-W）用于长期性全球规模的降水量和海面水温等的观测，其观测数据现在用于气象厅的数值预报系统，为提高天气预报的降水预测精度做出了贡献。另外，该卫星的观测数据还被应用于掌握渔场信息等各种领域。2017年12月新发射的气候变动观测卫星“色彩”（GCOM-C），通过观测云、尘埃等悬浮微粒、植被等，来把握全球规模的气候变化机制。

此外，在美国宇航局（NASA）等的国际协助下，继续进行由全球降水观测计划（GPM）主卫星和几个副卫星群的观测（GPM计划），通过更准确地把握全球降水情况，有助于推定台风中心和提高天气预报精度。

文部科学省和防卫省一起开展以下研究：通过从地球上把握太空垃圾等的情况，

来构建一个掌握宇宙情况的系统，有助于日本人造卫星的稳定运行；高感度红外线传感器的人造卫星搭载技术研究。还开展了以下研究：可以大范围高分辨率摄像的尖端光学卫星（ALOS-3）和尖端雷达卫星（ALOS-4）；证实卫星间光通信的光数据中继卫星；开发技术试验卫星 9 号，以便获得下一代通信卫星技术；2017 年 12 月发射了超低轨道卫星技术试验机“燕”（SLATS），通过这个试验机来进行超低轨道卫星运用技术的实证研究。

关于准天顶卫星系统“指路”，2017 年度发射了“指路”2、3、4 号卫星，4 颗卫星到位，4 星定位体制已建成为正式开始高精度测位服务，内阁府和相关省厅正在推动汽车、农业机械的自动驾驶和物流、防灾领域等的各种实证实验。

除了以上内容之外，作为安全保障和危机管理领域的卫星，还有内阁卫星信息中心所属的信息收集卫星。在严峻的国际形势背景下，这颗卫星的重要性在不断提升，为了对其进行扩充加强和进一步提高其即时性，准备完善为 10 颗卫星，在不断开发完善中所获得的成果将有助于日本技术实力的提升。

（c）综合推动太空环境的利用

《国际空间站（ISS）计划》是日本、美国、欧洲、加拿大、俄罗斯五方共同开展的国际合作项目。日本在这个计划里参与了两个内容，一个是空间站货运补给飞船“鹳”（HTV），一个是“希望”号实验舱的运行（JEM）。HTV 到目前为止已经六次为空间站补给物资。“鹳”（HTV）6 号飞船担负着向国际空间站主体运输其运行不可缺少的新型电池的任务，是给国际空间站运送大型装置的唯一手段，受到各国的瞩目。在“希望”号实验舱里开展着以下实验：通过蛋白质结晶的生成来研制新药的研究；通过对老鼠的长期饲养观察重力对骨骼和肌肉的影响及其机制的实验；除了这些为了今后人类的健康长寿而做的研究以及失重环境下表现出的物理现象的实验外，还利用“希望”号的压力舱和机械臂释放超小型卫星。通过这些活动，不断为社会和产业界输出巨大成果，综合性地推动着太空环境的利用。

和国际空间站（ISS）对接　国际空间站货运补给飞船“鹳”6 号
［图片来源：宇宙航空研究开发机构（JAXA）/ 美国宇航局（NASA）］

ISEF2 的情景
（闭幕式上与会人员鼓掌通过成果性文件）

（d）国际太空探索方面的举措

在太空探索方面，美国提出了在月球近地轨道建立前哨空间站的计划，民间活动很活跃，国际关注度高涨。2018 年 3 月在东京召开了“第 2 届国际太空探索论坛（ISEF2）”，关注太空探索的 45 个国家的部长和航天机构的高层人士出席了论坛。文部科学大臣林芳正出任该论坛的主席，就太空探索的重要性和开展国际合作的意义以及今后合作的方式等展开了一整天的热烈讨论，讨论成果汇总为《国际太空探索的东京原则》。

（e）推动太空科学研究

在探索太阳系、X 射线、红外线天文观测、太阳观测等太空科学领域，2016 年 12 月日本发射了地球空间探测卫星“荒濑”，通过这颗卫星，在地球周边的太空进行等离子的观测，旨在加深对极光、宇宙风暴等太阳活动和地球的相互作用以及太空环境的研究。2014 年 12 月发射的小行星探测器“隼鸟 2”在顺利地航行，预定 2018 年夏季左右到达目标小行星“龙宫”，计划 2020 年返回地球。2015 年 12 月向金星周边轨道发射了金星探测器“晓”，2017 年 4 月开始稳定观测，观测目的在于弄清金星大气的机制。

隼鸟　开启旅程 1
（图片提供人：池下章裕）

从 2017 年日本已经开始着手进行 X 射线天文卫星替代卫星（计划 2020 年发射）的开发。此外，为实现日本首次无人登月计划的小型月球登陆探测器（SLIM）（计划 2020 年发射）的开发，与欧洲宇航机构开展国际合作，实现水星探测计划（Bepi Colombo）的探测器（计划 2018 年秋季发射）的开发等，推动那些有助于日本树立国际地位、人类拓展疆域的太空领域的研发。

（f）与航空科技相关的研究开发

文部科学省于 2014 年 8 月总结了《战略性开发新一代飞机的愿景》。在其中预见到今后 20 年里，世界飞机市场约有两倍的增长空间，为了把日本的飞机产业打造成和汽车产业比肩的增长产业（占世界市场份额的 20%），优先着手实施民用飞机国产化研发及其相关大型试验设备的完善。

具体来说，宇宙航空研究开发机构（JAXA）正在开展发动机核心技术（燃烧室、涡轮等）的研发，来大幅度改善耗油量和环境负荷，还有降低机体噪音的“FQUROH 项目”等。关于进行发动机实证研究的设备方面，正在积极地加以完善，比如为了导入 F7-10 发动机，2017 年 3 月，JAXA 和（股份）IHI 之间将要签订销售合同。

日本也在开展研究开发超音速飞机技术等，推动未来飞机关键性技术的研究开发。

（g）推动天文学研究

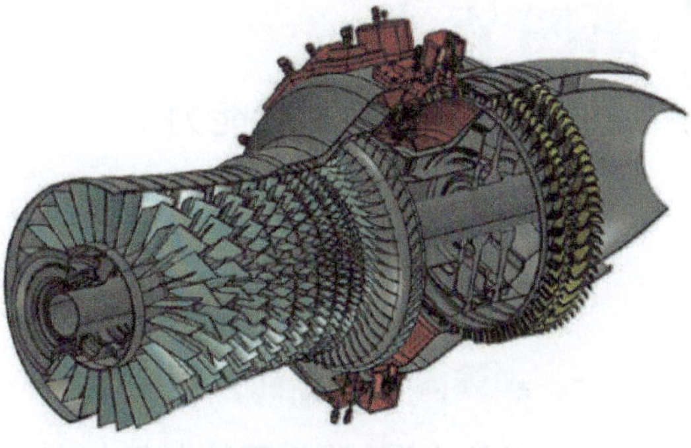

发动机核心技术的研究开发
［图片来源：宇宙航空研究开发机构（JAXA）］

ALMA 望远镜森田密集阵列
［图片来源：ALMA（ESO/NAOJ/NRAO）］

天文学方面，在南美智利的阿塔卡马高地上，日美欧开展国际合作，运行射电望远镜“ALMA”进行观测。其中日本负责制造 ACA（阿塔卡马密集阵列）系统和以亚毫米波为主的接收系统等，取得了世界性成果，比如获得了与海王星大小相当的行星的形成证据；发现了距地球 132 亿光年星系中的氧气等。还在美国夏威夷州的莫纳克亚山顶，开展用大型光学红外线望远镜“昴”获取并分析宇宙深处数据的研究。除此以外，日美等五国致力于拓展宇宙的计划，共同建设口径达 30 米的超大型光学红外线望远镜（TMT：Thirty Meter Telescope），用以探索太阳系外的行星等。该望远镜计划 2027 年度完成。

第四节 加强科技创新的基础能力

一、加强人才培养能力

1. 确保并培养充满智慧的专业人才，让他们充分发挥才干

①年轻科研人员的培养和才干发挥

人口减少、少子老龄化急速发展的背景下，日本为了保持持续增长并创造新的价值，至关重要的是确保并培养担负科技创新的多样化人才，特别是让有意愿、有能力的学生攻读研究生，让他们发挥才干，成长为肩负日本未来的研究人员，为此，要对博士生和博士课程结业人员予以经济性资助并确保他们获得科研经费的机会，同时还要采取各种举措完善环境，让他们能专注于研究活动，并开辟包含产业界在内的多样化职业发展路径等。

（a）改善环境，让年轻科研人员能稳定且独立自主地开展研究

文部科学省为那些挑战全新研究领域的优秀年轻科研人员创造环境，让他们能稳定且独立自主地搞科研，同时，从 2016 年度开始，启动了《卓越研究员事业》，提出了新的职业发展路径，把全国产学官的研究机构都纳入职业领域。

文部科学省为了改善环境，让优秀年轻的研究人员能专注于自己的研究，让他们能获得稳定的职位，对那些导入了常任轨制（tenure track system）的大学等予以援助。

在《科学研究补助金（科研费）》方面，制订了《科研费青年援助计划》，不断加强研究人员职业履历形成所需的援助，同时采取措施，促进在开放平台上的切磋交流。具体做法是在 2018 年度的科研补助中（2017 年 9 月公开招募），从两方面加大资助力度：一个是“青年研究”，广泛资助年轻科研人员形成自己的研究基础；另一个是完善对“基础研究（B）”的资助，这个是在国际竞争环境下，提升研究高度不可缺的更大规模的研究。为了促进从“青年研究”到“基础研究”的进阶，放宽了申请限制。

科学技术振兴机构也在《战略性创造研究推进事业》中，实施年轻科研人员申报比较多的“创造新技术萌芽”项目等。

（b）促进博士人才在多样化的平台上发挥才干

文部科学省实施《构建科技人才培养联盟》事业，和多所大学形成联盟，和企业等携手，确保年轻科研人员的稳定雇用，横建起提升职业履历框架的大学等予以援助。

从 2017 年度开始实施《数据相关人才培养计划》，为了培养应对第 4 次产业革命的人才，对于博士生和有博士学位的人员，除了各自的专业基础之外，再让他们习得数据科学等技能，帮助他们在社会多样化的平台上发挥才干。

科学技术振兴机构实施《研究人才职业信息活用援助事业》，向产学官联合，以及科研人员、科研辅助人才提供或有效利用招聘、就职信息的举措予以援助。同时运营门户网站（JREC-INPortal），为科研人才的就职提供帮助。

②培养担负科技创新的多样化人才并发挥他们的才干

（a）培养并确保科研辅助人才

文部科学省为了完善环境，搞活科研人员的研究活动，加强大学等的研究开发管理，建立科技人才除科研岗位以外的多样化职业发展路径，正在就大学等的科研管理人才（research adminidtrators）的援助对策问题展开调查研究。

科学技术振兴机构实施了《培养项目经理并发挥其才干计划》，项目经理（PM）是一种全新的创新人才模式，在资金分配等机构发挥才干，为了在日本优秀人才层里打造此类人才和构建起这样的职业发展路径，要让他们实践性地习得成为 PM 所需的必要知识、技能和经验。

（b）技术人员的培养以及能力开发

在推动科技创新方面，产业界和支撑其发展的技术人员发挥着核心作用。

有些业务必须要具有高端且专业的科技应用能力才能执行，对这类业务进行计划、研究、设计、分析和试验的人员，文部科学省向其颁发"专业工程师"资格证，制定了《专业工程师制度》，以保证规范开展所从事的业务。

要成为"专业工程师"，必须通过机械、建筑等各技术部门举行的国家级考试并进行注册。专业工程师的考试分两次进行，第一次考试是考察理工科大学毕业程度的专业学识，第二次考试是考察专业工程师所必需的高度专业应用能力。2017 年第一次考试通过的人数是 8658 人，第二次考试通过的人数是 3501 人。第二次考试不同部门的合格人数（图表 2-7-1）如下所示。

③推动研究生院教育改革

文部科学省推动研究生院的教育改革，培养具有高度专业知识和道德，并自发地思考行动、创造新的知识和价值、活跃于全球并引领未来的人才。

特别是在博士课程教育方面，为了培养跨产学官、活跃于全球的领袖型人才，从 2011 年开始实施《博士课程教育引领计划》，对研究生院的彻底改革予以资助，比如得到产学官的参与，打破专业领域的框架，构建和开展硕博连读学位计划等。截至 2017 年度，已经资助了 33 所大学的 62 项计划。

《卓越研究生院计划》是多所大学、研究机构、企业、海外机构等联合打造的，可以实施文理融合等不同领域的一体化教育和日本强势领域的最尖端教育，为了从

图表2-7-1 专业工程师第二次考试不同部门的合格人数（2017年）

技术部门	考试人数（名）	合格人数（名）	合格率（%）	技术部门	考试人数（名）	合格人数（名）	合格率（%）
机械	1,178	243	20.6	农业	881	123	14.0
船舶、海洋	15	6	40.0	森林	303	66	21.8
航空、宇宙	61	13	21.3	水产	161	22	13.7
电气电子	1,546	222	14.4	经营工学	226	66	29.2
化学	133	37	27.8	信息工学	540	39	7.2
纤维	47	14	29.8	应用理学	607	67	11.0
金属	115	50	43.5	生物工学	53	21	39.6
资源工学	18	4	22.2	环境	536	121	22.6
建设	14,248	1,817	12.8	原子能、放射线	97	22	22.7
上下水道	1,510	180	11.9	综合技术监理	3,343	326	9.8
卫生工学	635	42	6.6				

2018 年度开始实施该计划，2017 年度，在日本学术振兴会设立了由产学官构成的“卓越研究生院计划（暂定名）构想推动委员会”，2017 年 12 月，汇总了《关于卓越研究生院计划公开招募方针的最终报告》。

为了让肩负学术研究的优秀研究人员成长起来，充分发挥他们的才能，日本学术振兴会实施《特别研究员事业》，通过对博士生和博士后的资助，努力确保并培养优秀的年轻科研人员。

④培养肩负起下一代科技创新的人才

文部科学省为了培养肩负起下一代科技创新的人才，按照他们的成长阶段、意愿能力，实施多种多样的举措[1]。

文部科学省举办的“Science Intercollege”，是全国在自然科学领域学习的本科生发表自主研究、互相切磋，并和企业相关人士交流的平台。第 7 届“Science Intercollege”于 2018 年 3 月 3 日和 4 日在东京都丰岛区举办了两天，有 169 组本科生做了口头发表和展板发表。

文部科学省和经济产业省为了研究对策，以便战略性地培养活跃于产业界的理工科人才，从 2015 年 5 月开始共同举办“有关培养理工科人才的产学官圆桌会议”（以下简称“圆桌会议”）。2016 年 8 月把对产学官的作用和具体对策方面分别提出的要求汇总为《有关培养理工科人才的产学官行动计划》（以下简称为“行动计划”）。2017 年 5 月召开了第 10 次会议，各团体的代表分别发表了行动计划中所提出的行动举措的进展情况。今后，关于行动计划，决定每年都要对所采取的行动举措的进展情况进行跟踪，在圆桌会议上确认之后，根据需要加以修改，同时研究并执行对策，推动产学官培养理工科人才方面的举措。

1　关于初级中级教育阶段的举措请参照第二部第四章第二节。

2. 确保人才多样化和促进人才流动

①促进女性发挥才能

让女性科研人员大显身手，发挥她们的能力，可以搞活日本经济，推动经济的新生，推动男女共同参与社会的发展。日本女性科研人员的比例虽然每年都有所增加，但是2017年3月仅约占16%，与先进国家相比，依然很低。

为此，文部科学省实施《实现多样化研究环境的提案》，对那些让女性科研人员能兼顾研究和生孩子、育儿、护理等，推动女性科研人员研究能力的提升，制定了实现研究环境多样化的目标、计划，并有体系有组织地实施举措的优秀大学给以援助。

日本学术振兴会实施《特别研究员（RPD）事业》，向因生孩子和育儿而中断了研究的女性科学研究人员发放研究奖励费，帮助她们回归研究工作。

②加强国际性研究网的构建

为了加强日本的科技和学术实力，保证科技团体不要在世界人才流动中落伍，就要搞活日本的人才流动，让日本的大学等研究机构成为国际研究网中的重要组成部分，这点非常关键。

文部科学省给日本研究人员提供海外研究机会和引进优秀的外国研究人员，以此来推动创新以及更为牢固的国际研究网的构建。

（a）推动国际化的人才流动

文部科学省实施《加速人才流动的战略性国际研究网推动事业》，为了日本具有高潜力的研究团队在特定的研究领域战略性地构建研究网，重点资助大学等研究机构和海外一流研究机构之间派遣和接收年轻科研人员。

（b）推动从海外接收研究人员等工作

关于接收外国研究人员的情况，短期研究人员的接收数量，从2009年到2011年，受东日本大地震的影响，虽然有所减少，但之后又呈恢复的势头。另一方面，中长期研究人员的接收数量从2012年之后，一直保持在1.2万人到1.5万人的水平（图表2–7–2）。

日本学术振兴会（JSPS）为了把优秀的外国研究人员邀请到日本，以便推动日本整体的学术研究和研究环境的国际化，实施着多种多样的计划，有《外国人特别研究员》计划，还有按照研究人员的职业阶段和招聘目的实施的《外国研究人员招聘事业》等。为了把有日本学术振兴会工作项目经历的人员组织起来，通过为他们提供再次来日本的机会等，形成并加强日本和海外各国研究人员联系网。

科学技术振兴机构（JST）为了获得海外优秀人才，实施《日本与亚洲他国青少年科学交流事业》，邀请亚洲以及太平洋诸国等35个国家和地区的青少年（40岁以下的高中生、大学生、研究生、研究人员等）短期（1周到3周）访日。

图表2-7-2 从海外接收研究人员数量（总数/短期/中长期）

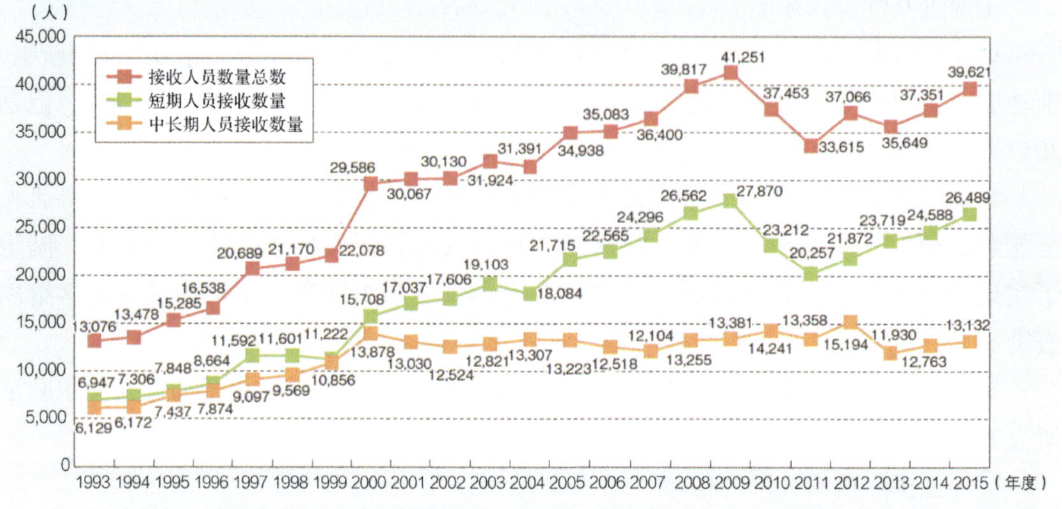

（c）推动派遣日本研究人员到海外工作

关于日本的大学、独立行政法人等的研究人员海外派遣情况：短期派遣研究人员的数量从调查开始以后呈增长趋势。中长期派遣研究人员的数量从 2000 年到 2007 年虽然呈现减少的趋势，但 2008 年后基本一直保持在 4000 人到 5000 人的水平。（图表 2–7–3）

图表2-7-3 向海外派遣研究人员的数量（总数/短期/中长期）

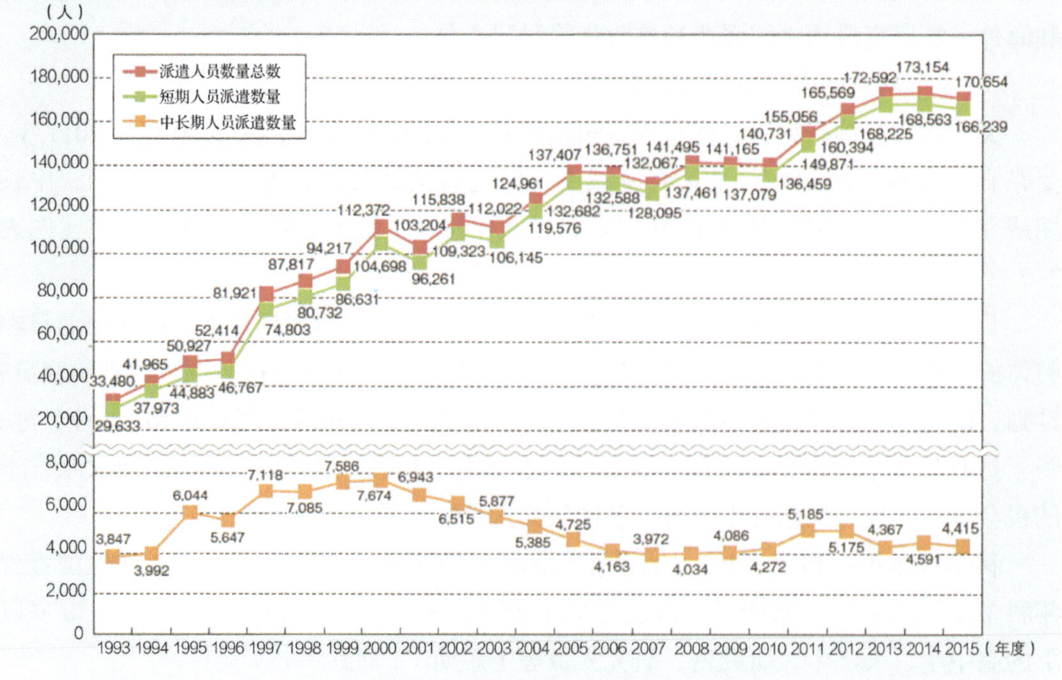

日本学术振兴会（JSPS）为了确保培养有能力、具有国际视野、肩负日本学术未来的研究人员，实施《海外特别研究员事业》，资助优秀的年轻研究人员到海外特定的大学等研究机构长期专注于研究。还从 2017 年开始实施《年轻科研人员海外挑战计划》，通过提供挑战海外新环境，三个月到一年和海外研究人员共同从事研究的机会，培养将来活跃于国际社会，拥有丰富经验的优秀博士生。

（d）和各国的学术振兴机构协作

2017 年 5 月，加拿大自然科学与工程研究理事会（NSERC）和秘鲁国家科技与创新委员会（CONCYTEC），在渥太华共同举办世界各国主要学术振兴机构负责人参加的全球研究理事会（GRC）第六届年度大会。47 个国家和 2 个国际机构的共计 54 个机构的负责人出席了年会，讨论了研究资助的相关课题和学术振兴机构应该起到的作用，通过了两个成果性文件，一个是《基础研究与创新之间的动态互动原则宣言》，另一个是《全球资助机构的能力建设及互联互通原则宣言》。

③打破领域、组织、部门的壁垒，促进人才流动

文部科学省和经济产业省推动交叉任职（Cross Appointment）制度的导入，使研究人员可以同时被两个以上的研究机构雇用，分别根据在各个机构所承担的角色，从事研究开发以及教育工作。为此，向制定制度的政府机关确认了在实施过程中有关医疗保险、退休金等方面的各种法律制度关系，内阁府于 2014 年 12 月汇总并公布了《交叉任职制度的基本框架和注意事项》。在 2016 年 11 月制定的《产学官联合加强共同研究的指导原则》里，督促交叉任职制度的导入。

二、强化智慧的源泉

1. 推动作为创新源泉的学术研究和基础研究

①加强对学术研究的推动和改革

学术研究就是研究人员受内在动机的驱使，展开的探求真理、解决课题，同时重视发现新课题的过程。研究人员自主、自律，最大限度地发挥智慧创造力，从而做出独创性的高质量多样化的成果。因此学术研究在创造出跨学科、交叉领域的同时，还能在更广泛的领域中做出创新，是创新的源泉。

科学技术学术审议会学术分科会于 2015 年 1 月汇总了《关于学术研究的综合性推进对策（最终报告）》。这份报告着眼于对学术研究的现代化要求（挑战性、综合性、融合性、国际性），提出了发展学术研究的多样性来加强卓越智慧的产出能力，还提出了国家和学术界改革的基本思路以及具体举措的方针。

文部科学省基于上述科学技术学术审议会汇总的报告和《第 5 期科学技术基本计划》，为了推动学术研究的发展，实施了各种举措，比如完善科研费申请制度、完善并加强共同利用和共同研究体制、振兴人文科学和社会科学等。

（a）改革并加强科研费申请制度

科研费是面向所有学术研究的唯一一项竞争性资金，从人文社科到自然科学，所有领域的研究都可以申请，是由文部科学省和日本学术振兴会负责运营的。科研费的获得要通过同行评审（由研究人员团体选出的研究人员来评审），选出优秀的研究课题，资助那些既具有多样性又具有独创性的研究活动，通过对科研活动的资助，可以扩大研究规模，有助于开展持续性研究和形成智慧积淀。很多为社会打开突破口的革新性研究成果都来自科研费资助的研究。

2017 年度的预算是 2284 亿日元，占政府竞争性资金整体的 50% 以上。该年度内，有超过 10 万件的研究提出了申请，从中选取了 2.5 万件。再加上上一年度继续在研的课题，总共资助了 7.6 万项研究课题。

科研费资助的很多研究都是立足于长期视野的基础性、持续性的研究，衍生出众多带来社会变革的、划时代性的研究成果。

关于科研费的成果，除了通过国立信息学研究所的科研费数据库“KAKEN”公之于众以外，每年还发行四次新闻通讯《科研费 NEWS》，对最新的研究成果予以介绍。还实施一个面向中小学生、高中生的计划（“灵感☆悸动科学”），通过体验、实验等，向中小学生和高中生通俗易懂地介绍科研成果。

文部科学省一直以来都在不断地重新审视科研费制度，并通过导入基金化等方式对制度加以改善。为了推动高质量的学术研究，创造出卓越的“智慧”，2015 年开始进行了彻底的改革。

2015 年 9 月，制定了《科研费改革的实施方针》，给出了改革的基本思路和过程：①重新审视评审体系，②重新审视研究种类、框架，③促进科研费灵活且合理地使用，针对以上的每一条都有计划地、综合性地采取措施。其内容都反映在《第 5 期科学技术基本计划》里，并加进了数量的达成目标，即新项目通过率为 30%。

关于①，根据科学技术学术审议会学术分科会上汇总的《关于科研费申请的评审体系的改革》，从 2018 年度的科研费开始（2017 年 9 月开始公开招募），把细化为 400 项的审查项做了大总括，彻底重新审视之后，制定了新的评审项目表，同时导入了“综合评审”等新的评审方式，以便进一步完善合议评审方式。

关于②，根据该分科会研究费分部在会上汇总的《加强资助用科研费进行的挑战性研究》，创设了“挑战性研究”项目，资助有志于进行学术变革和转换的研究，同时从 2017 年度开始，实施帮助年轻科研人员开展独立研究的举措。

今后，为了进一步振兴学术研究，决定根据《第 5 期科学技术基本计划》，继续实施改革，完善科研费制度。

培育创新萌芽的科研费

用科研费资助的很多研究与其说是为了达成短期目标，倒不如说是立足于长期视野的基础性、持续性研究，衍生出很多带来社会变革的划时代性的研究成果。

《有关周边社会的草根阶层全球化的研究》

清水 展　京都大学　名誉教授
关西大学　特任教授

20世纪80年代末，东西冷战结束，从90年代开始全球化急速发展。为了了解全球化对草根阶层的影响和当地居民的应对方式，从1998年开始，基本每年都到北吕宋山地山沟里原住民居住的伊富高HAPAO村做田野调查。

研究成果

·HAPAO村是上次大战末期山下将军麾下的日军主力部队困守3个月的地方。20世纪70年代后半期开始的10年左右，一直被共产党—新人民军实际支配着。在这么一个偏远山村里，过去的20年中，也受到全球化的影响，人口的10%，即180多人赴海外30个国家打工。通过调查弄清了其背景。

外出打工的收入、汇寄的生活补贴，除了用于孩子的教育费和盖房子外，也带来了传统礼仪的复兴。村庄的人们在被社会经济的全球化网络驱动的同时，也重新复兴了地方的传统文化，成为"全球化又本地化"的新人类。详细分析其原委，阐明草根阶层的全球化动态。

调查地HAPAO村的梯田群1995年被指定为世界文化遗产

在泰国那黎宣大学的东盟国际研讨会报告之后，主办方授予纪念品（2015）

科研费的研究成为发展的基础

《岛屿部东南亚的开发过程和周边世界》
［2002年—基础研究（A）］等

科研费从20个世纪90年代开始资助

研究成果的展开

·研究成果出版了一本书《草根阶层的全球化》（京都大学学术出版会，2013年）。该书获得了第11回日本文化人类学会奖（2016年）又获得了促进研究成果公开的资助费，正在准备出版英文版（TRANS PACIFIC PRESS 2018）。

·东西冷战时期的菲律宾在东盟诸国中，经济开发非常不顺利。但是迎合全球化的急速发展，开始了强劲的经济发展。相反，日本泡沫经济崩溃和全球化的影响同时发生，经济一直持续不景气。为了发展伊富高省获得的微观世界的见识，计划就全球化的应对方式、战略做日本和菲律宾的比较研究。

清水因有关草根阶层全球化的研究获得日本学士院奖（2017年）

照片来源：日本学士院

《关于蝙蝠的生物声纳系统的研究》

飞龙 志津子　同志社　大学教授

·蝙蝠也叫"生物声纳"，具有感知高度超声波的能力。但是很难正确测出其音响行动，而且期待应用于工学的，群飞和野生蝙蝠在捕食飞行中的感知机制也没有阐明。

研究成果

·开发能搭载在小蝙蝠身上的遥测麦克风，能观测飞行中的蝙蝠发出的超声波和回声。

·在野外设置大规模的麦克风阵列，成功地测出了捕食飞行中的野生蝙蝠三维飞行轨迹和发射超声波的方向及指向性。

·发现群飞的蝙蝠通过调整自身超声波的频率，来避免相互信号的混淆。

·发现蝙蝠调整超声波的"视线"和"视野"，预先读取猎物的位置，然后选择最佳飞行路径。

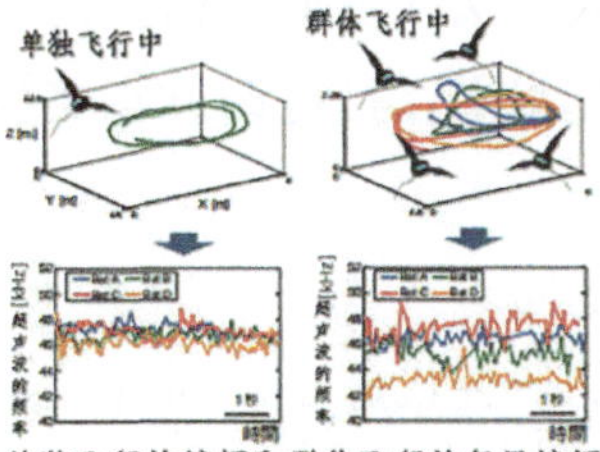

单独飞行的蝙蝠和群体飞行的每只蝙蝠的超声波频率的变化。群体飞行时每只蝙蝠通过调整自己的频率来避免相撞。

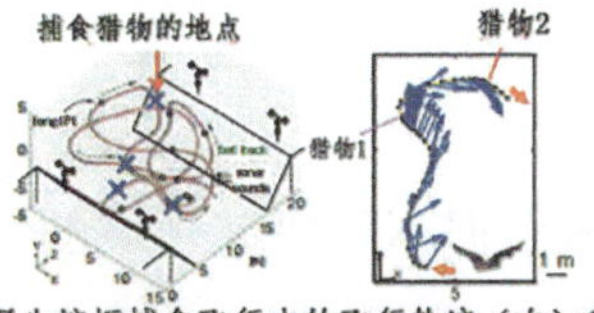

野生蝙蝠捕食飞行中的飞行轨迹（左）和短时间连续捕食时，蝙蝠超声波的"视线"（右）。可以看出事先感知到了下一个猎物。

科研费的研究成为发展的基础

《通过蝙蝠的自主超声波感知来解释阐明实际时间空间探索算法》
［2012年—青年研究（A）］等

科研费从2000年代后半期开始资助

研究成果的发展

·通过利用自走机器人的实体机进行检证和模拟，明确了蝙蝠对超声波的运用及感知的行动机制是基于用各种各样的办法，以便利用简单的结构实现鲁棒感知。

·通过高精度的行动测量和建模，解读高等动物的意志、判断等高层次的战术，目的是以自主感知的蝙蝠为模型，提出新的自主导航算法和开展工学研究。

照片来源：日被学术振兴会

飞龙因蝙蝠的生物声纳系统研究，获得文部科学大臣表彰的青年科学家奖（2013年），还获得日本学术振兴会奖（2017年）

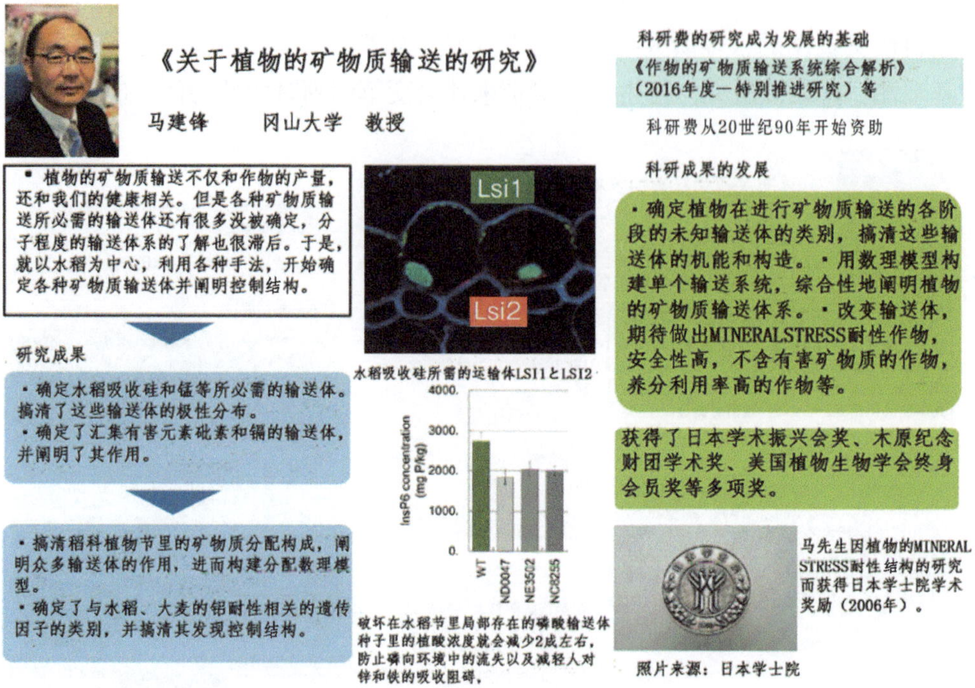

（b）完善并加强共同利用、共同研究体制

在日本，大学附设的研究设施和大学共同利用机构所属的大型研究设施设备以及大量的资料数据等由全国的科研人员共同使用，开展研究，已经形成了共同利用、共同研究体制。共同利用、共同研究体制是日本独有的体系，产出了国际性的研究成果，推动了国际竞争和合作下的大型学术研究项目的开展，为学术研究的发展做出了很大的贡献。

文部科学省通过向国立大学法人发放运营费的方式，对共同利用、共同研究体制的完善予以资助，在提升研究水平、打造诺贝尔奖级的研究成果、加强大学的功能方面做出了贡献。

·共同利用、共同研究基地

文部科学省把大学附设的研究设施中，研究业绩、研究水准、研究环境等各方面都处于各研究领域核心地位的设施，全国科研人员都可以利用的，特别有益于日本的学术研究发展的设施认定为共同利用、共同研究基地。到 2018 年 3 月，全国已有 53 所大学的 105 个基地（国立大学 77 处，公立大学 6 处，私立大学 22 处）得到认定并在开展活动。

共同利用、共同研究基地根据不同研究领域的特性，既能以单独的研究设施为基地开展活动，还可以由多个研究设施形成网络型基地开展活动。

材料、设备领域的共同研究基地就是一个由五所大学的研究设施联合而成的网络

图表2-7-4 支持大隅良典名誉教授细胞自噬研究的基础生物学研究所的研究环境

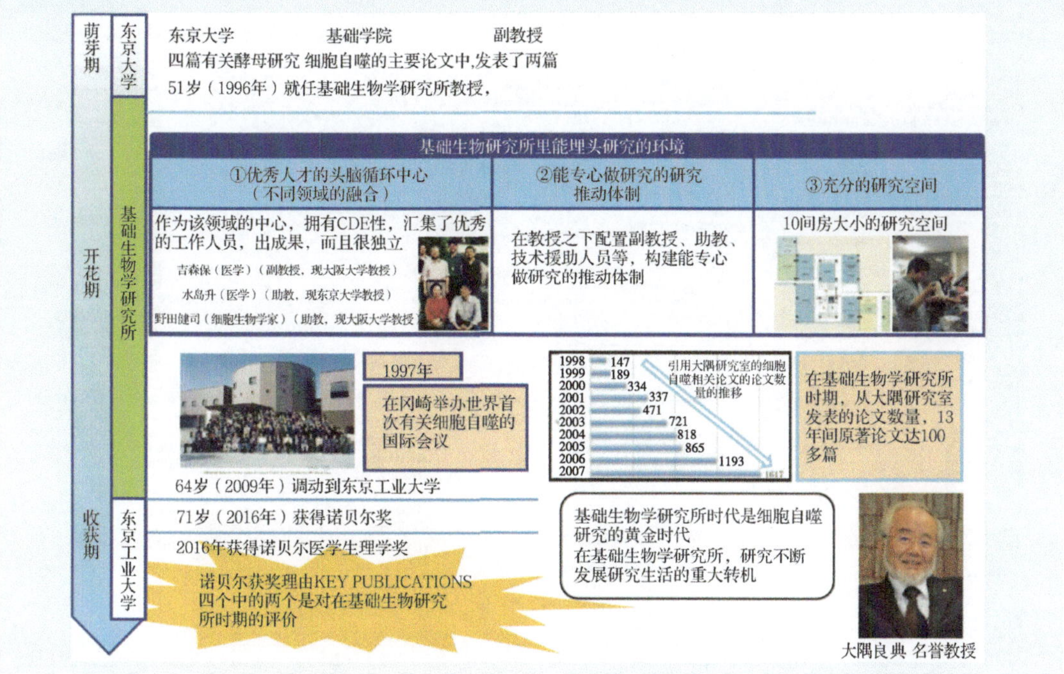

型共同利用、共同研究基地。通过形成网络，增加了大学等的科研人员参与共同利用、共同研究的接收单位，同时还发挥各研究设施的特性，在材料、设备领域推动多样化、尖端的、学科间的共同研究。

除了国立大学外，也在推动公立和私立大学的共同利用、共同研究基地的完善。文部科学省具体做了以下工作：对新认定的公私立大学的基地环境和体制完善等启动工作予以资助，从 2016 年至今，已完成了对公私立大学基地的三年启动资助，将对其进一步强化基地功能的举措予以资助。

公立大学的共同利用、共同研究基地的例子中，较为典型的是名古屋市立大学新药开发基础科学研究所，这个研究所是一个可以覆盖新药开发从开始阶段到完成阶段（从探索研究、基础研究到临床开发，对副作用等风险评价）的基地，该基地的目标是成为新药开发科研人员的网络中心，集中精力进行“癌症”“神经疾患”为主的新药研发、技术开发方面的共同利用、共同研究。

私立大学的共同利用、共同研究基地的例子有 2017 年度认定的玉川大学脑科学研究所，这个研究所把研究专用的最新 MRI 装置 3.0TMRI 等对外开放，用于共同研究，正在开展的共同研究主要是有关科学地且多方面地理解人类的社会性方面的课题。

文部科学省为了进一步推动这种独具特色的举措，正致力于对共同利用、共同研究基地的强化和完善。

图表2-7-5 2017年度共同利用·共同研究基地一览

51大学105基地 （国立28大学，公立5大学、私立20大学）

分类	领域	基地数	分类	领域	基地数	分类	领域	基地数	计
国立	理·工	34	公私立	理·工	7	网络型	理·工	4	45
	医·生	28		医·生	9		医·生	1	38
	人·社	10		人·社	12		人·社	0	22
计		72	计		28	计		5	105

·大学共同利用机构法人

大学共同利用机构是为全国大学的科研人员提供共同利用、共同研究平台的研究机构，为各研究领域的发展做出了巨大贡献，同时也在推动国际竞争和协作下的世界最尖端的大型研究，而且还接收综合研究大学院大学为首的全国大学的研究生，实施研究和教育的一体化。

大学共同利用机构是由四所大学共同利用机构法人设立的。2016 年度开始的国立大学改革第 3 期中期目标之一是加强大学整体的功能，各大学共同利用机构法人通过各自设立的大学共同利用机构，为了对改革目标做出贡献，通过重新审视组织架构，以便创造出全新的学问领域，以及对一直以来培植的数据进行基础构建等方式，给全国的大学科研人员提供帮助。

人类文化研究机构。人类文化研究机构下设有国立历史民俗博物馆、国文学研究资料馆、国立国语研究所、国际日本文化研究中心、综合地球环境学研究所以及国立民族学博物馆。人类文化研究机构努力致力于以庞大的文化资料为基础的实证性研究，综合人文、社会科学的理论性研究，与自然科学交叉的研究领域的开拓，发挥着作为人类文化综合性学术研究基地的作用。

2017 年度，人类文化研究机构新完善了两个面向海外的基地：一个是推动机构国际性共同研究的基地，另一个是大力推动日本研究、日本文化向海外宣传的基地；同时还通过与学会、大学等的研究机构合作，为加强大学的功能做出贡献。

自然科学研究机构。自然科学研究机构下设有国立天文台、核融合科学研究所、基础生物学研究所、生理学研究所以及分子科学研究所。自然科学研究机构的宗旨是推动宇宙、物质、能量、生命等自然科学领域的基础性研究，开拓和发展各领域相互合作的全新研究领域。

“宇宙生物学”是一个全新的学科，主要是探索宇宙中可能孕育生命的场所及其存在，讨论地球及地球以外的生命起源和进化。2017 年度，以推动新学科“宇宙生物学”为宗旨的“宇宙生物学中心”为核心，推动天文学和其他学科领域交叉的宇宙中的生命研究。

高能加速器研究机构。高能加速器研究机构下设有基本粒子原子核研究所、物质构造科学研究所、加速器研究设施以及共通基础研究设施。高能加速器研究机构是应用高能加速器的国际共同研究的核心基地，开展从基本粒子原子核物理学到物质、生命科学的广泛的实验和理论研究，同时也在推动与国内外大学等的合作。

2017 年度，以用目前建立的标准理论难以解释的现象为线索，为了阐明新的物理法则和揭开宇宙发展过程中反物质[1]消失之谜，在国际共同合作下，该机构着手准备正式运转超级对撞机（Super KEKB）。

信息系统研究机构。信息系统研究机构下设有国立极地研究所、国立信息学研究所、统计数理研究所以及国立遗传学研究所。信息系统研究机构从信息和系统的角度，推动跨学科领域的综合性研究，旨在构建全新的研究框架和开拓新的研究领域。

由于大数据的出现，大规模数据的共享和高度数据解析问题成为众多研究领域的课题。2017 年度，以 2016 年度设立的“数据科学共同利用基础设施”为中心，在这方面对大学开展援助。

·学术研究的大型项目

文部科学省按照学术进程规划图，根据《大规模学术前沿促进事业》，有战略、有计划地推动大学共同利用机构和大学实施的大型学术研究项目。

本事业主要推动 10 个项目的研究，期待产出世界顶级水平的成果。例如基于高能加速器“B-factory”和宇宙基本粒子观测装置“超级神冈探测器（Super-KamioKande）”的研究成果就直接为 2008 年小林诚和益川敏英以及 2015 年梶田隆章获得诺贝尔物理学奖做出了贡献。

2017 年度，文部科学省继续推动 10 个项目的研究。其中，在《日语历史性典籍国际共同研究网络的构建计划》中，同年 10 月，公开了“新日本古代典籍综合数据库”，

1　反物质：在物理法则中，认为所有的“物质”都有相对应的“反物质”存在，两者相遇后就会消失，仅剩下能量。宇宙诞生时，两者应该存在有同等数量，但现在的宇宙只能确认到物质的存在。

任何人都可以存取古代典籍的画像数据。在百货商店的活动中，发挥了这个数据库的作用，重现了江户时代的料理，很多媒体都对此做了报道。期待今后，古代典籍里留存的古人的智慧能带给我们新的启迪。

图表2-7-6 大规模学术前沿促进事业（事例）

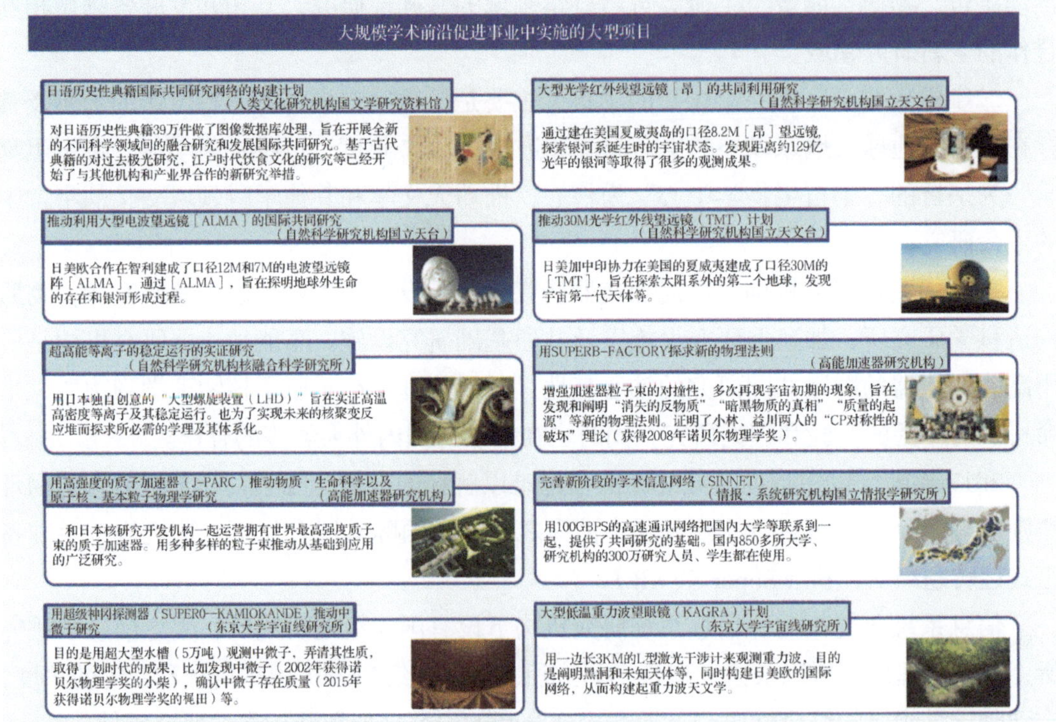

（c）人文社会科学的振兴

人文社会科学以人类、文化、社会为研究对象，构建人类精神生活的基础，同时在解决各种社会性问题方面担负着重要的任务。为此，依据科学技术学术审议会学术分科会的报告等，从“开拓领域”“应对现实社会”“开展全球化”三个视角设定课题，开展共同研究，来振兴人文社会科学。

（d）有助于推动学术研究的组织、活动

以大学等的科研人员为中心自发组织的学会、协会，作为开展跨研究机构的人际交流和研究评价的平台，起着非常重要的作用，通过举办发表最新研究成果的研究会、刊行学会杂志等，在推动学术研究方面做出了很多的贡献。文部科学省为了振兴这些活动，对加强向国际社会传递学术信息能力的举措和举办研讨会、学术演讲会等活动，用科研费予以资助。

此外，研究促成法人和公益信托通过产业界和个人等的捐赠来资助科研人员科研经费，也对学术振兴起到了极大的作用。

②为了推动战略性、有需求的基础研究而做的改革和强化

基础研究在拓展人类才智和创新方面发挥着巨大的作用。

为了让日本科技创新的基础更加牢固，文部科学省彻底加强领域广泛的多样化基础研究，让其成为可持续增长的源泉。

科学技术振兴机构实施的《战略性创造研究推进事业（创出新技术要素）》以及日本医疗研究开发机构实施的《革新性尖端研究开发资助事业》，都是在国家制定的战略目标下，通过竞争性的资金，构建跨机构、领域的有时限的研究体制，推动意在创新的战略性基础研究，同时加速并深化可期待成果的研究（图表 2-7-7）。

图表2-7-7 2017年度的战略性创造研究推进事业和革新性尖端研究开发资助事业的成果案例

2017年度的主要成果

①通过开发氨的新合成方法,减轻对环境的负荷,能更便宜地供给。

氨是氮肥、食品、医药品等非常重要的原料，应用广泛。但随着人口增加，就需要粮食增产，所以预计今后需求还会增加。另外作为氢的运送和储藏载体也受到关注，在消费现场进行生产（现场生产）也有了显著需求。现在在氨合成方面，工业上主要是使用铁系催化剂的哈伯-博施法，但这种方法为了让稳定的氮素发生化学反应，必须要高温、高压（400～500°，100～300气压)的条件，要商业化需要巨大的设备。本研究是要发明一种催化剂（在非晶体C12A7电子化合物的表面固定钉）。能在更低温、低压的条件下高效合成氨，然后以这些研究成果和企业等合作建立风险企业。以此来解决之前的高能负荷、高物流成本等课题，期待用小型设备进行现场氨生产的技术走向实用化。

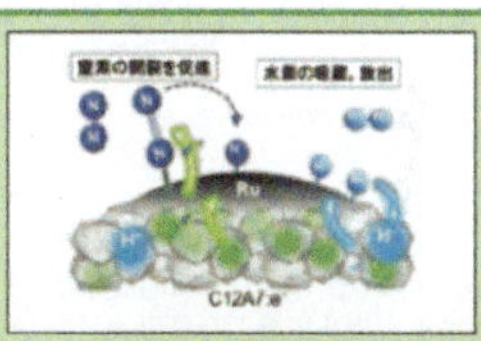

C12A7电子化合物催化剂的特点
图片来源：东京工业大学

②用每10分钟的卫星观测数据，实现高精度的气象预报

气象厅等全世界现在的天气预报中心的数值天气预报系统,在利用静止气象卫星数据时，都是从连续的云图像来追踪云动态，推测风向、风速,主要是用了除云区域外的晴天区域的红外线放射辉度数据。本研究成功把向日葵8号的每10分钟一次的红外线放射辉度数据直接用在了包括云区域在内的全天候数值天气预报，在这以前是很困难的。已经证明在台风、暴雨以及由此造成的洪水预测上是很有效的。今后有效利用每10分钟更新的预测数据，解决在防灾体制等方面的技术性和社会性课题，期待尽早预知暴雨和洪水的风险，给将来的天气预报带来一场革新。

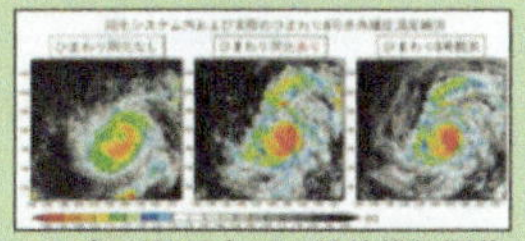

2015年8月2日台风13号的模拟图像
图片来源：理化学研究所

③口腔里的细菌在肠子里过度繁殖就会造成肠炎和克罗恩病?

肠道内有各种各样的细菌，为维持我们身体健康起到很大作用。虽然已经知道肠内菌群的紊乱是引起肠道疾病（克罗恩病、溃疡性大肠炎等）的原因，但其机制一直以来都没有被阐明。本研究判明是由于本来存在于口腔中的克雷白氏杆菌在肠内异常增多，造成TH1免疫细胞异常活跃，从而导致了克雷恩病和溃疡性大肠炎的发病。期待这个研究为这些疾病提供新的预防方式，开发出治疗药物和诊断药物。

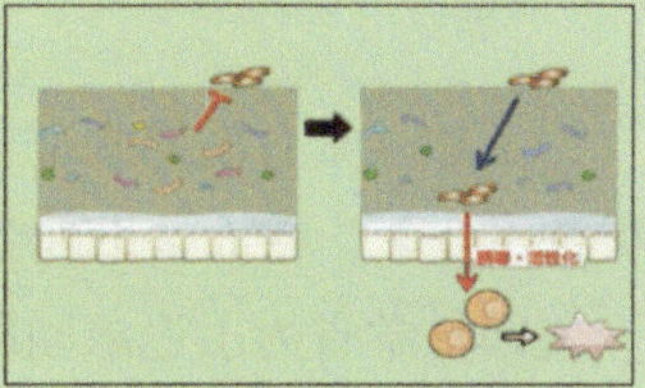

克雷白氏杆菌造成TH1细胞的活跃
图片来源：庆应义塾大学医学部

2017年度的战略目标

○通过对纳米级的热动态理解和控制技术来开发革新性的材料和设备技术
○通过实验和数据科学的融合来构建开发革新性材料的方法
○和网络相连的环境整体的交互作用的高度化
○解明应用量子技术的机体感知的革新和机体分子的动态以及相互作用
○解明由细胞外微粒子引起的机体应答机制及其控制
○解明整个生命历程中个体机能下降机制

③推动国际共同研究和打造世界顶级的研究基地

《世界顶级研究基地计划（WPI）》目的是构建具有良好的研究环境和世界一流的研究水准的研究基地，对以优秀科研人员为核心、组建世界顶级研究基地的方案予以集中资助。这个计划预定在 10 年内对一个基地予以最高 7 亿日元（2010 以前通过的基地予以最高 14 亿日元）的资助，现在有 11 个基地在开展活动。通过每年实施精细化的进展管理，旨在建立起实实在在的“可视化的研究基地”（图表 2-7-8）。

图表2-7-8 世界顶级研究基地计划（WPI）的概要

wpi 世界顶级研究基地计划（WPI）

2018年度的预算额：7012百万日元
（2017年度的预算额：6001百万日元）

背景·课题

·日本为了在争夺国际性人才的激烈竞争中生存下去，就必须构建研究基地，网罗全世界的优秀人才，形成“国际人才流动中心”。
·通过资助WPI计划，实现了和世界顶级机构相匹敌的卓越研究能力和国际化，成功建成了“可视化的研究基地”。
·2017年度选定了两处新基地，2018年计划再公开招募两处新基地。让资助结束的WPI基地形成网络，发挥这些基地所拥有的经验和方法，建成新的框架“WPI奖”，以便加强全国性的基础研究能力，让WPI的成果最大化。
【未来投资战略2017记载】
中短期进度「产生创新·风险企业的良好循环体系④J：推动构建世界顶级研究基地计划（WPI）

事业概要

·通过对大学等的集中资助，促进采取自主性的举措，导入系统改革等，形成引以为傲的具有优秀研究环境和世界顶级研究水准的“可视化研究基地”

-Science-
世界最高水准的研究

-Globalization-
实现国际性研究环境

通过达成四个步骤，
构建世界顶级研究基地

-Reform-
研究组织的改革

-Fusion-
创造融合领域

~2018年度预算的要点~
①继续切实实施对在资助中基地的资助
②继续切实采取措施、让WPI的成果最大化
③继2017年，公开招募两个新基地（7亿日元×10年）

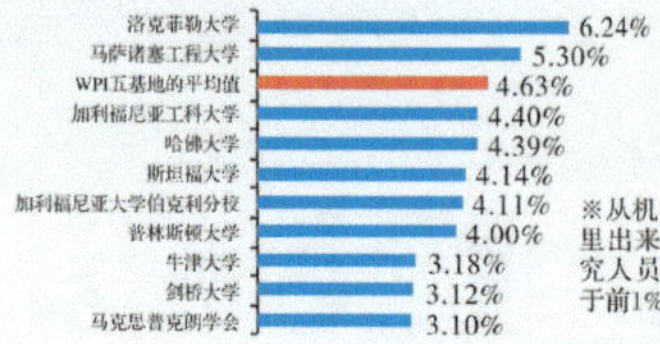

※从机构（最初的5个基地）里出来的论文中，被其他研究人员的引用次数很高。位于前1%的论文比例

［姆路透社（当时）调查（2007~2013年）］

【基地应该满足的条件】
·总数70~100人以上（2007年2010年认定的基地都在100人~）
·世界顶级的PI是7~10人以上（2007年2010年认定的基地都在10人~）
·研究人员中，30%以上是外国人
·事务和研究资助体制的语言环境为英语

【事业方案】
·资助对象：研究机构中的基础研究领域的研究基地构想
·资助规模：最高7亿日元/年×10年（2007年2010年认定的基地最高14亿日元/年）
※考虑到基地要走向自立，原则上中期评价后资助规模逐渐减少，对于特别优秀的基地，也考虑其评价，调整资助规模。
·事业评价：由诺贝尔奖和著名的外国研究人员组成计划委员会，通过PD、PO实施精细的进展管理。

【目前的成果】
·和世界顶级机构同等以上程度的卓越研究成果
·研究人员中平均40%以上都是外国人
·获得了来自民间企业和财团等的大型捐款
例：大阪大学IFREC和2家制药企业签订综合性合作合同（100亿日元+α/10年）
（参考）高质量论文辈出的比例

为了加强具有世界水准的优秀科研大学群建设，文部科学省实施了《研究大学强化促进事业》，在大学里配备研究管理人才等，资助并推动科研环境的改革。

文部科学省为了追求国际性的研究水准，让日本和世界各国的研究基地之间建立起可持续性的合作关系，通过实施日本学术振兴会的《研究基地形成事业》等，对国内大学等的研究基地和海外基地之间开展的国际性合作活动予以资助。为了学术研究的进一步发展，对大学等广泛联合国内外科研人员，跨学科领域开展学科间交叉研究的举措予以资助。

2. 战略性地加强支撑研发活动的共通性基础技术、设施设备、信息基础

①战略性地开发和利用共通性基础技术和研究仪器

尖端测量分析技术仪器是支撑世界最尖端独创性研发成果产出的共通基础，其研发的成果很多促成了诺贝尔奖的获得，是发展科学技术的关键。为此，科学技术振兴机构实施尖端测量分析技术仪器开发计划，为了满足世界最尖端科研人员的需求，产学联合，致力于尖端测量分析技术、仪器、系统的开发等。

②完善、共享并网络化产学官利用的研究设施设备以及智慧结晶

研究设施设备支撑着科学技术活动的整个过程，从基础研究到创新阶段都是必不

可少的，所以完善并有效利用这些研究设施设备，进而相互之间形成网络化是非常重要的。

（a）特定尖端大型研究设施

文部科学省根据《关于促进特定尖端大型研究设施共享的法律（1994 年法律第 78 号）》，通过资助特定尖端大型研究设施[1]的完善和共享所需的经费，促进产学官科研人员等的共同利用。

· 大型同步辐射光源（Spring-8）

大型同步辐射光源（Spring-8）是全世界最高性能的研究基础设施，它是利用“辐射光”，即改变加速到接近光速的电子的行进方向时发出的极其明亮的光，可以解析物质原子、分子水平的构造和机能。本设施从 1997 年开始开放共享，从生命科学、环境能源到新材料开发，为引领日本经济增长的各种领域里开展的革新性研究开发做出了贡献。2017 年 10 月迎来共享后的第 20 个年头，累计产出论文数超过 1.3 万篇，广泛服务于产学官各科领域的科研人员并不断地产出成果。

大型同步辐射光源（Spring-8）
X 射线自由电子激光设施（SACLA）
（照片来源：理化学研究所）

· X 射线自由电子激光设施（SACLA）

X 射线自由电子激光设施（SACLA）是世界最尖端的研究基础设施，振荡出兼具激光和辐射光特性的超级光，进行用以往的手法不可能实现的分析。

SACLA 可以瞬间测量并分析原子水平的超细微构造和化学反应的超高速动态及变化。为此，期待能在广泛的科技领域里，开拓出新的研究领域，创造出前沿性、革新性的成果，比如解析难以结晶的膜蛋白质，即刻观察催化剂反应，创造出新功能的材料等。2017 年，诞生了划时代的成果，成功地拍摄到以往的技术无法观测到的材料因碰撞而超高速被毁坏的瞬间。而且也在不断完善使用环境，比如在世界上首次通过电子束分离[2]，能开始同时共用两束光速线。期待今后进一步扩大利用、加速研究、产出成果。

· 高强度质子加速器设施（J-PARC）

高强度质子加速器设施（J-PARC）能用世界最高射线束强度的质子加速器产生中子、μ 介子、中微子等各种粒子，然后利用这些多姿多彩的次级粒子，有助于从基

1　特定尖端大型研究设施：根据《关于促进特定尖端大型研究设施共享的法律》，特定尖端大型研究设施包括大型同步辐射光源（Spring-8，SACLA）、特定高速电子计算机设施（超级计算机“京”）、高强度质子加速器设施（J-PARC）。
2　通过把来自线性加速器的电子束每个脉冲分成多个光速线，就可以同时利用多个光速线。

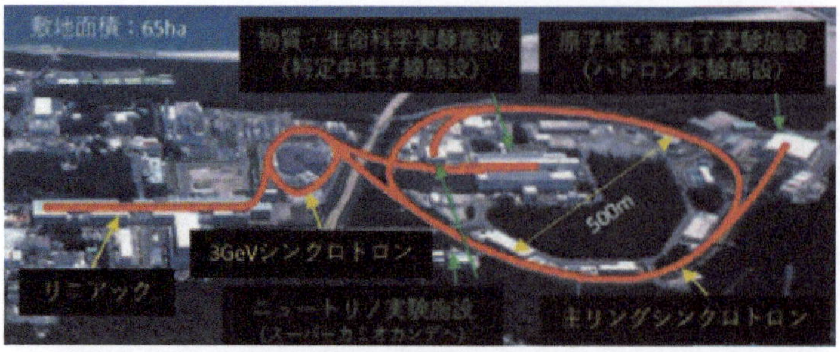

高强度质子加速器设施（J-PARC）
（照片来源：J-PARC 中心）

础研究到产业应用的广泛领域内开展的各种研究开发。在物质、生命科学实验设施中（特定中性子线设施），开展着与革新性材料和开发新药相关的构造解析等方面的研究，做出了很多成果。原子核、基本粒子实验设施（强子实验设施）和中微子实验设施不是《关于促进特定尖端大型研究设施共享的法律》中规定的设施，但也在开展国内外大学等科研人员的共同利用，特别是中微子实验设施，继 2015 年获得诺贝尔物理学奖的中微子振动研究之后，为了做进一步的详细研究，正在进行 T2K（Tokai to Kamioka）的实验。

·特定高速电子计算机设施（超级计算机“京”）

超级计算机“京”是 2012 年 9 月末开启共享的，由理化学研究所和对使用人员进行资助的机构（一般财团法人高度情报科学技术研究机构），以及用户团体（一般社团法人 HPCI 协会等）合作运行的。“京”在各个领域，为产出领先世界的划时代成果做出了贡献，比如提高医疗、研发新药方面，革新制造业，减轻地震、海啸灾害，阐明物质、宇宙的起源等。

超级计算机（京）
（图片来源：理化学研究所）

最尖端的超级计算机通过科学技术和产业的发展影响着国家的竞争力，各国都在为其开发展开激烈的交锋。文部科学省为了解决日本面对的社会性、科学性课题，正在推动“京”的继任计算机后“京”的开发项目，准备 2021 年到 2022 年之间投入使用。这个项目的目的是通过合作开发有助于系统和课题解决的应用软件，打造世界高水平的具有通用性的超级计算机。2017 年度，进行了详细的系统设计，同时还致力于应用软件的研发，主要是关于健康长寿、防灾、能源、制造领域等九大重点课题，还有以社会经济现象、脑神经回路等为对象的四个萌芽性课题的应用软件。

（b）新软 X 射线的高亮度 3GeV 级辐射光源

文部科学省从 2016 年 11 月开始，在科学技术学术审议会推进量子束利用的小委员会上，就产生软 X 射线上最具优势的高亮度 3GeV 级辐射光源（下一代辐射光设施），讨论了其科技创新政策上的意义、所要求的性能、建设及运用的基本思路和具体方案等，讨论的结果是“下一代辐射光设施无论在学术还是产业上都有很高的利用价值，有必要官民地区合作，尽早建设，由量子科学技术研究开发机构负责建设和运行，推动计划的实施”。2018 年 1 月，把研讨结果汇总为《关于建设新软 X 射线的高亮度 3GeV 级辐射光源（报告）》。

（c）构建研究设施设备间的网络

· 共享平台

文部科学省通过在产学官能共享的研究设施设备间构建设施网络，搭建共享平台，来完善使用体制，让方方面面的研究人员都能使用尖端的研究设施及设备。希望通过这样的方式，在扩大交叉领域和开创新领域、促进产学官的合作、提升技术职业的技能等方面取得成效（图表 2-7-9）。

图表2-7-9 资助共享平台搭建的选定机构（2017年度）

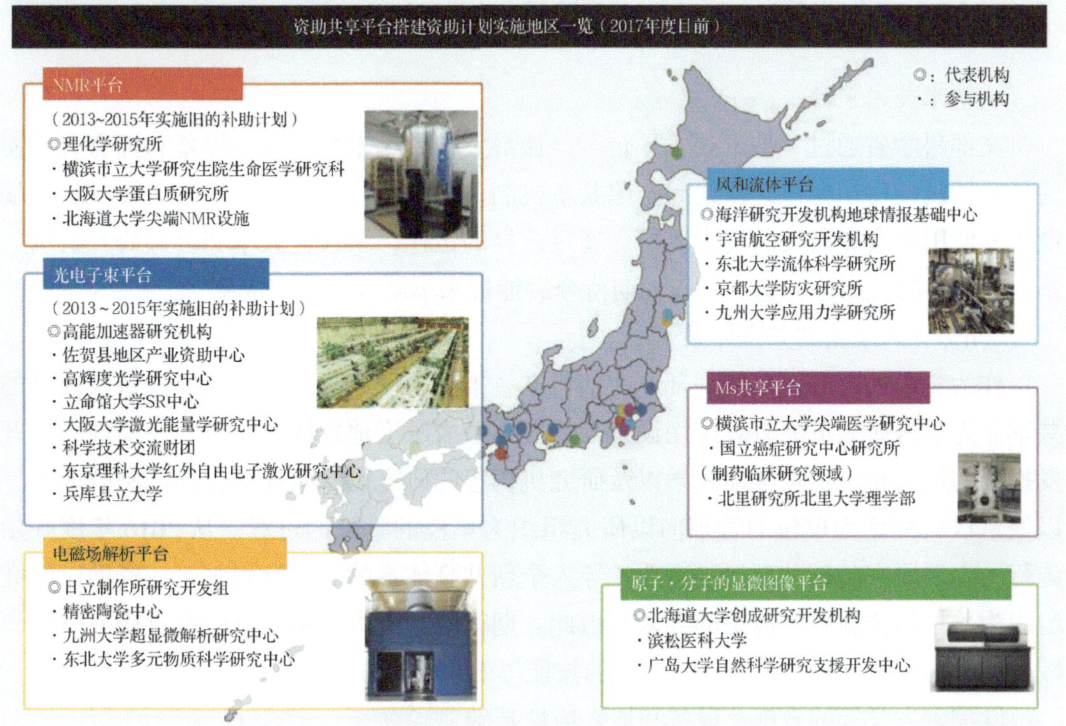

· 构建革新性的高能计算基础设施（HPCI）

文部科学省构建革新性的高能计算基础设施（HPCI），以“京”为核心，把国内大学以及研究机构的多种多样的超级计算机和大规模存储器用高速网络连接起来，根据使用人员的各种要求提供计算环境（图表 2-7-10）。有成效、有效率地运营 HPCI，同时推动其在各领域的使用。

图表2-7-10 革新性的高能计算基础设施（HPCI）的意向图

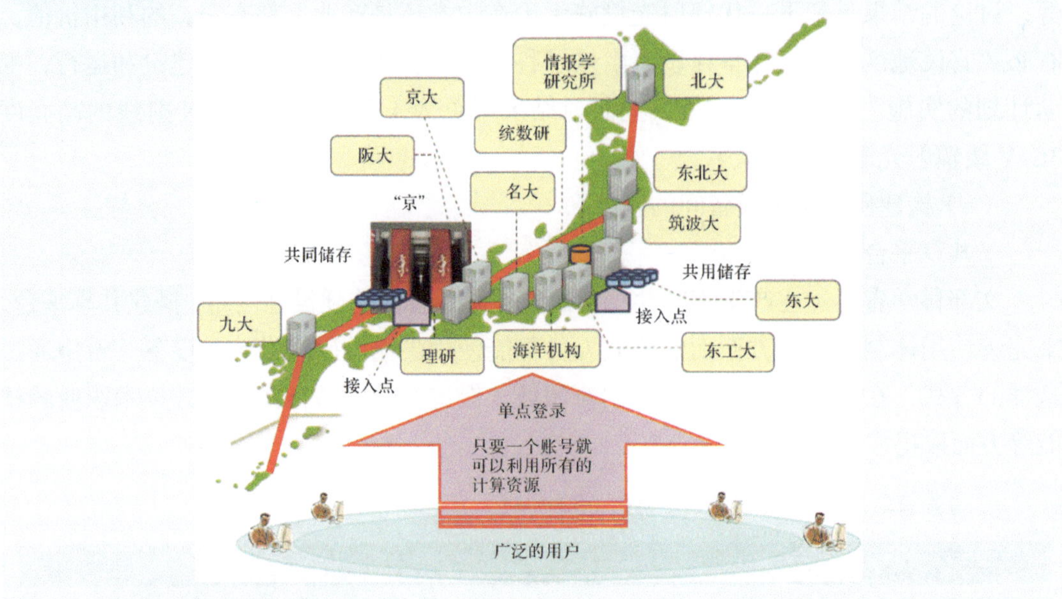

·纳米技术平台

文部科学省通过“纳米技术平台”，让最尖端的纳米技术研究设备和拥有有效使用经验的机构密切相连，构建起全国共享机制，为来自产学官的使用人员提供最尖端设备的使用机会和高度的技术支持。通过这样的运作，不仅是大学和公共研究机构，来自产业界的使用也在稳步增长，期待今后能带来革新性的研究成果。

（d）导入全新的共享体系

作为竞争性资金改革的一环，文部科学省推动以研究组织为单位的设备及仪器的共享。为了科研人员能有效使用设备及仪器，最大限度地发挥科研能力，实现研究开发投资的最大化，正在推动大学以及研究机构等的研究设备及仪器管理体制的改革，以便从以研究室为单位的管理向以研究组织为单位的管理的过渡。从2016年度开始施行《尖端研究基础共享促进事业（导入全新共享体系的资助计划）》，资助以研究组织为单位的全新共享体系的导入。由此，期待能起到有效利用科研费及研究空间，减轻科研人员的负担，提升技术职业的技能等效果（图表2-7-11）。

③完善大学等的设施及设备和加强信息基础

文部科学省对大学等有计划地完善、充实研究设施及设备，完善网络、图书馆等学术信息基础的工作予以资助。

（a）完善国立大学等的设备

国立大学等的设备在推动最尖端的研究的同时，也是支撑高质量教育研究的基础，对其进行完善和充实是必不可少的。除了资助大学完善大型研究设备外，对《30m光学红外线望远镜（TMT）计划》这样的由日本独创的点子开发的世界最高水平的研究

图表2-7-11 对导入全新共享体系予以资助的选定机构（2017年度）

设备，根据《大规模学术前沿促进事业》的规定也予以资助。

（b）完善学术信息基础，促进科学技术信息的发布与流通

论文和研究数据等学术信息是教育科研活动的成果，要完善基础设施，以便学术信息的公开和使用，这可以说是振兴科学技术、学术的基础，尤其是当跨领域跨国家发表的研究成果，如果被广泛利用的话，就会带来创新，这种开放科学正风行全世界，所以这方面的相关举措就更加重要。电子报刊的价格上涨，很可能会妨碍作为研究成果的论文等的流通，在这种状况下，完善学术信息基础，促进科学技术信息的发布和流通就尤为重要。

·完善充实学术信息基础

学术信息网（SINET）是支撑大学等的整个学术研究和教育活动的基础网络，是由信息系统研究机构国立情报学研究所（NII）建设的。到2017年底，国内已有850多所大学及研究机构等加入了SINET网。通过SINET，确保了从事教育及研究的众多人士所需的学术信息的流通。而且为了让国际性尖端研究项目所需的研究信息流通顺畅，还和美国、欧洲等众多海外的研究网互联。

在学术资料的电子化，以及必须加强大学的教育研究功能等背景下，大学图书馆的作用不断增大。具体来说有以下事宜：除了完善电子报刊外，设置了自主学习的场

所——学习共享空间（learning commons）[1]，积极促进校内教育研究成果的发布等。作为其中的一环，很多大学都在网上建立机构知识库（repository）[2]，公开校内的教育研究成果。2017 年底，约有 740 所大学等构建了机构知识库。NII 开发并提供大学共享的知识库系统，帮助各大学构建机构知识库。

·促进科学技术信息的发布、流通

为了应对开放科学[3]的发展，文部科学省对学会协会发行的开源期刊加以扶植，除了用科研费予以资助外，还提供了科学技术振兴机构（JST）的共享系统环境（J-STAGE）。

而且，JST 把与国内外的科学技术相关的文献、专利、研究人员等，以及与研究开发活动相关的基本信息建成了成体系的数据库，提供这些信息相互联动的服务（J-GROBAL）。

JST 把与科学技术相关的文献，完善为附带日语摘录的数据库，提供和国内外的各种数据库联动的文献信息检索服务（JDream）。

3. 推动开放科学

开放科学这一概念包括开放存取和研究数据的开放化（开放数据），在这方面，全世界都呈现着急速发展的态势。

文部科学省基于国际动向和内阁府等政府整体的研究探讨情况，在科学技术学术审议会上，就保存并公开作为研究证据的研究数据的意义以及具体的执行方案等进行了讨论，另外，还促进了研究开发法人等的实施的观测数据共享的举措，使用资金分配机构的竞争性资金完成的论文的公开，以及研究数据的公开和共享的举措等。

三、加强资金改革

文部科学省确保基础性经费的发放，比如国立大学法人的运营经费拨款和私立大学的经常费用补助等，同时还扩充科研费等竞争性研究费，力求确保并扩充多样化的研究资金制度。

为了加强日本创造智慧的能力、科技创新能力和人才培养能力，就要一体化推动大学改革和竞争性研究经费的改革。

1. 基础性经费的改革

（a）国立大学

在增强日本社会的活力和可持续发展方面，国立大学肩负着开创智慧并创造新价值和人才培养的任务，所以对国立大学有很高的期待。国立大学是“社会变革的动力”，

1　学习共享空间（learning commons）：是指按照学习者的使用目的和学习方法，灵活利用图书馆的各种资料和信息设备来开展学习的综合性学习环境。不仅限于使用设备，还包括图书馆馆员帮助学生学习的服务。

2　机构知识库（repository）：大学等教育研究活动所产出的电子成果用电子化的方式保存，原则上为了免费发布的网上存储库。

3　参照第二部第七章第四节。

文部科学省致力于让其“开创智慧功能”发挥到最大化。

国立大学要更加发挥法人化的优势，在展望全新经济社会、大胆转换思路的方针下，很重要的工作是开拓新领域、交叉领域等全新的研究领域，应对产业结构的变化和就业需求，培养肩负新时代产业的人才，解决日本各地区乃至全世界面对的经济社会的课题。而且国立大学有必要自主推动组织结构转换，为发展学问和开拓创新等做出最大贡献。国立大学为了今后进一步深化改革，必须加强其财政基础和功能。

国立大学作为日本人才培养和学术研究的核心机构，为了能持续、稳定地开展教育研究活动，2017 年度，国立大学的基础性经费——国立大学法人运营费拨款等，比上一年度增加了 25 亿日元，达到 1.971 兆亿日元。

从 2016 年度开始的第 3 期中期目标期间，文部科学省为了对各大学基于自身的优势、特点，符合强化功能方针的举措予以精准资助，决定根据国立大学法人运营费拨款中的《三个重点资助框架》，实施基于评价基础之上的重点资助。2017 年度，也根据本框架推动各国立大学的功能强化。

（b）国立研究开发法人

《第 5 期科学技术基本计划》中，期待国立研究开发法人能发挥推动科技创新核心机构的作用。从文部科学省所管辖的八个国立研究开发法人的运营费拨款来看，从 2010 年度到 2016 年度，总体上是处于减少趋势的。但是，2017 年度，鉴于国立研究开发法人所肩负使命的重要性，划拨了 4689 亿日元的预算（比上一年度增加了 3.0%）。

国立研究开发法人作为创新体系的驱动力，要求其改组结构和强化功能。文部科学省正在实施《构建创新核心的援助事业》，以便帮助国立研究开发法人强化功能，与符合各法人的使命、作用的国际性基地以及与国内外相关机构合作，有效发挥其桥梁作用。

2. 公募型资金改革

关于竞争性科研经费，立足于使用的方便性和提升效果的指导原则，文部科学省正在努力使竞争性资金的使用规章统一化、简便化、合理化。关于竞争性科研经费改革的研讨会（主审：滨口道成科学技术振兴机构理事长）于 2015 年 6 月 24 日提出了《关于研究成果可持续性创出的竞争性科研经费改革（中期汇总）》，根据这个报告，关于竞争性资金以外的竞争性科研经费，2016 年度以后新通过的项目，逐步把直接经费（直接用于研究的经费）的 30% 划拨为间接经费[1]。无论是关于竞争性资金以外的科研资金方面，还是关于导入间接性经费，为改善使用方便性，政府部门要把大学改革的进展等一并考虑在内加以研讨。

1 间接经费：针对直接经费（为了开展用竞争性科研经费进行的研究，获得竞争性科研经费的科研机构或科研人员直接用于购买研究所必需物品的经费），以一定的比率抽取的，用于开展由竞争性科研经费资助的研究时所必需的研究机构的管理方面的经费，是科研机构或科研人员使用的经费（也就是所说的一般管理费等）。

3. 一体化推动国立大学改革和科研资金改革

除了推动竞争性科研经费的 30% 做间接经费的举措外，在国立大学等实施人事工资系统改革前提下，为了能向研究代表支付一部分人工费，正在讨论如何灵活处理竞争性资金中的直接经费支出。文部科学省通过这些举措，保证用竞争性科研经费持续性创出研究成果，同时也在致力于推动大学改革的关键之处，即加强治理和管理。

第五节
构建有利创新的人才、知识、资金的良性循环系统

文部科学省于2017年1月举办了开放创新共创会议，整理了大学、国家研究机构、产业界各方所意识到的阻碍因素。7月，把解决这些问题的改革方案汇总为报告《正式驱动开放创新——加速构建大学、国立研究开发法人的平台，以便创造出先进的知识密集型产业》。

该报告给出了以下提案：修改法律，扩大可以给风险企业等出资的国立研究开发法人的范围；修改制度，扩大国立大学能运作的资金来源和放宽股票的持有期限；资助管理方面的改革，比如完善开放创新机构、创设企业家人才海外学习计划等。文部科学省正努力实现这些改革方案。

一、加强促进开放创新的机制

2004年国立大学法人化以后，总体来说大学等和产学官合作活动的业绩都获得了稳步提升。2016年度，大学等和企业共同开展的研究达2.3021万件（比上一年度增10.6%），获得的共同研究费约为526亿日元（比上一年度增加12.5%）。

2016年度的专利有1.3832万件，比上一年度增加了16.5%（图表2–7–12）。

2017年8月31日、9月1日在东京举办了国内规模最大的产学磋商活动“创新·日本2017—大学样品集市暨商务磋商”，在同时举办的“第15届产学官合作优秀表彰大会—创新大奖”上，表彰了在推动产学官合作活动中做出重大贡献的优秀成功案例。

1. 强化企业、大学、公共科研机构的推动体制

①大学技术转让机构（TLO）和公共科研机构等的举措

（a）大学等的产学官合作体制的完善

政府的目标是加强产学官合作体制，今后10年内，要让企业给大学、国立研究开发法人等的投资增加三倍。根据政府的这个目标，文部科学省在和经济产业省共同举办的“促进创新的产学官对话会议”上，制定了《加强产学官合作开展共同研究的指导原则》，从产业界的角度，汇总了大学、国立研究开发法人在加强产学官合作功能方面的课题以及应对方案。文部科学省正在努力普及该指导原则。伴随着产学官合作活动的兴起，也会带来利益相左、技术流失等多样化的风险，为了合理应对这些风险，通过施行“产学官合作风险管理模式事业”，援助全国大学等开展的完善产学官合作的风险管理体制以及体系构建的工作。

图表2-7-12 大学等开展共同研究的件数推移

（百万日元）

	2011	2012	2013	2014	2015	2016
国立大学等	26,522	27,312	30,557	33,108	36,718	40,503
公立大学等	1,637	1,555	1,783	1,911	2,208	2,768
私立大学等	5,274	5,281	6,682	6,584	7,793	9,285
统计	33,433	34,148	39,023	41,603	46,719	52,557

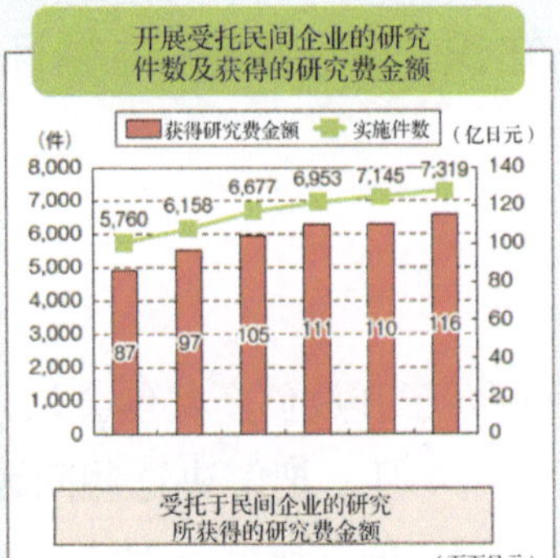

（百万日元）

	2011	2012	2013	2014	2015	2016
国立大学等	2,874	3,487	4,296	4,568	3,906	4,607
公立大学等	653	631	684	820	943	917
私立大学等	5,141	5,565	5,564	5,678	6,112	6,040
统计	8,668	9,682	10,543	11,066	10,960	11,563

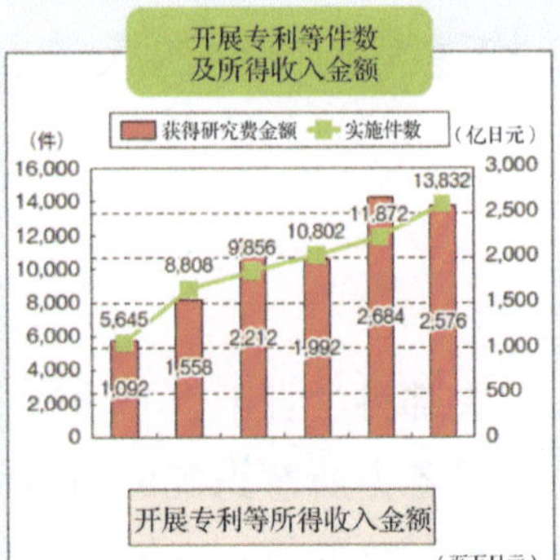

（百万日元）

	2011	2012	2013	2014	2015	2016
国立大学等	885	1,101	1,823	1,526	2,119	2,232
公立大学等	39	45	73	72	80	36
私立大学等	167	411	316	394	485	307
统计	1,092	1,558	2,212	1,992	2,684	2,576

注：1.以国公私立大学等为对象。
2.大学等包含大学、短期大学、高等专科学校、大学共同利用机构法人。
3.开展专利等的件数是指实施许可或转让的专利权（也包括“获得权力”的阶段）。
4.在2012年实施的状况调查中，重新整理了进行PCT申请，转移到各国前后实施许可情况下的实施件数合计方法，以虚线表示。
5.因为不满百万的金额做了四舍五入，所以“总计”和“国公私立大学等小计合计”有的地方不一致。
出处：文部科学省《2016年度关于大学等产学合作的实施状况》（2018年2月16日）

（b）技术转让机构（TLO）

技术转让机构（TLO：Technology Licensing Organization）的工作内容是把大学等研究成果的专利使用权授予企业，同时从企业收取相应的费用，作为科研资金返还给大学等和研究发明人。截至 2017 年末，35 个 TLO 根据《促进大学等的技术研究成果向民间企业转让的相关法律（1998 年法律第 52 号）》，获得文部科学省以及经济产业省的批准，由这些 TLO 经办的专利使用权转让的件数已达 9120 件（2016 年）。

②科学技术振兴机构的主要举措

（a）以大学等产出的有前景的科研成果为基础，大学等和企业联合转化成果

科学技术振兴机构开展“科研成果转化事业”，目的是通过大学等和企业的联手，促进大学等的科研成果转化，从而产生创新。具体做法是通过《与科研成果最匹配的转化援助计划（A-STEP）》，从大学和公共科研机构发掘最有前景的科研项目，直到把项目做成事业为止予以不间断的援助。为了让大学等的革新性技术回馈社会，并引发创新，正在实施《产学共同实用化开发事业（NexTEP）》，由国家出资，对企业运用大学等的技术开展的事业开发予以资助。

（b）针对技术转让活动进行综合性的援助

科学技术振兴机构从优秀科研成果的挖掘、专利化的资助到企业化的开发，推行连贯性措施。具体做法是开展《知识产权援助事业》，战略性地资助大学等的科研成

果取得海外专利，通过汇集和打包分散在大学等的专利权，来促进其有效利用，网上免费提供大学等的专利信息（J-STORE），通过这些方式对大学等的知识产权的综合性利用予以援助。

③为了推动民间研发投资的税制措施

为了推动共同研究方式下所开展的试验研究，在税制上采取特别举措，即企业为和大学等一起进行的试验研究而支出的研究费，可以按一定比例从法人税和所得税中扣除。2017 年度修改了税制，把开发第 4 次产业革命型的服务也列为资助对象，把对开放创新型的运用改善当作企业和大学等进行的共同研究，通过这样的做法，来简化大学等要履行的手续，同时达到维持和扩大企业方研发投资的目的。

关于私立大学所开展的受托性研究，之前，除了满足一定条件的研究以外，都被列为法人税法（1965 年第 34 号法律）中的收益性事业里的“承包业”而当作课税对象。2017 年度修改了税制，对该条件做了重新界定，使得私立大学更容易接受来自企业的委托研究，旨在促进私立大学获得多元化的资金和进一步促进真正的产学合作。

2. 引导人才向着创新做良性循环[1]

3. 形成集人才、智慧、资金为一体的平台

①形成加速开放创新的产学共创平台

科学技术振兴机构从 2016 年度开始实施《产学共创平台共同研究推进计划（OPERA）》。本计划的目的是通过和企业的共同出资，由多个企业组成财团型合作，开展非竞争领域的大型共同研究和博士生人才培养，一体化推进大学产学合作体系的改革，从而实现“组织”对“组织”的真正意义的产学合作，真正驱动日本的开放创新。

②产生革新性创新的主要举措

为了汇集大学、公共科研机构、企业等，构建大规模产学合作基地，集中性地实施从基础研究到实用化的研发，产生革新性的创新，科学技术振兴机构从 2013 年度开始实施《Center of Innovation（COI）计划》。从 2015 年度开始，包括从试行基地新升格的六个 COI 基地，现在共有 18 个基地正活跃于研发领域（图表 2-7-13）。

③夸耀于世界的地区性研发和组建实证基地的主要相关举措

科学技术振兴机构从 2015 年度开始实施《夸耀于世界的地区性研发和实证基地（resear ch complex）推进计划》，目的是推动复合型创新基础的形成，该计划为了产出夸耀于世界的创新，由地区的产学官金（金融机构）各方共同构建蓝图，一体化综合性地开展国内外不同领域交叉的最尖端的研发、科研成果的产业化和人才培养。2017 年度对三个基地进行了资助。

1　参照第二部第七章第四节。

图表2-7-13 CENTER OF INNOVATION（COI）计划基地

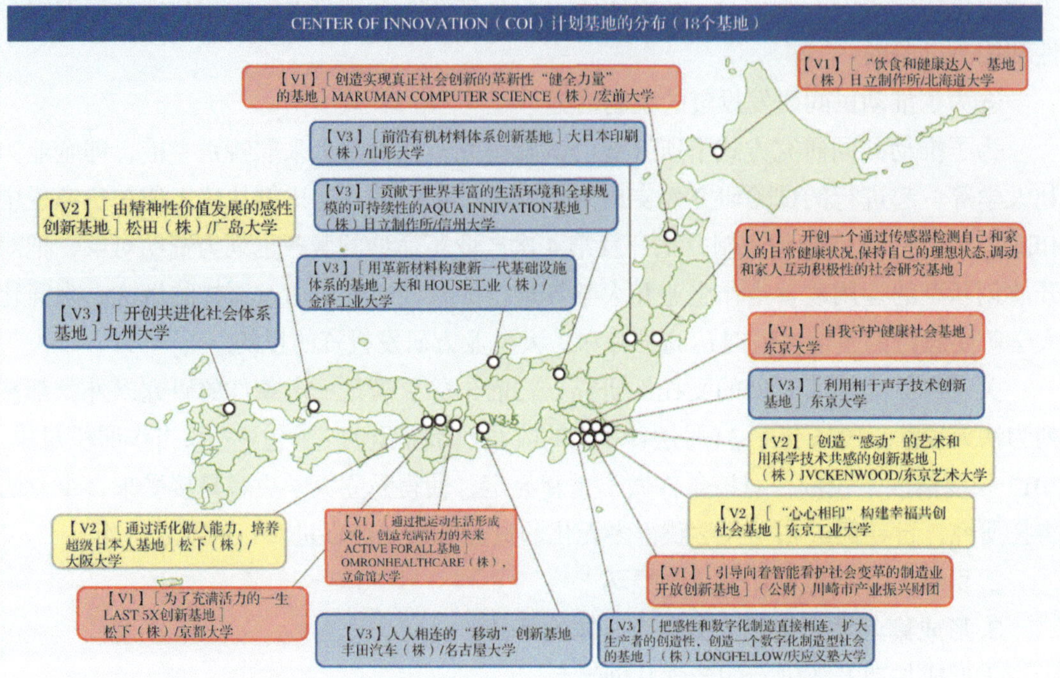

二、加强挑战新事业的中小、风险企业的创立

1. 培养具有创业家精神的人才

文部科学省从2017年度开始实施《培养新一代企业家事业（EDGE-NEXT）》，通过实施针对本科生、研究生和年轻科研人员的企业家培养计划，加强日本风险企业的创办能力。

2. 促进大学背景的风险企业的创立

文部科学省为了扶植“具有优秀大学背景的风险企业”，以便实现以研发成果为核心的创新，正在推行一体化的措施，从创业到发展，对大学背景的风险企业予以支持，比如从创业前的阶段就开始致力于同拥有产业化经验的民间人才合作、培养创业家和具有创新创造能力的人才、集约和强化知识产权等。

具体做法是，科学技术振兴机构实施《来自大学的新产业创出计划（START）》，从创业前阶段开始，通过组合公共资金和民间的产业化技术，为具有成长空间、大学背景的风险企业的创立予以援助。

2017年度启动的START计划中，为那些积极把科研成果社会化的人才，提供企业家教育，也实施举措（SCORE）资助他们探索商业模式的活动。

科学技术振兴机构还实施了《出资型新事业创立援助计划（SUCCESS）》，对利用科学技术振兴机构的研发成果创立的风险企业，通过投资或提供人力和技术援助的方式，来促进研发成果经由该企业的产业活动走向实用。

三、构建有助于“地方创生”的创新体系

地方上的科技振兴不仅会为构建地方创新体系和创造地方活力做出贡献，同时也会在日本整体科技的高度化和多样化发展以及加强创新体系的竞争力等方面做出巨大的贡献。

为了形成地方创新生态体系[1]和实现地方创生，要求文部科学省转换阶段，从通过扩大数量来实现创新契机、架构的阶段，向具体发挥地方技术火种的优势，以全球化的战略眼光，开创社会性冲击大、产业化成功典范的阶段转换。为此，文部科学省根据2016年度开始实施的《地方创新生态体系形成计划》，致力于为地方发展做出贡献的大学组建事业计划团队，利用地方有竞争力的核心技术，吸收地方内外的人才和技术，制订并实施可以在全球开展的产业计划，对虽然风险高，但社会性影响巨大的产业化项目予以资助。截至2017年一共资助了14个地方（图表2-7-14）。

图表2-7-14 地方创新生态体系资助地区一览

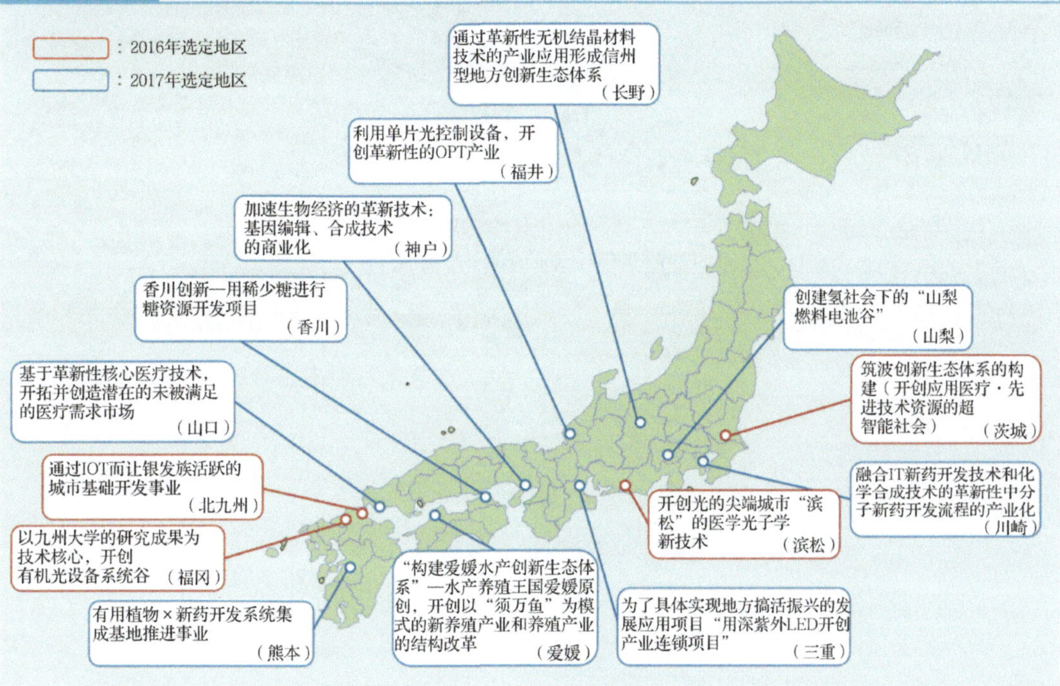

文部科学省还从2011年度开始实施《地域创新战略援助计划》。2017年，选定了20个“加强国际竞争力地区”，这些地区拥有国际性优势大学的技术能力，企业聚集，拥有吸引海外人力、物力、资金的强大潜力；还选定了25个“研究机能、产业高度聚集地区”，期待这些地区能发挥地区特点进行创新，未来拥有获得海外市场的潜力，

1 创新生态体系：行政、大学、研究机构、企业、金融机构等各方面相互参与，不断产生创新，就像生态系统的环境、状态。

两项合计选定了 45 个地区（图表 2-7-15）。

文部科学省还实施了《地方产学价值计划》，旨在促进具有高附加价值和竞争力的地方性科技创新。由 Matching Planner[1] 把握各地企业的开发需求，为了解决相关问题，战略性地结合全国大学等的技术力量，从共同研究开始一直到产业化的过程予以援助。

图表2-7-15 地域创新战略推进地区 选定地区一览

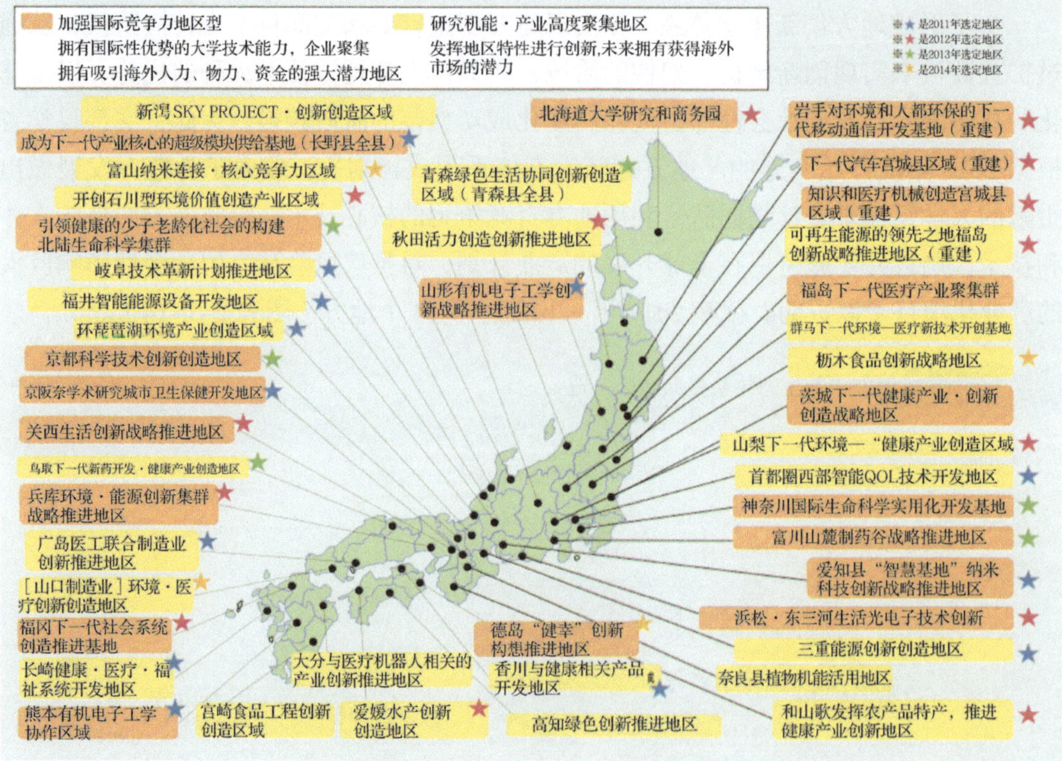

---

1 Matching Planner：和地方上的产学官网合作，拜访地方企业，通过商谈的方式把握企业面对的需要解决的技术性课题（企业需求），通过在全国大学等搜寻，找到能解决企业需求的研究成果、知识产权（大学资源），为解决企业需求提供最佳方案的人才。

第六节
深化科技创新与社会的关系

一、实现领先于世界的“Society 5.0”

1. 各相关方为推动共创而采取的举措

①完善并运营日本科学未来馆

科学技术振兴机构运营的日本科学未来馆通过开展活动，和来馆者共同思考尖端科技和社会的关系，通过展示制作、解说、演讲，企划和实施活动等，来达到研究人员和普通大众双向交流的目的。另外，作为日本科学交流活动的核心基地，也在培养科学交流者[1]，推动和全国各地的科学馆、学校等的合作。

②资助解决社会问题的举措

科学技术振兴机构针对科技创新和社会之间的问题，让各种利益相关方双向对话、协作，让这些活动与政策形成、知识创造、社会应用等相结合，以此来推动共创。作为这些活动的一环，除了上面提到的日本科学未来馆的举措，还举办了日本最大规模的开放论坛“Science Agora”，同时也对地方政府等为推动地区共创而举办的对话、协作活动予以援助。

③科学技术周

2017 年 4 月 17 日到 23 日，在考试研究机构、地方政府等相关机构的协助下，举办了第 58 届科学技术周活动。科学技术周期间，全国各地的相关机构都举办了设施对外开放、实验工作教室、演讲等各种活动。文部科学省的情报广场也举办了“科学技术之‘美’的图板展”，向公众介绍研究过程和结果中发生的美丽、动人的画面。

④向全国各地发布科学技术信息

科学技术振兴机构通过名为“科学门户网”的 WEB 网站，登载新闻、各研究机构等的新闻稿、专家的专栏等，向大众乃至专家发布与科技相关的有用的最新信息[2]。还编辑了科学教育季刊杂志 Science Window，选取合时宜的题目，用插图、照片的形式通俗易懂地讲解与科技相关的身边的疑惑和研究成果等，这杂志发行到全国的小学、初中、高中和科学馆、图书馆等地[3]。

⑤诺贝尔奖级别的对话（Nobel Prize Dialogue）

1　科学交流者：设计并实施让科技与社会对话的平台，推动社会各方面利益相关方协作的人才。
2　参照 https://scienceportal.jst.go.jp/。
3　参照 http://sciencewindow.jst.go.jp/。

nobel prize dialogue 东京 2018
（c）Nobel MediaAB

日本学术振兴会与诺贝尔媒体公司（Nobel Media，诺贝尔财团宣传部门）于2018年3月共同主办的“Nobel Prize Dialogue 东京 2018”，旨在拉近学术和社会的距离，提高社会对学术的关注度。这次活动邀请了国内外获得诺贝尔奖的世界顶级研究人员，通过演讲和公开座谈讨论的方式进行对话，是一个以普通大众为对象的研讨会。该研讨会已经是第3次举办。

2. 为形成政策给予科学性的建议

①科技创新政策方面的“政策科学”

文部科学省为了实现基于客观证据（evidence），有着合理过程的科技创新政策的形成，和科学技术学术政策研究所（NISTEP）、科学技术振兴机构社会技术研究开发中心（RISTEX）以及科学技术振兴机构研究开发战略中心（CRDS）合作，一起推动科技创新政策方面的“政策科学”事业。

具体的做法是一体化推动以下工作：进行人才培养的基础性研究和人才培养基地的完善，比如培养能让科学性地推动科技创新政策的“科学”不断深化的研究人才、能让科技创新政策应用于社会的人才；推动研究开发，比如通过公开招募的方式来形成政策的方法和指标等；构建数据信息基础，以便积累“政策科学”所需的数据。为了把各个计划等的成果实际应用于政策形成中，从2014年度开始，在政策研究大学院大学（综合基地）设立了“科技创新政策研究中心（SciREX Center）”，以此为中心，在东京大学、一桥大学、大阪大学、京都大学以及九州大学（领域开拓基地）的协作下，完善该核心基地的功能，开发基于客观证据制定政策所需的指标和方法等。

②改善及充实研究开发评价体系

日本的研究开发评价是各政府部门根据《关于国家研究开发评价的大纲性方针》（2016年12月21日由内阁总理大臣决定，以下简称《大纲性方针》），制定并实施各自评价方法的具体方针。文部科学省根据改订后的《大纲性方针》，从进一步推动研发计划评价、完善有关挑战性研发等的评价记录、减轻研发评价的负担等观点出发，于2017年4月，修改了《文部科学省有关研究及开发的评价方针》。目的是基于该方针通过推动更有实效性的研发评价，让优秀的研发能更有成效地开展。

科学技术、学术政策研究所主要负责调查研究与科技政策以及学术振兴相关的基础事项，是核心性的国立试验研究机构，在与国内外相关机构合作、交流的同时，积极推动各种调查研究活动。2017年度进行了以下调查研究：①有关科技体系的现状和课题方面的调查研究（科技人才、科技指标、有关科技的国民意识），②有关创新创造机制的调查研究（产学官合作和地方创新、民间企业的研究活动），③有关科学技术应对社会性课题方面的调查研究（科学技术预测、Horizon Scanning[1]），④为了推动科技创新政策的“政策科学”方面的调查研究（日本企业的创新状况、智慧的发展）等。

3. 伦理性、法制性、社会性举措

①有关生命伦理问题方面的举措

关于生命科学的研究方面，要根据《有关以人为对象的医学研究的伦理方针》《有关人类基因、遗传基因解析研究的伦理方针》《有关限制与人类相关的克隆技术等的法律（2000 年法律第 146 号）》三个文件制定的《有关特定胚胎操作的方针》《有关培植人类 ES 细胞的方针》，合理实施。关于限制和人类相关的克隆技术等方面，就 2017 年度批准的在动物体内培植人类脏器等事宜，汇总成了《关于使用人兽混合胚胎的研究操作》（2018 年 3 月 30 日）。

②确保生命科学领域的安全

转基因技术对人类来说是一项重新创造有用的遗传基因组合的技术，被广泛应用于从研究到产业等领域。另一方面，为了防止对生物多样性造成影响，文部科学省根据《有关通过限制转基因生物的使用等来确保生物多样性的法律》（卡塔赫纳生物安全协定）（2003 年法律第 97 号），实施安全限制。

二、确保研究的公正性

研究的不正当行为是会动摇科学信誉，妨害其发展的行为，坚决不能姑息。文部科学省根据《有关应对研究活动中不正当行为的指导原则》（2014 年 8 月 26 日文部科学大臣决定），坚决防范研究机构中的不正当行为等，同时，和日本学术振兴会、科学技术振兴机构以及日本医疗研究开发机构合作，资助研究机构实施研究道德教育等，采取各种推动研究活动公正性开展的举措。

还根据《研究机构的政府科研经费的管理和监察指导原则（实施基准）》（2014 年 2 月 18 日修改文部科学大臣决定），每年调查各研究机构的政府科研经费的管理和监察体制的完善情况，同时，根据需要，对其改善进行指导和处理等，采取各种举措防止政府科研经费的不正当使用。

1 Horizon Scanning：通过体系性和持续性的监控，找出有可能给未来社会带来巨大冲击的崭新动向（变化的迹象），把握潜在的机会和风险的举措。

第七节
加强科学技术创新的推动功能

一、大学改革和功能强化

1. 主导型研究生院

文部科学省为了培养跨专业、具有总览全局能力和独创能力、在产学官的广阔领域活跃于全球的领导型人才，从2011年度开始一直实施《博士课程教育引领计划》。2017年度之前，通过了33所大学的62项计划，2017年3月目前约有4000名博士课程学生参加这个计划。

这个计划的特点是在由产学官参与的具有国际性、实践性的平台之上，优秀的学子相互切磋，开展自主、独创性的研究。截至2016年度末的毕业生中，约有41%就职于民间企业和政府机关（其中，博士课程毕业生约为23%），还有约65%就职于大学和公共研究机构等，得到来自各个单位的高度评价。

参与计划的学生从在学期间起，就参加国内外的学会，向学术杂志投稿，得到了各种学会奖，参加民间、政府机关组织的活动并获奖等，取得了丰硕的成果。

2. 指定国立大学法人制度

2016年5月通过修改国立大学法人法，为了让日本的大学教育研究水平取得显著的提升，开展创新创造，文部科学大臣创设了一项制度，把有望开展世界顶级水准的教育研究活动的国立大学法人指定为"指定国立大学法人"[1]。根据这一制度，2017年度，有五所国立大学法人被指定为"指定国立大学法人"。

二、国立研究开发法人改革和功能强化

根据修改的《有关通过推动研发体系的改革来加强研发能力以及推动研发效率的法律》（2013年12月实施）以及《有关独立行政法人改革等的基本方针》（2013年12月24日内阁会议通过），文部科学省2014年修订了《独立行政法人通则法》（2014年法律第66号），提升日本科技水平，将有助于国家经济健全发展和其他公益的研发，在独立行政法人中，将确保此类研发成果最大化为目的的法人指定为国立研究开发法人（截至2018年3月31日共有27个法人）。2016年5月，制定了《有关促进特定国立研究开发法人的研究开发等的特别措施法》（2016年法律第43号。以下简称《特定法人法》），在国立研究开发法人中，作为促进世界顶级水平的研发成果的

1　参照第二部第五章第一节。

创造、推广及运用，引领创新的核心机构，选定了物质材料研究机构、理化学研究所、产业技术综合研究所为特定国立研究开发法人。之后的 2016 年 6 月，制定了《促进特定自立研究开发法人的研究开发等的基本方针》（2016 年 6 月 28 日内阁会议通过，2017 年 3 月 10 日修订）。

综合科学技术创新会议评价专门调查会于 2017 年 7 月 4 日，汇总出《特定国立研究开发法人的预估评价以及针对下一期中长期目标内容的意见和指出事项的思考》。文部科学省根据“特定法人法”，就 2017 年度结束中长期目标的理化学研究所，根据综合科学技术创新会议给出的意见（2017 年 12 月以及 2018 年 2 月），于 2018 年 3 月 1 日制定了 2018 年度开始的新中长期目标。

三、在国际上战略性地推动科技创新政策

随着全球化的发展，也暴露出很多以一国之力难以解决的全球规模的课题，而且获取国际性优秀人才的竞争也在不断激化。在这种背景之下，为了推动日本的科技创新，提升在国际社会的地位和可信度，在国际上战略性地推动科技创新政策就至关重要。

为此，文部科学省致力于为解决全球规模的课题做出贡献，通过推动尖端科技领域的战略性国际合作来推动多样化、多层次的合作，加强国际化人才、研究网络等，战略性地推动科学技术的国际化活动。

第八章

实现体育立国

总 论

2011年制定的《体育基本法》中提到，体育属于世界共有的人类文化，有利于身心健康，在国民文化生活中具有重要地位。同时，通过体育营造幸福充实的生活，也是全人类的权利。《体育基本法》还认为，在振兴地区社会、促进国民身心健康、创造社会经济活力以及提高日本国际地位等国民生活的各个方面，体育也发挥着重要的作用。

贯彻《体育基本法》的理念，不仅要提高国际竞技能力，体育厅还需与相关政府部门和企业同心协力，全面整体地推进体育政策，以期通过体育增强国民健康、促进地区经济活力、促进国际交流、为国际社会做贡献、振兴残疾人体育、充实学校体育。

第一节

体育基本计划的推进与体育振兴财源

一、第 2 期体育基本计划

2017 年 3 月制定了“第 2 期体育基本计划”。为了有计划地全面地推进体育相关政策，文部科学大臣制订了“体育基本计划”。该计划将《体育基本法》的理念具体化，是实现体育立国这一目标的重要方针。需要国家、地方公共团体以及体育团体等相关人员的共同协作。

“第 2 期体育基本计划”是中长期体育政策的基本方针。它包括“体育让‘人生’转变！”“体育改变‘社会’！”“体育使‘世界’毗连！”“体育创造‘未来’！”四项方针。

在这些方针的指导下，提出今后五年具体落实该体育政策的四个关键点：

①扩大“从事”“观看”“支持”体育的参与人数，强化人才培养和场地建设

图表2-8-1　第2期体育基本计划的要点

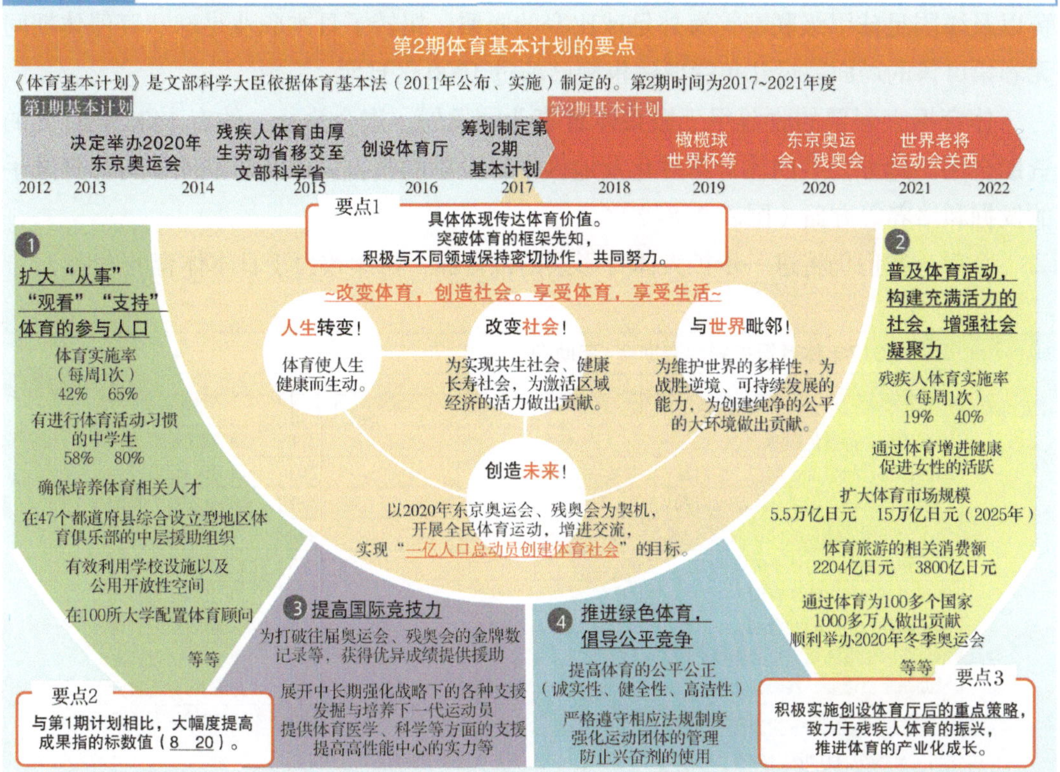

②普及体育活动，构建充满活力的社会，增强社会凝聚力

③为提高国际竞技力，提供强有力的、可持续发展的人才培养和环境设施

④推进绿色体育，倡导公平竞争，提升体育价值

体育厅遵循“第2期体育基本计划”，积极致力于相关行政措施的实施。希望能借体育之力，令全体国民身心健康、神采飞扬，构建积极向上、充满活力的社会，增进国际往来，让未来的生活更加丰富多彩。

二、体育振兴财源

2018年体育厅核拨的体育相关预算约为340亿日元。体育振兴彩票与体育振兴基金主要作为补充财源，资助公费无法覆盖的体育振兴活动。

1. 体育振兴彩票

“体育振兴投票的实施等相关法律”于1998年5月通过了立法。超党派的体育议员联盟倡导、根据该法创设体育振兴彩票，旨在完善身边的体育设施等环境，为发掘和培养有潜力的运动员提供充裕的资金。

当前，体育振兴彩票主要发售足球彩票，彩票形式大致分为两种。购买者自己预测比赛结果（胜败、得分）的彩票（预想系的“toto”）以及计算机随机抽取比赛结果的彩票（非预想系的“BIG”）。

2013财年开始销售的彩票提高了一等奖的奖金额度，还发售了英格兰足球超级联赛以及德国足球甲级联赛等海外足球比赛的彩票，扭转了日本职业足球联赛停休期间无彩票可售的局面。近几年彩票销售额已超过1000亿日元。

体育振兴彩票的收益用于振兴体育事业的发展。迄今为止，约有1435亿日元的资助金用于地方公共团体对草坪化及地区体育设施的整备，以及运动团体对体育选手的发掘和培养等方面（图表2-8-2）。

今后，我们仍将进一步扩大体育彩票的销售额，持续致力于日本体育的发展。

图表2-8-2 2017年体育振兴彩票资助金 资助额

资助划分	件数（件）	资助额
大型体育设备整备资助	8	18.2876亿万日元
地区体育设施整备资助	304	74.3644亿万日元
综合型地区体育俱乐社团活动资助	587	10.1829亿万日元
地方公共团体体育活动资助	443	14.0603亿万日元
发掘和培养有潜力选手的资助	83	17.2675亿万日元
体育团体的体育活动资助	672	30.3247亿万日元
举办国际竞技大会的资助	11	5.4839亿万日元
东日本大地震恢复、复兴支援资助	1	1.5354亿万日元
举办东京奥运会、残奥会竞技大会等的资助	11	29.6247亿万日元
合　计	2120	201.1312亿万日元

※由于对未满1万日元的金额进行四舍五入，因此“合计”与“各资助金额的合计”不一致

2. 体育振兴基金

1990 年政府斥资 250 亿日元创立体育振兴基金。体育振兴基金是在国际竞技大会中日本战绩不佳的背景下，在运动员努力提高竞技水平的高涨氛围中，应体育相关工作者、经济界等各民间团体的要求创立的。

此后，基金又从民间获取了约 45 亿日元的捐赠，将所有款项的运营收益用于资助运动选手的强化培育等事业。2017 年度主要对以下事业进行了约 16 亿日元的资助（图表 2–8–3）。

在近年来低利率的状况下，为谋求财政资金的有效利用，决定将政府拨款分别用于修建新国立竞技场和强化训练 2020 年东京奥运会、残奥会（以下称为“2020 年东京运动会”）的参赛运动员，每项各 125 亿日元，共计 250 亿日元。获取的收益于 2015 年度开始分次上缴国库。

图表2–8–3　2017年体育振兴基金资助金　资助额

<table>
<tr><th>资助活动名</th><th>件数（件）</th><th></th></tr>
<tr><td>体育团体运动员强化活动资助</td><td>13</td><td>5139万日元</td></tr>
<tr><td>体育团体大会举办资助</td><td>169</td><td>6.0986亿万日元</td></tr>
<tr><td>运动员、教练员的研究活动资助（※）</td><td>—</td><td rowspan="2">9亿日元</td></tr>
<tr><td>运动员资助（※）</td><td>—</td></tr>
<tr><td>合　　计</td><td>182</td><td>15.6125亿万日元</td></tr>
</table>

※援助资金来自体育振兴彩票收益

第二节
通过体育增进健康

体育厅为了将《体育基本法》的理念具体化，谋求以往文部科学省对体育振兴措施的进一步充实，期待着能够大刀阔斧地推行新的体育措施。正如《体育基本法》序言规定：“体育对保持增进身心健康有着重要的作用，是实现充满活力、健康长寿的社会必不可少的因素。”日本的国民医疗费用一年约为 42 万亿日元，因此，积极进行体育运动，使健康寿命[1]得以延伸，便备受人们的关注。

通过体育运动来增进健康，努力使全民的健康寿命无限接近平均寿命。构建这样的社会，已日渐成为我们重要的目标。

为了实现通过体育增进健康这一目标，我们不仅要使全体国民积极参与体育运动，同时还需为每一个国民提供随时随地可以进行体育运动的便利环境和设施。

一、体育参与人口的现状与课题

在 2017 年度的调查中，成人一周以上的体育实施率为 51.5%，每周三次以上的占 26.0%（图表 2–8–4）。另一方面，回答“一年里一次都没有参加过体育运动”且“今后也没这方面打算”的人占 20.7%。根据年龄差异，40 岁左右最低，从 50 岁左右开始上升。根据男女差异，50 岁左右的男性、40 岁左右的女性最低，40 岁左右的女性为 37.8%，在全年龄段中占比最低。全年龄段中占比最高的男女都为 70 岁左右，超过 70%（图表 2–8–5）。作为参与体育的理由，回答“为了健康”占比最多，为 75.2%；“为了增强体力”“因为感觉到运动不足”次之。相反，实施频度减少或不增加的理由大多是“工作和家务繁忙”“太麻烦了”“年纪大了”等等。体育厅根据这些现状，将目标定为：推广贴近日常生活的体育活动，并为国民提供相应的环境设施，努力将成人体育实施率每周一次以上提升至 65% 左右，每周三次以上提升至 30% 左右。

二、提高体育实施率的措施

1. 符合不同生涯阶段的对策

体育厅为促进全体国民（也包含对体育不关心的社会阶层）积极参与体育运动，实施了“以体育推进地区活性化事业（运动、体育习惯化促进事业）”。具体来说，就是支持地方公共团体在区域内进行相关体制以及设施的建设，积极完善各项措施，培养更多的居民对体育产生兴趣、关注体育，实现体育运动习惯的养成。

1　健康寿命：日常生活没有因健康问题受限，可以正常生活的期间。

另外，还就“参与”“观看”“支持”体育的乐趣以及具体实施方法献计献策。积极组织研讨，就如何对体育未实施者开展工作、如何推动其持续参与体育运动等问题，于 2017 年度末汇编整理并公布了相应指南。

为了策划一系列方案，通过对生活习惯病的预防以及相应的改善、看护措施，充分地有效地利用体育娱乐活动，有效延伸健康寿命，于 2016 年度实施了有关运动与体育价值的调查研究。以这些数据为依据，于 2017 年度开发出相应的体育运动项目，并试行验证效果。

2017 年度开始推行“趣味步行项目（FUN+WALKPROJECT）”。该项目以工作繁忙的商务人士为主要对象，引导他们灵活利用上下班时间和短暂的休息时间，积极开展“步行”运动。通过日常生活中可以随时展开的轻松体育运动，增强体质，维持健康。

体育厅还将每年 10 月定为“体质训练强调月”，广泛地向国民呼吁健康、体质训练的重要性。同时，还以“体育节”为中心，实施一系列体能测试和各种体育活动。

此外，文部科学大臣还特别设立奖项，表彰那些多年奋战在各个地区各个单位，为体育振兴做出卓越贡献的个人与团体等，颂扬其功绩。

2. 完善体育运动的环境设施

综合型地区体育俱乐部（以下称为“综合型俱乐部”），以附近学校和公共设施等为聚集地，以当地居民为主体，自主运营，属于日常活动的地域密集型体育俱乐部。

该类俱乐部不仅有助于构建“生涯体育社会”，也有利于促进地区社会恢复活力。特别是为当地儿童体育活动提供场所、促进家庭成员间交流、促进青少年健全人格的培养、维护和增强居民健康等方面的贡献，值得期待。

图表2-8-4　成人体育实施率的推移

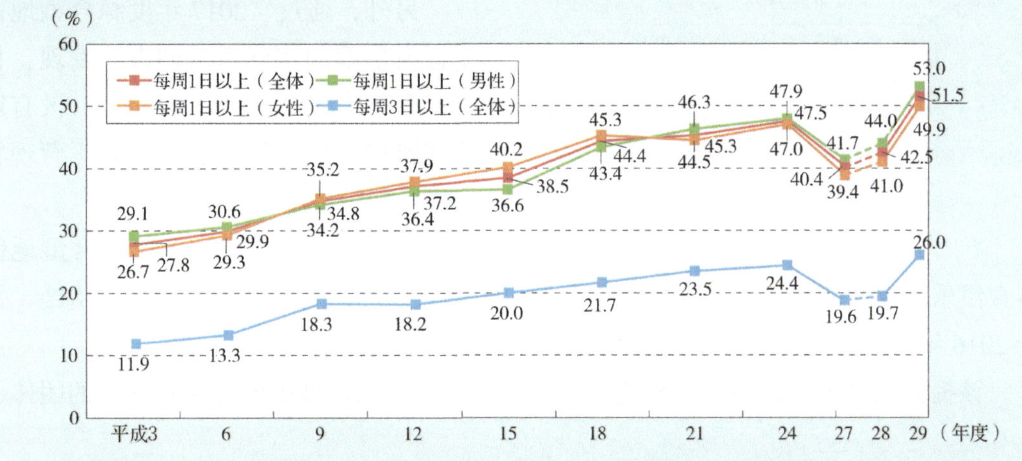

出处：文部科学省（体育厅）以内阁府·文部科学省《关于体力·体育的舆论调查》（截至2012年）、内阁府《关于东京奥运会残奥会的舆论调查》（2015年），体育厅《关于体育的实施状况等的舆论调查》（从2016年开始）为基础绘制的。

图表2-8-5 各年龄阶段每周1日以上体育实施率的比较

（出处）体育厅“关于体育实施状况等的舆论调查（2017年）”

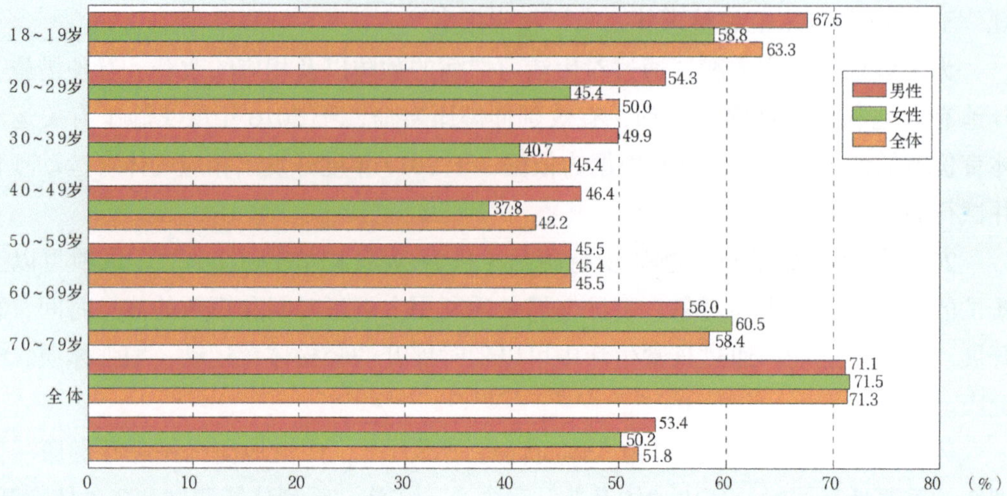

出处：体育厅《关于体育实施状况等的舆论调查（2017年）》

图表2-8-6 综合型地区体育俱乐部的设置状况（2017年7月1日现在）

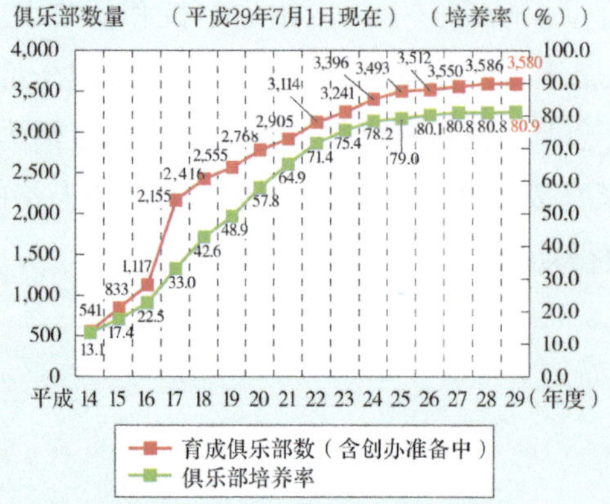

※综合型地区体育俱乐部的数量包含创办筹备中的。

出处：文部科学省、体育厅“综合型地区体育俱乐部培养状况调查”（2017年7月1日现在）

2017年度扶持的全国综合型俱乐部的数量（含筹备创办中的）为3580个，同财年俱乐部培养率（拥有综合型俱乐部所的市区町村数与全国市区町村数的比例）达到了80.9%（图表2-8-6）。另一方面，自该调查实施以来，综合型俱乐部的培养数量在本年度首次出现了下滑。

另外，通过“2017年度综合型地区体育俱乐部的实际情况调查”发现，自筹资金率为50%以下的俱乐部、没有定期实施PDCA循环[1]以谋求改善运营现状的俱乐部，也不在少数。

针对现状，举办“关于综合型地区体育俱乐部现状的研讨会”，探讨综合型俱乐部今后的发展方向及具体改善措施，并于2016年11月将相关提案进行了汇总。

该提案明确了综合型俱乐部是肩负着解决落实地区发展中各类课题重任的团体，

1 PDCA循环：美国质量管理专家休哈特博士首先提出，由戴明采纳、宣传，获得普及，所以又称戴明环。全面质量管理的思想基础和方法依据就是PDCA循环。PDCA循环的含义是将质量管理分为四个阶段，即计划、执行、检查、调整。

2020年东京奥运会后将成为推进地区体育发展的引擎。指出了今后持续性增长的基本发展方向和相应的具体实施方案。

在2017年度提案和“第2期体育基本计划”的指导下，今后将持续与相关团体合作，丰富综合型俱乐部的内容，共同推进措施的落实，使其持续发展。具体来说，就是组建中间援助组织帮助综合型俱乐部实现独立自主运营；完善相关注册、认证制度，以此推进综合型俱乐部与行政部门协作，展开各种公益活动。

第三节

增加少年儿童参与体育的机会

一、少年儿童体力的现状与课题

为了人类的进步、发展以及创造性活动的实施，体力是必不可少的。

文部科学省于 1964 年开始实施“体力与运动能力调查”。从 1998 年度新体力测试被采用之后每年的统计数据来看，各年龄段少年儿童的体力水平基本呈现缓慢增长的趋势（图表 2-8-7）。

图表2-8-7　新体力测试合计分的年幼次序变化

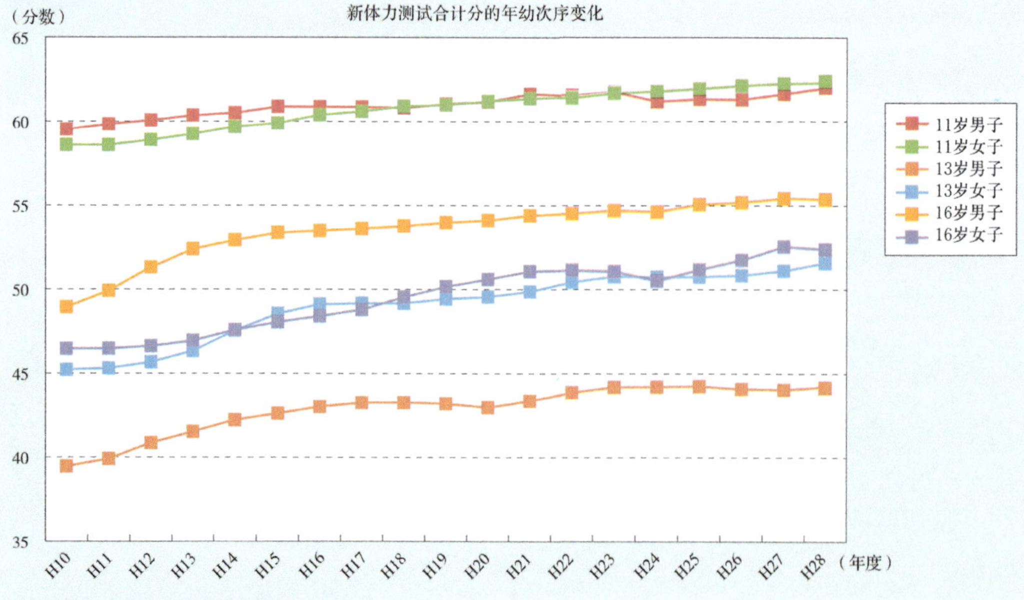

※图为使用三点移动平均法平滑后得到的。
出处：体育厅“体力与运动能力调查”（2016年）

另一方面，从 1998 年度前一直实施的常规项目来看，与体力水平较高的 1985 年相比，除了中学生以及高中男子 50 米短跑以外，握力及奔跑能力（50 米短跑、长跑）、弹跳能力（立定跳远）、投掷能力（投软球、投手球）等相关项目仍然处于较低水平（图表 2-8-8）。

另外，关于一周的总运动时间（体育和保健体育课程除外，下同。），初中阶段，运动的学生和不运动的学生呈现两极化状态，尤其是女生，一周总运动时间不到 60 分钟的学生，占全体的 20% 左右（图表 2-8-9）。

图表2-8-8　50米跑、投球的不同年龄、性别的年幼次序变化

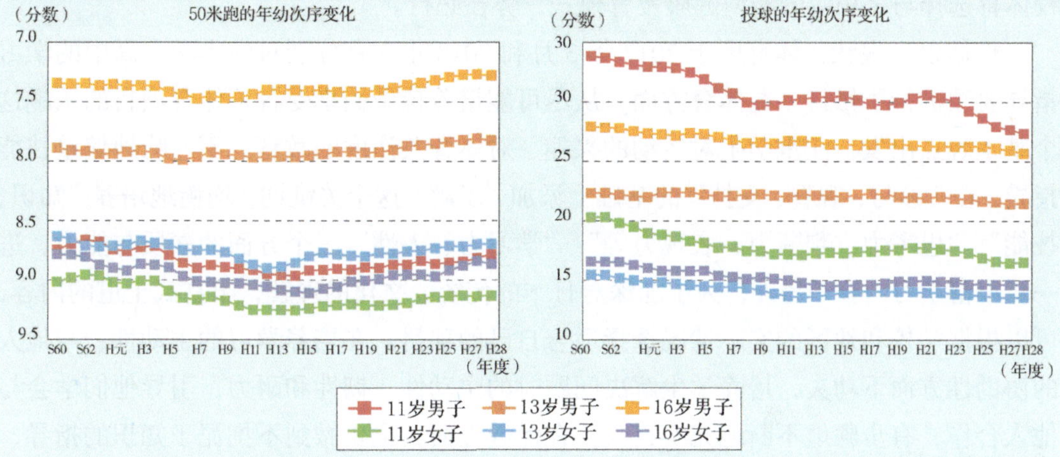

※图为使用三点移动平均法平滑后得到的。

出处：体育厅“体力与运动能力调查”（2016年）

图表2-8-9　少年儿童的体育、保健体育课程以外1周总活动的时间分布

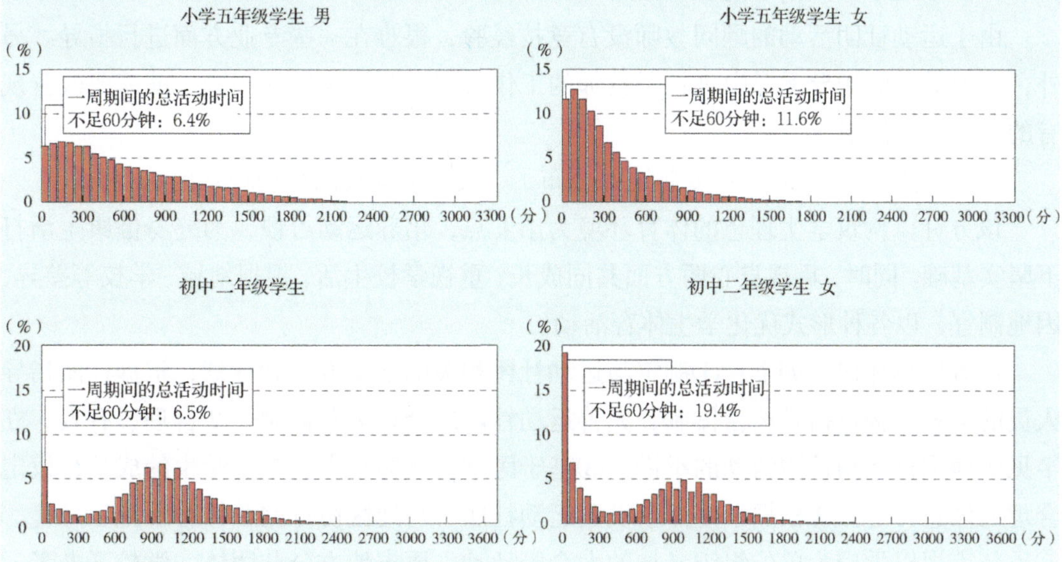

出处：体育厅“全国体力、运动能力和运动习惯等调查”（2017年）

二、丰富学校体育、运动社团活动

1. 根据学习指导要领的宗旨，丰富学校体育内容

现行的学习指导要领以培养终身爱好运动的资质、能力以及提高体力为目标，从小学到高中，力图实现指导内容的系统化与明确化（图表2-8-10）。

该要领取得了一定的成果。我们发现，爱好运动与体育的学生所占比率增高，有效地抑制了体力下降的趋势，孩子们也认识到健康的重要性，掌握了健康、安全的相

关基础知识。另一方面，正如“儿童体力的现状与课题”[1]所指，随着社会变化，学校体育选择与之相应的新型健康教育模式，势在必行。

根据以上现状，体育厅于2017年3月和2018年3月分别对中小学、高中的学习指导要领进行了修订。在体育方面，从尽可能培养孩子们享受各种体育项目的乐趣这个基本观点出发，注重学生对运动的兴趣、对体育关注度的教育。不一味地偏重技能指导，在“参与、观看、支持”的基础上添加“了解”这个关键词，均衡地培养“知识、技能”“思考力、判断力、表现力等”“学习力、人性”三个方面的素质与能力，进一步丰富学习内容。另外，为了加深对日本的传统、文化的理解，丰富武士道的内容，可以根据学校和地区的实际情况选择适合自己的项目。在培养学习的主动性、与他人的协助性方面下功夫，培养学生解决问题时的主动性、韧性和耐力，引导他们学会与他人合作，有步骤地不断地充实自我。在保健方面，也要做到不拘泥于知识的指导，均衡地培养上述三种素质与能力，树立关注健康的意识。以保持、增进和恢复自身与他人的健康为目标，降低疾病风险，提高生活质量。在有关健康课题的学习过程中，也同样注重培养学生解决问题的能力和主动性、协作性，融会贯通，丰富内容。

2. 关于运动社团活动的改革措施

由于运动社团活动的顾问教师没有竞技经验，很难在一些专业方面进行指导。另外，社团活动的指导无形中延长了教师的工作时间。要解决这些问题，就需要改善现有的教师指导体制。

为此，体育厅于2017年度制定并公布了“关于运动社团活动现状的综合方针”。

该方针以构筑学生理想的体育环境为出发点，培养运动习惯，为终身健康生活打下坚实基础。同时，重视身心两方面共同成长，重视学校生活，根据地域、学校等差异，因地制宜，以各种形式优化学生体育活动。

该方针具体内容如下：①制定与运动社团相关的活动方针和计划，根据社团指导人员的配置，构筑指导运营体制，完善运动社团的合理运营体制。②合理、有效、立竿见影地推行运动社团活动的举措。③基于医学科学的观点，根据学生的成长，设定合理的休息日等。④根据学生需求设置运动社团，与地区协作完善体育设施、环境。⑤重新审视以学校为单位组织参加的大会等活动，要求地方公共团体、学校开办者、校长、体育团体等，及时有力地落实改革的相关措施。

今后，在谋求彻底贯彻落实该方针的同时，对相关先进事例进行考察研究和推广，改善社团活动指导员的配置。

在运动会期间组织的团体体操中，每年都有8000多名受伤者。体育厅针对该现状，对教育委员会和学校发出了《关于预防团体体操等事故的通知》（2016年3月25日），要求根据活动内容切实制定安全对策。另外，为了预防体育活动中的重大事故，向教

1 参照第二部第八章第三节。

图表2-8-10 体育、保健体育 指导内容的体系化

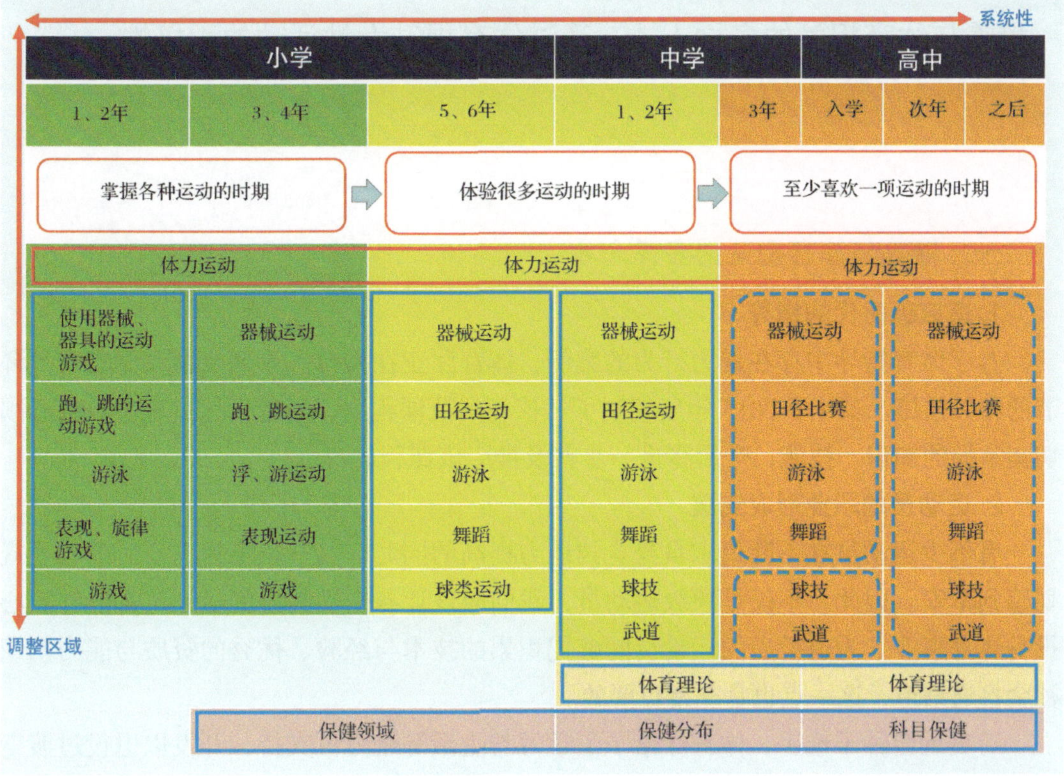

委会与学校下发了《关于防止学校体育活动中（包含运动社团活动）的事故等的通知》（2017 年 9 月 1 日）。通知总结了过去体育活动中的重大事故，以期在事故预防方面做到万无一失。从 2014 年度开始，为了在事故预防的最新知识、全国事故的发生状况和事例等方面进行信息共享，在全国范围召开了“体育事故预防对策推进事业”的研讨会。2017 年度，全国共有 11 个地方举办了此类研讨会，制作并发放了《学校游泳事故预防指南》等事故预防相关资料，进一步落实体育活动的安全保障。

2017 年 3 月 27 日，栃木县那须町发生了雪崩，参加登山讲习会的高中师生共八人罹难，事故惨痛。为此，体育厅从 2017 年 9 月开始召开相关权威人士会议，制定了《关于预防高中生冬季登山事故的对策》。基于该规定，体育厅向各都道府县教育委员会等下发了《关于预防冬季登山事故的通知》（2017 年 12 月 1 日体育厅次长通知），规定原则上高中生等以下的人不允许冬季登山，进一步贯彻实施相关安全指导。

第四节

培养与体育相关的多样人才，通过体育提升女性活动的积极性

一、培养与体育相关的多样人才

1. 适应新时代的指导

鉴于体育指导中存在暴力行为的案例，体育厅正在推行一系列改善和充实指导环节的相关措施。其中，2015 年度编制了“核心示范课程”，规范指导过程中教练必须切实掌握的知识、技能，今后将进一步普及推广该课程。

2. 运动员的职业形成支援

有不少运动员在不断追求自身竞技能力提高的同时，又不得不为退役后的职业规划感到不安。因此，不仅是顶级运动员，我们应该让各个年龄段的运动员都能够安心投身体育事业。为退役后的运动员能够把积累的技术与经验、优秀的资质与能力回馈社会打通渠道，这一点也是非常重要的。

对奥运会种子选手，体育厅给予了学习与生活等全方位支持，开发以退役过渡期运动员为对象的教育研修计划，帮助退役过渡期运动员寻找再就业的对接企业，构建运动员退役后新职业的相应数据库。另外，2018 年 1 月，围绕运动员职业形成的相关课题以及援助方案，体育团体、大学、企业等相关人员共同协作，召开了体育职业生涯援助联合会大会。通过举办体育职业的相关论坛、提供相关信息等方式，同时启发运动员的运动职业观和普通职业观双重职业意识。另外，还进行体育职业顾问的培养等，为运动员的职业形成提供各种援助。

3. 增进对体育裁判员的理解

在体育比赛中，裁判员的存在是不可或缺的。2017 年 7 月文部科学大臣对六名裁判员在世界性规模的体育竞赛上的杰出表现，以及他们对日本体育振兴事业做出的显著功绩，进行了表彰。

多数体育裁判员都是从事其他职业的兼职裁判员，每次参加体育比赛都需要获得本职单位的理解和支持。鉴于上述情况，2017 年 12 月，体育厅长官对 133 名裁判员进行了奖励，希望他们为振兴日本体育和提高日本体育的国际地位做出更大贡献。同时为了获取工作单位对裁判员的更大的理解，还将奖励事宜特意向被奖励者的工作单位发布了通告。

二、通过体育促进女性的活跃

如今，围绕女性的体育参与问题，存在许多必须探讨的课题。如，女中学生运动习惯的两极分化问题，年轻女子的体育实施率过低问题，女性在体育领导层与体育团体中占比低的问题，女性在竞技体育中特有的问题等等。

促进女性积极投身各个领域，已被政府列为重要课题。在“未来投资战略 2017”（2017 年 6 月 9 日内阁会议决议）与“提高女性社会参与度的重点方针 2017”（2017 年 6 月 6 日女性创造辉煌社会的总部决议）中，也都明确提到了促进女性积极投身体育领域的相关问题。

文部省也在“第 2 期体育基本计划”（2017 年 3 月 24 日制订）上提道：“作为施政目标之一，为促进“女性‘参与’‘观看’‘支持’体育创造机会，提供便利。通过体育，促进女性对社会的参与和贡献”。

体育厅为促进女性“参与”“观看”“支持”体育，也采取了相应措施，召开了“通过体育促进女性参与社会、贡献社会的会议”，并从 2017 年 8 月开始展开具体实施对策的研讨。

关于如何提高女性体育参与率的问题，参考英国体育英格兰（英格兰社区体育政策执行的政府机构）实施的调查分析[1]法等进行调查，把握现状，分析女性体育参与率低的因素。

另外，在各团体的干部会议上，确立了 2020 年国内体育团体女性干部比例达到 30% 的目标，并达成了共识。

在提高女性运动员国际竞技能力上，在女性特有课题的调查研究、医学科学支撑、召开高水准竞技大赛以及培养精英教练等方面，展开援助。

在国际上，关于女性体育的讨论也很热烈。“国际女性体育工作组织（International Working Groupon Womenand Sport（IWG）”从 1994 年开始，每四年举办一次“世界女性体育会议”。另外，《布赖顿·普拉斯·赫尔辛基 2014 宣言》体现了女性体育发展 10 项原则，IWG 正在加紧文件的签订。2017 年 4 月，日本体育厅、公益财团法人日本奥林匹克委员会、公益财团法人日本残疾人体育协会日本残奥会委员会、公益财团法人日本体育协会[2]（以下称为“日体协”）、日本体育振兴中心（JSC）同时在该宣言书上签名。另外，在 2017 年 10 月召开的第 1 届日本与 ASEAN 东南亚国家联盟（东盟）体育大部长的会晤上，认可了将女性体育列为日本与东盟间体育协作相关的四个优先领域之一，确立了提高女性体育参加率的方针。

1　调查分析：深层探索服务接受者（消费者）的意识与行动的一种营销手法。
2　2018 年 4 月 1 日，名称由日本体育协会变更为日本体育（sports）协会。

第五节
振兴大学体育

大学体育活动包括大学课程体系中的体育课、学科体系中的体育科学及课外活动（体育会活动、社团活动、志愿者等）多方面。如何让大学更多地服务于社会、如何通过体育促进社会发展，都与全体学生对体育价值的理解有着密切的关系。另外，灵活运用大学所具有的体育资源（学生、领导者、研究者、设施等），还可以更有效地增进国民健康，振兴残疾人体育，同时也可以成为激发地域和经济发展的起爆剂。然而现状却是：在振兴体育方面，大学还存在诸多体制不完善的问题；统括全局，对大学体育整体战略性发展的研究组织也很少。

因此，文部省与体育厅于 2016 年 4 月开始召开“关于振兴大学体育的研讨会”，会议就如何促进大学体育活力等问题进行了讨论，并于 2017 年 3 月对会议精神进行了总结。该总结指出了今后振兴大学体育的努力方向：促进大学领导层的理解、培养体育管理人才、设置机构对各大学体育领域进行战略性统一部署、提高对大学体育振兴的资金调配力度等等。

大力支持跨大学、跨竞技的总组织（日本版 NCAA[1]）的创设，以期构筑振兴大学体育的国内体制。2017 年，大学、学生竞技联盟、产业界三方联合召开了“日本版 NCAA 创办的学产官联合协议会”，以 2018 年度内创建该组织为目标，就具体的制度设计等事宜，展开了进一步的研讨。

此外，体育厅还提出截至 2021 年给 100 所大学配置体育管理员的目标。这些人都是专业人才，统一负责大学内部体育活动的企划立案、协调、资金筹措等。2017 年率先在选定的八所大学设置了统一管理体育领域的部门，配置了体育管理员，并以此为示范点，推进大学体育事业的发展。

1 日本版 NCAA：日本运动社团活动的现状是：各大学的体育协会的组织参与方式不同，各学生联盟各自为营分别设立比赛项目，缺乏整体性统一性。而在大学体育发达的美国有 NCAA（全美大学体育协会：NationalCollegiateAthleticAssociation）这种跨大学、跨竞技的总机构，全方位地支持大学体育的整体发展。作为充分发挥大学体育资源潜力的突破口，体育厅正在论证 2018 年创设日本版 NCAA 的可行性。

第六节

振兴残疾人体育

一、完善残疾人体育设施环境

《体育基本法》以推进残疾人士自主、积极参与体育为理念。近年来，残疾人体育竞技性的提高也格外显著。为了全面振兴体育，将残疾人体育的有关政策措施与社会保障福利相结合，进一步推进残疾人体育的发展，已越显必要。

2017 年体育厅委托调查发现，残疾人（成人）每周一次以上的体育参与率为 20.8%（成人全体参与率为 51.5%，据 2017 年体育厅调查）（图表 2-8-11）。因此，有必要采取措施，进一步推进各地残疾人体育的普及和发展。

体育厅从 2015 年开始，在部分都道府县、政令指定城市中，建立了体育相关人员与残疾福利相关人员联手协作的体制，齐心协力推进残疾人的体育事业。计划从 2018 年开始，针对各地区不同的课题，进一步完善残疾人体育振兴的体制，为残疾人可就近方便地参与体育活动，提供环境设施的保障。

作为全国性体育文化大会举办后援机构的“Special 项目 2020”，从 2017 年开始，为 2020 年将要举办的全国特殊支援学校体育、文化、教育盛典，进行一系列试点活动，开辟特殊支援学校等现有地方资源，作为残疾人体育的发展基地。

另外，很多残疾人体育团体提出了运营体制和运营资金等活动基础薄弱的诸多

图表2-8-11 残疾者（成人）过去一年间参与体育的天数

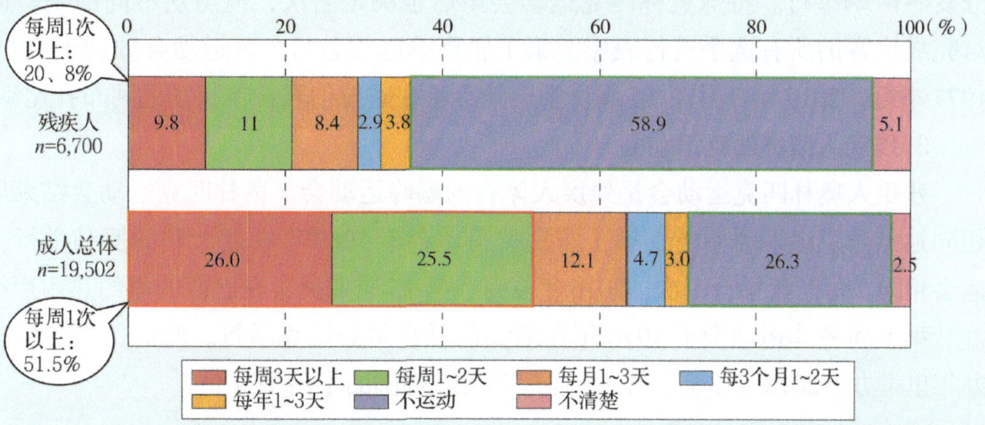

出处：2017年体育厅委托第三方做的《残疾人体育地区普及促进事业（有关残疾人体育参与的调查研究）报告书》，体育厅的《2017年体育实施状况舆论调查》

问题。基于这样的现状，对企业进行逐一访问，请求对残疾人体育团体的援助。并于2018年开始一系列援助事业，帮助残疾人体育团体间建立协作关系，完善体制不足，力图通过这些举措振兴残疾人体育。

二、全国残疾人运动会

从2001年开始，将之前分别召开的身体残疾与智力残疾人士的全国运动会合并，举办“全国残疾人运动会”。

从2008年开始，精神残疾人士的排球竞技被纳入正式比赛项目中，全国残疾人运动会成为全国身体、智力、精神上有残疾的人们汇聚一堂的大会。该运动会旨在使残疾运动员通过竞技感受体育的乐趣，同时加深国民对残疾的理解，以达到推进残疾人积极参与社会的目的。全国残疾人运动会每年在国民体育运动会结束后，在相同的举办地举行。

2017年的第17届运动会于同年10月28日至30日在爱媛县举行，共进行了个人、团体、开放竞技16项比赛，约有3300名运动员参加。2018年的第18届运动会将在福井县举行。

三、主要的残疾人国际运动会

1. 国际聋哑人奥林匹克运动会

国际聋哑人奥林匹克运动会每四年举行一次，是属于听力残疾人士的国际体育大赛，分夏冬两季举行。第1届夏季运动会与冬季运动会分别于1924年、1949年举行。2017年7月，第23届夏季运动会在土耳其的萨姆松举行。日本最终获得27枚（6金、9银、12铜）奖牌，创历史新高。

2. 世界特殊奥林匹克运动会

世界特殊奥林匹克运动会每四年举行一次，是属于智障人士的国际性体育大会，分夏冬两季举行。特殊奥林匹克运动会虽然也决定名次，但与众不同的是，最后会对完成比赛的所有选手进行表彰。第1届夏季运动会与冬季运动会分别于1968年、1977举行。2019年3月第15届夏季运动会将在阿拉伯联合酋长国的阿布扎比举行。

3. 残疾人奥林匹克运动会

残疾人奥林匹克运动会是残疾人体育的巅峰运动会。奥林匹克运动会结束后，在相同地点分夏冬两季举行。第1届夏季运动会于1960年在意大利的罗马举行。与奥运会相同，每四年举行一次。2016年9月，第15届残奥会在巴西的里约热内卢举行。

第1届冬季运动会于1976年在瑞典的恩舍尔兹维克举行。此后，在冬奥会的举办年里举办。2018年3月，第12届运动会在韩国的平昌举行[1]。

---

1 参照第二部第八章第十一节专栏。

第七节

体育的发展产业化

2016年6月内阁会议通过“日本重振战略2016”的决议，将“体育发展产业化”纳入GDP[1]（国内生产总值）600万亿日元的“官民战略项目10”，确定了“2025年体育市场规模（现为5.5万亿日元）扩大到15万亿日元”这一目标。另外，在2017年6月内阁会议决议通过的“未来投资战略2017”中，把“截至2025年将全国的体育场、竞技场作为不同年龄层共同的交流基地，并创建20处新的基地”确定为新目标。此外，还列举了以下四点关键措施：①以体育为核心促进地区的发展活力。②强化体育设施持有者[2]的经营能力，促进创造新的商机。③促进体育的海外拓展。④提高体育参与率。以上这些措施，对于促进体育产业发展活力、完善体育设施环境、扩大体育人口以及体育的良性循环都是非常重要的。

作为促进体育发展产业化的具体措施，体育厅自2016年7月起与相关省厅联合召开了“体育场、竞技场推进官民联合协议会”。2017年6月又公布了“体育场、竞技场改革指南”，对体育场、竞技场修建中利用民间资金等争论点及国内外的先进事例等做出了归纳总结。从2017年12月开始举办“体育场、竞技场运营管理委员会议”，对体育场、竞技场的长久运营、管理等问题进行了必要的探讨，更新了《体育场、竞技场改革指南》，以此推进官民联办的体育场、竞技场的改革。同时，展开专家派遣等援助活动，推出先进事例。

另外，2016年10月体育厅与经济产业省共同召开了“体育经营人才平台协议会”，对现状有了清楚的认识。因为缺乏对体育团体经营人才的培养、人才流动机制不健全等原因，造成了专业性（财务、IT等）人才、国际性人才以及对其进行综合管理的经营人才的匮乏。2017年就体育经营人才与专业人才等必要条件以及实践性人才的培养、外部人才的有效利用等导向性问题进行了探讨。2018年以后，对肩负着体育产业发展重任的体育经营人才将继续大力培养，使其充分发挥作用。

1　名义GDP：也称货币GDP，是用生产物品和劳务的当年价格计算的全部最终产品的市场价值。
2　体育设施持有者：管理和运营运动员、比赛、团队、竞赛联合会等的竞技团体等。

第八节
通过体育激发地区活力

一、地区体育设施的完善

体育不仅可以激发地区活力，还在灾区重建的援助、残疾人体育的振兴、对国际社会的贡献等多方面发挥着作用。当然，体育设施是体育发挥作用的重要保障。

迄今为止，体育厅通过发放学校设施环境改善补助金的方式，对学校和社会体育设施的修缮更新进行了援助。同时，还敦促学校开放相应设施，促进与地区的资源共享。对地方公共团体的老化设施进行更新；引入指定管理者制度，使民间力量发挥更大作用；妥善管理、维护向当地居民开放的学校设施，培养居民对体育的兴趣，为他们提供交流的场所。通过这些措施推进体育环境的营造。

另一方面，2016 年度的“体育及体育设施现状调查”发现，在日本体育及体育设施数量中，学校体育设施持续减少，为当地居民提供的社会体育设施则处于平稳状态。

今后，在应对设施老化、财政紧缩、人口减少等问题的同时保证体育设施的质量，已经成为不得不面对的课题。为此，2017 年制定了《体育设施的合理化储备方针》，指导地方公共团体持续长久地为居民提供安全的体育设施，完善体育设施，为国民就近享受体育提供环境保障。另外，还实施了“体育设施的个别设施计划制订支援事业”，由地方公共团体对个别设施计划制定提供援助。

今后将持续对体育设施的完善进行援助，同时，还要与地方公共团体、民间事业者、相关团体等携手，共同推进体育设施的修缮维护与运营，为激活地区活力、促进地方经济活性化做出贡献。

二、援助地区体育委员会的活动

体育厅与地方公共团体、体育团体、企业（旅游产业、体育产业）等携手对“地区体育委员会”举办的活动进行援助。“地区体育委员会”是一个通过发展体育来建设城镇、激发地区发展活力的组织。该委员会积极致力于体育旅游观光事业的发展，让更多的人以参与体育和观战为目的来当地旅游，让游客在享受地区观光资源的同时也能享受体育。举办体育活动、体育大会，开设集训露营等。2017 年对 4 个地区的此类活动进行了援助（图表 2–8–12）。

根据体育厅的调查，截至 2017 年 9 月，全国共有 83 个地区体育委员会。“第 2 期体育基本计划”的目标是：截至 2018 年将地区体育委员会的设置数量升至 170 个。

图表 2-8-12 平成29年度（2017年）以体育促进地区活力事业“地区体育委员会的活动支援”的区域选择

今后也会通过持续的支援活动以及各地杰出事例的推广，进一步扩大机构的设立、丰富举办活动的内容。

三、体育旅游事业及活动的策划

1. 户外体育推进宣言

从山岳到海洋，从亚寒带到亚热带，日本气候水土资源富饶。有效利用这样的自然环境开发体育旅游事业尤为重要，为此体育厅于2017年6月发表了《户外运动推进宣言》，将其列为2017年户外体育振兴事业的重点课题之一。

为扩大体育旅游市场需求举办的第1次官民联合协议会

2. 扩大体育旅游需求战略

为拓展体育旅游市场需求，体育厅于2017年8月至12月举办了三次官民联合协议会，制定了“扩大体育旅游需求战略”。

日本共有547个滑雪场，居世界第1[1]，高尔夫球场数为2383处，居世界第3[2]，

1 根据“2014 International Report on Snow&Mounta in Tourism”（Laurent Vanat）。
2 根据Golf Around the World 2015》（《全英高尔夫协会》）。

在“体育文化旅游研讨会 2017”上，受表彰的
5 个团体与 3 个厅的长官

适合体育旅游的设施丰富多样。基于该战略，今后将考虑实施各种相应的措施，其中包括现有设施的有效利用等。

3. 体育厅、文化厅与旅游厅的合作

体育厅、文化厅与旅游厅携手，从 2016 年起设立了“体育文化观光奖”。2017 年从全国的事业、活动庆典中选出 5 个优秀事例，其中巨匠奖 2 例、创新奖 3 例于 11 月举办的“体育文化旅游研讨会 2017”上进行了表彰。

体育文化观光奖 2017

为了发掘优秀的和今后有前途的组织部门，建立了“巨匠奖”“创新奖”两个奖项。

巨匠奖	连续 3 次以上举办活动，且对增加国内外游客做出贡献。

【优秀奖】
以雄琴温泉为代表的、连接世界文化遗产与日本遗产的“雄琴温泉、琵琶湖全景漫步”活动（琵琶湖全景漫步执行委员会）

【优秀奖】
冲绳地区遗留下来的最后的边疆南部岛屿与洞穴的探险活动（株式会社南都）

创新奖	没有达到巨匠奖的级别，但实施过 1 次以上的活动，在增加吸引国内外游客方面备受期待的活动

大阪城铁人三项赛 2017/NTT ASTC 铁人三项赛亚洲杯（大阪城铁人三项赛 2017 大会组织委员会）

从日本出发！雪上高尔夫体验在北海道的冬季高尔夫［（株）高尔夫概要。在线］

小豆岛一周骑行与无人岛 BBQ
（香川县土庄町）

漫画《依靠体育促进地区发展活力》（全 12 卷）的发行

Column No. 15

体育厅为了将体育促进地区发展活力的优秀事例在全国推广起来，也为了使年轻人了解到合适的方法与新颖的创意可以促进地区的发展活力，特意从全国选定了 12 个成功事例编订成漫画。完成漫画的不是专业的漫画家，而是各团体附近的职业学校、短期大学等的学生。

在日本生命保险公司与铃木株式会社的援助协作下，于 2017 年 5 月给全国初中、高中、特殊支援学校、大学、短期大学和专修学校等约 2.2 万所院校的图书馆捐赠了该漫画（全 12 卷）。

第九节 通过体育开展的国际交流与合作

一、开展国际体育的相关基础设施

为提高日本在国际体育界的影响力，通过体育为国际社会的发展做出贡献，目前正在实施“国际体育发展基础构建事业”。

通过申办与举办国际竞技大会、召开国际体育部长级会议等国际间的体育交流协作，统一贯彻施行日本的体育国际政策，为此，构建战略性基础是本事业的目标。目前为国际竞技联盟（IF）等组织的日本负责人的增派、再次申办的措施和国际体育界核心人才的培养方面提供援助。2017 年 IF 日本负责人中共有 29 人获取了篮球与举重的理事职位。

二、体育的国际交流与国际合作

《体育基本法》的序言中提到“体育的国际交流与贡献，对于日本国际地位的提高有着极其重要的作用，可以促进国际间相互理解，对国际和平做出很大贡献”。以“Sport for Tomorrow”事业为代表，体育厅通过实施各种措施，积极致力于国际交流与国际贡献。

为了进一步充实体育在国际交流与国际贡献方面的措施，2017 年体育厅长官向体育审议会咨询了“第 2 期体育基本计划切实实施”的意见。体育审议会设立了体育国际战略部会，将体育的国际交流与合作成果扩大到其他领域，与相关机构合作，为制定“体育国际战略（暂定名）”反复进行讨论，以谋求更有成效、更有效率的措施。

此外，为了加强与各国在体育方面的合作，积极制定政策对话的框架。2017 年 10 月第 1 届日本与东南亚国家联盟（以下称为“东盟”）体育部长级会议在缅甸的内比都举行，日本与东盟各国一致同意在体育教师和体育教练的培养、女性体育实施率的提高、残疾人体育的发展、反兴奋剂相关技术开发这四个领域展开合作。2018 年将在日本举办第 2 届中日韩体育部长级会议，在第 1 次会议上缔结的“平昌宣言”的基础上，就促进三国间体育交流进行深度讨论。另外，积极参加国际间的讨论，特别是 2017 年参加了联合国教科文组织（国际联合教育科学文化组织）体育、体育担当大臣等国际会议（MINEPS），围绕“实施万人体育的综合构想”“体育的可持续开发与体育对和平贡献的最大化”“体育的高纯洁性保护”三个主题，为执行方针性成果文件《喀山行动计划》的制定做出了相应的贡献。最终，日本被联合国教科文组织选为“体育运动政府间会议（CIGEPS）”的理事国，并将参加 2018 年在博茨瓦纳举办的世界女性体育会议。

三、支援国际竞技大赛申办、召开

在日本举办国际竞技大赛，不仅关系提高日本竞技能力的环境构筑等体育振兴，还可以通过目睹世界顶级运动员的竞技，给广大国民带来梦想和感动，对国际交流、国际友好、促进地区经济活力等也有很大贡献。体育厅为了使国际竞技大赛顺利申办、举行，召开相关府省厅联络会议，与相关团体、府省厅展开联络协调，为大赛的申办、举办给予必要的合作与支援。

2019 年，橄榄球世界杯（以下称为“RWC2019”）在日本举办。此次大赛既是首次在亚洲举办，同时也是首次在非橄榄球传统国家举办。另外，继 RWC2019 之后，由于 2020 年东京奥运会的临近，访日游客有望增加，对促进社会与经济发展的作用值得期待。根据《2019 年橄榄球世界杯大会特别措施法》，对 RWC2019 的举办进行了诸多支援。另外，根据《橄榄球世界杯 2019 地区交流推进纲要》，针对地方财政措施（特殊交付税措施）公开进行交流计划的第一次申报，该财政措施涉及 RWC2019 举办地的公共团体或公认露营候补地方公共团体进行的地区交流，目前已确定了 34 个支援对象。此外，依据 2018 年税制改正案，明确了大会主办方收取的大会保证费的纳税问题。

另外，为提高大会认知度、制造气氛，以橄榄球组织委员会为中心，提前两年在各地举办大赛预热活动、比赛日程和大会吉祥物“Ren–G”的发布会等推介活动。

同时，作为“2019 年橄榄球世界杯普及发展事业”的一个环节，体育厅致力于以中小学学生为对象的带式榄球（非撞式榄球，排除橄榄球中擒抱等身体碰撞行为的球类游戏）的普及扩大。还在中小学学习指导要领中加入了带式榄球。

此外，在 2019 年女子手球世界锦标赛（熊本县内）和 2021（平成 33）年世界游泳锦标赛（福冈县福冈市）申办之际，在大臣致辞和体育厅长官的演讲的准备环节中提供了各种帮助。另外，为了“世界老将运动会（World Masters Games）2021 关西（关西圈）”的成功举办，对大会组织委员会的准备工作也提供各种援助。不仅是世界规模的综合竞赛大会，单一竞技大会和亚洲地区竞技大会的申办和开展，也在体育厅的协作与支援范围内。

第十节
面向2020年东京奥运会、残奥会的措施

一、Sport for Tomorrow 的推进

2013年8月，国际奥委会（IOC）总会在阿根廷的布宜诺斯艾利斯举行。在东京申办2020年奥运会、残奥会之际，内阁总理大臣安倍晋三表示，“日本将向100多个国家、1000多万人传递体育的快乐”。

以总理大臣的这次讲话为契机，启动了“Sport for Tomorrow（SFT）”项目。为了世界更美好的未来，在2014年到2020年这七年中，向每个年龄层的人，特别是年轻人传达体育的价值，传承壮大奥林匹克、残疾人奥运会。为推进这项工作，2014年8月，成立了由体育厅、外务省、JSC、日本奥运委员会（JOC）、日本残奥会委员会（JPC）等体育团体等组成的运营委员会，与其他企业、地方公共团体、非政府组织・非营利组织（NGO・NPO）、大学等SFT会员携手创建了“Sport for Tomorrow组合（官民协作体）”，加强了各部门之间的合作体制。将“体育的普及与国际竞技水平的提高”“以体育的力量改变世界（和平与开发）”“将体育交流变为国民文化”作为主题，各协会成员相互协作，截至2017年9月末，支援的国家、地区数达200个，受益人群约达400万人。

另外，为了培养国际人才，筑波大学自2015年9月开始，在筑波国际体育学院（TIAS）开始了硕士课程的计划。2017年3月，向国内外体育相关机构输出了第一批学生，2018年3月输出了第二批学生。此外，日本体育大学、鹿屋体育大学也继续发挥各自的优势，实施短期人才培养计划。预计将在2020年后推进这三所大学的合作。通过上述措施，在政府与民间组织的共同努力下，面向2020年，日本正在向世界不断传输着体育的力量。

二、奥运会、残奥会理念、价值的普及教育

让更多的人亲近体育，正是奥运有形遗产和无形遗产的重要内容之一。借2020年东京奥运会之际，从孩童到成人，让每一个国民都能感受到体育的价值，领会到奥运会、残奥会的意义，重新认识体育的价值。

2015年11月27日，内阁会议通过了“推进2020年东京奥运会、残奥会准备工作及运营对策的基本方针”。方针指出，举办奥运会的成效不应局限于东京，要将奥运遗产惠及全国各地。奥运会在结束之后仍将成为地方发展的强动力，推动东日本大地震受灾地区的复兴。务必在全国开展奥运会、残奥会理念及价值的相关教育，使奥

运遗产惠及全国。

为此，2015年后在全国范围内开展奥运会、残奥会理念及价值的相关教育。作为“奥运会、残奥会全国开展工作”的一个重要环节，2017年在全国20个府、县、市的奥运会、残奥会理念和价值教育推进院校，举办了奥运会、残奥会竞技体验会和教师研讨会等各项活动。

此外，自2017年起，东京都和公益财团法人东京奥运会及残奥会组委会定期召开全国国际财团会议，同JOC、JPC、大学等机构共同商讨，进一步充实丰富各自开展的奥运会、残奥会理念及价值教育活动。

为了进一步提高国民对残奥会的兴趣和关注，在2018年平昌冬季残奥会召开之际，东京都和公益财团法人东京奥运会、残奥会组委会在全国9地开展了残奥会竞技项目市民体验会，并在全国12个县和政策指定市（含预计）召开了关于残奥会理念及价值教育的教师研讨会。

今后将在全国范围内继续推广类似活动，实施奥运会、残奥会理念及价值教育，将奥运会、残奥会运动的推广普及至全国各地。

大会吉祥物的选定 Column No. 16

公益财团法人东京奥运会、残奥会组委会宣布大会吉祥物由全国各小学投票决定。在投票讲解课的范例制作以及吉祥物投票的动员工作等方面，文部省给予了大力支持。

全国的小学、外国人学校、海外日本人学校等16796所学校（近八成）参与了投票。

通过本次投票，孩子们获得了宝贵的学习机会，了解了作为和平盛事的奥运会、残奥会的共生理念。文部省以此次活动为契机，进一步推进奥运会、残奥会理念及价值教育的相关活动，在全国范围积极营造奥运盛会的氛围。

大会吉祥物

新国立竞技场修建工作的进展状况

Column No. 17

新国立竞技场的修建工作始于2016年12月，主体工程为期36个月。现已如期完成总工期的一半，赛场已经基本成型。

今后，将逐步推动主体工程、屋面工程、外装修工程和内装修工程的展开，切实完成各项工作，确保在2019年11月底竣工。

施工进展状况　　2018年4月1日现况

第十一节

培养有强大国际竞技力、可持续发展的人才，完善相应环境设施

在2018年召开的平昌冬奥会上，日本获得的金牌数比上届多4枚。奖牌总数13枚，创史上新高。跻身前八的总数为43，也刷新了纪录。

另外，在平昌残奥会上，日本获得了3枚金牌，奖牌总数10枚，比上届多4枚（图表2–8–13）。

图表2–8–13　奥运会、残奥会上获得奖牌总数及金牌数排名的演变

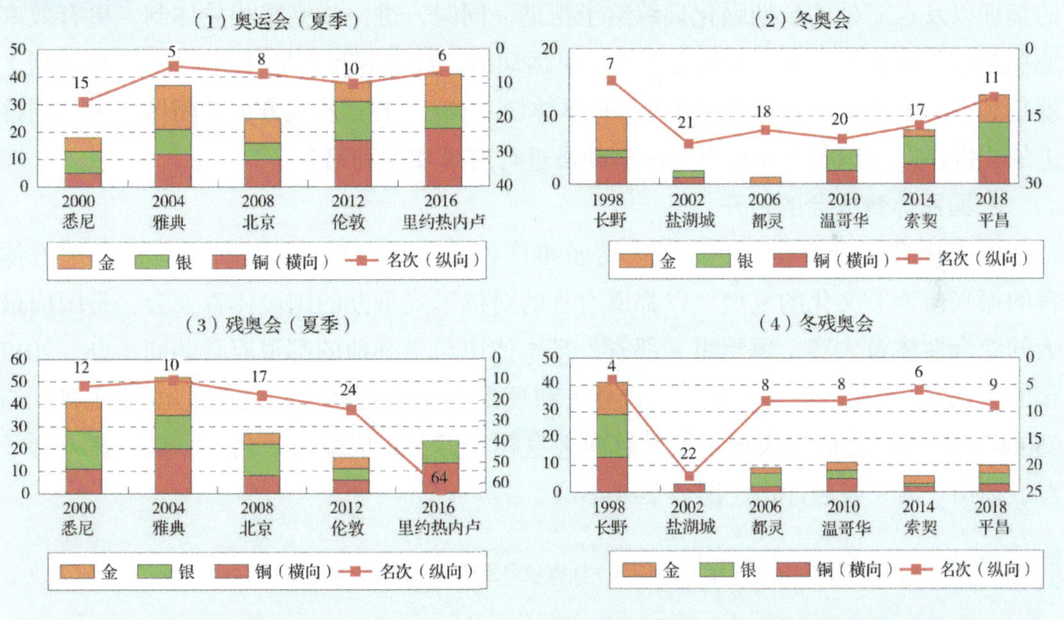

一流运动员全力以赴活跃在赛场的身姿具有超凡力量，能给国民带来希望和勇气。立足“体育基本规划”（2017年3月）和“强化竞技力的支援方针（铃木计划）”（2016年10月），为进一步提高国际竞技能力，体育厅携手相关部门，积极致力于环境设施的完善。

一、依据中长期强化战略，确立强化竞技能力的援助体系

长期强化战略计划（以下简称为“强化战略计划”）对各比赛团体在奥运会、残奥会取得的成果进行了预测。通过援助该长期强化战略计划的筹划、实践和更新，全面地、有计划地推进一流运动员的强化训练，提高竞技力，稳定高水准竞技水平。

具体来讲，在JSC的高性能中心设立包含JOC（日本奥运会委员会）、JPC（日本残奥会委员会）在内的协作团队，对比赛团体实施强化战略计划的各阶段进行全面咨询和监管，并将所获信息用于目标体育项目的指定以及比赛团体的评价中。比赛团体评价直接关系各项援助资金的分配问题。

另外，围绕奥运会、残奥会参赛竞技项目，体育厅就各比赛团体开展国内外强化集训及教练设置等常规型、长期的强化活动，实施一揽子援助措施。此外，对提升女性运动员的国际竞技能力[1]也实施相应的援助。

二、发掘与培养新一代运动员的战略体制的构筑

1. 新一代运动员的发掘与培养

发掘与培养将来有望跻身一流的运动员尤为重要。体育厅为有望在2020年东京奥运会及今后奥运会中取得好成绩的新一代运动员提供援助，对他们为夺取奖牌进行的集训以及在海外的长期强化训练给予帮助。同时，进一步完善相关体制，更有效率地在全国各地发掘、培养及强化训练杰出运动员。日本崛起之星计划（J-STAR计划）就是其中一个环节。该计划是JSC、日本体协、JOC、JPC及地方公共团体携手共同推进的，旨在对全国各地年轻有为的运动员进行有效发掘和培养。

2. 国民体育大会的召开

国民体育大会旨在向广大国民普及推广体育运动，提高国民体质，促进地方体育的振兴与地方文化的发展。以都道府县的对抗形式举办的国民体育大会，是国内最大的综合性体育大赛，每年由文部省、日本体协与主办地的都道府县共同举办。2017年的第72届大赛、冬季大赛（长野县）和夏季大赛（爱媛县）共开展40项比赛，约25000名都道府县的代表选手及教练向天皇杯（男女总成绩第一名）、皇后杯（女子总成绩第一名）发起冲击（图表2-8-14）。

图表2-8-14 第72届国民体育大会（2017年）比赛项目及选手、教练人数

季别（主办县）	正式比赛	公开比赛
冬季大赛（长野县）	3项比赛滑冰、冰球、滑雪 3481名	无
夏季大赛（爱媛县）	37项比赛田径、游泳等 22991名	4项比赛拔河、门球、举重、操场高尔夫 1425名
合　计	40项比赛 26472人	4 项比赛 1425 名

三、利用体育医学、科学与信息，从多方面充实对体育的强力援助

更精密更科学的训练环境对于提高日本的国际竞技力尤为重要。为此，全面统筹JISS（日本体育振兴中心）的体育医学和科学、信息支援功能和NTC训练场等机能，努

1 根据《Golf Around the World 2015》（《全英高尔夫协会》）。参照第二部第八章第四节。

力强化高性能中心的各项功能。例如，选手的强化方法、各国奖牌获取策略等的收集与分析，医疗、训练、比赛录像、营养等各类信息的统一管理，迅速获取必要信息的体系构建与活用，比赛用具的开发等。

另外，“高性能支援事业”主要包括：①强化集训及大赛中的动作分析，护理、训练、心理、营养、影像动作分析、生理生化学等各领域专业人士利用体育医学、科学及相关信息等对运动员进行援助。②为迎接奥运会、残奥会，方便运动员、教练及工作人员为赛前做好最后阶段的准备，设立高性能支援中心，作为医学、科学、信息的支援基地。2017 年，在 2018 年平昌冬奥、残奥会（以下简称为“2018 年平昌大会”）举办地的选手村村外建立基地，为运动员提供医学与科学、信息等各种支援[1]。

运动员的援助活动情况（影像分析）

四、完善训练基地以满足一流运动员的需求

为保障一流运动员在同一活动据点开展持续性的集中训练和强化活动，确立体制也显得尤为重要，因此要不断完善以高性能中心为代表的训练基地。

1. 国立训练中心（NTC）

NTC 是日本一流运动员集中在同一地点展开持续性强化训练的专门设施。

另外，因 NTC 无法满足冬季、海上水上、户外奥运比赛、高地训练及残奥比赛的训练要求，故将目前已有的设施指定为 NTC 比赛类别强化基地。

此外，还围绕一流运动员的强化训练与研究活动的基地状态展开了调查研究，召开相关权威人士会议，并接受 2015 年 1 月会议的“最终报告”的提议，以构建奥运会、残奥会一体化的训练基地为目标，推进 NTC 的扩大和完善，预计于 2020 年东京奥运会的前一年完成。

2. 国立体育科学中心（JISS）

JISS 设立于 2001 年，是体育医学、科学研究的中枢援助机构。主要开展“体育医学、科学研究事业”“体育医学、科学支援事业”和“体育诊疗事业”。“体育医科学研究事业”是各领域研究者与医生共同协作，以解决各类比赛项目特有的课题；“体育医学、科学支援事业”立足于 JISS 的研究成果，为运动员提供训练指导、动作分析、影像技术支持；“体育诊疗事业”主要提供内科、整形外科、心疗内科、牙科、皮肤科、眼科、妇产科的诊治及复健、心理咨询、营养咨询等服务。

1　参照第二部第八章第十一节专栏。

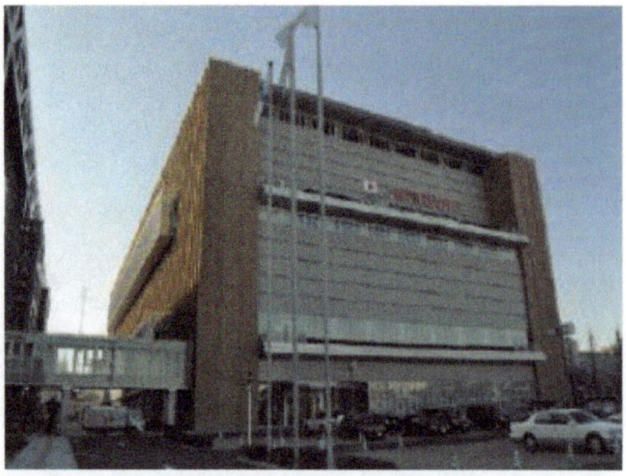

国立训练中心（NTC）

国立体育科学中心（JISS）

2018 年平昌冬季奥运会、残奥会 Column No. 18

1. 第 23 届冬奥会、第 12 届冬残奥会上日本选手大显身手

2018 年 2 月 9 日至 2 月 25 日举办的 2018 年平昌冬奥会，共举行了 7 类 102 个项目的比赛，日本共有 124 名选手参赛。日本选手代表团共获得 13 枚奖牌，其中金牌 4 枚、银牌 5 枚、铜牌 4 枚。第四名到第八名的获奖人数共计 30 人，奖牌总数同获奖总数刷新了冬奥会史上最佳纪录。以滑冰比赛为代表，掀起了夺冠热潮，团体追逐赛和冰壶两个团体项目，通过出色的团队合作，获得了奖牌。

继冬奥会后，3 月 9 日至 18 日举办的平昌 2018 年残奥会，共举行了 6 类 80 个项目的比赛，日本共有 38 名选手参赛。日本选手代表团共获得 10 枚奖牌，其中金牌 3 枚、银牌 4 枚、铜牌 3 枚。第四名到第八名的获奖人数共计 10 人，实现了日本残奥委员会的奖牌数超过上届的目标。高山滑雪的村冈选手在冬季残奥会共获得 5 个奖牌，成为日本选手获奖之最。此外，还在越野滑雪和独立于本次残奥会的单板滑雪比赛中获得了奖牌。

日本选手活跃在奥运舞台的身姿令整个日本为之沸腾。

羽生结弦选手继索契冬奥会后实现金牌两连冠
男子花样滑冰单人滑项目时隔 66 年的连冠

日本女子速滑史上首枚金牌得主小平奈绪选手
冬奥会上日本选手代表团主将的首枚金牌

速度滑冰女子团体追逐赛的首枚金牌
（左起分别为：菊池彩花选手，佐藤绫乃选手、高木美帆选手、高木菜那选手）

速度滑冰女子集体出发决赛的首枚金牌得主
高木菜那选手

速度滑冰女子 500 米比赛结束后
李相花（韩国）选手
和小平奈绪选手

继索契冬奥会连续两次获得
北欧两项银牌渡部晓人选手

跳台滑雪女子个人标准台的
铜牌得主高梨沙罗选手

继索契冬奥会再次斩获单板滑雪男子 U 形槽比赛
银牌平野步梦选手

日本史上女子冰壶的首枚奖牌

雪上技巧赛铜牌得主原大智选手
©岸本・福特

冬残奥会史上日本最年轻（21 岁）的金牌得主
高山滑雪比赛的村冈桃佳选手

温哥华冬残奥会以来第二次获得金牌的新田佳浩选手

平昌残奥会起列为正式比赛的单板滑雪比赛中
获得金牌的成田绿梦选手

连续四届均获得银牌的森井大辉选手

高山滑雪的村风桃佳选手共获 5 枚奖牌
（金 1、银 2、铜 2）

2. 高性能支援中心

体育厅以奥运赛事和残奥赛事为对象，开展“高性能支援事业”。针对有望获得奖牌的比赛，提供体育医学与科学、信息等全面专业的高度支援，确保国内一流运动员战胜世界体育强国，摘得奖牌。

作为高性能支援事业的一环，2018 年平昌冬奥会委托 JSC 同 JOC、JPC 及各比赛团体共同合作，设立高性能支援中心（HPSC）。作为提供医学、科学、信息支援的基地，方便运动员、教练及工作人员进行比赛的最终准备。此外，分别在奥运会的山脉场馆群（雪上项目赛场）和海岸场馆群（冰上项目赛场）选手村设有两处援助站，残奥会的山脉场馆群设一处援助站。由于是首次在冬残奥会设立援助站，设立之初，考虑无障碍原则，还配备了公益车辆。

应比赛团体的要求，不断完善高性能支援中心各项训练机能。结合 2014 年索契冬奥会等国际赛事上设立的“多功能屋”的经验，高性能支援中心除了训练机能以外，还具备提供体能调整套餐和恢复套餐、护理、医疗、影像分析、心理、用具调整等多项功能。

冬奥会中，海岸场馆群的工作站供所有冰上项目参赛团体使用；除现代冬季两项以外，其他所有雪上项目参赛团体均可使用山脉场馆群的援助站。另外，冬残奥会设置的援助站供所有参赛团体使用。

举行雪上比赛的“山脉场馆群”设立的 HPSC

举行冰上比赛的“海岸场馆群”设立的 HPSC
（仅限奥运会使用）

体能调整套餐[1]

恢复套餐[2]

1　体能调整套餐：用于赛前调整到比赛期间的疲劳缓解及体能管理。
2　体能调整套餐：用于比赛（练习）前后及比赛（练习）中的恢复，便于携带。

训练场地（山脉场馆群）

训练场地（海岸场馆群）

护理（山脉场馆群）

提供体能调整套餐的食堂（海岸场馆群）

恢复套餐（山脉场馆群）

医疗（海岸场馆群）

综合接待处（山脉场馆群）

残奥会期间配备的公益车辆

第十二节
促进体育的透明公正，提高体育价值

一、强化体育团体基础

1. 强化体育团体管理，严守法令规章

体育团体的活动肩负着巨大的社会责任，国家补助及公共补助金的非法使用和运动员的不法行为等相关丑闻，会导致人们对体育界的信赖大幅下降。要建立一个健全的体制，保障人人都能在安全公正的环境下参与体育，除了确保资金的多种来源，还有必要强化体育团体的管理（运营方式），提高运营和财务的透明性及公正性，同时严格遵守法令规章（法令和社会规范）。体育厅对违反法令规章的具体案例和处分情况展开调查的同时，还致力于进一步开展法令规章的相关教育，强化体育界遵守法规的意识。

2. 保障体育参与者的权利与权益

体育团体的裁决事关全体参赛者，需要寻求广泛的公共性，要采取对全体参赛者而言公平公正的措施。团体比赛选手的选拔、参赛资格的取消处分等纠纷，主要通过公益财团法人日本体育仲裁机构进行体育仲裁和调停。近年来，体育团体的体育仲裁自动申请条款[1]的使用，稳步增加到54.9%（2018年2月）。体育厅为了进一步完善体制，使体育纠纷得到快速合理的解决，增进人们关于体育仲裁和调停的理解，开展调查研究，大力培养仲裁人和调停人等体育仲裁的相关专业人才。

二、推进抵制使用兴奋剂体制

使用兴奋剂是指为了提高运动员竞技能力使用违禁药物和不正当手段。兴奋剂带来许多问题，如，①严重损害运动员的健康；②违反公平竞赛的精神，损坏体育带给人们梦想与感动的价值；③优秀运动员使用兴奋剂会给青少年带来不良影响等。因此需要开展世界规模的广泛抵制活动。

抵制兴奋剂的户外拓展活动（照片来源：JADA）

1 依照条例，发生体育纠纷之际，应通过公益财团法人日本体育仲裁机构的仲裁手续来解决。依据事先通过的体育团体的相关规则，参赛者申请仲裁之际，自动视为同意进行仲裁。

日本于2006年签署了联合国教科文组织的“反对在体育运动中使用兴奋剂国际公约”，作为世界兴奋剂抵制机构（WADA）的常任理事国，积极参与到国际兴奋剂抵制活动之中。

放眼世界，日本的兴奋剂违反率处于低水平。2020年东京奥运会在即，为了实施更有效的检查措施，在力求提高兴奋剂检查效果的同时，与相关部门构建反兴奋剂相关智库（信息）的共享机制，可谓是当务之急。另外，体育厅谋求同公益财团法人日本反兴奋剂机构（JADA）合作的同时，进一步完善国际水准的兴奋剂检查，开展针对运动员的教育，以便防患于未然。一方面研究开发兴奋剂检测技术，一方面面向年青一代积极开展兴奋剂抵制教育。

2018年1月，日本运动员在对方选手的饮料中混入违禁药物一事得到证实。体育厅为了防止类似事件的再次发生，召开了确保体育公平公正（诚实性、健全性、高洁性）的相关紧急会议。紧急会议要求各比赛团体将其作为日本体育界整体的问题，引以为戒，防止事件再次发生，开展公平竞赛精神的教育，严格遵守相应法规制度。

今后，体育厅也将与以JADA为首的相关团体协作，积极维护体育的价值，为实现体育的透明公平公正而努力。

本章译者：殷雅婧

第九章

实现文化艺术立国

总　论

文化厅积极致力于各种文化艺术事业的发展。从文化艺术等创作活动的推进，电影、媒体艺术、大众文化艺术活动和地域文化艺术的振兴，到文化遗产的保存及推广，美术馆、历史博物馆、剧场等各种文化设施的广泛利用，以及日本文化的对外传播，国际间合作关系的构建，面向本国人和外国人的相关日语教育政策、著作权政策的实施，宗教事务，阿伊努文化的振兴等，都属于文化厅的工作范畴。

第一节

文化艺术振兴的预算及税制措施

一、2017 年度文化厅预算概要

2017 年度的预算由以下内容组成。依据相关的主要政策，推进重点战略“文化艺术振兴相关基本方针（第 4 次基本方针）”的落实（图表 2-9-1）。主要政策包括以下若干方面：“文化艺术的创作、推广以及人才培养”“珍贵的、无可替代的文化遗产的保存、推广及继承”“通过文化方案的推进及文化厅的功能强化实现文化艺术立国”“多彩文化艺术的传播和国际文化交流的推进”以及“文化传播基础设施的整备和完善”等。

图表2-9-1 2017年文化厅预算(各领域)

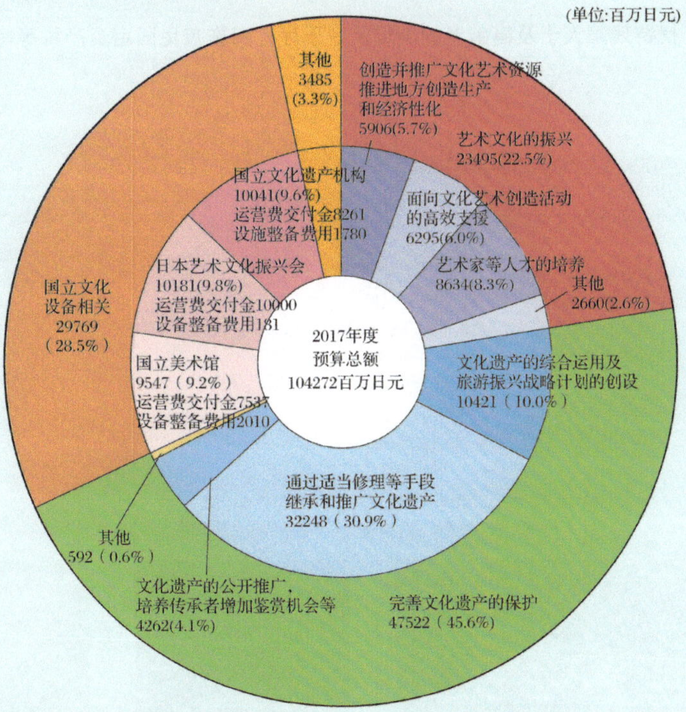

注：以上数值采取了四舍五入，同总额有所出入。

“文化艺术的创造、推广及人才培养”项目。为了加大对有地域特色的文艺活动的支持力度、增加儿童体验文化艺术的机会，将艺术团体的创作列为重点扶持对象，并积极推进通过文化艺术活动培养儿童相关事业的发展。

“珍贵的、无可替代的文化遗产的保存、推广及继承”项目。充分利用以“日本遗产”为代表的各种文化遗产，对振兴旅游业、发展地域经济的各种活动予以大力支持，积极致力于文化遗产的修复、整备及防灾设施的完善。

“通过文化方案的推进及文化厅的功能强化，实现文化艺术立国”项目。通过支持地域文化艺术活动，谋求多种多样的文化艺术的发展，有效利用文化遗产，在推进文化方案实施的同时，致力于文化厅的功能强化，以满足文化厅推出新政策的需求。

“多彩文化艺术的传播和国际文化交流的推进”项目。开展优秀舞台艺术和媒体艺术的战略传播，推进文化遗产保护等国际合作以及面向外国人的相关日语教育。

“文化传播基础设施的整备和完善”。通过整备和完善国立文化设施，强化文化传播的国内基础，增加国民的鉴赏机会。

二、税制措施

①便于残障人士使用的剧场、音乐厅等的减税措施

2018年起，为方便残障人士和高龄人群设有高度无障碍设施的剧场及音乐厅，可享受固定资产税的特别减免，使剧场及音乐厅等场所成为关爱残障人士的文化基地，

图表2-9-2 对于优待残障人士及高龄者的剧场及音乐厅，实施减免固定资产税等特例

剧场、音乐厅等

无障碍化

符合“方便残障人士使用的建筑物设计规范”，
地方公共团体认定的剧场及音乐厅
（2018年—2019年内完成改建工程者

建筑物方便行动的引导基准……
根据促进高龄者及残障人士便捷行动的相关法律，
具有一定规模的建筑物除符合一般基准外，还有更加严格的要求。
规定了无障碍原则的内容，便于高龄者及残障人士利用建筑物。

〈例〉·确保走廊宽度足以让轮椅并通过
·每层配备无障碍卫生间等

固定资产税及城市规划税
削减1/3
（自改建工程结束的
第二年起为期两年）

（参考）剧场及音乐厅等无障碍化范例
广阔的轮椅专用观赏空间及通道上下台阶的安全扶手无高差走廊

MUZA川崎交响乐剧场 提供

支持共同创建无年龄限制、无残疾程度限制的文化艺术活动环境，为实现共生社会提供帮助。

②有关重要文化遗产及登录在册有形文化遗产（美术工艺品）的相关税制措施

以“文化遗产保护法”修正案为前提，制订相关保存、使用文化遗产的计划。对通过国家认定、寄托在美术馆中的重要文化遗产，以及登录在册的有形文化遗产（美术工艺品），可延期缴纳继承税。以此来阻止重要文化遗产及登录在册的有形文化遗产（美术工艺品）流向海外或遗失，为下一代继承者的顺利继承以及公开展览等提供帮助。

图表2-9-3 重要文化遗产及在案有形文化遗产（美术工艺品）保存推广计划的规划图（草图）

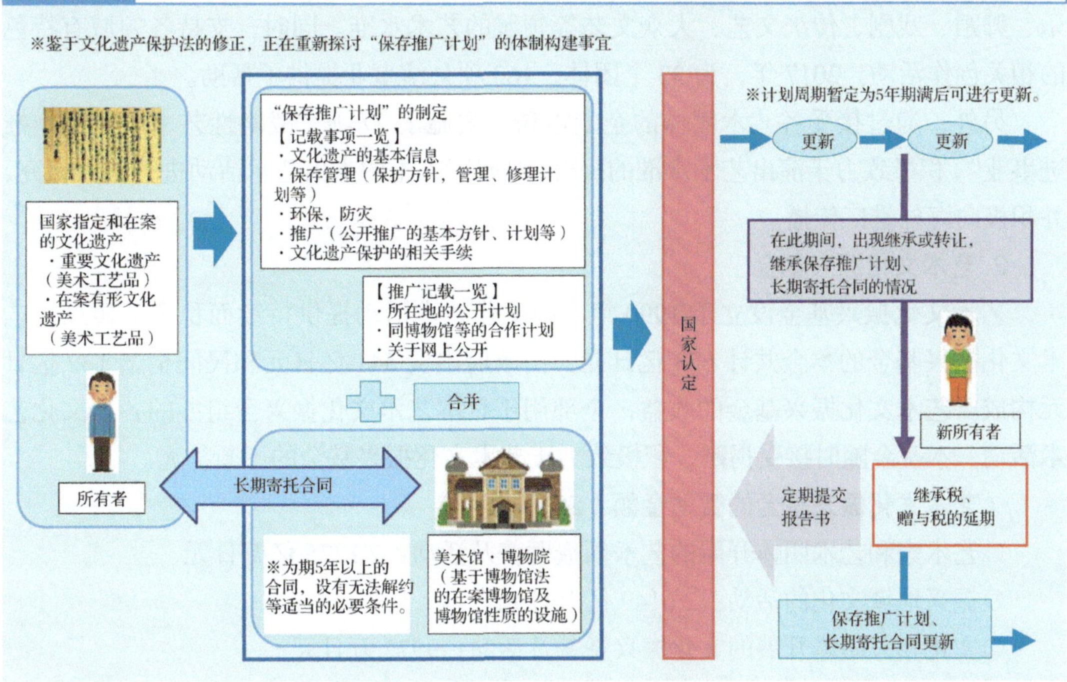

第二节

文化艺术创造活动的推进

一、支持广泛开展文化艺术创作活动

1. 对文化艺术活动的有效支持

文化厅致力于日本文化艺术的振兴事业。重点支持各类公演，积极提升国民在音乐、舞蹈、戏剧、传统文艺、大众文艺等领域的艺术水准。同时，支持各领域有特色的相关创作活动。2017 年，为 33 个团体、163 项公演事业提供了帮助。

另外，通过接受各艺术团体的企划申请，实施了 27 项“战略性艺术文化创作推进事业”，积极致力于演出艺术水准的提升，对残障人士的杰出艺术活动进行调查研究，并积极向海外推广传播。

2. 艺术文化振兴基金

艺术文化振兴基金设立于 1990 年，向文化艺术活动提供持续而稳定的援助。艺术文化振兴基金的本金共计 673 亿日元，由政府出资 541 亿日元和民间捐赠 132 亿日元构成。艺术文化振兴基金的收益，全部用于日本艺术文化振兴会组办的各项文化艺术活动。本基金随时接受捐赠，积极致力于艺术文化振兴基金的不断扩充。

〈艺术文化振兴基金的赞助金额（2017 年）〉

○艺术家和艺术团体开展的艺术创造暨普及活动：7.1225 亿万日元

○振兴地域文化的活动：2.6149 亿万日元

○文化相关团体开展的文化振兴暨普及活动：9972 万日元

二、新晋艺术家等人才的培养

文化厅为美术、音乐、舞蹈、戏剧等领域的艺术家提供研修、表演的机会，目的是培养能活跃于世界舞台的新晋艺术家，特别是 1967 年以来，“新晋艺术家海外研修制度”为新晋艺术家提供了更多的赴海外大学及艺术团体研修的机会。优秀艺术家人才辈出（图表 2–9–4）。

三、文化厅主办的艺术节

文化厅自 1946 年起每年秋季举办“文化厅艺术节”。2017 年的第一场公演是歌剧“诸神的黄昏”。此外，还举办了芭蕾、戏剧、音乐、歌舞伎、能乐、文乐、舞蹈、大众文艺、亚太地区文艺等共十次公演。

图表2-9-4 新晋艺术家海外研修制度派遣人员一览表

奥古　博	美术：油画	1967年
森下　洋子	舞蹈：芭蕾	1975年
绢谷　幸二	美术：油画	1977年
佐藤　忍	音乐：声乐	1984年
野田　秀树	戏剧：导演	1992年
诹访内晶子	音乐：乐器	1994年
野村　万斋	戏剧：导演	1994年
崔　洋一	电影：导演	1996年
鸿上　尚史	戏剧：导演	1996年
平山　素子	舞蹈：现代舞	2001年
酒井　健治	音乐：作曲	2004年
长□　圭史	戏剧：导演	2008年
田中　功起	美术：现代美术	2009年
萩原　麻未	音乐：钢琴	2009年

另外，艺术节期间，在戏剧、音乐、舞蹈、大众文艺等领域的参演节目共174个，电视、广播、唱片等领域的参演作品共122项。艺术节还设立了各类奖项，通过各部门审查的优秀公演剧目及作品，由文部科学大臣亲自授奖。

2017年“文化厅艺术节”主打公演
新国立剧场开场公演　歌剧“诸神的黄昏”

四、对企业举办的艺术文化活动的资助

1. 表彰企业的积极参与

公益社团法人“企业文化艺术资助协会”设立于1990年，对企业开展的促进文艺（以艺术、文化的振兴带动社会创造）的相关活动予以资助。“This is MECENAT”是一项文化艺术资助认定制度，旨在彰显文化艺术资助活动的多样性和社会意义的传播。目前该制度与表彰优秀活动的“文化艺术资助大奖”配套运行。文化厅联合该协会，资助了多项活动，为振兴艺术文化做出了巨大贡献。以促进地区文化的活跃以及培养下一代接班人为目的活动受到了表彰。

2. 促进民间的捐赠活动

为了促进民间组织和个人对文化艺术活动的捐赠，公益社团法人“企业文化艺术资助协会”设立了“2021艺术文化社会创造基金（2021Arts Fund）”及“资助认定制度”。

① 2021艺术文化社会创造基金（2021艺术基金）

2020年起，为了资助上述文化创意活动，按捐赠者意向设立了各项基金，把利于地域文化振兴、以艺术文化促地区发展，以及通过艺术文化媒介扩大国际交流和日本文化的国际传播、文化艺术方面人才培养等活动作为重点捐助对象，并开展相关捐赠协调事宜。同时，与本基金目的相吻合的获批的文化艺术活动，又可以通过本基金募集资金。

②资助认定制度

这是一个从税制方面促进民间捐赠的制度。对本制度认定的文化艺术活动实施捐赠，如果捐赠者为个体，可享受所得扣除或税额减免；如果是企业等法人捐赠，则区别于普通捐赠，可计入亏损金内（图表2-9-5）。

图表2-9-5 企业文艺资助协商会的资助认定制度

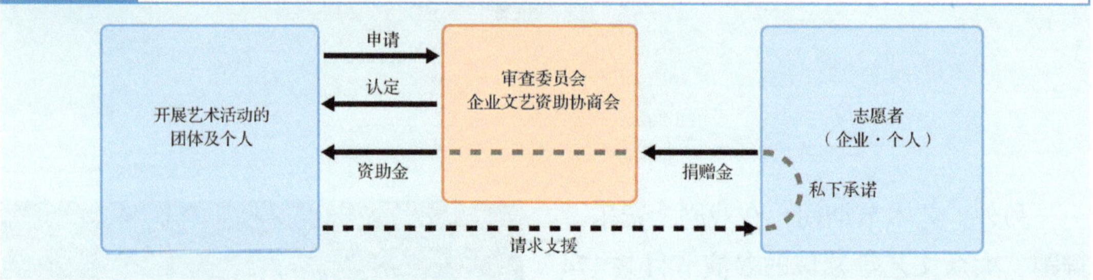

第三节

电影、媒体艺术的振兴

一、日本电影的振兴

年轻电影创作者的培养（ndjc），摄影情景

电影是包含戏剧、音乐和美术等艺术形式的综合艺术，是国民生活中最为喜闻乐见的一种娱乐形式。

另外，电影对特定时代的国家及地域文化进行描绘的同时，也宣扬了其文化特性。在日本文化的海外传播方面，电影可谓是极具效力的媒介，是公认的强有力的知识财产。

文化厅自 2004 年起，围绕：①日本电影的创作、交流、传播；②年轻电影创作者的培养；③推进日本电影胶片的保存和继承（图表 2-9-6），实施日本电影综合性振兴政策，以此进一步推动日本电影的振兴。

具体来说，有以下方面的内容：支持日本电影的创作，积极开展电影从业者研讨会等创作和交流活动，支持日本电影参展海外电影节、日本电影特辑在亚洲上映等日本文化的海外传播，以及通过制作短篇电影作品培养年轻电影创作者的人才培养事业

图表2-9-6　日本电影的振兴

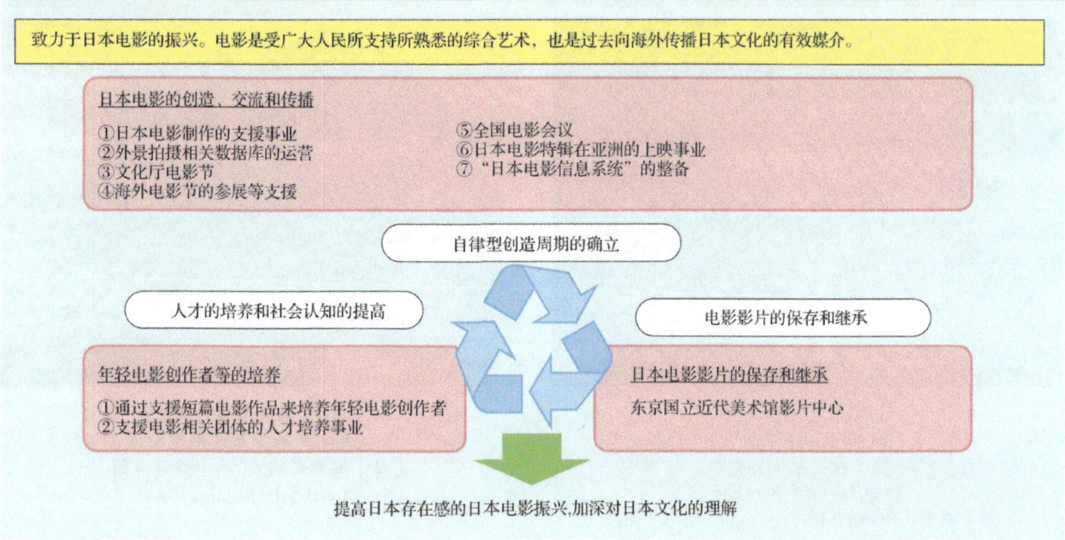

等，尤其在日本电影的创作方面，自2011年起，对国际合拍电影的制作予以支持，通过电影推进国际文化交流，振兴日本的电影事业。

另外，文化厅正在积极推进数据库的建设，通过提供日本电影的相关信息来促进电影产业的发展。

二、动画、漫画等媒体艺术的振兴

动画、漫画、游戏等媒体艺术深受国民喜爱。这不仅促进了新的艺术创作，激发了日本艺术创作的整体活力，还受到了海外的高度赞誉，增进了世界各国对日本的理解和关注。文化厅致力于进一步推动媒体艺术的振兴，以创作活动的支持、普及和人才培养等为重点，实施了各种援助措施。

其中一项重要措施"文化厅媒体艺术节"，开始举办于1997年，是一个媒体艺术的综合庆典。这个媒体艺术节分"艺术""娱乐""动画""漫画"四大门类，对这四类的优秀作品予以表彰的同时，还为更多人提供鉴赏获奖作品的机会。第20届获奖作品展于2017年9月举办，主会场是东京都涉谷区初台的NTT国际交流中心（ICC）和东京歌剧城市艺术画廊。另外，同年8月1日（周二）至10月5日（周四）举行的第21届参赛作品征集活动中，有来自世界98个国家和地区的4192个作品参与。除此之外，为了展出以往的获奖作品，提供鉴赏优秀媒体艺术作品的机会，还举办了媒体艺术节地方展（2017年举办了石垣岛展、爱知展和京都展），并开展海外媒体艺术节等相关活动。

此外，《中日和平友好条约》缔结40周年之际，于2018年3月6日至3月11日期间在中国福建省厦门市的闽南大戏院举办了文化厅媒体艺术节中国厦门展2018（CHARACTER）。

通过以上各项活动，向国内外传播了众多的优秀艺术作品。

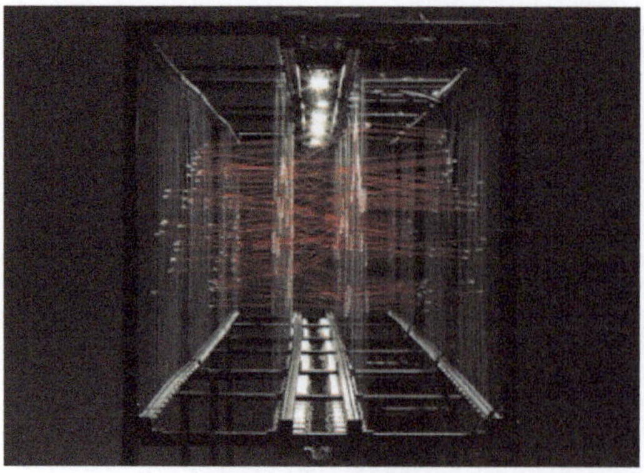

第20届艺术类大奖
Interface 媒体设备
［德］拉夫尔·贝克尔
© 2016 Ralf Baecker
照片来源：Bresadola+Freese,Drama Berlin

第20届娱乐类大奖
《真·哥斯拉》电影作品
［日］庵野秀明 /［日］樋口真嗣
© 2016 TOHO CO.,LTD.

第 20 届动画类大奖
《你的名字。》剧场版动画
[日]新海诚

第 20 届漫画类大奖
BLUE GIANT 单行本
[日]石冢真一

第四节

人类文化艺术活动与地方文化艺术的振兴

一、儿童文化艺术活动的推进

“第2期教育振兴基本计划”规定，“要支持中小学与博物馆、剧场、音乐厅等文化艺术团体的合作，为少年儿童提供更多接触一流文化艺术的机会。同时，还要为儿童提供接触地域传统文化的机会”。为了培养儿童的感知力，使儿童能接触到真正的文化艺术，更多地参与创作活动，得到更深切的感触和体验，文化厅具体采取了以下措施。

1. 通过文化艺术带动少年儿童培养事业

开展“文化艺术带动儿童培养事业”，提供近距离接触实际艺术演出的机会。使儿童在鉴赏优秀艺术演出的同时，获取文化艺术团体的技术指导，参与研讨会，并真正与相关团体同台表演。2017年，文化艺术团体主办的巡回公演共1834场，向2667所学校派遣了艺术家。

2. 传统文化亲子教室事业

文化厅支持传统文化的传承教育事业。民俗文艺、工艺技术、传统音乐、日本舞蹈、茶道、花道等传统文化和生活文化，对于向少年儿童提供长期的有计划的体验和学习的活动，文化厅均予以援助。2017年3552个团体的活动获得了援助。

3. 全国高中综合文化节

向高中生提供展示课余文化活动成果的机会，推进创作，加深交流。各都道府县与公益社团法人全国高中文化联盟共同策划，每年定期举办“全国高中综合文化节”（2017年7月31日至8月4日于宫城县举办）和“全国高中综合文化节优秀学校东京公演”（2017年举办于8月26日、27日）。此外，2017年新增了“全国高中生传统文化节”（12月17日于京都府举办）。

此外，为进一步充实高中阶段的课余文化活动，还举办了相关研修会，促进指导人员素质的提高。

二、残障人士文化艺术活动的推进

文化厅积极致力于丰富残障人士的文化艺术活动。为残障人士的优秀文化艺术作品在国内外进行公演和展示提供援助，支持电影作品无障碍字幕和音声指南的制作，为残障儿童学校的学生提供作品展出以及演出的场地。

另外，残障人士可以免费参观国立美术馆、国立博物馆的展览会。全国各地的剧场、音乐厅、美术馆、博物馆也为残障人士配备了无障碍卫生间及电梯等设施，进一步改善相关环境设施。

2017 日本 X 南特项目 Column No. 19

为了向世界展示日本身体障碍人士开展的优秀文艺活动成果，促进其向国内外普及，文化厅于2017年10月在法国南特实施了《2017 日本 × 南特项目》。在具体的实施过程中，举办了残障人士优秀艺术作品展览会，日本大鼓、石见神乐、舞蹈及戏剧等的公演，以及残疾人无障碍电影展映等活动。这是日本第一次尝试在海外举办展示残障人士们在多个领域取得的优秀文艺成果的活动。

在举办的名为“KOMOREBI”的展览会上，展出了42名作家约900件作品，三个月内约有55000人参观。参展者们纷纷感叹道：“第一次看到这么多日本残障人士的优秀艺术作品，真是令人感到惊讶！”大家都非常赞赏日本的文化和美学意识。此外还召开了主题为“艺术·关爱·公民权”的国际论坛，日本和法国的专家和表演者们分别在各个论坛上进行了演讲和讨论。通过这次论坛，向大家介绍了日本在支持残障人士从事文艺创作活动的政策，引起了各方关注。

通过本次项目的实施，加深了人们对日本文化艺术的理解，也提高了人们对于日本文化的评价。

瑞宝太鼓
（照片来源：大西畅夫）

戏剧公演（剧团）
（照片来源：松永育子）

三、支持地方文化艺术活动

为了方便普通百姓就近接触优秀的文化艺术、发展扎根于地方的文化艺术活动、振兴个性丰富的文化艺术、培育文化艺术发展所需的人才等，文化厅进一步谋求地方文化艺术的振兴。

1. 剧场、音乐厅等的有效利用

根据《有效利用剧场、音乐厅等的相关法令》以及《关于剧场、音乐厅等公共场所的有效利用方针》，对作为地方文化据点的剧场、音乐厅等举办的演出，专业人才培养以及普及开发事业文化厅予以援助，以此促进剧场、音乐厅更广泛地使用，同时积极推进以开发地方创造力和发展力为目的的“剧场、音乐厅有效利用事业的实施”（2017 财年实施 163 项）。

2. 推进文化遗产综合利用事业

利用日本丰富多样的文化遗产瑰宝，积极开展传统节日、传统艺能的公开展示。对开展培养文化继承人的活动、亲近古典艺术的活动、富有地域特色的综合性活动等，予以援助（2017 年实施 350 项）。

3. 国民文化节

为了提高国民参与文艺活动的热情，同时，扩大跨地区跨年龄的文化交流，每年都会举办“国民文化节”，这是一项各都道府县联合举办的全国规模的文化祭典活动（2017 年于奈良举办）。

4. 创建发展文艺创造平台

对公共团体在艺、产学官联合引领下为地域经济的可持续发展、创建共生社会所做的各方面的工作，以及地方公共团体有计划地利用地方文化资源开展文化艺术活动，文化厅予以大力支持。对全国各地为开展文化活动构筑相应文化政策推进体制的举措，予以支持（2017 年实施 139 项）。

四、推进文化艺术创意都市的建设

文化厅为激活文化艺术的创造性，积极推进“文化艺术创意都市”等活动，以此振兴产业、搞活地区经济。例如，2007 年制定了相关表彰制度，表彰将文化政策置于城市政策首位的地方公共团体。2017 财年决定将可儿市（岐阜县）、北九州市（福冈县）、熊本市列为受表彰的城市。此外，各地方公共团体协作创办“创意都市日本网（Creative City Network of Japan）”，文化厅也予以大力支持。2017 年还举办了创意都市政策研讨会和创意农村研讨会（德岛县神山厅）等活动。

第五节

文化遗产的保护和利用

文化遗产不仅是理解日本历史文化不可或缺的珍贵国民财产，也是日本未来向前发展必不可少的财富。作为未来地区建设的核心，文化遗产也是我们必须传承给下一代的。为此，文化厅基于《文化遗产保护法》，对文化遗产中重要的物品进行指定、选定、登记（图表 2–9–7，图表 2–9–8）。对文物的移动及出口进行一定的限制。另一方面，对有形文化遗产的保护修缮、防灾和采购，以及对于无形文化遗产传承者的培育和记录制作等事宜提供一定的经济补偿，以求文化遗产得到更好的保护。资助对民众公开的文化遗产设施的修缮，为国民提供更多通过展览等形式鉴赏文化遗产的机会。同时，对地方文化遗产的综合利用，文化厅也予以支持。

1. 文化遗产的有效利用

全国各地历时多年保存并流传下来的有形和无形的文化遗产，是当地的骄傲与自豪，也有益于促进旅游观光事业的发展。为此，进一步有效地利用文化遗产，并将其与促进区域发展联系起来极为重要。2017 年文化厅将继续推进《文化遗产综合利用·观光振兴发展战略计划》，对以信息传播、知识普及、自我提升、人才培养以及有效利用文化遗产为目的的修缮等，予以全面支持帮助。在更好地保护文化遗产的基础上，推进更有效的利用。

（1）促进文化遗产的利用及理解的战略 2020

根据 2016 年 3 月制定的《支撑日本未来的观光构想》，通过举办 2020 年东京奥林匹克运动会和残疾人奥林匹克运动会（以下简称“2020 年东京奥运会”），推进文化厅制定的《促进文化遗产的利用及理解的战略 2020》。以这些方针为基础，继续在全国建设以“日本遗产”为代表的、以文化遗产为内核的观光点 200 个；此外，推进文化资产的一体化、整体利用，为外籍人士提供更好的解说服务，提升文化遗产质量等，通过这一系列的举措，进一步促进文化遗产的综合利用。

（2）文化遗产的多语种解说水平的提高

文化遗产是理解日本历史和文化不可或缺的重要手段，充分发挥其作为观光资源的价值，为访日外国游客充分感受文化遗产的魅力提供良好环境，是非常重要的。2017 年 9 月，根据有识之士在会议上的意见和建议，对增强文化遗产面向世界的传播力的相关提议进行了汇总整理。此外，从 2018 年开始，为了加深访日外国游客对文化遗产的理解，提高他们在各地文化体验中的满意度，针对文化遗产的多语种解说问

图表2-9-7 文化遗产保护体系

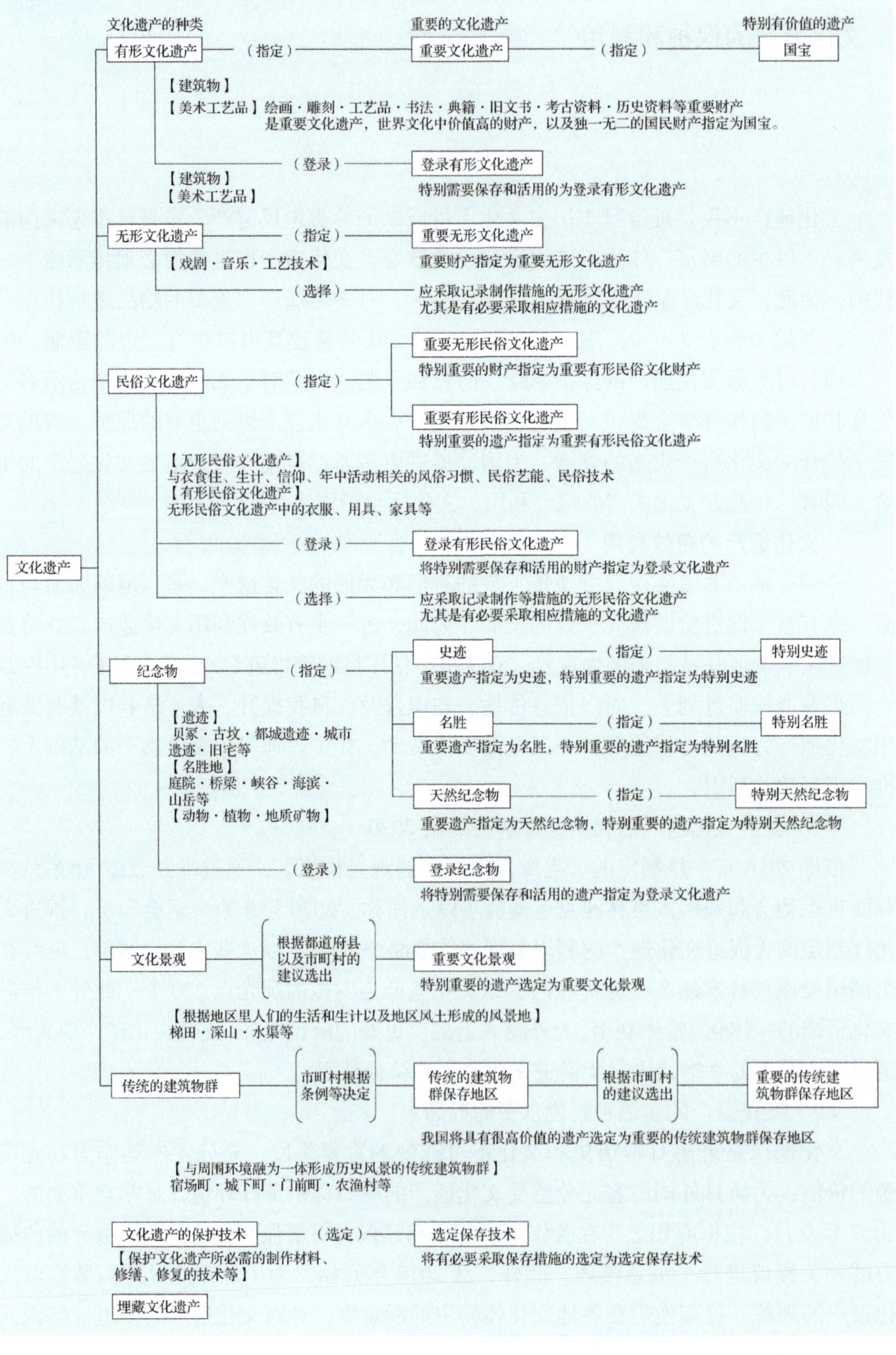

图表2-9-8 文化遗产指定等件数

文化遗产指定等件数　　　　2018年3月1日目前

【指定】

1.国宝重要文化遗产

种类/区分		国宝	重要文化遗产
美术工艺品	绘画	160	2,017
	雕刻	134	2,701
	工艺品	253	2,457
	书法·典籍	227	1,909
	古文书	61	764
	考古资料	47	633
	历史资料	3	205
	计	885	10,686
建筑物		(284) 225	(4,959) 2,480
合计		1,110	13,166

注：重要文化遗产的件数包括国宝的件数

2.名胜史迹天然纪念物

特别史迹	62	史迹	1,805
特别名胜	36	名胜	410
特别天然纪念物	75	天然纪念物	1,027
计	173（163）	计	3,242（3,128）

注：史迹名胜天然纪念物的件数包括特别史迹名胜天然纪念物的件数。
　　史迹名胜天然纪念物中存在重复指定，（　）里面表示实际指定件数。

3.重要无形文化遗产

	各个认定		保持团体等认定	
	指定件数	保持者数	指定件数	保持团体等数
艺能	39	57（57）	14	14
工艺技术	39	58（57）	16	16
合计	78	115（114）	30	30

注：保持者中存在重复认定，（　）里面表示实际人员数量。

4.重要有形民俗文化遗产　220 件

5.重要无形民俗文化遗产　303 件

（选定）

1.重要文化景观　61 件

2.重要传统建筑物群保存地区　117 地区

3.选定保存技术

选定件数	保持者		保存团体	
	件数	人数	件数	团体数
71	46	56	33	35（32）

注：保存团体中存在重复认定，（　）内表示实际团体数。

【登录】

1.登录有形文化遗产（建筑物）　11,502 件

2.登录有形文化遗产（美术工艺品）　14 件

3.登录有形民俗文化遗产　42 件

4.登录纪念物　106 件

题，进行了全新的、更加先进的、更高水平的开发建设。同时，进一步推进协调相关观光政策。

2. 有形文化遗产的保存和利用

建筑、绘画、雕刻、工艺品、书法、典籍、古文书以及其他有形的文化遗产和考古资料、历史资料，在历史、艺术、学术方面具有很高的价值。我们把这些具有很高价值的文化产物统称为“有形文化遗产”。除建筑以外，其他均统称为“美术工艺品”。

（1）国宝和重要文化遗产的认定等

文化厅将有形文化遗产中重要的物品指定为“重要文化遗产”，把对世界有着极高价值的重要文化遗产指定为“国宝”，重点加以保护。此外，近年来，一些社会评价高的近代有形文化遗产，受国土开发和生活方式改变等因素影响，面临消失的危险。对这样的近代有形文化遗产，通过登记造册等柔性措施，提供适当的保护（图表 2–9–9，图表 2–9–10）。

（2）保存、有效利用的措施

在日本的有形文化遗产中，木材等植物性材料做成的物品居多。保存、管理这些物品，不仅需要定期修理，还需有防灾对策。原则上来说，这些工作都是有形文化遗产的所有者需要承担落实的。鉴于这些措施大多需要高额经费，国家也予以一定的补助。

①建筑物

为避免建筑物受地震损害而进行的抗震诊断和抗震加固工程，文化厅予以资助。此外，为了保护环境，避免建筑物受火灾等损害，对购置火灾报警设备、避雷设备、灭火设备、防盗设备，以及对易造成危险的树木实施保护措施等，政府也提供资助。同时，对属于文化遗产的森林木材等也积极予以保护。修缮文化遗产建筑所需的特殊原材料，如深山木材（特别是大直径材料、高档材料等难以从市场上采购的木材）、柏皮、茅、漆等，需确保有稳定的供给。同时，积极培养熟练工人，加深他们对材料重要性的理解，提高对保存和修理观念、方法的认知。围绕保存、修缮方法等举办公展，开展相关的普及教育活动。

为了进一步使这些作为文化遗产的建筑物得到充分有效的利用，对典型事例进行推广宣传，同时还通过 NPO 法人对文化遗产建筑进行管理。

②美术工艺品

为了保护美术工艺品免受因灾害和盗窃造成的损毁，文化厅通过制定指南和开办讲习班等有效措施，提高人们防灾和预防犯罪的意识。此外，对于有可能流失到海外的国宝和重要文化遗产，采取国家购买的形式予以保护。同时，为了防止珍贵艺术品流失海外，在出口古代美术品的时候，需鉴别其是否属于国宝或重要文化遗产，由文化厅出具《古代美术品输出鉴定证明》（2017 年出具 3646 份）。此外，为了促进美

图表2-9-9　2017年国宝、重要文化遗产（美术工艺品）的指定

○国宝（美术工艺品）
2017年9月15日指定（共计7件）

<雕刻部分>
- ·铜造释迦如来倚像（一尊）
- ·木造维摩居士坐像（一尊）
- ·木造大日如来坐像（一尊）
- ·木造不动降三世明王坐像（二尊）

<书法·典籍部分>
- ·法华经久能寺经（四卷）
- ·宋版一切经（六千百二帖）

<古文书部分>
- ·平城宫迹出土木简（三千百八十四点）

<考古资料部分>
- ·奈良县东大寺山谷坟出土品（一括）

○重要文化遗产（美术工艺品）
2017年9月15日指定（共计37件）

<绘画部分>
- ·纸本墨画鸟兽人物戏画甲卷断简（一幅）
- ·纸本金地著色松图（六曲屏风）（一只）
- ·娟本著色一体宗纯像（一幅）
- ·娟本著色兜率天曼荼罗图（一幅）
- ·娟本著色日亲像（□狩野正信笔）（一幅）
- ·娟本著色三十三观音图（明兆笔）（三十一幅）
- ·娟本著色涅□变相图（一幅）

<雕刻部分>
- ·木造千手观音坐像（一尊）
- ·木造不动明王立像（一尊）
- ·木造阿弥陀如来及两旁侍坐像（三尊）
- ·木造神像（十一尊）
- ·木造随身立像（四尊）

<工艺品部分>
- ·黑红纶子地菊水文样小袖（一套）
- ·割高台茶碗（一个）
- ·白磁蝶牡丹符文大瓶（三代清风兴平作）（一个）
- ·花鸟莳绘螺钿酒器（六瓶）
- ·三彩（一个）

<书法·典籍部分>
- ·万叶集（纪州本）（二十帖）
- ·密要抄（六百四点）
- ·高丽版一切经（三卷，二帖，千十六册）

<古文书部分>
- ·贺茂御祖神社绘图（一副）
- ·中院一品记（亲笔书十一卷）（古抄本两卷）（十三卷）
- ·妙法院文书（七百二十九封）（四十二卷，二十一册，二帖，十四幅，四百三十一，二十七枚，二双，一包）
- ·观修寺文书（九百三十五封）（八十六卷，二十四册，一百二十九封，三缀）

<考古资料部分>
- ·茨城县泉坂下遗迹出土品（一括）
- ·枥木县甲冢古坟出土品（一括）
- ·群马县下宿遗迹出土品（一括）
- ·东京都野毛大冢古坟出土品（一括）
- ·石棒（四个）
- ·福冈县博多遗迹群出土品（一括）
- ·熊本县方保田东原遗迹出土品（一括）

<历史资料部分>
- ·陆奥国仙台领元禄国绘图关系资料（二百六十五点）
- ·明国剳付（前田玄以宛）（一幅）
- ·六一四一号电车（1914年，铁道院新桥工厂制）（一辆）
- ·东京地铁道一〇〇一号电车（1927年，日本车辆制股份有限公司制）（一辆）
- ·日本丸（1930年，股份有限公司川崎造船所制）（一艘）
- ·大日本史编纂记录（二百四十八册）
- ·犬追物关系资料（鸟津家传入）（六百六十五点）

国宝　奈良县东大寺山古坟出土品
（国立文化财产机构）

术工艺品更有效发挥作用，对展示国宝、重要文化遗产的展览会提供援助，还支持国宝、重要文化遗产在文化厅组织的展览中展出，鼓励博物馆租借国宝、重要文化遗产。

为了掌握国宝、重要文化遗产（美术工艺品）的现状，文化厅在2014年进行了两次调查，并且公布了结果。之后在2016年又进行了追踪调查。在追踪调查的所有1.524万件文化遗产中，所在地不明的文化遗产有164件，有必要追加确认的文化遗产有56件。目前，对所在地不明的文化遗产以及有追加确认必要的文化遗产继续追踪，同时

图表2-9-10 2017年国宝、重要文化遗产（建筑物）的指定

国宝（建筑物）		
名称	所在地	指定年月日
专修寺御影堂	三重津市	2017年11月28日
专修寺如来堂	三重县津市	2017年11月28日
重要文化遗产（建筑物）		
旧双叶幼儿园园舍	北海道带广市	2017年7月31日
大雄寺	栃木县大田原市	2017年7月31日
旧内田园住宅	爱知县多郡南知多町	2017年7月31日
听竹居（旧藤井厚二自邸）	京都府乙训郡大山崎町	2017年7月31日
观心寺恩赐讲堂	大阪府河内长野市	2017年7月31日
旧和歌山县会议事堂	和歌山县岩出市	2017年7月31日
白峰寺	香川县坂出市	2017年7月31日
本河内水源地水道设施	长崎县长崎市	2017年7月31日
玉御殿	冲绳县岛尻郡伊是名村	2017年7月31日
旧池田家住宅洋馆	秋田县大仙市	2017年11月28日
旧久迩宫邸（圣心女子大学）	东京都涩谷区	2017年11月28日
旧石川县第二中学校本馆	石川县金泽市	2017年11月28日
北口本宫富士浅间神社	山梨县富士吉田市	2017年11月28日
旧松本区裁判所厅舍	长野县松本市	2017年11月28日
松殿山庄	京都府宇治市	2017年11月28日

国宝　专修寺御影堂·同如来堂（三重县津市）
（照片来源：专修寺）

重要文化财产　旧双叶幼儿园园舍（北海道带广市）

还制定了相应措施，以防类似事情的再次发生。

3. 非物质文化遗产的保存和利用

戏剧、音乐、工艺美术等无形文化产品被称为“非物质文化遗产”。对日本而言，非物质文化遗产具有很高的历史价值和艺术价值。非物质文化遗产是人类共同的“作品”，需要通过高度认知和熟悉这些“作品”的专业人士将其展示出来。

（1）重要非物质文化遗产及其持有者的认定

文化厅将非物质文化遗产中重要的东西指定为“重要的非物质文化遗产”，同时将那些高度认知和熟悉这些“作品”的人或团体，认定为“持有人”或“持有组织”

图表2-9-11　2017年重要非物质文化遗产的认定

2017年10月2日　认定

○艺能部
·能杂子方小鼓　　大仓　源次郎
·组踊音乐太鼓　　比嘉　聪
·木偶净琉璃　文乐木偶　　荻野　恒利（艺名：吉田　和生）

○工艺技术部
·小石原烧　　福□　善三（艺名：福岛　善三）

重要非物质文化遗产“小石原烧”　持有者：福岛　善三

（图 2-9-11）。该认证分“个人认证”（该持有人即所谓“人间国宝”）和“综合认证”两种。后者是指由两个或两个以上的人以团体形式在舞台上共同完成基项“技艺”的团体认证。

此外，“持有组织认证”针对的是一个组织，其重要非物质文化遗产的个人色彩薄弱。由于拥有“作品”的人数众多，因此，只对其中的主要成员以团体形式加以认证。

（2）保存和利用的举措

文化厅对认定为重要非物质文化遗产的个人持有者提供特别补助金，用以帮助持有者磨炼提升技艺和培养继承者。同时，对重要非物质文化遗产的综合持有者及团体也提供相应补助，对其进行的继承者培养、公开表演、展示等事业予以支持。为了永久继承并保护那些价值很高的重要非物质文化遗产（工艺技术），文化厅向持有者购买非物质文化遗产以及相关资料，运用影像技术记录其“作品”并进行公开展览。

4. 民俗文化遗产的保护与利用

与衣食住、生计、信仰、年中庆典活动等有关的风俗习惯、民俗艺能、民俗技艺，以及其所需服饰、器具、住房、其他物件等，是理解日本国民生活发展变化不可或缺的东西。我们称之为“民俗文化遗产”。民俗文化遗产又分为有形和无形。

（1）重要的有形、无形民俗文化遗产的认定等

文化厅将有形、无形文化遗产中特别重要的部分认定为“重要有形民俗文化遗产”和“重要非物质民俗文化遗产”（图表 2-9-12），并加以保护。对于其他有形民俗文化遗产中特别需要保存和利用的，将其登记为“备案有形民俗文化遗产”。同时，将特别需要记录在案的，选定为“应采取记录在案的非物质民俗文化遗产”。

（2）保存、利用的举措

民俗文化遗产是以日常生活为根基的。近年来受社会结构的巨变和生活方式的改变，民俗文化遗产存在被改造和衰落的风险。为了保护那些被指定为重要有形民俗文

图表2-9-12 2017年无形民俗文化遗产的指定

2018年3月8日指定
○重要无形民俗文化遗产（共计6件）

松前神乐
秩父吉田的龙势
村上祭的屋台祭
浦佐毗沙门佛堂的裸押合礼
轮岛海女的捕鱼技术
胜手神社的祭神舞

重要无形民俗文化遗产 秩父吉田的龙势

化遗产的服装、器具、房屋等，文化厅不仅在管理、维修以及保护、利用设施的建设方面予以资助，还在重要的非物质民俗文化遗产的传承人培养以及用品修理、重新购置等方面予以补贴。此外，文化厅对于选定的非物质民俗文化遗产中，特别容易发生变化、面临衰亡危险的部分，有计划地运用映像技术进行保存、保护。

5. 纪念物的保存和利用

贝冢、古坟、都城遗迹、古城城址、老宅以及其他遗迹，有着极高的历史价值和学术价值。而庭园、桥梁、峡谷、海滨、山岳以及其他名胜，有很高的艺术、鉴赏价值。此外，还有具有极高价值的动植物、地质矿物。我们把这些统称为“纪念物”。

（1）历史遗迹、名胜、天然纪念物的认定

在纪念物中，文化厅将遗迹认定为“历史遗迹”，将名胜地认定为“名胜”，将动物、植物、地质矿物认定为“天然纪念物”。其中特别重要的东西认定为“特别史迹”“特别名胜”和“特别天然纪念物”。

随着地区发展和生活方式的急剧变化，有些纪念物面临保存困难。对此，采用登录造册的办法进行适当保护。登录造册的纪念物一般分作“遗迹相关”“名胜地相关”和“动植物以及地质矿物相关”三种。

（2）保存、利用

对那些在历史上、学术上价值很高的史迹，文化厅出资援助其所有者和管理团体制订相关保护利用计划，对其实施的相关修缮也予以资助。同时，以资助相关地方公共团体的形式，推进历史遗迹的公有化。

6. 文化景观的保护及利用

石砌梯田的村落、交通枢纽处的集镇、河川流域的土地利用等，这些体现当地居民生活、生计以及风土人情的景观，是理解日本国民生计、生活必不可少的东西。我们称之为“文化景观”。

（1）重要文化景观的选定

拥有文化景观的都道府县以及各市町村为了更好地保护和利用文化景观，都在积极制定基于《景观法》的景观规划、条例和文化景观保护计划。根据各地政府的申请，文化厅将这些文化景观中特别重要的选定为“重要文化景观”（图 2-9-14）。

（2）保存、利用的方法

文化厅对地方公共团体进行的文化景观保存调查，以及制订文化景观保存、繁荣

图表2-9-13　2017年的名胜古迹、天然纪念物的指定以及登录纪念物的登录

○特别史迹
2017年10月13日指定
加曾利贝冢

特别史迹　加曾利贝冢

犬山城遗迹
由意寺遗迹
津和野藩主龟井家墓所附龟井兹矩墓
石见银山街道
出云国山阴道遗迹

史迹　犬山城遗迹

○天然纪念物
2017年10月13日指定
秦滨
2018年2月13日指定
布田川断层带
日向岬的柱状节理由

天然纪念物　布田川断层带

○史迹
2017年10月13日指定
入泽遗迹
瓦冢窑遗迹
泉坂下遗迹
山野贝冢
陆军板桥火药制造所遗迹
利神城遗迹
都冢古坟
八幡滨街道笠置□越
幅原长者原官衙遗迹
三云・井原遗迹
城久遗迹
2018年2月13日指定
样似山路
猿留山路
幡罗官衙遗迹群
幡罗官衙遗迹
西别府祭祀遗迹
兴道寺废寺遗迹
二俣城遗迹和鸟羽山城遗迹

○名胜
2017年10月13日指定
汤畑
江马氏馆遗迹庭园
樱井氏庭园
星森（横峰寺石锤山遥参拜场所）
天念寺耶马和无动寺耶马
鹈户
2018年2月13日指定
烟云馆庭园
旧广濑氏庭院

名胜　汤

○登录纪念物
2017年10月13日登录
遗迹关系
曾屋水道
南海地震德岛县地震海啸碑
冲绳县铁路与那原站遗迹
名胜地关系
宇都宫大学庭园
光台院书院庭园
2018年2月13日登录
遗迹关系
槵积桥
名胜地关系
平田氏庭园

图表2-9-14　2017年重要文化景观的选定

2017年10月13日选定
阿苏的文化景观
　阿苏北外轮山中部草原景观
阿苏的文化景观
　南小国町西部草原和森林景观
阿苏的文化景观
　涌盖山麓的草原景观
阿苏的文化景观
　产山村的农村景观
阿苏的文化景观
　根子岳南麓的草原景观
阿苏的文化景观
　阿苏山南西部的草原和森林景观
阿苏的文化景观
　阿苏外轮山西部的草原景观

2018年2月13日选定
最上川上流长井的市区景观
葛饰柴又的文化景观
智头的林业景观

重要文化景观　葛饰柴又的文化景观

计划，召集各地居民参加研讨会，普及、提升认识，修缮重要文化景观等活动，予以大力资助。2017年，对21项重要的文化景观中涉及文化景观重要构成要素的相关活动，如房屋的修理、遭受自然灾害后的修缮修复、便民设施的建设、导视图等展板的设置等，文化厅提供了相应资助。

7. 传统建筑物群的保护和利用

城下町、驿站街、门前町、农村集落等，和周围环境浑然一体，这些具有历史特色、价值很高的古老建筑物群，我们统称其为“传统建筑物群”。

（1）重要传统建筑物群保护地区的选定

拥有传统建筑物群的市政当局，为了保护传统建筑，也为了保护和传统建筑和谐相融的周边环境，划定了“传统建筑物群保护区”，制定了有关传统建筑物群现状变更的规章制度，积极致力于历史村落及街景的保护和利用。基于各市町村的申请，文化厅将日本传统建筑物群保护区中价值很高的选定为“重要传统建筑物群保护区”（图2-9-15）。

（2）保护、利用的方法

在重要的传统建筑物群保护区，对传统建筑物的修缮、传统建筑物之外的其他建筑物的修缮、与传统建筑物群形成一体的环境的整治、为制订防灾计划进行的调查、防灾设施、设备的设置、建筑物及土地的公有化等事业，也提供相应资助。

8. 对文化遗产保存技术的保护

我们必须把日本孕育固有文化并保存流传至今的文化遗产代代传承下去。为此，文化遗产的修缮技术以及所需材料、工具的制作技术等都是不可或缺的，我们将这些技术统称作“文化遗产的保存技术”。

图表2-9-15　2017年重要传统建筑物群保护地区的选定

名称	所在地	选定年月日
养父市大屋町大衫传统建筑群保存地区	兵库县养父市	2017年7月31日
福山市□町传统建筑群保存地区	广岛县福山市	2017年11月28日
杵筑市北台南台传统建筑群保存地区	大分县杵筑市	2017年11月28日

杵筑市北台南台传统建筑群保存地区

文化厅为了更好地保护这些技术，特将文化遗产保存技术中必须实施保护措施的技术指定为“选定保护技术”，同时将那些熟知“技术”的人，认定为“持有者”，将开展技术保护活动的团体认定为“保存团体”。

9. 对“埋藏文化遗产”的保护

“埋藏文化遗产”（埋在地下的文化遗产）展示了曾经生活在那片土地上的人们的生活面貌，也是深深镌刻在那片土地上的历史和文化。

为了保护埋藏文化遗产，对已经明确为“文化遗产埋藏”（全国约46.8万件）的土地进行开发使用时，需提前进行确认遗迹的试掘、调查等工作。对那些积极实施了保护措施但依然无法保存遗迹现状的不得已的情况，须制作遗迹记录，对其进行保护性发掘调查（记录保护调查）。此外，为了更好地保护当地重要遗迹，有时也需要展开发掘调查（保护目的调查等）。

现在，全国每年大约进行8000项发掘调查，取得了丰硕的成果。文化厅为了将成果更快、更加深入浅出地告知给国民，每年都会举办“被发掘的日本列岛”展。在第23届，也就是2018年的展览会上，东京都江户东京博物馆、八户市埋藏文化遗产中心是川绳文馆・三重县综合博物馆・安城市历史博物馆・壹岐市立一支国博物馆联合举办了巡回展。

为了能更好地保存水中的埋藏文化遗产，文化厅对其保护方法也制定了指导方针，以“水中遗迹调查讨论委员会”的讨论内容为基础，于2018年10月汇总出台了关于水中遗迹保护方法的报告书[1]。

2017年举办的“日本列岛发掘物2017”中主要展示品。

押出遗迹出土彩漆土器神明遗迹出土铜铎

10.“历史文化基本构想”的普及、促进

近年来，地方人口减少和少子老龄化现象日益严重，孕育维系着文化遗产的地方社会也发生了巨大改变，使得文化遗产的传承变得越来越困难。在这种情况下，各地将周边环境文化遗产进行共同保护、有效利用，就显得十分重要。为此，各地方政府结合当地文化遗产及周边环境特点，策划了相应的“历史文化基本构想”。这个构想不仅能更好地保护文化遗产，还对发挥文化遗产优势，搞活当地经济有益。文化厅正积极致力于该构想的进一步落实。

此外，各市村町为了让当地人的生产生活与这些建筑物相融合，创建良好的城市环境，制订了《历史风景维持改善计划》。文化厅基于《地域历史景观维护及改善相关法律》（通称：历史城镇建造法），与国土交通省和农林水产省一起，对该计划进行共同审核。对于获得认定资格的市町村予以重点支持。

11. 古坟壁画的保护和利用

日本目前只确认了两例彩色古坟壁画——高松冢古坟壁画和龟虎古坟壁画，正在依据《国宝高松冢古坟壁画临时修理设施》及《龟虎古坟壁画保存管理设施》，对其进行修复保护和开发利用。

修复完成后的龟虎古坟壁画，现保存在国营飞鸟历史公园龟虎古坟周边地区的龟虎古坟壁画保存管理设施内（龟虎古坟壁画体验馆“四神之馆”内），每年定期举办公开展。今年的四次公开展示期间（111天），参观人数共计3.8078万人次。

高松冢古坟壁画修复后，决定在相当长的一段时期于古坟以外的合适的地方进行保管、公开展示。围绕完成了壁画修理的古坟的使用问题，以及壁画、石室的暂时保存、管理及公开方法、展示场所等问题，正在进行一系列的讨论。壁画的修理预计还需要两年左右。为了配合龟虎古坟壁画的公开展，国宝高松冢古坟壁画在修理期间，也曾

1 参照 http://www.bunka.go.jp/seisaku/bunkazai/shokai/pdf/r1392246_01.pdf。

先后四次公开展示了修理作业室，28 天里共计有 9661 人参观。

12. 世界遗产和非物质文化遗产

（1）世界遗产

《世界遗产公约》（《保护世界文化遗产和自然遗产公约》）旨在保护具有显著价值的文化遗产和自然遗产，避免全人类的遗产受到损伤和破坏等威胁。1972 年该公约在联合国教科文组织[1]大会获得通过，日本于 1992 年签署了该公约。截至 2018 年 3 月底，该公约的缔约国达 193 个。

世界遗产委员会每年召开一次，基于缔约国的举荐及咨询机构评审结果，将具有显著价值的文化遗产和自然遗产记入世界遗产一览表中。截至 2018 年 3 月末，已经记录了 1073 件遗产（文化遗产 832 件，自然遗产 206 件，复合遗产 35 件）。

2017 年 7 月，日本推荐的"神宿岛宗像、冲之岛关联遗产群"通过了世界遗产委员会的审议，被认定为日本第 21 个世界遗产（图表 2-9-16）。

图表2-9-16 日本的世界遗产一览表

	记载物件名	所在地	记载年份	种类划分
①	法隆寺地域的佛教建筑物	奈良县	1993	文化
②	姬路城	兵库县	1993	文化
③	屋久岛	鹿儿岛县	1993	自然
④	白神山地	青森县、秋田县	1993	自然
⑤	古都京都的文化财产（京都市、宇治市、大津市）	京都府、滋贺县	1994	文化
⑥	白川乡・五个山的人字形木屋顶建筑聚落	岐阜县、富山县	1995	文化
⑦	原子弹半圆形屋顶建筑	广岛县	1996	文化
⑧	严岛神社	广岛县	1996	文化
⑨	古都奈良的文化财产	奈良县	1998	文化
⑩	光日社寺	栃木县	1999	文化
⑪	琉球王国城以及相关遗产群	冲绳县	2000	文化
⑫	纪伊山地的灵场和参拜道	三重县、奈良县、和歌山县	2004	文化
⑬	知床	北海道	2005	自然
⑭	石见银山遗迹和它的文化景观	岛根县	2007	文化
⑮	小笠原诸岛	东京都	2011	文化
⑯	象征平泉——佛国土（净土）的建筑、庭园和考古学遗迹群一	岩手县	2011	自然
⑰	富士山——信仰的对象和艺术的源泉	山梨县、静冈县	2013	文化
⑱	富冈制丝场和丝绸产业遗产群	群马县	2014	文化
⑲	明治日本的产业革命遗产制铁・制钢・造船・石灰产业	福冈县、佐贺县、长崎县、熊本县、鹿儿岛县、山口县、岩手县、静冈县	2015	文化
⑳	国立西洋美术馆（勒・柯布西耶的建筑作品——对近代建筑运动的显著贡献）	东京都（其他还有法国、德国、瑞士、比利时、阿根廷、印度）	2016	文化
㉑	"神宿岛"宗像・与冲之岛有关的遗产群	福冈县	2017	文化

目前，日本还推荐了"长崎和天草地方的潜伏天主教关联遗产"和"百舌岛、古市古坟群"申请世界文化遗产，预计分别于 2018 年夏以及 2019 年由世界遗产委员会

1 参照第二部第十章第三节。

进行审定。

（2）非物质文化遗产的保护

在世界许多地区，随着社会的变化和生活方式的改变，许多非物质文化遗产面临衰退和灭绝的危险。2003 年教科文组织大会通过了《保护非物质文化遗产公约》，并于 2006 年 4 月 20 日生效。日本在 2004 年成为第三个缔约国。截至 2018 年 2 月底，176 个国家成为该公约的成员。公约规定，建立人类非物质文化遗产清单，建立保护非物质文化遗产的国际合作和援助制度，并对缔约方应采取的必要措施做了明确规定。

从 2008 年开始，日本坚持每年对一览表提出相关议案。2016 年 11 月，"山、鉾、屋台行事"被记入一览表，日本目前载入件数已经达到了 21 件（图表 2-9-17）。

图表2-9-17 《代表一览表》中记载的日本非物质文化遗产

名称	记载年份	名称	记载年份
能乐	2008	题目立	2009
木偶净琉璃	2008	阿伊努古式舞蹈	2009
歌舞伎	2008	组舞	2010
雅乐	2009	结城　丝织物	2010
小千谷缩、越后上布	2009	壬生的插秧节	2011
甑岛列岛的来访神	2009	佐陀肋能	2011
奥能登祭礼	2009	那智的田乐	2012
早池峰神乐	2009	日式料理：日本人的传统饮食文化	2013
秋保的田植舞	2009	和纸：日本的手抄和纸技术	2014
三浦市小正月祭礼	2009	山、鉾、屋台行事	2016
大日堂舞乐	2009		

文化审议会和非物质文化遗产保护条约相关省厅联络会议决定，2017 年向联合国教科文组织提出将《传统建筑工匠技术：木制建筑的继承》纳入非物质文化遗产一览表的申请。

此外，2017 年 3 月，日本向联合国教科文组织提交了《来访神：仮面仮装之诸神》的申请，是否能载入代表一览表，要看 2018 年 11 月至 12 月路易港（毛里求斯）举办的第 13 次政府间委员会的裁决。

13. 宣传日本遗产的魅力

文化厅于 2015 年建立了一个体系，把那些结合当地历史景点和特色讲述日本文化和传统的故事，认定为"日本遗产"。预计到 2020 年将认定大约 100 项日本遗产。

2017 年，日本遗产审查委员会通过审议，确定了 17 项遗产（图表 2-9-18）[1]。到目前为止认定的日本遗产共计 54 项。针对认定地区的以下事业：①内容制作和导游培养等信息发布和人才培养；②文化传统故事的普及；③调查研究；④介绍展板的设

1　2015 年、2016 年的认定一览表参照：http://www.bunka.go.jp/seisaku/bunkazai/nihon_isan/ichiran.html。

图表2-9-18 2017《日本遗产》（Japan Heritage)认定一览表

号码	都道府县名	故事标题
1	北海道	江户所没有的江差的五月-靠鲱鱼为生的小镇
2	山形县、北海道、青森县、秋田县、新泻县、石川县、福井县	历经艰辛的男人们编制的异空间之梦～北前船的停泊港、船主的聚落～
3	山形县	日本近代化原风景城市鹤岗
4	埼玉县	支撑和服文化发展的日式短布袜城市行田
5	兹贺县、三重县	忍者之乡，伊贺、甲贺——寻找真实的忍者
6	京都府	300年丝绸纺织地丹后回廊
7	大阪府、奈良县	拥有1400年悠久历史的“最古老国道”～竹内街道·横大路（大道）～
8	兵库县	贯穿播但银质马车路矿石路～追溯资源大国日本记忆73km的车轮痕迹
9	和歌山县	绝景的宝库和歌之乡
10	和歌山县	“最初的一滴”酱油酿造的发源地济州汤浅
11	岛根县	日落圣地出云国～欣赏创造神仙之地的日落～
12	冈山县	从一朵棉花开始的仓敷物语～制造和洋的纤维之城～
13	冈山县、福井县、爱知县、滋贺县、兵库县	让人想恋爱的六古窑——土生土长的陶瓷器产地
14	高知县	从森林铁道开始到另一条路 ——绚丽多彩的南国土佐·中艺地域的景观和饮食文化
15	福冈县、山口县	关口“怀乡”海峡～停车场近代化记忆～
16	熊本县	大米制作两千年大地记忆～菊池川流域《今夕〈水稻〉物语》～
17	大分县	耶马溪游览～描绘大地山水的绘卷～

置等公共设施的完善等，予以必要的财政支持，助力区域发展。

2017年7月，各认定地区齐聚京都举办了“日本遗产峰会”（约2.2万人参加），通过各个展台，充分展示了各地的文化遗产魅力。此外，9月份在东京举办的“日本观光旅游博览会”（国内外约有19万人参加）上，还开设了文化厅展台，提高日本遗产的认知度。此外，我们正在积极扩大日本遗产的品牌影响力，派遣日本遗产指导人员，为每个地区提供量身定制的帮助，根据每个认证地区的问题提供有针对性的建议。

另一方面，因各认证地区工作开展的情况不同，必须根据实际状况推进工作。通过召开外部有识之士组成的日本遗产追踪调查委员会会议，对各认定地域做出评价，同时也指出必要的改善点。这样一来，各认定地域对于自己的问题有了更清晰的认识，也重新审视了今后的发展目标，更好地促进日本遗产的有效利用，激活地区发展。

今后，将继续开展上述措施，对借力日本遗产振兴区域发展，予以支持。同时，也进一步扩大日本文化的海外传播。

第六节

美术馆、历史博物馆、剧场等的振兴

一、美术馆、历史博物馆、剧场等的振兴

文化厅希望美术馆、历史博物馆能够成为当地居民进行文化艺术活动和学习的场所，同时也成为增强日本和海外文化艺术传播的基地。为此，对美术馆、博物馆提供人才培养等方面的援助。

此外，为了提高美术馆、博物馆馆员的专业知识和技能，充实美术馆和历史博物馆的活动内容，在国家美术馆、博物馆等的合作下，举办企划展览研讨会等各种培训活动。为了提高负责美术馆、历史博物馆管理和运营、教育普及等专业部门职员的资质，还开展了一系列的博物馆经营管理、博物馆教育普及和专家研修活动。

守护“未来”的和歌山项目
和歌山“文化遗产的守护队”

Column No. 20

结合文化厅的“地域核心美术馆、历史博物馆的支持事业”，和歌山县立博物馆与和歌山工业高校以及和歌山盲人学校进行合作，制作、企划和展示“可触摸的复制品”以及“触摸阅读的图鉴”，受到当地居民的好评。

工业高中的学生正在修复三次元数据

根据 3D 打印机制作的佛像图片（也可灵活运用于文化遗产的防盗和防灾）

触摸阅读的图录

此外，为了应对未来可能发生的地震，通过调查找寻祖先留下的“灾难记忆”和文化遗产的所在地，以区域总动员的形式，将传承与防灾活动结合起来。文化厅对此类活动予以支持。以和歌山县立博物馆为中心，联合当地市政府的防灾部门、教育委员会、中学、自愿防灾组织等机构，在中学阶段的“综合学习”课程中实施调查，面向全地区公布了调查结果。

调查、中学的综合学习以及地域学习会的成果发表展示

二、延长国立美术馆、博物馆的开馆时间

国立美术馆、博物馆从2016年9月开始延长开馆时间，每周两次夜间开放（周五、周六夜间延长到8点，东京国立博物馆从2017年4月开始夜间延长到9点）。此外，配合延长夜间开馆时间的举措，举办了音乐会、室外电影等各种体验型活动。

三、引入艺术品赔偿制度等

基于《展览会的艺术品损害赔偿相关法》，从海外等租借来的艺术品受到损害的情况下，根据《艺术品赔偿制度》，这些损失由政府进行赔偿。自这个制度创立以来，2018年3月末到现在，已经有30个展览会上的损坏艺术品得到了赔偿。根据艺术品赔偿制度，展览会主办者的保险金负担减轻了，预计今后能够在全国范围内持续、稳定地举办更多的优秀展览会。

此前，因强制执行等禁止措施的限制，有些海外展品无法获得担保，导致这些海外艺术品借入困难。如今，根据《促进海外艺术品等在日本公开展览的相关法律》，借入困难的海外艺术品展已成为可能。2017年依据该法，10件作为展览会公开展览品租借的艺术品获得认定。

四、注册艺术品制度

根据《美术馆中艺术品公开促进法》，建立了“注册艺术品制度”，以促进优秀艺术品能够在美术馆和博物馆中公开展示。该制度规定，文化厅长官根据个人或公司等艺术品所有者的申请，参考专家意见，对优秀的艺术作品进行注册。依据所有者和美术馆签订的艺术品公开契约，被注册的艺术品可以在美术馆公开展出并保存五年以上时间。此外针对被注册登记的艺术品，还设有继承税缴纳的特例措施[1]。直到2018年3月末，一共有77件（8389点）艺术品进行了注册登记。

1　继承税缴纳的特例措施：被认定的继承税缴纳的特例措施的优先顺序与国债、房地产等一样，都是第1位。被收藏的美术品将无偿赠给此前签订公开合同的美术馆，继续供美术馆保管和公开。到目前为止，收藏了2件美术品。

五、国立美术馆

东京国立近代美术馆、京都国立近代美术馆、国立电影档案馆、国立西洋美术馆、国立国际美术馆、国立新美术馆等属于国家级美术馆。每个国立美术馆都各具特色，同时六馆还彼此协作，在艺术作品的收集、展示、教育普及以及相关调查研究方面通力合作。以振兴日本艺术为己任，国立美术馆开展了一系列的活动，如广泛同国内外研究者展开交流，为促进馆员素质的提高举办各种研修活动，对公私立美术馆提供建议，在地方举办巡回展览[1]等（图表 2-9-19）。

2018 年 4 月，以强化收集、保存、利用等一体化功能，振兴日本电影文化事业为目的，对东京国立近代美术馆电影中心进行改组的基础上建成了“国立电影档案馆”。“国立电影档案馆”是日本唯一的国家级电影专门机构。

各国立美术馆会定期举办展览。2017 年分别有《日本之家——1945 年以后的建筑和生活》（东京国立近代美术馆）、《极尽工艺——VanCleef&Arperlshighjewelry 和日本工艺》（京都国立近代美术馆）、《北斎和日本风味——北斋带给西洋的冲击》（国立西洋美术馆）、《波伊曼美术馆所藏彼得·勃鲁盖尔〈巴别塔〉展 16 世纪尼德兰的至宝——超越耶罗尼米斯博斯》（国立国际美术馆）、《国立新美术馆开馆十周年巧克力文化年事业》等展出活动。

此外，国立美术馆还会开展培训活动，加强通过艺术博物馆欣赏艺术品的教育。与国立国会图书馆和国家信息学研究所等机构合作，以多元方式传播艺术信息。

六、国立文化遗产机构

国家文化遗产机构包括四个博物馆：东京国立博物馆、京都国立博物馆、奈良国立博物馆和九州国立博物馆。该机构的设置，是为了对有形文化遗产进行收集、保管，为更多的人提供鉴赏机会。同时，四大博物馆还携手东京文化遗产研究所、奈良文化遗产研究所、亚太非物质文化遗产研究中心等七个机构，开展各种调查和研究活动，为国家宝贵的文化遗产提供更好的保存服务，让这些文化遗产发挥更大的作用[2]。

上述机构收藏着包括国宝、重要文化遗产在内的约 12 万件文化遗产（截至 2017 年末）。

发挥文化传播基地的作用，有效利用这些文化遗产，通过定期展览和特别展览等形式，向世界传播日本历史、传统文化和东方文化魅力。

2017 年举办了兴福寺中金堂再建纪念特别展“运庆”（东京国立博物馆）、开馆 120 周年纪念特别展“国宝”（京都国立博物馆）、“第 69 届正仓院展”（奈良国立博物馆）、特别展“新·桃山展—大航海时代的日本艺术”（九州国立博物馆）等一

1 参照 http://www.artmuseums.go.jp。
2 参照 http://www.nich.go.jp。

图表2-9-19　国立美术馆

东京国立近代美术馆

1952年，京都国立近代美术馆成为我国最初开馆的国立美术馆。收集、保管和展示了近现代美术作品以及其他资料，并且进行了相关的调查研究工作。本馆设立在皇居附近以北的丸公园，此外还设有工艺馆。

（地址：东京都千代田区）

京都国立近代美术馆

馆中主要陈列近现代美术作品，特别是以关西地区为中心的西日本作品，以及写真、设计和时尚、建筑等其他资料。在开展收集、保管和展示工作的同时，也进行相关调查研究工作。

（地址：京都市左京区）

国立电影资料馆

1952年开设的国立近代美术馆的电影部门（电影博物馆）于1969年成为东京国立近代美术馆电影中心。

2018年4月，国立电影资料馆从同馆中独立出来，作为我国唯一的国立电影专门机构开馆。进行电影（包括电影相关资料）的收集、上映展示和调查研究。

（地址：东京都中央区）

国立西洋美术馆

国立西洋美术馆于1955年10月8日由日本政府和法国政府联合成立。美术馆以法国政府返还给日本政府的松方收藏（主要是法国的绘画和雕刻）展览为主，同时进行西洋美术作品的资料收集，调查研究，保存修复，教育普及和出版物的发行等工作。

（地址：东京都台东区）

国立国际美术馆

为了了解日本美术的发展和世界美术发展之间的联系，在必要的美术作品和其他资料中重点收集现代美术作品（主要是1945年以后的作品），向大众通俗易懂地展示日本和世界现代美术的动向，同时进行相关调查研究工作。

（地址：大阪市北区）

国立新美术馆

为了激发我国的艺术创作活动，为进行全国性活动的艺术团体提供展览会会场，通过介绍新的艺术动向、支持艺术相关新创造活动的开展以及艺术家的培养。此外还开展美术相关信息的收集、提供和教育普及活动，进行相关调查研究。

（地址：东京都港区）

图表2-9-20 国立文化遗产机构图表

东京国立博物馆

东京国立博物馆是我国人文系的综合性博物馆，收集、保存、管理、展示以日本为中心的，广阔的亚洲各地区的艺术品考古资料，对其展开调查研究、教育普及等活动的同时，也对自创建以来收集、保管的照片、图书等学术资料进行公开展览。

（地址：京东都台东区）

京都国立博物馆

收集、保存、管理、展示以京都文化为中心的文化遗产，时间从建都于京都的平安时代到江户时代。同时，还进行相关的调查研究、教育普及等活动。其次，在馆内的文化遗产保存修理所，对文化遗产进行保存修理，临摹、仿制，收集文化遗产修复的相关资料，进行调查研究。

（地址：京都府京都市东山区）

奈良国立博物馆

主要进行佛教美术及与奈良相关的文化遗产的收集、保存、管理、展示、调查研究、教育普及工作，并融合传统技术和人文科学、科学技术，进行文化遗产的保存和修复工作。

（地址：奈良县奈良市）

九州国立博物馆

九州国立博物馆是一所"从亚洲史观的视角把握日本文化形成"的博物馆，收集、保存、管理、展示以日本与亚洲各地区的文化交流为中心的文化遗产，并进行相关调查研究、教育普及等活动。同时，在相关文化遗产保存修复设施中，将传统技术、人文科学、科学技术有机融合，对文物进行保存修复活动。

（地址：福冈县太宰府市）

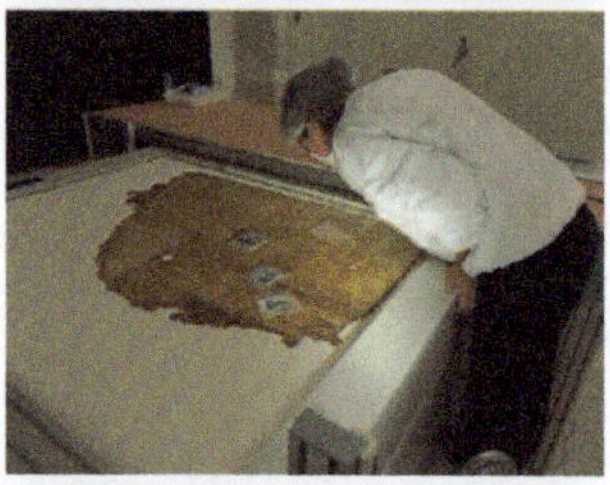

东京文化遗产研究所（照片：检查龟虎古坟壁画时）

运用从基础的到尖端的、实践的多种方法，对我国的有形、无形文化遗产研究。

同时，积极地公开发表并有效利用研究成果，发挥着有关保存科学、修复技术重要基地的作用。并且充分发挥其作为我国保护文化遗产的国际合作基地，积极开展各种国际性交流研究。

（地址：东京都台东区）

奈良文化遗产研究所（照片：平成宫东院地区现场说明会）

与当地的遗迹、建筑物、庭园有关的文化遗产，奈良各大寺院以及近畿周边的古老神社・寺院中文化遗产，针对这些文化遗产，进行以保护和有效使用为目的的发掘以及调查研究活动。也对全国各地的相关发掘调查以及建筑物的修理等提供帮助，献言献策。同时，对亚洲各地区的遗迹、建筑物等文化遗产的国际性研究以及保护事业提供帮助。

（地址：奈良县奈良市）

亚洲太平洋无形文化遗产研究中心（照片：大阪府界市无形文化遗产国际研讨会）

作为保护亚洲太平洋地区的非物质文化遗产的调查研究基地，对该地区濒临灭绝的非物质文化遗产进行现场调查，收集活跃在这个领域的研究机构与研究人员的综合性信息。同时，与大阪府堺市携手开展国际文化交流活动。

（地址：大阪府界市坍区）

系列特别展。

东京文化遗产研究所还广泛开展各种研究。对日本和东洋的美术、表演艺术等相关文化遗产进行调查研究、对文化遗产的保护问题展开科学调查，还进行有关修复材料和技术开发的研究。积极促进国际交流，对海外博物馆所藏日本古董的修复工作提供帮助，还协助缅甸等亚洲国家保护和修复文化遗产，帮助尼泊尔重建。

奈良文化遗产研究所对遗迹、建筑、历史资料等展开相关调查研究，对平成宫遗迹、藤原宫遗迹进行发掘调查。同时，对全国各地的发掘调查工作进行指导，提供建议，并培训发掘调查的专业人员。

根据日本政府和联合国教科文组织相关协议，2011 年 10 月设立了亚洲太平洋非物质文化遗产研究中心。作为加强亚太地区非物质文化遗产保护的基地之一，该中心举办了各种活动。

此外，基于东日本大地震文化遗产抢救项目的经验，国立文化遗产机构在本组织内设立了“文化遗产防灾网络推进本部”，针对未来可能发生的大规模灾害进行相关防灾和救灾的研究，并与文化遗产防灾有关的当地公共团体、各组织机构建立网络联系机制。

七、日本艺术文化振兴会

1. 传统表演艺术的保存和振兴

为了日本传统表演艺术的振兴，专门指定国立剧院、国立演艺场、国立能乐堂、国立文乐剧院、国立冲绳剧院作为基地。日本艺术文化振兴会通过这五个场馆，组织歌舞伎、文乐、舞蹈、邦乐、大众艺能、能乐、组舞等传统艺能的公演、培训传承者、开展传统表演艺术的相关调查研究，以及资料收集等工作。此外，还面向社会提供剧院设施的租赁服务（图表 2-9-21）。

2017 年度五个场馆里共进行了 184 场（1037 次）公演。在歌舞伎方面，上演了过去一度复兴过的通狂言《灵验龟山鉾——龟山的复仇》以及最新的歌舞伎作品《坂崎出羽守》等（国立剧场）。在文乐方面，时隔 43 年上演了《玉藻前曦袂》（国立剧场）时隔 90 年在大阪上演了《源平布引泷》第二段（国立文乐剧场）。此外，还举行了丰竹吕太夫袭名公演以及第八代竹本纲太夫第五十回忌日追善 / 竹本织太夫袭名公演（国立剧场 · 国立文乐剧场）等活动。在能乐方面，除古典作品之外还上演了新作、复曲作品等（国立能乐堂）。在组舞等冲绳传统表演艺术方面，除了古典作品外，还上演了平常表演机会较少的剧目以及依照古典模式推出的新作品等（国立剧场冲绳）。

此外，还面向外国人上演了 Discover KABUKI、Discover BUNRAKU、Discover NOH&KYOGEN、Discover KUNMIODORI。在培养传承者方面，到 2018 年 3 月，共有歌舞伎演员 6 人、歌舞伎音乐（木偶净琉璃）2 人、歌舞伎音乐（伴奏）、歌舞伎及

图表2-9-21 日本艺术文化振兴会

国立剧场

以保存和振兴我国传统艺能为目的，举办歌舞伎、文乐、舞蹈、邦乐、雅乐、声明、民俗艺能等的公演，培训歌舞伎演员、歌舞伎音乐、大众艺能的传承者，进行传统艺能相关的调查研究、资料收集等活动，同时在剧场内建设传统艺能信息馆，用于普及传统艺能。

（地址：东京都千代田区）

国立曲艺场

以保存和振兴大众艺能为目的，举办单口相声、讲谈、浪曲、相声、艺术、曲艺等的公演。在内设的展览室里展示曲艺表演的相关资料。

（地址：东京都千代田区）

国立能乐堂

以保存和振兴能乐为目的，举办能乐和狂言的公演，培养能乐的传承者（配角、伴奏、狂言演员），进行能乐相关的调查研究、资料收集等活动。

（地址：东京都涩谷区）

国立文乐剧场

以保存和振兴木偶净琉璃文乐为主的京阪曲艺，举行文乐、舞蹈、邦乐、大众艺能、特别策划等公演活动，培养文乐技术人员（讲解员、三味线、操纵木偶演员），进行有关文乐的调查研究、收集相关资料等。

（地址：大阪府大阪市中央区）

国立冲绳剧场

通过组舞、琉球舞蹈、琉球音乐等的公演活动，为更多人提供冲绳曲艺鉴赏机会的同时，介绍冲绳曲艺产生影响的本土曲艺、亚太地区的曲艺。同时，组舞的传承者（舞蹈者、伴奏者）进行培养，调查研究冲绳传统曲艺，收集传统曲艺的相关资料。

（地址：冲绳县浦添市）

新国立剧场

建成歌剧剧场、中型剧场、小型剧场，举办歌剧、芭蕾、现代舞蹈、戏剧等现代舞台艺术的公演，培训歌剧歌手、芭蕾舞蹈演员、演员的接班人，对现代舞台艺术进行调查研究和资料收集等活动。

（地址：东京都涩谷区）

音乐（长调）2人、大众艺能（曲艺伴奏）4人、能乐4人、文乐1人、组舞10人接受了培训。

此外，除了对传统表演艺术的持续开展调查研究之外，还在各个场馆中举办艺能展示以及各种讲座。这些活动为促进和普及对传统表演艺术的理解，发挥着重要的作用。

2. 发展、普及现代舞台艺术

为了振兴日本现代舞台艺术，设立了新的国立剧场。日本艺术文化振兴会通过新的国立剧场，举办歌剧、芭蕾、现代舞蹈、戏剧等多种表演形式的公演，还对演奏家等进行培训，同时致力于调查研究、收集现代舞台艺术的资料、租借剧场设施等活动[1]。

2017年共进行了31场（275次）公演。2017/2018年举办的公演中的所有剧目以“开场20周年纪念公演”冠名。其中，作为“开场20周年纪念特别公演”，预计于2018年1月上演芭蕾《新年芭蕾舞蹈》，4月份上演歌剧《阿依达》，5月份推出歌剧《菲岱里奥》。在培训演奏家方面，截至2018年3月，歌剧15人、芭蕾12人、戏剧36人接受了培训。

同时，还在新的国立剧场和舞台美术中心资料馆，举办展览和各种讲座等活动，以促进人们对现代舞台艺术的理解。

1 参照 http://www.nntt.jac.go.jp/。

第七节

通过国际文化交流展示日本文化、开展国际合作

一、综合推进国际文化交流

1. 与东亚各国以及举办“周年庆典活动”的各国之间的交流

①“东亚文化城市”活动

“东亚文化城市”活动，是指每年从中国、日本、韩国三国中各选出一个城市，三个城市携手在一年内开展一系列文化交流活动。该活动始于2014年。2017年在选定的中国长沙市、日本京都市、韩国大邱广域市举办了一系列丰富多彩的文化艺术活动。

②“周年庆典活动”中的大型文化项目

借邦交100周年等重大国际交流年之际，以加深双边友好关系、促进相互理解为目的，每年在多个国家、地区举办“周年庆典活动”。2017年正值“日本泰国友好130周年”“日本智利建交120周年”，文化厅在日本举办了展示泰国文化的展览会，在智利举办了日本管弦乐的公演活动。

2. 举办、参加文化相关的国际性会议

①中、日、韩文化部长级会谈

中、日、韩三国文化部部长在会谈中，围绕加强相互间文化交流与合作的方针问题交换了意见。2017年8月于京都府京都市召开的第九次会谈，通过了《2017京都宣言》，回顾总结了以往的活动，在面向未来积极构建三国关系的必要性上，三国达成了共识。

该宣言在以往会谈达成共识的基础上，一致主张除了“东亚文化城市”“中日韩艺术节”“中日韩文化艺术教育论坛”等三国共同举办的活动之外，还应以2018平昌冬奥会、2020东京夏季奥运会、2022北京冬奥会等三国相继举办奥运会、残奥会为契机，积极推进中日韩共同的文化事业的发展。

②东亚文化城市峰会

2017年8月被选为东亚文化城市的13个城市以及ASEAN文化城市中的四个城市的代表齐聚一堂，首次举办了“东亚文化城市峰会”。

在本峰会上，大家共享了各个城市取得的成果，讨论了进一步促进以中、日、韩三国城市间交流为代表的文化交流议案，通过了《东亚文化城市峰会京都宣言》。

③ ASEAN+3文化部长会谈

ASEAN+3文化部长会谈中，东盟十个国家和中、日、韩三个国家的文化部部长，

就文化领域的合作交流交换了意见。2016 年 8 月，在文莱同时举办了第七次会谈以及第二次“日 ASEAN 文化部长会谈”。基于以上会谈精神，文化厅对媒体、舞台艺术领域专家的派遣活动，以及著作权制度的完善等提供了相应的援助。

④ G7 文化部长会谈

2017 年 3 月，以“国民间对话交流文化”为题，在意大利佛罗伦萨召开首次 G7 文化部长会谈。本次会谈通过了共同宣言，一致认为以发挥文化显著性职责以及强化文化遗产保护为目的的国际间合作非常重要。

3. 艺术家、文化工作者之间的交流

①派遣“文化交流使者”

以“向世界传递日本之魂”为题，指定若干名日本顶级艺术家与文化工作者作为“文化交流使者”，前往世界各国，开展各种宣传日本文化艺术的活动，使外国人更加了解日本。2017 年委任了五位活跃于媒体艺术、能乐、三味线、现代音乐等领域的艺术家和文化工作者。而且，从 2014 年开始向中国、韩国派遣“东亚文化交流使者”，其中三人于 2017 年分别在两国举办了演讲和展览活动。

②支持 AIR 的活动

AIR 是指邀请国内外艺术家在各地举办相关艺术活动。文化厅对此类活动提供援助，积极推进地区间国际文化交流。2017 年共对 18 个团体提供了援助。

③招聘高水平文化专家

文化厅招募外国的高水平文化专家、艺术家和文化遗产专家等，与日本相关人员进行交流。2017 年从法国、德国、土耳其、英国、美国五个国家共招聘了六名专家。

二、促进艺术和文化的国际交流

促进艺术和文化的国际交流，不仅可以提高日本文化艺术水准，同时也有利于提升日本的对外形象，促进各国间相互理解。为了推进文化艺术的国际交流，文化厅对在海外进行公演、参加著名国际艺术节，以及在海外电影节上推出自己作品的艺术团体提供援助。

三、促进文化遗产的国际交流与合作

文化厅鼓励进行艺术创作，积极向国内外呼吁，希望能更多地创作出世界级的优秀作品。同时，积极开展文化艺术的国际间交流和文化遗产保护的国际合作。

1. 在保护文化遗产方面的国际合作

依据《推进保护海外文化遗产的国际合作相关法律》，在文化遗产国际合作财团的指导下，文化厅、外务省、大学、研究机构、民间资助团体等通力合作，积极高效地推进保护文化遗产的国际合作。具体合作内容有：与国内各研究机构建立网络平台，进行有关文化遗产国际合作的调查研究以及普及、提升等活动。

2. 基于国际社会请求而实施的国际援助

文化厅在文化遗产国际合作财团、外务省、国际交流基金及其他相关机构的协助下，在文化遗产保护工作方面做出了相应的国际贡献：①开展文化遗产国际紧急援助活动，②推进文化遗产国际合作基地间的交流。

①文化遗产国际紧急援助活动

从2004年开始，应相关国家与有关机构的要求，派遣专家并邀请其他国家的专家，就如何应对文化遗产在冲突和自然灾害中遭受破坏等问题，进行专家交流活动。2017年针对伊朗和叙利亚开展了这项活动。

②文化遗产国际合作基地的交流事业

自2007年以来，日本一直在开展基地交流计划，与海外国家和地区的在保护文化遗产方面发挥重要作用的组织进行交流与合作，对参与当地文化遗产保护的人员进行培训。自2017年起，设立了一个新项目，为土耳其壁画的保存管理体系的改善培养人才，并在10个东盟国家围绕文化遗产与博物馆的新功能，开展了基地交流活动。

3. 基于双边协定等的国际交流与合作

①日本古代美术品的海外展出

从2017年10月开始到2018年1月，在乌飞齐美术馆（意大利佛罗伦萨）举办了日本古代美术品的海外展“花鸟风月——从屏风、拉门看日本的自然”。同时，从2017年12月到2018年2月，在曼谷国立博物馆（泰国曼谷）举办了“日本美术的发展——信仰和生活的造型”展。在“花鸟风月”展上，展示了以山水画和花鸟画为主题的、从室町时代到江户时代的屏风（包含国宝、重要文化遗产39件）。在“日本美术的发展”展上，着眼于“信仰”和“生活”，全面介绍了从绳纹时代到江户时代的日本美术，展示了含国宝及重要文化遗产的106件美术品。

②与意大利的交流合作

意大利在保护修复文化遗产和国际合作等领域拥有丰富经验。日本与意大利签订了文化遗产国际合作协定，并积极开展交流。2017年围绕自然灾害对文化遗产建筑可

泰国展

屏风展

能造成的损害等问题，展开了危机评估项目的合作。

③与文化遗产保存修复国际研究中心（ICCROIY）的合作

日本加盟了文化遗产保存修复国际研究中心（ICCROM），在分担金的筹措、国际性研究等方面提供援助。为了加强合作，文化厅从2000年开始向该研究中心派遣文化厅的调查人员。

4. 对文化遗产的非法进出口限制

为防止文化遗产的非法交易，保护各国文化遗产不受非法进出口的危害，日本在2012年签订了《文化遗产的非法进出口以及所有权转移的禁止、防治措施条约》，制定了《禁止非法进出口文化遗产的法律》。此法规定，禁止进口从外国博物馆等盗取的文物，对遭受盗窃的受害者，按照民法的相关赔偿规定，特许将归还申请的提交时间延长至10年。

在2015年10月，根据经济产业省第199号公告，发出了《关于在叙利亚非法获取的文物的进口处理办法》（2015年10月5日文化厅文化遗产部长通知）。该处理办法规定，原则上不允许进口从伊拉克非法携带出境的文物以及在叙利亚非法获取的文物。

5. 发生武力纷争时的文物保护

为了保护处于武力纷争状况下的文物，根据《武力纷争时文物保护的条约》和《武力纷争时文物保护的法律》，日本禁止进口武力纷争状况下从被他国占领的区域（被占领地域）流出的文物。

此外，将损坏文物的战时行为，以及将文物运用于军事目的的行为，列为处罚对象。

第八节
推进顺应社会变化的国语政策

国语与国民生活紧密相关，是日本的文化基础。随着时代的变化和社会的发展，语言也产生了诸多问题。文化厅针对这些问题，一方面探讨更适合的语言形式，同时也积极落实改善问题的必要措施。

一、国语课题的探讨

文化审议会国语分科会根据《常用汉字表》（2010 年 11 月 30 内阁公告），于 2016 年 2 月汇总了“常用汉字表的字体、字形的方针（报告）”[1]。该方针就印刷体和手写体的不同、手书楷体中诸多书写方法等问题，通过问答形式和字形比较表，具体清晰地进行了解释说明。此后，从 2016 年 4 月起，开始了对“交际方式”以及“遣词用句”等问题展开审议，在 2018 年 3 月提交了“以沟通理解为目的的言语交际（报告）”[2]。

二、关于“交际方式”和“遣词用句”

在“以沟通理解为目的的言语交际（报告）”（2018 年 3 月 2 日文化审议会国语分科会）的第一章和第二章中，整理了有关现代社会交际的一些课题，提出了顺应时代发展要求的思路。第三章提出了语言交际时“正确”“易懂”“恰当”“敬意和亲密度”等四个基本要素，介绍了交换信息、交流思想、加深相互理解所需采取的策略，并且以问答的形式进行了具体的说明。

在呈现多样化发展的当今社会，需要更多的协作让步，在宽容接受对方的话语的同时，也需要注意自己的言行，同时更要进一步扩充词汇量，积极正确地使用语言。随着信息化的发展，交流的方式和媒介的特征也都发生了变化，对此要有正确的认识。通过对交际四要素以及各自立场的正确理解把握，能实现更顺畅的语言交流，同时期待全社会都能意识到交际的重要性。

三、国语的舆论调查

伴随着社会发展的变化，日本人的国语意识也发生了变化，文化厅为了调查国民的国语意识现状，从 1995 年开始进行“国语舆论调查”[3]，在每年的秋天公布调查结果。

---

1 参照 http://www.bunka.go.jp/seisaku/bunkashingikai/kokugo/hokoku/pdf/jitai_jikei_shishin.pdf。
2 参照 http://www.bunka.go.jp/seisaku/bunkashingikai/kokugo/hokoku/wakariau/index.html。
3 参照 http://www.bunka.go.jp/tokei_hakusho_shuppan/tokeichosa/kokugo_yoronchosa/index.html。

图表2-9-22 交际四要素

2017年9月公布了2016年的调查内容，以文化审议会国语分科会提交的“以沟通理解为目的的言语交际（报告）”中提到的问题为中心，共进行了28个项目的调查。

而且，从2000年开始，将“国语舆论调查”中有关惯用句的调查结果汇总，以此为基础制作了动画“欢迎来到词汇餐厅”，并在YouTube文部科学省官方频道MEXTch上予以公开[1]。

2016年“国语舆论调查”
今后所需的语言知识和能力等

Column No. 12

在2016年的“国语舆论调查”中，围绕着交际方式和遣词用句，从顾忌对方的交际方式、信息化中的交际方式、书面形式的交际，以及具体场合下的遣词用句、惯用句的意思和使用方法等若干方面进行了调查。在这里，我们就表

1 参照 http://www.bunka.go.jp/seisaku/kokugo_nihongo/kokugo_shisaku/kotoba_shokudo/index.html。

明意见或进行讨论等方面的认识，以及今后所需的语言知识和能力做一下简单的介绍。

首先，“（a）与他人交谈时，努力做到条理清晰，以易懂的方式表达”和“（b）与他人交谈时，尽量体会对方的感受，柔和地表达”。询问作答者认为自己最符合的是哪一种？（图表 2-9-23）

选择“（a）与他人交谈时，努力做到条理清晰，以易懂的方式表达”的占 41.0%，选择“（b）与他人交谈时，尽量体会对方的感受，柔和地表达”的占 47.7%，“认为根据场合决定”的占 11.0%。

图表2-9-23 有关表明意见、进行讨论等方面的的认识

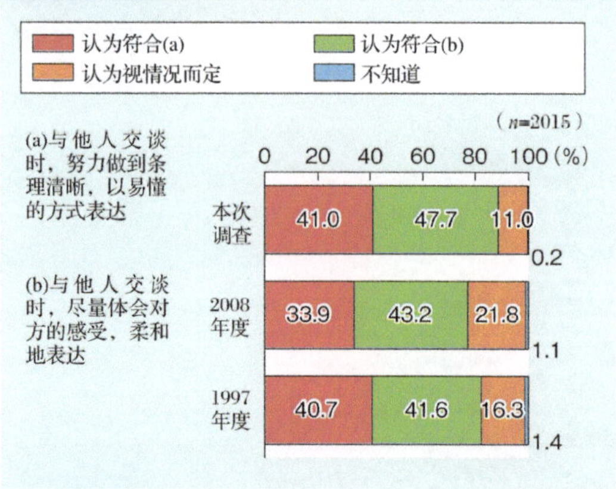

图表2-9-24 今后的社会生活中特别必要的语言知识和能力

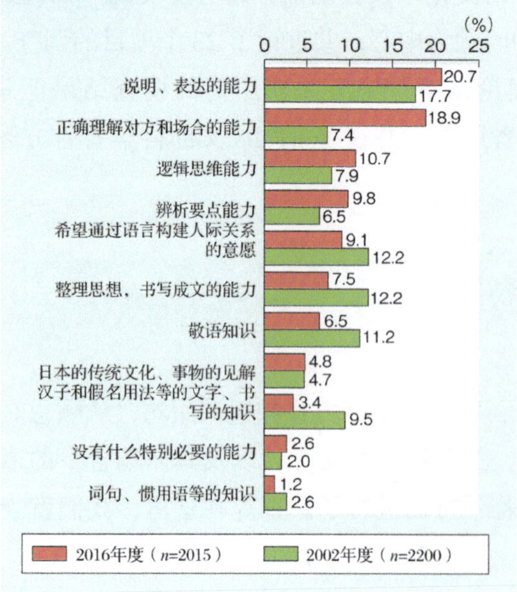

其次，就“今后的社会生活中什么样的语言知识和能力是特别必要的”进行了询问。（图表 2-9-24）

“说明、表达的能力”占 20.7%，是最多的。其次是“正确理解对方和场合的能力”占 18.9%，和过去的调查结果（2002 年）相比，增加了 12 个百分点。“说明、表达能力”“逻辑思维能力”“辨析要点能力”分别提高三个百分点。另一方面，“希望通过语言构建人际关系的意愿”降低了三个百分点，“整理思想，书写成文的能力”和“敬语知识”降低了五个百分点，“汉字和假名用法等的文字、书写的知识降低了六个百分点。

另外，在“今后的社会生活中什么样的语言知识和能力是特别必要的”前五位项目中，认为“与人交谈时最应注意什么”的回答占比如图表 2-9-25。在“正确理解对方和场合的能力”和“希望通过语言构建人际关系的意愿”这两个项

目下，回答“（b）柔和地表达”的人占比要高出回答“（a）以易懂的方式表达”的人；在“逻辑思维能力”“辨析要点能力”的项目下，回答“（a）以易懂的方式表达”的人比回答“（b）柔和地表达”的人的比例高。上述结果表明，国民对与人交谈时的关注点不同，对今后社会生活中特别需要的语言知识和能力的认识也有所差异。

图表2-9-25 今后的社会生活中特别必要的语言知识和能力（与人交谈时最应注意什么·前五位项目）

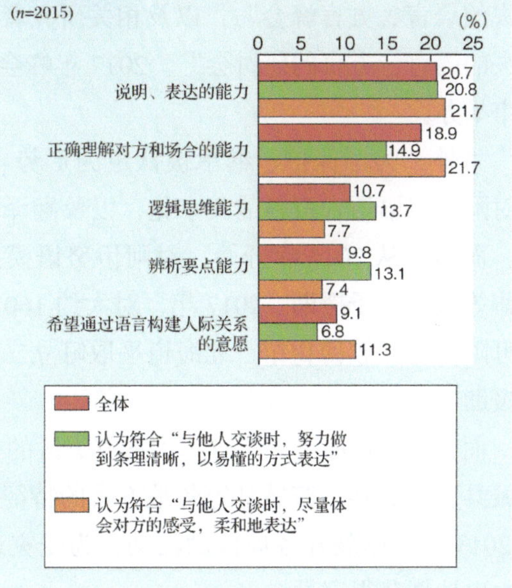

四、对濒临消失的语言及方言采取的举措

教科文组织于2009年2月宣布日本的阿伊努语等八种国内语言[1]和方言有濒临灭绝的危险[2]，文化厅对此采取了调查研究等措施（图2-9-26）。此外，对2011年3月11日发生的东日本大地震震区的方言进行了调查，对保护和继承这些方言的相关工作予以援助。

图表2-9-26 联合国教科文组织发布的日本濒临消失的语言、方言的情况

【灭绝】无

【非常严峻】阿伊努语（北海道等）

【危险重大】八重山方言（石垣岛，波照间岛等）
与那国方言（与那国岛）

【危险】八丈方言（八丈岛）
奄美方言（奄美大岛、喜界岛、德之岛等）
国头方言（冲绳岛北部、与论岛、冲永良部岛等）
冲绳方言（冲绳岛中南部、久米岛等）
宫古方言（宫古岛、多良间岛等）

【脆弱】无
【安全】没有记载

1 联合国教科文组织把日本称作为“方言”的语言也划属为“语言”。
2 联合国教科文组织把濒临灭绝的语言按程度从最高到低依次定义为灭绝、非常严峻、危险重大、危险、脆弱、安全。

在联合国教科文组织认定的危机语言及方言之中，2010年和2012年对阿伊努语、奄美方言，宫古方言、与那国方言，2013年和2014年分别对八丈方言、国头方言、冲绳方言、八重山方言的现状，以及保护继承方言的现状进行了调查。

通过这些调查结果，文化厅从2015年开始，举办了宣传这一危机状况的“濒临消失的语言、方言峰会”，以及相关研究者和行政负责人之间交流信息的“针对濒临消失的语言、方言的研讨会”。2017年峰会在北海道札幌市举行，研讨会在东京和札幌市举办。

另外，为了保护、继承被认定为形势“非常严峻”的阿伊努语，2013年、2014年对阿伊努语语音资料的文字化，以及翻译与注释等存档（保存记录）情况进行了研究。而且，从2015年开始，对阿伊努语模拟音声资料的数字化，以及阿伊努语存档制作等活动给予援助。2017年，对大约160本模拟音声资料的数字化，以及北海道白老町阿伊努民族博物馆、北海道平取町立二风谷阿伊努博物馆的制作存档等活动提供了援助。

而且，文化厅考虑东日本大地震灾区的方言所处的危机状况，对青森县、岩手县、宫城县、福岛县、茨城县等各地方言的特征，以及对方言的认识展开了一系列调查。从2013年开始展开各项援助活动，为受灾地区方言的保存、继承等提供帮助。2017年六项计划获得审批。

同时，文化厅对2010年以后濒临消失危机的语言、方言进行调查研究，并将结果公开在文化厅的官网上[1]。

1 参照 http://www.bunka.go.jp/seisaku/kokugo_nihongo/kokugo_shisaku/kikigengo/index.html。

第九节

推进对外国人的日语教育政策

一、对外国人的日语教育政策

近年来，居住在日本的外国居民人数已超过 200 万人，中长期居住在日本的外国人数呈增加趋势（截至 2017 年 12 月底法务省的统计）。在日的日语学习者人数约为 24 万人（截至 2017 年 11 月文化厅的数据）。许多生活在日本的外国人正在为各种目的学习日语。

在这种情况下，文化厅将日语教育作为交流的手段和文化传播的基础，正在积极采取措施推进日语教育的发展（图 2–9–28）。

二、加强“生活在日本的外国人”的日语教育

文化厅号召将文化审议会国语分科会汇总的《针对“生活在日本的外国人”的日语教育标准教学计划方案》，积极运用于各地的日语教育事业中，进一步发挥其指导作用。

三、探讨进一步推进日语教育的措施

为了应对日语教育现状发生的变化，文化审议会国语分科会日语教育小委员会设置了“课题整理工作小组”，在 2013 年 2 月汇总了“推进日语教育的基本设想及论点的整理（报告）”，整理出了 11 个推进日语教育的主要论点。

图表2–9–27　日本国内进行日语教育的机关、设施等，日语教师、日语学习者数量的变化

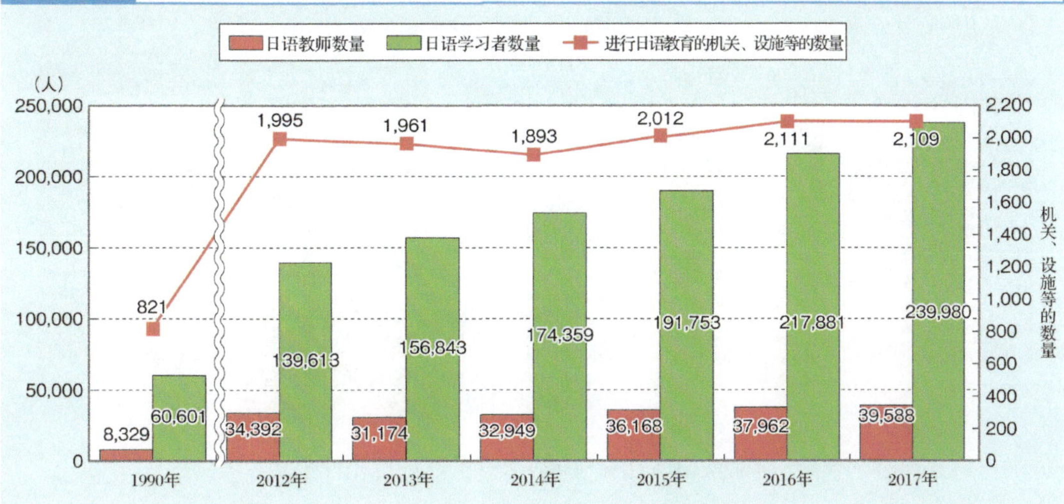

图表2-9-28 日语教育的主要事业

以"生活在日本的外国人"为对象的日语教育事业

为了让生活在日本的外国人融入日本社会，享受生活，以充实日语教育为目的，为因地制宜的日语教育、人才培养，以及教材的编写提供援助，同时积极推进各地日语教育体制的完善。

●地方日语教育实践项目（A）（B）
●地方日语教育启动项目
●地方日语教育协调人研修

针对符合难民条约的难民以及第三国定居难民的日语教育

作为支援符合难民条约的难民以及第三国定居难民的安住援助事业的一环，在安住援助设施中开展日语教育。同时，对退出安住援助设施的难民和支援团体，依然提供有关日语教育的咨询以及发放教材课本等援助活动。

有关日语教育的调查和调查研究

除了进行日语教育现状调查，把握日语教育的机构、设施、教师等实际情况之外，还展开各种以收集探讨日语教育政策时所需基础资料的调查活动。

日语教育大会等的举办

为了促进对日语教育的理解，提高日语教育水平促进日语教育自身的发展，举办日语教育大会、都道府县·政令指定城市的日语教育推进会议、研训等活动，宣传相关政策，交流信息。

省厅协作日语教育基础整备事业

通过召开日语教育推进会议等手段，交换对日语教育的意见建议，共享日语教育信息。此外，还收集各种有关日语教育的信息，制成了“日语教育内容共享系统（NEWS）”，并将其公开。

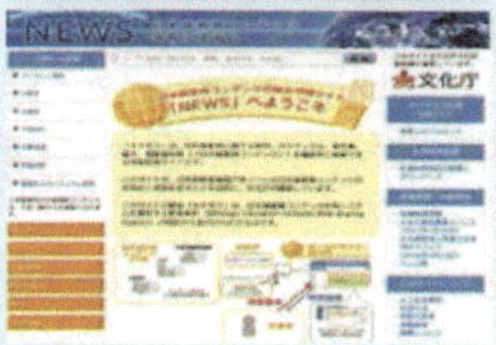

推进作为交流方式、传播文化基础的日语教育

图表2-9-29 针对“生活在日本的外国人”的日语教育实践计划的5点准备

指导者 | **教学活动的为容** | **学习者**

设计、参加教学活动

通过参加行动、体验中心的教学活动学习、互相理解日语

评价指导力

◎通过回顾反思、检查、改善构建实践者社区

（内容）
依据PDCA循环的管理理念，对日语教育实践回顾反思

正式名称
针对生活在日本的外国人的日语教育的评价指导力

制作：2013年2月18日

教学计划提案

◎提示用于教学活动的材料

（内容）
针对“生活在日本的外国人”的日语教育的内容

正式名称
针对“生活在日本的外国人”的日语教育的标准教学计划提案

制作：2010年5月19日

指导手册

◎教学计划提案的内容配合地区和外国人的情况时要点的解说

（内容）
结合地区和外国人的实际情况，对教学计划提案的实施要点进行说明

正式名称
“生活在日本的外国人”的日语教育教学计划提案的使用指导手册

制成：2011年1月25日

教材例集

◎行动·体验中心的教材示例

（内容）
通过在教学计划提案中涉及的生活中的具体行为，对行动、体验中心的教材进行示例说明（附上说明展开、策划教学活动的指导备忘录）

正式名称
在对“生活在日本的外国人”日语教育方面的标准的教学计划提案教材示例

制成：2012年1月31日

评价能力

◎回顾反思的方法和文件夹的提示，确认完成的内容并进行记录

（内容）
日语学习资本所提示的加上作为学习者的自我评价廉对自己的日语能力的把握，以文件夹形式记录日语学习成果的方法。

正式名称
“生活在日本的外国人”的日语教育方面的日语能力评价

制成：2012年1月31日

手册正式名称为《针对“生活在日本的外国人”的日语教育手册》

从2016年5月开始就论点6“日语教师的培养、研修”展开讨论，2018年3月2日汇总了《日语教育人才的培养、研修的现状（报告）》。

报告将日语教育人才分为三种：①日语教师，②日语教育协调工作者，③日语学习援助人员；把日语教师按培养阶段、首次任职阶段、骨干阶段进行划分。此外，以各地日语教学中的日语教育协调人、法务省公布的日语教育机关[1]的主任教员为对象，就日语教育协调人问题展开研讨。

另外，对日语教育人才所必需的资质和能力，按教育内容以及教育课程编写分类，从任务、阶段、教学环节等若干方面提出了明确要求，特别是针对培养日语教师的教育内容，将教学实践、教授法、以日语教育为目的的日语分析、语法体系、声韵和语音体系、文字和表记等50项内容明确列为“必需的教育内容”。

遵循这个报告精神，通过在各地举行培训、研修活动，日语教育人才的质量有望提升。

图表2-9-30 顺应日语教育人才任务、阶段、活动领域的培养、研修

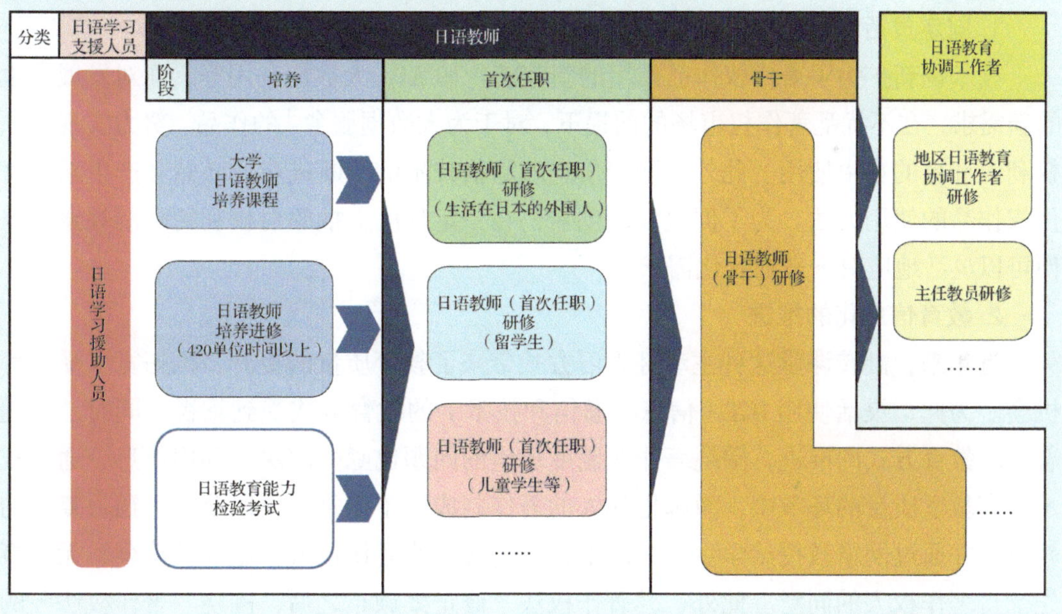

1　出入国管理及难民认定法第7条第1项第2号基准制定省令（平成二年法务省令第十六号）表的法别表第1表的4个留学项下列活动项下栏第6号的规定，可以取得在留资格“留学”的日语教育机关。

第十节
顺应新时代的著作权策略

一、著作权法的修正

2018年5月，颁布了《著作权法部分修正法》[1]，以便准确回应数字网络技术进步带来的各种版权作品的需求。该修正法案基于《文化审议会著作权分科会报告》（2017年4月）[2]，重新审定了需要著作权所有者许可的范围，旨在促进与信息关联产业、教育、残疾人、美术馆等档案内容相关的著作的使用。具体内容如下：

除了事项（2），其余修正项预计从2019年1月1日开始施行。事项（2）从相关法令确定的日期起三年以内施行。

1. 制定灵活的权利限制条款[3]

技术创新扩大了著作权作品使用的新范畴，如AI、大数据利用等。面对发展产生的新需求，在不扰乱著作权市场的前提下，对于为大数据服务[4]的作品，努力实现无须权利人许可的自由使用。此外，随着信息和通信技术的不断进步，必然会产生新的著作权作品的使用方法。为了促进发展创新，在一定程度上抽象对权利的限制规定，以便可以灵活地应对未来的变化需求。

2. 教育信息化的推进

近年来，翻转课堂这种主动性学习方式带来了教育质量的提升，也拓宽了受教育机会。为此，灵活使用ICT（信息、通信和技术）的教育方式受到重视。同时，伴随着ICT教育方式的推进，围绕著作权制度产生的问题也亟待解决。利用信息、通信技术提高教学质量的环节中，教师把他人的著作制成用于课堂教学以及学生预习复习的教材，并通过网络教授给学生的情况下，只需支付给著作权人一定的补偿金，无须事先征得著作权人的同意。此外，"著作权法"修正案颁布之后，围绕"著作权法"的运用问题，以相关人员为中心，积极展开各种活动。如在教育机构进行"著作权法"的培训、普及宣传，制定"著作权法"的解释标准，完善版权许可的相关措施等。

3. 增加残疾人使用信息的机会

2013年6月，通过了"扩大盲人、视觉障碍者和其他印刷物阅读障碍者对公开发

1 http://www.mext.go.jp/b_menu/houan/kakutei/detail/1405213.htm
2 http://www.bunka.go.jp/seisaku/bunkashingikai/chosakuken/pdf/h2904_shingi_hokokusho.pdf
3 "著作权法"原则上在使用著作物等时，必须得到著作权者等的许可，但除此之外，也有不需要允许被规定为"权利限制规定"。
4 比如所在搜索服务（例如：查找书籍信息）、信息分析服务（例如：盗用论文的验证）等。

行的著作的使用机会，即《马拉喀什条约》”（2016年9月生效）。在《马拉喀什条约》的保护下，为视觉障碍者以及其他因身体残疾等原因不能用手拿书的人制作语音图书的情况，无须获取作者的同意。

4. 促进存档的有效利用

促进存档著作的充分利用，有利于日本文化发展。为此，日本为进一步充分利用存档著作，采取了一些措施。

在美术馆等设施中，利用天线终端装置等电子机器对展品进行讲解、介绍；为了向大众广泛提供作品的相关信息，在网上展示作品图像等，这些行为可以不需获取作者的同意。而且，对于国家以及地方公共团体等使用著作者不明的作品，依据相关裁定制度，不需要提前提存补偿金。此外，通过国立国会图书馆向外国图书馆发送绝版资料，也不需要申请许可。

二、著作权分科会上的讨论

在就重新审视著作权制度，著作权发生变化以及社会的需求下，文化审议会著作权分科会展开了讨论。2017年特别就以下事项进行了讨论。

1. 应对 leech site 上诱导侵权的行为

因非法网站 leech site[1] 的诱导使侵入网地变得轻而易举，加重了著作权侵犯行为，因此有必要讨论相关对策，就非法网站 leech site 的实际情况以及相关课题，围绕对著作权制度的要求等问题，从相关人士那里听取了意见建议，讨论了如何在保护权利和维护自由之间寻求平衡的前提下，尽量避免对网络使用的过度管制。

2. 对原创作者适当的返还补偿

以个人使用为目的，使用特定的机器或媒体对音乐和电视节目进行录音、录像，需向著作权所有者支付一定的补偿金。这项私自录音录像补偿金制度于1992年开始实施。但是，伴随着新型机器和服务的普及，该制度已不能应对现实情况。针对这样的意见，围绕目前对原创作者给予适当返还金的方式展开了讨论。

三、促进著作权的流通

网络的普及和著作的数字化，令著作的流通形式发生了翻天覆地的变化。在这样的情况下，文化厅从促进著作流通的观点出发，实施了以下举措。

1.《著作权等管理事业法》的正确使用

关于著作权的管理，为了用户更便捷地使用著作，同时也为了提高著作权的实效性，企业负责集中管理版权作品的做法越来越普遍。在放松管制的大环境下，27家公司（截至2018年3月1日）根据《著作权等管理事业法》（2001年生效）注册为版

1　在自己的网站上不刊登内容，而是提供向其他网站中存储的侵犯著作权内容的链接信息，用来诱导利用者进入侵害内容的网站。

权管理公司。为了保证事务合理地进行，以《著作权等管理事业法》为基准，文化厅每年对管理者征收工作报告，定期进行现场调查等活动。

同时，围绕向音乐教室等征收作品演奏费等问题，一般社团法人日本音乐著作权协会就收取使用费的相关规定提请批准。2017 年作为使用者代表的保护音乐教育协会，向文化厅长官提出了暂缓裁决的申请。文化厅长官咨询了文化审议会的意见后，驳回了该申请。同时，对一般社团法人日本音乐著作权协会实施该规定时应采取的适当方式，发布了“实施规定时采取的适当措施”（2018 年 3 月 7 日文化厅长官通知）的指令。

2. 顺利处理著作权的举措

当著作权所有者等情况不明确时，可依循裁定制度，经文化厅长官裁决后合法使用。2017 年对书籍类著作、用于电视节目播放的 5183 件作品的使用权问题，进行了裁定。另外，为了使用裁定制度更顺畅，参照近来办理的裁决手续的实际情况，2017 年重新审定了裁定的申请费，修正了政令，把手续费从 13000 日元下调为 6900 日元（2018 年 4 月 1 日施行）。

此外，为了著作权问题能更顺利地得到解决，2017 年开始积极推进“整合著作权信息的示范项目”等活动。

3. 著作权登记制度的运用

进行有关著作权实际关系的公示，在著作权发生转移时，为了确保交易的安全，基于《著作权法》进行著作权登记备案。

四、著作权教育的加强

当今社会，著作权意识和知识变得越来越重要，因此在现行的初中和高中学习指导要领中，也加入了著作权的相关内容。

2017 年图书馆等职员著作权实务讲习会（东京会场）

文化厅还在全国各地举办讲习会，制作、发放教材。讲习会以普通大众、都道府县等著作权事务负责人、图书馆职员、教职员等为对象，每年在十几个地方举办。教材形式丰富，有针对儿童小学生的著作权学习软件、面向教职员的指导事例集、针对大学生和企业的影像资料、面向零基础学习对象的课本，以及问答数据库“著作权提问箱”等，并通过文化厅的官网向大众免费提供[1]。

1 参照 http://www.bunka.go.jp/seisaku/chosakuken/seidokaisetsu/。

此外，因2012年《著作权法》的修正，围绕有关违法下载的刑事处罚的一些疑问，进行整理并将结果公开，协同相关人员进行广泛宣传[1]。

五、国际性课题的应对

随着数字化、网络化的发展，作品的跨国流通形式越来越多样化。日本的版权物内容在国外被制成CD、DVD等，甚至还通过网络的形式传播使著作权遭到侵犯，已经成为很严重的问题。面对这样的现状，文化厅正在积极制定著作权受到侵犯时的对策，积极推进国际规则的建立。

1. 海外侵犯著作权的对策

以亚洲地区为中心，日本的动漫、音乐、游戏软件、漫画等越来越受到关注。但是，另一方面上述作品遭到违法盗版的侵害，其盗版还被公开进行交易或在网络上被任意使用，著作权受到侵犯的问题已经异常严重，不容忽视。因此，为了提高保护著作权的实效性，文化厅主要采取了以下措施：

①通过政府间协议等，对侵犯著作权的国家地区加大取缔力度

②对那些侵犯著作权的国家地区的政府职员，展开培训

③对侵犯著作权的国家地区的普通消费者，展开普及宣传

2. 参与策划制定国际规则

①响应《跨太平洋伙伴关系协定》

《跨太平洋伙伴关系协定》（以下称“TPP12协定”）是亚洲太平洋地区的12个国家参与策划构建的一项包容性经济合作协定。“TPP12协定”以构建广泛领域下的21世纪的新规则为目标，围绕推进知识产权的保护和使用，在著作权等知识产权方面，做出了各种规定。

围绕TPP12协定中著作权关系的有关规定，就作品保护期的延长事项以及著作权非亲告罪化等事项，文化审议会著作权分科会展开讨论，于2016年12月9日通过了“包含《著作权法》部分修正案在内的、缔结《跨太平洋伙伴关系协定》的相关法律的预备法”（以下称“TPP12预备法”），生效日期与TPP12协定在日本的生效日期相同。

之后，2017年1月，因为美国表明退出TPP12协定，其余11个国家交换意见后，于2018年3月8日签署了《跨太平洋伙伴关系全面进展协定》（以下称为“TPP11协定”），并向第196次定期国会提交了《与跨太平洋伙伴关系协定签订相关的法律的部分修正案》，内容是当“TPP11协定”在日本生效之日，对包含“著作权法”修正案在内的TPP12预备法失效等。

②日本与欧盟（EU）的经济合作伙伴关系协定（EPA）

1　详情参照 http://www.bunka.go.jp/seisaku/chosakuken/hokaisei/online.html。

日欧经济合作协定（EPA）是日本与欧盟（EU）这个重要的全球性伙伴签订的经济合作协定。从2013年3月起开始谈判，于2017年12月达成共识。日欧经济合作协定（EPA）作为21世纪经济秩序的典范，对知识财产领域做出了各种规定，旨在推进知识财产的保护和使用。

关于著作权的相关问题，日本与欧盟围绕作品等的保护期问题达成一致，规定保护期为作者去世后70年。

今后，一方面积极促进日本与欧盟（EU）的经济合作协定（EPA）的早日签署，同时按照相关日程表，积极落实协定签订所需的各项手续。

③世界知识产权组织（WIPO）的相关事项

除此之外，还积极参与其他国际规则的制定。目前，世界知识产权组织正在围绕制定有关媒体播放的新条约，日本也在积极参与。世界知识产权组织（WIPO）[1]于2012年6月缔结了《视听表演北京条约》，2013年6月缔结了《马拉喀什便利盲人、视力障碍者或其他印刷品阅读障碍者获取出版作品条约》。《马拉喀什条约》就视力障碍者获取出版作品的限制与例外做出了相关规定。关于《视听表演北京条约》，日本于2014年5月获国会认可，6月加入其中。2018年4月《马拉喀什便利盲人、视力障碍者或其他印刷品阅读障碍者获取出版作品条约》也获得了国会通过。

同时，通过交涉EPA（经济合作协定）的机会，以亚洲各国为中心，积极同世界各国签订著作权的相关协议。

1　参照第二部第十章第一节。

第十一节

宗教法人制和宗教事务行政

一、宗教法人制度的概要

在日本，教派、宗派、教团等大规模的宗教团体，以及神社、寺院、教会等形形色色大小不一的宗教团体从事着各种各样的宗教活动。基于《宗教法人法》，目前大约有 181000 个宗教团体，拥有合法宗教法人资格。

《宗教法人法》是制定宗教法人制度的相关法令，目的是认证宗教团体的法人资格，为宗教团队管理财产与团体组织等方面提供依据。在宪法保障信教自由、政教分离的原则下，宗教法人制度最大限度地保障宗教法人自由进行宗教活动，尽量减少所属辖厅的干预，保障宗教法人能够自主、自律地经营。另一方面，也明确宗教法人的责任，在考虑其公共性的基础上构建完整体系。

图表2-9-31 宗教法人数量

（2016年12月31日当前）

所属	划分 / 系统	总括宗教法人	单位宗教法人	总计
文部科学大臣	神道系	124	95	219
	佛教系	157	304	461
	基督教系	64	258	322
	各种宗教	29	80	109
	计	374	737	1,111
都道府县知事	神道系	6	84,765	84,771
	佛教系	11	76,864	76,875
	基督教系	7	4,432	4,439
	其他宗教	1	14,300	14,301
	计	25	180,361	180,386
总计		399	181,098	181,497

注：1.文部科学大臣所属：在多个都道府县中拥有寺院建筑的宗教法人以包括该法人的宗教法人

2.都道府县知事所属：只在一个都道府县中拥有寺院建筑的宗教法人

3.综合宗教法人：包括单位宗教法人的教派、宗派、宗教团体等

4.包含的宗教法人：有做礼拜设施的神社、寺院、教会等

出处：文化厅编《宗教年鉴》（2017年版）

图表2-9-32 不同类别宗教的信徒数量

总数182266404人　（2016年12月31日当前）

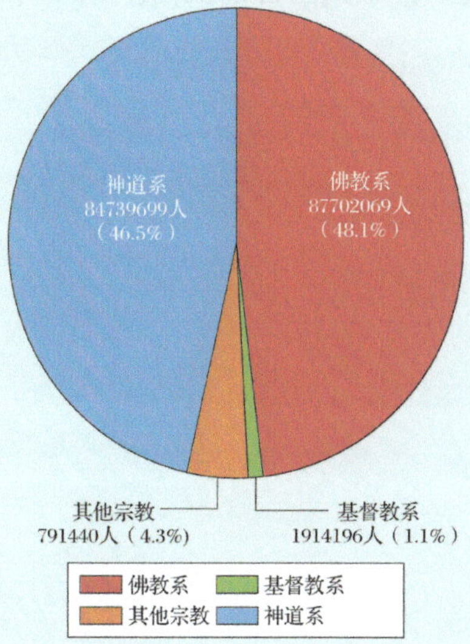

注：统计信徒的标准因宗教团体各异。
出处：文化厅编《宗教年鉴》（2017年版）

二、宗教事务行政的推进

1. 推进宗教法人的管理运营

文化厅对各都道府县的宗教行政事务提供建议，组织都道府县的相关事务负责人

《宗教年鉴》等

进行培训，对宗教法人进行实务培训，还制定相关指南书籍、影像教材。

为了把握日本宗教的发展动向，文化厅每年都在宗教界的帮助下，对宗教法人进行“宗教统计调查”，发行《宗教年鉴》。此外，还广泛收集宗教的相关资料。

2. 对“不举行活动的宗教法人”的对策

在宗教法人之中，存在设立后因故不举行任何活动的“不举行活动的宗教法人”。不举行活动的宗教法人，有可能会买卖宗教法人资格，或被第三方恶意使用法人资格从事非法活动，引发社会问题，进而有损社会对宗教法人制度的信赖。

为此，文化厅和都道府县对没有可能再次开展活动的法人，通过吸收合并或解散等措施进行整顿。对以此类方法无法处理的宗教法人，可根据向法院申请解散命令等手段，推进整治。

3. 宗教法人审议会

为保障宗教法人的信仰自由，照顾其宗教方面的特性等，特设置宗教法人审议会，作为文部科学大臣咨询机构。

第十二节

阿伊努文化的振兴

一、国立阿伊努民族博物馆

根据“以促进阿伊努文化复兴为目的，完善和管理运营民族共生象征空间的基本方针（2014年6月13日内阁会议决定，2017年6月27日部分变更）”，制订了文化厅遵循该项计划，具体落实了建筑和展览的设计工作。国立阿伊努民族博物馆的建筑的基本设计和公开展览的基本计划。

国立阿伊努民族博物馆的理念是：尊重原住民阿依努民族的民族尊严，促进国内外人士对阿伊努民族历史和文化的正确认识、理解，同时助力阿伊努文化的创新与发展。

今后，以2020年4月开馆为目标，积极推进博物馆建筑的施工、展示以及营运等准备工作。

二、振兴阿伊努文化

文部科学省和国土交通省遵循《阿伊努文化的振兴和阿伊努传统等知识的普及发展相关法律》，组建了公益财团法人阿伊努文化振兴研究机构，依法开展活动。同时，还资助阿伊努的相关研究，振兴阿伊努语，对阿伊努文化的传承发展，以及文化交流、普及事业予以援助，表彰优秀的阿伊努文化活动，对阿伊努传统生活空间（庵室）的复原事业提供援助。

本章译者：张翔　蒋丹　王一帆

第十章

加强国际交流与合作

总　论

随着社会和经济的全球化进程，国际社会以及日本的周边环境发生了重大变化。在这种背景下，为了将来日本能够健康发展并成为具有吸引力的国家，进一步加强与其他国家的交流与合作就显得尤为重要。

为此，日本文部科学省通过培养能够积极参与国际社会的人才、战略性接收优秀留学生和研究人员等方式不断促进双向人员交流。此外，基于政府倡导的“俯瞰地球仪外交”动向，文部科学大臣积极参加国际会议，并通过与各个国家、地区的政要进行会晤，在教育、科技、体育、文化等领域，根据国家、地区等的需求加强国际合作（图表 2-10-1）。而且，日本正在采取各种举措和经济合作与发展组织（OECD）以及联合国大学等国际组织合作。近年来，日本式教育受到各国广泛关注，政府部门与民间机构正在齐心协力共同推动日本式教育在世界各国的发展。

为了与世界各国一道提高教育质量，日本正在积极与各国政府和联合国教科文组织（UNESCO）等国际组织合作，采取各项举措促进教育的可持续发展等各项内容的展开。

此外，为了实现 2015 年联合国首脑会议上通过的“可持续发展目标（SDGs）”，日本政府各部门通力合作，希望能够领先于世界各国实现可持续发展目标，为此，于 2016 年 5 月设立了可持续发展目标推进本部，并由内阁总理大臣安倍晋三亲自担任本部长。

文部科学省正在通过这些举措战略性地进一步加强国际交流与合作。

图表 2-10-1　2017年度文部科学大臣出差目的地

国家/地区名称	大臣姓名	期间	往来目的・主要日程
2017年			
泰国	时任文部科学大臣松野博一	4/30 ~ 5/2	5/1 与科技部部长阿茶卡进行会谈 5/1 与教育部部长提拉杰进行会谈 5/1 与旅游与体育部部长科布坎恩进行会谈
新加坡	时任文部科学大臣松野博一	5/2 ~ 5/4	5/3 与文化、社区及青年部部长傅海燕进行会谈 5/3 与科技研究局主席林泉宝进行会谈 5/3 与教育部部长（负责初等中等教育）黄志明进行会谈
俄罗斯	时任文部科学大臣松野博一	7/13 ~ 7/18	7/14 ~ 15 出席国际体育教育与体育运动部长和高级官员进行会谈(MINEPS) 7/15 与体育部部长科洛布科夫进行会谈 7/15 与希腊文化和体育部副部长瓦西里亚迪斯进行会谈 7/15 与法国体育部部长弗莱塞勒进行会谈 7/15 与以色列文化和体育部副部长约瑟夫・沙拉比进行会谈 7/17 与俄罗斯副总统戈洛杰茨进行会谈
冰岛	时任文部科学大臣松野博一	7/18 ~ 7/20	7/19 与外交部部长索尔达松进行会谈 7/19 与教育科学和文化部副部长马格努斯蒂尔进行会谈
德国	时任文部科学大臣松野博一	7/20	7/20 访问马克斯普朗克研究所
法国	文部科学大臣林芳正	11/2 ~ 11/5	11/3 出席第39届联合国教科文组织大会 11/3 与下一任联合国教科文组织总干事澳德蕾・阿祖莱（当时）进行会谈 11/3 与联合国教科文组织总干事伊琳娜・博科娃（当时）进行会谈 11/3 与法国教育部长布朗凯进行会谈 11/3 与挪威教育研究部部长阿歇姆进行会谈 11/3 与阿根廷教育、文化和科技部长亚厉杭德罗・菲诺基亚罗进行会谈 11/4 参观国际聚变实验反应堆（ITER）施工现场
2018年			
比利时	文部科学大臣林芳正	1/7 ~ 1/9	1/8 与欧盟委员会科研与创新委员卡洛斯・莫达斯（负责研究、科学、创新）会谈 1/9 与欧盟气候变化委员麦古尔・阿里亚斯・卡内特(负责气候变化应对、能源)会谈
瑞典	文部科学大臣林芳正	1/9 ~ 1/10	1/9 参观高强度辐射设施（MAX-IV）的软X射线 1/9 参观欧洲散裂中子源（ESS）

第一节

教育、体育、文化领域的国际交流与合作

一、促进留学生的交流

1. 接收外国留学生的现状和措施

①接收留学生的现状

在全球化日益加速的国际社会中，为了促进日本大学的国际化，培养积极参与国际社会的人才，2008 年 7 月，制订了《留学生 30 万人计划》的纲要，汇总归纳了增加国际学生招生人数的措施。在此基础上，文部科学省在留学动机以及大学、社会的接纳状况，就业乃至毕业、结业以后的去向等方面与相关部委等进行合作，系统地推进留学生的接收工作。

截至 2017 年 5 月 1 日，在日本，就读于大学的外国留学生人数为 267042 人，整体而言处于增长态势（图表 2-10-2，图表 2-10-3）。

《日本复兴战略—日本归来—》以及《第二期教育振兴基本计划》当中明确指出，

图表2-10-2 外国留学生数量的推移（每年 5 月 1 日数据）

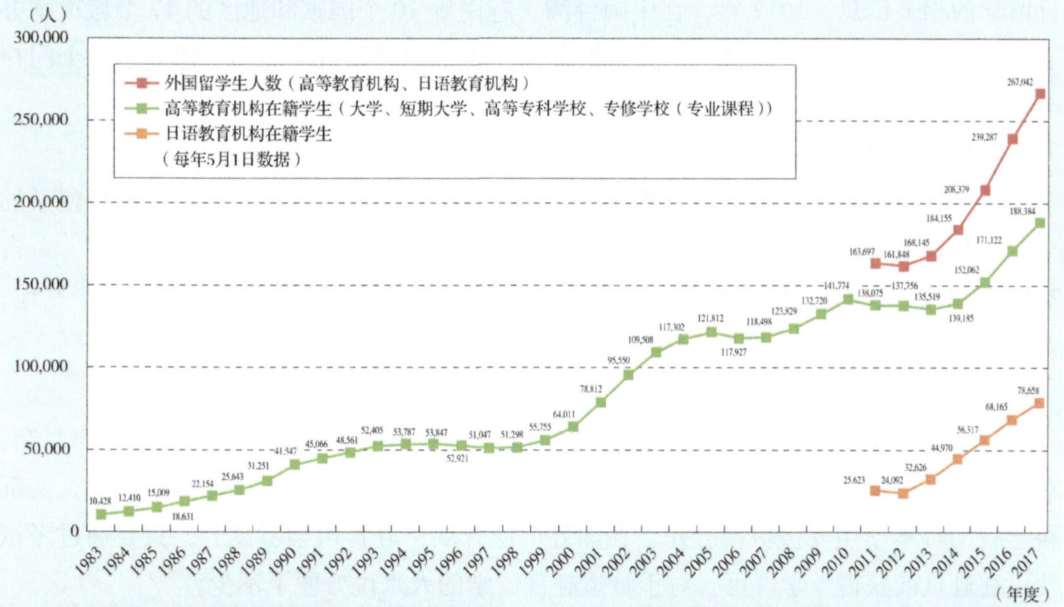

根据“出入境管理及难民认定法”对相关内容进行的修订(2009年7月15日公布),2010年7月1日起在留资格中的“留学”“就学”归为一项，2011年5月以后，日语教育机构的留学生也计入在内。

出处：日本学生支援机构“外国留学生在籍 状况调查”

图表 2-10-3 按国家、地区划分的外国留学生人数（排名前十的国家/地区）（2017年度）

区域/国别	留学生人数（去年人数）	增长人数
中国	107,260 （98,483）	8,777
越南	61,671 （53,807）	7,864
尼泊尔	21,500 （19,471）	2,029
韩国	15,740 （15,457）	283
中国台湾	8,947 （8,330）	617
斯里兰卡	6,607 （3,976）	2,631
印度尼西亚	5,495 （4,630）	865
缅甸	4,816 （3,851）	965
泰国	3,985 （3,842）	143
马来西亚	2,945 （2,734）	211
其他	28,076 （24,706）	3,370
合计	267,042 （239,287）	27,755

出处：日本学生支援机构 “外国留学生在籍调查”

作为政府方针，日本将在 2020 年之前努力实现接收留学生 30 万人（《留学生 30 万人计划》）的目标，同时也要进一步促进战略性接收留学生的工作。此外，在《日本再兴战略改定 2016》（2016 年 6 月 2 日内阁决议审定）当中规定，今后的目标是将外国留学生在日本的就业率由现在的 30% 提升至 50%。

②为了吸纳全球发展成果而采取的接收外国留学生的策略

世界各国接收留学生的竞争不断加剧。我们不仅仅要继续提升教育研究水平并加强国家间的友好关系，也必须吸纳其他国家发展成果，进一步谋求日本自身的发展。为此，文部科学省于 2013 年 12 月汇总了“为了吸纳全球发展成果而采取的接收外国留学生的策略”，并为接收留学生确定了重点地区和重点领域。

③完善留学信息提供体制

为了促进接收留学生，日本学生支援机构邀请日本的大学参加在海外举办的“日本留学博览会”和“日本留学推介会”，对当地的大学生以及升学指导负责人提供赴日留学的相关信息。2017 年，在中国台湾、越南等 10 个国家和地区的 17 个城市举办了这些活动。此外，还通过与相关组织合作，为希望赴日留学的学生建立了一个门户网站[1]，现在正在进一步完善信息。

④建立赴日留学的平台

为了在海外重点地区与当地政府机构和教育机构加强联系，建立一个赴日留学的平台（基地）来收集和提供留学信息，我们展开了“留学项目协调员配备工作”。自 2014 年以来，我们已经在缅甸、非洲（撒哈拉沙漠以南地区）和印度开设了三个基地，并于 2015 年在巴西开设了一个基地，均已配备了留学协调员。

⑤举办赴日留学考试

以往赴日留学需要前往日本参加考试，这与前往欧美各国大学留学相比程序复杂，对于希望赴日留学的人来说是一个很大的负担，因而一直以来饱受诟病。为此，文部科学省与日本学生支援机构合作，在国外广泛开展“赴日留学考试”，只要通过考试便可在赴日前获得入学许可，对于希望赴日留学的人来说方便了不少。

该考试在日本国内 16 个都道府县以及海外（主要是亚洲地区）的 17 个城市进行，

1 参照 http://www.studyjapan.go.jp/jp/index.html。

每年举办两次（6月和11月）。2017年的考生总人数共计51099人，其中在日本参加考试的有41616人，海外9483人。此外，441所大学和87所短期大学将该考试用于留学生入学选拔。其中，87所大学和9所短期大学采纳了以该考试为依据的赴日前入学许可制度。

⑥为留学生提供的帮助措施

（a）接收日本政府奖学金外国留学生

日本政府奖学金留学生制度于1959年由当时的文部省设立，邀请世界各国的年轻人在日本高等教育机关接受教育，进行研究。目前，开展了七个种类的项目，包括研究生留学生（具备硕士研究生和博士研究生水平以及入学资格的学生）和本科留学生。迄今为止，已接收来自160多个国家和地区的100000多名日本政府奖学金外国留学生。2017年，接收了9166名日本政府奖学金留学生（截至2017年5月1日）。

（b）对其他留学生的帮助

日本学生支援机构为了推动战略性接收优秀留学生的工作，面向在日本的大学（包括研究生院）、短期大学、高等职业学校、专门职业学校（专业课程）以及提供日本的大学入学预备课程的教育机构就读的学业人品俱佳的自费外国留学生。以及由于经济理由而造成学业困难者颁发奖学金。

（c）对留学生就业的帮助

《日本再兴战略2016年修订版》旨在将外国留学生日本国内就业率从当前的30%提高到50%。从2017年开始，文部科学省受到委托，开始实施“促进留学生就业项目”，此项目旨在帮助各个大学与地方行政机关以及产业界进行合作，以此创造一个良好的学习环境，使留学生能够掌握对于就业必不可少的技能，提升“商务日语能力”，接受“职业教育”，进行“中长期实习”截至目前，该项目已通过了12项。除了提供有关希望在日本找工作的外国学生的就业和招聘活动的有用信息外，日本学生支援机构还实施了“全国职业、就业指导”，以便校方和企业交换信息。

⑦扩充对外国留学生的教育项目内容

随着日本留学形态的多样化，各大学都在努力提高课程水平，使其更具吸引力以满足留学生的需求。为了促进这一点，文部科学省选择了“外国留学生优先安置特别计划”，并从实施留学生接收计划的具备国际性吸引力的大学中选择一部分留学生，将这一部分留学生作为国家资助的外国留学生予以优先录用。

⑧各个地区对留学生进行的帮助

为了积极推动留学生与当地居民的交流，促进对留学生提供奖学金和宿舍，各都道府县都召开了由大学、地方行政机关、经济团体、民间团体等构成的地区留学生交流推进会议。

⑨对于回国留学生进行的帮助

为了能让回国留学生进一步提高留学成果，在祖国施展抱负，日本学生支援机构实施了“邀请回国留学生赴日进行短期研究项目”，同时派遣指导老师进行研究方面的帮助。此外，发行 Japan Alumnie News（日本留学网杂志），向回国外国留学生提供有关信息。

2. 日本学生海外留学的现状和相关措施

①海外留学现状

根据 OECD、联合国教科文组织、美国国际教育协会（IIE）等统计数据显示，对日本海外留学人数（原则上不包含交换留学等短期留学人员）进行了汇总后发现，2015 年前往海外留学的日本学生人数为 54676 人。另外，根据日本学生支援机构的调查发现，在各个大学所掌握的日本学生海外留学状况方面，短期留学生数量在不断增加，2016 年同比增加了 12185 人，达到了 96641 人（图表 2–10–4，图表 2–10–5，图表 2–10–6）。

图表 2–10–4 日本人海外留学人数的变化情况

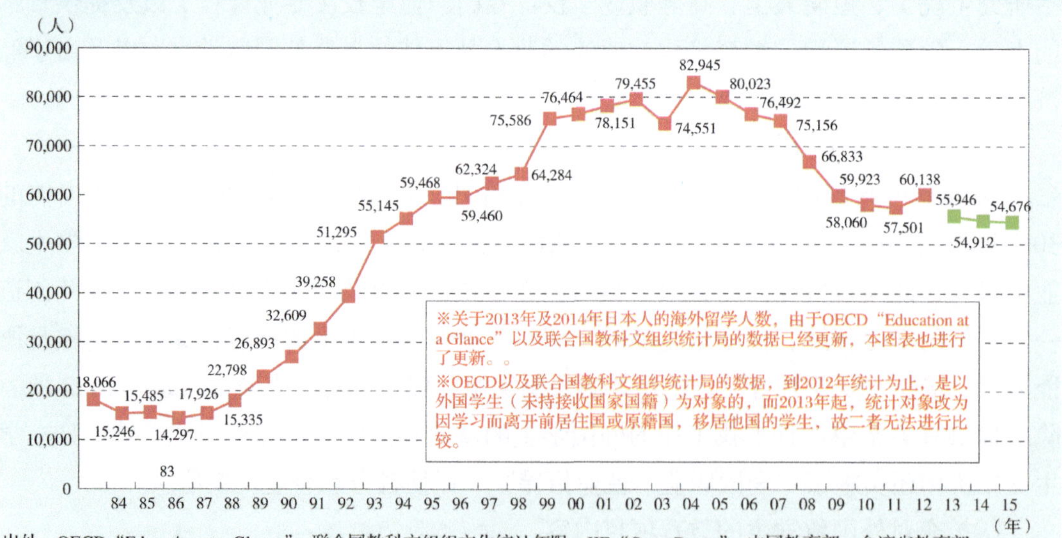

出处：OECD “Education at a Glance”，联合国教科文组织文化统计年限，IIE “Open Doors”，中国教育部，台湾省教育部

随着社会和经济的全球化，迫切需要培养能够活跃于世界的人才。根据《日本复兴战略——日本归来》，截至 2020 年出国留学的日本学生人数将从 6 万人增加到 12 万人。文部科学省为了实现这一目标，正在推动日本学生出国留学。

②出国留学的措施

日本文部科学省建立了政府奖学金支持体系，帮助日本学生出国留学。从 2009 年起，通过派日本学生到进行前沿教育和研究活动的海外研究生院获得学位，推进日本的全球化，提高国际竞争力。目前已经启动了“海外留学援助制度（获得研究生学位获取类型）”，并且从 2017 年开始实施了“海外留学援助制度（获得本科学位类型）”，派遣学生前往海外大学接受本科阶段教育。

同时，为了促进大学之间的交流，帮助日本的大学实现国际化，推动海外短期留学，作为日本学生支援机构的奖学金制度，从2009年起，日本建立了“海外留学援助制度（协议接收类型）”和“海外留学援助制度（协议派遣类型）”。根据大学间的交流协议，通过奖学金对从世界各国来日本的大学留学的外国留学生以及日本派遣到世界各国的日本学生提供帮助。

此外，积极利用外国政府的奖学金，文部科学省协助招收、选拔前往该国留学的日本学生。

图表 2-10-5 日本学生海外留学人数（排名前10位国家、地区）（2015年）

区域/国别	留学生数（前年人数）	增长人数
美国	19,060 （ 19,064 ）	△4
中国	14,085 （ 15,057 ）	△972
中国台湾	6,319 （ 5,816 ）	503
英国	3,098 （ 3,089 ）	9
德国	1,756 （ 1,777 ）	△21
澳大利亚	1,672 （ 1,817 ）	△145
法国	1,646 （ 1,540 ）	106
加拿大	1,479 （ 1,644 ）	△165
韩国	1,286 （ 1,212 ）	74
巴西	759 （ 606 ）	153
其他	3,516 （ 3,290 ）	226
合计	54,676 （ 54,912 ）	△236

出处：OECD “Education at a Glance”，联合国教科文组织文化统计年限，IIE “Open Doors”，中国教育部，台湾省教育部

图表 2-10-6 大学等掌握的日本学生海外留学人数的变化情况

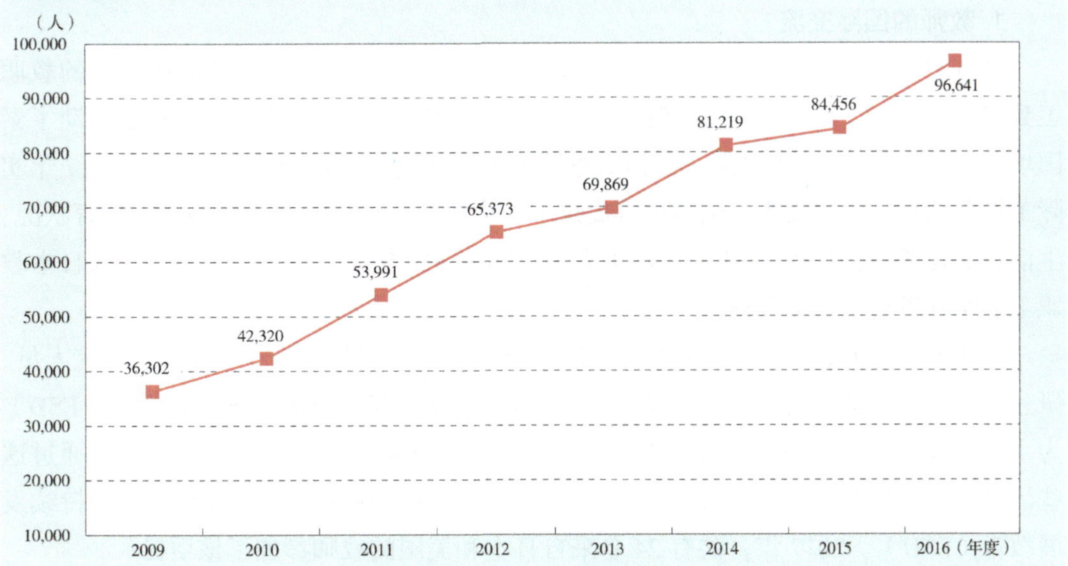

出处：日本学生支援机构“根据协议等进行的日本学生留学状况调查”

对于占据海外留学重头的自费留学，通过日本学生支援机构收集并提供留学信息。另外，2017年在4个都道府县举行了“海外留学宣讲会”，并在东京都举办了“海外留学博览会”，向希望出国留学的人提供了必要的信息。

③官民合作海外留学援助制度“飞翔吧！留学JAPAN日本代表计划”

从2014年开始，作为官民合作的新机制，日本推出了得到民间团体大力支持的海外留学帮助制度“飞翔吧！留学JAPAN日本代表计划”，以减轻出国留学的经济负担等，在全社会鼓励年轻人出国留学。

根据“日本代表计划”，从2014年第1期派遣学生开始到2017年第8期派遣学生为止共招募了3506人。招募的学生已经开始陆续出国留学。

此外，从2015年开始，开设了高中生课程和地区人才课程。高中生课程以高中生为对象；地区人才课程的目的在于为振兴地区做出贡献，培养出扎根于地区的全球化人才。

高中课程方面，2015年派遣了第1期留学生，共303人。2016年派遣了第2期留学生，共511人。2017年作为第3期派遣留学生，继续录取了501名学生。被录取的高中生已经开始陆续出国留学。在地区人才课程方面，作为2015年地区项目，选择了11个地区开展了课程；作为2016年地区工作，选择了4个地区开展了课程；作为2017年地区项目，选择了5个地区开展了课程；作为2018年地区项目，选择了3个地区开展了课程。

3. 高中生交流的现状与措施[1]

二、教师、青少年的国际交流

1. 教师的国际交流

文部科学省每年向中国和韩国派出教职工（约75人），并邀请这些国家的教职工到日本（大约130人，均为2017年实际工作业绩）。此外，除去2015年启动了泰国项目之外，自2016年以来，还初次邀请了来自印度的教职工（各15人，2017年实际工作业绩）。此项教职工邀请项目提供了一个机会，加深了对教育制度、教育状况、生活、文化等方面广泛的相互理解以及日本与各国的友好关系，同时，还深入日本教职工的家庭进行了交流和访问。

日美两国之间，依据“日美教育交流计划”（富布莱特计划[2]），开展了研究人员、研究生、记者等的交流。此外，文部科学省自2009年起，以可持续发展教育（ESD）为主题开展了日美中小学教师间的相互交流、意见交换、共同研究等活动。并通过这些活动实施“ESD日美教师交流项目”，以促进日美两国之间的教育交流和可持续发展教育（ESD）。2017年，共有24名来自日本和美国的教师参加了该项目。

2. 青少年的国际交流

随着全球化的发展，年轻人必须意识到自己是国际社会的一员，并与立足于不同文化和历史的人民和睦相处。因此，文部科学省正在实施“青少年国际交流促进项目”以及“地区青少年国际交流促进项目”。前者主要内容为派遣肩负下一个时代重任的

1　参照第二部第四章第三节。
2　始于1951年日美双边交流计划，由日美两国分担经费共同运营，日美教育委员会实施。

青少年前往海外，同时接收来自世界各国的青少年。后者主要是通过英语与不同文化背景的多名海外青少年交流，体验集体生活。

此外，国立青少年教育振兴机构以青少年为对象开展了自己的国际交流项目[1]。

3. 通过体育促进国际交流、合作

通过体育进行国际交流能够促进世界各国相互理解，对国际和平做出重大贡献，在提高日本的国际地位方面极为重要。为此，体育厅支持公益财团法人日本体育协会举行的亚洲地区体育交流项目，以及公益财团法人日本奥委会为提高国际竞技能力而举行的体育交流项目。

4. 通过文化促进国际交流与合作

随着全球化的深入，从传统文化到现代媒体艺术，积极地将日本多姿多彩的文化传播到世界各地是非常重要的。此外，通过促进文化艺术和文化遗产等各领域的国际文化交流与合作，在提高文化艺术水平的同时，有助于改善日本形象，促进与其他国家的相互理解，这是极其重要的。

为此，文化厅正在开展各种人员交流项目，譬如向外国派遣艺术家和文化人士的“文化交流大使”项目，以及派遣、邀请艺术家和文化遗产专家。此外，还开展了包括支持在海外电影节上展映日本电影等与文化艺术有关的国际活动，加大对参与活动的支持力度并推动国际交流与合作。此外，为了保护作为人类共同遗产的世界文化遗产，日本正在推进文化遗产保护国际贡献等国际合作项目。

三、国际机构等国际性框架中的举措

1. 经济合作与发展组织（OEC）

第 19 届 OECD/ 日本研讨会

OECD 有 35 个成员国，在各个领域进行政策调整、合作以及意见交换。在教育领域，为了对各国推进教育改革以及完善实施政策做出贡献，进行了各种调查。例如，为了进行教育统计和指标的开发与分析而实施的“学生学习程度调查（国际学生评估项目）”（PISA），为了对成人在社会中需要的综合能力进行测定而进行的“国际成人能力评估调查”（PIAAC），“国际教师指导环境调查”（TALIS）等多项项目，日本也参与协助了这些项目。

根据 2016 年 12 月公布的 PISA2015 年调查结果，2017 年 7 月 1 日，文部科学省、OECD，以及国立教育政策研究所在东京共同举办了名为“由 PISA2015 看今后的学习

1　参照第二部第三章第四节。

方式——科学素养与自主型、对话型深层次学习”的第19届OECD/Japan研讨会。

此外，OECD制定了2030年时代所需的主要素质和能力，并推动“2030年教育”项目，旨在发展新的教育模式。文部科学省积极参与了此项目，出席了此项目运营主体的非正式工作会议并进行了共同研究。

2. 亚太经济合作组织（APEC）

亚太经济合作组织（APEC）是亚太地区21个国家和地区参与的经济合作框架。在积极应对贸易和投资自由化等经济问题的同时，也致力于包括教育在内的人才培养领域。作为其中的一个举措，文部科学省正在与泰国展开联合项目，通过课堂研究工作进行开发算数和数学教育教材的研究，并力求在APEC地区进行推广。

此外，在高等教育领域，为了促进跨境教育合作，根据美国的提议，截至2020年，设定了使该地区留学生人数达到100万人的目标，同时实施了多项奖学金项目。

3. 联合国大学

联合国大学是唯一一个总部设在日本的联合国机构。在日本国内除去总部以外，还设置了“可持续发展高级研究所”。联合国大学开展多种多样的研究活动，以解决与气候变化、生物多样性和减贫等重要问题有关的广泛性全球问题，并开设研究生课程接收研究生。日本法律认可联合国大学研究生课程授予的学位，每年向联合国大学总部提供场地设施并向联合国大学基金捐款，以此为联合国大学的活动提供支持和帮助。

4. 世界知识产权组织（WIPO）

世界知识产权组织（WIPO[1]）是1970年成立的联合国专门机构，旨在促进知识产权的国际保护。除了制定和管理国际条约外，WIPO还为各个国家制定法律和法规提供帮助，向发展中国家提供法律和技术援助，并收集和提供信息。

日本每年通过信托基金向WIPO捐款，以促进亚太地区各国的著作权法律制度的完善、普及，以及认识的提升。此外，派遣工作人员到WIPO实施合作开展项目。2017年，暌违3年之后在东京举行的著作权局局长等参加的地区会议上，除了分享关于当前著作版权制度的现状和问题外，还就今后著作权制度的进一步发展展开了讨论。

中、日、韩三国教育部长纪念照（第二次中日韩教育部长会议）

5. 日中韩和东盟

日、中、韩教育部长会议分别于2016年在韩国首尔、2018年3月21日在日本东京举行了第一次和第二次

1　参照第二部第九章第十节五。

会议。在第二次会议上，重申了三国之间建立教育交流与合作的重要性，同时也通过了成果性文件《共同宣言》，该宣言记录了三国未来合作的方向。

此外，文部科学省正在努力通过日本—东盟和东盟 +3（日本、中国、韩国）等框架加强与由 10 个国家组成的东盟（ASEAN）的合作。东盟 +3 教育部长会议等会议将于 2018 年在缅甸举行[1]。

四、促进国际教育合作和国际协作

1. 日本式教育的海外发展

新兴国家与其他国家对日本的人才培养和教育制度有很大兴趣。有了人才培养和教育制度的支撑，日本在战后复兴当中经济发展迅速，克服了大地震灾害等困难，保持了一个成熟发达国家的地位。

2017 财年 EDU-Port 认证项目
“福井型教育从日本向世界发展”
亚、非、日本教师教育合作事业

文部科学省收到多国来信，提出希望引进日本的教育制度。这些教育制度包括旨在培育具备智、德、体均衡发展能力的小学和初中教育制度，以及初中毕业后学生尽早接受为期五年的一贯制技术人员培养教育制度，其特点是专业性、实践性。

基于此种情况，文部科学省自 2016 年以来展开了“日本式教育的海外发展官民协作平台项目（EDU-Port 日本）”，并与外务省、经济产业省、国际合作机构（JICA）日本贸易振兴机构（JETRO）、民间教育产业等共同运营。

2017 年，继首届博览会之后，作为教育合作的官民合作国际论坛，泰国教育部在曼谷举办了教育博览会“EDUCA”，文部科学省设置了日本馆（包括文部科学省展位，有 12 个机构参加），为海外国家提供了体验各种日本式教育的机会。此外，对于十分适合作为日本式教育海外发展典范的各试点项目，文部科学省也通过该平台集中力量提供支持。

通过该协作平台项目，形成了官民一体与各国进行教育合作的局面。希望能够树立海外发展典范事例，改善国内教育环境、基础，强化与各国教育相关人才的交流，以此来推进日本式教育的海外发展以及日本教育的国际化。

2. 合作建立海外高等教育机构

近年来，在发展中国家，人们越来越意识到培养具有高技术能力的人才能够促进工业的发展，从而促进国家的发展。特别是重视实验和研究活动，进行实践性小班教

1　参照日本—东盟运动部长会议（第二部第八章第九节二），日本—东盟文化部长会议（第二部第九章第七节），东盟 +3 文化部长会议（第二部第九章第七节）。

育的日本式工学教育受到高度好评。此外，对于国际合作机构（JICA）在日本各大学的协助下实施的强化高等教育机构能力的项目，文部科学省均提供大力支持。

在此背景下，各国都提出要求，希望与日本合作，在本国建立工学方面的高等教育机构。

2010 年 2 月，设立了“埃及日本科技大学”（E-JUST），2011 年 9 月设立了“马来西亚日本国际工科院”（MJIIT），此外，2016 年 9 月在越南设立了“日越大学”。

3. 加强与东南亚教育部长组织（SEAMEO）的合作

2017 年，文部科学省派出六名专家，为由东盟（ASEAN）各国和东帝汶十一个国家构成的东南亚教育部长组织（SEAMEO）所属的五家教育中心进行教师培训，以此加强与东南亚各国之间的合作。

日本还参加了东南亚教育部长机构、高等教育发展中心（SEAMEO-RIHED）的 AIMS（ASEAN International Mobility of Students: 政府主导的东盟一体化学生交流计划）。通过该计划，日本 11 所大学和 23 所东南亚大学合作的七个项目被文部科学省纳入“大学全球发展项目”。

此外，为了促进SEAMEO成员国的可持续发展教育（ESD），颁发了“SEAMEO-Japan ESD奖”以表彰在该方面做出卓越贡献的东南亚小学、初中和高中。从2011年到2017年，来自东南亚十个国家的 445 所学校申请了该奖项。计划从 2018 年开始继续实施第三阶段。

4. 充分利用日本在职教师的经验促进合作

为了促进在职教师参与国际合作，2001 年设立了青年海外合作队“在职教师特别参加制度”，该制度于 2008 年发展为“日系社会青年志愿者”。在过去的 16 年里，全世界有超过 1200 名公立和私立学校的在职教师被派往发展中国家，并在当地积极参与各项活动。

具备与儿童密切相关的实用技能和经验的日本在职教师，将成为促进国际教育合作的宝贵人才。对于在职教师来说，通过在发展中国家开展国际教育合作，能够进一步提高他们应对问题的能力和领导能力。希望他们在回国后，通过实践国际理解教育，将其宝贵经验回馈于日本教育第一线。

5. 新时代的国际教育合作

2016 年 5 月举行的 G7 仓敷教育部长会议上发布了《仓敷宣言》，标志着 G7 成员国之间在教育相关理念和问题上达成的交流和共享，重申了国际合作的重要性。

自 2017 年以来，文部科学省一直在实施“新时代的国际教育合作计划”。在这个项目中，通过举办教师交流和双边教育研讨会，相互学习 G7 各国的丰富经验，加强了各国在教育领域的关系，以此谋求对于日益多样化的教育课题进行基于教育实践的改善。

第二节

推进科学技术外交

一、科学技术外交的意义

由于近年来全球化的发展，以及中国和印度、东盟等新兴国家的崛起，世界的多极化、环境能源、食物、水、防灾、传染病等全球性课题日益显著，世界各地的形势发生了巨大的变化。同时，全球范围内人才循环不断加速，国际性人才竞争变得越来越激烈。在此背景下，需要日本在国际合作当中，通过进一步推进科学技术来解决各种问题，以此创造出新的知识，同时提高日本在国际社会上的存在感。

与发达国家进行的国际科学技术合作，不仅有利于提高日本的科学技术水平，通过开发出能够解决全球性课题的技术，还能促进日本的可持续性发展。此外，在与新兴国家和发展中国家的合作中，我们期待以科学技术为先导，加强与发展前景广阔的印度等亚洲国家的合作。同时也期待通过解决各国日益显著的全球性课题、合作对象国家的人才培养，以及合作对象国家和日本的科技发展，构筑一个紧密的科技共同体。

二、日本多重发力推进科学技术外交

1. 根据不同领域和国家展开多样化、多层次的科技合作

日本目前与世界 47 个国家和机构签订了科技合作协议。与这些国家和机构通过召开联合委员会等方式加深彼此间的合作。文部科学省为了推动从发达国家到发展中国家的多层次国际关系网络，根据对象国家、机构和领域的特点，推进多样化的多层次合作。

①双边、多边的科技、学术合作

目前，日本急需通过推进与以欧美为中心的发达国家和发展显著的新兴国家之间的广泛科技合作为日本的科技创新做出贡献。为此，日本正在积极开展双边以及多边科技、学术合作。

（a）双边科技、学术合作

科学技术振兴机构（JST）以及日本医疗研究开发机构（AMED）在同等合作关系下，作为战略性重要项目，开展了“战略性国际共同研究项目（SICORP）”，该项目为日本指定的合作对象国家、地区、以及研究领域的国际性共同研究提供帮助。JST 从 2015 年开始，通过 SICORP 的“国际共同研究基地”，与东盟在环境能源、生物资源、生物多样性、防灾领域，与印度在 ICT 领域推进日本“开诚布公”的持续研究合作。

另外，从2017年开始，AMED与新加坡在共同课题——老龄化领域进行了研究和合作。日本学术振兴会（JSPS）开展了“双边交流项目”，对基于研究者自由思维的共同研究、研讨会以及研究者间交流提供帮助，推进了双边的学术合作。

（b）多边科学技术、学术合作

日本学术振兴会（JSPS）与各国学术振兴机构合作，实施了“国际共同研究项目”，该项目对双边、多边的研究者的共同研究提供帮助。另外，为了建立世界水准的国际研究交流基地和解决亚非地区诸多课题的核心研究交流基地，日本积极与世界各国研究机构合作，展开了“建立研究基地项目”，为合作研究、研讨会等活动提供帮助，以此推动多边学术合作。2011年1月至2014年12月，科学技术振兴机构（JST）与JSPS和文部科学省共同参加了欧盟FP7[1]的国际合作项目CONCERT-Japan[2]，此项目旨在加强日本和欧盟科技政策方面的交流以及信息网的构建，科学技术振兴机构（JST）为包括日本在内的三国以上的多边共同研究进行了公开募集。从2015年起，日本与该项目的参加国一起设立了EIG-CONCERT Japan[3]，该项目是CONCERT Japan的延续，并继续实施联合公开募集的国际合作。

（c）与发达国家的多边科学技术合作

（i）经济开发合作机构（OECD）

OECD通过阁僚理事会，科学技术政策委员会（CSTP），信息、计算机和通信政策委员会（ICCP），产业创新创业委员会（CIIE），农业委员会（AGR），环境政策委员会（EPOC），核能局原子能委员会（NEA），国际能源署（IEA）等，加强会员国间的意见、经验等以及信息的交流，举行了以人才交流、统计资料等为主的相关科技活动。

（ii）人类前沿科学计划的合作（HFSP）

HFSP是在1987（昭和62）年6月的威尼斯峰会上日本提出的国家间研究资助项目，其目的是推进旨在探明生物体所具有的复杂机能的基础性国际协同研究。由日本、美国、法国、德国、欧盟、英国、瑞士、加拿大、意大利、澳大利亚、韩国、新西兰、印度、挪威、新加坡等共计15个国家、极共同运营，计划创立以来，日本一直积极提供帮助。本项目对国际协同研究团队的研究经费资助、年轻研究人员在境外进行研究的旅费，以及滞留费用资助、颁奖活动的召开等提供支持。截至2017年，接受该项目研究经费资助的人员当中人才辈出，出现了27位诺贝尔奖获得者，该项目因此得到了极高的评价。

1 FP7：EU研究资助项目的名称（FP7：Framework Programme7。2007（平成十九年）至2013（平成二十五年）这七年间，进行了总额超过500亿欧元的研究·创新投资）。

2 CONCERT-Japan：与日本携手推进欧洲研究以及技术开发。

3 EIG-CONCERT-Japan：FP7结束后，对日本这个国家以及对与日本合作有兴趣的欧洲各国的研究支援机构开展联合公开招募。European Interest Group Connecting and Coordinating European Research and Technology Development with Japan的简称。

②与亚洲各国的合作

近年来，为了加强与发展显著的亚洲各国间的合作关系，通过以下列举出的国际框架来推动合作。

（a）e-ASIA 共同研究项目

日本文部科学省通过科学技术振兴机构（JST）以及日本医疗研究开发机构（AMED），在加强亚洲地区的研究开发能力的同时，以解决共同课题为目标，展开了“e-ASIA 共同研究项目”。该项目以材料（纳米技术）、农业（食物）、替代能源、健康研究（传染病、癌症）、防灾、环境（气候变化、海洋科学）、尖端融合等七个领域为对象，由三个以上的国家进行多边共同研究。

（b）与东南亚国家联盟（东盟）的合作

日本文部科学省通过科学技术委员会（COST）与东南亚国家联盟（东盟）进行科技合作。目前，东盟和日本、中国、韩国三个国家进行了东盟 COST+3 的合作，日本以文部科学省为中心进行了相关合作。2015 年 1 月，第 8 次东盟 COST+3 会议在东京召开，就东盟和中日韩的合作进行了意见交换。另外，作为日本和东盟 COST 之间的合作框架，成立了 2009 年日本东盟科学技术合作委员会（AJCCST）。2017 年 5 月，第八次日本东盟科学技术合作委员会在斯里巴加湾市（文莱）召开。

（c）“亚洲哨兵”项目

该项目旨在有效利用宇宙技术为亚太地区的自然灾害管理做出贡献，这是日本在 2005 年第 12 届亚太地区空间机构论坛（APRSAF-12）上提出建议，并于 2006 年 2 月启动的国际合作项目。人造卫星能够不受地面灾害的影响获得大范围的图像，是掌握大规模自然灾害状况的有效手段。截至 2018 年 3 月，该项目已经在 28 个国家和地区的 91 个机构以及 15 个国际组织的协助下顺利展开。

（d）亚洲核合作论坛（FNCA）

为了有效地推进与亚洲各国的核能领域合作，在日本的主导下，各国在放射线利用、研究堆利用等领域展开了研究开发、基础完善等方面的合作。同时，负责核研究开发利用的各国部长级代表汇聚一堂，就 FNCA 的合作方案和各国核政策进行了讨论。

③与亚洲、非洲及拉丁美洲等发展中国家的科技合作

日本通过“应对全球性课题的国际科学技术合作项目（SATREPS）”，推动与亚洲、非洲，以及中南美洲等发展中国家的科技合作。根据这些国家的需求推动国际共同研究，以解决环境能源、生物资源、防灾和传染病领域的全球性课题。具体来说，文部科学省、科学技术振兴机构（JST），以及日本医疗研究开发机构（AMED）、外务省和国际合作机构（JICA）携手合作，将日本先进的科学技术和 ODA 结合来实施该项目。从 2008 年到 2017 年，在环境能源、生物资源、防灾、传染病领域，47 个国家采用了 125 项提议（按地区分为亚洲 65 项、非洲 32 项，以及其他）。

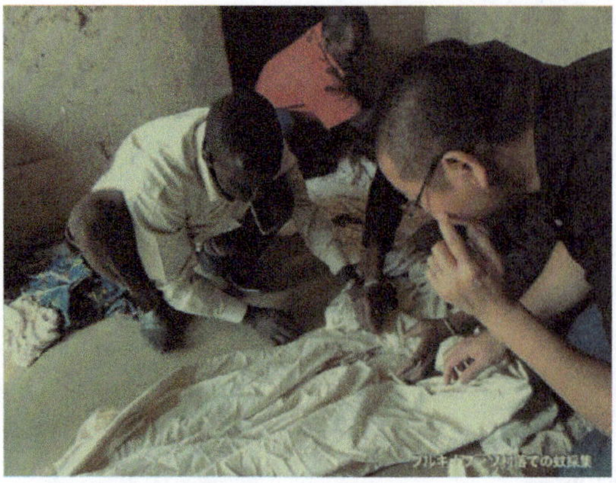

为了验证传播登革热的蚊子的生存和行动控制，在布基纳法索村子里采集蚊子
NTDs“西非·布基纳法索的登革热为控制媒介蚊的集学研究”课题
（照片来源：东京慈惠会医科大学）

关于蓝碳动态的红树林区域的调查情况
SATREPS“珊瑚·三角的蓝碳生态系统及其多方面服务的综合评价和保护战略”
（照片来源：科学技术振兴机构）

国际宇宙空间站（2010年5月拍摄）
［照片来源：美国航天局（NASA）］

此外，2015年5月，在东京召开的全球研究委员会（GRC）上，日本首相安倍晋三聚焦于非洲的“被忽视的热带病（NTDs）”，表明将重新开启国际共同研究。日本医疗研究开发机构创立了“应对非洲被忽视的热带病（NTDs）的国际共同研究”，并通过了三项课题，2017年也将继续实施。

④参与大型国际合作项目

随着技术的发展和研究规模扩大，尖端领域的大型国际项目也在增加。日本也正积极地与各国进行合作。

（a）ITER（国际热核聚变实验堆）计划等

对能源资源匮乏的日本来说，确保未来能源的稳定供给是十分重要的课题。ITER计划旨在实现人类的终极能源——核聚变能源，是由日本、欧盟、美国、俄罗斯、中国、韩国、印度七个国家（极）推进的基于国际协议的项目。日本在建设ITER时，担负着生产超导线圈、远程保养设备、加热装置等重要机器的任务，起到了主导作用。作为补充和支撑ITER计划的先进研究开发项目，将通过日欧合作的形式在日本广泛开展研究（BA）活动[1]。

（b）国际空间站（ISS）计划

ISS计划是日本、美国、欧洲、加拿大、俄罗斯五极（15个国家）共同实施的国际合作项目。日本参与该计划并开发、运行了自2008年开始投入使用的“希望号”日本实验舱以及截至2016年进行

1 参照第二部第七章第三节。

了六次物资补给的宇宙空间站补给机“白鹳号”（H–II Transfer Vehicle：HTV[1]）。从2017年12月开始，宇航员金井宣茂在ISS长期停留。在此期间，金井宇航员利用“希望号”日本实验舱的独特功能，进行了各种各样的科学实验和ISS各设施的系统运行。除此之外，还与亚洲各国的宇宙机构合作，通过实施由亚洲各国学生提出的微小重力简易实验，展开了多种多样的活动，对人才培养做出了贡献。

此外，日本在2016年12月，发射了“白鹳号”6号机，成功向ISS进行了物资输送。“白鹳号”6号机搭载的电池使用了日本制造的锂离子电池，这种电池对于ISS的运行必不可少，因此受到ISS各参与国的高度赞赏。

2017年7月，从“希望号”实验舱中释放出日本、加纳、蒙古、尼日利亚以及孟加拉国的超小型卫星，以各种各样的形式通过宇宙做出了极大的国际贡献。

地球深海钻探船“地球号”

2015年12月，建立了与ISS相关的新、日、美合作的框架，日本政府决定参加运行期延长至2024年的ISS计划。日本在ISS计划中发挥了主要的作用，同时积极地致力于各种研究成果的产出。

（c）国际深海科学挖掘计划（IODP）

国际深海科学挖掘计划（IODP）是一项日、美、欧主导的多边国际合作项目，旨在阐明地球环境变动、地壳内部构造、地壳内生命圈等。该计划继承了2003年到2013年为止的综合国际深海挖掘计划（前IODP），从2013年10月开始实施。日本提供的科学钻探船“地球号”是具备世界最高性能的深海钻探船，并以美国提供的挖掘船为主力，加上欧洲提供的特定任务挖掘船，使用多个钻探船在世界各地的深海海底进行挖掘工作。

2017年，通过“地球号”实施了纪伊半岛海域熊野滩的挖掘，这里是东南海地震的预计震源区，在挖掘工作中设置了对挖掘孔进行长期孔内观测的系统。

大型质子碰撞加速器（LHC）的一部分

（d）大型质子[2]碰撞加速器（LHC）计划

LHC计划在欧洲核子研究组织（CERN）中，使用周长达到27千米的巨大圆形加速器将质子从两个方向加速到几

1　参照第二部第七章第三节。
2　哈德隆：构成物质的最小单位的粒子的一种，是由夸克（质子或中子等）组成的复合粒子的总称。

乎光速，在这些质子之间发生碰撞时产生的庞大的能量领域中，再现宇宙诞生时（大爆炸之后）的状态，通过发现未知的粒子，开始探索宇宙诞生的谜团和物质的最终内部结构。从 2008 年开始试验，现在，在世界最高水平的能源领域进行实验研究。该计划的实施不仅有重大的学术意义，而且还预计可以获得先进技术领域的巨大进步，因此日本为加速器建设筹集资金，通过各种举措对推进 LHC 计划做出了巨大贡献。在 LHC 进行的多个实验中，来自日本的约 200 名研究人员参与了此次计划。

（e）国际线性对撞机（ILC）计划

国际研究人员团队为了更详细地阐明国际线性对撞机（ILC）计划“希格斯玻色子”的性质，构想了线性加速器“国际线性对撞机（ILC）”，于 2013 年 6 月公布了设计报告。2013 年 9 月，文部科学省得到日本学术会议的回复，于 2014 年 5 月开始召开了外部专家会议，分别于 2015 年 6 月、2016 年 7 月和 2017 年 7 月就其科学意义、人才保障和培养方法、体制和管理形式进行了讨论并做了总结。

之后，关于 2017 年 11 月公布的修改方案，为了验证其科学意义和成本等问题，再次召开部门会议进行讨论，继续对与 ILC 计划相关的各个课题进行探讨。

（f）国际科学与技术中心（ISTC）

ISTC 是 1994 年 3 月由日本、美国、欧盟和俄罗斯四个国家（极）建立的国际组织，旨在为在苏联国家从事发展大规模杀伤性武器的研究人员提供机会参与以和平为目的的研究项目，同时帮助这些国家向市场经济过渡。

2015 年 7 月随着俄罗斯退出，ISTC 总部重新设立于哈萨克斯坦的阿斯塔纳。同年 12 月，除了日本之外，美国、欧盟，以及欧洲原子能共同体、哈萨克斯坦、乔治亚、吉尔吉斯斯坦、亚美尼亚、塔吉克斯坦、韩国、挪威共同签署了《继续 ISTC 的协议》，2017 年 12 月该协议生效。

从 1994 年到 2016 年，批准项目的资金援助总额共计约 8.89 亿美元（其中日本政府捐款约 6600 万美元），苏联各受援助国家的研究人员总数共计超过 7.6 万人。

第三节
联合国教育、科学及文化组织（联合国教科文组织）活动的参加与合作

联合国教育科学文化组织（UNESCO：联合国教科文组织）是联合国下属的一个专门机构，旨在通过推进教育、科学和文化领域的国际合作，为世界和平做出贡献，现有 195 个成员国。关于日本参与联合国教科文组织活动的情况，总体上由日本教科文组织全国委员会负责教科文组织在日活动的提议、策划、联系和调研，为了实现联合国教科文组织的理念，日本教科文组织分别与国家、地方的公共组织及民间组织进行合作，或者积极地独立展开活动。

一、教育领域的举措

联合国教科文组织现在的主要课题之一是推进“可持续发展教育（ESD）”，为建设可持续型社会培养相关人才。

国际动向方面，“联合国可持续发展教育十年（2005—2014）国际实施计划（UNDESD）”的最后一年——2014 年 11 月，在爱知县名古屋市及冈山市，联合国教科文组织和日本政府共同举办了“可持续发展教育（ESD）世界大会”。在大会上，正式发布了 UNDESD 的后续计划——“全球可持续发展教育行动计划（GAP）”。同时宣布，在日本政府的财政支持下，联合国教科文组织每年将在世界范围内选出三项杰出的可持续发展教育举措，并为之颁发“联合国教科文组织 / 日本可持续发展教育奖”。之后，在第 39 届联合国教科文组织大会召开期间举行的 2017 年第 3 次表彰仪式上，日本文部科学大臣林芳正出席了颁奖仪式，并为获奖团体颁发了副奖。在 2015

第 39 届联合国教科文组织大会（法国巴黎）
日本文部科学大臣林芳正发表政策性演讲

第 3 届联合国教科文组织 / 文部科学大臣林芳正
正在给获奖者颁奖

年9月联合国大会通过的“2030年可持续发展议程”中提出的“可持续发展目标”（SDGs）中，教育目标（SDG4）的相关文件称ESD对于学习和掌握必要知识与技能以促进可持续发展做出了贡献。2017年12月的联合国决议中重申了ESD是教育目标（SDG4）的一部分，同时ESD更是实现其他所有SDGs的关键。通过培养推动可持续型社会发展的人才，ESD直接或间接地为实现SDGs做出了贡献。

随着ESD在国际上重要性的不断增加，日本也在努力加强国内的可持续发展教育。同时，在日本的“第2期教育振兴基本计划”中也提到了ESD推进问题，另一方面，文部科学省和日本教科文组织全国委员会为推广促进ESD付出了种种努力。

在学校教育领域，将联合国教科文组织日本可持续发展教育项目示范学校[1]定位为推进ESD的基地，并努力开展推广可持续发展教育的活动。在2017年3月公布的新的学习指导纲要中，提出了对学校的新要求——培养“推动可持续型社会发展的人才”，在此基础上，结合SDGs相关预案，2017年9月，日本教科文组织全国委员会教育小委员会向在学校实施ESD的工作者们传达了推进ESD工作的汇总参考信息。

另外，文部科学省为实现联合国教科文组织的理念和目标，与在日本国内展开联合国教科文组织活动的相关机构进行合作，实施“日本/联合国教科文组织伙伴关系事业”（2017年通过件数：5件），其目的是在日本推广联合国教科文组织各项活动的重要项目。在此项目的基础上，为构筑推进ESD工作的青年网络，举办了青年大会以及联合国教科文组织日本可持续发展教育项目示范学校全国大会。为了进一步推广相关活动，将一年召开一次全国大会。在全国大会上，全国各地的联合国教科文组织日本可持续发展教育项目示范学校的相关人员会聚一堂，分享经验，交流信息。2017年，全国大会在福冈县大牟田市召开，以学校教师为主，聚集了来自全国的900多名与会人员。

此外，以教育委员会及大学等为主，与ESD推进基地的联合国教科文组织日本可持续发展教育项目示范学校共同结成了联盟。通过在地方推广ESD以及联合国教科文组织日本可持续发展教育项目示范学校间的交流，为增加具有全球视野的国际性人才数量，实施了“旨在培育国际化人才的ESD推进事业（ESD联盟事业）”（2017年通过件数：8件）。

2016年，环境省与文部科学省一同努力，为建成各相关人员、团体相互协作的官民协作“ESD推进网络”，成立了辐射全国的“ESD活动支援中心”。2017年，全国8个地方成立了“地方ESD活动中心”，ESD的相关信息共享等ESD推进活动已经全面展开。希望通过该网络的使用进一步推动ESD活动的发展。

除了促进可持续发展教育外，在教育领域，正在努力推进2015年11月通过的“教

1 旨在实现教科文组织“宪章”中的理念，实践教科文组织所认可的和平与国际化合作的学校，截至2018年3月20日，日本国内有1033所联合国教科文组织学校。

育2030行动框架”。具体而言，在保证亚太地区平等获得高质量教育的机会及为培养实现SDGs而开展的人才培养等事业方面，日本通过向联合国教科文组织提供资金的信托基金，与联合国教科文组织联合推进相关事业的发展。

二、科学领域的举措

在科学领域，积极参与并协助政府间海洋学委员会（IOC：Intergovernmental Oceanographic Commission）以及国际水文计划（IHP：International Hydrological Programme）、人与生物圈计划（MAB：Man and the Biosphere）等计划和联合国教科文组织世界地质公园等国际可持续发展科学项目、教科文组织的保护生物多样性以及支持学术研究的各项活动。

在与IOC的合作中，为了通过国际合作完善海洋学相关知识、推进科学考察以加深理解，日本进行了海洋观测、考察，并收集管理、交换共享海洋数据，同时推进海啸早期预警系统的建立、教育训练、地域合作等活动。

在IHP方面，通过世界性观测网收集数据，解读世界的水资源收支平衡现状，推进解读人类活动对水资源的影响等相关的科学性及教育性事业的发展，以此达到通过国际合作为水资源的合理管理提供科学依据的目的。

在MAB计划方面，日本基于此计划的框架，推进生物圈保护区“联合国教科文组织生态保护园区[1]”的工作。在2017年6月召开的世界人与生物圈计划国际协调委员会第29届会议上，决定将“水上（位于群马县和新潟县）”及“祖母·倾·大崩（位于宫崎县和大分县）”收录进生物圈保护区名录中。现在，日本有九处生物圈保护区登记在册（见图表2–10–7、图表2–10–8）。

“联合国教科文组织世界地质公园”是通过保护具有国际地质学重要意义的地层、岩石、地形、火山、断层等地质学遗产，将其运用于研究，以实现自然与人类的共生，推进可持续发展的项目。2018年4月召开的第204次联合国教科文组织执行委员会会议上，“伊豆半岛”被选评为世界地质公园。日本现有九处（详见图表2–10–9）世界地质公园，这些都是促进人们理解人与自然的关系的地方，这些地质公园作为地方实现可持续发展目标的具体举措而备受瞩目。

此外，日本向联合国教科文组织提议的“推进可持续发展科学计划[2]”，得到了各国的赞同，此计划在教科文组织“2014—2021年中期战略”中有着明确的定位。迄今为止，日本通过财政支持在教科文组织举办了研讨会，同时还制定、传播了有关可持续性科学的指导方针，以此来促进可持续发展科学的推广。日本今后也将与联合国教科文组织携手合作，继续推进可持续发展科学的普及工作。

1　2010年1月，为令公众更易接纳生物圈保护区（BR：BiosphereReserves）这一概念，日本教科文组织全国委员会正式决定在日本国内将BR称为“教科文组织生态园区”。

2　通过交叉学科、统合学科，利用新的知识、技术，进一步实现创新，完善理解，以期更好地解决全球或地域的可持续发展问题，这样的教育研究科学被称为可持续发展科学。

图表 2-10-7 联合国教科文组织生态保护园区的三个区域

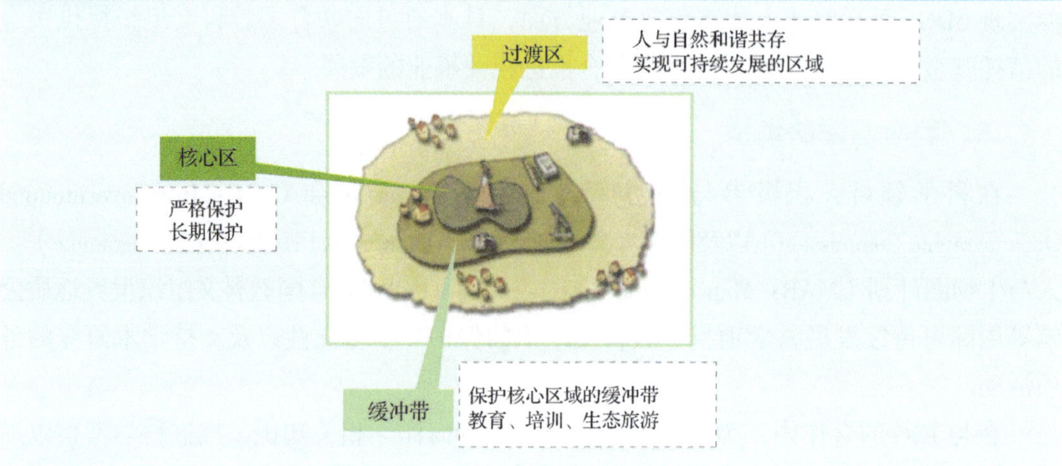

图表 2-10-8 日本国内的联合国教科文组织，生态保护园区

三、文化领域的举措

在文化领域，联合国教科文组织除了根据世界遗产和非物质文化遗产等有关条约推进文化遗产的保护外，还展开了旨在保存世界重要记录的名为“世界记忆”的文献保护项目[1]。现在，日本得到联合国教科文组织认证的“世界记忆”相关文献证物有《山本作兵卫煤矿记录画・记录文书》、《御堂关白记》、《庆长遣欧使节相关资料》（与西班牙共同推荐）、《东寺百合文书》、《舞鹤的生还——1945—1956 西伯利亚拘留

1 世界遗产及非物质文化遗产相关内容参照第二部第九章第五节。

图表 2-10-9 日本国内的联合国教科文组织世界地质公园

保护具有国际性地位的、地质学上重要的地层、岩石、地形、火山、断层等地质学遗产，通过科学、教育、地区振兴等活动，实现人与自然的和谐共存以及可持续发展。
现在世界范围内共38个国家及地区共计有140个世界地质公园（截至2018年4月）

日本国内的联合国教科文组织世界地质公园（共9处）

日本教科文组织全国委员会事务局

日本人的归国记录》、《上野三碑》及《朝鲜通信使相关记录》（与韩国共同推荐），共计七件。其中，《上野三碑》及《朝鲜通信使的相关记录》经过 2017 年 10 月 24 日至 10 月 27 日在巴黎召开的第 13 次联合国教科文组织“世界记忆”国际咨询委员会（IAC）的审议，被收录到联合国教科文组织“世界记忆”项目之中。

“上野三碑”（从左起依次为山上碑、多胡碑、金井泽碑）
（照片来源：群马县）

此外，联合国教科文组织推出的全球创意城市网络项目，在文学、电影、音乐、民间手工艺、设计、媒体艺术、美食这七个领域推动成员城市之间的相互合作，通过国内外的网络加强文化产业，增强城市活力并倡导、维护文化多样性。2017 年 10 月山形县山行市成功加盟“电影之都”的分类中。现在，日本共八个城市申请加盟成功，分别是静冈县浜松市（音乐之都）、石川县金泽市及兵库县筱山市（手工艺之都）、爱知县名古屋市及兵库县神户市（设计之都）、北海道札幌市（媒体艺术之都）、山形县鹤冈市（美食之都）、山形县山形市（电影之都）。期待这些加盟城市能够充分利用创意城市的城际网络，积极推进文化事业的国际发展。

此外，日本还参与、协助了物质和非物质文化遗产的保护项目。

四、可持续发展目标（SDGs）相关工作

在2015年9月举行的联合国可持续发展峰会上，可持续发展目标（SDGs）得到了各成员国的一致通过。联合国教科文组织表示对于SGDs的17个目标，将在与教育、科技和文化等有关的九个目标中发挥重要作用，并主导教育相关的国际讨论。例如，为了实现SDGs中的教育目标（SDG4），提供优质的教育，2015年11月由联合国教科文组织、成员国政府、非政府组织参与的高级别会议已采纳了“教育2030行动框架”。为了实施该行动框架，2016年5月日本代表将担任SDGs—教育2030指导委员会的副主席，同时日本还将积极参与相关的国际讨论。

此外，日本教科文组织全国委员会于2016年7月成立了促进可持续发展特别小组委员会，为推动SDGs的实现，该小组将对教育、科学、文化等领域中通过联合国教科文组织在日本以及海外做出积极贡献的有关方案进行评估讨论。

第十一章

促进 ICT 的应用

总 论

教育信息化有利于培养有效利用信息的能力，有利于使授课内容变得更加通俗易懂并减轻教师的工作负担。

日本文部科学省正致力于在广泛的领域推进编程教育和教学指导方面的 ICT（信息通信技术）的应用，同时加快引入综合性校务辅助系统。此外，还鼓励、推广运用视频和 ICT 的教材，同时，致力于通过 ICT 来传递信息。

第一节
教育信息化

灵活运用信息的能力是一种基础性的能力，在信息化社会高速发展的背景下，让学生掌握这种自主选择、运用信息，以及信息手段的能力，同时具备主动应对信息社会的能力日益重要起来。

另外，为了培养学生扎实有效的学习能力，需要使课程通俗易懂。作为实现这一目标的教学方式，教师在教学过程中有效地运用 ICT 是非常重要的。

而且，由于校务工作变得越来越繁忙，不断有意见指出教师与学生面对面交流的时间日益减少，人们也十分期待能通过运用 ICT 提高处理校务的效率。

另一方面，近年来，由于社交网站引起的犯罪行为，也就是所谓的暴力色情之类的网络犯罪、生活节奏的混乱等问题已经十分严重，因此应该让学生和家长不仅看到信息社会便利的一面，也要对其负面影响以及如何应对形成正确的认识并规范自身行为。

基于这种情况，文部科学省致力于培养学生们的信息运用能力，提升教师们熟练使用 ICT 教学的能力，运用 ICT 向身体残疾的学生们提供帮助，促进学生用电脑等等校内 ICT 设施的完善，努力保护青少年免受不良信息的影响。

一、学习指导纲要的修订和信息应用能力的培养

日本于2017年3月和2018年3月先后发布了新的小学、初中和高中学习指导纲要。根据学习指导纲要，在学校教育的各个阶段，培养学生通过捕捉世间万象与信息之间的关联，合理而高效地运用信息和信息技术来发现并解决问题，形成独立思考能力的“信息运用能力”也和语言能力一样被定位为“基础学习能力”。信息运用能力的培养是通过各个学校的课程管理，贯穿在所有的课程中实施的。在新的学习指导纲要总则中，明确提出要在各个学校完善电脑和信息交互网络等 ICT 教学环境，并考虑适当地运用 ICT 来增加学习活动的丰富性。在新的小学学习指导纲要中，明确提出要增加学习打字等基础的信息交互方式的课程。同时，通过将小学阶段的编程课程定为必修课程等，不断完善从小学到高中阶段的编程课程相关内容。

1. 信息运用能力的培养

灵活运用信息的能力，具体来说，就是在学习中根据需要使用电脑等工具来进行适当的信息收集、整理、发送、共享等能力，同时还包括基本操作的掌握、编程方面

的思维、信息道德、信息安全、统计等相关的资质能力。为了有效地培养这些能力，有必要根据各个科目的特点形成合适的学习场景。同时，也期待学生能够通过发挥灵活运用信息的能力，来进行各个学科自主的、对话型的深层次学习。

如前文所述，信息运用能力必须通过课程管理系统贯穿于所有课程中进行培养，各个学校要切实把握学生和学校以及当地的实际情况，从培养信息运用能力这一角度出发安排课程，要有组织有计划地提高教育质量。在 2017 年的基础上，2018 年将继续在“下一代教育信息化推进工程”当中，指定信息教育推进学校（IE-School），进行“通过课程管理培养学生信息运用能力”的相关研究。

2. 推进编程教育的举措

在新的小学学习指导纲要中，明确提出要根据各个学科的特点体验编程的同时，有计划性地开展学习活动，让学生们具备逻辑思维能力来进行有针对性的计算机信息处理。并且在学习数学、理科，以及综合性学科的时候，提示出编程的学习场景。小学阶段的体验型编程，并不是为了要学习编程语言和技能，而是在培养逻辑思维能力的同时，让学生了解到计算机程序的作用和长处，以及信息社会是由以电脑为主的信息技术所支持的这一事实，培养主动的解决身边问题以及通过灵活使用计算机来建设更好的社会这样一种认识。而且，还能让学生更加牢靠地掌握课程中学到的知识技能。

为了能顺利地在小学推行编程教育，文部科学省汇总并发布了《小学编程教育入门（第一版）》，对新的学习指导纲要和相关说明中的基本思路进行了通俗易懂的解释说明。同时，在“下一代教育信息化推进工程”当中，采取相关措施帮助制作并推广编程教育的教学案例，开发并提供教师研修用教材。另外，文部科学省、总务省、经济产业省之间互相合作，与民间企业和民间团体在 2017 年 3 月共同创建了“未来学习联盟”，积极推动由民间企业和民间团体主导进行的教材开发以及学校对于外部人才灵活运用的人才援助体制的构建。

一些初中的劳动技术课（技术领域）已经涵盖了编程相关课程，但也需不断丰富课程内容。而且，在新的高中教学指导纲要中，设定了通识必修课“信息 I”，规定所有的学生除编程之外，还要学习网络（包括信息安全）和数据库基础等相关内容。这样，覆盖从小学到高中所有阶段的编程教育内容就逐渐丰富了起来。

二、推动教学过程中 ICT 的有效利用

在教学过程中应用 ICT，能够有效提升学生的学习兴趣，使课程简单易懂，也有助于实现自主的、对话型的深层次学习（即所谓的主动学习）。

文部科学省为落实新的学习指导纲要的主要内容，2017 年将继续通过《下一代教育信息化工程》来指定推进学校（推进 ICT 灵活运用的学校：ICT-School），从推动自主的、对话型的深层次学习的角度来进行课程改良，通过实践调查和研究来开发有

效利用 ICT 的教学方法。

在推进课程教学中应用 ICT 方面，提升教师们运用 ICT 进行教学的能力也十分重要。根据文部科学省每年进行的调查结果显示，虽然教师们运用 ICT 教学的能力逐年提升，但是仍有大约三成的教师表示对于自己在上课过程中使用 ICT 的能力以及指导学生们使用 ICT 的能力没有信心。文部科学省还实施了一项调查研究，这项调查研究旨在针对 ICT 应用指导能力的提升制定研修项目。同时，通过在教师援助机构的“学校教育信息化负责人培养研修”项目来继续提升教师们的 ICT 运用能力。

人们期待运用 ICT 进行远程教育，能够针对多种多样的学习环境以及个人的需求进行细致的指导，并由专业性极强的教师进行授课，以此来提升学习质量。为此，从 2015 年到 2017 年这三年当中，进行了“在人口减少社会中运用 ICT 提升教育质量的实证研究工作”，此项研究旨在维持并提升学校教育和社会教育质量。在人口极少的地区运用 ICT 进行教学，丰富了边远地区学生的学习内容，在学校和社会教育机构共同努力下举办了远程讲座。并且在 2018 年，推进学校远程教育系统的应用，实现了教学环境多样化、课程专业化，为了提升学生的学习质量进行了“远程教育系统导入实证研究”工作。

三、推进校务信息化

校务信息化能够减轻学校方面的校务负担，增加学生与老师面对面交流的时间以及老师之间交流教学方法的时间。而且有利于分享出勤、成绩、健康、学籍等与学生们息息相关的信息、书籍管理以及教师间的教学计划、教案、电子教材，学生的学习经历以及其他各种信息，也有利于学校和每个家庭以及学校所在地区通过学校网页以及邮件等方式共享信息。

根据“2016 年学校教育信息化实际情况相关调查”，截至 2017 年 3 月 1 日，虽然教师用于处理校务的电脑配备率达到 118%，但是“综合型校务辅助系统”[1] 的应用率却仅为 48.7%（表 2–11–1）。为此，教育委员会希望积极推进包括综合型校务辅助系统配备在内的校务信息化进程。

2017 年，实施了推动引入“综合型校务辅助系统”的调查研究，调查了通过运用这个系统减少工作量特别大的校务类别以及该系统的共同配备、共同使用的先进事例。教育委员会和学校目前正在全力以赴制作导入综合型校务辅助系统的使用指南。

2018 年，出现了小规模地方政府中综合型校务辅助系统引入的停滞以及以都道府县为单位来决定中小学教师工作的调动等情况。根据这些情况，决定进行实证研究“综合型校务辅助系统导入研究工作”，以此加速以都道府县为单位的综合型校务辅助系统的共同配备和共同使用。

1　教务部门（成绩处理、考勤管理、时间数等）、保健部门（健康诊断书、保健室管理等）、指导纲要等学籍相关内容、学校事务等综合发挥效用的系统。

此外，2017年—2019年三年间，在总务省的合作之下正在进行“下一代学校援助模型建设工程”。此工程着眼于灵活运用能够提高学校整体教育质量的有效工具——数据，将校务信息和学习记录等数据有效地结合在一起。目前，通过可视化学习，正在进行有利于提高教师教学质量、改善班级，以及学校运行的实证研究。

图表 2-11-1 综合型校务辅助系统配置率

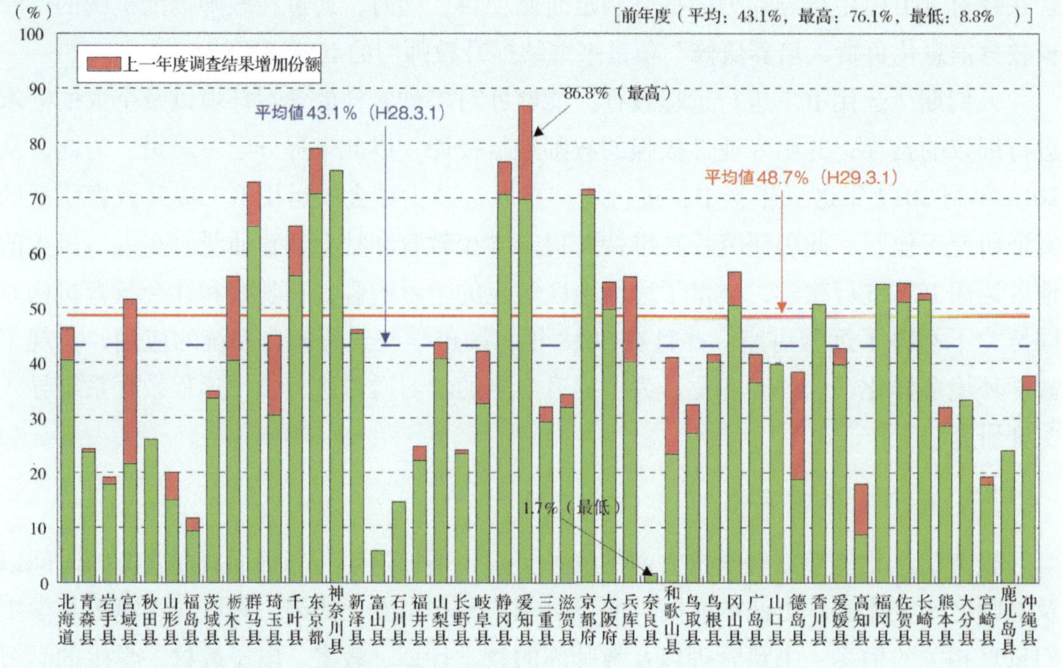

出处：文部科学省“关于学校教育信息化实际情况的调查”（2017年3月至今）

四、加速完善学校 ICT 环境

1. 校内 ICT 环境现状与 2018 年以来的完善方针

关于完善学校的 ICT 环境，《教育信息化环境改善四年计划（2014—2017）》对于《第 2 期教育振兴基本计划》（2013 年 6 月 14 日内阁会议决定）所指定的目标所需金额进行了核算，根据该计划，到 2017 年为止每年下发 1678 亿日元（四年总计 6712 亿日元）的地方财政拨款。

然而，对于每台教育用电脑平均有 3.6 名学生使用这一指标，截至 2017 年 3 月 1 日全国的平均值为每台电脑 5.9 人（上一年度是 6.2 人）。按照各个都道府县来看，最多的达到 8 人，最少的仅有 1.9 人，地域差别较大。100M 以上的超高速网络的覆盖率停留在 48.3%（上一年度为 38.4%），有必要进一步提高网速（表 2-11-2，表 2-11-3）。

因此，为了能够使学校 ICT 环境改善的数据可视化，不仅要以都道府县为单位，还要使信息传达到每一个市、区、镇、村。同时，根据需求，向教育委员会等部门派遣“ICT

图表 2-11-2 每台教学用电脑平均对应学生数

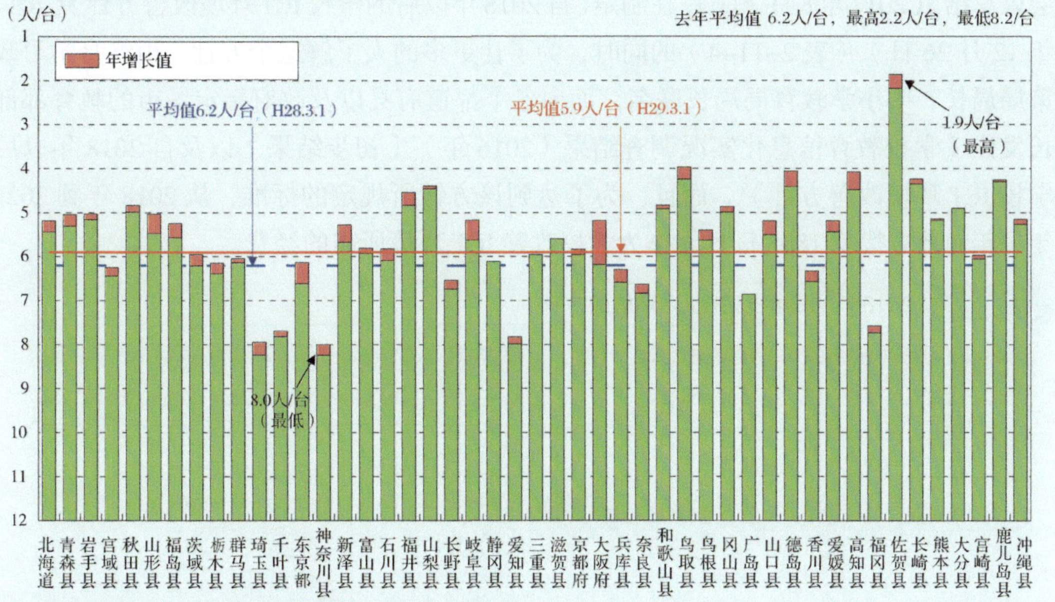

出处：文部科学省《学校教育化实况调查》2017年 3月

图表 2-11-3 100M以上高速网络覆盖率

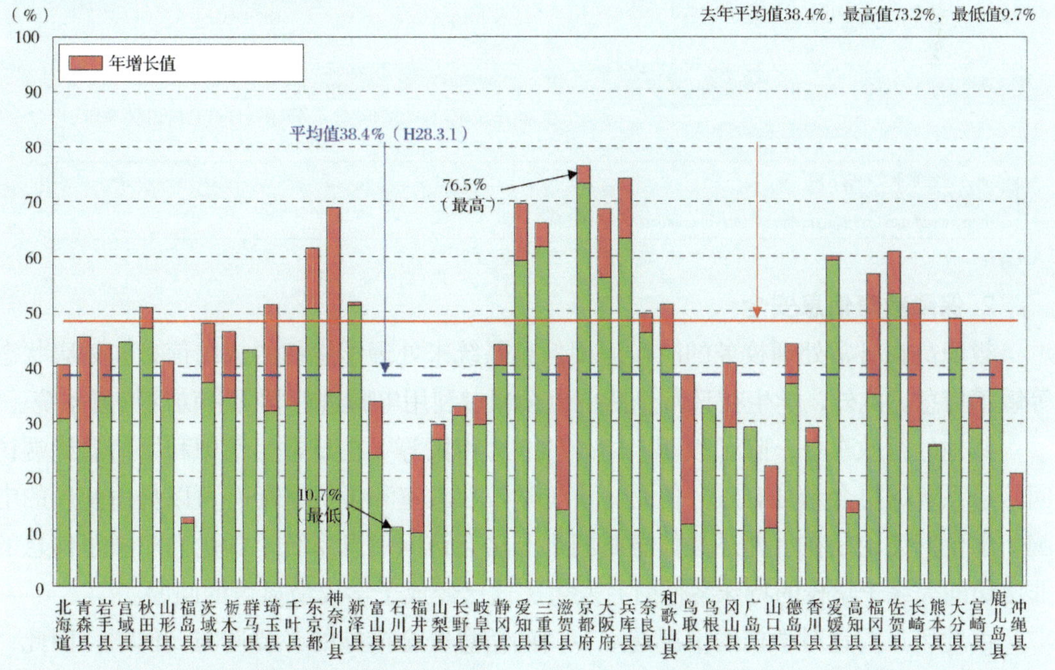

出处：文部科学省《学校教育信息化实况调查》2017年3月

应用教学顾问”等 ICT 运用以及配置的专家，对地方行政机关的 ICT 环境改善进行细致的帮助，从而推动地方公立学校改善 ICT 环境。

此外，着眼于新的学习指导纲要的实施，根据《关于在学校改善 ICT 环境的专家会议总结》(2017 年 8 月 2 日)，在制定《自 2018 年以后的学校 ICT 环境改善方针》(2017 年 12 月 26 日)（表 2-11-4）的同时，为了让更多的人了解这个方针，由终身学习政策局局长、中小学教育局局长联名，面向各个都道府县以及政府指定城市的教育部部长发出《学校教育信息化实况调查结果（2016 年）〔初步结果〕以及自 2018 年以后学校 ICT 环境改善方针》。而且，为了达到该方针所规定的标准，从 2018 年到 2022 年每年向地方拨款 1805 亿日元作为学校改善 ICT 环境所需的经费。

图表 2-11-4 2018年之后学校完善ICT环境的方针

第二期教育振兴计划中设定的目标

ICT设备	完善对象（教室等）	目标学校种类
○电子黑板	普通教室(2017年3月至今普及率为24.4%)	全部学校
○投影设备	普通教室	
○课程用电脑	3.6人/台(2017年3月至今每5.9人/台)	
○学习工具	根据课程用电脑数量配置	
○WiFi	普通教室(2017年3月至今普及率为29.6%)	
○校务电脑	教职员工每人一台	
○高速网络接入	学校	
○ICT技术人员	按需配置	

总结中提到的辅助今后教学活动的ICT设备

ICT设备	完善对象（教室等）	目标学校种类
○大型显示屏	普通教室 + 特殊教室	全部学校
○投影设备	普通教室 + 特殊教室	小学・特殊学校
○学生用电脑	学生总数的1/3	全部学校
○教师用电脑	任课教师每人一台	
○学习工具	根据学生及教师用电脑数量配置	
○WiFi	普通教室 + 特殊教室	
○校务电脑	教职员工每人一台	
○高速网络接入	学校	
○ICT技术人员	按需配置	

新增事项

○学生用电脑(备用)	为出现故障的学生电脑准备的备用机	全部学校
○充电及保管室	用于学生电脑的充电与存放	
○网线	用于机房、医务室、办公室等需要有线网络的地方	
○学习服务器	每所学校一台	
○软件	・完善综合型校务辅助系统 ・和安全系统	
○校务服务器	每个学校的建立者(各级地方教务委员会)配备一台	

※注:全部学校包括:中小学,义务教育学校,高中,初中以及特殊学校

主要变化点

学生电脑：将3.6台/人的标准变更为学生人数的1/3,上课时能够达到每个学生一台(以每班每天一节电脑课为准)

电子黑板：更名为大型显示屏，希望其能在显示信息的基础上，模拟实际学习过程，并制定适当的学习计划。

此方针发布于文科省官网
<教育信息化主页>
http://www.mext.go.jp/a_menu/shotou/zyouhou/detail/1399902.htm

2. 保障教育信息安全

教职员在日常处理校务的时候运用信息系统来处理学生们的成绩信息和健康状态等敏感信息。此外，学生在日常生活中也会通过利用电脑进行学习并访问信息系统。

其他的行政事务，除了教职工之外的人（市民等）在日常生活中利用信息终端访问信息系统的机会十分有限。但是，由于学校在教室和微机室配有可以自由使用的电脑，学生们无论是在上课还是休息时间都有机会访问信息系统。学生们对敏感信息的非法访问等缘于学校的特殊案件时有发生，这已经成了学校最显著的问题。

由此可见，针对学校的情况建立专门的信息安全措施的必要性与日俱增。因此，制定了《关于教育信息安全政策的指导方针》，并于 2017 年 10 月发布。

五、对身体障碍学生的帮助

文部科学省为了让各个学校能够针对身体障碍学生的状态和特点有效利用教材并

进行恰当的指导，2014年开始实施了《促进学习辅助机器等教材的应用工作》。帮助企业和大学与其他学校和教育委员会联手开发。运用ICT的教材并根据学生的身体障碍状态，开发出方便这类学生使用的教学辅助设备等教学器具。

除此之外，从2017年起开始启动《关于学习过程中辅助设备等教材应用的评价研究项目》。该项目主要研究包括ICT在内的辅助设备等教材的选择、应用的评价指标和学习评价方法。

国立特别支援教育综合研究所根据学生身体障碍情况和特点来应用教材、提供器械，并从2014年开始，设立了门户网站[1]，来收集、管理，以及发送各种相关信息。还在国立特别支援教育综合研究所内设立了ICT应用演习室，研究《第二期教育振兴基本计划》中所记载的关于“推进基于ICT应用的新型学习方式”，并进行运用ICT来实施的“实践性教师进修活动”。而且，对各都道府县的一线教职员工展开了有关运用信息手段的教学辅助进修。[2] 另外，对在校园里已经启用的ICT设备的基础信息进行收集、整理的同时，通过在校园内制作宣传积极事例的传单等方式来帮助身体障碍学生更好地运用ICT。[3]

六、推进高等教育阶段ICT人才的培养

ICT的应用正在覆盖社会的各个角落，已经成为社会发展不可或缺的重要组成部分。在社会结构和人们的价值观日益复杂的现代社会，必须培养能够充分利用ICT来深度挖掘社会问题的本质并提出解决方法的高水平实践性人才。

文部科学省在“设立发展领域信息技术人才培养基地（enPiT）”计划中，正大力推进基于产学合作的相关企业实际问题的问题解决型学习（PBL：Project Based Learning）等实践教育的开展。2012—2016年，面向研究生展开的此项计划以大阪大学为主，共计121所大学与133家企业参与其中，并建立了前所未有的规模庞大的全国性教育网络。2017年进行了事后评估，获得了大幅超越预期目标的成果和效果的S评价。该计划在2016年开始面向本科生实施，分别在四个领域设立了进行该领域实践教育协调统筹的核心基地，分别为“大数据·AI领域”（大阪大学）、“信息安全领域”（东北大学）、“内置系统领域”（名古屋大学）、“商务系统设计领域”（筑波大学），并与作为整体计划运营中心的大阪大学通力合作，通过建立产学合作实践性教育网络来推动人才的培养。此外，从2017年开始开发并实施了一项进行再学习的新项目，此项目有助于以IT技术人员为主体的社会成员的职业发展和职业转变，希望由此实现实践教育在全国大学的普及，同时也希望充分利用信息技术在广大研究生、本科生和社会成员当中培养出能够解决社会具体性问题的信息技术人才。

1　参考 http://kyozai.nise.go.jp/。
2　参考 http://www.nise.go.jp/。
3　参考 http://www.nise.go.jp/cms/resources/content/12589/20161205-143141.pdf。

此外，由于《第二期教育振兴基本方针》中提出了推进 ICT 应用教育这一举措，文部科学省将帮助私立大学完善多媒体的装置和校内网络。

另外，为了能让所有人都可以在网上免费选修大学课程，MOOC（Massive Open Online Course/ 大型开放式网络课程）从 2012 年开始在世界范围内流行了起来。日本也成立了开放在线教育促进协会（JMOOC），2014 年 4 月开始在日版 MOOC 上播放课程，截至 2018 年 3 月，日版 MOOC 上已经发布了来自各个大学和企业的共 228 场讲座，用于社会人士再学习等领域。

七、加大力度保护青少年免受有害信息的侵蚀

1. 推进学校层面的信息道德教育

随着智能手机与 SNS（社交网络服务）在学生之间快速流行起来，出现了由于使用智能手机和 SNS 而卷入纠纷和犯罪行为的事例，在此背景下，为了让学生们能够避开由于犯罪行为而带来的侵害风险，正确安全地处理信息，尊重自己和他人的人权、知识产权等种种权利，并且对自己的行为负起责任，上网时注意自身安全与健康，就必须丰富学校信息道德教育的内容。

中小学以及高校新的学习指导纲要中强调，包括信息道德在内的信息运用能力是通过多学科的学习共同培养的。据此，在学习指导纲要解说中，从防止网络犯罪的必要性、与儿童成长阶段相对应的信息和对信息技术的理解三个方面强调了掌握信息道德的重要性。

图表 2-11-5 送给智能手机时代的你们

文部科学省依据学生的网络环境变化对教师用书进行了修订，通过如前文所说的制作并向学生分发启蒙资料，面向教师召开研讨会等手段来进一步深化信息道德教育。

2. 关于网络问题的对策

根据日本内阁发布的 2017 年《青少年上网环境调查》，用手机等可联网设备上网的小学生占比为 65%，中学生大约为 85%，大学生则达到了 97%，工作日（周一至周五）的日均上网时间约为 159 分钟。

随着以智能手机为代表的花样层出的上网设备的普及，因为长时间上网而导致生活节奏混乱，以及像神奈川县座间市出现的利用社交网络犯罪这样的问题也变得越来越严峻。

根据这种状况，让孩子和家长正确认识信

息化社会的危险性，采取妥善的对策变得越发重要。

文部科学省以《与创建安心可靠的青少年上网环境相关的法律》为基础，按照《建设安全的青少年上网环境基本方针（第三次）》，与相关地方政府进行合作，加大力度保护青少年不受网络有害信息侵蚀。具体表现为：①开展名为“网络道德先锋队”的有关有害信息的过滤和网络使用规则的学习参与性研讨会；②对举办媒介素养负责人培训讲座和信息过滤活动等各地区先进的做法采取支持政策，实施“网络对策的地方性支持”；③开设青少年自主研究学习手机等新型通信设备的使用方式的成果展示平台——青少年无忧在线讲习会；④对所谓的网瘾少年，让他们通过踏青和露营等对策来摆脱网瘾；⑤与总务省和通信协会共同举行面向学生、监护人，以及教职员工的关于如何安全可靠使用网络的讲座（e- 网络大篷车）。

此外，由于 2017 年发生在神奈川县座间市的事件，相关政府部门将原定于每年 2 月—5 月开办的“春天网络要安心，新学期一起行动”活动提前，在 12 月集中进行“安心网络、寒假・新学期一起紧急行动”的活动，并委托全国各地的教育委员会和学校以及 PTA（家长教师协会）落实学生和监护人的网络安全启蒙活动。

第二节

音像制品和使用了 ICT 教材的普及与推广

文部科学省将被认为有较深的教育意义以及在学校和社会教育中被广泛使用的电影、音像和图画制品选为“文部科学省认定(作品)”,并将其中特别出色的作品选为“文部科学省特别认定(作品)”。被选中的作品在文部科学省网站进行刊登，并通过订阅邮件进行发送，努力推广使其走进课堂(表 2-11-6)。

图表 2-11-6　2017 文部科学省特别认定作品一览

影视作品

作品名	类别	对象群体	认定日期
海蒂和爷爷	DVD	少儿，家庭	2017.5.18
凯尔经的秘密	DVD	幼儿，少儿，青年，成人，家庭	2017.5.25
渐冻人生	DVD	青年，成人，家庭	2017.7.26
芬妮的旅程	电影	少儿，青年，家庭	2017.8.2
难以忽视的真相2	电影	青年，成人，家庭	2017.9.27
棒球部员，站在戏剧的舞台上	蓝光	少儿，青年	2017.12.12
西葫芦的生活	蓝光	青年，家庭	2017.12.21
孩子教会我们的事	DVD	青年，成人，家庭	2018.1.25
寻梦环游记	电影	少儿，青年，成人，家庭	2018.1.25

学校和社会教材

作品名	类别	对象群体		认定日期
		学校教育	社会教育	
这对你有好处	蓝光		成人	2017.4.27
金雕—山本晃作品集	DVD	中学，大学	少儿，青年，成人	2017.5.18
尾鹫九木浦的新年活动(普及版)	DVD	中学	青年，成人	2017.6.23
每个人的信息道德Ⅲ 社交网络中潜在的风险	DVD	小学5~6年级，中学	少儿	2017.7.3
生活总要继续	蓝光		青年，成人	2017.7.13
友禅绸—二冢长生作品	DVD	中学，大学	少儿，青年，成人	2017.10.3
掌握信息道德 小学生的手机课堂1 不伤害自己和他人	DVD	小学3~6年级	少儿	2018.3.19
掌握信息道德 小学生的手机课堂2 避免遭遇危险	DVD	小学3~6年级	少儿	2018.3.19

第三节
运用 ICT 传递信息

一、文部科学省各项举措相关信息的发布

文部科学省的官网上，除了教育、科技学术、体育、文化等各个领域的最新动态和调查结果之外，也会即时更新新闻稿和文部科学省政策的相关信息。此外，文部科学大臣的例行记者见面会视频会在当天上传至官网。

2016 年 4 月之后，在文部科学省官网开设了“今日事”与“本周话题”[1]两个栏目，这两个栏目均由专门对文部科学省大臣进行报道的专职人员进行采访，以此来加强信息发布相关工作。“今日事”主要负责介绍《学校工作改革紧急措施》和平昌冬奥会、残奥会等最新的教育、政治相关的图片和视频。“本周话题”则通过对文部科学大臣、副大臣、政务官、干部人员和相关专家等的采访视频来介绍重要的政策。最近发布了政务三首脑和大臣助理的新年采访——“2018 年的文部科学省，请看这里！”和关于第二届国际宇宙研究论坛的谈话。

此外，文部科学省也在积极使用社交媒体。文部科学省的官方 Facebook（文部科学省 MEXT）[2]与官网携手，增加了“文部科学省新闻专家采访”这一栏目的投稿。每天都会发布视频、照片、图片等形式的简明的信息。2017 年，文部科学省 Facebook 的关注人数达到 7.1 万人，每天分享文部科学省官网上新内容的官方推特“mextjapan”[3]的关注人数超过了 33 万。

除此之外，文科省还在“YouTube”“niconico 动画”“USTREAM”等平台开设了专用频道[4]，上传介绍政策的视频等。2008 年 8 月开设了 YouTube 频道至今，累计播放量约为 1966 万次。

宣传杂志《文部科学省报道》实现了数字化[5]。官网上甚至刊载了位于文部科学省大厅博物馆内的“信息广场”里的信息。此外，为了让孩子们也能了解到文部科学省的政策，开设了八个面向儿童的网站，并在其中加入了游戏元素，

此外，还和动漫《三月的狮子》的制作公司等一系列动漫制作公司联合进行宣传，文部科学省的消息和海报也开始与特设网站、社交媒体等宣传媒体相结合。

1 参考 http://www.mext.go.jp/b_menu/activity/index.htm。
2 参考 http://www.facebook.com/mextjapan。
3 参考 http://twitter.com/mextjapan。
4 参考 http://www.mext.go.jp/movie/index.htm。
5 参考 http://www.mext.go.jp/b_menu/koihou。

安倍内阁的“下基层、听民声”行动[1]也以“防灾科技发挥的作用”“学校工作改革”等主题开展，群众可以在网上对文部科学省提问以及提出意见和建议。

二、加强本国文化传播

日本文化厅为了加强文化管理信息化和信息传播，在文化厅官网上广泛提供文化遗产、艺术品、表演艺术、媒体艺术、日语教育和日语政策等信息。

此外，还开办了网络宣传杂志《文化厅宣传杂志文化一下》，用于介绍文化部各项举措，刊登文化厅和国家文化机构活动通知。[2]

同时，官方推特“文化厅宣传杂志文化一下”[3]几乎每一天都会分享官网上的新信息，2017 年 10 月新注册了官方 Facebook[4]，更加大力推进信息传播。

而且，日本文化厅的 YouTube 频道还面向日本国内外发布介绍日本文化的视频。

除了这些外，文化厅还建立了其他的网站，比如计划在 2020 年收集和传播在全国各地举办的文化活动信息的网站“文化日本”[5]开始试运行。还有得到了全国的博物馆、美术馆和有关团体、各地方行政机关支持的“文化遗产 online”[6]，在收集并公开优质且多样的物质以及非物质遗产相关信息的同时，在推特官方账户上，传播与文化遗产有关的各类信息。

日本艺术文化振兴会运营了一个名为“数字文化图书馆”的网络展示平台，用于公开展示能够展现表演艺术魅力的教学素材和在国家级剧院进行独立演出的记录以及锦绘、名录等收藏资料。

1 下基层、听民声：安倍内阁的大臣、副大臣、大臣政务官亲自到各地基层视察，听取民声的行为。
2 参考 http://prmagazine.bunka.go.jp/index.html。
3 参考 http://twitter.com/prmag_bunka。
4 参考 http://www.facebook.com/bunkacho。
5 参考 http://culture-nippon.go.jp。
6 参考 http://bunka.nii.ac.jp/。

第十二章

建设安全、放心、高质量的学校设施

总 论

学校设施是基本教育条件之一。从维持、提高教育水平的角度来看需要确保其安全性和舒适性，同时要根据学生的成长阶段，建设安全、放心、高质量的学校设施。同时，立足于不断变化的社会形势及当地情况，紧跟教育内容、方法变化的步伐，以此来适应多样化的学习活动，这在学校建设中也至关重要。

此外，灾害发生时学校将成为当地居民的避难场所，因此加强抗震和防灾功能也极为重要[1]。东日本大地震、熊本地震中，加强了抗震性能后的学校建筑使很多学生避免了由建筑物倒塌导致的伤亡。

同时，针对环境问题以及老化设施急剧增加而应采取的对策（延长使用寿命等），也成为新的课题。

为了应对上述课题，帮助学校负责人完善设施建设，文部科学省制定了相关准则和案例集，在向学校负责人广而告之的同时，向进行抗震性能优化及完善老化设施的学校提供国家补助[2]。

国立大学等设施作为开展高层次、多元化教育研究活动的根基必不可少，同时为了强化培养创造性人才、推动具有独创性的学术研究并提供高品质医疗服务，完善设施是至关重要的。在有重点、有计划地完善国立大学等机构设施的同时，文部科学省还通过促进设施管理来完善校园环境，以此支持各项教育研究活动的展开。

图表2-12-1 建设安全、放心、高质量的学校设施

学校建筑抗震措施
（新泻县立安□高中）
出自《关于健全公立学校设施的防灾对策活用案例集》

非结构构件的抗震对策
天花板下加金属底座实现加固作用
出自《学校设施非结构构件抗震对策案例集》

圆形两层结构图书馆
（鹿儿岛县立开阳高中）
出自案例集《未来的高中设施》

继承大学历史、展现个性与特色的校园
（东京工业大学主楼和人行道）
出自报告书《校园的再创造》

1 关于防灾功能强化的更多信息请参考第二部分第十三章。
2 关于私立学校完善设施的更多信息请参考：第二部分第六章第一节。

第一节 建设安全、放心的学校设施

一、学校设施的抗震措施

公立学校设施是学生学习、生活的场所，同时也是地震等灾害发生时当地居民的避难场所，因此通过优化抗震性来确保其安全性这一点非常重要。为此，文部科学省提出在2015年以前实现制度完善的目标，落实公立学校设施内结构构件的抗震性优化、室内体育场等悬吊式吊顶防坠落等措施。

通过这些举措，截至2017年4月1日，公立小学、初中的抗震性能优化达到98.8%，室内体育场等设施悬吊式吊顶防坠落措施的落实比率达到97.1%，预期目标基本实现。

对于尚未落实抗震措施的地方行政机关，文部科学省将继续提供必要的财政支持，并要求其尽快落实。此外，据推测，今后公立学校中老化设施的比率将急剧增加。地震发生时，玻璃破裂、内外装修材料坠落等老化设施非结构构件导致灾情加剧的可能

图表 2-12-2 抗震优化进展情况（公立小学和初中）

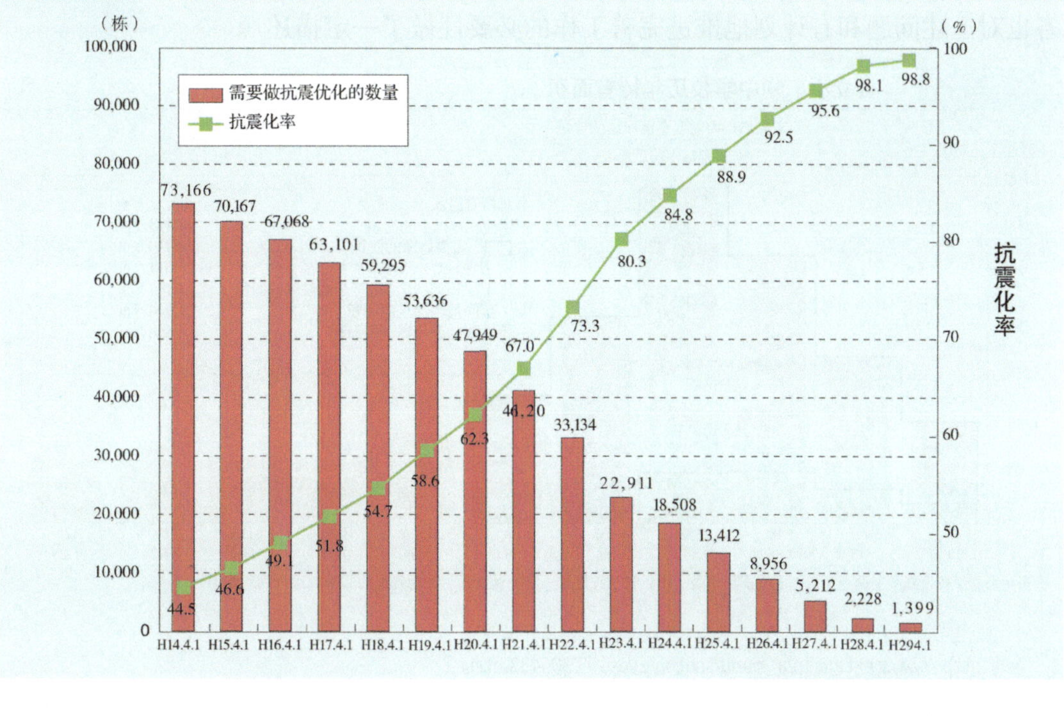

性极大，因此，文部科学省还在积极推动应对建筑老化、加强防灾功能的措施，其中包括除了悬吊式吊顶以外的非结构构件的抗震措施。

老化程度加剧的学校设施逐渐增多，安全和性能方面也凸显出了很多问题。

据文部科学省的调查得知，2017 年全国各公立小学、初中校园内因外墙、窗框坠落等建筑物老化导致的安全问题多达 32000 件。比 2012 年的 14000 件增加了两倍以上。

此外，随着家庭和社会环境的变化，人们要求学校设施在功能和性能上不断改善。例如，完善学习环境和 ICT 环境以适应小班教学，实现无障碍化，加强防灾功能，安装空调，修建西式卫生间，安装节能设施，通过这些方式改善学习环境。

建筑物老化导致混凝土坠落

老化导致的水管破损

要解决上述问题，需要从中长期的角度出发，有计划地对学校设施进行完善。在确立了公立学校设施建设目标（2016 年修订）的公告《关于各公立义务教育学校设施建设的基本方针》和《关于各公立义务教育学校设施建设的基本计划》中，文部科学省也对上述问题和有计划地推进完善工作的必要性做了一定描述[1]。

图表 2-12-3　公立小、初中学校历年持有面积

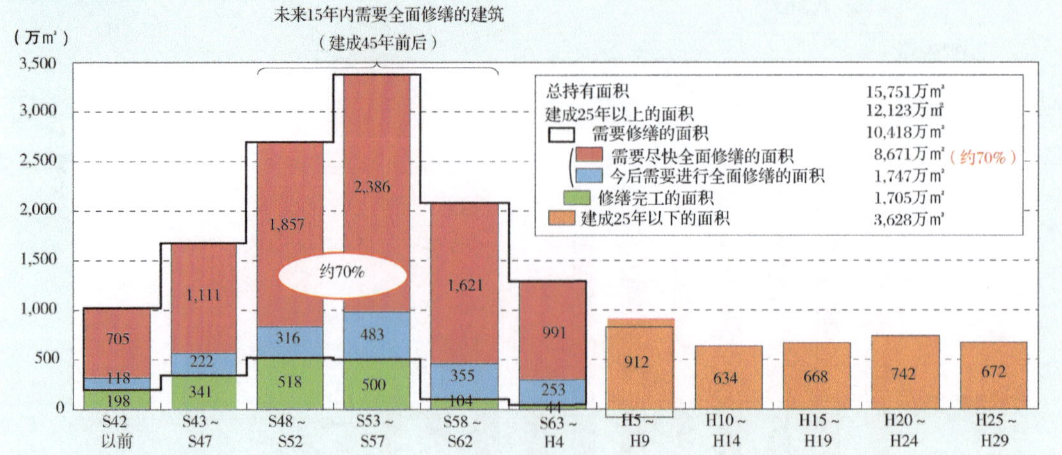

※《公立学校设施实况调查2017》（文部科学省）中，将学校建筑、室内体育场、宿舍各自的非木制建筑列入其中

1　参考 http://www.mext.go.jp/a_menu/shotou/zyosei/1306433.htm。

1. 有计划地推进完善工作

在 2013 年 11 月政府制订的《基础设施延长使用寿命基本计划》基础上，文部科学省于 2015 年 3 月制订了《基础设施延长使用寿命计划（行动计划）》[1]，旨在明确所管辖设施中长期的维护管理方向，促进学校等设施延长使用寿命。《基础设施延长使用寿命基本计划》要求各地方行政机关针对当地每处设施制订合适的延长使用寿命计划（单项设施计划）。

为了促进地方行政机关积极制订中长期学校设施建设计划，并引进建筑延长使用寿命改造措施，文部科学省将提供必要的支持。

为了促进单项设施计划的制订，2015 年 4 月文部科学省印发了《学校设施延长使用寿命计划制定相关指南》[2]。2017 年 3 月，在此指南的基础上，文部科学省又印发了《学校设施延长使用寿命计划制定相关说明书》[3]，展示了学校设施延长使用寿命计划的标准样式，并详细解释了注意要点，随后还召开了与此说明书相关的说明会。

此外，从 2015 年至 2017 年，作为支持地方行政机关制订单项设施计划的模范活动，文部科学省实施了《学校单项设施计划制定援助项目》[4]。

图2-12-4 关于基础设施延长使用寿命基本计划

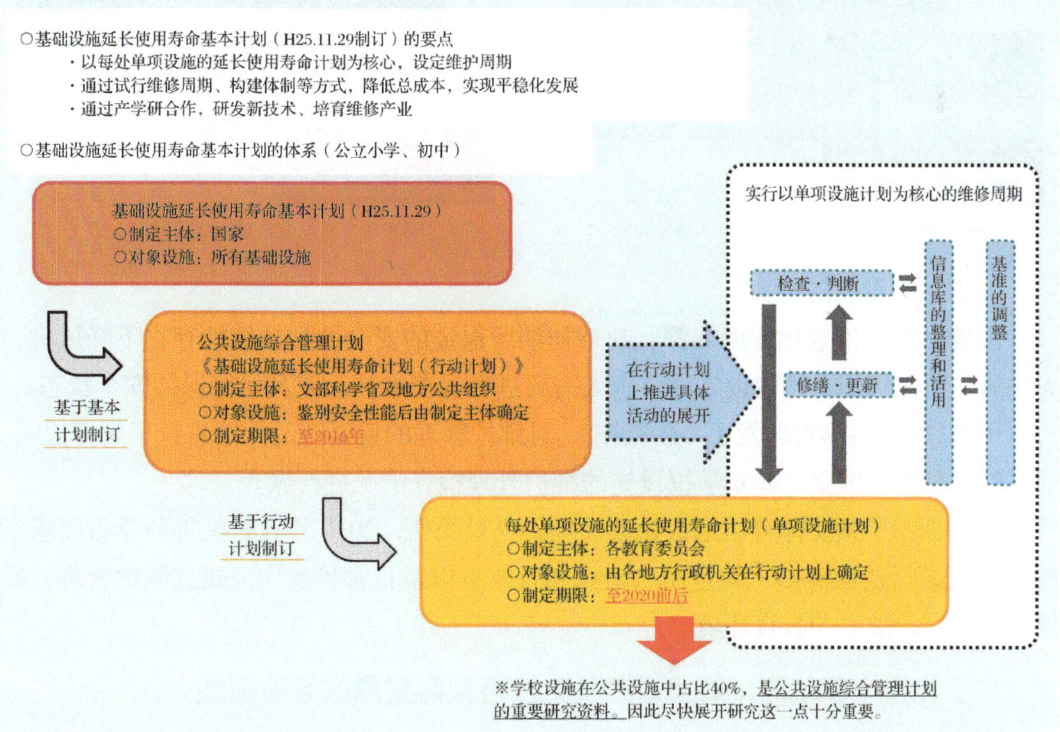

1　参照 http://www.mext.go.jp/b_menu/houdou/27/03/1356260.htm。
2　参照 http://www.mext.go.jp/b_menu/shingi/chousa/shisetu/036/toushin/1356229.htm。
3　参照 http://www.mext.go.jp/b_menu/houdou/29/03/1383568.htm。
4　参照 http://www.mext.go.jp/a_menu/shotou/zyosei/1360476.htm。

2. 推进旨在延长使用寿命的修缮工作

在严峻的财政条件下，要站在中长期的角度对学校设施进行计划性建设，必须将重点放在旨在延长使用寿命的修缮工作上。这一举措既能控制成本又能确保提供的教育环境同改建（重建）后水平相等，废弃物排放量也相对较少。除了能提高建筑物的耐用程度外，还能将建筑物的功能和性能提升至如今学校所要求的水平。在建成约 45 年后的适当时期进行延长使用寿命的修缮工作，建筑物的物理寿命可以延长 30 年以上。

为了促进该项工作的进行，作为 2013 年学校设施环境改善补助金的项目之一，文部科学省设立了“延长使用寿命改良工程”。同时还对实行延长使用寿命的修缮工作的地方行政机关提供 1/3 的经费补助。此外，还将因采取相关措施导致的实质性地方财政负担降低至 26.7%。

2017 年 3 月，文部科学省颁布了《学校设施延长使用寿命修缮工作相关案例集》[1]，收录了一些主要实际案例，并注明了相关注意事项。

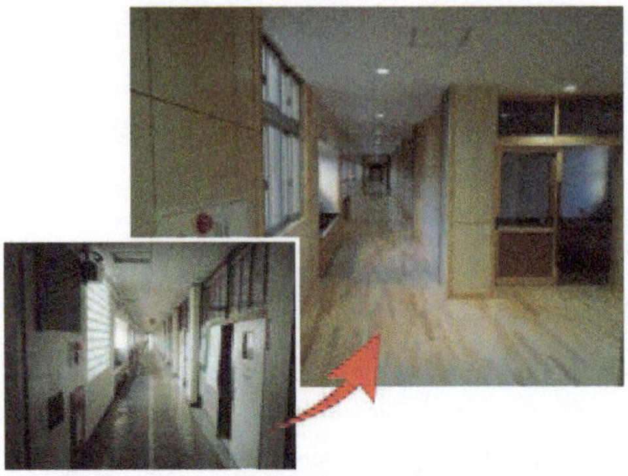

移除走廊部分墙壁并将其修整为多功能空间

确保教育环境与改建后处于同等水平

3. 维护和管理的落实

随着学校设施老化程度加深，建造初期所保证的安全性和功能性存在下降风险，无法满足所需性能。学校设施的负责人需要进行妥善维护，使其始终保持安全状态。

因此，文部科学省印发了一份指南[2]，对维护管理的重要性及方法进行了解释说明，同时对全日本的国立、公立学校设施的维护管理检查情况进行调查。

另外，为了预防体育馆地板松动而导致人员受伤，2017 年 5 月文部科学省要求学校负责人进行适当清扫（禁止用水擦拭和打蜡）以及日常检查[3]，通过维护管理，确保提供安全、放心的教育环境。

二、完善学校设施，防止事故发生以及预防犯罪的各项措施

为了保证学生们的校内安全，教职工等相关人员需要具备危机管理意识，还要密

1 参考 http://www.mext.go.jp/a_menu/shotou/zyosei/1383800.htm。
2 参考 http://www.mext.go.jp/a_menu/shisetu/maintenance/icsFiles/afieldfile/2017/06/14/1369016_01_1.pdf。
3 参考 http://www.mext.go.jp/a_menu/shisetu/maintenance/1386779.htm。

切配合采取安全措施。不光在设施、设备等硬件方面，在管理、运营等软件方面也应系统地、持续地采取相应对策。

针对学校设施，文部科学省制定了防止事故发生以及预防犯罪的各项措施相关报告书等文件[1]，并通过举办研讨会等形式向学校负责人进行推广。另外，《学校设施建设准则》[2]中，也对学校设施的安全措施及预防对策进行了详细的描述。此外，在防止儿童以及学生发生事故和预防犯罪等方面，针对必要的设施建设，文部科学省也会提供国家财政补贴。

三、学校设施的室内环境应对措施

为了使学生们能有一个健康、舒适的校园生活，文部科学省正在落实室内空气污染等环境应对措施。具体内容有，在修缮学校设施时，针对建筑材料所释放出的化学物质会导致室内空气污染这一问题，文部科学省将主要的应对措施收集整理成册，分发给各都道府县教育委员会等部门[3]。另外，《学校设施建设准则》中还记载了在确认化学物质浓度低于标准值后建筑物方可交工等相关注意事项。

其次，自 2005 年办公场所发生的石棉公害问题公开以来，如何应对石棉危害便成为严峻的社会问题。为了采取万全之策以确保学生的安全，文部科学省开展了《学校设施石棉粉尘应对情况追踪调查》，根据 2017 年 10 月 1 日的调查显示，除个别机构外，大部分学校负责人已经基本完成预防石棉粉尘措施[4]。此外，根据 2014 年 3 月修订版《石棉危害预防规则》，除石棉粉尘外，添加有石棉的保温材料[5]也被列入管制对象。根据该修订规则，从确保学生安全的角度出发，文部科学省实施了《学校设施等含石棉保温材料的使用状况调查》，以便掌握含有石棉的保温材料的使用情况以及老化、损伤情况。

根据这些问卷调查的结果，文部科学省要求学校负责人尽早实施调查并采取恰当的措施。同时，对相关工程给予国家财政支持，并告知具体实施办法的注意事项，以便校方能够采取合适的相关措施。

1 参考 http://www.mext.go.jp/a_menu/shisetu/shuppan/07091904.htm。
2 参考第二部分第十二章第二节。
3 参考 http://www.mext.go.jp/a_menu/shisetu/shuppan/1305497.htm。
4 石棉应对方法参考 http://www.mext.go.jp/submenu/05101301.htm。
5 保温材料：除了用于热源体、通风管及水气管道的保温材料以外，也指使用于钢筋、房梁等建材商的防火覆盖物、适用于屋顶折叠板、烟囱的隔热材料。

第二节

构建舒适、丰富多彩的校园环境

一、努力构建适应新时代的学校设施

1. 制定《学校设施建设准则》

为确保校园环境安全、丰富多彩，且能应对多样化的教学内容及教育方式，文部科学省制定了《学校设施建设准则》，对各类型学校都提供了相应的设施计划及设计注意事项，正在向学校负责人推广[1]。

2017 年 2 月，为了解决学习指导纲要修订的相关问题，文部科学省召开了“有关学校设施情况调查研究合作人员会议（主席：首都大学东京校长上野淳）”，开始对未来学校设施以及《学校设施建设准则》的修订展开调查研究[2]。2018 年 3 月的会议中，也出现了很多针对其他设施的提议。譬如，构建适合幼儿教育发展的环境，构建家庭与地区合作、协作的环境等。文部科学省根据这些提议修改了幼儿园设施建设准则。并计划在 2018 年对小学及初中的《学校设施建设准则》进行修订。

2. 促进学校设施无障碍化

无论健全还是残疾，学校设施需满足能让所有孩子无拘无束度过校园生活的条件，同时也需担负灾害发生时成为当地居民避难所及当地社区基地的重任，因此，促进学校无障碍化设施的建设十分重要。

教学楼进出口的坡道
（爱知教育大学附属对口支援学校）

在《促进学校设施无障碍化指导准则》《学校设施建设准则》中，文部科学省提出了关于推进学校设施无障碍化的基本观点、计划及设计上的基本思路和要点。此外，还制作了《关于制定学校设施无障碍化计划实用案例集》[3]。

同时，作为支持地方政府实施公立学校无障碍化的举措，对斜坡、多功能洗手间和电梯等设施的修建给予国家财政支持。

1　参考 http://www.mext.go.jp/a_menu/shisetu/seibi/main7_a12.htm。
2　参照 http://www.mext.go.jp/b_menu/shingi/chousa/shisetu/044/index.htm。
3　参照 http://www.mext.go.jp/a_menu/shisetu/shuppan/07072505.htm。

二、学校设施建设要充分考虑环境问题

1. 推进充分考虑环境问题的学校设施（环保校园）的建设

地球环境是一项紧要课题，作为其应对措施的一部分，文部科学省正在促进充分考虑学校环境问题的校园（环保校园）建设，如引进可再生能源设备、提高学校建筑隔热性能、修建校园草坪等。建设环保校园不仅能为孩子们提供一个健康、舒适的学习生活空间，还能减轻设施的环境负荷。另外，环保校园可以成为学生们学习环境相关知识时的模范教材，亦能发挥充当当地环境教育基地的作用。

①推动环保校园的建设

文部科学省对太阳能发电等可再生能源设备的引进、学校隔热性能的提高，以及校园草坪修建等措施提供国家补助。另外，为了推动环保校园的建设，地方政府和相关部门合作，对公立学校的生态校园建设给予“eco-school · plus（生态学校 plus）”认证（图 2-12-5）。

此外，通过制作宣传册和实例集、在网上发布信息等方式，对环保校园建设的意义和效果进行宣传。

图表 2-12-5　①　推动环保校园的建设

开辟种植当地植被的物群生活区域
灵活运用于环境教育

将地板和墙壁更换为木材
构建舒适空间

②引进可再生能源

为了促进可再生能源设备的引进，文部科学省从 2009 年开始将太阳能发电设备列为国家补助对象。之后，为了根据地区实际情况推动可再生能源的建设，又将风力发电设备和太阳加热设备列为补助对象。截至 2015 年 4 月，公立小学和初中的太阳能发电设备的安装率已经从 2009 年开始调查时的 3.8% 增加到了 24.6%。

③节能措施

据《能源使用合理化相关法律》（以下简称节能法）有关规定，学校也应在能源使用合理化（节能）方面做出努力。文部科学省在和学校行政人员交换意见后，制作了可适用于学校内部的节能措施相关资料——《可在学校实施的节能项目》，与此同时，

还通过开展实地调查、举办讲习会等方式普及节能措施[1]。

其次，还呼吁学校负责人在能源使用量增加的夏季和冬季实施节能措施。

另一方面，从学校设施的高性能化和多功能化等方面，也可以看出地方政府部门对节能措施推进所费的苦心。因此，为了在教育委员会探讨节能工作系统性推进措施，于 2018 年 1 月开始举办“关于学校设施节能措施研讨会”[2]。

2. 学校设施内木材的活用

木材是日本传统的建筑材料，使用木材可以有效创造温暖、轻松的教学环境，有利于培养学生坚毅、心胸宽广的品质。其次，使用当地生产的木材，能有效激发学生们的爱校之心，促进对当地文化的理解，也有利于森林水源的补给。另外，木材是可再生资源，具有“碳中和”特点，即使作为能源燃烧也不会对大气中二氧化碳的浓度造成影响，因此有助于防止全球变暖。

基于 2010 年 10 月颁布实施的《公共建筑木材利用促进法》，文部科学省和林野厅、国土交通省联手要求地方政府在进行学校设施建设时需综合考虑各校、各地区实际情况，积极推广木材的使用[3]。

在《第二期教育振兴基本计划》中，也大力推广了木材的使用。对使用木材进行校园建设的公立学校提供国家补贴，同时制作并分发木材使用相关指南、案例手册，召开讲习会，积极促进校园内木材的使用。

关于公立学校木材使用情况，2016 年修建的学校建筑（960 栋）中，有 645 栋（67.2%）使用了木材。另外，这 645 栋学校建筑当中，木质结构有 207 栋（占 2016 年修建的所有公立学校建筑的 21.6%），内部装修使用了木材的设施有 438 栋（占 45.6%）。

2014 年，文部科学省对日本工业标准《木质学校建筑结构设计标准（JISA3301）》进行了修订，同时在总结了 JISA3301 的观点、具体规划实例及注意事项的基础之上，制作了相关技术资料。一直以来，木质结构三层学校建筑必须建设成耐火结构，但自 2015 年《建筑基准法》的部分修订后，在非防火区域，部分木质结构三层学校建筑可放宽限制，建设成一小时准耐火结构。为响应这一修订，制作了《木质学校建设：木质 3 层校舍建设指南[4]》，总结了修建校舍时需注意的要点和事项。另外，自 2015 年至 2017 年，文部科学省实施了《木质学校建设示范工程》，对积极倡导利用 JISA3301 修建木质学校建筑、木质三层学校建筑，以及使用交叉层压木材（CLT：Cross Laminated Timber）的木质校舍的地方政府给予支持。

三、废弃校舍、空闲教室的有效利用

随着少子化加剧，学生人数减少，废弃校舍和闲置教室逐渐增多。废弃校舍和闲

1 参考 http://www.mext.go.jp/a_menu/shisetu/shuppan/07072505.htm
2 参考 http://www.mext.go.jp/b_menu/shingi/chousa/shisetu/048/index.htm
3 参考 http://www.mext.go.jp/a_menu/shisetu/mokuzou/index.htm
4 参考 http://www.mext.go.jp/a_menu/shisetu/mokuzou/1369464.htm

置教室起初是公立学校依靠国家补助或地方政府的财政拨款。也就是说，是依靠广大人民、当地居民的宝贵税金所修建的，因此需要根据当地实际情况以及需求有效加以利用。截至目前，也有将废弃校舍改建为社会体育设施、社会教育设施、社会福利设施、民营企业工厂、办公室、住宿设施的先例。亦有将闲置教室用于课后儿童俱乐部、课后儿童教室[1]、地区防灾储存仓库、托儿所等校外用途的先例。

文部科学省正在通过分发宣传册等方式向民众普及上述先例及相关补助政策。其次，弹性处理并简化学校设施（特指依靠国家补助建成的学校设施）用作其他用途时所需要的财产交接手续，以促进设施的有效利用。

此外，还开展了“大家的废弃校舍”项目[2]（图 2–12–6），将收集到的尚未得到有效利用的废弃校舍的信息公布在文部科学省的网站上，以便匹配到合适的申请人，从而支持废弃校舍的利用。此外，制作民营企业废弃校舍利用案例集、宣传手册，以此来促进废弃校舍的利用。

图2–12–6 ~连接未来~“大家的废弃校舍”项目

四、促进文教设施引进公共设施运营权制度

要实现高效、良好的公共服务，促进多样性 PPP/PFI[3] 的发展也十分重要。于 2017 年 6 月 9 日召开的民间资金利用工作推进会上通过了《推进 PPP/PFI 行动方案（2017

1 参考第二部分第三章第三节三。
2 参考 http://www.mext.go.jp/a_menu/shotou/zyosei/1296809.htm。
3 PPP：允许民营部门参与公共服务提供的概念。旨在通过利用民营资本和技术提高公共服务效率及水平的方法。
PFI：在公共设施的建设、维护管理、运营等过程中灵活利用民营资本的资金、经营能力及技术能力，提升效率及服务水平的方法。

年修订版）》（以下简称行动方案）。

行动方案划出了利用公共设施运营权制度项目（以下简称特许项目[1]）的重点领域。就运动设施、社会教育设施和文化设施（以下简称文教设施）三个方面，做出“以集中强化期（2016—2018）三项特许项目的具体落实为目标”的相关规定。

文部科学省自 2016 年 4 月开始举办“关于在文教设施中引进公共设施运营权制度的研讨会”。为实现行动方案所制定的目标，梳理了文教设施引进公共设施运营权制度的优点及相关论点，并于 2017 年 3 月完成了最终报告[2]。

2017 年，在向地方政府推广上述报告书内容的同时，对考虑发展特许项目的地方政府提供了援助。另外，还为考虑引进特许项目的地方政府实施负责人制作了指南，努力实现最终目标。

1 特许项目：不移交设施的所有权，长期给予民营业主基础设施运营的相关权利的项目。
2 参考 http://www.mext.go.jp/b_menu/shingi/chousa/shisetu/040/。

第三节

打造面向未来的教育研究基础

国立大学的设施不仅是培养肩负着日本下一代人才的场所，也是地方创生、创新和创造的基地，更是有助于实现“Society 5.0[1]”的知识平台。

目前，国立大学等设施中，建成后使用25年以上的设施约占六成，使用50年以上需要改建、修缮的设施在今后的五年内会增加一倍，设施的老化已经成为一个严重的问题。另外，校园内铺设的给排水管道和天然气管道等配套管网的老化也愈发严重。因此，不仅仅在安全方面，功能方面也有许多设施存在问题，在匹配高度化、多元化的教育研究活动方面产生了诸多弊端，这同时也影响着大学的运营管理。

在此背景下，作为大学运营管理的一个重要部分，文部科学省在推进国立大学法人等战略性设施管理的同时，也制订了《第四次国立大学法人设施完善五年计划（2016—2020）》[2]，以此来促进有计划的、重点性的建设。

图2-12-7 国立大学等设施的老化情况

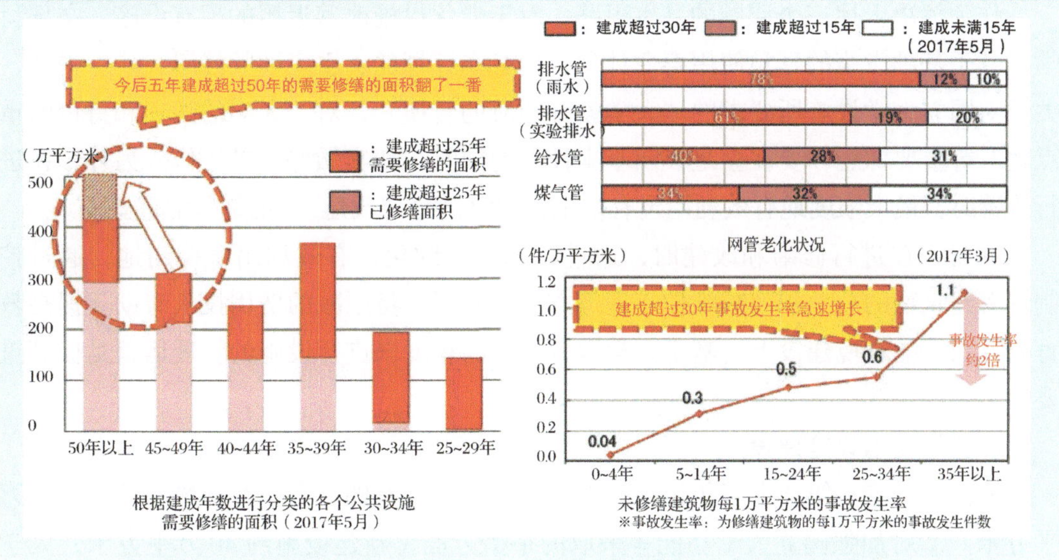

一、依照《第4次国立大学法人设施完善五年计划》进行建设

依照《第五期科学技术基本计划》，文部科学省于2016年3月制定了第4个五年计划，将致力于三个课题。①安全、放心的教育研究环境的基础建设；②对加强国

1 参照第二部第七章第一节。
2 参照 http://www.mext.go.jp/b_menu/houdou/28/03/1368920.htm。

严重破旧的学校宿舍

薄弱的研究环境，功能低下，难以开展新研究

空调内部的老化

变压器起火造成的损坏

敷设管道漏水

立大学功能等采取举措的；③可持续发展校园的形成[1]。

1. 基本思路

作为解决上述三个课题的基本思路，对于老化设施改善迟缓的现有设施，文部科学省基于基础设施的延长使用寿命计划，进行有计划的、重点性的修缮工作。另外，关于对国立大学设施所要求的“大学教育的质的转换”，对“大学的强项和特色的重点化”等重要课题，要在立足校园基本计划的同时，切实做好推进工作。另外，在进行改善时，最大限度地有效利用现有设施，同时进行“改建”[2]也是非常重要的。

并且，在进行修缮和改建时，通过设施的集约化，有效利用学校用地，通过控制现有建筑物的总面积削减维护管理等方面的费用。将削减的费用投入有助于提高教育研究水平的环境建设上，基于大学运营管理的角度来进行设施的管理运营是极其重要的。

2. 推进重点设施建设

文部科学省在第 4 个五年计划中，①完成安全放心的教育研究环境基建约 475 万平方米。②对加强国立大学功能等采取的举措方面（新建设施约 40 万平方米，大学附属医院设施建设约 70 万平方米），把总计约 585 万平方米的设施作为优先建设对象。③除此之外，为形成可持续性发展的校园，极力推进节能措施并努力成为全社会的示范标杆。

1　可持续发展校园与自然环境共生，并引入可再生能源，进一步推进节能，因此对环境影响较小。
2　为了激发教育研究活力，制订建立新设施的计划，不断推敲设计，进行创意型改建，试图开发出设施的新功能。

2017 年是计划的第二年，两年期间的建设面积预计会达到：（1）完成安全可靠的教育研究环境建设：约 25 万平方米，②对加强国立大学功能等的举措方面（新扩建约 8 万平方米，大学附属医院设施约 21 万平方米），总面积 54 万平方米。文部科学省将继续进一步有计划、有重点地进行完善。同时，还会进一步完善战略性设施管理，灵活运用多元化财源体系进行设施的维护。

建设文理融合型的综合研究楼

改建破旧的图书馆

图表 2-12-8　通过修复破旧建筑物来强化功能的建设实际案例

〈设施〉

外墙、门窗脱落的危险

加强耐震性能和修复外墙

建设全校共用研究室

拥挤的研究室
（功能下降且有发生事故的危险）

修缮、强化功能等

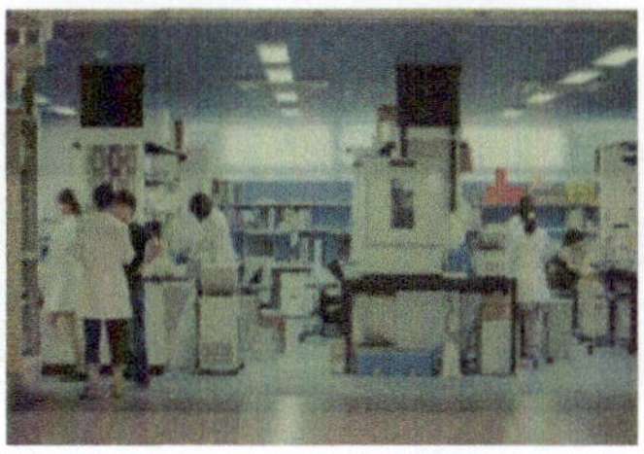

建设灵活开放实验室

建设活动学习室

〈管道〉

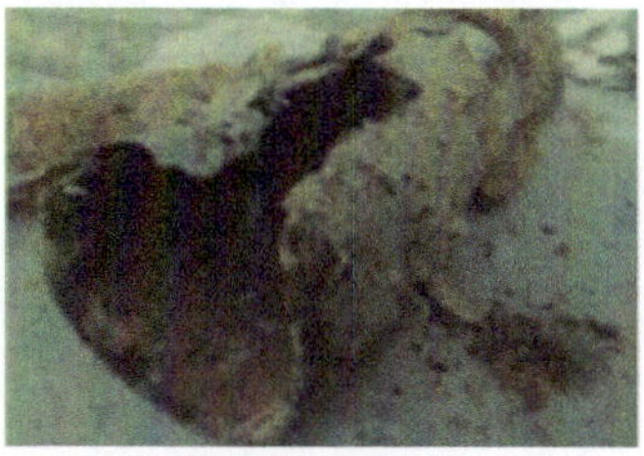

敷设管道被腐蚀

确保安全的管道

建设能进行跨文化交流的教室

二、为完善今后国立大学设施等建设而采取的有关措施

1. 推进战略性设备管理

为了实现大学的理念和学术计划[1]，从运营的角度出发，要求进一步推进所有与设施相关的工作，包括设施的完善和维护管理，以及已有设施的有效利用，并确保与这些有着密切关联的必要财源等。

因此，文部科学省印发了对设施管理的基本思路、具体的实施方案和先进事例等进行集中展示的报告书和事例集[2]，并推进国立大学法人的战略性设施管理工作。

另外，对于国立大学法人设施老化的严重问题，要求通过设施延长使用寿命、有效利用现有设施并实现总成本的缩减和预算平衡。因此，文部科学省于 2017 年 11 月召开了"国立大学法人延长设施使用寿命方面相关的生命周期优化研讨会"。探讨了延长设施的使用寿命方面的基本想法和具体的推进方法等[3]。

今后将整理总结并公布报告书，来帮助国立大学法人等合理地延长设施的使用寿命。

2. 推进国立大学医院设施建设

在今后的国立大学附属医院的建设中，发生大规模灾害时，确保电力和水的供应，加强防灾功能以确保医疗工作持续进行成为重要的课题。在 2014 年 6 月制订的《国土强韧化基本计划（2014 年 6 月 3 日内阁审议决定）》中强调："作为发生灾害时的基地，国立大学附属医院提供充足的防灾、减灾功能（确保用水、浸水方案等）是十分重要的。

因此，文部科学省为了基于现状探讨今后如何加强国立大学附属医院设施中的防灾功能，召开了"有关加强国立大学附属医院设施的防灾功能的研讨会"，并于 2016 年 11 月汇总了报告书[4]。

报告书中，根据附属医院加强设施防灾功能的实际状况调查结果，以及在 2016 年 4 月发生的熊本地震中熊本大学医学部附属医院的受灾状况，对附属医院作为发生灾害时的医疗基地，力求加强、完善其防灾功能，并就为实现这一点而做出的种种举措进行了总结。

同时，还介绍了近年来得到完善的国公私立大学附属医院主要防灾相关设备中被认为具有先进性的事例，以及为加强防灾功能而进行的有组织的各项举措。

三、对大学等设施建设的技术帮助

文部科学省在确保、提高国立大学等设施质量水平的同时，为了建成适应社会变

1 契合大学理念，且与教育·研究等领域相关的对未来的构想。
2 参照 http://www.mext.go.jp/a_menu/shisetu/kokuritu/1318421.htm。
3 参照 http://www.mext.go.jp/b_menu/shingi/chousa/shisetu/047/gaiyou/1398150.htm。
4 参照 http://www.mext.go.jp/b_menu/shingi/chousa/shisetu/039/toushin/1378593.htm。

化的设施，从技术方面为国立大学等设施的建设提供了帮助。

另外，在国公私立大学、研究机构等设施中，实施了推进节能的相关措施。

1. 技术标准的完善

进行国立大学等设施的建设时，为保证建筑物具有一定水准的品质和性能，规定了中央各部门间的“统一标准”[1]和文部科学省制定的“特记标准”[2]等技术性标准。

另外，为了展示国立大学等在设计设施时的基本思路和注意事项，文部科学省于2016年7月制定了“国立大学等设施设计方针”[3]。同时还制作出教育研究空间建设的案例集，对有助于搞活大学功能的教育研究空间建设进行了介绍。并且，为了形成可持续发展的校园，在2018年2月制作了案例集《国立大学等特色设施2017》。[4]

2. 推进节能工作

根据节能法的规定以及受全球变暖问题的影响，要求在大学中也要进一步推进节能工作的展开。文部科学省在制作大学等的节能工作指南和案例集的同时，还采取了包括举办讲习会在内的多项措施。[5]

另外，针对能源使用量多的大学，从2017年12月到2018年3月，与经济产业省合作进行实地调查，为大学提供节能指导和建议。

1 在政府各级部门制定的有关完善政府机关设施的标准中，共同的标准进行完善和统合，形成了一个共同合理的标准。以《关于统一政府管理相关标准的各部门联络会议》所定标准作为中央各部委的统一标准。

2 由于设施的特点等而存在难以统一的部分，各级政府部门就会单独设定标准，以补充统一标准。

3 参照 http://www.mext.go.jp/a_menu/shisetu/eizen/1349007.htm。

4 参照 http://www.mext.go.jp/a_menu/shisetu/kokuritu/1404577.htm。

5 参照 http://www.mext.go.jp/a_menu/shisetu/green/index.htm。

第十三章

完善防灾减灾各项工作

总 论

文部科学省为确保儿童的生活安全，完善了防灾减灾的各项措施和办法。内容包括加强防灾教育，强化学校设施的防灾功能，加大对预防灾害、灾害紧急应对措施、灾后重建工作的援助力度，以及加强有关防灾的研究与开发工作等。

第一节

完善防灾减灾各项工作

一、建立防灾体系

为能迅速且有效地应对地震、海啸、台风、暴雨、龙卷风、暴雪及火山爆发等自然灾害，推进综合性、计划性的防灾措施的重要性不言而喻。

文部科学省根据《灾害对策基本法》等，制订了涵盖防灾的必要注意事项的《文部科学省防灾工作计划》[1]，并在加强防灾措施方面做出了努力。此外，文部科学省还制订了《文部科学省首都浅源地震应对工作持续计划》[2]，努力建立起一个在受灾的紧急情况下人民群众也能维持基本生活的防灾体系。

都道府县及市町村都在基于《防灾基本计划》《文部科学省防灾工作计划》等文件的基础上，制订了当地防灾计划，学校的防灾制度也得到了进一步的加强和完善。

二、推进灾害预防工作

为了能使学生在灾害发生时采取正确的行动，文部科学省将更进一步加强防灾教育。此外，针对学校等平时是学生学习生活的场所，受灾时作为当地居民避难场所发挥出巨大作用的公共设施，文部科学省将进一步加强其防灾功能。

1. 加强防灾教育[3]

为使学生在遭遇自然灾害等危险情况时能有效自救，各个学校根据教学纲要通过相关科目以及专项活动等学校教育活动，展开了包括防灾教育在内的各项安全教育活动。另外，文部科学省不仅重视防灾知识的学习，还展开了模拟避难训练，并与当地居民及相关机构联合开展避难所模拟运行等诸如此类的实践性防灾教育。

文部科学省将依据地区的实际情况，为地方和学校的安全教育，特别是防灾安全教育制定出相应的教育方法。文部科学省也会为地方以及学校提供相应的援助，帮助它们建立安全管理制度形成与当地居民和相关机构等的联动体系，同时还将对安全教育教职员提供进修培训方面的帮助。

2. 进一步加强防灾功能

灾害发生时学校等公共设施会成为避难场所。然而，在2016年熊本地震中，由于非建筑结构性的场馆损坏，体育馆无法作为避难场所使用，同时卫生间、电、水

1 参照 http://www.mext.go.jp/a_menu/shisetu/gyoumu/1329040.htm。
2 参照 http://www.mext.go.jp/a_menu/keizoku/index2.htm。
3 参照第二部第二章第四节。

等生活基本保障方面也出现了各种问题，产生了诸多不便，各种潜在问题都暴露了出来。

对此，文部科学省从提高学校等公共设施的防灾功能这一观点出发，排查了各避难场所防灾功能可用性[1]，同时以防灾部门为中心，与教育委员会等机构保持联动，明确了每所学校作为避难所的公共设施应该发挥的作用和必须具备的功能，并制定了详细的避难场所使用规划，将相关信息传达到教育委员会等联动机构，希望由此建立起行之有效的合作机制。

另外，文部科学省较之前进一步加强了对学校建筑的抗震、抗灾能力方面的技术支持。与此同时，文部科学省还举办了介绍从过去的灾害中获得的真实经验教训的研讨会，以及介绍各地方如何构筑安全校园及其具体事例的研讨会，还面向学校管理者举办了各种各样的关于加强防灾功能的知识普及教育活动。

各个地方政府正在推行“以公立学校设施为依托，防范海啸，加强防灾功能”的各项措施，作为对这些措施的政策倾斜，文部科学省对以下防灾活动提供了国家补助：加强抗震措施，对海啸发生时预计浸水区内的建筑物进行迁移等改造工作，设置避难路径、室外疏散楼梯，配备和维护生活必需品储备仓库、室外厕所、家用发电设备等。

图2-13-1 避难场所（学校）的防灾功能排查情况

	被指定为避难场所的学校数（校）	具备此机能的学校数（校）	比率（%）
储备方面的防灾功能（储备仓库等）	30,994	22,326	72.0
饮用水方面发防灾机能（耐震性储水槽等）		20,570	66.4
电力方面的防灾机能（发电机设备等）		16,536	53.4
通信方面的防灾机能（通信设备）		23,926	77.2
断水时卫生间相关的防灾机能（临时简易厕所）		15,339	49.5

※不仅包括硬件设施方面的情况也包括软件方面的情况
出处：文部科学省《指定为避难场所的公立学校其防灾功能的排查情况》（2017年4月1日）

图2-13-2 为方便特殊人群而进行的室内运动馆和校舍无障碍化及多功能厕所的建设状况

		实时将留容特殊人群或行动不便人群的学校数（校）	有此设施的学校数（校）	比率（%）
室内运动馆	设置斜坡等来消除台阶高低差	28,115	17,404	61.9
	配备多功能厕所		9,575	34.1
校舍	设置斜坡等来消除台阶高低差	20,609	13,311	64.6
	配备多功能厕所		12,565	61.0

※包含设置斜坡等手段来消除高低差，使得行动不便人群能顺利沿任意线路从学校外进入其留容生活空间的学校
出处：文部科学省《指定为避难场所的公立学校其防灾功能的排查情况》（2017年4月1日）

1 参照 http://www.mext.go.jp/a_menu/shisetu/bousai/1394437.htm。

三、灾害应急工作

文部科学省向各都道府县教育委员会等相关机构发出请求，希望相关机构在发生自然灾害时，尽力收集受灾信息，并采取必要措施，确保儿童的生命安全，防止二次伤害的发生。

另外，由于地震造成文教设施受损时，为保障学生及避难居民不受余震或建筑物损毁带来的二次伤害，应各地方政府的要求，文部科学省将完善应急派遣制度，指派专业人员前往地方判定避难设施是否可以作为避难场所进行使用。

四、对灾后重建工作的援助

1. 对 2017 年已发生的灾害的援助

为在受灾的公立学校设施中能够顺利推行防灾减灾教育活动，文部科学省向在灾害中受损建筑设施的修复重建工作提供了一部分的国家补助。因受 2017 年 7 月九州北部的暴雨等灾害的影响，部分公立学校设施受损，在灾后重建工作中，文部科学省根据“局地激甚灾害”[1] 的标准进行了情况认定，实施了专项措施，提供了援助，并根据各地方行政机关的财政情况，相应地提高了国家补助的比率。另外，在私立学校设施的灾后重建工作中，国家给予了部分财政补助，对遭受了被指定为局地激甚灾害的设施灾后重建工作提供了帮助。

2.2016 年熊本地震的应对措施

2016 年 4 月 14 日 21 时 26 分，在熊本县熊本地区发生了 6.5 级地震，熊本县益城町震度达到了 7 级。之后，于 4 月 16 日 1 时 25 分，该地区再次发生了 7.3 级地震。熊本县益城町及该县的西原村的震度都达到了 7 级。两次地震导致四名学生和一名教职工死亡，位于地震中心的熊本县有 296 人有不同程度的受伤。此外，包括国家物质文化遗产及学校设施等在内的建筑损毁通报累计 1597 起。

2016 年在熊本地震中受损的熊本城的修复工程

文部科学省一直致力于对受灾的熊本县提供援助，帮助重建修复熊本城等文化遗产和学校设施及社会教育设施，帮助学校聘用更多的教职工和学校心理咨询师，帮助大

1　是指影响国民生产生活且为减轻地方政府财政负担及援助受灾群众而必要提供特别补助的自然灾害。有全国范围内都受灾严重的“本激”级别，及在特定区域或市町村级行政单位范围内影响极大的“局地激甚灾害”级别的划分。

学落实免除学费等政策。

另外，由文部科学大臣兼任部长的地震调查研究推进本部，基于2016年熊本地震推进震源断层活动情况调查的同时，也在加快研究如何改良活动断层的调查方法，以提前预测相邻活动断层引发的大规模地震的发生时间、规模和摇晃程度。

今后，文部科学省也将紧贴灾区的切实需求，为灾区的重建恢复努力提供必要的援助。

因九州地区暴雨而被损毁的学校建筑
（附近河道涨水而遭冲毁）

五、推进防灾的相关研究开发工作

为利用科学技术减轻自然灾害带来的损失，文部科学省根据地震调查研究推进本部的方针，推进对地震及次生海啸的预测调查研究。同时，防灾科学技术研究所在建设作为日本防灾减灾研究基础工程的陆海综合地震海啸火山观测网（MOWLAS）的同时，充分发挥其效应，进一步推进将其应用于实际的研究与开发工作。[1]

1 参照第二部第七章第三节。